böhlauWien

Peter Hersche

Italien im Barockzeitalter 1600–1750

Eine Sozial- und Kulturgeschichte

Böhlau Verlag Wien · Köln · Weimar

Gedruckt mit Unterstützung durch
den Schweizerischen Nationalfonds zur Förderung der wissenschaftlichen Forschung
und die Friedrich-Emil-Welti-Stiftung

Umschlagabbildungen:
Giacomo Ceruti: Die zwei Bettler
Alessandro Magnasco: Nonnen beim Spinnen

Die Deutsche Bibliothek – CIP-Einheitsaufnahme
Hersche, Peter: Italien im Barockzeitalter : Eine Sozial- und
Kulturgeschichte / Peter Hersche – Wien ; Köln ; Weimar : Böhlau, 1999
ISBN 3-205-99008-0

Das Werk ist urheberrechtlich geschützt. Die dadurch begründeten Rechte,
insbesondere die der Übersetzung, des Nachdruckes, der Entnahme von Abbildungen,
der Funksendung, der Wiedergabe auf photomechanischem oder ähnlichem Wege
und der Speicherung in Datenverarbeitungsanlagen,
bleiben, auch bei nur auszugsweiser Verwertung, vorbehalten.

© 1999 by Böhlau Verlag Ges.m.b.H. und Co.KG., Wien · Köln · Weimar

Gedruckt auf umweltfreundlichem, chlor- und säurefreiem Papier.
Druck: Imprint – Ljubljana

Inhalt

Vorwort 8

Einleitung: Das „dunkle" Jahrhundert 11

1
Ein Panorama der italienischen Staatenwelt in der Neuzeit 23
Die spanische Hegemonie über Italien 34
Gehemmter Absolutismus: Regierung und Verwaltung 46

2
Die demographische Katastrophe 61
Sexualität, Ehe, Familie 74
Intermediäre soziale Organisationen: Bruderschaften
 und fromme Stiftungen 87

3
Vom Bürgertum zum Adel: Die Refeudalisierung
 der Gesellschaft 103
Macht und Funktion des geistlichen Standes 116
Die Lebensbedingungen des gewöhnlichen Volkes 131

4
Der Untergang des städtischen Gewerbes 147
Handel und Finanzen: Zeichen eines Mentalitätswandels? 158
Reagrarisierung und Aufschwung der neuzeitlichen Landwirtschaft ... 170

5
Das Scheitern der tridentinischen Reformbewegung 183
Formen und Bedeutung der Laienreligiosität 197
Der Konformismus im Geistesleben und
 die Ausgrenzung der Dissidenten 213

Ostentative Verschwendung: Der barocke Bauboom 225
Vorstellung und Realität: Plastik und Malerei 241
Kultur als Exportartikel: Musik und Theater 255

Schluß: Das andere Europa – eine Kultur wider den „Fortschritt" 267

Abkürzungsverzeichnis 281

Anmerkungen 283

Literaturverzeichnis 336

Personen, Sach- und Ortsregister 366

Bildnachweis 377

„Die Hispanisierung gab sich aber auch als „edle Muße" ... Man ließ sich gehen und genoß, so viel man konnte ... Freilich von der jetzigen Ausnützung der Menschenkräfte und der Erdoberfläche war man damals weit entfernt. Die Perioden des materiellen sogenannten Brachliegens haben ihren eigenen Wert."

Jacob Burckhardt: Italien im 17. Jahrhundert,
in: Historische Fragmente, Basel 1942, S. 162 und 164

Vorwort

Das vorliegende Werk verdankt sein Entstehen einmal der Tatsache, daß eine Übersichtsdarstellung zum Thema in deutscher Sprache seit Jahrzehnten nicht mehr erschienen ist, zweitens, daß in den vergangenen zwei Jahrzehnten sehr viel italienische Literatur dazu publiziert, aber nördlich der Alpen überhaupt nicht rezipiert wurde, drittens bestimmten Fragen der Sozial-, Mentalitäts- und Kulturgeschichte des Katholizismus, denen ich seit langem nachgehe und für deren Beantwortung Italien selbstverständlich eine zentrale Rolle spielt. Die Erarbeitung des gesamtgeschichtlichen Rahmens, in den diese Spezialprobleme zu stellen sind, veranlaßte mich, eine Synthese zu versuchen.

Voraussetzung des Unternehmens war ein mehrmonatiger Aufenthalt in Rom im Jahre 1996. Dem Direktor des Deutschen Historischen Instituts in Rom, Arnold Esch, und seinen Mitarbeitern auf allen Stufen gebührt ein erster Dank: Sie sorgten für erste Unterkunft, boten liberale Benutzungsbedingungen der reichhaltigen Bibliothek des Hauses und vermittelten nützliche Hinweise auf die vielfältige wissenschaftliche Welt in Rom. Ein weiterer Dank geht an das Personal der vielen besuchten Bibliotheken, insbesondere der Biblioteca di Storia Moderna e Contemporanea, der Biblioteca Nazionale, der Hertziana, Vaticana und der École française. Die meisten dieser römischen Bibliotheken befinden sich in alten Palazzi; eine solch geschichtsdurchtränkte Atmosphäre beflügelt historische Arbeit selbstverständlich mehr als ein Betonklotz irgendwo außerhalb der Stadtmitte. Einen besonders herzlichen Dank schulde ich Elisabeth und Jörg Garms-Cornides. Sie waren nicht allein interessierte Gesprächspartner, sondern halfen auch bei manchen praktischen Problemen des Lebens in Rom weiter. Jörg Garms hat außerdem mit dem scharfen Auge des hauptberuflichen Kunsthistorikers die Kapitel 6.1 und 6.2 durchgelesen und so einige Verbesserungen und Ergänzungen ermöglicht.

Bücher sind wichtige, aber nicht einzige Grundlagen historischer Arbeit. Obwohl man schon zu Beginn des Studiums erfährt, daß es auch Sachquellen gebe, werden sie kaum je benutzt. Von dem sonst wenig geschätzten Heinrich von Treitschke behielt ich das goldene Wort: „Man muß jeden Winkel Deutschlands durchstöbern, wenn man über deutsche Geschichte schreiben will." Das gilt selbstverständlich allgemein: Eine historische Darstellung über ein Land zu verfassen, das man nicht einigermaßen aus eigener Anschauung kennt, scheint mir ein Unding zu sein. Was Italien anbelangt, so beeindruckten mich die in ihre Werke eingeflossene Beobachtungsgabe der passionierten Wanderer Ferdinand Gregorovius, Jacob Burckhardt und Max Weber. Um eine eingehende Kenntnis des Landes zu erlangen, sind allerdings heutige Verkehrswege und -mittel schlecht geeignet. Anstatt den Blick zu den Objekten hinzulenken, versperren sie eher den Zugang. Wer sich mit historischen Epochen beschäftigt, tut gut daran, sich auch so fortzubewegen, wie es einmal die meisten Leute taten, nämlich zu Fuß. Moderne Hindernisse, zunehmende Orientierungsprobleme und lästige Immissionen – die Gründe dafür brauchen hier wohl nicht aufgezählt zu werden – reduzieren allerdings die Wanderlust immer mehr, machen sie vielleicht in Zukunft ganz unmöglich. Trotzdem oder vielleicht gerade deswegen habe ich mich nicht davon abhalten lassen, zusammengerechnet mindestens die Länge des Stiefels, vielleicht zusätzlich seine mittlere Breite, so zurückzulegen. Wer einmal etwa auf einer römischen Konsularstraße schritt, auf einer kunstvoll angelegten „mulattiera" (einen Maultierpfad) einen Paß überquerte, auf einer spanischen Militärstraße seinen Weg nahm oder entlang einer „Via Crucis" einen Wallfahrtsort aufsuchte, der bekommt im wahrsten Sinne des Wortes historischen Boden unter die Füße. Zwischenstücke in einem jener schlecht gefederten, zuweilen nur mit harten Sitzschalen versehenen italienischen Busse auf einer gepflasterten Straße zu durchfahren, gibt dazu eine Ahnung, wie unbequem früher das Kutschenfahren gewesen sein muß. Umgekehrt vermittelt eine Annäherung vom Meer her, in einem der rar gewordenen Passagierschiffe, Eindrücke, wie es Auto und Flugzeug niemals können. Mit solchen „historischen", heute nolens volens zum Aussterben verurteilten Fortbewegungsarten, nimmt man bei entsprechender Aufmerksamkeit historische Zusammenhänge schneller und vor allem unmittelbarer wahr als mit trockenen Buchstaben. Man gewöhnt sich so daran, Landschaften zu lesen, findet Reste früherer Agrarstrukturen, kann mit Einheimischen sprechen (heute als „oral history" mit höherer wissenschaftlicher Dignität versehen), erfährt sinnlich, wie ein durchschnittliches Dorf und eine durchschnittliche Pfarrkirche früher ausgesehen haben mögen, bekommt das langsamere Zeitmaß früherer Epochen zu spüren, und statt Aludosen zu leeren folgt man der freundlichen Aufforderung des alten Brunnens: „Bibe Viator".

Zusammenfassende Werke wie das vorliegende laufen oft Gefahr, unter einem zu hohen Abstraktionsniveau zu leiden. Der Verfasser würde sich glücklich schätzen, wenn es ihm gelungen wäre, einiges aus der erlebten Anschaulichkeit weiterzugeben.

Gewidmet ist das Buch meiner unermüdlichen Mitwanderin A.K.

Karel Dujardin, Rast vor einer italienischen Dorfschenke.

Einleitung: Das „dunkle" Jahrhundert

Seit der Renaissance, noch mehr seit der Aufklärung ist Italien das Ziel unzähliger fremder Besucher. Wir wissen davon aus vielen Reiseberichten, die für den Historiker interessante Quellen darstellen.[1] Mannigfaltig sind die Motive zu einer Italienreise: Zunächst religiöse, der Besuch der Apostelgräber in Rom, des Hauses der Maria in Loreto, schließlich auch der franziskanischen Gedenkstätten in Assisi; das Studium der Kunst seit der Renaissance und der antiken oder frühchristlichen Denkmäler; die Suche nach Gesundung in heilenden Bädern und mildem, sonnigem Klima; die Anschauung einer reizvollen Landschaft, lebensfreudiger Sinnlichkeit und eines bunten Volkslebens; zuletzt, bei den Männern, die ja stets die Mehrzahl der Reisenden stellten, die Möglichkeit Abwechslung bietender erotischer Erlebnisse.[2] Vom Pilger über den Kavalier der „Grand Tour" bis zum überreizten Intellektuellen unseres Jahrhunderts – alle suchten und suchen sie Erfüllung ihrer Wünsche und Träume im Süden.[3]

Diesem enormen Interesse für das Land entspricht nun aber nicht im entferntesten auch ein solches für seine Geschichte, wobei die Frage, ob dies am fehlenden Angebot oder der mangelnden Nachfrage liege, hier nicht beantwortet werden kann. Tatsache ist, daß wenigstens für die Frühneuzeit zwischen Italien und dem deutschsprachigen Raum ein eigentlicher „Wissensgraben" feststellbar ist. In den deutschsprachigen Übersichten zur Geschichte Europas – unter den größeren seien stellvertretend die Fischer-Weltgeschichte und die Oldenbourg-Grundrisse genannt[4] – zieht Italien, mit der iberischen Halbinsel, regelmäßig den kürzeren. Die Darstellung beschränkt sich fast immer auf Deutschland (was vielleicht verständlich ist), England und Frankreich. Trotz der nun schon mehrere Jahrzehnte alten Europäischen Union bzw. ihrer Vorgängerinstitutionen scheint die Geschichte Italiens kaum in die europäische eingebunden. Umgekehrt gilt freilich dasselbe: Übersichten zur gesamteuropäischen Geschichte sind ihrerseits in Italien selten[5], während es an umfassenden Darstellungen der nationalen Geschichte nicht mangelt.

Verstärkt gilt diese Feststellung für die Zeit zwischen Renaissance und Aufklärung, eine Epoche, die wir hier vorläufig mit den Jahren 1600 und 1750 eingrenzen und einmal pragmatisch mit dem Kürzel „Barock" benennen wollen. Dies zeigt ein Blick auf die vorhandenen Übersichtsdarstellungen. Lills „Geschichte Italiens" behandelt nach einer lesenswerten Einführung in „Perspektiven und Grundkonstellationen" die wesentlichen Probleme des 17. Jahrhunderts unter dem Titel „Italiens ‚Dekadenz'" (immerhin in Anführungszeichen) auf 24 Seiten, wobei auch Sozial- und Kulturgeschichte zu Wort kommen.[6] Dem 19. Jahrhundert, bis zum Ersten Weltkrieg, wird demgegenüber aber zehnmal so viel Platz eingeräumt, mit einer Gewichtsverschiebung hin zur politischen Geschichte. So wird das Ancien Régime eigentlich zur Vorgeschichte des Risorgimento reduziert, denn auch dem 18. Jahrhundert stehen nur 31 Seiten zur Verfügung. Procaccis etwas umfangreichere, aber schon mit dem Jahr 1000 einsetzende Gesamtdarstellung liegt in deutscher Übersetzung vor.[7] Sie widmet dem 17. Jahrhundert, „einem Jahrhundert der Stagnation", noch etwas weniger Raum, nämlich 18 Seiten, das sind knapp 5% des Gesamtumfangs. Aufklärung und Reformen bis zur Revolution dürfen demgegenüber doppelt so viele Seiten beanspruchen. Auch dieser Autor vernachlässigt aber die Sozial- und Geistesgeschichte nicht. Schumanns etwas knappere, aber schon mit dem Jahr 476 einsetzende Übersicht muß naturgemäß mit noch weniger Platz auskommen, nämlich mit zwölf Seiten, unter dem etwas nichtssagenden Titel „Ausklang im Mittelmeer".[8] Zwangsläufig ist hier die Auswahl der behandelten Themen etwas willkürlich, in der Wertung denkt auch dieser Autor vorzugsweise in den Kategorien des „Niedergangs".

Etwas besser steht es in anderen Sprachen. Als einzige mehrbändige Darstellung der Geschichte Italiens in nichtitalienischer Sprache liegt die in den siebziger Jahren erschienene „Longmans History of Italy" vor. Das Zeitalter des Barock hätte Eric Cochrane, ein ausgewiesener Kenner der Kultur- und Geistesgeschichte der Spätrenaissance, darstellen sollen. Er starb aber über der Arbeit; der von seinem Schüler Julius Kirshner notdürftig zum Druck fertiggestellte Band reicht nun nur bis 1630.[9] Der nachfolgende Band von Carpanetto/Ricuperati beschränkt sich strikt auf die Aufklärung und die Reformen und setzt erst mit 1685 ein.[10] Erst ganz kürzlich wurde die Lücke nachträglich mit einem von Domenico Sella verfaßten Band gefüllt.[10a] Im übrigen stehen bei Cochrane stark die traditionellen Eliten und Einzelpersonen im Vordergrund, die Wirtschafts- und Sozialgeschichte wird nur am Rande behandelt. Es bleibt noch ein französisches Taschenbuch „L'Italie au XVIIe siècle", das den nichtitalienischen Leser einigermaßen ausführlich über dieses Jahrhundert informiert und gleichzeitig versucht, etwas über die traditionellen Negativwertungen hinauszukommen: Drei der vier Verfasser sind bekannte Spezialisten der italienischen Geschichte, und ihre Beiträge zeichnen sich durch hohe Kompetenz aus.[11] Gleichwohl stößt man aber auch in diesem Bändchen auf merkliche Lücken. So sind ganz knapp behandelt bzw. nur angedeutet die Sozialgeschichte im engeren Sinn (Karrieren, Nobilitierung, „Refeudalisierung" usw.), die Agrargeschichte und das Sozialwesen, beides für Italien sehr wichtige Themen. Besonders auffällig ist hier aber die völlige Absenz der, wenn überhaupt, im 17. Jahrhundert zentralen Kulturgeschichte wie der Geschichte von Wissenschaft und Bildung.

Die Nichtrezeption der sehr lebhaften und umfangreichen historischen Literatur Italiens, die sich natürlich auch in Arbeiten zu Spezialthemen bemerkbar macht, hat sicherlich auch sprachliche Gründe, EU hin oder her. Ein italienischer Forscher schätzte den Anteil der italienisch geschriebenen Werke zur Landesgeschichte auf 75 %, ein Wert, der u. E. eher zu tief angesetzt ist.[12] Das ist nun wohl nicht anders möglich, doch scheint zu gelten „Italica non leguntur". Auffallend ist, daß die an zweiter Stelle kommende angelsächsische Forschung zu Italien sich geradezu monoman fast nur mit Venedig und Florenz abgegeben hat und es immer noch tut, Rom schon weit weniger interessant findet und die Erforschung Süditaliens allenfalls Nachkommen von in den Vereinigten Staaten aufgestiegenen italienischen Emigrantenfamilien überläßt. Venedig und Florenz gelten aber nach der Renaissance geradezu als Paradefälle der „Dekadenz", mithin als nicht mehr interessant. Umgekehrt wird allerdings, nachdem Englisch auch in Italien zur lingua franca geworden ist, die englische historische Fachliteratur dort zunehmend gelesen. Deutschsprachige Beiträge zur Geschichte Italiens im 17. Jahrhundert sind Angelegenheit von vielleicht einem Halbdutzend Spezialisten; vielleicht wären auch diese nicht entstanden, wäre die deutsche Geschichtswissenschaft nicht in Rom institutionell verankert.[13] Umgekehrt gilt freilich dasselbe. Italienische Forscher mit ausreichenden Deutschkenntnissen sind verhältnismäßig selten und, wenn schon, eher in der im Emeritierungsalter stehenden älteren Generation zu finden, was zur Folge hat, daß in Italien auch die deutsche Forschung – wir sprechen hier immer nur von der Frühneuzeit – nur dann zur Kenntnis genommen wird, wenn sie übersetzt vorliegt, was sich meist auf einzelne ausgewählte Aufsätze beschränkt.[14] Enger sind, und dies wohl nicht nur aus sprachlichen Gründen, die Kontakte zur französischen Forschung. Die Anregungen der „École des Annales", aber auch etwa der historischen Religionssoziologie eines Gabriel Le Bras und anderer sind in Italien auf fruchtbaren Boden gestoßen, und in einzelnen Bereichen ist der wissenschaftliche Austausch nicht gering.[15]

Neben diesen offensichtlichen und für viele Zeiten und Räume allgemein gültigen Gegebenheiten gibt es aber, wie schon angedeutet, auch mit Wertungsproblemen zusammenhängende Gründe der Vernachlässigung des „langen" 17. Jahrhunderts. Das Zeitalter zwischen 1600 und 1750 war und ist auch in Italien bis heute keine beliebte Epoche, ganz im Gegenteil. Ruht auf dem 16. Jahrhundert noch der milde Abendglanz der Spätrenaissance und eines wirtschaftlichen „Martinisömmerchens" (Ruggiero Romano), und bricht mit dem 18. Jahrhundert verheißungsvoll die Morgenröte der Aufklärung an, als Vorstufe des eigentlichen Risorgimento (wörtlich „Wiederauferstehung"), so war das 17. Jahrhundert im Urteil der Historiker fast bis in die Gegenwart nur Nacht, eine allenfalls von den Feuerbränden der Inquisition erhellte Dunkelheit. „Secolo scuro", „Secolo di decadenza", „di stagnazione", „dell' autorità" oder „del conformismo" setzte man als Überschriften in den historischen Darstellungen der Epoche. Außenpolitische Bedeutungslosigkeit und spanische Fremdherrschaft, Verlust der kommunalen Freiheit und „Verrat des Bürgertums" (Ferdinand Braudel), schlechte Verwaltung und allgegenwärtige Korruption, Herrschaft eines fanatischen Klerus und blutsaugerischen Adels, Pest und wirtschaftlicher Niedergang, Gängelung und Verfolgung der Wissenschaften (der „Fall" Galilei) durch die Gegenreformation mit Inquisition und Index, barocker Schwulst und sinnlose Ressourcenverschwendung, drapiert als „Kultur", waren die in diesem Zusammenhang genannten Fakten.

Das alles ist wahr und dennoch grundsätzlich fragwürdig. Die eben genannten Werturteile entstammen im wesentlichen der vom Risorgimento geprägten Geschichtsschreibung des 19. Jahrhunderts. Ihr kam es darauf an, die eigenen Leistungen vor der dunklen Folie der entfernteren Vergangenheit noch heller erscheinen zu lassen und gleichzeitig die selbst verschuldeten Schrecklichkeiten – man denke etwa an den nicht eben gewaltlos erfolgten „Anschluß" des Südens an das neue, piemontesische Italien – der Vergessenheit zu überliefern. Genau besehen gehen die Verurteilungen aber schon bis in die Aufklärung zurück. Schon um 1700 war man in Frankreich überzeugt, in der Gelehrsamkeit Italien weit überrundet zu haben, wogegen die italienische Wissenschaft, wie viele Italiener selbst zugaben, im europäischen Vergleich stark zurückgeblieben war.[16] Weitere negative und zuweilen schon historisch begründete Urteile wurden von den nun in zunehmender Dichte erscheinenden Reiseberichten in ganz Europa verbreitet, so daß sich der in London lebende Giuseppe Baretti veranlaßt sah, in einem Pamphlet den gröbsten Fehlurteilen und Verunglimpfungen, die er vor allem bei Protestanten beobachtete, entgegenzutreten.[17] Andererseits zogen damals weitgereiste Italiener, wie etwa Carlantonio Pilati, aufgrund eigener Anschauung kritische Vergleiche mit dem übrigen Europa, die ganz zu Ungunsten ihres Heimatlandes ausfielen.[18] Die nach der Jahrhundertwende einsetzenden Reformen des aufgeklärten Absolutismus in einigen italienischen Staaten warfen von selbst die Frage auf, weshalb es soweit kommen mußte, daß Veränderungen dringlich und unumgänglich wurden.[19] Hier kam zuerst das Wort von der spanischen Mißwirtschaft auf, wurden einheimische Dynastien, wie die Medici, als gänzlich unfähige Herrscher disqualifiziert, wurde die übermächtige Rolle der Kirche und die klerikale Dominanz in der Gesellschaft kritisiert. Die Urteile der damaligen Historiker über die Zeit vor der Aufklärung sind bis nach dem Zweiten Weltkrieg nachgeschrieben worden und haben, wie die Beispiele Mailand und Florenz zeigen, unser Geschichtsbild fast zwei Jahrhunderte lang zementiert.[20]

Eine erste Bresche in die Mauer der Vorurteile schlug nach dem Ersten Weltkrieg der bedeutende neapolitanische Philosoph und Historiker Benedetto Croce. Er fand auch gewisse positive Elemente in der „Dekadenz" und wies vor allem darauf hin, daß der Niedergang Italiens untrennbar mit demjenigen Spaniens verbunden war, diesem somit nicht böser Wille am Verderb Italiens angelastet werden könne.[21] Eine grundsätzliche Umwertung war dies aber nicht, und an der unbedingten Verurteilung des Barock als eines gänzlich geschmacklosen Stils hielt Croce fest. Gerade seine Autorität als liberaler Denker und die Tatsache, daß im Faschismus eine Uminterpretation der tradierten Geschichtsbilder inopportun erschien, trugen aber zum Weiterleben der Dekadenzthese bei. Croces Anregungen wurden erst 1971 von Guido Quazza in einer ganz Italien umfassenden Untersuchung, die eine erste teilweise Rehabilitation der verfemten Epoche brachte, wiederaufgenommen.[22] Schon in den fünfziger Jahren aber waren für Mailand durch Federico Chabod und Luigi Bulferetti erste vorsichtige Revisionen, gestützt auf Ergebnisse von Spezialforschungen, erfolgt.[23] Weitere kamen seit den späten sechziger Jahren für Neapel hinzu durch Giuseppe Galasso und, auf dem Sektor der Religionsgeschichte, durch Gabriele de Rosa.[24] In der Toskana machten sich die „Revisionisten" erst in den achtziger Jahren bemerkbar.[25]

Die Forschung über das Seicento der letzten dreißig Jahre zeigt ein kontroverses Bild. Auf der einen Seite erschienen viele Arbeiten, welche mit den in Italien beliebten quantitativen Methoden die Dekadenzthese mit Zahlen untermauerten. So konnte der Verfall des Gewerbes und der Rückgang des Handels nach Beschäftigten- und Stückzahlen, in Tonnen und Geldsummen annähernd gemessen werden. Wir wissen heute genauer als der Dichter Manzoni, wieviele Pestopfer Italien zu beklagen hatte. Auch die beispiellose Zunahme der Kleriker im 17. Jahrhundert ist nun statistisch gut belegt. Viele Angaben zur Rendite in der Landwirtschaft lassen den Umfang der Reagrarisierung und der feudalen Abschöpfung deutlicher sehen. Und langsam beginnen wir zu begreifen, welch ungeheure Summen in den gebauten und „ephemeren" Barock[26] geflossen sind. Auf der anderen Seite gibt es mehr und mehr Untersuchungen, die zu beweisen versuchen, daß es so schlimm nicht gewesen sei, daß Italien seinen eigenen Weg der „Modernisierung" gesucht und gefunden habe, daß es von der gesamteuropäischen Entwicklung, mit einigen Abstrichen, nicht abgekoppelt gewesen sei. So wurde etwa gesagt, daß es im 17. und frühen 18. Jahrhundert auch in Italien noch viele anerkannte Wissenschafter, besonders Mediziner, gegeben habe, die auch über die Forschung im Ausland orientiert waren und sich in Akademien zusammenfanden. In der Wirtschaft habe es nicht an technischen Innovationen gefehlt. Der Zusammenbruch des städtischen Gewerbes nach 1630 sei eigentlich nur eine Verlagerung auf das Land, auf protoindustrielle Heimarbeit gewesen; gerade damit hätten die Italiener ihre Innovationsfähigkeit belegt. Ebenso sei die Verlagerung der Investitionen von Gewerbe, Handel und Bankgeschäften auf die Landwirtschaft nicht rückschrittlich gewesen, denn diese Landwirtschaft, sogar die Weidewirtschaft im Süden, sei in durchaus „kapitalistischer" Manier betrieben worden, die Latifundienbesitzer seien keine trägen Rentenbezieher, sondern eher Unternehmer gewesen.

So sympathisch solche Versuche einer Korrektur überholter Vorstellungen sind, so problematisch sind sie aus grundsätzlichen Erwägungen, einmal abgesehen davon, daß sie stets wohl nur für Teilbereiche gelten und das generelle Bild zwar retuschieren, aber nicht definitiv verändern können. Im Grunde genommen wird aber Italien so an einem Entwicklungsmodell gemessen, das zwar gerne generalisiert wird, in Wirklichkeit aber durchaus partikulär ist: an dem der protestantischen Welt, insbesondere der Niederlande und Großbritanniens – Wallersteins „Kernzonen" bzw. „Zentralstaaten".[27] Historiker, die kritiklos dem Modernisierungsparadigma huldigen, riskieren aber, eigenständige Problemlösungen und alternative Entwicklungspfade zu übersehen. Das „andere Europa", wie es Galasso emphatisch beschworen hat, kommt jedenfalls so nicht in den Gesichtskreis des Forschers.[28] Aus diesem Grunde sind auch generelle Interpretationsmodelle zur Frühneuzeit, wie sie im deutschen Raum etwa Richard van Dülmen oder Winfried Schulze aufgestellt haben, im Falle Italiens wenig hilfreich.[29] Alternative Entwürfe, wie sie auf dem hier vor allem zur Diskussion stehenden Feld der Ökonomie etwa Karl Polanyi oder Erich Egner vorgelegt haben, würden vielleicht weiter führen als das nun auch für die Frühneuzeit mehr und mehr bemühte Modernisierungsparadigma, werden aber selten bis nie berücksichtigt.[30] Es könnte aber sein, daß Italien in Bereichen „modern" war, wo man „Modernität" – wenn das ominöse Wort schon nicht zu vermeiden ist – vorerst gar nicht suchen würde. Anstatt zu versuchen, die Dekadenzthese in Teilbereichen zu widerlegen, könnte man sich einmal fragen, worin denn „Modernität", „Fortschrittlichkeit", „Innovation" überhaupt bestünden und wie sie zu werten seien bzw. ob der historischen Erkenntnis gedient ist, wenn die seit der Aufklärung tradierten Definitionen von „Rückständigkeit" ungefragt weitergeschleppt werden.[31] Das würde für das 17. Jahrhundert heißen, es einmal nach dem veränderten Sprichwort zu untersuchen: „Wo viel Schatten ist, muß auch Licht sein." Es ist auffallend, aber eigentlich nicht weiter überraschend, daß die überzeugtesten Kritiker der Dekadenzthese und Anhänger einer modernisierungskritischen Ansatzes Nichtitaliener sind. Sie brauchen sich des 17. Jahrhunderts nicht zu schämen – diesen Eindruck hat man bisweilen bei Italienern – und müssen ihr Interesse daran nicht sozusagen rechtfertigen. Sie können unvoreingenommener und weniger von überlieferten historischen Urteilen belastet an die Phänomene herangehen; sie bringen wohl auch einen anderen Blickwinkel mit. Darin lag schon der große Vorzug der Reiseberichte, selbst wenn sich dann dieser andere Blickwinkel häufig als nicht vorurteilsfrei entpuppte.[32] Unter den Franzosen war schon der große Braudel, bekanntlich ein exzellenter Kenner Italiens im 16. Jahrhundert, nicht mehr ganz von der Dekadenzthese überzeugt.[33] Eine bewußte Revision der tradierten Geschichtsschreibung seit der Aufklärung versuchte dann Jean-Claude Waquet ausgerechnet am Beispiel des vielkritisierten „bigotten" Cosimo III. von Toskana.[34] Prompt stieß er heftig mit einem Vertreter der älteren Auffassung, Furio Diaz, zusammen.[35] Waquet stellte in einer interessanten Einführung „Stabilität" als Staatsziel leitmotivisch seiner Untersuchung voran. Diese selbst engte sich dann allerdings auf eine sich bisweilen in Details verlierende Finanzgeschichte ein und nahm die Anstöße zu einer kulturgeschichtlichen Uminterpretation dieser verfemten Zeit, die Eric Cochrane schon vor einem Vierteljahrhundert gegeben hatte, nicht auf.[36] Dieser hatte noch in seinem letzten Werk die Dekadenzthese in Frage gestellt, konnte sich allerdings, von der hohen Warte der Renaissance aus, nicht zu einer adäquaten Wertung des Barock durchringen.37 Peter Burke, ein weiterer brillanter ausländischer Kenner Italiens, hat sich mit der Dekadenzthese nicht explizit auseinandergesetzt; seine Aufsätze zum Italien der Frühneuzeit – Kabinettstücke historischer Forschung – aber bieten reichlich Anregungen zu einer Um- und Neuinterpretation dieser Zeit.38 Als schärfster Kritiker der für Italien unangemessenen „Geschichte als Fortschrittsgeschichte" erwies sich Peter Musgrave in einem schmalen, bisher zu wenig beachteten Bändchen über die Valpolicella zwischen 1630–1791.39 Auch für ihn ist „Stabilität", die er auch ökologisch versteht, ein Leitbegriff, sie bzw. das Sicherheitsstreben, nicht Wachstum und Wandel, seien für diese Gesellschaft wegleitend gewesen. Dies wird aufgezeigt an der entwickelten Landwirtschaft der Valpolicella. Sie zu schaffen und durch sie krisenhafte Situationen bewältigt zu haben sei keine geringere Leistung gewesen als eine industrielle Revolution. Auch Musgrave befaßt sich nur am Rande mit der Kulturgeschichte, fragt aber doch rhetorisch, ob die umfangreiche Bautätigkeit des Barock mit „Dekadenz" zu vereinbaren sei.

Gemessen am rein quantitativen Ausstoß ist die Epoche von 1600–1750, nimmt man etwa Bibliographien zur Hand, immer noch weniger gut als die Zeiten vorher und danach vertreten. Unverkennbar aber hat das Interesse in den vergangenen fünf, zehn Jahren in Italien selbst zugenommen, und die Literatur ist heute sehr viel weniger gut überblickbar, als sie es noch vor einem Vierteljahrhundert für Quazza war.40 Allerdings entbehren die neuen Spezialarbeiten mit wenigen Ausnahmen einer übergreifenden Perspektive und stellen kaum je Grundsatzfragen. Die Rehabilitation des Barockzeitalters ist sicherlich im Gang41, aber neue Überblicke stehen noch aus. Die Vorliebe der Italiener für Buchbindersynthesen, namentlich der so beliebten „Atti" unzähliger „Convegni", wirkt sich hemmend für eine Gesamtschau aus. Ein Historiker, der im Alleingang eine ganze Epoche in Angriff nimmt, wie dies Franco Venturi für das Settecento tat42, steht für die Zeit vorher offenbar noch nicht bereit. Vor kurzem erschien eine neue italienische Darstellung der gesamten Frühneuzeit in einem Band, verfaßt von insgesamt sieben Autoren.43 Sie sind alle bestens für ihre Fragestellung ausgewiesen, dennoch fehlt hier die Gesamtsicht, was allerdings auch damit zu tun hat, daß die Politikgeschichte fast die Hälfte des Raums einnimmt, die Kulturgeschichte (im weitesten Sinne genommen) wiederum völlig ausgeblendet ist.

Der vorliegende Band versucht, dieses Fahrwasser zu vermeiden, wobei sich der Verfasser der Schwierigkeiten bewußt ist, alle Bereiche der Geschichte einigermaßen gleichmäßig zu berücksichtigen und eigene Forschungsinteressen nicht über Gebühr in den Vordergrund zu stellen. Zunächst soll selbstverständlich eine Zusammenfassung der Ergebnisse der inzwischen sehr aufgefächerten Forschung gegeben werden. Dabei wird im wesentlichen die Literatur der vergangenen 25 Jahre ausgewertet und zitiert. Wenn im Literaturverzeichnis nichtitalienische Werke etwas bevorzugt wurden, so deswegen, weil damit dem Leser der Einstieg in die vermutlich den meisten recht fremde Welt des Seicento erleichtert werden sollte, mindestens in sprachlicher Hinsicht: Auch wenn die Qualität dieser Werke nicht immer über alle Zweifel erhaben ist, so transponieren sie wenigstens viele italienische Forschungsergebnisse in gängige Sprachen. Die wichtige ältere Literatur ist in den eingangs erwähnten Darstellungen aufgeführt, überdies liegt ein bis 1971 reichender Literaturbericht von Adam Wandruszka vor.[44] Für eingehende weitere Informationen sind selbstverständlich die beiden mehrbändigen italienischen Gesamtdarstellungen zu konsultieren, nämlich die epochemachende „Storia d'Italia" des Verlages Einaudi[45], die in den siebziger Jahren erschien, sowie die etwa gleichzeitige, nun fast vollständig vorliegende von Giuseppe Galasso herausgegebene „Storia d'Italia", welche für die Frühneuzeit nach den historischen Einheiten aufgegliedert ist.[46] Ein Literaturbericht, der den Zeitraum von etwa 1965–1985 umfaßt, ist für das 17. Jahrhundert leider sehr unbefriedigend ausgefallen.[47] Zu den aktuelle Orientierung bietenden Zeitschriften ist wenig mehr als das bereits vor 15 Jahren von Volker Hunecke Ausgeführte zu sagen.[48]

Auf einige Schwerpunktsetzungen sei vorweg hingewiesen. Die politische Geschichte wird hier vergleichsweise knapp dargestellt. Die Ereignisgeschichte – große gab es gar nicht – kann man ohne weiteres in älteren deutschen Werken nachlesen.[49] Zur Hauptsache ist unsere Darstellung Sozial- und Kulturgeschichte, letztgenannte unter Einbezug der Mentalitäts- und der auch in Italien beliebten Alltagsgeschichte („microstoria").[50] Es ist selbstverständlich, daß im 17. Jahrhundert unter diesen beiden Sichtweisen auch der Religionsgeschichte gehöriger Raum gebührt. Angesichts des mehrfach erwähnten Defizits in anderen Darstellungen haben wir uns entschlossen, der Kulturgeschichte, und zwar wenn möglich, nicht bloß der „höheren" Kultur[51], nicht allein viele Einzelhinweise, sondern abschließend einen großen Abschnitt zu widmen, obschon sehr wenige Vorarbeiten existieren. Auch hier geht es natürlich nicht um einen schmalspurigen Auszug aus der allgemeinen Kunst- und Musikgeschichte, sondern um eine vorwiegend sozialgeschichtliche Sicht der Dinge.

Eines der größten Probleme, italienische Geschichte zu schreiben, besteht wohl darin, daß es „Italien" bis zum 19. Jahrhundert (und vielleicht auch darüber hinaus, wie neueste politische Entwicklungen zeigen) als politische Einheit nicht gibt, Italien, wie Metternich sagte, vorerst ein geographischer Begriff ist. Auch wirtschafts- und sozialgeschichtlich ließen sich problemlos größere Unterschiede zwischen Norden und Süden, sogar zwischen benachbarten Staaten, ausmachen.[52] Selbst die oft beschworene kulturelle Einheit erweist sich nicht selten als Fiktion, wie Sprach- und Kunstgeschichte zeigen. Gleichwohl hätte eine Geschichte der einzelnen Staaten in einem die Synthese erstrebenden Werk wenig Sinn gemacht. Es geht darum, gemeinsame Züge hervorzuheben, ohne damit regionale Besonderheiten zu vernachlässigen. Diesem Ziel dient, auch um den Preis einiger Wiederholungen, die vorangestellte knappe Übersicht „Panorama der italienischen Staatenwelt". Sie versucht, dem nicht speziell mit Italien befaßten Leser, vorerst auf der politischen Ebene, die Verschiedenartigkeit dieser schon im Mittelalter außerordentlich zersplitterten Staatenwelt aufzuzeigen. Innerhalb der gesamten Darstellung haben wir dann versucht, dem seit Jahrhunderten vernachlässigten Süden, dem Mezzogiorno, gerecht zu werden, etwas auf Kosten der beliebten städtischen Zentren des Nordens. Damit soll auch ein großteils bis heute bestehendes historiographisches Mißverhältnis etwas ausgeglichen werden.

Über Epochenabgrenzungen kann man bekanntlich ewig streiten, deswegen sei dazu nur wenig gesagt. Der Zeitraum von 1600–1750 wurde mit Bedacht im Hinblick auf die verschiedenen hier dargestellten historischen Felder gewählt. 1600 ist sicherlich keine Wendemarke in der politischen Geschichte. Wohl aber bringen die Jahrzehnte vor und nach 1600 einen merklichen demographischen Einschnitt: Ein langes Wachstum durch zwei Jahrhunderte kommt zum Stillstand, ja die Pestverluste bringen einen spürbaren Rückgang. Dies hat Folgen auf vielen Gebieten. Auch die Vorboten der großen Wirtschaftskrise nach 1630 zeigen sich schon zwei, drei Jahrzehnte vorher. Im Gegensatz zur landläufigen Meinung würden wir hier auch kirchen- und religionsgeschichtlich einen Einschnitt machen, es wird darüber im betreffenden Abschnitt zu reden sein. Kunst- und musikgeschichtlich ist 1600 schon länger als Grenzscheide anerkannt.

Nach vorwärts würden wir, nicht bloß die Elite im Auge habend, eher für ein „langes" 17. Jahrhundert plädieren und somit eine Epochengrenze um 1750 einer solchen um 1700 vorziehen. Zwar vollziehen sich damals im Gefolge des Spanischen Erbfolgekrieges bedeutsame politische Veränderungen. Eine endgültige außenpolitische Beruhigung gibt es aber erst 1748; um diese Zeit setzen dann auch die wichtigen innenpolitischen Reformen des aufgeklärten Absolutismus ein. Schwieriger ist es, diesen Einschnitt für die Demographie, die Wirtschafts- und Sozialgeschichte zu rechtfertigen. Aber mit 1700 hat man genau dieselben Probleme. Kirchengeschichtlich würden wir, trotz der „svolta innocenziana"[53] gegen Ende des 17. Jahrhunderts, gesamtitalienisch eher um 1750 einen Einschnitt machen. Dies hängt mit der Aufklärung zusammen, die zwar in Italien auch schon um 1700 beginnt, aber vorerst nur einzelne erfaßt und erst nach der Jahrhundertmitte eine gewisse Breitenwirkung erlangt. Kunstgeschichtlich ist erst um 1750 der Barock endgültig verabschiedet; auch in der Musik hat nun ein gewisser Umbruch stattgefunden.

Geschichtsschreibung ist immer auch Interpretation. Wir versuchen, bestehende historische Präformierungen aufzubrechen und die erwähnte Kritik an der Dekadenzthese konsequent durchzuführen. Es geht darum, zu erkunden, ob am Beispiel Italiens historische Prozesse, die nicht dem „mainstream" folgen, sichtbar gemacht werden können, ob sich hier verschüttete Alternativen zur scheinbar allgegenwärtigen „Modernisierung" finden. Das Problem der „intendierten Rückständigkeit"[54] im „anderen Europa" soll in einem breiten Rahmen untersucht werden. Die weitgehende, vielleicht endgültige Verabschiedung des Risorgimento in der aktuellen italienischen Politik zwingt uns, auch die Geschichte mit anderen Augen zu sehen.[55] Seit gut zwanzig Jahren hat die Fortschrittsidee, die in der Nachkriegszeit noch einmal die Sinnstiftung versuchte, erhebliche Stöße erlitten. Die an ihr von Philosophen, Ökologen, Kulturwissenschaftern und auch einigen Historikern geübte Kritik kann nicht ohne Rückwirkung auf die gesamte Geschichtswissenschaft bleiben. Eine sich kritisch gerierende historische Wissenschaft, die blindlings dem Modernisierungsparadigma huldigt, trägt nichts zur Bewältigung der Gegenwartsprobleme bei und verfällt selbst der Kritik.[56] Es ist erstaunlich, wie viele Historiker ganz selbstverständlich Werten wie Fortschritt, Wandel, „Modernisierung" und Produktionssteigerung höhere Dignität zumessen als etwa dem Streben nach Stabilität und Sicherheit (oder Risikominimierung, Unterproduktivität und Mußepräferenz, wie es Dieter Groh genauer benennt).[57] Mit diesen verbinden sich fast ausschließlich negative Urteile, sie gelten als „überwunden" und demzufolge nicht mehr erforschenswert. Das italienische Seicento steht dafür exemplarisch.

I

Ein Panorama der italienischen Staatenwelt in der Neuzeit

Die fehlende politische Einheit Italiens ist eine historische Tatsache, welche die Geschichtsschreibung des Risorgimento häufig, lange und nachdrücklich beklagte. Im Deutschen Reich gab es mit Kaiser, Reichstag und Reichsgerichten immerhin einige wenige zentrale Institutionen als Dach über den Territorien. Daß einige dieser Einzelstaaten in Italien lagen, daß die Reichsgrenze formell bis weit nach Mittelitalien hinabreichte, hatte aber, wie noch zu zeigen sein wird, nur gelegentlich Bedeutung für die praktische Politik. Sogar die benachbarte Eidgenossenschaft entbehrte mit Tagsatzung, Gemeinen Herrschaften und überörtlichen militärischen Absprachen nicht einigender Elemente. In Italien aber fehlten diese vollständig, die Beziehungen zwischen den einzelnen Staaten waren im Prinzip rein völkerrechtliche; wechselnde Allianzen konnten sich bilden und wieder auflösen. Aufrufe zur politischen Einheit fehlen auch im Barockzeitalter nicht, blieben aber allesamt auf dem Papier. Zwei Tatsachen relativieren immerhin die These der völligen Zersplitterung Italiens und die auf sie zurückgeführte politische Bedeutungslosigkeit. Einerseits wirkte die Hegemonialmacht Spanien auch über die von ihr direkt beherrschten Gebiete hinaus als ein, wenn auch letztlich auf Macht und Gewalt gestütztes politisches Band. Auf der anderen Seite bot die Kirche so etwas wie eine „Überheimat", mit der sich viele Italiener mehr oder weniger identifizieren konnten. Der gegenreformatorische Katholizismus war nicht allein römisch, sondern italienisch geprägt. Italien war neben Spanien *das* katholische Land in Europa und die Dominanz der Italiener im kirchlichen Machtapparat, namentlich in der nun beträchtlich ausgebauten Kurialbürokratie, konnte das Gefühl der politischen Ohnmacht mindern helfen.

Gleichwohl muß jede Geschichte Italiens von den Einzelstaaten ausgehen. Im Grunde genommen wäre noch weiter unten anzusetzen, bei der Stadt, welche über der Familie und anderen gesellschaftlichen Ordnungen das eigentliche politische Identifikationsobjekt bildete, Grundlage des „Kirchturmsdenkens", des später vielbeklagten „campanilismo". Eine Darstellung aus dieser Sicht würde aber den historischen Stoff vollends unter den Fingern zerrinnen lassen.[1]

Es ist sinnvoll, die Übersicht der italienischen Staatenwelt ganz im Süden, mit dem Königreich Neapel, zu beginnen.[2] Es war nicht bloß der ranghöchste unter den weltlichen Staaten, sondern auch der größte in der Fläche: Sie machte, ohne die Inseln, etwa ein des Viertel des damaligen Italien aus. Entsprechendes gilt für die Bevölkerung: Drei bis vier Millionen, rund ein Viertel aller Italiener, lebten hier. Das „Regno" konnte sogar einen europäischen Rekord vorweisen: Seine Hauptstadt Neapel war nämlich zunächst die größte Stadt Europas, mit schätzungsweise 400–450.000 Einwohnern, bis zur großen Pest von 1656, welche diese Zahl um die Hälfte reduzierte und daher London und Paris an die erste Stelle rücken ließ. Aber noch während des ganzen Ancien Regime behielt Neapel unangefochten den dritten Rang, die Verluste wurden im 18. Jahrhundert wieder aufgeholt. Zu Neapel hinzugerechnet werden meistens die eigene Königreiche bildenden Inseln Sizilien und Sardinien.[3] Sizilien war sehr dicht besiedelt, es erlebte noch in der Neuzeit eine Welle von Stadtneugründungen und besaß mit Palermo und Messina ebenfalls nach damaligen Begriffen zwei Großstädte. Demgegenüber war Sardinien vergleichsweise leer. Obschon viele Reisende das Gefühl hatten und bis ins 19. Jahrhundert ungeschminkt äußerten, südlich von Rom beginne der Orient oder Afrika, entsprach der Süden verfassungs- und sozialhistorisch eher dem europäischen Muster als das übrige Italien. Er war nämlich feudal organisiert, die kommunale Bewegung Nord- und Mittelitaliens hat den Süden nie erreicht. Die drei Königreiche waren endgültig 1504 aus der aragonesischen Erbschaft an Spanien gekommen und bildeten seitdem Perlen des Imperiums. Die Regierung übten aus den vornehmsten spanischen Häusern stammende Vizekönige in Neapel, Palermo und Cagliari aus. In Neapel war ihnen ein gemischt einheimisch-spanischer Rat, der „Collaterale", beigeordnet, andere Ratsgremien befaßten sich vor allem mit finanziellen und kirchlichen Fragen. In Sizilien und Sardinien bestanden die alten Parlamente weiter; an sie mußten sich die Vizekönige wenden, wenn sie neue Steuern erheben wollten. Das Interesse Spaniens an diesen Gebieten war einerseits militärisch-strategisch, andererseits fiskalisch. Ihr Besitz war unabdingbar zur Seeherrschaft im Mittelmeer. Vor allem aus Neapel zog die spanische Krone ferner alljährlich immense Summen, die meist zur Kriegführung in anderen Teilen Europas eingesetzt wurden. Dem Königreich Neapel angegliedert war der „Stato dei Presidii" um Orbetello im Süden der Toskana, stark befestigte Küstenplätze, die den Schiffsverkehr vom Ligurischen ins Tyrrhenische Meer sicherten. Das Schiff war das einzige zuverlässige und rasche Verbindungsmittel zwischen dem Mutterland und dem italienischen Gebiet, aber auch innerhalb desselben. Befahrbare Straßen gab es nur wenige, sie gingen allesamt von der Hauptstadt aus. Im gebirgigen Innern, ganz im Süden und auf den Inseln konnten zu Land Menschen und Waren allenfalls auf Pferde-, Esel- und Maultierrücken geladen werden. Der Unterschied von Zentrum und Peripherie war extrem. Im Wasserkopf Neapel konzentrierten sich die administrativen, kirchlichen, kommerziellen, wissenschaftlichen, edukativen und künstlerischen Aktivitäten. Auch die umliegende Campagna, deren Fruchtbarkeit seit dem Altertum als Topos besungen wurde, war sehr dicht besiedelt. Dies stand in krassem Gegensatz zu den übrigen zurückgebliebenen, halbleeren, isolierten und teilweise malariaverseuchten Gebieten. Die nächstgrößeren Städte nach Neapel – Administrativzentren oder Hafenstädte wie L'Aquila, Bari, Lecce oder Reggio – zählten nur 15–30.000 Einwohner. Die spanische Herrschaft, die sich vor allem auf die lokalen Feudalherren, die „baroni", stützte, konnte sich bis zum Untergang des spanischen Zweiges des Hauses Habsburg halten. Nach dem Spanischen Erbfolgekrieg kam Neapel an die Österreicher, 1734 an eine Seitenlinie der Bourbonen, worauf eine Reformperiode begann.[4] Sizilien wurde 1713 Piemont zugesprochen, doch mußte dieses die Insel schon wenige Jahre danach gegen das weniger wertvolle Sardinien eintauschen. Im späteren „Königreich beider Sizilien" teilte die südliche Insel fortan das Schicksal des angrenzenden Festlands.

Der Kirchenstaat, rangmäßig ein Sonderfall im europäischen politischen Theater, folgte an Fläche und Bevölkerungszahl – rund ein Sechstel Italiens – an zweiter Stelle.[5] Die bereits im 16. Jahrhundert begonnene, mit Gewalt und systematischem Einzug heimgefallener Lehen betriebene Arrondierungspolitik fand in der ersten Hälfte des 17. Jahrhunderts mit der Angliederung von Castro (Farnese) und Urbino (della Rovere) ihren Abschluß. Noch vor der Jahrhundertwende war ferner den Este Ferrara abgenommen worden, womit dieser bis dahin bedeutende Kulturmittelpunkt in provinziellen Schlaf versank. Wie einige Gebiete der Marken diente Ferrara dann später Reisenden als negatives Beispiel der Priesterherrschaft, die mit Mißwirtschaft gleichgesetzt wurde. Im Mittelalter hatte die päpstliche Verwaltung mit der früh ausgebildeten kurialen Bürokratie noch als vorbildlich gegolten. Viel schlimmer als in anderen Staaten wird diese Herrschaft auch in der Frühneuzeit nicht gewesen sein. Infolge der Reformation flossen den Päpsten weit weniger Geldmittel aus dem Norden als vorher zu. Wollte man die bisherige

Machtposition aufrechterhalten, so war man auf die Erschließung anderer pekuniärer Quellen angewiesen. Sie kamen aus der ganzen italienischen Kirche, mehr und mehr aber auch aus dem eigenen weltlichen Herrschaftsbereich. Dies bedeutete aber eine stärkere verwaltungsmäßige Durchdringung zwecks Ausschöpfung der Ressourcen: So beschritten auch einige Herrscher auf der Kathedra Petri die Bahn des Absolutismus. Wenn sich dabei die Erfolge nicht immer einstellten, so lag dies vor allem an der fehlenden Kontinuität der Herrschaftsträger. Abgesehen davon, daß viele Päpste erst in hohem Alter den Thron bestiegen und entsprechend kurz und schwächlich regierten, wechselten sie vielfach zu Beginn ihrer Herrschaft große Teile des Verwaltungspersonals – in höheren Chargen ausschließlich Geistliche – aus und widerriefen Maßnahmen ihrer nicht geschätzten Vorgänger. Der vielbeklagte, im 17. Jahrhundert wieder aufblühende Nepotismus kann jedenfalls nicht Ursache der administrativen Ineffizienz gewesen sein, jener ist vielmehr als ein den besonderen Verhältnissen des geistlichen Staates adäquates Regierungssystem beschrieben worden. Auf einer anderen Ebene liegt, wie in Neapel, die auf vielerlei Gründe zurückzuführende wirtschaftliche Rückständigkeit. Wenigstens für die Hauptstadt Rom gilt ähnlich wie für das riesige Neapel: daß sie eigentlich nur verzehrte, außer „spirituellen Produkten" nichts erzeugte. So oder so waren aber noch Ressourcen in genügender Höhe vorhanden, daß Rom bis ins 18. Jahrhundert die Hauptstadt des Barock und einer der glänzendsten Kulturmittelpunkte Italiens überhaupt sein konnte. Aber auch Bologna, die zweite Stadt im Patrimonium Petri, war ein wissenschaftliches, wirtschaftliches und kulturelles Zentrum mit einer gehörigen Portion berechtigten Lokalstolzes. Als wichtigste Hafenstadt blühte damals Ancona auf.

Florenz, bzw. die Toskana, mit Pisa und Siena, war noch einmal um die Hälfte kleiner als der Kirchenstaat, gehörte aber traditionell zur Pentarchie der großen italienischen Mächte.[6] Es gilt als Musterbeispiel der Entwicklung von der Republik zum Prinzipat, zur Monarchie; diese hatte sich aber schon im 16. Jahrhundert vollzogen. Damals waren die Medici Großherzöge geworden und wurden seitdem in ihrer Machtstellung von niemandem mehr bedroht. Wie die meisten anderen italienischen Dynasten suchten auch sie die Bahn des Absolutismus zu beschreiten, blieben dabei aber auf halbem Wege stecken. Innenpolitik und Verwaltung wurden neben dem Fürsten und seinen Trabanten weiterhin auch von alten republikanischen Institutionen bestimmt, die erst im aufgeklärten Absolutismus in Frage gestellt wurden. Die

Dominanz der Stadt über das Umland, den „contado", ist dabei so klar wie in Neapel oder Rom. Nachdem die ersten Medici noch viel zur Förderung der Wirtschaft unternahmen, wobei die Gründung des bald zu einem bedeutenden Umschlagplatz gewordenen Hafens Livorno die erfolgreichste Maßnahme war, litt Florenz seit dem 17. Jahrhundert stark unter der allgemeinen Krise. Die Oberschicht gab Gewerbe, Handel und Finanzspekulation zu einem großen Teil zugunsten der Landwirtschaft auf. Gegenden mit blühenden Kulturen standen aber auch solche gegenüber, die einen jämmerlichen Anblick boten, etwa die Maremmen im Westen, die fast vollständig zu einem riesigen malariaverseuchten Sumpf wurden. Die Hauptstadt blieb auch nach dem Ende der Renaissance ein bedeutendes Kulturzentrum, namentlich als Sitz eines hochentwickelten Kunstgewerbes. 1737 starben die Medici aus; das Land kam gemäß internationalen Vereinbarungen über den Kopf der alten Dynastie hinweg an das Haus Habsburg-Lothringen. Der erste fremde Großherzog, Franz Stephan, der Gemahl Maria Theresias, kümmerte sich noch wenig um den neuen Besitz und ließ eine Regentschaft walten. Erst sein Sohn Peter Leopold residierte dauernd in Florenz und begann in den sechziger Jahren mit seinen umfassenden Reformen, die das Land zu einem Musterbeispiel des aufgeklärten Absolutismus machten.

Größen- und machtmäßig etwa vergleichbar mit der Toskana war das Herzogtum Mailand, die Lombardei.[7] Sie reichte zunächst im Westen noch bis zur Sesia und Alessandria. Die gewaltige strategische Bedeutung dieses Verkehrsmittelpunkts bedenkend, hatte Kaiser Karl V. nach dem Aussterben der einheimischen Sforza das Herzogtum als Reichslehen eingezogen. Seit der Reichsteilung von 1556 gehörte Mailand zum Herrschaftsbereich der spanischen Habsburger und wurde zu einer Drehscheibe ihrer imperialen Machtpolitik, französische Ansprüche wurden abgeschlagen. Nur das Veltlin konnten sich die Bündner sichern, allerdings unter einer gewissen Rücksichtnahme auf die Interessen der Weltmacht. Als Vertreter Spaniens residierte in Mailand ein Gouverneur. Wie in Neapel stützte er sich bei seiner Regierung auf die einheimische patrizisch-adelige Oberschicht, die sich im Senat organisiert hatte. Mit einem bedeutenden Textil-, Waffen- und verschiedenen Luxusgewerben war Mailand auch ein wirtschaftliches Zentrum von Rang; die Pest von 1630/31 und die nachfolgende Krise ließen davon allerdings kaum einen Schatten übrig. Auch Mailand wurde damals vom Prozeß der Refeudalisierung und Reagrarisierung erfaßt. Kulturell konnte es sich noch nicht mit anderen, auch kleineren Städten, die schon in der Renaissance bedeutend gewesen waren, messen. Nach dem Erlöschen der spanischen Habsburger geriet das Herzogtum in den Sog des piemontesischen Expansionsdrangs. Scheibchenweise konnten die Savoyer bis 1748 den westlichen Teil des Landes an sich reißen, der östliche – nur noch etwa die Hälfte, allerdings wirtschaftlich wichtiger – blieb bei den österreichischen Habsburgern, die dann nach der Jahrhundertmitte auch hier mit aufgeklärten Reformen begannen.

Die zwischen Florenz und Mailand gelegenen padanischen Staaten, die Herzogtümer Parma, Modena und Mantua, kann man im inneritalienischen Vergleich höchstens als Mittelstaaten ansprechen.[8] Die flächenmäßige Ausdehnung der beiden erstgenannten täuscht: große Anteile entfielen auf wenig fruchtbares Land in den Apenninen. Die drei Länder waren ständig Zankäpfel der großen Politik zwischen Kaiser, Papst und Frankreich. In dem 1547 an die Farnese gekommenen Parma-Piacenza war die Lehensabhängigkeit von Papst oder Kaiser immer ein diskutiertes Problem. Nach dem Aussterben der Farnese 1731 stritten sich Frankreich und Österreich um den Besitz, der im Frieden von Aachen (1748) schließlich definitiv an eine Seitenlinie der Bourbonen fiel, woraufhin eine kurze Reformperiode unter dem Franzosen Dutillot einsetzte. Modena und Ferrara waren Erbbesitz des Hauses Este. Mangels legitimer Nachfolge wurde Ferrara von Papst Klemens VIII. 1598 als erledigtes Lehen eingezogen. Der Bastard Cesare d'Este mußte in Modena, dem ihm verbliebenen Restgebiet, seine Residenz aufschlagen. Im späten 18. Jahrhundert zeichnete sich das endgültige Aussterben der Este ab; durch Heirat der letzten Erbtochter mit einem Sohn Maria Theresias, Ferdinand, wurde das neue Haus Habsburg-Este begründet. Mantua war seit dem Mittelalter in den Händen der Gonzaga. Sie regierten in Personalunion auch die in zwei Hälften (mit den Städten Casale und Nizza Monferrato als Zentren) geteilte Markgrafschaft Montferrat an der Grenze zwischen Piemont und Mailand. Um Mantua herum gab es dazu eine ganze Reihe Miniaturfürstentümer von jüngeren Linien des Hauses, nämlich Guastalla, Bozzolo, Castiglione delle Stiviere und Sabbioneta, letztgenanntes als ideale Residenzstadt der Spätrenaissance berühmt geworden. Im 16. Jahrhundert und im beginnenden Barock war Mantua neben Ferrara ein bedeutendes kulturelles Zentrum: Bildende Künste, Theater, Poesie und Musik wurden hier großzügig gefördert. Um die Nachfolge im Herzogtum nach dem Aussterben der Hauptlinie 1627 entspann sich ein europäischer Konflikt, der in den größeren Zusammenhang der säkularen Auseinandersetzung Frankreichs mit Habsburg im Dreißigjährigen Krieg gehört. Schließlich konnte sich der Prätendent aus der französischen Nebenlinie Gonzaga-Nevers durchsetzen, der nördliche Teil des Montferrat fiel an Savoyen. Der letzte Vertreter der neuen Linie hielt im Spanischen Erbfolgekrieg zu Frankreich, was Kaiser Joseph I. veranlaßte, Mantua wegen Felonie als erledigtes Reichslehen einzuziehen; es wurde seitdem gemeinsam mit Mailand von Wien aus verwaltet. Savoyen bemächtigte sich nun auch des südlichen Montferrat.

Von den beiden Seerepubliken hatte sich Venedig mit der im Westen bis Bergamo und Crema reichenden Terraferma sowie den mehr oder weniger italianisierten dalmatinischen Besitzungen ein ansehnliches Territorium geschaffen.[9] Die zur Sicherung des Orienthandels im östlichen Mittelmeer erworbenen Inseln gingen jedoch parallel mit dem Rückgang des Handels infolge der Verlagerung der Seewege verloren, der größte Teil schon im 16. Jahrhundert. Nach einem langen, verlustreichen und ungeheure Kosten verursachenden Krieg (1645-69) mußte Venedig auch Kreta den Osmanen überlassen. Das Blatt wendete sich erst gegen 1700 wieder, als Venedig gewissermaßen als Juniorpartner der siegreich gegen die Türken vorstoßenden habsburgischen Macht wiederum die Offensive ergriff und einige kurzfristige Landgewinne machte, die indes ohne jeden praktischen Wert waren. In den inneritalienischen Auseinandersetzungen bemühte sich Venedig seit dem Dreißigjährigen Krieg um eine strikte Neutralitätspolitik, nicht zuletzt aus Kostengründen. Denn der märchenhafte Reichtum aus Handelsgewinnen war damals nur noch vergangene Goldene Zeit. Nach 1630 erfaßte die Krise auch die Markusrepublik voll: Handels- und Gewerbetätigkeit fielen auf einen Bruchteil des früheren Umfangs zurück und erholten sich trotz wiederholten Anstrengungen auch im 18. Jahrhundert kaum mehr. Auch hier kompensierte aber die ausgedehnte Landwirtschaft auf der Terraferma, wo die berühmten Villen der Patrizier entstanden, einen Teil der Verluste. Die hergebrachten komplizierten Verfassungsstrukturen, welche die Herrschaft des Patriziats sicherten, blieben unverändert bis zum Untergang (1797) bestehen, und Kritik daran wurde rigoros unterbunden. Im Geistesleben allerdings war man in keinem italienischen Staat so frei wie in Venedig, das auch der gegenreformatorischen römischen Kirche die Stirn bot. Der von Paolo Sarpi vorgetragene, europäische Beachtung findende Angriff auf die Kurie fand im päpstlichen Interdikt (1606/07) seinen grellen Höhepunkt. Seit der Renaissance bis zum Untergang war Venedig eine glanzvolle Kulturmetropole, wobei stets wechselnde Akzente in den Vordergrund traten: Späthumanistische Naturwissenschaft (Universität Padua) und Buchdruck, Villenbau und Malerei in verschiedenen Sparten, geistliche Musik und Oper – irgendwann spielte Venedig bei allem einmal eine führende Rolle.

Genua hatte seine orientalischen Besitzungen schon früher verloren und blieb territorial auf den schmalen ligurischen Küstenstrich und Korsika beschränkt.[10] Die Ressourcen der Insel waren aber bescheiden, und insbesondere nach einigen Aufständen im 18. Jahrhundert wurde sie mehr und mehr zu einer Belastung, der man sich schließlich mit dem Verkauf an Frankreich (1768) entledigte. Genua war der einzige italienische Staat, der sich nicht aus eigenen Kräften mit Grundnahrungsmitteln versorgen konnte und stets auf Importe angewiesen war. Die Geldmittel dazu kamen aus Bankgeschäften und Exportgewerben wie der Seidenweberei, die in der Krise des 17. Jahrhunderts aber unterging. Angestrengte Bemühungen damals, die frühere politische und wirtschaftliche Stellung wiederzugewinnen, scheiterten schließlich; der säkulare Gegensatz Frankreich-Habsburg zog die leicht erpreßbare Republik einigemale in Mitleidenschaft. Bedeutendste wirtschaftliche Ressource war schon im 16. Jahrhundert das Kreditgeschäft: Genua war der Bankier Europas, insbesondere auch der habsburgischen Weltmacht. Zwar resultierten auch hier nach den verschiedenen spanischen Staatsbankrotten zuletzt gigantische Verluste, aber inzwischen hatten sich viele Patrizier u. a. in Neapel und Sizilien ansehnliche Latifundien beschafft, die gewinnbringend betrieben wurden. Die Kreditvergabe wurde fortan stärker diversifiziert. Die merkwürdige Verfassung Genuas ist gelegentlich etwas maliziös mit einer Aktiengesellschaft verglichen worden: Sie folgte dem Grundsatz der Privatisierung der Gewinne und Sozialisierung der Verluste. Die Machtmittel der eigentlichen Republik waren beschränkt, die lukrativen Geschäfte aber wurden, insbesondere durch die Verpachtung fast aller Staatseinnahmen, dem „Banco di S. Giorgio" überlassen, an dem alle führenden patrizischen Familien beteiligt waren. Abgesehen von einigen bemerkenswerten Barockpalästen konnte sich Genua in kultureller Hinsicht kaum mit anderen gleich großen Städten vergleichen.

Hier mag noch die kleine Republik Lucca erwähnt werden, ein Zentrum der Herstellung weltberühmter Seidengewebe, deren Export der Stadt Wohlstand gebracht hatte.[11] Nach der Auswanderung mehrerer protestantisch gewordener Patrizierfamilien und durch die allgemeine Krise geriet auch Lucca, allen Anstrengungen zum Trotz, im 17. Jahrhundert in den Sog des Niedergangs und mußte zum Überleben auf seine nun intensiv betriebene Landwirtschaft zurückgreifen.

Das später für die Geschichte Italiens so bedeutsame Savoyen-Piemont stand bis ins 17. Jahrhundert hinein eigentlich noch außerhalb der Zentren italienischer Politik.[12] Es war ein klassischer Paßstaat, dessen Territorium zunächst ungefähr gleichgewichtig zu beiden Seiten der Alpen verteilt war. Aber die 1563 erfolgte Verlegung der Residenz von Chambéry nach Turin zeigte die Richtung des Expansionswillens der Herzöge an: Das Schwergewicht verlegte sich zunehmend nach Osten, nach Italien hinein, wobei sich gleichzeitig in etwa anderthalb Jahrhunderten das Staatsgebiet verdoppelte. Mittel dieser Expansionspolitik waren glückliche Erbschaftsfälle, die kluge Ausnutzung der Rivalität Frankreich-Habsburg sowie nicht zuletzt ein schlagkräftiges, den üblichen italienischen Rahmen sprengendes Heer, das allein schon den späteren beliebten Vergleich Savoyens als des italienischen Preußen rechtfertigt. Zu Beginn des hier betrachteten Zeitraums mußte Savoyen die ganz im Westen gelegenen Gebiete (Bresse, Bugey, Gex) an Frankreich abtreten, auch die Wiedereroberung Genfs scheiterte. Umgekehrt hatte man einige Grafschaften im Süden gewonnen (Saluzzo, Asti, Nizza), später kam noch das Montferrat hinzu. Savoyen war praktisch in alle Kriege um Italien involviert. Die zeitweilige Abhängigkeit von Frankreich machte sich in der Überlassung von Festungsplätzen östlich des Alpenhauptkamms an dieses (Exilles, Pinerolo, Château-Dauphin) drückend bemerkbar, ebenso in Verheerungen des Landes durch Truppendurchzüge. In den Auseinandersetzungen des 18. Jahrhunderts konnte Savoyen seine Ostgrenze bis an den Tessin vorschieben und stand schließlich vor den Toren Pavias. Mit Sardinien hatten die Herzöge außerdem den Königstitel erlangt. Der Expansionsdrang Sardinien-Piemonts fand erst mit der „diplomatischen Revolution" von 1756 ein vorläufiges Ende, die immer gehegten Aspirationen auf Genua erfüllten sich erst im 19. Jahrhundert. In der inneren Geschichte Savoyens wechseln tatkräftige Herrscher und Schwächephasen mit Regentschaften einander ab. Die erstgenannten versuchten, den Staat nach französischem Muster straff absolutistisch zu organisieren, wobei bis zum 18. Jahrhundert einige Erfolge erzielt wurden, im Gegensatz zu anderen italienischen Staaten. Eher nicht italienisch mutet auch die Sozialstruktur des Landes an, die durchaus feudale Züge trug, während es eine nennenswerte städtische Kultur außerhalb Turins kaum gab. Der Adel diente im Heer, die Beamtenschaft war wie die französische „noblesse de robe" bürgerlichen Ursprungs. Nach Westen weist auch die merkantilistische Wirtschaftspolitik Savoyens, wo man sich etwa mit Erfolg bemühte, ein heimisches Seidengewerbe zu schaffen und so Profit aus dem Niedergang älterer Herstellungszentren zu ziehen. In ihrer Kirchenpolitik stießen die Herzöge gelegentlich mit Rom zusammen, auch hier fühlt man sich eher an Ludwig XIV. oder an spätere österreichische Herrscher erinnert. Kulturell war Savoyen, abgesehen von der Hofkunst – wiederum eine Parallele zu Frankreich –, unbedeutend, sieht man von den spätbarocken Bauten eines Guarini, Juvarra und Vittone, vielfach auch im Dienste des Hofes, ab.

Wie mehrmals angedeutet, erfuhr die politische Landkarte Italiens durch Erbfälle und Lehenseinziehungen im 17. und 18. Jahrhundert einige Vereinfachungen. Gleichwohl geben historische Atlanten in der Regel ein ungenaues Bild.[13] In einigen Gegenden gleicht die historische Karte in Tat und Wahrheit dem aus Süddeutschland bekannten Fleckenteppich. Ferner darf die Peripherie der Halbinsel nicht vergessen werden. Im Nordosten hatten die deutschen Habsburger mit den sog. Welschen Confinen südlich von Trient, mit der Grafschaft Görz-Gradisca und der Stadt Triest schon seit dem Mittelalter Anteil an Italien. Triest gewann im 18. Jahrhundert als Haupthafen der Monarchie große Bedeutung.[14] Zum Kreis der geistlichen Staaten der Reichskirche gehörte das Fürstbistum Trient, in dem deutsche und italienische Sozialordnung und Kultur damals noch friedlich zusammentrafen.[15] Am anderen Ende der Halbinsel gab es einen weiteren geistlichen Staat, der trotz der nichtitalienischen einheimischen Bevölkerung geographisch stets zu Italien gerechnet wurde: das den Johannitern gehörende Malta, nach Spanien und Venedig die dritte tragende Säule der Auseinandersetzung der Christen mit den Türken zu See.[16] Die regierenden Ordensritter kamen aus ganz Europa, in die machtpolitischen Auseinandersetzungen geriet Malta erst am Ende des 18. Jahrhunderts. Bis zum heutigen Tage besteht die alte Republik San Marino. Einige Kleinterritorien finden sich in der Poebene: außer den erwähnten Gonzagischen Nebenherrschaften die Grafschaften Correggio und Novellara sowie das Fürstentum Mirandola der Pico. Die meisten Kleinherrschaften aber waren im Apenninenbogen zwischen Piemont und Lucca verstreut und dienten häufig Schmugglern, Räubern und Banditen als Schlupfwinkel, die sich dort der Polizeimacht größerer Staaten entziehen konnten.[17] Einige Kleinstaaten an der Küste haben zeitweise eine überlokale Bedeutung gewonnen. Auf das Fürstentum Piombino mit der Insel Elba (Ludovisi/Buoncompagni) hatten die Spanier stets ein scharfes Auge, war es doch ihren Presidii benachbart. Das Fürstentum Massa-Carrara fiel nach dem Aussterben der regierenden Dynastie Cybo an Modena, das damit den ersehnten

Zugang zum Meer gewann. Der Markgrafschaft Finale (del Carretto) westlich von Genua bemächtigten sich die Spanier.

Die meisten dieser annähernd zweihundert Miniaturherrschaften hatten den Status von Reichslehen (feudi imperiali), ihre neuen Inhaber hatten wie die Reichsfürsten nördlich der Alpen jeweils beim Kaiser um Belehnung nachzusuchen.[18] Dies geschah bis zum Ende des Reiches; gerade das politische Engagement Österreichs auf der Halbinsel veranlaßte die habsburgischen Herrscher, auf die Beachtung der Lehensordnung zu drängen, so daß im 18. Jahrhundert mittelalterliche Vorstellungen von Reichsitalien so etwas wie eine Renaissance erlebten. In den machtpolitischen Auseinandersetzungen mit Frankreich und dem Papst war das Lehenssystem ein nicht zu vernachlässigender Faktor kaiserlicher Diplomatie. Auf anderen Ebenen freilich lockerte sich die Bindung Italiens ans Reich weiter. Auf den Reichstag waren nur noch Savoyen und Trient geladen. Nach dem Dreißigjährigen Krieg werden italienische Offiziere im kaiserlichen Heer seltener. Um dieselbe Zeit hören auch die vorher ohne weiteres möglichen Aufnahmen italienischer Adeliger in den deutschen Domkapiteln auf.[19]

Die spanische Hegemonie über Italien

Seit dem Frieden von Cateau Cambrésis (1559) war Spanien für anderthalb Jahrhunderte die Vormacht in Italien. Man hat in der Tradition der Risorgimento-Geschichtsschreibung von einem halbkolonialen Status Italiens gesprochen; bezogen auf das Ökonomische gehen solche Urteile bis ins 18. Jahrhundert zurück.[1] Solche Übertreibungen negieren völlig die positiven Seiten der spanischen Herrschaft.[2]

Mit Neapel, Sizilien, Sardinien, Mailand und den kleineren Dependenzen beherrschte Spanien damals fast die Hälfte des italienischen Territoriums direkt. Die Machtsphäre der Habsburger reichte aber darüber hinaus, da einige Staaten traditionell zur Anhängerschaft Spaniens zählten. Dazu gehörten die meiste Zeit über Parma und Modena sowie die Kleinstaaten, die ihr Heil bei der Weltmacht am besten aufgehoben sahen.[3] Genua war wegen seiner Kreditpolitik, bei formeller Neutralität, auf Gedeih und Verderb mit Madrid verbunden, ein Ruin Spaniens mußte eine Katastrophe für die Bankiers bedeuten. Trotzdem versuchten die Spanier, mit Finale eine von Genua unabhängige Landverbindung vom Ligurischen Meer nach Mailand zu bekommen, zuerst vergeblich mit Gewalt, dann erfolgreich mit friedlichen Mitteln.[4] Versuche einiger Staaten, sich gegen die spanische Übermacht aufzulehnen und sich Spaniens großem Gegner Frankreich anzuschließen, blieben in allen Fällen Episode und brachten den Betreffenden in der Regel keine Erfolge. Venedig hatte zu Beginn des 17. Jahrhunderts sowohl mit den spanischen wie mit den österreichischen Habsburgern noch einige Spannungen und setzte auch im Dreißigjährigen Krieg zunächst auf die französische Karte. Auf lange Sicht war dies eine selbstmörderische Politik: Ein Blick auf die Karte zeigt, daß die Republik im Grunde genommen eingekreist und einem Zangenangriff von West und Ost ausgeliefert war, sobald die Habsburger die Hände frei hatten. Im übrigen war der Hauptgegner Venedigs nach wie vor das Osmanische Reich. Ohne die spanische Seemacht und später die österreichischen Landtruppen aber war ein erfolgreicher Krieg gegen dieses nicht denkbar. So mußte sich den Patriziern schließlich, bei formeller Neutralität, ein Wohlverhalten gegenüber der Weltmacht als vernünftigste Politik anbieten. Die Toskana hatte, nach Heiratsverbindungen der Medici mit dem französischen Königshaus, ebenfalls eine Zeitlang mit dem europäischen Gegner Habsburgs, des traditionellen Alliierten, geliebäugelt. Auch dies blieb

Spanischer Wachtturm
an der adriatischen Küste
(vgl. S. 43)

Episode, profitiert haben die Medici in keinerlei Hinsicht. Einige Päpste betrieben eine antispanische Politik, doch hatten solche Versuche meist keine Dauer, weil die Kardinäle im nachfolgenden Konklave in aller Regel als Gegengewicht einen Anhänger Spaniens wählten. Am bekanntesten unter diesen Päpsten wurde der lange regierende Urban VIII. Barberini (1623–44). Sein verstecktes Zusammengehen mit Frankreich in der spannungsvollen Zeit des Dreißigjährigen Krieges endete aber für seine Familie wie für den Kirchenstaat mit einem Desaster: Der Krieg um Castro ging verloren, die zuvor glanzvoll in Rom hofhaltenden Barberini-Nepoten mußten eine Zeitlang ins Exil, der Nachfolger Innozenz X. Pamphilj war ein Spanienfreund, und im Westfälischen Frieden mußte die Kurie erkennen, daß sie weltpolitisch ein Nonvaleur geworden war. Savoyen war französischen Pressionen naturgemäß direkter ausgesetzt und fand sich im 17. Jahrhundert daher in der Regel auf dieser Seite. Außer Kriegsverwüstungen brachte diese Politik dem Land kaum etwas ein, die großen Erfolge erzielte es erst nach dem Frontwechsel im Spanischen Erbfolgekrieg. In Mantua zahlten die Gonzaga ihr Ausscheren aus der spanischen Klientel zuletzt mit dem Verlust ihrer Herrschaft.

Der relative Erfolg der spanischen Macht in Italien beruht auf einer Reihe von Faktoren. Zunächst muß man sich vor Augen halten, daß nach jahrzehntelangen Kriegen und Verheerungen Philipp II. von Spanien um die Mitte des 16. Jahrhunderts als Garant einer künftigen Friedenszeit erschien und schon deshalb auf große Akzeptanz rechnen konnte. Das Regierungssystem Spaniens in Italien gründete im wesentlichen auf den Prinzipien der „indirect rule". Die traditionellen politischen Institutionen, die Sonderrechte einzelner Gebiete, den Status der verschiedenen sozialen Gruppen ließen die Spanier fast unangetastet. Zwar gab es in Madrid unterhalb des Königs bzw. später seines Günstlings (valido) einen für Italien zuständigen Rat, den „Consejo de Italia" als koordinierendes Gremium. Es war den Spaniern aber bewußt, daß eine rigorose Zentralisierung und Ummodellierung Italiens etwa nach dem kastilischen Muster nur Widerstand hervorgerufen hätte, dem man vielleicht nur mit Mühe Herr geworden wäre. Diese Erfahrung wurde durch den zuletzt glimpflich verlaufenen neapolitanischen Aufstand von 1647/48 nur bestätigt. Zwar wurden die neapolitanischen Stände seitdem nicht mehr einberufen, in Sizilien und Sardinien funktionierten allerdings die Parlamente als Vertretung der einheimischen Oberschicht weiter.[5] In Neapel beruhte die Herrschaft, wie Aurelio Musi hervorgehoben hat, auf einer Serie von Kompromissen (pactismo) mit den einheimischen Eliten: mit den Feudalherren (baroni), mit der Kirche, mit dem Amtsadel und dem Bürgertum der Hauptstadt (togati, ceto civile).[6] Damit war auch Raum für politische Entwicklungen offen, die Gesellschaft war keineswegs so starr, wie man lange Zeit annahm. Vielmehr mußte das Machtgefüge immer wieder neu ausbalanciert werden, wobei in der Regel die Beteiligten den Konsens suchten. Die Städte im Neapolitanischen, die im Spätmittelalter eine relativ große Autonomie erlangt hatten, fielen im Zuge der Refeudalisierung meist unter baronale Herrschaft, die Einmischungen Spaniens beschränkten sich somit auf die wenigen königlich verbliebenen Städte. Auch im Mailändischen beeinträchtigten die Spanier die Reste der kommunalen Freiheiten, außer etwa im Fiskalischen, kaum. Stets gelang es der Hegemonialmacht, erfolgreich die Rolle der Schlichtungsinstanz bei den verschiedensten Interessenkonflikten inner- und außerhalb ihres Herrschaftsbereiches zu übernehmen, natürlich konnte sie so auch potentielle Widersacher gegeneinander ausspielen. Die eigentliche Verwaltung der italienischen Besitzungen Spaniens beruhte größtenteils auf Herrschaftsdelegation: Ämter waren käuflich, Zölle, Steuern und Abgaben verpachtet. Einheimische hatten also ohne weiteres Zugang dazu. Bestehende Institutionen wurden ins Verwaltungssystem einbezogen. Die „Dogana" in Foggia beispielsweise, die ursprünglich, ähnlich der spanischen „Mesta", primär die Aufgabe hatte, die im System der Transhumanz betriebene

Schafweide in den Abruzzen und in der Capitanata zu regeln, erhielt schließlich weitgehende administrative, fiskalische und juridische Kompetenzen; man könnte geradezu von einer Teilprivatisierung der Herrschaft sprechen.[7] Übrigens behielten nach 1713 auch die Österreicher dieses Herrschaftssystem bei: Sie folgten ebenfalls der Maxime, daß man zur Aufrechterhaltung der Ruhe am besten alles beim alten belasse.[8]

In personeller Hinsicht hielten sich die Spanier bei ihrer Herrschaftsausübung ebenfalls zurück. Selbstverständlich waren die politischen Spitzenstellungen eigenen Landsleuten reserviert, sie stellten die Vizekönige, die mailändischen Gouverneure, die Gouverneure der wichtigen königlichen Städte, sie besetzten wenigstens teilweise die obersten Ratsgremien und natürlich auch die höheren militärischen Chargen, etwa als Kommandanten der Festungen und Flottenstützpunkte. Nur ganz ausnahmsweise wurden Angehörige italienischer Familien, die sich durch langjährige besondere Treue an das Haus Habsburg ausgezeichnet hatten, mit diesen höchsten Ämtern betraut. Selbst mit Einheimischen verschwägerte spanische Familien wurden in diesen Vertrauenspositionen nicht gerne gesehen. Im 17. Jahrhundert finden wir im Süden dazu viele spanische Bischöfe, nämlich in jenen Diözesen, wo der König das Patronat innehatte. Man muß jedoch auch die andere Seite dieser Personalpolitik sehen. Die teilweise Zugehörigkeit Italiens zu Spanien bedeutete, daß den betreffenden Untertanen Karrieren außerhalb ihrer Heimat offen standen, in Spanien selbst, in Flandern oder aber im Dienste der deutschen Habsburger.[9] Davon haben bis zum Ende der spanischen Herrschaft vor allem Offiziere Gebrauch gemacht – Spanien war noch lange die erste Militärmacht Europas. Nach der allgemeinen Einführung der Primogenitur und des Fideikommisses bot sich so namentlich jenen jüngeren Söhnen, welche sich nicht der klerikalen Laufbahn widmen wollten, eine Chance zum Aufstieg. Farnese, Spinola, Colloredo, Collalto, Carafa, Piccolomini und Montecuccoli sind nur die bekanntesten Namen, sie zeigen auch, daß die Klientelstaaten hier ebenfalls auf Berücksichtigung hoffen konnten.[10] Ebenso stand das Weltreich italienischen Handelsleuten und, wie bereits erwähnt, der Finanzaristokratie offen, dieser Sektor interessierte die Spanier überhaupt nicht.[11] Weitere Auswanderer waren etwa Ingenieure, Architekten, Musiker. Die italienischen Untertanen Spaniens gehörten einer Großmacht an, was auch Grund zu Stolz sein konnte: Über die Beschränktheit ihres Kirchturms hinaus stand ihnen die Welt offen.

Die spanische Herrschaft in Italien stützte sich ferner auf ein weitverzweigtes Netz von persönlichen Klientelbeziehungen. Neben der kaiserlichen und der päpstlichen suchte Spanien eine eigene Lehensordnung in Italien zu errichten, wobei etwa vom Kaiser verliehene Lehen als Afterlehen weitergegeben wurden.[12] In den Königreichen Neapel und Sizilien nahmen viele Genuesen, aber auch päpstliche Familien und norditalienische Dynasten Güter zu Lehen.[13] Dies schuf Abhängigkeiten wegen der stets drohenden Beschlagnahmung (sequestro) bei nicht wohlgefälligem Verhalten. Die kleinen italienischen Souveräne wurden mit Titeln und Orden geködert: Sie wurden Granden von Spanien oder bekamen den Orden vom Goldenen Vlies (toson d'oro) umgehängt. Über die großen Adelshäuser, aber auch über reiche Emporkömmlinge aus dem Bürgerstand in den südlichen Besitzungen Spaniens ging im 17. Jahrhundert ein wahrer Titelregen nieder. In einer Gesellschaft, wo Rang und Ehre über allem standen, war dies einer der beliebtesten Gunsterweise, welcher nebenbei noch dazu beitrug, die stets leeren Kassen Madrids zu füllen. Im Notfall schreckte Spanien nicht davor zurück, Krondomänen, bis hin zu ganzen königlichen Städten, sowie allerlei staatliche Rechte zum Verkauf feilzubieten.[14] Dies minderte zwar die Reichweite der königlichen Verwaltung, konnte aber neben dem Bargeld wiederum personelle Abhängigkeiten einbringen. In Rom achtete Spanien stets darauf, sich unter den Kardinälen eine ergebene Anhängerschaft zu sichern; in jedem Konklave trat die „spanische Partei" in Erscheinung und bestimmte oft die Entscheidung. Auch die Intellektuellen, die seit der Spätrenaissance ihr Glück und ihr Fortkommen eher an den Höfen suchten, wurden in dieses Klientelsystem eingebunden. So unterstützten die spanischen Repräsentanten als Mäzene aus politischen Motiven die Gründung von Akademien in Pavia und Neapel. Natürlich galt für diese „offiziellen" Akademien ein gewisser Rahmen: Über Religion und Politik sollte eigentlich nicht oder höchstens in vorgegebenen Schranken diskutiert werden. Indem man so ansonsten brotlosen Gelehrten ein gewisses Auskommen bot, verpflichtete man sie auch; gleichzeitig wurde allenfalls aufkommende Kritik neutralisiert und die wissenschaftlichen Erkenntnisse dem Staat dienstbar gemacht.[15] Sogar Künstler wurden in dieses Klientelsystem einbezogen. Der große Architekt Borromini z. B. war ein treuer Parteigänger Spaniens; er betrachtete sich selber als Lombarde, d. h. als spanischen Untertan, er bevorzugte einen „spanischen" Lebensstil und baute für spanische Auftraggeber.[16]

Wie die eben erwähnten Beispiele zeigen, setzten die Habsburger sogar die Kultur in den Dienst der Politik. Damit gewannen sie auch die Loyalität der unteren Schichten. Sie folgten der bewährten altrömischen Maxime „Brot und Spiele".[16a] In ganz Italien waren im Rahmen des Annonarsystems künstlich tiefgehaltene Brotpreise üblich. Diese Politik der billigen Grundnahrungsmittel zugunsten der Massen betrieben auch die Spanier, obschon sich dabei ein gewisser Zielkonflikt zu ihren fiskalischen Interessen, nämlich an Konsumsteuern, ergab. Der sicheren Versorgung der Großstadt Neapel diente ein ausgebautes Nachschubsystem, das bis Apulien reichte. Die Beliebtheit der spanischen Herrschaft wurde ferner durch zahllose großartige Feste gesteigert. Da sie im Süden fast immer im Freien stattfanden, konnte auch der einfache Untertan als Zuschauer daran teilnehmen und sich am Spektakel erfreuen. Unvorstellbare Summen, wenn nötig auf Pump, ließen die Vizekönige und die übrigen Repräsentanten der spanischen Macht, gefolgt von den Magistraten der Städte, buchstäblich in Schall (Musik) und Rauch (Feuerwerk) aufgehen.[17] Spätere Zeiten haben dies, in Verkennung der politischen Funktion dieser Veranstaltungen, als sinnlose Verschwendung kritisiert. In Rom lieferten sich der spanische und der französische Botschafter im politischen Wettbewerb eigentliche „kulturelle Schlachten". Es ging darum, wer mit noch größerem Aufwand an Festdekorationen (apparati) den anderen auszustechen vermochte.[18] Viele dieser Feste hatten einen kirchlichen Anlaß. Hier liegt ein weiterer Grund, weshalb sich die spanische Herrschaft bei den niederen Schichten – und nicht nur bei diesen – festigen konnte. In einem Zeitalter des wiederbelebten und wieder beliebten Heiligenkults fanden spanische Heilige, allen voran die großen des Jesuitenordens, auch in Italien weite Verbreitung. Von Spanien drang ferner der Kult der „schmerzhaften Muttergottes", der schwarzen Madonna mit den sieben Schwertern, in die Volksfrömmigkeit des Südens ein und ist dort bis heute erhalten geblieben. Im Mailändischen erfreute sich der „entierro", die von Laien (Bruderschaften) durchgeführte feierliche Darstellung der Grablegung Christi in der Passion, noch über die spanische Zeit hinaus allgemeinen Zuspruchs.[19]

Trotz des bedeutenden spanischen Kultureinflusses in Italien, dessen Anfänge im 16. Jahrhundert seinerzeit Croce aufzeigte[20], kann man nur im Falle Sardiniens von einer eigentlichen Hispanisierung sprechen.[21] Die Insel war finanziell uninteressant – das vom Parlament gewährte „donativo" betrug anfänglich nur ein Hundertstel dessen, was Spanien aus Neapel und Sizilien zog –, aber eine strategische Basis ersten Ranges. Deshalb bemühte man sich, Sardinien enger an Spanien zu binden, namentlich durch die Sprachpolitik. Der lokale Dialekt wurde nicht als Verkehrssprache anerkannt, diese war das Kastilische. Sichtbar wurde dies vor allem im kirchlichen Bereich. Mehr als die Hälfte der Bischöfe waren geborene Spanier, sie bemühten sich ebenso wenig wie die vielen anderen fremden Kleriker, die in ihrem Auftrag als „vicari ad nutum" die Seelsorge übernahmen, die Volkssprache zu sprechen. So kam es hier im Gegensatz zum übrigen spanischen Italien eher zu einer gegenseitigen Entfremdung.

Einer der wichtigsten, wenn nicht der zentrale Punkt der Kritik an der spanischen Herrschaft in Italien war die finanzielle Ausplünderung des Landes.[22] Es ist nun unbestreitbar, daß die Hegemonialmacht seit dem 16. Jahrhundert an der Steuerschraube drehte und zwar immer intensiver, bis zur Überspannung, die schließlich unter anderem zur gewalttätigen Reaktion im neapolitanischen Aufstand von 1647/58 führte. In der Schaffung neuer Steuern bewiesen die Spanier in der Tat einen Erfindungsreichtum, der ihnen etwa im technischen Bereich durchaus abging. Allerdings war die massiv gestiegene Steuerbelastung der Untertanen im 17. Jahrhundert ein mehr oder weniger gesamteuropäisches Phänomen; die Franzosen litten unter Richelieu darunter nicht weniger, und auch hier machte sich die Verärgerung in Aufständen Luft. Die Fragen, die hier diskutiert werden müssen, sind diejenigen nach der gerechten Verteilung der Steuerlast, nach der Verwendung des Steueraufkommens und schließlich diejenige, ob tatsächlich das meiste Geld außer Landes ging; damit vor allem begründete die ältere Forschung ja den Vorwurf des Kolonialismus der Spanier.

Daß die Steuerlast von den privilegierten Schichten soweit als möglich nach unten abgewälzt wurde, war im Ancien Regime allgemein und selbstverständlich; inwieweit die Privilegien tatsächlich bestanden haben und welche wirtschaftlichen Folgen diese Abwälzungspolitik zeitigte, wird in anderem Zusammenhang noch zu erörtern sein. In Italien waren allgemein die Städte gegenüber dem „contado" auch steuerlich privilegiert. Wenn nun die spanischen Gouverneure in Mailand mit den neuen Steuern vor allem die Städte belasteten bzw. deren Privilegien aufhoben, so sorgten sie damit für eine größere Verteilungsgerechtigkeit zwischen Stadt und Land.[23] Diesem Bestreben widersprach allerdings das Annonarsystem, das im Interesse der Ruhighaltung der städtischen Massen gleichwohl beibehalten wurde. Die Kosten dieser sozialen Umverteilung belasteten in erster Linie nicht den Staat, sondern die Grundbesitzer bzw. deren Grundhörige und Pächter. Aus Steuergeldern mußten aber die erwähnten Repräsentationskosten aufgebracht werden; allerdings blieb hier das Geld, volkswirtschaftlich gesehen, im Lande, und die Ausgaben kamen auch dem Untertan zugute. Weit mehr Mittel verschlang indes zeitweise die Kriegführung, sie brauchte, woran die Militärs immer wieder erinnerten, drei Dinge: Geld, Geld und noch einmal Geld. Hier lag in der Tat der Nerv der

Dinge, denn seit Philipp II. war Spanien fast ständig in Kriege verwickelt, dies aber nun eben nicht mehr in Italien, sondern eher außerhalb. Für die spanische Krone galt aber der Grundsatz, daß sich die Finanzen nach der Politik zu richten hatten, nicht umgekehrt. Der auf diese Weise unersättliche Geldbedarf wurde schon zu Zeiten Karls V. mehrheitlich mit Krediten gedeckt; die unter seinem Nachfolger einsetzenden periodischen Staatsbankrotte zeigten indes die Grenzen dieser Art Kriegsfinanzierung auf. Wenn nun im Dreißigjährigen Krieg Spanien von seinen süditalienischen Besitzungen zur Bestreitung der Kriegsführung in Oberitalien gewaltige Summen, dazu die Leistung von Soldaten und Pferden forderte und rücksichtslos eintrieb[24], so begründete man dies damit, daß Neapel eben auch und zuerst in Mailand, dem „Schlüssel Italiens", zu verteidigen sei; würde diese „Vormauer" an die Franzosen fallen, so wäre auch der Süden gefährdet. Dazu kam noch eine zweite Begründung der Forderungen. Bis dahin hatte in der europäischen Kriegführung Spaniens Kastilien die Hauptlast getragen, bis zur Erschöpfung. In der gewaltigen Auseinandersetzung des Dreißigjährigen Krieges reichten die Mittel dazu nicht mehr aus. Es war daher nur folgerichtig, daß der damalige Leiter der spanischen Politik, Olivares, mit seinem Projekt der „Unión de las Armas" forderte, die einzelnen Reichsteile hätten gleichmäßig zur Verteidigung des Imperiums beizutragen, was eine relative Mehrbelastung der peripher gelegenen Länder gegenüber dem Zentrum bedeutete. Dieser Versuch, so etwas wie ein spanisches Reichsbewußtsein zu schaffen, aufgrund dessen man auch Opfer erwarten konnte, scheiterte bekanntlich; seitdem war der Niedergang der ehemaligen Weltmacht unvermeidlich.

Damit sind grundlegende Fragen der militärischen Organisation und der Außenpolitik, beides die eigentlichen Domänen der Hegemonialmacht, aufgeworfen. Wie schon Croce andeutete, war das Kriegführen ausgesprochen Sache der noch vom Geist der „reconquista" geprägten Spanier. Der Italiener galt demgegenüber im Grunde genommen eher als unmilitärisch.[25] Von den Zöglingen italienischer Ritterakademien wählten nur 12% die militärische Laufbahn, fast doppelt so viele zogen eine geistliche Karriere vor, und fast fünfmal so viele stellten sich nach ihrer Ausbildung in den zivilen Dienst des Staates.[26] Insofern sind die genannten Offiziere Ausnahmen, und es ist wohl auch kein Zufall, daß sie ihre Karrieren im Ausland machten. Auch als einfache Soldaten finden wir wenige Italiener, es sei denn, sie wurden in Notzeiten zum Dienst gezwungen. Die eher bescheidenen Heere der selbständigen italienischen Staaten bestanden meist aus schweizerischen, deutschen, französischen, teils auch korsischen, kroatischen und albanischen Söldnern, Söldner waren auch im spanischen Heer häufig. Die Militärausgaben der italienischen Staaten sind wahrscheinlich unter dem europäischen Durchschnitt gelegen; entsprechend mehr Geld stand dann beispielsweise für kulturelle Zwecke zur Verfügung.[27] Die einzige Ausnahme eines wohlorganisierten Militärstaats war seit Emanuel Philibert (1553–1580) und Karl Emanuel I. (1580–1630) Savoyen. Hier war der Kriegsdienst im Adel angesehen und fast eine Verpflichtung, hier gingen schon zu Beginn des 17. Jahrhunderts 40–50% der Staatsausgaben an die Armee und mußten neue Steuern für das sich ständig vergrößernde Heer erhoben werden. Hier beobachten wir auch analog zu Preußen eine schleichende Militarisierung der Gesellschaft – ganz im Gegensatz zum übrigen Italien.[28] Wenn nun Spanien die Halbinsel militärisch organisierte und auch über den eigenen Machtbereich hinaus in militärischen Dingen seinen Einfluß geltend machte, so füllte es damit bloß eine Lücke. Im übrigen ist zu bedenken, daß das widerliche Geschäft der Kriegsführung Italien auch Vorteile brachte und keineswegs alles dafür den Untertanen abgeknöpfte Geld außerhalb des Landes verbraucht wurde. Das bedeutende mailändische Waffengewerbe beschäftigte viele Hände und machte anfänglich mit den Lieferungen an das spanische Heer glänzende Geschäfte. Der von den Spaniern betriebene Festungsbau diente auch, soweit nicht Söldner und Sträflinge dafür eingesetzt wurden, der Arbeitsbeschaffung, die in der wirtschaftlichen Krise des 17. Jahrhunderts ein Hauptproblem war.

Gegen welche Feinde mußte Italien verteidigt werden? In den Augen der Spanier waren es seit den Zeiten Karls V. die Türken und die Franzosen. Die Türken blieben trotz des Seesiegs der Christen vor Lepanto (1571) eine Bedrohung nicht nur der spanischen Militärmacht, sondern auch der zivilen Bevölkerung, namentlich im Süden.[29] Es war kein Märchen aus 1001 Nacht, sondern bittere Realität: Noch bis zum 18. Jahrhundert kam es vor, daß türkische Korsaren (zu ihrer Ehrenrettung muß gesagt werden, daß es auch christliche Vertreter dieser besonderen Gattung von Seeräubern gab) nahe am Meer gelegene Dörfer und unbefestigte Städte überfielen und die gesamte Bevölkerung, soweit sie nicht fliehen konnte, in die Sklaverei verschleppten. Die teils noch heute sichtbare Siedlungsstruktur, nämlich daß die Küsten Süditaliens außerhalb weniger befestigter Hafenstädte sozusagen leer waren und die Bevölkerung es vorzog, auf schwer zugänglichen Höhenzügen im Inneren zu wohnen, ist ein eindrückliches Zeugnis dieser Situation, von der man im „zivilisierten" Europa im Westen und Norden wenig wußte und weiß. Auch die Existenz vieler damals neugegründeter Orden und Bruderschaften speziell zum Loskauf von gefangenen Christen belegt den Ernst dieser Bedrohung. Für eine offensive Strategie gegen die Türken war die spanische Flotte im 17. Jahrhundert – Lepanto folgte die Niederlage der Armada in England – zu schwach, außerdem war sie häufig anderswo engagiert. Die Abwehr wurde auch dadurch erschwert, daß Frankreich und England, die mit ihren Flotten ebenfalls im Mittelmeer operierten, in einer Art Stellvertreterkrieg, den Korsaren oft Schutz gewährten. Spanien beschränkte sich deshalb auf eine Defensivstrategie, indem es die gesamte lange Küste seiner drei italienischen Königreiche, inklusive der toskanischen Küste, mit einer Kette von Wachttürmen, in regelmäßigem Abstand, sicherte. Deren Besatzung sollte die Bevölkerung rechtzeitig vor Überfällen warnen und für rasch herbeigeholte militärische Abwehr der Angreifer sorgen. Die Projekte der Vizekönige und hohen Militärs, über 600 solcher Türme zu errichten, wurden dann nur mit einigen Abstrichen realisiert und die Anlagen wegen anderweitiger Beanspruchung des Militärs oft vernachlässigt. Noch heute aber zeugen viele, z. T. nun ruinöse Türme an der südlichen Küste von den Anstrengungen der Spanier, die ihnen untergebene Bevölkerung zu schützen, der vornehmsten Aufgabe der Staatsgewalt. Selbstverständlich kosteten Bau und Besatzung dieser Anlagen enorme Summen, die jedoch im Lande selbst ausgegeben wurden. Für eine wirksame mobile Abwehr der Türken benötigte man im windschwachen Mittelmeer auch Galeeren. Deren Bau und vor allem Betrieb war wiederum sehr teuer, egal ob die vielen benötigten Ruderknechte freiwillig Angeworbene oder (häufiger) Sträflinge waren. Die Türkengefahr war für Spanien ein wesentlicher Grund, neue Steuern zu erheben. Da es aber gegen die Ungläubigen ging, konnte man mit diesen guten Gewissens auch den sonst privilegierten Klerus belasten. Auch viele Päpste griffen, von einem späten Kreuzzugsgeist erfaßt, zur Türkenabwehr in ihre Kassen, Venedig und die Malteser leisteten ebenfalls materielle Hilfe.

Von Machtpolitik und Staatsraison bestimmt war hingegen der säkulare Konflikt Frankreich-Habsburg. Frankreich hatte sich zunächst, nach Cateau Cambrésis, im Kampf um die Vorherrschaft in Italien geschlagen geben müssen. Nachher schied es, von den Hugenottenkriegen gelähmt, für fast ein halbes Jahrhundert aus der europäischen Politik aus. Erst unter Heinrich IV., dann vor allem unter Kardinal Richelieu richtete es seine Blicke wieder nach Italien, im Rahmen seiner Interessenpolitik und im Umfeld des großen europäischen Konflikts von 1618–48, an dem Frankreich seit 1635 offen teilnahm. Er bemühte sich damals, in Konkurrenz zu Spanien, eine Klientel in Italien aufzubauen, und erzielte dabei einige vorübergehende Erfolge. Beide Mächte betrachteten jedoch die Halbinsel gegenüber Deutschland als Nebenkriegsschauplatz. Die Kämpfe konzentrierten sich auf Savoyen, Mantua und das Veltlin. Savoyen, zuerst mit Frankreich, dann mit Spanien, dann wiederum mit Frankreich verbündet, wurde als Aufmarschgebiet der französischen Truppen ständig direkt betroffen. Der ebenfalls in Oberitalien ausgefochtene Mantuanische Erbfolgekrieg (1627–31) begründete zwar die feste Solidarität der beiden habsburgischen Linien im welthistorischen Ringen, endete aber mit einem diplomatischen Sieg Frankreichs (Friede von Cherasco 1631). Im Veltlin, wo die Situation noch durch innerbündnerische und konfessionelle Auseinandersetzungen kompliziert wurde, setzte sich hingegen trotz militärischer Interventionen des Herzogs von Rohan zuletzt Spanien durch. Das Veltlin blieb zwar den Bündnern, aber die Habsburger behielten das Durchmarschrecht über die Bündner und Veltliner Pässe. Diese waren für sie als einzige Landverbindung zwischen dem spanischen Mailand und den österreichischen Erblanden, die nicht durch venezianisches Gebiet führte, lebenswichtig.[30] Auch nach dem Beginn der Westfälischen Friedensverhandlungen führten Frankreich und Spanien den Krieg weiter. Das ohnehin durch Pest und Wirtschaftskrise arg gebeutelte westliche Norditalien wurde so zusätzlich in Mitleidenschaft gezogen. Ein Versuch Frankreichs zur Eroberung der Presidii (1644) wurde abgeschlagen. Auch aus dem neapolitanischen Aufstand konnte Frankreich trotz der Entsendung des Herzogs von Guise keinen Profit ziehen. Mit Erfolg appellierte Spanien im Propagandakrieg an die katholischen Gefühle der Italiener gegenüber dem „häretischen" Frankreich, das mit den Protestanten und Türken gemeinsame Sache mache. Der 1659 geschlossene Pyrenäenfriede bedeutete insgesamt eine Niederlage Spaniens, änderte jedoch nichts am Status quo in Italien. Frankreich setzte aber unter Ludwig XIV. die Politik der Nadelstiche fort. Es hielt nach dem Aufstand in Messina die Stadt für einige Jahre (1674–78) besetzt und bombardierte 1684 Genua. Daß das Aussterben der spanischen Habsburger (1700) auch Italien betreffen mußte, war klar: Nochmals kam es zu einem großen Ringen zwischen Frankreich und den deutschen Habsburgern. Kriegsschauplatz war zunächst Oberitalien, nachher bemächtigten sich die Österreicher auch des Südens. Im Frieden von Utrecht (1713) konnte Österreich Spanien in Italien fast in vollem Umfang beerben, lediglich das später mit Sardinien vertauschte Sizilien fiel an Piemont.[31] Die in Spanien selbst zur Herrschaft gelangten Bourbonen versuchten alsbald, diese Ergebnisse zu revidieren und wieder in Italien Fuß zu fassen. Nach einer Serie von Auseinandersetzungen, in die auch das Problem des bevorstehenden Aussterbens mehrerer einheimischer Häuser (Medici, Farnese, Cybo, Gonzaga von Guastalla) und damit weitere Erbfolgefragen hineinspielten, stand im Frieden von Aachen (1748) endgültig das Resultat fest: In Neapel und Sizilien sowie in Parma konnten sich die Bourbonen etablieren; Mailand (mit Mantua) verblieb bei Österreich, dieses gewann dazu die Toskana und bekam, durch Heirat der letzten weiblichen Angehörigen des Hauses Este mit einem Habsburger, bestimmenden Einfluß in Modena. Territoriale Gewinne auf Kosten Mailands machte Savoyen. Wiederum konnte sich Italien nun für ein halbes Jahrhundert des Friedens erfreuen; die durch die diplomatische Revolution von 1756 erfolgte Verständigung der Häuser Habsburg und Bourbon machte erneute Konflikte in Italien vollends unwahrscheinlich.

Daß die spanische Herrschaft in Italien allgemein akzeptiert wurde, zeigt sich zuletzt darin, daß wenig Widerstand gegen sie aufkam. Der große Aufstand in Neapel war mehr ein sozialer als ein politischer Konflikt und gehört daher in einen anderen Zusammenhang. Spanien hat dann durchaus seine Lehren aus diesem bedrohlichen Ereignis gezogen und die Steuerbelastung nicht weitergetrieben. Gegen die Hauptbeteiligten an Unruhen, bei denen neben anderen auch antispanische Komponenten sichtbar wurden, ging die Hegemonialmacht allerdings mit Härte vor: Zur Herrschaft der „drei F", nämlich „farina" (Mehl = Brot), „feste", die oben erwähnt wurden, trat zuletzt die „forca", der Galgen. Man kann zum Schluß im Sinne einer Antithese die Frage stellen, ob eine französische oder türkische Oberherrschaft für die Italiener die schlimmere Alternative gewesen wäre. Dem an jahrhundertelange Fremdherrschaft gewohnten Italiener, vor allem im Süden, wäre es vielleicht gleichgültig gewesen. Er stand (und steht bis heute) dem Staat fremd gegenüber, er identifizierte sich nicht mit diesem bzw. mit der Nation, sondern mit der Familie, mit anderen sozialen Organisationen wie den Bruderschaften oder mit seiner Heimatstadt.[32] Auch dies muß natürlich berücksichtigt werden, wenn man das Fehlen von Widerstand gegenüber der angeblich so harten spanischen Herrschaft konstatiert. Am ehesten äußerten die Intellektuellen Vorbehalte und Kritik gegenüber Spanien.[33] Andererseits kann wohl gesagt werden, daß die italienische Kultur unter französischer und erst recht unter türkischer Herrschaft nicht sich selber hätte treu bleiben können. Die ganze Kultur des Barock, so wie wir sie kennen, hätte es dann vielleicht nicht oder nur rudimentär gegeben. Ihr den politischen Rahmen geboten zu haben, ist vielleicht nicht das geringste Verdienst der Spanier.

Gehemmter Absolutismus: Regierung und Verwaltung

Als Interpretationsrahmen der europäischen Geschichte des 17. und in politischer Hinsicht auch des 18. Jahrhunderts genießt der Absolutismus als entscheidende Phase in der Herausbildung des „modernen Staates" seit langem hohes Ansehen. In jüngster Zeit allerdings mehren sich die Zweifel, ob dieses Deutungskonzept weiterhin tragfähig sein kann, besonders von seiten einer Geschichtswissenschaft, welche die Perspektive von oben nach unten wechselt und die Geschehnisse auch aus der Sicht der Betroffenen zu betrachten versucht. Es fragt sich tatsächlich, ob der Absolutismus, angesichts der vielen strukturellen und personellen Hindernisse, der administrativen, kommunikativen und technischen Probleme der Regierungspraxis, des institutionell abgesicherten oder spontan-lokalen Widerstandes der Zwischengewalten und Untertanen mehr als papierenes Programm geblieben ist.

Die Geschichte der italienischen Staaten in unserem Zeitraum ist geeignet, solche Zweifel zu verstärken. Im staatstheoretischen Schrifttum Italiens wurde damals ein Modell wie das absolutistische kaum diskutiert, zumal die großen Denker Bodin und Hobbes als gefährlich galten und auf dem Index standen.[1] Die Vorstellungen vom „guten Fürsten" und der „guten Regierung" bewegten sich mehr in Richtung eines wohlwollenden Patriarchalismus mit dem Ziel einer „Konservierung" des traditionellen Staatsmodells, aber keiner konsequenten Weiterbildung zum „modernen Staat". In der Praxis beobachtet man einige frühabsolutistische Experimente, die aber im 17. Jahrhundert nicht weitergeführt wurden.[2] Dabei entstanden auch die für den Absolutismus konstitutiven Höfe. Allerdings wird man diese für Italien vielleicht stärker als kulturelle denn als politische Zentren würdigen müssen; in der Herausbildung einer spezifisch höfischen Kultur liegt wohl die europäische Bedeutung von Residenzen wie Florenz, Ferrara, Mantua usw.[3]

Daß der Absolutismus in Italien noch weniger erfolgreich war als anderswo, liegt vor allem darin, daß hier die Gegenmächte ungewöhnlich zahlreich, vielfältig und stark waren. Der Adel allerdings, sonst die wichtigste Widerstandsgruppe, spielte diese Rolle nur in den spanisch beherrschten Gebieten des Südens.[4] Im Norden war er ja weitgehend im Patriziat aufgegangen; dessen Verhältnis zum Absolutismus war ambivalent.[5] Die einzige kleine Gruppe unter den führenden Kreisen, die tatsächlich an den Höfen diszipliniert wurde, waren die Intellektuellen.[6] Beachtung als Gegenkräfte verdienen intermediäre Organisationen, nämlich wirtschaftliche Korporationen oder gemischt kirchlich-laikale. Die nach wie vor starken Zünfte z. B. verhinderten eine strikt absolutistische, sprich merkantilistische Wirtschaftspolitik. Die Bruderschaften andererseits waren in einigen Teilen Italiens, besonders im Nordwesten, geradezu politische Organisationseinheiten.[7] Wenn man in Genua eine Zeitlang daran dachte, die Bruderschaften mit der Organisation der Miliz zu betrauen, so zeigt dies, daß der Staat sogar eine seiner ureigensten Aufgaben, die Verteidigung, nicht mehr erfüllen konnte oder wollte. Ebenfalls am Beispiel Genuas haben kürzlich Osvaldo Raggio und Edoardo Grendi in mikrohistorischen Analysen gezeigt, welche Bedeutung lokale Clans, Faktionen, Parentelen, kurz familiäre Strukturen als Gegengewichte zur städtischen Herrschaft hatten.[8] Einer „polyzentrischen" Betrachtungsweise, auch von „unten", wie sie diese Autoren postulieren, zeigt sich die Regierungspraxis als dauerndes Aushandeln von Kompromissen zwischen Zentrale und lokalen Eliten, als immer neues Ausbalancieren der tatsächlichen Macht, wobei die Zentrale längst nicht immer dominierte: insgesamt ein reziprokes System gesellschaftlicher und politischer Kräfte. Obschon nun Genua als Republik, ausgestattet mit einer notorisch schwachen Staatsgewalt, nicht das überzeugendste Beispiel darstellt, nähren solche Untersuchungen die Zweifel, ob der vielberedete „Durchbruch zum modernen Staat", wenigstens in Italien, schon vor Aufklärung und Revolution erfolgte.[9] Das Fallbeispiel Genua zeigt aber noch ein weiteres wichtiges, über Ligurien hinausreichendes strukturelles Hindernis absolutistischen Regierens auf, nämlich die geographische Situation; konkret die enorm kommunikationshemmende gebirgige Topographie weiter Teile der Halbinsel. Sie hat wohl gewichtigen Anteil daran, daß sich im ganzen südlichen Alpenbogen vom Mittelmeer bis nach Slowenien lokale Autonomien, z. T. gestützt durch sprachliche Differenzen zum herrschenden Idiom (Provenzalen, Walser, Kimbern, Ladiner, Friulaner) z. T. bis ins 19. Jahrhundert hinein halten konnten.[10] Diese Talschaften, wo viele Siedlungen auf nur den Einheimischen vertrauten Pfaden überhaupt erreicht werden konnten, waren schlichtweg zu abgelegen, um in ein absolutistisches System einbezogen werden zu können. Auch in den Apenninen gab es solche Widerstandsnester.[11] Mochte der äußere Glanz der Fürstenhöfe auch groß sein, faktisch regiert wurde Italien in der Frühneuzeit weithin von verschiedenen sozialen Gruppen und Schichten (ceti), von lokalen Körperschaften und clanmäßig organisierten Familien. Dem „Staat" kam vor allem die Aufgabe zu, zwischen all diesen Gruppierungen zu vermitteln.

Mit dieser Schiedsrichterrolle und einer gewissen regulierenden Oberaufsicht erschöpfte sich seine Tätigkeit im wesentlichen. Die effektive staatliche Durchdringung des Landes sollte noch für das neue Italien nach 1870 eine harte Aufgabe sein.

Selbstverständlich bedürfen solch generalisierende Feststellungen einer regionalen Differenzierung. Mehr als anderswo mußte ein absolutistisches System, hätte man es je einführen wollen, in Italien mit jeweils besonderen historischen Voraussetzungen rechnen. Für den Süden wurde bereits im vorigen Abschnitt über die spanische Herrschaft auf einige Grenzen des Absolutismus hingewiesen. Er war ja seit Philipp II. in Spanien Regierungsmaxime, wurde dann aber später, abgesehen etwa von der Periode Olivares', nicht weiter ausgebaut. Ein wesentlicher Punkt für Neapel und die Inseln war zunächst, daß das Herrschaftszentrum weiterhin in Madrid verblieb, sich erst mit Karl III. von Bourbon (1735-59) wieder ein eigener Herrscher im Lande niederließ. Unter den Vizekönigen gab es einige tatkräftige Figuren, die nötigenfalls entschlossen vorgingen und gelegentlich mit bewaffneter Macht demonstrierten, wer zuletzt im Lande das Sagen hatte. Indessen blieben die Vizekönige gleichwohl stets dem fernen Monarchen, seinem „valido" und dem Italienrat untergeordnet.[12] Gelegentlich waren die Statthalter Spaniens auch froh, unangenehmen Entscheidungen mit dem Verweis auf Madrid aus dem Wege gehen bzw. die Verantwortung dorthin abschieben zu können. So konnte es im spanischen Italien – das gilt auch für Mailand – zwangsläufig nicht zu einem vollabsolutistischen System kommen. Dazu waren die faktischen Machtmittel Spaniens meist derart begrenzt bzw. anderswo gebunden, daß es, wie endgültig der Ausgang des neapolitanischen Aufstandes zeigte, das Regiment im Lande zu einem großen Teil den Baronen überlassen mußte. Diese hatten in ihrem „feudum", wie besonders am Beispiel Siziliens gezeigt wurde, sozusagen unumschränkte Herrschaftsgewalt; mit ihren „Staaten im Staate" sind sie kleineren deutschen Territorialherren ohne weiteres vergleichbar.[13] Allein die sechs größten Häuser (Carafa, Sanseverino, Caracciolo, d'Avalos, Pignatelli, Orsini) beherrschten zusammen ein Gebiet von 417 Siedlungen mit 105.000 Herdstätten.[14] Der oben erwähnte Verkauf von Rechten und die Vergabe von neuen Lehen durch Spanien vergrößerte das politische Gewicht dieser Schicht zusätzlich, umso mehr als sie sich durch Adelserhebungen auch laufend zahlenmäßig vermehrte. Die Barone, nicht etwa die Krone, schränkten auch die Privilegien der Städte ein, zuallererst natürlich in ihrem eigenen Lehensbesitz. Hier appellierten dann die Betroffenen an die Zentralgewalt, und Spanien bemühte sich, wenigstens Exzesse baronaler Herrschaftsausübung zu verhindern. Eine gemeinsame Front der Städte kam aber nie zustande. Sogar die königlichen Städte mußten Einmischungen der Barone erdulden, sei es, weil diese dort auch das Bürgerrecht hatten, sei es, weil städtische Weiler (casali) oder Ackerland Reibungsflächen boten.[15] Als Gegengewicht zu den Baronen spielte das juristisch gebildete Bürgertum (ceto civile, togati) in den größeren Städten und vor allem in der Hauptstadt eine gewisse Rolle. Diese selbstbewußte Schicht ließ sich aber von Spanien nie ganz in das Schlepptau nehmen. Vor den staatlichen Gerichten konnten von den Baronen arg Unterdrückte auf Hilfe seitens dieser Juristen hoffen, wobei man sich allerdings die Verfahren, ähnlich wie beim Reichskammergericht, nicht allzu effizient vorstellen darf. Ein effektives Gegengewicht war der „ceto civile" schon deswegen nicht, weil höhere Magistraten und Ämterkäufer bei erstbester Gelegenheit in die unteren Ränge des Adels und damit gewissermaßen den Vorhof des Baronats aufzusteigen suchten. Nur wenige waren standesbewußt genug, solche Ehrungen zurückzuweisen.[16] Im ewig rivalisierenden Kräftepentagramm Krone, Barone, „ceto civile", Kirche und Städte bzw. gewöhnliches Volk konnte sich so in den südlichen Königreichen kein Absolutismus herausbilden.

Innerhalb Italiens stellt der Kirchenstaat ein politisches Gebilde sui generis dar: Theokratie, Wahlmonarchie, zwischen geistlichem Alleinherrschaftsanspruch und kardinalisch-kollegialer Mitregierung ein vertrackter Fall für die Staatstheorie. Was die Regierungspraxis anbelangt, so hat Paolo Prodi prononciert die These vertreten, der Kirchenstaat sei durchaus kein „verrotteter", sondern ein moderner absolutistischer Staat gewesen, darin sogar Vorbild für andere.[17] Prodi bringt auch einleuchtende Argumente dafür: Nach den Verlusten der Reformation waren die Päpste gezwungen, ihre weltliche Herrschaft zu zentralisieren und verwaltungsmäßig zu modernisieren, um die Ressourcen besser auszuschöpfen. Unbestreitbar war die kirchliche Reform der zweiten Hälfte des 16. Jahrhunderts von einer politischen begleitet. Beide ermangeln dann aber der konsequenten Fortsetzung. Der wieder eingeführte Nepotismus verträgt sich schlecht mit einem absolutistischen System, im späten 17. und frühen 18. Jahrhundert findet man unter den Päpsten nicht mehr so kraftvolle Figuren wie Sixtus V. Peretti (1581–1590). Gerade zu einer Zeit, wo der Absolutismus gesamteuropäisch stärker in Erscheinung trat, schwächt er sich in Rom ab; im 18. Jahrhundert finden sich, wie Hanns Gross detailliert belegt, kaum mehr Spuren davon.[18] Man wird also hier, auch die Kontinuitätsprobleme von Wahlmonarchien bedenkend, von einem „steckengebliebenen" Absolutismus sprechen müssen.

In der Toskana mußte sich der Absolutismus als konsequente Weiterführung des schon im 15. Jahrhundert begonnenen Wandels von der Signorie zum Prinzipat anbieten.[19] Die beiden ersten Großherzöge aus dem Hause Medici, Cosimo I. (1537–1574) und Francesco I. (1574–1587), beschritten diesen Weg zielstrebig. Schaffung eines Hofes mit einem ausgefeilten Zeremoniell, Umbau der Regierungs- und Verwaltungsorgane bei formaler Beibehaltung der alten republikanischen Institutionen, soweit möglich Wegschiebung des Patriziats von den politischen Schalthebeln auf andere Interessen, Schaffung einer neuen, vom Großherzog ernannten Beamtenschaft (Sekretäre), insgesamt ein pyramidaler Staatsaufbau charakterisieren dieses frühabsolutistische System. Doch muß man hier die gleiche Bemerkung wie bei Spanien und dem Kirchenstaat anbringen: Diese Bestrebungen füllen im wesentlichen das 16. Jahrhundert aus und hören spätestens mit Cosimo II. (1609–1621) auf, ja erleiden unter seinen Nachfolgern Rückschläge. Wie wenig sich die Toskana im Barock veränderte, läßt sich an den 1765 einsetzenden Maßnahmen des aufgeklärten Absolutismus unter Peter Leopold ablesen: Der Reformstau war inzwischen so groß geworden, daß er sich geradezu eruptiv entlud. Erst jetzt erlebte die Toskana, was Absolutismus praktisch bedeutete, erst jetzt wurde der Zugriff auf die Untertanen massiv. Noch weniger Chancen hatte der Absolutismus in den kleineren Fürstenstaaten der Este, Gonzaga, Farnese usw. An Versuchen der alten und neuen Souveräne, sich gegenüber den alten feudalen Gewalten durchzusetzen, fehlte es zwar nicht, und etwa in Parma wurden dabei auch einige Erfolge erzielt.[20] Dennoch, weitere Maßnahmen unterblieben, wohl auch bedingt durch die Kleinheit (=Übersichtlichkeit) dieser Staaten; insgesamt kann die Situation hier ebenfalls nur als „begrenzter Absolutismus" umschrieben werden.[21]

Den Republiken war der Weg zum Absolutismus verfassungsmäßig unmöglich gemacht. Die zuletzt grundsätzlich im 16. Jahrhundert festgelegten politischen Strukturen, insbesondere das Verhältnis Dominante-Territorium, blieben unverändert.[22] Es erfolgten keinerlei Versuche der Herrschaftsintensivierung, etwa durch Abschaffung der Selbstverwaltung der unterworfenen Städte. Das oligarchische Regime blieb auf der Ebene des Zentrums wie der Städte des Territoriums erhalten, eine Infragestellung, selbst im Interesse einer größeren Effizienz des Staates, wurde als politisches Delikt betrachtet und verfolgt. Auch im Herzogtum Mailand kann von einem absolutistischen

Regiment nicht im entferntesten die Rede sein.[23] Die grundlegenden Probleme der spanischen Herrschaft treffen wir auch hier. Es gab aber nicht wie in Neapel einen Adel, der sich als Herrschaftsträger hätte etablieren können. An seine Stelle trat das Patriziat, welches, im Senat organisiert, mitregierte. Somit hatte auch das Herzogtum Mailand oligarchisches Gepräge. Erst die theresianisch-josephinischen Reformen nach der Mitte des 18. Jahrhunderts brachten hier eine völlige Umwälzung, hin zu einem sich rücksichtslos über das Bisherige hinwegsetzenden Absolutismus.

Das einzige Beispiel eines parallel zum Vorbild Frankreich voll zum Absolutismus strebenden Staates bleibt Savoyen-Piemont.[24] Die Weichen wurden auch hier schon im 16. Jahrhundert gestellt, seit Emanuel Philibert. Anders als in allen anderen italienischen Staaten aber schritten die bedeutenderen Herzöge aus dem Haus Savoyen auch im 17. und 18. Jahrhundert folgerichtig auf diesem Weg fort. In Savoyen treffen wir die im übrigen Italien nur schwer auffindbaren, allgemein als konstitutiv zum Absolutismus gerechneten Elemente fast in vollem Umfang: Zerschlagung der feudalen Macht des Adels und seine Domestizierung im mächtig ausgebauten stehenden Heer, Schaffung einer relativ effizienten, von Bürgerlichen besetzten Bürokratie mit neuen Zentralbehörden einerseits, Intendanten in den Provinzen andererseits, eine dynamische Außenpolitik mit dem (erreichten) Ziel einer ständigen Vergrößerung des Staates, die merkantilistische Wirtschaftspolitik und -förderung, frühe (1723/29) Rechtskodifikationen, eine Fiskalreform mit dem Ziel wesentlich höherer Steuererträge, Streben nach Herrschaft über die Kirche und daraus resultierende Konflikte mit Rom, gewaltsame Unterdrückung religiös Dissentierender (Waldenser), glanzvoller barocker Residenzbau. Alles in allem eine verkleinerte, in einigem verbesserte Kopie des benachbarten Frankreich, durchaus im Gegensatz zum „eigentlichen" Italien stehend – die große Ausnahme. Sie ist umso erstaunlicher als das Staatsgebiet Piemonts ja zu einem großen Teil in den Alpen lag.

Begibt man sich anschließend auf die Ebene der konkreten Verwaltungstätigkeit in Italien, so wird noch deutlicher, daß der Absolutismus, wenn überhaupt, reine Theorie blieb. Mehrere der italienischen Bürokratie eigentümliche Faktoren sind hier zu nennen. Da ist einmal die weitverbreitete, aus der Finanznot der Fürsten geborene Praxis des Ämterverkaufs.[25] Sie ist im Grunde genommen eine Form staatlicher Kreditaufnahme, die kaum Zinsen erforderte – der Käufer wurde ja durch die Amtseinkünfte entschädigt –, aber wiederum eine Teilprivatisierung der Herrschaft bedeutete, die dauernd blieb, weil kaum irgendwo ein späterer Rückkauf denkbar war. Im Gegenteil, der andauernd steigende fürstliche Geldbedarf ließ, war einmal damit begonnen, immer weitere Ämterkategorien käuflich werden. In Rom, wo das System nach dem Vorbild des Benefizienrechtes zum erstenmal perfektioniert wurde, war der Markt schon im 16. Jahrhundert gesättigt. Die höchste Würde eines Kardinals war zwar nicht direkt käuflich, aber Christoph Weber hat gezeigt, daß der Kauf eines Kammerklerikats einen fast sicheren Weg dazu bot.[26] Auch Republiken wie Venedig verkauften Ämter. In der Not des Kretakrieges wurde sogar, zum horrenden Preis von 100.000 Dukaten, für wohletablierte Familien der Terraferma das Bürgerrecht der Lagunenstadt käuflich gemacht, was ihnen den Weg zu weiteren Würden öffnete.[27] Sogar Savoyen verschmähte dieses auch in Frankreich übliche System nicht. Gerade dort aber hatte es, indem es aufstiegswilligen Bürgerlichen den Weg in die Bürokratie öffnete, nicht nur negative Aspekte. Das größte Ausmaß nahm der Ämterverkauf, dem immensen Geldbedarf der spanischen Krone entsprechend, in Neapel an. Mit Ausnahme der höchsten, den Spaniern vorbehaltenen wurden dort schließlich praktisch alle Ämter außerhalb der zentralen Räte und der Ehrenämter käuflich. Mehr noch: Man konnte sie kumulieren, weiterverkaufen, verpachten und vererben, so daß dem Staat die Bestellung und Kontrolle seiner Beamtenschaft zuletzt größtenteils entglitt. Außerhalb der Hauptstadt kauften nicht selten Barone die Ämter und gaben sie ihrer Klientel weiter, womit sie ihre Machtbasis erweiterten. Auch die Städte hätten diese Möglichkeit gehabt, konnten sie aber aus Geldmangel nur selten nutzen. In der Hauptstadt und den übrigen größeren Städten wurden die Ämter bevorzugt von der bürgerlichen Schicht gekauft. Es war dies einer der wichtigsten Wege zum sozialen Aufstieg, nämlich dann, wenn man ein Amt so zu nutzen verstand, daß es reichlichen Gewinn abwarf. Zwar war mit dem Ämterkauf, anders als in Frankreich, nicht automatisch die Nobilitierung verbunden, aber der gewonnene Reichtum ließ sich problemlos in Adelstitel und Grundbesitz, bis zu einem ganzen „feudum" ummünzen. Im Prozeß der Refeudalisierung spielte so das käufliche Amt eine zentrale Rolle.

Käufliche Ämter bedeuteten zwar eine Schwächung der souveränen Gewalt des Fürsten, mußten aber nicht unbedingt administrative Ineffizienz zur Folge haben. Im europäischen Vergleich scheint der damalige italienische Durchschnittsbeamte gar keine schlechte Figur gemacht zu haben. Wie viele andere kulturelle Errungenschaften war die Bürokratie in Italien schon relativ früh entstanden und erreichte bald einen hohen Grad von Schriftlichkeit, was dem Historiker wegen der damit verbundenen Quellenproduktion Freude macht. Ein Beispiel für den hohen Stand sind die Katasteraufnahmen und das Bemühen um Rechenhaftigkeit in der Verwaltung.[28] Ein Problem war indessen die nicht überall vorhandene kontinuierliche Kontrolle. Sicherlich konnte auch der Inhaber eines käuflichen Amtes nicht einfach schalten und walten, wie ihm beliebte. Ein gewisser gesetzlicher Rahmen war vorgegeben. Aber inwieweit wurde dieser eingehalten? Spanien entsandte gelegentlich Kontrollbeamte aus dem Mutterland, welche – begreiflicherweise – vor allem die Finanzverwaltung unter die Lupe nahmen, die „visita general".[29] Dieses Instrument konnte eine latente Drohung sein, sich vor Exzessen zu hüten, blieb in der Anwendung aber punktuell und führte zu keinen grundsätzlichen Veränderungen.

Neben Unterschlagung und Betrug sind die Kontrolleure wahrscheinlich vor allem einem Mißstand begegnet, ohne viel dagegen ausrichten zu können: der allgegenwärtigen Korruption, bis heute eine schwärende Wunde im politischen System Italiens. Ihre Erforschung stößt selbstverständlich auf nicht geringe Schwierigkeiten, erst recht in historischen Zeiten, da es zu ihrem Wesen gehört, keine Spuren zu hinterlassen. Was bisher darüber aus den Archiven bekannt wurde – bei Kontrollen aufgeflogene oder von Neidern und Konkurrenten denunzierte Fälle – stellt sicher nur die Spitze eines Eisbergs dar.[30] Jedenfalls wird man gerade bei diesem Stichwort gut daran tun, die Vorstellungen der Theoretiker (oder der am preußischen Absolutismus orientierten Historiker) über eine geordnete Staatsverwaltung nicht für bare Münze zu nehmen. Es gab schon in der Frühneuzeit bestimmte Bereiche, wo die Korruption besonders blühte: Natürlich beim Steuereinzug, bei den Polizei- und Strafbehörden, schließlich beim Ämterverkauf. Waquet, der dem Phänomen am florentinischen Beispiel nachging und ihm einige grundsätzliche Betrachtungen widmete, möchte ihm auch positive Seiten abgewinnen. Korruption könne, so meint er, auch zur staatlichen Integration der davon Profitierenden beitragen, einer politisch frustrierten Klasse Macht und Autorität verschaffen, drohenden sozialen Abstieg verhindern. Sie vermöge gewisse Härten des bürokratischen Systems abzufedern. Aus ihr fließende Einkünfte können nicht beliebig angelegt werden, sie werden konsumiert und beleben daher die Wirtschaft. Vor allem ist Korruption auch eine Möglichkeit des Widerstands gegen absolutistische Bestrebungen.

Veränderungen im Verwaltungswesen, wie wir sie im Rahmen des Frühabsolutismus etwa in Rom oder Florenz beobachten, bedeuteten in der Regel nicht, daß alte Behörden gänzlich durch neue ersetzt worden wären. Jene wurden teilweise entmachtet, in ihren Funktionen beschnitten, mit unwichtigeren Aufgaben betraut, selten aber gänzlich abgeschafft. Die Folgen solcher administrativer Übereinanderschachtelungen waren zwangsläufig negativ: Ein dauerndes Gerangel zwischen den verschiedenen Amtsstellen und endlose Kompetenzkonflikte, die vielfach Initiativen der neuen Behörden blockierten und ganze administrative Bereiche lahmlegen konnten. Dieser Sachverhalt dürfte neben fehlender Kontrolle und Korruption mit ein Grund für die Vollzugsdefizite gewesen sein, die es wahrscheinlich überall im alten Europa gab, die aber, wie gelegentlichen Bemerkungen von Reisenden zu entnehmen ist, in den mittelmeerischen Ländern ein ungewöhnlich hohes Maß erreichten. Hier liegt zweifellos die Schlüsselfrage nach der geschichtlichen Bedeutung des sogenannten Absolutismus. Die Forschung hat sie zwar aufgeworfen, aber noch nicht beantwortet.[31] Es ist leicht, anhand von fürstlichen Entscheidungen, Dekreten, Gesetzen, politischen Testamenten usw. festzustellen, was der Absolutismus wollte – eine andere und viel schwierigere Frage ist die nach der Verwirklichung. Einzelbeobachtungen – mehr als die Spitze des Eisbergs ist auch hier nicht bekannt – zeigen, daß mutmaßlich eine enorme Kluft zwischen Theorie und Praxis bestand. Gelegentlich wird die auch in Italien häufige Wiederholung von Verordnungen (bando, grido) als Indiz für ihre Nichtbefolgung angesehen. Das ist durchaus möglich, allerdings hatte diese Übung, bei Regierungsantritt vollzogen, auch die Funktion, bei nichterblichen Trägern der Herrschaft (Päpste, Vizekönige, Gouverneure) deren Kontinuität anzuzeigen, mithin tatsächlich rituellen Charakter.[32] Zu bedenken sind hier vielmehr einige, in Italien vielleicht schärfer sich abzeichnende strukturelle Probleme der Verwaltungstätigkeit im Ancien Regime. So konnten, worauf Waquet am Beispiel der Toskana hinweist, häufige Gnadenerweise des Fürsten den geordneten Vollzug des Rechts ständig durchlöchern.[33] Gleichzeitig allerdings sicherten dosierte und rechtzeitig gewährte Gnadenerweise die Akzeptanz der Herrschaft als solche. „Clementia" als Herrschertugend – diese „Schwäche" einiger Fürsten, etwa eines Cosimo III., konnte sich so durchaus in Stärke verwandeln. In einem katholischen Land muß ferner beachtet werden, daß die kirchliche Dispenspraxis – ebenfalls ein organisiertes System der Durchbrechung geltenden Rechts – auch auf die staatliche Seite abfärben konnte, wobei die Grenzen zu Bestechung und Korruption, da Dispensen ja selten gratis sind, fließend sind. Die in der katholischen Reform neubelebte Idee der Karitas ließ gelegentlich den zwangsweisen Vollzug juristisch unanfechtbarer Forderungen als unangemessen, eben unchristlich, erscheinen.[34]

Speziell für Italien kommt hinzu, daß bei den häufigen Notsituationen etwa durch die Pest oder Naturkatastrophen große Teile der Verwaltungstätigkeit durch höhere Gewalt oft für längere Zeit lahmgelegt wurden.[35] Man konnte gar nicht damit rechnen, daß der Staat immer und überall präsent war – die noch heute bewunderte Improvisationsgabe der Italiener in solchen Situationen hat wohl hier ihre Wurzeln. Im einzelnen beobachtet man Vollzugsdefizite natürlich vor allem bei Maßnahmen, die bei den Untertanen allgemein nicht beliebt und akzeptiert waren. So etwa erwiesen sich Verordnungen gegen die Prostitution, gegen die Disziplinierung der Armen, gegen übertriebenen Aufwand oftmals als wirkungslos; sie wurden in der Folge häufig aufgegeben oder abgeschwächt.[36] Ein heute noch gravierendes Problem, vor allem in Süditalien, erscheint schon im Barock, nämlich illegale Bauten.[37] Nachträgliche Legalisierung widerrechtlichen Handlungen bei Aufdeckung, gegen Zahlung einer erhöhten Abgabe, war im spanischen Mutterland gängige Praxis der staatlichen Geldbeschaffung – es wird in den italienischen Besitzungen nicht anders gewesen sein. Ein in allen Grenzregionen verbreitetes Delikt, den Schmuggel, bekam die Staatsgewalt nie in den Griff, es fehlten ihr schlichtweg die personellen Mittel zu einer erfolgreichen Bekämpfung.[38] Denn überall waren die Vollzugsorgane, die Polizei im engeren Sinne, schwach dotiert. Die Büttel und Häscher des Staates, die bekannten „Sbirren", traten eigentlich nur in den Städten in Erscheinung, kaum auf dem flachen Land und schon gar nicht in den unwegsamen Gebirgsgegenden.[39] Überdies waren sie im Volke eher verachtet. Vor allem dann, wenn das Delikt polizeilich Gesuchter in Volkes Augen nicht strafwürdig war, wie beim Schmuggel, leistete es keine Hilfe bei der Verfolgung, nahm vielmehr die „Kriminellen" in Schutz.[40]

Zum Schluß sollen noch drei wichtige spezielle Bereiche der Staatstätigkeit, nämlich Steuerwesen, Justiz und das Verhältnis zur Kirche, etwas betrachtet werden. Bei allen werden wiederum die Grenzen eines möglichen Absolutismus, der Graben zwischen Absicht und Verwirklichung deutlich. Im italienischen Steuerwesen des Ancien Regime sind es drei Eigentümlichkeiten, welche dies aufzeigen, nämlich Privilegien, Steuerpacht und Staatsschuld.[41] Dabei läßt sich immer ein Nord-Süd-Gefälle feststellen: Im Königreich Neapel war die Situation am gravierendsten. Das Steuerprivileg der Oberstände Adel und Klerus bestand in der Theorie in allen Staaten mit feudaler Grundlage, nirgendwo war allerdings die Immunität eine totale. Gerade im Absolutismus, dessen Herausbildung ja mit einer stärkeren finanziellen

Abschöpfung der Untertanen parallel ging, wurde sie mehr und mehr durchlöchert. In Italien sind vor allem die kirchlichen Privilegien wichtig.[42] Im Rahmen der Gegenreformation hatten viele Bischöfe, darunter auch Karl Borromäus, eine möglichst umfassende Immunität der Kirche wiederherstellen wollen und teilweise auch erreicht. Umgekehrt ließ allerdings die Türkenabwehr einen begründeten fiskalischen Zugriff auf den geistlichen Besitz zu, wovon die Fürsten selbstverständlich gerne Gebrauch machten. In einigen Staaten, so besonders in Neapel, wurde der kirchliche Besitz zu einem niedrigeren Satz besteuert, die Steuer setzte erst nach einem gewissen Freibetrag ein, oder aber es wurden nur neuerworbene Güter fiskalisch erfaßt. Die Privilegien aber waren jedenfalls noch so groß, daß möglichst jede bessere Familie bestrebt war, wenigstens einen Angehörigen im Klerus unterzubringen und so, mit verschiedenen Methoden, einen Teil ihres Besitzes ganz legal dem Fiskus zu entziehen. Amortisationsgesetze, welche den Zuwachs des Kirchenguts beschränken sollten, wurden umgangen und blieben bis zum aufgeklärten Absolutismus meist wirkungslos. Die überproportionale Zunahme der Geistlichen in Italien, vor allem im Süden, seit dem ausgehenden 16. Jahrhundert wird von der Forschung allgemein auf diese steuerliche Privilegierung (und die Fideikommisse) zurückgeführt. Dringend benötigte Mittel entgingen so dem Staat und fehlten ihm zum Auf- und Ausbau eines absolutistischen Systems. Hinzuzufügen ist hier, daß Neapel als einziger italienischer Staat keine progressive Grundsteuer (Katastersteuer) kannte, sondern bis zur großen bourbonischen Steuerreform von 1741/42, welche dann auch die Immunität des Klerus empfindlich beschnitt, nur auf die Gemeinden umgelegte Kopf- und Herdsteuern, ein System also, das offensichtlich die Oberstände bevorzugte. Die vielen neuen indirekten Steuern suchten dann allerdings die Untertanen gleichmäßiger zu belasten, und einige Steuern mit Luxuscharakter, etwa die kuriose Perückensteuer, ließen den einfachen Mann ungeschoren. Wie alle Ämter war auch der Steuereinzug privatisiert, in Form der Steuerpacht, und wiederum war das System in Neapel, wo auch Genuesen und andere Fremde als Steuerpächter auftraten, am besten ausgebaut.[43] Es handelt sich hier ebenfalls um eine Form der staatlichen Geldbeschaffung mittels Privatkredit, indem der Pächter die zu erwartende Steuersumme vorschoß. Dabei flossen ihm Zinsen und eine Risikoprämie (für nicht einzutreibende Steuerbeträge) zu. Die Summen, die derart der Staatskasse entgingen und in die Taschen der Pächter flossen, sind später, bei den Steuerreformen des aufgeklärten Absolutismus, welche die Pacht abzuschaffen suchten, geschätzt worden: Sie erreichten astronomische Höhen. Tatsache ist, daß die Steuerpacht sozialen Aufsteigern, wie dem berüchtigten Bartolomeo d'Aquino, später Fürst von Caramanico, in kürzester Zeit einen märchenhaften Reichtum verschaffen konnte.[44] Umgekehrt wird verständlich, daß im Volke die Steuerpächter und ihre Helfershelfer zu den verhaßtesten Lebewesen gehörten. Trotz dieser strukturellen Probleme konnte seit dem 16. Jahrhundert überall die steuerliche Abschöpfung gesteigert werden. Hatten die Spanier bei Beginn ihrer Herrschaft in Neapel, 1507/8, noch geschätzte 438.000 Dukaten eingenommen, so zogen sie 1646, kurz vor dem Aufstand und dem finanziellen Zusammenbruch des Staates, nicht weniger als 11,7 Millionen aus ihrem Nebenland, sogar unter Berücksichtigung der inzwischen eingetretenen Geldentwertung eine respektable Steigerung.[45] Gleichwohl war die Staatsverschuldung im selben Maß gestiegen, so daß schließlich mehr als die Hälfte der Einnahmen für den Zinsendienst aufgewendet werden mußten.[46] Der finanzielle Aktionsradius des Staates, der völlig in der Gewalt seiner Geldgeber war und sich durch Staatsbankrotte nur vorübergehend davon befreien konnte, wurde so empfindlich eingeschränkt. Das System war irreformabel, die finanziellen Grenzen des Absolutismus zeigt ein Beispiel wie das Königreich Neapel überdeutlich.[47]

Die Rechtspflege in Italien unterschied sich nicht grundsätzlich vom europäischen Standard. Klagen über Verschleppung der Prozesse, Bestechlichkeit der Richter, Willkür der Patrimonialgerichte, unklare Zuständigkeiten finden wir im Ancien Regime fast überall. Die Rechtsreformen der Aufklärung, mit denen Italien wieder europäische Bedeutung gewann (Beccaria, Peter Leopold), machen wahrscheinlich, daß diese Zustände auch auf der Halbinsel verbreitet waren. Die Refeudalisierung, insbesondere im spanischen Herrschaftsbereich, hatte auch zu einer Neuaufwertung der Patrimonialgerichte geführt, besonders im Süden, wo der Baron „ordinarius judex" war. Im Norden waren die gerichtlichen Befugnisse der übriggebliebenen Lehensherrschaften dagegen eher gering. Aus Einkommensuntersuchungen folgt ferner, daß in ganz Italien die Gerichtsherrschaft (die vom käuflichen Amt zu unterscheiden ist) ihren privaten Inhabern keine Quelle zur Bereicherung war.[48] Analog zum fiskalischen war das Gerichtsprivileg des Klerus ein Problem; man wird sich daher nicht wundern müssen, daß zumindest im 16. und 17. Jahrhundert die Kriminalität sogar in diesem Stand ein ungewöhnliches Maß erreichte. Eine Durchbrechung der ordentlichen Justiz stellte ferner das Asylrecht dar, das von Papst Gregor XIV. in der Konstitution „Cum alias" (1591) endgültig geordnet wurde.⁴⁹ Bestimmten Kategorien von Verbrechern boten Kirchen Schutz vor polizeilicher Verfolgung. Diese traditionsgeheiligte Institution gehörte zu den ersten Einrichtungen, welche die Reformen des aufgeklärten Absolutismus abschaffte, so wie diese dann auch versuchten, das „privilegium fori" der Geistlichkeit einzuschränken und wenn möglich ganz aufzuheben. Das Strafrecht war wie überall grausam. Als eine der für Italien spezifischen Strafen ist der Ruderdienst auf den Galeeren zu erwähnen, wobei Venedig sogar für ausländische Verurteilte den Strafvollzug übernahm.⁵⁰ Die vielen ausgesprochenen Todesstrafen, namentlich im Süden, dienten nicht bloß der Abschreckung, sondern auch dazu, das manchmal ramponierte Ansehen der Gerichte zu verbessern. Das „Theater des Schreckens" (Richard van Dülmen), die Hinrichtung, wurde indes in Italien etwas gemildert, indem es überall spezielle Bruderschaften gab, welche die Christenpflicht erfüllten, den Verurteilten auf seinem letzten Gang tröstend zu begleiten (confortatori). Sogar viele adlige Mitglieder dieser Bruderschaften, deren Patron sinnigerweise (der enthauptete) Johannes der Täufer war, unterzogen sich dieser edlen Pflicht.⁵¹

Das Verhältnis Staat-Kirche erheischt einige Bemerkungen, weil die katholische Kirche, wie schon angedeutet, im Gegensatz zur evangelischen eine verhältnismäßig große Selbständigkeit genoß, und weil andererseits der Absolutismus sich die Kirche möglichst zu unterwerfen suchte, auch um den Preis eines Konflikts mit der Kurie. Ernsthaft hat dies in Italien erst der aufgeklärte Absolutismus versucht: Neapel, Mailand und die Toskana sind die bekannten Beispiele. Dies wirft die Frage auf, ob diese Veränderung bloß die graduelle Steigerung einer bereits vorher angelegten Dominanz des Staates oder ein prinzipieller Kurswechsel war. Gestalteten sich vorher, nachdem alle italienischen Staaten dem Programm der katholischen Reform zugestimmt hatten, die gegenseitigen Beziehungen im großen und ganzen harmonisch, oder wurden Konflikte bloß unter den Teppich gekehrt? Konfliktpunkte gab es immer, es waren teils alte, und es waren dieselben, mit denen sich dann der Reformabsolutismus auseinandersetzen mußte. Es ging beispielsweise um die erwähnten Privilegien des Klerus, um den Vermögenszuwachs der Kirche und das Asylrecht, um Fragen des Eherechts und der Ausübung der Zensur, um das Aufsichtsrecht bei Bruderschaften, frommen Stiftungen (luoghi pii) und Kirchenfabriken, kurz um jenen „gemischten Bereich", wo Interessen des Staates und der Kirche aufeinanderprallten, vielfach um ganz banale materielle Dinge. Meist wurden die Gegensätze pragmatisch gelöst – zur Grundsatzfrage wurde die Sache tatsächlich erst in der Aufklärung. Waffen wie Sequester und das Militär auf staatlicher, Exkommunikation und Interdikt auf kirchlicher Seite wurden in unserem Zeitraum selten eingesetzt, eine Zuspitzung erfolgte eigentlich nur im Streit Venedigs mit der Kurie zu Beginn des 17. Jahrhunderts und im Konflikt Kaiser Josephs I. mit Papst Klemens XI. (1708/9). Gegen überzogene Ansprüche der Kirche wehrten sich die Staaten mit dem Placetrecht, d. h. sie behielten sich die Genehmigung von kirchlichen Beschlüssen, etwa von Synoden, vor.[52] Ob die Kirche oder der Staat am längeren Hebelarm saßen, ist recht unterschiedlich. Am wenigsten Rechte hatte die Kirche in den Republiken. Venedig versöhnte sich zwar schließlich wieder mit Rom, besteuerte aber seinen Klerus wie alle anderen Untertanen. Der Kirchenbesitz war vergleichsweise gering. Alle bedeutenden Bischofssitze waren den Patriziern reserviert. Auch Genua und Lucca suchten den Einfluß Roms zu beschränken. In Piemont führte nach früheren Reibungen die absolutistische Politik zu Beginn des 18. Jahrhunderts zu einem langandauernden Konflikt mit Rom; Auslöser war die Besteuerung neuerworbenen Kirchenguts gewesen.[53] Später erwiesen sich die Herzöge Rom gegenüber als dienstwillig, ganz im Gegensatz zu den meisten übrigen italienischen Fürsten. Am meisten Rechte hatte die Kirche, wie bereits erwähnt, im spanischen Herrschaftsbereich. In Mailand hatte die gegenreformatorische Initiative Karl Borromäus' die Gewichte etwas zugunsten der Kirche verschoben, der spanische König besaß nur in einem Bistum (Vigevano) das Nominationsrecht.[54] Auch im Königreich Neapel hatte er es, abgesehen von Apulien, nur in wenigen Diözesen.[55] Nachdem dort bereits die Österreicher über eine Beschränkung dieser ausgedehnten kirchlichen Rechte nachgedacht hatten und der spätere Minister Bernardo Tanucci diese Überlegungen aufnahm, stellte dann das Konkordat von 1741 die gegenseitigen Beziehungen auf eine ganz neue Basis: Nunmehr hatte der Staat das entscheidende Wort, und eine umfassende Reform wurde begonnen, die dann freilich von derjenigen der Habsburger in Mailand und Florenz noch übertroffen werden sollte.[56] In der Toskana hatte sich unter den späten Medici ein ganz merkwürdiges Verhältnis herausgebildet, bei dem man sich fragen kann, ob Staat oder Kirche die Oberhand hatten. Es wurde unter dem in der älteren Geschichtsschreibung als „bigott" abqualifizierten Cosimo III. (1670–1723) perfektioniert. Der „Priesterfürst", der auch Domherr von St. Peter in Rom war, verbrachte, umgeben von Geistlichen, in der Tat einen großen Teil seiner Zeit bei religiösen Zeremonien. Gerade diese überzogene Frömmigkeit aber machte ihn in Rom zu einer hochgeschätzten Persönlichkeit, so daß man bereit war, ihm alle nur möglichen Rechte über die toskanische Kirche zu konzedieren, soweit sie nicht schon seine Vorgänger erreicht hatten.[57] Sein Nachfolger Peter Leopold sollte dann den umgekehrten Weg, die bewußte Konfrontation, versuchen.

Alle diese Faktoren zusammengenommen, muß die Schlußfolgerung heißen, daß in Italien im Barockzeitalter von einem absolutistischen System keine Rede sein kann, den Sonderfall und das Gegenbeispiel Piemont ausgenommen. Die namentlich von der deutschen Geschichtswissenschaft gerne als Spezifikum der Frühneuzeit betrachtete Entwicklung zum „modernen Staat" fand hier, wenn überhaupt, nur ansatzweise, fragmentarisch und begrenzt statt. Überhaupt ist die Rolle des Staates in bezug auf die Gesellschaft als gering einzuschätzen, Familie und intermediäre Organisationen waren (und sind zum Teil immer noch) ebenso wichtig. Die „Abwesenheit" des Staates (astatualità) öffnete Freiräume, die anderswo nicht bestanden. Am Beispiel Italiens kann so vorläufig auch hinter die vielzitierte Sozialdisziplinierung als einem wesentlichen Faktum der Frühneuzeit ein Fragezeichen gesetzt werden. Als neue Frage erscheint aber die, wie weit die entstandenen Freiräume z. B. von der Kultur genutzt werden konnten.

2

Die demographische Katastrophe

Moderne historische Gesamtdarstellungen pflegen mit den geo- und demographischen Grundlagen des betreffenden Gebiets zu beginnen.[1] Im Falle des Staatenkonglomerats „Italien" sprachen einige Gründe dafür, in etwas konventioneller Anordnung die politische Geschichte voranzustellen. Damit soll allerdings in keiner Art und Weise eine Rangordnung ausgedrückt werden, im Gegenteil. Schon mehrmals war es notwendig, auf gewisse räumliche Grundgegebenheiten hinzuweisen, ohne dabei einem kruden geographischen Determinismus zu huldigen. Was die demographischen Faktoren anbelangt, so muß man wohl im Zeitalter des Barock in den großen Pestwellen eine der wichtigsten, wenn nicht sogar hauptsächlichen „challenge" (Arnold Toynbee) der Geschichte Italiens sehen. Sie lassen kaum einen der im folgenden zu behandelnden Lebensbereiche unberührt, gehören daher eigentlich an den Anfang.

Die geographischen Grundlagen der italienischen Geschichte haben in zwei „Klassikern", nämlich Fernand Braudels „Mittelmeer" und Emilio Serenis „Geschichte der italienischen Agrarlandschaft", zu denen noch einige Beiträge der „Storia d'Italia Einaudi" treten, eine gültige Darstellung gefunden, denen die neueste Forschung offenbar kaum etwas hinzuzufügen weiß.[2] Was Braudel im ersten Teil seines großangelegten Werks zur Topographie und zu den Gewässern, zu Grenzziehungen und Klima, zu Verkehrswegen und Siedlungen schreibt, was Sereni über die Herausbildung der spezifisch italienischen Agrarlandschaft ausführt, gehört zum wissenschaftlichen Reisegepäck eines jeden, der Erkundungen in die italienische Geschichte der Neuzeit unternimmt, auch wenn man inzwischen einige Details anders sieht. Diese Erkenntnisse hier zusammenzufassen, wäre ein sinnloses Unternehmen, zumal die bereits geschehene Veranschaulichung durch Karten, Skizzen, Bilder usw. nicht noch einmal wiederholt werden kann. Einige zusätzliche Bemerkungen sollen daher genügen, insbesondere ist auf den grundlegenden Unterschied Nord-Süd hinzuweisen.

Die generelle Siedlungsstruktur Nord- und teilweise auch Mittelitaliens unterscheidet sich nicht grundsätzlich von der mittel- und westeuropäischen. Städte und Dörfer bestimmen das Bild, Einzelhofsiedlung im Gebiet der Halbpacht ist Ausnahme. Indes gehört die beherrschende und geschichtsbildende Rolle der Stadt in diesem Raum seit Giovanni Botero und Carlo Cattaneo zu den Grundannahmen der italienischen Geschichtsschreibung, die erst in jüngster Zeit etwas in Zweifel gezogen wurden.[3] Gerade aus diesem Gesichtspunkt ist das 17. Jahrhundert von Interesse: Hier findet erstmals seit langem eine deutliche, wenn auch kaum quantifizierbare Verlagerung der Gewichte statt, deren Bedeutung wegen der einleitend erwähnten mentalen Sperren vermutlich noch zu wenig gewürdigt worden ist.[4] Die im Mittelalter begründete Dominanz der Städte über den „contado" hat von einem parasitären Dasein der erstgenannten und einem halbkolonialen Status des Landes sprechen lassen. Das ist wohl etwas überzogen, aber noch im späten 16. Jahrhundert waren die ausgedehnten rechtlichen, ökonomischen und kulturellen Privilegien der Städte derart attraktiv, daß bei den damals wieder vermehrt auftretenden Hungersnöten Bauern haufenweise in die Städte flüchteten, so daß sich z. B. Venedig zu drakonischen Abwehrmaßnahmen veranlaßt sah.[5] Diese, wie immer in der Frühneuzeit zahlenmäßig kaum faßbare Immigration erscheint nur auf den ersten Blick paradox. Sie wird verständlich, wenn man bedenkt, daß mit dem Annonarsystem der Lebensmittelversorgung der Städte die Priorität eingeräumt wurde. So war eine Vorratshaltung in größerem Umfang nur in den Städten gebräuchlich, hier gab es außerdem unzählige wohltätige Stiftungen für die Armen.

Die großen Pestepidemien seit 1630 jedoch betrafen vor allem die Städte, sehr viel weniger das Land. Die Bevölkerungsverhältnisse verschoben sich daher zugunsten des letztgenannten, ein säkularer Trend kehrte sich um, auch wenn Stadtflucht, etwa von Handwerkern, die dort kein Auskommen mehr fanden, zahlenmäßig kaum ins Gewicht fällt. Wesentlich war die relative Aufwertung des Landes, der Kleinstädte und Dörfer, die Aldo de Maddalena mit dem schwer übersetzbaren Titel einer Aufsatzsammlung „Dalla città al borgo" plastisch umschreibt.[6] Der Zusammenbruch des städtischen Gewerbes begünstigte dasjenige auf dem Lande, die Reagrarisierung wirkte sich gleichfalls zu seinen Gunsten aus. Wirtschaftlicher Fortschritt und Wachstum der Städte waren nun nicht mehr identisch, sondern gingen eher auseinander. Politische, fiskalische und handelspolitische Maßnahmen, etwa in Piemont und der Lombardei, führten zu einer weiteren Erosion der privilegierten Stellung der Stadt und zu einer relativen Bevorzugung des Landes. Gewiß, im wesentlichen bestimmte immer noch die Stadt die Organisation des ländlichen Raums. Aber sie mußte jetzt etwas mehr Rücksicht auf die sich artikulierenden Interessen ihres Widerparts nehmen. Vor allem wurde die

Eine Bergstadt in Süditalien: S. Severina (Kalabrien). Im Vordergrund aufgegebene und überwachsene Terrassen.

vorher relativ strikte Trennung Stadt-Land unscharf, die Grenzen weichten sich etwas auf, und es erfolgte eine gegenseitige Annäherung. Dieser Vorgang kann sehr wohl als wenigstens relative „Ruralisierung" des gesamten Raums bzw. der Gesellschaft bezeichnet werden.[7] Der sprechendste Ausdruck für diese Ambivalenz ist vielleicht der schon vorher begonnene, nun aber forcierte Villenbau des Patriziats.[8] Man kann in diesen ländlichen Domizilen sicher eine (Grund-)Herrschaftsintensivierung sehen[9], aber auch einen baulichen Ausdruck der Refeudalisierung einer ehemals bürgerlichen Klasse und eine neue Wertschätzung des Landes.[10] Nicht mehr alles ließ sich vom Stadtpalast aus dirigieren, Agrartheoretiker fanden eine zumindest zeitweilige Anwesenheit des Herrn inmitten seines Besitzes erstrebenswert.

Etwas anders sind die Verhältnisse im immer feudal gebliebenen, von der kommunalen Bewegung des Mittelalters nicht erfaßten Süden.[11] Im Königreich Neapel gab es im 17. Jahrhundert gegen zweitausend Gemeinden. Davon waren 144 im obersten Rang einer „città" klassifiziert, darunter fast alle der vielen Bischofsstädte. Hier allein gab es so etwas wie ein Bürgertum. Die nächste Klasse „terra" bezeichnet Kleinstädte oder größere Dörfer mit einer Einwohnerzahl von einigen hundert bis zweitausend Einwohnern. „casali", am besten mit Weiler umschrieben, sind dann politisch unselbständige kleine Siedlungseinheiten, meist größeren Städten unterstellt. Häufig werden die hochgelegenen Siedlungen vom nicht in jedem Fall bewohnten Schloß des Feudalherrn überragt.[12] Auch im Süden gibt es Einzelsiedlung nur in Form der auf dem flachen Land im Osten des Königreichs vorkommenden „masseria", dem häufig befestigten Zentrum eines Latifundiums.[13] Ein Sonderfall ist die riesengroße Hauptstadt Neapel, in der schon damals rund 10% der Gesamtbevölkerung wohnten. Sie hatte daher schon seit dem 16. Jahrhundert mit modern anmutenden Problemen einer fortgeschrittenen Urbanisierung zu kämpfen.[14] Bereits zu Beginn der spanischen Herrschaft entwarf einer der großen Vizekönige, Pedro de Toledo, einen Stadtentwicklungsplan, der die bis heute im Stadtbild sichtbaren Grundstrukturen festlegte. Illegales Bauen, auch der Oberschichten, durchkreuzte solche Regulierungsversuche aber immer wieder. Die im 17. Jahrhundert stark aufkommenden Kutschen, eines der bezeichnendsten Statussymbole des Barock, schufen schon früh Verkehrsprobleme, die man ebenfalls mit entsprechenden Vorschriften zu bewältigen versuchte. Die Zufuhr von Lebensmitteln war vergleichsweise gut organisiert, dazu trug natürlich auch das außerordentlich fruchtbare Umland des Vesuv bei. Hingegen war die Wasserversorgung ein Problem.[15] Zwar wurden im Rahmen der barocken Stadtentwicklung auch viele neue Brunnen errichtet. Anders als in Rom aber floß aus ihnen längst nicht immer Wasser in genügender Quantität und Qualität. Mit der im 18. Jahrhundert wieder stark zunehmenden Bevölkerung steigerte sich auch der Problemdruck entsprechend, so daß der Reformminister Bernardo Tanucci das verzweifelte, aber durchaus modern-rational anmutende Projekt vorlegte, die Hauptstadt ins leere Innere des Landes, nach Melfi, zu verlegen.[16] Mit ähnlichen Problemen wie Neapel hatten in kleinerem Maß auch die sizilianischen Großstädte Palermo, Messina und Catania zu kämpfen.

Die Quellenlage für demographische Forschungen kann in Italien dank der entwickelten Schriftlichkeit und der Rechenhaftigkeit der Verwaltung vergleichsweise als gut bezeichnet werden, so daß es Karl-Julius Beloch, einem Vorläufer der später einsetzenden Historischen Demographie, schon vor hundert Jahren möglich war, eine umfassende Bevölkerungsgeschichte des Landes zu beginnen.[17] Einzelfragen waren allerdings auch mit einem verfeinerten methodischen Instrumentarium nicht immer zu klären, so daß hierin weiterhin unterschiedliche Auffassungen und Datenangaben bestehen.[18] Vor allem gelang es nicht, präzise Kausalketten bestimmter demographischer

Trends zu finden. Vielleicht sind diese Fragen einfach zu komplex, um sie mit den verfügbaren Quellen und einem vertretbaren Aufwand befriedigend zu lösen, abgesehen von begrenzten Lokalstudien, die dann aber wiederum nicht verallgemeinerbar sind.[19] So begnügen wir uns hier damit, auf einige wesentliche Zusammenhänge hinzuweisen.

Unbestritten ist, daß seit dem Beginn des 17. Jahrhunderts ein säkularer Trend zum Bevölkerungswachstum zum Stillstand kam und in der Folge sogar ein merklicher Rückgang eintrat. Dieses Phänomen betrifft zwar auch einige andere europäische Staaten, ist aber nirgends so ausgeprägt wie in Italien und Spanien. Für 1550 wird die Bevölkerung Italiens auf 11,6 Millionen geschätzt. Sie wächst bis 1600 auf 13,3 Millionen an. Dann erfolgt, bis zum Tiefpunkt nach der Jahrhundertmitte, ein Rückgang um gegen zwei Millionen. Dieser ist aber schon um 1700 wieder aufgeholt (13,4 Millionen). Im nächsten Jahrhundert geht das Wachstum im gleichen Tempo weiter (1750: 15,5 Millionen; 1800: 18,1 Millionen). Das 17. Jahrhundert ist also dasjenige der großen Krise, wobei diese regional etwas phasenverschoben ist. Der Norden wird in der ersten Jahrhunderthälfte betroffen (Rückgang 21%), holt aber schon in der zweiten Hälfte wieder mächtig auf (Zunahme 33%). Im Süden treten diese Vorgänge etwas später ein, und der Aufholprozeß betrifft eher das frühe 18. Jahrhundert. Die wesentlichen Ursachen dieses Rückgangs können klar benannt werden: Mehrere Pestepidemien und dazu im Süden Naturkatastrophen mit lokal verheerenden Wirkungen. Von beiden wird noch zu reden sein. Es treten aber weitere flankierende Gründe hinzu. Aus einigen Regionalstudien weiß man, daß schwache Rückgänge schon vor der großen Pest einsetzten. Weiters zeigt ein europäischer Vergleich über mehrere Jahrhunderte, daß Italiens Bevölkerung verhältnismäßig das schwächste Wachstum aufwies, auch und gerade im 18. Jahrhundert. Wurde der Anteil Italiens an der gesamten Bevölkerung Europas um 1300 noch auf 17,9% geschätzt, so reduzierte sich dieser bis 1800 auf 12,2%.[20] Die Krise des 17. Jahrhunderts ist somit nur der Höhepunkt eines schleichenden relativen Rückgangs, der den Machtverlust der Mittelmeerländer in diesem Zeitraum miterklären kann. Gleichzeitig weisen diese Zahlen auf einige für Italien spezifische, langfristig wirkende Faktoren hin, die neben den zufälligen und kurzfristigen nicht ganz zu vernachlässigen sind.

Ein unwesentlicher Faktor der abweichenden Entwicklung scheint das Reproduktionsverhalten ganz allgemein gewesen zu sein; die verfügbaren Daten bewegen sich einigermaßen innerhalb der gesamteuropäischen

Die demographische Katastrophe 65

Norm.[21] Das Heiratsalter, das Demographen als den großen Regulator des europäischen Bevölkerungswachstums bezeichnet haben, liegt nur in den Getreidegebieten des Südens etwas tiefer als sonst. Auch die Säuglings- und Kindersterblichkeit hielt sich zunächst im gesamteuropäischen Rahmen, nahm allerdings im 17. und 18. Jahrhundert etwas zu, gerade umgekehrt wie im (protestantischen) Norden. Demzufolge war die Lebenserwartung mit 25–28 Jahren etwas unterdurchschnittlich. Eine geringere Reproduktionsrate wies die Oberschicht, Adel und Patriziat, auf. Hier kommt den im 17. Jahrhundert allgemein eingeführten Fideikommissen, welche im Normalfall nur einem männlichen Nachkommen die Ehe gestatteten, entscheidende Bedeutung zu. Das Fehlen einer systematischen Geburtenkontrolle in unserem Zeitraum hätte ein Wachstum begünstigt, wurde aber möglicherweise durch andere kirchliche Empfehlungen und Vorschriften, etwa der sexuellen Abstinenz in Advent und Fastenzeit, wieder eliminiert. In diesen Zusammenhang gehört natürlich auch der in Italien im 17. Jahrhundert – nicht vorher! – durchgesetzte Zölibat des katholischen Klerus. Die Aufklärung hat sich gerne mit diesem Thema abgegeben und damit die gesellschaftliche Nutzlosigkeit des Mönchstums belegen wollen. Doch bleiben, selbst bei der außergewöhnlichen Zunahme der Zahl der Geistlichen im 17. Jahrhundert, die demographischen Folgen rein zahlenmäßig wohl zu unbedeutend. Pietro Stella hat die Fragestellung umgekehrt und erwägt, ob nicht die Zunahme der Zölibatäre eine Folge verschlechterter Lebensverhältnisse gewesen sein könnte.[22] Damit weist er auf eine zweite wesentliche Ursache verminderten Wachstums hin, nämlich Subsistenzkrisen. Auch sie sind bis zum 18., ja 19. Jahrhundert ein gesamteuropäisches Problem, das sich aber in Italien mindestens in einigen Regionen vielleicht in verschärfter Form stellte. Wie überall unter solchen Verhältnissen war im Berggebiet der Südalpen und Apenninen der Nahrungsspielraum gering. Mochten anderswo kalte Winter und Regen für den Ackerbau ein Problem sein, so waren es in Italien, abgesehen von den wenigen gut bewässerten Gegenden wie der Lombardei, andauernde Trockenperioden. Eine weitere Plage, die man sonst allenfalls noch aus der Bibel kennt, war in Italien noch bis ins ausgehende 19. Jahrhundert Realität, nämlich die Heuschrecken, deren Schwärme ganze Ernten kahlfressen konnten und gegen die man damals keine entscheidenden Abwehrmaßnahmen treffen konnte.[23] Einige italienische Agrarlandschaften waren zwar hochentwickelt, in anderen aber arbeitete man mit primitivsten Techniken. So waren regionale Versorgungschwierigkeiten keine Seltenheit. Auch die in Italien wie in

S. Severina, überragt von der mittelalterlichen Burg, die später den Feudalherren, der Familie Carafa, als Wohnsitz diente.

keinem anderen Lande ausgebauten, noch zu schildernden Hilfsorganisationen zugunsten der Hungernden zeigen auf, daß hier bis zu den großen Pestwellen ein Problem bestand. Ein führender italienischer Demograph hat enge Korrelationen zwischen Bevölkerungswachstum, Menge des in die Städte eingeführten Getreides und (negativ) den Getreidepreisen festgestellt, wagt aber keine definitive Aussage über das Ursache-Folgen-Verhältnis.[24] Was nun unsere Epoche im besonderen betrifft, so haben wir im späten 16. Jahrhundert gehäufte Daten über Hungerkrisen größeren Ausmaßes, namentlich im Norden. Sie führten zu den ersten weiträumigen Getreideimporten aus Danzig. Die bekannte fatale Spirale von mangelnder Ernährung, Schwächung, Krankheit und vernachlässigter Feldbestellung setzte ein. An ihrem Ende konnte dann die Pest stehen. Mutmaßlich stieß Italiens Bevölkerung im späten 16. Jahrhundert nach mehr als zweihundertjährigem Wachstum an Grenzen, wo die landwirtschaftlichen Ressourcen nicht mehr ausreichten. Diesen Sachverhalt hatte übrigens damals der Erzbischof von Venedig Giovanni Tiepolo erkannt, wenn er, lange vor Malthus, meinte, daß, sobald die Menschen sich so vermehrten, daß die Lebensgrundlagen nicht mehr ausreichen, die Natur eben Krankheiten schicke, um das Gleichgewicht wieder herzustel-

Die demographische Katastrophe 67

len.²⁵ Damit hatte er gleichzeitig ein wichtiges drittes bevölkerungsregulierendes Moment benannt. Neben der plötzlich und heftig zuschlagenden Pest gab es weitere Infektionskrankheiten, die eher endemisch und spezifisch im heißen Klima auftraten.²⁶ So hören wir z. B. immer wieder von Typhusfällen. Sie verliefen weniger tödlich als die Pest, waren aber meist mit Unterernährung verbunden. In den Ebenen war landesweit die Malaria verbreitet, die im 17. Jahrhundert parallel zur fortschreitenden Versumpfung einiger Gegenden – klassisches Beispiel sind die toskanischen Maremmen – noch zunahm.²⁷ Im Süden war diese erst im 20. Jahrhundert besiegte Krankheit mit ein Grund, die Siedlungen möglichst in der Höhe zu errichten. Als letztes noch zu erwähnendes, wachstumsregulierendes, wenn auch schwer quantifizierbares Element sind die in Italien verbreiteten saisonalen Wanderungen aus den gebirgigen Gegenden ins Flachland zu erwähnen, welche die Männer monatelang von zu Hause fernhielten.²⁸ Solche Gebiete weisen, wie einige Falluntersuchungen belegen, besonders niedrige Wachstumsraten aus. Aber auch hier sind die Kausalbeziehungen nicht so eindeutig, wie man zunächst meinen möchte.²⁹ So bleibt die auffallende demographische Situation in frühneuzeitlichen Italien weiterhin eine Knacknuß für den Historiker.

Die Pest erreichte im 17. Jahrhundert in Italien Ausmaße, die dem Schwarzen Tod im Mittelalter kaum nachstanden.³⁰ Im Gegensatz zu 1348–1352 ist die Quellenlage für Forschungen zu diesem Thema aber besser. Ein Vorbote des apokalyptischen Reiters streifte das Land schon in den siebziger Jahren des 16. Jahrhunderts. 1630/31 wurde Norditalien von der Katastrophe getroffen; sie blieb auch deswegen im Gedächtnis, weil sie ein Thema eines der berühmtesten literarischen Werke Italiens ist, nämlich Manzonis Roman „Die Verlobten". Vorangegangen war 1628/29 eine größere Subsistenzkrise. Dazu tobte die dritte Geißel der Menschheit, der Krieg (um Mantua). Mailand verlor damals fast die Hälfte seiner Einwohnerschaft, Venedig ein Drittel. In einigen mittelgroßen Städten betrugen die Einbußen sogar annähernd zwei Drittel. Wie auch bei anderen Pestwellen wurde das flache Land weniger betroffen. Zwar gab es einzelne Ortschaften mit ähnlich hohen Verlusten, viele aber blieben fast oder ganz verschont, namentlich im Berggebiet. Die Pest war also ein städtisches Ereignis, gerade deswegen aber waren im verstädterten Italien die Folgen so gravierend. Den gesamten Bevölkerungsverlust Norditaliens in diesen beiden Jahren schätzt man auf 27%. Weniger stark litt damals die Toskana, sie wurde dafür in den fünfziger Jahren nochmals heimgesucht. Diese zweite große Welle erreichte fast alle bisher verschonten Gebiete, insbesondere das Königreich Neapel, Sardinien und den Kirchenstaat. In der Großstadt Neapel reduzierte sich 1656 die Bevölkerung um rund die Hälfte. Ähnlich lauten die Zahlen in anderen untersuchten Städten des Südens, so daß man wohl auch hier mit einer totalen Verlustrate von ungefähr einem Viertel der Bevölkerung rechnen muß. Relativ schwache Einbußen von maximal 12% erlitt Rom. Hingegen starben in dem am Ende der Epidemie noch erreichten Genua 60% der Einwohner. Danach kehrte für einige Jahrzehnte Ruhe ein, weitere Epidemien im Süden blieben lokal. Der letzte große Seuchenzug überhaupt trat am Ende der hier betrachteten Epoche (1743) vor allem an der Nordostecke Siziliens auf: Messina verlor damals rund 70% seiner Einwohner, das benachbarte Reggio vielleicht die Hälfte.[31] Der Verlauf der Krankheit kannte saisonale Spitzen: Sie begann im Frühling oder Sommer und intensivierte sich bis zum Herbst, ging dann im Winter meist stark zurück, kehrte aber oft im Folgejahr in schwächerem Ausmaß wieder. Die Morbidität, d. h. der Prozentwert der Angesteckten, wurde von Carlo M. Cipolla anhand toskanischer Daten auf 30–80% geschätzt, von diesen starben dann wiederum 60–80%.[32] Frauen wurden etwas stärker getroffen als Männer, Kinder allgemein weniger.

Die italienischen Städte hatten seit dem Mittelalter spezielle Gesundheitsbehörden (sanità), die bei den ersten Anzeichen der Krankheit in Aktion traten. Man errichtete rigorose Absperrungen und informierte andere Städte, bisweilen aber zu spät, so daß koordinierte Maßnahmen meist ausblieben. Die Erkrankten kamen in eiligst errichtete Lazarette. Die medizinische Abwehr beruhte auf teils richtigen Beobachtungen des Krankheitsverlaufs, teils auf unbegründeten Vermutungen, ihre Effizienz war daher sehr begrenzt. Die aufgrund dieser halben Erkenntnisse getroffenen Maßnahmen der Behörden litten unter dem bekannten Vollzugsdefizit, zumal das Überwachungspersonal ja ebenfalls reduziert wurde. Die Schranken wurden von einzelnen durchbrochen, wer konnte, flüchtete, man ging auf Betteltour, Kranke wurden zu Hause versteckt, verunreinigte Wäschestücke weiterverwendet statt verbrannt, Kontrolleure bestochen. Eine totale Abschließung der Stadt war schon wegen der Lebensmittelversorgung nicht möglich. Ein Problem war ferner die Kirche, die unter Berufung auf ihre Immunität und die Klausur der Klöster oft sinnvolle Maßregeln der weltlichen Behörden verhinderte. Zwar setzten Priester, gerade auch Ordensleute, und Bruderschaftsmitglieder vielfach ihr Leben ein, um den Sterbenden tröstend beizustehen. Aber der theologische Erklärungsversuch der Kirche für die Ursache der Pest – Strafe Gottes für die

Sünden der Menschheit – wirkte sich oft fatal kontraproduktiv aus. Angesagt und trotz Widerstands von weltlicher Seite meist auch durchgeführt wurden Bußpredigten und -prozessionen.[33] Naturgemäß förderten solche Menschenansammlungen die Weiterverbreitung der Krankheit. Im gewöhnlichen Volk nahm man den Schicksalsschlag zuletzt fatalistisch hin; eher torpedierte man die Vorkehrungen der amtlichen Stellen, anstatt sie zu fördern. Naturwissenschaftlichen Erkenntnissen, so begrenzt sie waren, blieb man unzugänglich, und weil auch der theologische Erklärungsversuch unzulänglich war, glaubte man gerne, die Krankheit sei von böswilligen Menschen, den Pestanstreichern (untori), absichtlich verbreitet worden.[34] Auf diesem Glauben fußende Verfolgungsjagden, wie im Mittelalter, blieben aber aus.

Die Folgen der Pest waren mannigfaltig und betrafen fast alle Lebensbereiche, sind aber noch längst nicht in ihrem vollen Umfang erforscht.[35] Während der Epidemie brachen die sozialen Beziehungen teilweise zusammen, egoistisches Denken überwog zeitweilig in der ansonsten ziemlich solidarischen Gesellschaft der italienischen Städte. Das an und für sich sehr dicht geknüpfte Netz der sozialen Sicherung wurde überstrapaziert und riß zuweilen. Überall beobachtete man eine Zunahme der Raubkriminalität, während demgegenüber die Gewalttaten eher zurückgingen. Der Massentod brachte lange geplante Heiratsstrategien und wohlgeordnete Erbfolgen durcheinander. Einige wurden über Nacht reich, andere sahen ihre Familie ausgelöscht. Allgemein förderte die Pest die Besitzkonzentration. Die behördlichen Abwehrmaßnahmen konnten nicht aus den laufenden Mitteln bezahlt werden, die bestehende Schuldenlast der Städte erhöhte sich vielfach noch einmal sprunghaft. Generell verloren die Städte gegenüber dem Land relativ an Gewicht. Noch bis weit ins 18. Jahrhundert registrierte man nur in den großen Residenzstädten Turin, Rom und Neapel, dazu in der expandierenden Hafenstadt Livorno ein überdurchschnittliches Bevölkerungswachstum. Einige Mittelstädte im Norden verödeten fast, nachdem die Pest auch dem schon lange kriselnden städtischen Gewerbe den Todesstoß gegeben hatte.[36] Natürlich litt auch der Handel beträchtlich unter den sanitarisch verfügten Einschränkungen. Einen raschen Wiederaufbau der Wirtschaft verhinderte der entstandene Arbeitskräftemangel; rüstige Hände mußten vorerst in der Landwirtschaft eingesetzt werden, um die primären Lebensbedürfnisse zu decken.[37] Im Norden wurden die Bevölkerungsverluste zwar rasch wieder aufgeholt, was allerdings zum Teil auf Migrationen aus den verschont gebliebenen, aber verhältnismäßig überbevölkerten Berggebieten zurückzuführen war. Im Süden wurden die alten Bestände erst um 1740 überall wieder erreicht. Profitiert von der Pest – das muß bei aller Würdigung des persönlichen und materiellen Einsatzes gesagt werden[38] – hat in erster Linie die Kirche. Ihr flossen aus ohne weiteres einsehbaren Gründen in diesen schlimmen Zeiten überdurchschnittlich viele Spenden zu. Das kirchliche Vermögen ist damals höchstwahrscheinlich kräftig gewachsen.[39] Allerdings wurde von einigen Städten, etwa Venedig oder L'Aquila, das Neugewonnene zur Deckung der entstandenen Schulden zu einem großen Teil gleich wieder wegbesteuert. Einen Teil der Gelder legten die kirchlichen Institutionen in billig gewordenem Land an, ein anderer wurde in Kunst investiert, was immerhin einen partiellen Sektor der Wirtschaft förderte. Als Denk- und Mahnmale entstanden überall Kirchen, als großartigste S. Maria della Salute in Venedig, sowie Pestsäulen (guglie, z. B. in Neapel). Auf dem Lande sind noch heute unzählige Kleinkapellen zu Ehren des Pestpatrons St. Rochus (San Rocco) bauliche Zeugen dieser Zeiten.[40] Nachdem in den Städten das endgültige Abklingen der Seuche mit einem rauschhaften geistlich-weltlichen Fest gefeiert worden war, wobei man trotz Schulden an Aufwendungen nicht sparte[41], wurden oft auch Gelübde zu jährlichen Gedenkfeiern mit Prozessionen, denen sich dann wiederum ein weltliches Fest anschloß, gemacht.[42] So endete das schreckliche Ereignis wenigstens kulturgeschichtlich mit einer versöhnlichen Note.

Litt bei der Pest nur der Mensch, so traten bei Naturkatastrophen noch beträchtliche Sachschäden hinzu, was wiederum bedeutet, daß anders als bei der Pest, eher Reiche Verluste erlitten. Auch hier war Italien, namentlich der Süden, sicher stärker betroffen als andere Nationen.[43] Allgemein könnte man wiederum mit den spezifischen geographischen Grundlagen beginnen und darauf zurückzuführende Unglücke wie Bergstürze, Erdrutsche oder Überschwemmungen erwähnen. Sie haben, da nur lokale Schäden verursachend, bislang kaum das Interesse der Historiker gefunden; ein erster Hinweis auf sie sind wiederum gelegentlich noch anzutreffende Gedächtnisstätten der Sakrallandschaft. Aus der heutigen problematischen Situation darf man nicht ohne weiteres Rückschlüsse auf die Vergangenheit ziehen, da die Belastung der Natur heute sicher größer ist. Andererseits wird man das fast völlige Fehlen technischer Abwehrmaßnahmen in früheren Zeiten mitbedenken müssen. Keine solchen gab (und gibt) es gegen die elementaren Bedrohungen vor allem im Süden, nämlich Erdbeben und Vulkanausbrüche. Beben größeren Ausmaßes häuften sich in unserem Zeitraum im Süden zwischen 1688 und

1737. Das erste betraf Neapel, besonders aber sein nordöstliches Hinterland (Samnium, Irpinia), wo einige Städte zerstört wurden. Das schwerste von allen legte 1693 praktisch sämtliche Städte im dichtbesiedelten südöstlichen Sizilien in den Schutt. Ein knappes Jahrhundert später sollte sich ein solches Ereignis im benachbarten Kalabrien wiederholen. 1631 bedrohte ein Ausbruch des Vesuv Neapel ernstlich. Die Dörfer in der Umgebung wurden ruiniert, die Stadt selber erreichten die Lavamassen nicht mehr. Sie schrieb die Rettung ihrem Patron St. Januarius (San Gennaro) zu und errichtete ihm zu Ehren eine „guglia". Schlimmer erging es der damals schon ansehnlichen sizilianischen Stadt Catania. 1669 rasierte ein Lavastrom vom Ätna her die Stadt sozusagen weg, bevor er sich ins Meer ergoß.

Die Bewältigung der Folgen solcher Naturkatastrophen ist noch weniger erforscht als bei der Pest.[44] Man kann ihnen aber sicher einen Teil des bemerkenswerten spätbarocken Baubooms im 18. Jahrhundert zuschreiben, einer Hinterlassenschaft, die nun allerdings in einigen Gebieten durch neue Erdbeben in unserem Jahrhundert wieder erheblich reduziert worden ist.[45] Die Stadt Benevent mußte im Barock sogar zweimal wiedererrichtet werden; einige Städte wurden auch andernorts völlig neu gebaut.[46] Das bekannteste Beispiel dafür ist die sizilianische Stadt Noto.[47] Nach langem Hin und Her zwischen dem Vizekönig, Stadtmagistrat, Kirche und Einwohnern wurde beschlossen, die Stadt 12 km südöstlich ganz neu zu bauen. Dieser Beschluß wurde auch gegen den Widerstand der einfachen Leute, die nun einen weiteren Weg zu ihren Feldern hatten, durchgesetzt. Noto Nuovo wurde so zum berühmtesten Exempel einer wirklich gebauten barocken Idealstadt. Der Wiederaufbau zog sich beinahe ein Jahrhundert hin. Bemerkenswert dabei ist die Häufung von geistlichen Gebäuden: Zuletzt waren es, bei rund 10.000 Einwohnern, nicht weniger als 32 Kirchen und 20 Klöster, noch größer und prächtiger ausgestattet als die alten. Dieses unter den gegebenen Verhältnissen gigantische Bauunternehmen wurde wiederum in erster Linie durch fromme Stiftungen, die man zur Verhütung ähnlicher Ereignisse machte, ermöglicht. Ein aus späterer Sicht irrationales Verhalten, aber aus damaliger durchaus verstehbar. Konnte man der Pest immerhin mit einigen mehr oder weniger rationalen Abwehrmaßnahmen begegnen, so schien dies bei den aus heiterem Himmel kommenden Naturkatastrophen ausgeschlossen – es blieb nur der Appell an die höheren Mächte.[48]

An diese Bemerkung anknüpfend, sei abschließend noch auf eine wahrscheinliche psychologische Auswirkung solch gehäufter Katastrophenerlebnisse, wie wir sie in Italien beobachten können, hingewiesen. Nicht wenige fremde Reisende seit der Aufklärung haben, meist irritiert und ziemlich verständnislos, einige charakteristische Züge des Italieners, namentlich im Süden, hervorgehoben, die grell vom Verhalten ihrer Landsleute abstachen: die Fixierung auf das Gegenwärtige und das Fehlen einer Zukunftsperspektive, das Genießen des Alltags und die Lust am Nichtstun (dolce far niente), die überbordende Festfreude und Verschwendungssucht, aber auch die zwar veräußerlichte, gleichwohl intensive Religiosität und den übersteigerten Heiligenkult. Es liegt nahe – und einige sensiblere unter diesen Reisenden haben sich auch so geäußert[49] –, hier einen Zusammenhang mit den traumatisierenden Erlebnissen der Katastrophen zu sehen. Wer von Minute zu Minute damit rechnen mußte, seine Existenz vernichtet zu sehen, der ließ sich nicht von einer rationalen Lebens- und Zukunftsplanung leiten und hatte keinen Anreiz, mehr als das Notwendigste zu arbeiten. Ebensowenig waren in einer solchen Lage Sparsamkeit und Askese erstrebenswerte Tugenden. Viel ratsamer schien es, sich dem Göttlichen in seiner irdischen Ausprägung anheimzustellen und im übrigen in den Tag hineinzuleben. In einer Umwelt wie derjenigen Süditaliens verloren materielle Güter an Interesse, gewannen dafür spirituelle und kulturelle Werte.

Sexualität, Ehe, Familie

Die große Bedeutung der Familie besonders in mediterranen Gesellschaften und in Italien vor allem im Süden haben viele Soziologen und Anthropologen hervorgehoben.[1] Sie ist dort erster Orientierungspunkt und letzte Rückzugsbasis des Individuums. Sie hilft, wo andere versagen, auf sie kann man schrankenlos vertrauen. Sie bestimmt aber auch Leben und Lebensweg des Einzelnen stärker als anderswo, ein Bruch mit der Familientradition ist in Italien keine leichte Sache. Familie füllt Lücken, z. B. in der sozialen Sicherung, und übernimmt Aufgaben, für die anderswo mehr der Staat zuständig ist. Nicht selten sind ihre Interessen konträr zum Staat, antistaatliche Großorganisationen wie die Mafia sind familiär organisiert. Erwägt man die schwache Stellung des vorrisorgimentalen Staates, so darf man ruhig behaupten, die Bedeutung der Familie innerhalb der Gesellschaft sei früher noch weit größer gewesen. Dies schlüssig nachzuweisen, fällt allerdings nicht ganz leicht; historisches Material läßt nur beschränkt gezielte Befragung zu. Interessanterweise hat auch die seit etwa dreißig Jahren von Forschern verschiedener Länder intensiv betriebene Familiengeschichte in Italien kaum Nachfolge gefunden – vielleicht gerade deswegen, weil die Familie noch sehr „präsent" ist. So bereitet es schon Mühe, zu einigermaßen repräsentativen Daten über die Familie früherer Zeiten zu kommen. Die Anzahl der Fallstudien ist viel zu gering, außerdem konzentrieren sich viele auf das (späte) 18. Jahrhundert und die Zeit nachher.[2]

Bei der Landbevölkerung des Südens überwog, anders als man erwarten würde, die „moderne" Kernfamilie mit vier bis fünf Mitgliedern bei weitem (75–80%).[3] Das Heiratsalter der Frauen war teilweise niedrig, das der Männer im Schnitt immer einige Jahre darüber. Abgesehen vom geistlichen Stand war der Ledigenstatus in diesen Gesellschaften große Ausnahme, Knechte und Mägde waren nur in besseren Häusern anzutreffen. Es gab aber auch einige Gegenden, wo komplexe (Groß-)Familien mit Verwandten und Inwohnern dominierten, z. B. im Gebiet der „masseria" oder bei eingewanderten Albanern. Diese Situation, die sehr eng mit den jeweiligen Besitzverhältnissen zusammenhängt, scheint sich im 17./18. Jahrhundert wenig verändert zu haben. In Mittelitalien führte das System der Halbpacht zu erweiterten Familien, der Ledigenanteil war hier höher. In Norditalien sind nur die Patriziate von Mailand und Venedig einigermaßen gut untersucht.[4] Hier war das Heiratsalter der Frauen sehr niedrig (in Mailand im Schnitt bei 20 Jahren), das der Männer beträchtlich höher (29–33 Jahre). In Venedig war die Heiratslust und teils auch die Kinderzahl gering, so daß die Zahl der aristokratischen Familien in staatsbedrohendem Maß zurückging. In Mailand sank die durchschnittliche Anzahl Nachkommen von 7,2 in der ersten Hälfte des 17. auf 3,5 in der zweiten Hälfte des 18. Jahrhunderts. Hier läßt sich Geburtenkontrolle belegen; inwieweit aber solche Praktiken und die Abtreibung allgemein verbreitet waren, kann z. Z. nicht gesagt werden. Es gibt aber zu denken, daß man sie auch in einem entlegenen Bergdorf der Südalpen nachweisen konnte.[5] Auf dem Höhepunkt der Gegenreformation hatte sie Sixtus V. mit der Bulle „Effrenatam" (1588) kriminalisiert, doch ließ schon sein Nachfolger über diese undurchführbaren Normen Gras wachsen. Italienische Prediger warnten gelegentlich davor, die allermeisten hielten es vermutlich für klüger, gar nicht öffentlich davon zu sprechen.[6] Die katholische Moraltheologie der Zeit, insbesondere ihre führenden „laxen" Vertreter Thomas Sanchez und Juan Caramuel, basierte auf der aristotelischen Beseelungslehre und beurteilten daher die Sache nachsichtig.[7] Erst im 18. Jahrhundert läßt sich unter jansenistischem Einfluß eine rigoristische Offensive beobachten, die dann zu der bekannten Sexualfeindlichkeit der Kirche seit dem beginnenden 19. Jahrhundert führte. Sie ist möglicherweise eine Antwort auf den Liberalismus der Aufklärung, wo geburtenverhütende Praktiken auch im italienischen Volk vermehrt bekannt wurden.[8]

Zweifellos hat die katholische Reform durch verschiedene Maßnahmen eine Kanalisierung der Sexualität hin auf die Ehe erreicht, aber die Annahme einer generellen Unterdrückung außerhalb ist vor dem 19. Jahrhundert nicht nachzuweisen.[9] Daß Sexualität auch außerhalb der einzigen dafür vorgesehenen Institution stattfand, läßt sich aus Gerichtsakten belegen. Dabei muß man eine ziemlich hohe Dunkelziffer berücksichtigen. Zur Verhandlung kamen ja nur Fälle, wo die Folgen, z. B. ein uneheliches Kind, sichtbar wurden oder ein Partner sich als Opfer fühlte und daher an die Justiz wandte. Bei der allgemein laxen Moral sind dann vielfach nur wirklich gravierende Fälle verhandelt bzw. bestraft worden. Auch auf diesem Gebiet neue disziplinierende Normen aufzustellen war sicher Absicht der tridentinischen Kirche. Aber sie blieb frommer Wunsch, solange nicht flankierende Maßnahmen, die auch materielle Mittel erforderten, die Erfüllung dieser Normen überhaupt erst möglich machten. Dies läßt sich an einigen Beispielen zeigen. In manchen Synodalbeschlüssen finden sich Stellen, die das gemeinsame Schlafen verschiedener Geschlechter in einem Bett rügen. Eltern sollten nicht zusammen mit ihren Kindern schlafen, Knaben nicht mit Mädchen und selbstverständlich auch andere Inwohner getrennt sein.¹⁰ Doch die Realisierung solcher Vorschriften war nicht bloß eine Frage der Moral, sondern auch des verfügbaren Wohnraums und Familieneinkommens: abgesehen von der Oberschicht waren Möbel fast ein Luxus. Schließlich erkannte man, daß der Mahnfinger mit einer angemessenen Spende gekoppelt werden mußte, um hier etwas zu ändern.¹¹ In Italien gab es ferner bis weit ins 17. Jahrhundert hinein noch viele Konkubinate von Laien, vor allem deswegen, weil die Frauen keine Mitgift aufbringen konnten.¹² Um dieses Problem zu lösen, bemühten sich von der Kirche angeregte Institutionen, die noch zu beschreibenden „monti di maritaggio", Mittel bereitzustellen, um die armen Bräute zu dotieren, womit der Anlaß zu einer illegitimen Verbindung wegfiel. Die von der Kirche, wenn auch mit ziemlicher Nachsicht (sie galt für die Männer nur als läßliche Sünde) kritisierte, Prostitution gab es in allen Städten. Eine besondere Berühmtheit genossen in dieser Hinsicht von der Renaissance bis zur Aufklärung Venedig mit seinem Karneval, Neapel und anfänglich auch Rom.¹³ Allerdings sollte man zeitgenössische Zahlenangaben über den Umfang des „Übels" mit Vorsicht aufnehmen. Diesem Problem mit einschränkenden Verordnungen, gefolgt von Repressivmaßnahmen, beizukommen gelang auf Dauer nirgends. Aber indem nun gefährdeten Töchtern (pericolanti) und reumütigen Frauen (convertite, pentite) in besonderen klosterähnlichen Häusern Schutz, Unterkunft, Verpflegung und Arbeit geboten wurde, bestand wenigstens eine Alternative; keine Frau konnte hinfort sich damit herausreden, sie könne ihren Lebensunterhalt nicht anders als mit dem horizontalen Gewerbe verdienen. Ob diese Maßnahme die Prostitution reduzierte, ist jedoch nicht bekannt.

Strafrechtlich verfolgt wurden von Kirche und Staat nach den damaligen Begriffen abartige Formen der Sexualität sowie Anwendung von Gewalt. Eine ganze Reihe von Delikten ist hier zu nennen; die meisten fielen in die Zuständigkeit der Inquisition. Auch wenn es hier stets um Einzelfälle geht, sind die ausführlichen Vernehmungsprotokolle hochinteressante, aber bisher erst punktuell ausgewertete Quellen. Eine Verbindung von Ketzerei und unerlaubter Sexualität vermeinte man im Quietismus zu sehen. In Einzelfällen konnte die quietistische Mystik tatsächlich in handfeste Erotik umschlagen.¹⁴ Zu Beginn der hier betrachteten Epoche gab es in Italien (wie in Spanien) noch viele Bigamieprozesse; sie betrafen vorwiegend Wanderarbeiter, die sich an beiden Aufenthaltsorten Ehefrauen hielten.¹⁵ Die zunehmend genauere Registrierung der Ehen durch die Kirche ließ dann dieses Verbrechen selten werden. Als sehr schwere, meist mit der Todesstrafe geahndete Verstöße gegen die göttliche

Ordnung galten alle Formen unüblichen Sexualverkehrs, die Sodomie sowie das „verruchte Laster" (vitium nefandum) der Homosexualität. Besonders viele Fälle wurden im 16. Jahrhundert in Venedig aufgespürt.[16] Sie nahmen im 17. Jahrhundert ab, ob wegen der abschreckenden Strafen oder wegen größerer Nachsicht, muß offen bleiben. Aus Venedig stammt auch eine aufsehenerregende Untersuchung über sexuelle Gewalt an Kindern und Jugendlichen im 17. Jahrhundert.[17] Solche Untaten konnten überall stattfinden, selbst auf offener Straße. Unter den Opfern waren auch viele Knaben. Bei den Tätern fällt der hohe Anteil an Geistlichen auf (über ein Drittel in den eruierbaren Fällen). Darauf wird, auch im Zusammenhang mit dem ebenfalls von der Inquisition belangten speziell klerikalem Delikt der Sollizitation noch zurückzukommen sein. Als weniger gravierende Übeltat wurde offenbar die Vergewaltigung betrachtet.[18] Sie erscheint häufig im Gefolge eines nicht immer ernstgemeinten Eheversprechens in den Gerichtsakten. Auf Klage der Frau hin mußte ihre verlorene Ehre repariert werden, und zwar durch Heirat und/oder Dotierung mit Geld. Weitere Strafen gegen die Männer fielen, wenn überhaupt, milde aus. Ein berühmt gewordener Fall war derjenige der Malerin Artemisia Gentileschi.[19]

Die bedauernswerten Opfer illegitimer und niemals legalisierter Verbindungen waren die daraus entsprossenen Kinder. Soweit Zahlen vorliegen, bewegen sich die Illegitimenraten in Italien auf niedrigem Plafond, zwischen 0–2%.[20] In der Stadt Neapel waren es allerdings bis 7%, der Grund liegt in den erwähnten Konkubinaten. Im Verlaufe des 18. Jahrhunderts sinken die Werte im Süden tendenziell, im Norden ist es, der allgemeinen europäischen Entwicklung entsprechend, umgekehrt. Die meisten dieser Neugeborenen, anfänglich vor allem Mädchen, wurden als Findelkinder (trovatelli, esposti) in die entsprechenden Häuser gebracht.[21] Es gab sie schon seit dem Mittelalter, im 17. Jahrhundert standen sie aber eher am Rande des sozialen Sicherungsnetzes. Die große Zeit der Findelhäuser kam erst im 18. und beginnenden 19. Jahrhundert, wo neben der teils zu beobachtenden Zunahme der Illegitimen hinzukam, daß nun auch Ehepaare ihre überzähligen Kinder wenigstens zeitweise dem Findelhaus übergaben, was den Anstalten wegen der Überfüllung Probleme bescherte. Das Findelhaus galt eben als Alternative zur Geburtenkontrolle. Die Säuglinge wurden an interne oder externe Ammen weitergegeben, die Sterblichkeit der Ausgesetzten war erschreckend hoch.

Die Ehe war also der einzige legitime Ort der Sexualität, und deshalb strebten Mann und Frau danach, eine solche abzuschließen. Wie in ganz

Europa war dies aber nicht allein Sache der Liebe oder Leidenschaft, sondern ebensosehr gegründet auf religiösen Vorschriften, lokalem oder standesmäßigem Brauchtum und Verabredungen zwischen den Herkunftsfamilien, die der Notar besiegelte. Sie spielten eine umso größere Rolle, je höher die soziale Schicht war. Normative Grundlage für alle war im katholischen Italien das tridentinische Ehedekret „Tametsi".[22] Mit ihm hatte die Kirche das Prozedere der Eheschließung, war die familiäre Einigung einmal erfolgt, in ihrer Hand. Sie allein konnte dem Ehebund Gültigkeit verleihen, eine Zivilehe existierte nicht. Dennoch hatte die Ehe immer auch eine weltliche Seite, und endgültig konnten die tridentinischen Vorschriften erst im 18. Jahrhundert überall durchgesetzt werden. Namentlich in der Unterschicht lebten in Italien wie anderswo noch lange Vorstellungen fort, die Ehe werde durch gegenseitiges Versprechen begründet, dieses, nicht die kirchliche Einsegnung, berechtige zur Aufnahme von Geschlechtsverkehr.[23] Die Kirche bemühte sich dann, derartige Fälle nachträglich zu sanieren. Klandestine Ehen, d. h. ohne Zustimmung der Eltern, ohne ordentliches Aufgebot und vor dem zuständigen Pfarrer geschlossene Verbindungen, kamen ebenfalls noch bis ins 18. Jahrhundert vor. „Matrimonio tumultuario" hieß so ein Vorgehen, wenn der Geistliche in der Sakristei überrascht und mit flehenden Bitten praktisch gezwungen wurde, seine sofortige Zustimmung zum Ehesakrament zu geben.[24] Ein Problem für die Kirche waren ferner die im Berggebiet sehr engen Heiratskreise, die Verwandtenehen begünstigten.[25]

Ein Hauptproblem beim Heiratsvertrag war in Italien offenbar die von der Braut bzw. ihrer Familie aufzubringende Mitgift (dote), deren Höhe im allgemeinen zum sozialen Status parallel war.[26] Sie wurde damit begründet, daß der Ehemann nun die Versorgung der Frau übernahm und diese aus dem Erbenkreis der Herkunftsfamilie ausschied. Unabhängig von der Geldentwertung stiegen die aufzubringenden Beträge ständig an, so daß die Regierungen Maximalsummen festlegten; Gesetze, die natürlich wie viele andere leicht umgangen werden konnten. Man hatte richtig gesehen, daß zu hohe Mitgiften ein echtes Heiratshindernis darstellten, ein Argument, dem die Bischöfe aus ganz anderen Gründen zustimmten und das schließlich von der Aufklärung, etwa bei Tanucci, aus populationistischen Überlegungen wieder aufgenommen wurde.[27] Die Mitgiften waren unter anderem gestiegen, weil sie für die Väter der Söhne eine bequeme, keinerlei Anstrengung erfordernde Einnahmequelle waren. Umgekehrt konnte eine Familie, die viele Töchter auszusteuern hatte, dem finanziellen Ruin entgegengehen. Eine Möglichkeit,

Giuseppe Maria Crespi: Alltagsszene in einem Bauernhof.

dies zu vermeiden, war, sie in Klöster zu stecken, die zwar auch eine Mitgift verlangten, aber eine weniger hohe. War man im Adelsstand, so konnte man „nach unten" heiraten, d. h. die Tochter einem reichen Bürgerlichen geben, der nicht auf eine hohe Mitgift angewiesen war, aber dafür eine Verbindung mit einem adeligen Hause als statuserhöhend schätzte. Oder umgekehrt, wenn man auch Söhne hatte, konnten diese gutdotierte Töchter von Bürgern oder Neugeadelten heiraten, die so ihre soziale Minderwertigkeit mit Geld kompensierten und damit beitrugen, die zerrütteten Finanzen der Gegenpartei zu sanieren. Die Handwerkerzünfte hatten in Italien zusätzlich zu den üblichen Hilfsfunktionen auch diejenige, heiratsfähige Mädchen der Meister auszusteuern.[28] Schließlich gab es als italienische Eigentümlichkeit die erwähnten „monti di maritaggio". Daß die „dote" oft eine schwere Belastung war, geht auch daraus hervor, daß sie keineswegs immer gleich in der vollen Höhe bar bezahlt wurde. Oft vereinbarte man stattdessen jährliche Rentenzahlungen oder nahm einen besonderen Kredit dafür auf.[29]

Sexualität, Ehe, Familie

Hier mag der Ort sein, etwas zur Stellung der Frau in Ehe, Familie und Gesellschaft zu sagen. Selbstverständlich war sie gemäß der geltenden Norm dem Manne untergeordnet. Ihre Hauptaufgabe war vorerst, Kinder in die Welt zu setzen, in dieser Funktion der Mutter war sie (und ist sie heute noch) hochgeachtet. Sie war aber mit Risiken verbunden, insbesondere dem Kindbettfieber, dem wesentlichen Grund, daß die Sterblichkeit der Frauen diejenige der Männer in mittleren Jahren überstieg. So verwundert es nicht, daß alte Kulte um die Mutterschaft, wie derjenige der „gebärenden Madonna" (Madonna del parto), noch eifrig gepflegt wurden.[30] Vom gesundheitlichen Risiko her war das Kloster vermutlich die bessere Wahl, im 17. Jahrhundert lebten Nonnen im Schnitt deutlich länger.[31] Zwänge gab es hüben und drüben, im einen Fall vom Ehemann und den Verwandten, im anderen von der Äbtissin und männlichen Klerikern. Ebenfalls war die Frau so oder so weitgehend von der Öffentlichkeit abgeschlossen, besonders in den höheren Ständen und im Süden Italiens.[32] Indessen sollte man das Bild nicht gänzlich schwarz malen. Der Status einer Ledigen war der unbeliebteste, weil sozial am wenigsten angesehene. Solche Frauen konnten eigentlich nur die wenig befriedigende Rolle einer Haushälterin (perpetua) bei einem Weltgeistlichen oder einem grantigen Junggesellen spielen oder gewisse spezielle Dienste in einem großen Haushalt verrichten, ständig den Lockungen des mehrheitlich männlichen Dienstpersonals ausgesetzt.[33] Die Ehefrau hingegen partizipierte in jedem Fall am Status ihres Mannes und übte die Tätigkeit in den ihr übertragenen Bereichen recht selbständig aus. Als Schwägerin eines bedeutenden Mannes – man muß hier nicht immer gleich an die berühmt-berüchtigte Donna Olimpia denken[34] – konnte sie große Macht ausüben; ausgerechnet im männerbestimmten Rom wurde festgestellt, daß gerade Ehefrauen als Vermittlerinnen von Vergünstigungen klerikale Karrieren in die richtigen Bahnen lenken konnten.[35] Die Erziehung der Kinder wurde mehr durch die Frau als durch den häufig abwesenden Vater bestimmt. Dieser Sachverhalt wird dadurch bestätigt, daß in Florenz beim Tod der Väter 72% der Vormundschaften an die Mutter gingen, nicht an sicherlich in den meisten Fällen vorhandene männliche Verwandte.[36] Über die Rolle der Frau in der Mittel-, gar Unterschicht wissen wir naturgemäß wenig. Im Agrarsystem der besonders in der Toskana verbreiteten Halbpacht, einer ausgesprochenen Familienwirtschaft, hatte die Frau ebenfalls ihre sehr selbständig betreuten Wirkungskreise.[37] In der Oberschicht Norditaliens ging man zu Beginn des 18. Jahrhunderts dazu über, Männer und Frauen in Gesellschaften nicht mehr wie bisher zu trennen, auch im Süden wissen spätere Reiseberichte nichts mehr davon. Um diese Zeit der beginnenden Aufklärung tritt auch die seltsame Figur des „Cicisbeo" oder „cavaliere servente" in Erscheinung, einer italienischen Besonderheit, die kaum ein fremder Reisender mit Verwunderung oder Abscheu zu schildern ausließ. Der Cicisbeo ist, in einem Satz gesagt, ein mit Zustimmung des Ehemanns erwählter Begleiter einer Frau aus der Oberschicht, der diese von frühmorgens bis spätabends umgibt und insofern eine Aufpasserfunktion hat, gleichzeitig aber auch eine in anderen Ländern unbekannte Freiheit der Ehefrau von ihrem Manne (der wiederum der Cicisbeo einer anderen sein kann) mit sich bringt. Das vielbeschriebene Phänomen harrt noch einer befriedigenden wissenschaftlichen Darstellung.[38] Wenn die Ehe nicht gut ging, der Mann (in der Regel, doch kam auch das Umgekehrte vor) gar gewalttätig wurde oder Ehebruch vorlag, blieben der Italienerin zwei Möglichkeiten. Sie konnte vorübergehend oder dauernd in einem der in allen größeren Städten vorhandenen, später noch darzustellenden Häuser für „Schlechtverheiratete" (malmaritate) Zuflucht suchen und/oder einen Antrag auf Trennung von Tisch und Bett stellen – eine Scheidung war ja bis 1974 verboten. Diese Möglichkeit wurde erst kürzlich am Beispiel Sienas untersucht.[39] Dabei zeigte sich interessanterweise im 18. Jahrhundert ein starker Rückgang. Verbesserung der gegenseitigen Beziehungen oder Resignation der Frau vor den Realitäten? Es geht aus den Quellen nicht hervor. Der Sachverhalt ist umso erstaunlicher, als die Emanzipationsdiskussion, die in Italien schon in der Renaissance begonnen hatte, nach langer Pause in der Aufklärung wieder aufbrach.[40] Sie drehte sich vor allem um die passende Bildung der Frau. Wie überall bestanden hier wesentliche Unterschiede zwischen den Geschlechtern. Es verdient aber festgehalten zu werden, daß die Frau in Italien nie von den Universitäten ausgeschlossen war, selbst an der ältesten Universität im päpstlichen Bologna nicht. Dort und in Padua begegnen uns im 18. Jahrhundert bekannte weibliche Gelehrte, sogar als Professorinnen.[41]

Ehepaare und Kinder waren in vertikale und horizontale Familienbeziehungen eingespannt, die einzelnen Generationen umfaßte das „Haus" (casa), verschiedene Häuser konnten sich miteinander verbinden oder gegeneinander kämpfen. Die bedeutendste Veränderung, welche diese Struktur im barocken Italien erlebte, ist sicherlich die allgemeine Durchsetzung der Nachfolgeordnung durch Fideikommisse.[42] Sie bedeutet, daß das Familienvermögen ungeteilt an einen männlichen Erben übergeht, der dann die übrigen standesgemäß zu versorgen hat. Dieser Erbe ist vielfach, aber nicht zwangsläufig der älteste Sohn (Primogenitur, maggiorasco). Die vor allem aus dem Süden bekannten

Fideikommissregelungen gingen vom Adel aus, wo wir sie schon im 16. Jahrhundert antreffen, setzten sich im 17. Jahrhundert mehr oder weniger in ganz Italien durch und wurden im 18. Jahrhundert auch von den bürgerlichen Mittelschichten, ja sogar der bäuerlichen Oberschicht, etwa der „massari", übernommen. Sie sind ein sprechender Ausdruck der Refeudalisierung und der sozialen Verkrustung. Spanien förderte die Fideikommisse, weil so die Lehen häufiger heimfielen und es diese nach Gutdünken wieder neu ausgeben konnte, was auch finanzielle Vorteile hatte. Die Fideikommisse sind eine Antwort auf die für viele Adelsfamilien krisenhafte Zeit des 16. Jahrhunderts, wo im Süden die „Kommerzialisierung des Feudums" die bisherigen Besitzverhältnisse durcheinander gebracht hatte. Es ging nun darum, das Erbe zusammenzuhalten und einen Verantwortlichen dafür zu bestimmen, der weiteren Verschuldung Einhalt zu gebieten und Notverkäufe zu verhindern, den Gesamtaufwand durch Konzentration auf ein bevorzugtes Familienmitglied zu reduzieren und überzogene Ansprüche jüngerer Erben abzuwehren. Insgesamt handelt es sich um eine Überlebensstrategie einer vom Aufstieg des Bürgertums bedrohten Schicht, die dann wiederum auf dieses zurückwirkte. Naturgemäß förderte sie die Besitzkonzentration. Die standesgemäße Versorgung der nicht erbenden Töchter in diesem System erfolgte durch ihre Dotierung zur Ehe oder für das Kloster. Reichte das Geld dazu nicht, etwa in den Mittelschichten, so mußte die Tochter ledig im Hause bleiben, eine Quelle von Hader und Zank, oder konnte als Terziarin (bizzoca) ihr Leben zu fristen versuchen.[43] Für die zum Ledigenstand bestimmten Söhne bot sich ebenfalls die klerikale Versorgung als bequemste und billigste Lösung an. Die gewaltige Zunahme der geistlichen Personen im 17. Jahrhundert ist neben den Immunitäten vor allem dem Fideikommiß zu danken. Allerdings zeigte sich hier auch der entscheidende Haken, der die Überlebensstrategie in das Gegenteil verkehren konnte. Falls der verheiratete Alleinerbe, aus welchen Gründen auch immer, keine Nachkommen hatte, fiel das Gebäude in sich zusammen, das Haus starb aus, und wenn keine Nebenlinien vorhanden waren, ging der Besitz über die weibliche Verwandtschaft an andere Familien. In Zeiten der Pest konnte ein solches Ereignis rasch und unvorhergesehen eintreten. Zwar bestand die Möglichkeit, daß ein Sohn wieder aus dem geistlichen Stand zurücktrat, heiratete und so die Lücke zu füllen versuchte. Vor den höheren Weihen war dies problemlos möglich, nachher allerdings nur mit entsprechender päpstlicher Dispens. Aus regierenden Häusern sind Fälle bekannt, wo sogar Kardinäle im Interesse des Weiterbestehens der Dynastie auf den Pur-

pur verzichteten, um Nachkommenschaft zu zeugen. Aber in fortgeschrittenem Alter funktionierte dies nicht mehr immer, und so braucht man sich nicht zu verwundern, daß, wie früher angedeutet, schließlich fast alle alten Dynastenfamilien Italiens reihenweise ausstarben. Auch die patrizischen Familien reduzierten sich zahlenmäßig beträchtlich, wie man vor allem aus Venedig weiß; auch hier wird man im Fideikommiß, wenn nicht die einzige, so doch eine wesentliche Ursache sehen müssen.

Dem „Wunsch nach Verewigung" (bisogno di eternità, Maria Antonietta Visceglia)[44] der Familie, insbesondere der oberen Klassen, waren also manchmal biologische Grenzen gesetzt. Keine solchen, außer finanziellen, gab es, wenn man versuchte, sich durch eine Stiftung, vornehmlich baulicher Art, ein Andenken bei der Nachwelt und gleichzeitig einen Platz im Himmel zu sichern. Daran dachten Familienoberhäupter spätestens, wenn ihr Ende nahte. Da solche Vergabungen im Rahmen der Ökonomie des Seelenheils fast ausschließlich „ad pias causas", d. h. an kirchliche oder gemischt kirchlich-laikale Institutionen gemacht wurden, ist der Verdacht geäußert worden, Priester hätten von der Todesangst profitiert und die Sterbenden entsprechend hingelenkt.[45] Es war dies selbstverständlich verboten, ob und in welchem Maß solche Beeinflussungen trotzdem vorkamen, wird wohl immer ein Geheimnis bleiben. Für das Vorkommen spricht die Tatsache, daß Bischöfe gelegentlich klagten, die Angehörigen würden den Priester oft erst im letzten Moment und daher zu spät an das Sterbelager rufen, um die Sakramente zu spenden – in einem Moment, wo das Testament bereits aufgesetzt war. Die Angehörigen und Erben waren in einem solchen Spiel ja sonst die Benachteiligten. Das Stiftungswesen erreichte im Barock seinen Höhepunkt, im 18. Jahrhundert erfolgte dann ein merklicher Rückgang, hinter dem man wohl die Aufklärung vermuten darf.[46] Die für ein großes Adelshaus angemessene Form, sich zu verewigen, war wie im Mittelalter die Stiftung oder Erweiterung eines Klosters, vorzugsweise für Nonnen. Ein solches Vorhaben setzte natürlich einen ziemlich großen Reichtum voraus, anders wäre ja das Familienvermögen und damit die Chance des irdischen Fortlebens gefährdet gewesen. Es bot aber gleich mehrere Vorteile. Für alle Zeiten wurde dort für das Seelenheil des Stifters gebetet, ihm u. U. auch eine würdige Grabstätte geboten. Der Bau dokumentierte mit Wappen und Namen den Stadteinwohnern unübersehbar den Status der Stifterfamilie. Vor allem aber konnte man, eventuell durch besondere Klauseln der Stiftungsurkunde geschützt, künftighin die weiblichen Familienangehörigen dort unterbringen. Solche

Überlegungen bestimmten z. B. einen besonders frommen unter den sizilianischen Fürsten Tomasi di Lampedusa, einen seiner Paläste in ein Kloster umzuwandeln und darin vier seiner Töchter leben zu lassen – später sollte sogar, eher ungewöhnlich, seine Frau den Schritt hinter die Mauern tun.[47] Bei neureichen Aufsteigern diente eine Klosterstiftung auch dazu, die gewöhnliche Herkunft und andere Defekte zu kompensieren. So bei Nicolo Giudice, Fürst von Cellamare.[48] Abkömmling einer gewöhnlichen Genueser Bankiersfamilie, war sein Vater nach Finanzspekulationen wegen betrügerischen Konkurses hingerichtet worden. Der Sohn, der sein Geld vorsichtiger mit Ämterkauf und Grundbesitz gemacht hatte, suchte die Schande zu tilgen, indem er in Neapel dem Kloster S. Croce di Lucca zwecks Vergrößerung, Verschönerung und Anpassung an die Bedürfnisse eines „Hausklosters" die enorme Summe von 120.000 Scudi schenkte. Äbtissin dort war eine seiner mütterlichen Verwandten, wenn möglich sollte auch in Zukunft diese Würde in der Familie bleiben. Nicht weniger als vier großzügig dotierte Töchter brachte Giudice in dem Kloster, das ihm auch als Grabstätte dienen sollte, unter. Neben den gewöhnlichen Gebeten waren für ihn dort täglich vier Messen zu lesen. Trotz Klausur bewegte sich die Gattin des Fürsten frei im Kloster, gewissermaßen einer Dépendance seines Palastes, und besuchte es regelmäßig mit anderen Damen. Bedeutende Klosterstiftungen machten ferner Kaufleute, die im Bürgerstande verblieben.[49] Schließlich traten auch Witwen auf diese Weise in Erscheinung. Besonderer Förderung durch Stifter erfreuten sich die Reformorden der Jesuiten und der Theatiner, die dann entsprechend prunkvolle Niederlassungen bauen konnten. Bei den bescheideneren Kapuzinern kam dies weniger häufig vor. Einer Ordensniederlassung vergleichbar, aber günstiger war die Stiftung eines Kollegiatkapitels. Es bedurfte in der Regel keines Neubaus, dafür konnte man dort Söhne unterbringen.[50] Damit sind jedoch erst die Spitzenstiftungen genannt. Unmittelbar dem eigenen Nachruhm dienend, aber billiger war die Einrichtung einer Grabstätte in einer bestehenden Kirche, verbunden mit dem entsprechenden Prunk bei der Beisetzung.[51] Dieser wurde im Barock gewünscht und verlangt, während man vorher und nachher, im 16. und 18. Jahrhundert, in den Testamenten eher betonte Einfachheit (senza pompa) vorgeschrieben hatte. Die testamentarischen Verfügungen waren oft mit Klauseln verbunden, welche die Zweckerfüllung sichern sollten, z. B. der Verpflichtung des Beschenkten, innerhalb einer bestimmten Frist zu bauen, bei Strafe des Rückfalls der gestifteten Vermögenswerte.[52] Die Schenkungen bestanden keineswegs immer in Geld, sondern häufig in Sachwerten, in Gebäuden und Bauland, Äckern und sogar Vieh[53], bei den Damen auch Schmuck. Sie konnten versilbert werden, Baugrund allerdings nicht. Es gab unzählige Möglichkeiten zu Baustiftungen auch bescheideneren Ausmaßes. Das Beispiel des Adels färbte auch hier auf die Bürgerschaft der Städte und die bäuerliche Oberschicht ab. Beliebt als Empfänger von Stiftungsgeldern waren soziale Einrichtungen, die noch ausführlich darzustellenden „luoghi pii". Weniger Aufwand als diese sowie Klöster benötigten Kirchenrenovierungen, -umbauten und -vergrößerungen auf Kosten eines Stifters, der Einbau von Familienkapellen, Altären und anderen Ausstattungsstücken. Auf dem Lande geht ein großer Teil der Sakrallandschaft, wie Feldkapellen und Bildstöcke (edicole), auf Stiftungen zurück. Der Umfang dieses Stiftungswesens ist noch nicht annähernd erforscht, ein mit dem Barock befaßter Kunsthistoriker stößt aber bei fast jedem Schritt darauf. Für die Sozialgeschichte der barocken Kunst spielte also die Familie eine entscheidende Rolle, sie prägte wesentlich auch die sakrale Kulturlandschaft. Sich verewigen und gleichzeitig den Familiennutzen fördern konnte man natürlich auch mit nichtbaulichen Stiftungen.[54] Mittels Familienkanonikaten an Dom- und Stiftskirchen oder Kaplaneipfründen auf eigenen Latifundien konnte man auch männliche Familienangehörige versorgen. Stiftungen von Musik zu Kirchenfesten oder Armenspeisungen erinnerten jährlich an den Stifter und hielten das Prestige der Familie hoch.[55] So ging es hinunter bis zu Jahrzeitstiftungen von Messen und gewöhnlichen Meßstipendien, die sich außer der Unterschicht eigentlich jeder leisten konnte und auch leistete. Die Gelder, die in Italien im familienbedingten Stiftungswesen um- und eingesetzt wurden, sind kaum zu schätzen, müssen aber einen beträchtlichen Teil des Volkseinkommens ausgemacht haben.

Die Erforschung der horizontalen Familienbeziehungen hat, vor allem in mikrohistorischen Studien, erst begonnen. Die wichtige Rolle von Verwandten (parentela), Paten und Patronen für den Lebensweg eines Italieners ist noch heute offenkundig und war es, wie Einzelbeispiele zeigen, in früheren Zeiten noch mehr.[56] Klientelbeziehungen sind vor allem am römischen Beispiel studiert worden, die grundlegenden Mechanismen gelten wohl auch für andere, quellenmäßig weniger gut dokumentierte Schichten.[57] Familien, bzw. Häuser konnten sich zu Verbänden zusammenschließen, mit Chefs, die dann die Ansprechpartner staatlicher Organe waren. Oft begrenzen solche Verbände auch Heiratskreise. Insgesamt sind die Beziehungen verschiedener Familien zu anderen häufig konfliktreich. Familienfehden waren im 16. Jahrhundert noch gewöhnlich, sie zogen sich in dem in dieser Hinsicht besonders untersuchten Nordwesten bis ins 17. Jahrhundert hinein; im Süden dauern sie, unter der Decke mafioser Organisationen, bis heute an. Oftmals fanden solche rivalisierenden Gruppen eine feste Form in Bruderschaften, deren gespanntes Verhältnis dann bei den sehr häufigen Präzedenzstreitigkeiten anläßlich von Prozessionen zum Ausbruch kam. Volksmissionare hatten oft die Aufgabe, zwischen streitenden Familien wieder Frieden zu stiften.

Intermediäre soziale Organisationen: Bruderschaften und fromme Stiftungen

Zwischen Staat und Familie schoben sich in Italien neben den Feudalgewalten intermediäre Organisationen, nämlich die Bruderschaften und die bereits erwähnten frommen Stiftungen, die „luoghi pii". Beiden gemeinsam ist ihr weltlich-kirchlicher Ursprung. Sakrale und profane Anliegen vermischten sich bei ihnen, Laien und Kleriker waren an ihnen beteiligt, was dann nach der Gegenreformation zu Konflikten führte. Die Bruderschaften haben religiöse Funktionen; auf sie wird später einzugehen sein. Daneben sind aber ihre gesellschaftlichen Aufgaben und ihre ökonomische Potenz nicht zu vernachlässigen, nur davon soll vorerst die Rede sein. Die oft mit Bruderschaften verknüpften sozialen Organisationen im engeren Sinn kümmern sich um jene nicht im Zentrum der Gesellschaft stehenden Individuen, wo Familie oder Staat ausfallen, bzw. nicht zuständig sind.

Die Erforschung der Bruderschaften ist, ihrer Bedeutung entsprechend, in Italien ein ausgedehntes Feld. Doch fehlt für die Zeit des Barock eine Synthese.[1] Dazu liegt der Akzent, namentlich in Süd- und Mittelitalien, etwas einseitig auf den religiösen Funktionen.[2] Am Beispiel von Italien benachbarten Regionen (Provence, Dauphiné) hat die französische Forschung mit dem zentralen Begriff der „Soziabilität" versucht, die weltlichen Elemente der Bruderschaften zu erfassen.[3] Zwar werden diese Forschungen auch in Italien gerne zitiert[4], vergleichbare Arbeiten gibt es aber eigentlich nur für die angrenzenden Territorien Piemont und Genua. Hier und teils auch im übrigen Norditalien konnten sich die traditionellen mittelalterlichen Bruderschaften (disciplinanti, penitenti, battuti) neben den Neugründungen der Gegenreformation gut behaupten. Während bei diesen – den Bruderschaften des (Altars-)Sakramentes, des Rosenkranzes, der Armen Seelen, der Christenlehre usw. – die religiösen Aufgaben im Vordergrund standen und sie stärker vom Klerus gelenkt wurden, gelang es jenen, ihre Autonomie im wesentlichen aufrecht zu erhalten. Diese Bruderschaften hatten sogar politische Aufgaben. In der Stadt Genua sollten sie die Miliz organisieren. Dazu kam es zwar dann nicht, doch spielten bei den Abwehrkämpfen von 1746 gegen die Österreicher und später in der Gegenrevolution (1799) die Bruderschaften eine führende Rolle. Der genuesischen Stadtrepublik dienten die Bruderschaften zur Herrschaftssicherung: Indem man die Bruderschaften auch miteinander rivalisieren ließ, sorgte man dafür, daß sich überschüssige männliche Energien dort austobten und sich nicht gegen das Patriziat richteten. In den Dörfern konnte hier die Gemeindeorganisation im wesentlichen auf einer Bruderschaft beruhen, der in diesem Falle alle einheimischen Familien angehörten, während Fremde ausgeschlossen waren.[5] Sie verwaltete dann z. B. das Gemeindegut, die Allmenden und die Kirchenfabrik, das Pfarreivermögen. Wesentlicher und überall feststellbar sind die sozialen Funktionen der Bruderschaft. Sie vermittelte als eigentlicher „Kitt der Gesellschaft" zwischen den verschiedenen sozialen Gruppen. In den Städten schuf sie Beziehungen zwischen einander unbekannten Personen, auf den Dörfern stiftete sie Solidargemeinschaften. Wie bereits erwähnt, konnte es zwischen Bruderschaften auch Spannungen geben, die sich dann in Kämpfen rituellen Charakters, vor allem bei Prozessionen, entluden.[6] Diese Konflikte mußten dann übergeordnete, meist staatliche Stellen entschärfen; um solche Interventionen zu vermeiden, gab es bei einigen Bruderschaften spezielle „Friedensstifter" (pacificatori). Umgekehrt hatten die Vorstände der Bruderschaften auch die Aufgabe, bei Auseinandersetzungen unter ihren Mitgliedern zu vermitteln. In Stadt und Land waren die Bruderschaften die wesentlichsten Träger der Geselligkeit, wobei sie nicht selten eine ambivalente Rolle spielten. Um die Wahrung der guten Sitten besorgt, führten Bruderschaften religiöse, aber gleichwohl mit viel Pomp begleitete Konkurrenzveranstaltungen zum Karneval durch, nämlich die „Vierzigstündige Andacht" (Quarant'ore). Andererseits uferte das traditionelle Bruderschaftsmahl oft aus; hier Schranken zu setzen war eine der Hauptsorgen der gegenreformatorischen Bischöfe. Die Bruderschaften organisierten meistens die Feste, die neben der kirchlichen immer auch eine weltliche Seite hatten. Eine ebenso ambivalente Sache waren die vornehmlich von den Bruderschaften durchgeführten Wallfahrten, wo sich fromme Zwecke mit dem Genuß eines Ausflugs paarten.

Über die Verbreitung der Bruderschaften lassen sich einige zahlenmäßig begründete Vermutungen anstellen. Sicher ist eine enorme Zunahme zwischen dem 16. und dem 18. Jahrhundert, wobei diese natürlich zum größten Teil auf die gegenreformatorischen Neugründungen entfällt. In der Stadt Neapel verdoppelte sich die Zahl der Bruderschaften schon zu Beginn des 17. Jahrhunderts auf 180.[7] In Venedig registrierte man vom 16. Jahrhundert bis zum Höhepunkt im Jahre 1732 eine Verdreifachung, darauf wurden Neugründungen verboten.[8] In Genua gab es im 16. Jahrhundert schon 134 Bruderschaften, welchen bis zum 18. Jahrhundert 124 Neugründungen folgten; allerdings gingen auch einige alte ein. Florenz zählte bei der leopoldinischen Aufhebung (1785) 251 bruderschaftsähnliche Vereinigungen.9 In der mittelgroßen Stadt Prato gab es damals 30 Bruderschaften. Im Königreich Neapel sollen im 18. Jahrhundert mindestens elftausend Bruderschaften existiert haben; für die größeren Städte werden zehn bis fünfzehn also Norm genannt, für die kleineren drei bis fünf. Wenigstens eine Bruderschaft gab es offenbar in fast jeder Pfarrei, auch das Land wurde im Barock von Neugründungen überschwemmt. Nimmt man diese Zahlen zusammen, so kommt man im Durchschnitt für ganz Italien auf eine Bruderschaft pro drei- bis vierhundert Einwohner, im Norden eher mehr, im Süden weniger. Die Mitgliederzahl schwankt aber ziemlich. Etwa zwanzig bis dreißig dürften das Minimum gewesen sein, einige hundert die Obergrenze, die nur ausnahmsweise in ganz großen Städten überschritten wurde.10 Die von Black für das 16. Jahrhundert errechnete Zahl von rund 10% Bruderschaftsmitgliedern in der Gesamtbevölkerung ist also in der nachfolgenden Zeit übertroffen worden.11 Insgesamt war im Schnitt sicher etwa ein Viertel bis ein Drittel der Bevölkerung bruderschaftlich organisiert, wobei aber ein ziemliches Nord-Süd-Gefälle festzustellen ist: Betrug im Genuesischen der Organisationsgrad bis zu 90%, so war es in der Basilicata gerade umgekehrt.12 Zu berücksichtigen ist, daß Mehrfachmitgliedschaft möglich, wenn auch nicht üblich war.

In ihrer sozialen Struktur waren die meisten Bruderschaften offenbar ein ziemlich getreuer Spiegel der Gesamtbevölkerung bei Fehlen der untersten Schichten. Neben den moralischen – gute Sitten, christlicher Lebenswandel, eifrige Religiosität usw. – gab es einige soziale Kriterien zur Aufnahme. Explizit ausgeschlossen waren etwa Soldaten und Diener. Gestaffelt hohe Eintrittsgelder und Jahresbeiträge konnten ebenfalls als soziale Filter wirken. Schließlich konnte Lesefähigkeit verlangt werden, allerdings nicht im Süden, wo nicht wenige Bruderschaften viele Analphabeten zu ihren Mitglieder zählten. In den größeren Städten gab es einige Bruderschaften, die der Elite, etwa dem Adel, vorbehalten waren; oft wurde dabei die Exklusivität durch einen sonst nicht üblichen Numerus clausus noch unterstrichen. Im Süden, wo die Bruderschaft ohnehin eher eine elitäre Angelegenheit war, rekrutierten sich die Sakramentsbruderschaften allgemein aus den besseren Kreisen. Die eigentlichen Träger der meisten Bruderschaften waren aber das mittlere Bürgertum, die Handwerker und die bäuerliche Oberschicht.13 Hier fanden diese politisch und sozial benachteiligten und auch wirtschaftlich nicht immer potenten Kreise ein Betätigungsfeld, das zugleich ihren Status hob. Die Bruderschaften gehörten zu den wichtigsten Instrumenten, mit denen der soziale Ort des Individuums definiert wurde. Interessant ist, daß sich die Bruderschaften auch gegen oben abgrenzten, weniger gegen den Adel als gegen den Klerus.[14] Dies mag erstaunen, unterstreicht aber gerade den laikalen Charakter dieser Institutionen. Natürlich benötigten alle Bruderschaften für die religiösen Zeremonien die Dienste einer geweihten Person. Mehr sollte diese aber nicht tun. Es kam vor, daß Geistliche nur als Laienmitglieder oder gar nur mit beschränkten Rechten aufgenommen wurden. Vor allem aber suchte man, wenn möglich, den eigenen Pfarrer auszuschließen, weil man ihn als Vollzugsorgan bischöflichen Kontrollwillens fürchtete. Ziel jeder nicht einem Orden angeschlossenen Bruderschaft war, möglichst einen eigenen Geistlichen zu haben, der dann ökonomisch von der Bruderschaft abhängig war und ihr so zu Willen sein mußte. Sämtliche übrigen Ämter in der Bruderschaft waren von Laien besetzt, sie rekrutierten sich sozusagen immer aus der obersten Schicht der Mitglieder, jenen Leuten, die auch in der Gemeinde, in der Kirchenfabrik oder in den frommen Stiftungen das Sagen hatten. Dieses Faktum, das wegen der damit verbundenen Beziehungen zu einflußreichen Persönlichkeiten und dem Zugang zu pekuniären Quellen durchaus auch Vorteile bot, hinderte im übrigen nicht, daß anstehende Entscheidungen in der Bruderschaftsversammlung auf demokratischem Wege gefällt wurden.

Entgegen ihrem etwas unglücklichen Namen waren die meisten „Bruder"schaften gemischt, d. h. es fanden durchaus auch Frauen Aufnahme, ja es wurde ihnen der Beitritt sogar empfohlen.[15] Einige allerdings, vor allem mittelalterliche und solche, welche noch die Geißelung übten, schlossen Frauen in der Regel aus. In den übrigen waren sie meist in der Minderheit; relativ gut vertreten, bis hin zur zahlenmäßigen Majorität, lediglich in den Rosenkranzbruderschaften. In den meisten Fällen handelte es sich wohl um Ehefrauen männlicher Mitglieder. Möglicherweise nahm der Frauenanteil im hier betrachteten Zeitraum etwas zu.[16] Die übliche Rollenteilung galt auch in den Bruderschaften. Man schätzte den weiblichen Arbeitsbeitrag, etwa beim Sticken von Paramenten, beim Unterhalt des Oratoriums oder bei Krankenbesuchen, schloß die Frauen aber von einigen Veranstaltungen, wie dem Bruderschaftsmahl, und ebenso von den Leitungsgremien aus. In einigen Bruderschaften aber formte sich so etwas wie eine Unterorganisation der Frauen unter einer eigenen Priorin, in den Städten oft einer adligen Dame. Schließlich gab es in einigen Gegenden auch reine Frauen„bruder"schaften. Dabei ist jedoch, wie bei der verbreiteten „Gesellschaft der hl. Ursula", der Übergang zu klösterlichen Gemeinschaften fließend. Für die piemontesischen Diözesen Asti und Alba wurde in einer interessanten Falluntersuchung festgestellt, daß es dort relativ viele Frauenbruderschaften gab, weil keine gemischten existierten.[17]

Die Gelder der Bruderschaften wurden für Kultzwecke verwendet, zum Teil auch in dauerhaften Kunstgütern angelegt, worauf an anderer Stelle noch zurückzukommen ist. Ein ebenso bedeutender, wenn nicht noch größerer Teil floß aber in soziale Einrichtungen. In dieser Funktion gehören die Bruderschaften zu den wesentlichen Instrumenten des Ausgleichs und der Umverteilung von Vermögen innerhalb der italienischen Gesellschaft. Zuerst wäre hier der die moderne Versicherung vorwegnehmende Solidaritätsgedanke innerhalb der Bruderschaft zu nennen. Ein Mitglied, das in Schwierigkeiten geriet, durch Unglück, Unfall oder langandauernde Krankheit, konnte auf Hilfe seitens seiner Bruderschaft rechnen, was bis zur Auszahlung von regelrechten Taggeldern ging. Von daher ist es nur konsequent, daß sich dann im 19. Jahrhundert einige Bruderschaften in Gesellschaften zur gegenseitigen Hilfe (mutuo soccorso) umwandelten. Zweitens waren die Bruderschaften vielfach Träger und Verwalter frommer Stiftungen, wie Hospitäler, „monti" usw. Auch wenn sich hier manchmal noch andere Institutionen an der Finanzierung beteiligten, waren dies in aller Regel Zuschußunternehmungen. Was – ein dritter wichtiger Punkt – den Bruderschaften als einziges Einnahmen brachte und trotzdem sozial genannt werden kann, war ihre Kredittätigkeit. Sie waren die Banken des gemeinen Mannes und gewährten ihm in Notlagen Kleinkredite, womit sie im Süden zum Überleben des kleinen bäuerlichen Besitzes beitrugen. Natürlich wurden zuerst die Mitglieder berücksichtigt. Die Zinsen bewegten sich, bei allgemein sinkender Tendenz, zwischen 5–10%, ein Satz, der über demjenigen des Staatskredits lag. Zu berücksichtigen ist dabei, daß vielfach keine Sicherheiten gegeben werden konnten und Verluste somit nicht selten waren. Später so genannte „schlechte Verwaltung" – dies konnte neben Veruntreuungen auch zu große Milde gegenüber säumigen Schuldnern sein – ließen die erwarteten Erträge oft dahinschmelzen und waren mit ein Grund, daß im späten 18. Jahrhundert die staatliche Aufsicht über diese Tätigkeit der Bruderschaften intensiviert wurde, bis sie dann im 19. von den Bauernhilfskassen (casse rurali) abgelöst wurden. An vierter Stelle muß der karitative Einsatz der Bruderschaften für sozial Benachteiligte außerhalb ihrer Mitgliederschaft genannt werden. Er war außerordentlich vielfältig.[18] Primär waren es regelmäßige Armenspeisungen und Spenden an Hungernde, die wir sozusagen überall finden. Eine relativ große

Rolle spielte ferner die Dotierung heiratsfähiger armer Töchter. Bereits erwähnt wurde die Betreuung der zum Tod Verurteilten durch die Bruderschaften des enthaupteten Johannes. Aber auch die Gefangenenfürsorge wurde im wesentlichen durch die Bruderschaften betrieben. Sie brachten, wenn die Familie ausfiel, den Gefangenen zusätzliche Leistungen (Kostverbesserungen, Medikamente, saubere Kleider).[19] Einzelne Gefangene wurden sogar von der Strafe losgekauft. In Venedig gab es übrigens auch eine Bruderschaft der Gefangenen selbst, eine Interessenvertretung zur Wahrung von geistlichen, vielleicht aber auch materiellem Belangen.[20] Um den Loskauf der in die türkische Sklaverei Geratenen kümmerten sich neben dem Orden der Mercedarier auch einige spezielle Bruderschaften.[21] Bruderschaften boten ferner Pilgern Unterkunft.[22] Die römische Bruderschaft bei „S. Caterina ai Funari" nahm sich der Wahnsinnigen an. Die vielen Totenbruderschaften wollten nicht nur ihre eigenen Mitglieder auf den Tod vorbereiten und für ein schickliches Begräbnis sorgen, sondern taten dies auch für am Ort zufällig verstorbene Fremde oder andere Einwohner, die keine Angehörigen mehr hatten. In dieser Funktion wurden sie erst im Laufe des 19. Jahrhunderts durch die privaten Leichenbestatter (pompe funebri) ersetzt. Die Bruderschaften deckten so eigentlich das ganze Spektrum der in den Evangelien genannten Werke der Barmherzigkeit ab; es gab in Italien kaum eine Randgruppe, für die nicht irgendeine Bruderschaft zuständig gewesen wäre.

Über den Reichtum der Bruderschaften zirkulierten in der Aufklärung märchenhafte Vorstellungen. Sowenig wie beim Kirchenbesitz lassen sich aber dazu halbwegs genaue Schätzungen machen.[23] In den Dörfern und Kleinstädten des Südens gab es auch durchaus arme Bruderschaften, welche den größten Teil ihres Einkommens für Kultzwecke ausgaben. Andererseits finden wir in den großen Städten, z. B. in Neapel oder Venedig (die fünf großen „scuole") Bruderschaften, die dort zu den kapitalkräftigsten Unternehmungen überhaupt zählten. Die meisten Bruderschaften sind wohl irgendwo in der Mitte anzusiedeln. Der Reichtum kam nicht durch die Eintritts- oder Jahresbeiträge zustande – diese machten vielmehr einen immer geringeren Teil des Gesamteinkommens aus – sondern durch die üblichen testamentarischen Vermächtnisse der Mitglieder. Im Gegensatz zu den bereits erwähnten Familienstiftungen aber wurde hier die Zuwendung anonymisiert. Das ganze soziale Handeln der Bruderschaften stand ja, wie auch ihre besondere Kleidung zeigt, unter den Grundsätzen der möglichsten Anonymität und Gleichheit. Eine gewisse Einschränkung des materiellen Werts dieser Schenkungen ergab sich dadurch, daß sie oft mit Meßverpflichtungen belastet waren, für die dann die Bruderschaft aufzukommen hatte. Sie bestimmte für die zu lesenden Messen ihr nahestehende Geistliche und besoldete sie dafür, was wiederum zeigt, daß in den Bruderschaften keineswegs immer der Klerus entscheidend war, sondern vielfach umgekehrt dieser von den Laien abhing.[24] Die Vermächtnisse und damit das Vermögen der Bruderschaften bestanden weniger in Bargeld als in Sachgütern: Stadthäuser, vor allem aber nutzbares Land, auch von besonders hoher Qualität wie Oliven- und Weingärten, bis hin zu ganzen „masserie", im Süden auch große Schafherden. Das nutzbare Land gaben die Bruderschaften in Pacht oder Erbleihe (enfiteusi) weiter, was regelmäßige Einkünfte mit sich brachte. In Genua partizipierten die Bruderschaften wegen ihrer öffentlichen Funktionen sogar an bestimmten Staatseinkünften (Zöllen usw.).

Die gegenreformatorischen Bischöfe versuchten, die alten Bruderschaften unter ihre Kontrolle zu bringen, sie ihren Zielsetzungen dienstbar zu machen und wenn möglich durch neue zu ersetzen. Profane Elemente wie das Bruderschaftsmahl sollten verschwinden, dafür die religiöse Seite wieder gestärkt werden. Dem Ortspfarrer sollte in der Leitung eine maßgebliche Rolle zukommen, er sollte auch die Finanzen der Bruderschaften verwalten oder wenigstens überprüfen können. Die „Paraseelsorge" der Bruderschaften in ihren eigenen Oratorien wurde als störende Konkurrenz betrachtet. Diese reformerische Offensive mit dem Ziel einer „Verkirchlichung" der Bruderschaften zeitigte aber schließlich nur geringe Erfolge. Soweit die Bruderschaften mit Orden zusammenarbeiteten, konnten diese gegen die bischöflichen Ansprüche auftreten.[25] Im Alpengebiet verteidigte man mit der Gemeindeautonomie auch diejenige der lokalen Bruderschaften, in Venedig und Genua hielt die Republik ihre schützende Hand über sie. Im Süden und auf den Inseln schließlich verfügte der tridentinische Vorstoß, wie noch zu zeigen sein wird, allgemein über zu schwache Kräfte, um sich durchsetzen zu können. Problematisch wurde die Situation für die Bruderschaften erst gegen Mitte des 18. Jahrhunderts.[26] Eine gewisse Vernachlässigung der religiösen Pflichten und weitgehende Beschränkung auf die Vermögensverwaltung, Erstarren in Routine der Mitglieder und Monopolisierung der Ämter durch einige Familien, Stagnation bei den Neuaufnahmen und Absenz der aufgeklärten Elite, endlich finanzielle Probleme wegen massiver Abnahme der Vermächtnisse und sogar Verschuldung einiger Bruderschaften sind unübersehbare Signale dafür, daß die große Zeit der Bruderschaften vorbei und die Institution in eine Krise geraten war. Gleichzeitig setzte, etwa bei Lodovico Antonio Muratori, die Kritik der katholischen Aufklärung ein, die Anstoß nahm an gewissen Bräuchen, wie z. B. der Geißelung.[27] Nachdem der Vorstoß der Kirche zu einer strikteren Aufsicht vorerst gescheitert war, griff jetzt der Staat ein. Im Königreich Neapel wollte Tanucci zwar die Bruderschaften bewahren, weil er in ihnen, als Laienorganisationen, wertvolle Verbündete in seinem Kampf gegen Rom und die Bischöfe sah. Die Bruderschaften hatten jedoch ab 1777 ihre Statuten vom Staate genehmigen zu lassen, auch Neugründungen erforderten eine Genehmigung. Im Jahrzehnt danach folgten 3500 Bruderschaften dieser Aufforderung, nachher versandete die Aktion wieder.[28] In Piemont suchten König und Bischöfe gemeinsam, die Bruderschaften unter ihre Kontrolle zu bringen, diese leisteten aber langanhaltenden Widerstand. Radikal verfuhr man zuletzt in den habsburgischen Besitzungen Mailand und Florenz. Nach vorangehenden Beschränkungen wurden hier, ebenso in Modena, im josephinischen Jahrzehnt nach 1780 die Bruderschaften gänzlich aufgehoben, ihr Vermögen wurde eingezogen und für andere kirchliche Zwecke verwendet. Sogar im Kirchenstaat schloß etwa der Bischof von Assisi einige bruderschaftliche, nun als unnütz empfundene Hospitäler zugunsten seines Priesterseminars. Hier und in den Republiken erfolgte die Auflösung der Bruderschaften und die Beschlagnahme ihres Vermögens dann in der Revolution und in der napoleonischen Zeit.

Bruderschaften waren eine Möglichkeit, soziale Unterschiede etwas zu verringern. Das Problem der Armen und Bettler beschäftigte Italien genauso wie andere europäische Länder; unterschiedlich waren die Lösungsstrategien.[29] Ein großer Teil der Bevölkerung war latent von Armut bedroht, ein kleiner Teil bedurfte ständiger Unterstützung. Die Situation verschlimmerte sich im 16. Jahrhundert noch, Bevölkerungsvermehrung, Teuerung und teils auch Arbeitslosigkeit durch die sich abzeichnende Wirtschaftskrise ließen den Anteil der „pauperes" an der Gesamtbevölkerung auch in Italien steil in die Höhe gehen. Schon in den ersten Jahrzehnten begannen Schriften zu diesem Thema zu erscheinen und verschwanden seitdem nicht mehr aus der Publizistik.[30] Die Lösungsvorschläge zielten in der Regel auf eine Zentralisierung des Armenwesens, verbunden mit einer strikten Unterscheidung zwischen den unverschuldet in Not Geratenen und den „unechten Armen", die nach Meinung der Verfasser bloß zu faul zum Arbeiten waren. Während jene eine das Existenzminimum sichernde staatliche Unterstützung erhielten, wurden diese in große, vom Staate errichtete Arbeitshäuser gesteckt und dort gezwungen, mit langweiligen Routinearbeiten wie Spinnen, Holzraspeln usw. ihr mageres Brot zu verdienen und nicht mehr durch Bettel den anderen zu Last zu fallen. Die sog. große Einschließung, zuerst musterhaft in den Niederlanden verwirklicht, war die westeuropäisch-protestantische Lösung des Problems. In Italien, wo die Schriften eines Juan Luis Vives oder der Franzosen Chaurand und Guevarre ebenfalls gelesen wurden, erwies sie sich als nicht durchführbar. In Rom versuchten Gregor XIII. und Sixtus V. im ordnenden Geist der Gegenreformation die Zentralisierung der Armenfürsorge zu erreichen, sie scheiterten damit wie mit anderen Projekten. Dasselbe gilt grundsätzlich auch für die von Innozenz XII. hundert Jahre später unternommene Gründung des großen, mit einer Manufaktur verbundenen „Ospedale di San Michele": Es nahm eine andere Entwicklung als vorgesehen.[31] Auch die Arbeitshäuser von Venedig, Neapel, Siena und Modena blieben allesamt kurzfristige Institutionen, die, wenn sie überhaupt richtig zum Funktionieren kamen, nach wenigen Jahren wieder schließen mußten. In Lucca und Bologna blieb es bei den Projekten. Die relativ erfolgreichste Gründung war das „Ospedale dei mendicanti" in Florenz, doch wandelte es sich im Verlaufe des 17. Jahrhunderts zu einem fast reinen Frauenhaus, erfüllte also die ursprünglichen Intentionen nicht.

Das Scheitern des Projekts der „großen Einschließung" in Italien und der rigorosen Disziplinierung der Unterschichten vor dem Reformen des 18. Jahrhunderts hat mehrere Gründe. Im Gegensatz zum protestantischen Arbeitshaus waren die katholischen Armeninstitute solche der Karitas. Diese verbot, den Armen – Ebenbild Christi in dieser Welt – allzu hart anzufassen, ihn einer rigorosen Disziplin zu unterwerfen. Gewiß wurde auch in den italienischen Häusern manuelle Arbeit gefordert oder wenigstens dazu ermahnt. Sie war aber mehr Beschäftigungstherapie und sollte nicht dazu dienen, durch schrankenlose Ausnutzung der Arbeitskraft Profit zu erzielen. Die religiösen Übungen, wie Gebete und Andachten, Schweigen und Bußübungen, Messebesuch und Anhören frommer Belehrung, hatten immer den höheren Stellenwert als die Handarbeit. Die von ihr gelieferten Produkte konnten in der Qualität nicht mit anderen konkurrieren und waren in einer Zeit der Krise gar nicht abzusetzen, wurden außerdem vom Handwerk als unerwünschte Konkurrenz betrachtet. Die italienischen Arbeitshäuser waren finanziell alles andere als selbsttragend, sondern erforderten enorme Zuschüsse von seiten des Staates, Mittel, die diesem nicht zur Verfügung standen. Andere Finanzquellen aber waren nicht zu erschließen, weil Kirche, Bruderschaften und wohlhabende Private an den von ihnen ausgeübten Formen der Karitas beharrlich festhielten und gegen die Zentralisierung opponierten. Dies führt zu den inneren Gründen des Scheiterns der neuen Modelle, das Armenproblem zu lösen.

Baretti wies in seiner Verteidigung Italiens stolz darauf hin, daß kein anderes Land so karitativ sei; wenigstens gebe es in protestantischen Ländern viel weniger entsprechende Institutionen.[32] Auch kenne man in Italien die Unterscheidung von werten und unwerten Armen nicht. Ein Fallbeispiel soll Barettis Aussage konkret belegen. In der norditalienischen Stadt Como, die zwischen 1600 und 1750 etwa 12- bis 14.000 Einwohner zählte, gab es ein allgemeines Hospital für die Armen (ospedale maggiore), ein Pestlazarett, ein Krankenhaus mit Apotheke, ein Waisenhaus, ein Konservatorium für Frauen, ein Werk zur Heiratsausstattung von Töchtern (monte di maritaggio), eine Pfandleihanstalt (monte di pietà) und eine Konvertitenkasse.[33] Also die gesamte Ausstattung an sozialen Institutionen, die wir in größeren Städten meist in mehrfacher Ausführung finden. Es waren alles private Stiftungen, die meisten erst im 17. Jahrhundert errichtet. Sie traten neben die bereits geschilderte karitative Tätigkeit der Bruderschaften und der traditionell von der Kirche ausgeübten. Alle erdenklichen Bedürfnisse, für welche die Familie, aus welchem Grund auch immer, ausfiel, wurden damit abgedeckt. Unter solchen Voraussetzungen hatte eine disziplinierende staatliche Zentralisierung des Fürsorgewesens nicht die geringste Chance. Sie war vor allem deshalb nicht durchführbar, weil hier ein theologisch fundiertes Reziprozitätsschema noch wirksam war, das der Protestantismus weitgehend aufgegeben hatte. Der Arme war ebenso heilsnotwendig wie der Reiche und dieser auf jenen angewiesen, weil er so die Gelegenheit bekam, sich durch ein Almosen oder eine Stiftung sein Seelenheil zu sichern und einen Platz im Himmel zu erwerben.

Über das Ausmaß dieser karitativen Tätigkeit, die auch durch Bildquellen überliefert ist[34], wissen wir allerdings nur dann einigermaßen Genaues, wenn es sich um Institutionen mit einem festen Sitz, wie die genannten, handelt. Wenig erforscht ist vor allem das Gebiet außerhalb der Städte. Beispiele für ganz kleine Hospitäler für Arme, Kranke und Reisende auf dem Lande sind jedoch bekannt.[35] In den größeren Städten wurden die allgemeinen Armen- und Krankenhospitäler von spezialisierten Institutionen flankiert, so für Säuglinge und Kinder, die früher erwähnten Findel- und Waisenhäuser. Dann gab es dort spezielle Einrichtungen für die Unheilbaren (incurabili), die Blinden, Taubstummen, Lahmen, Wahnsinnigen. Eine besondere Gruppe bilden die Unterstützungseinrichtungen für Konvertierende (z. B. Juden oder Türken). Im übrigen handelte es sich bei den zu Versorgenden keineswegs immer um Unterschichtsangehörige oder Randgruppen. Es gab auch die „relative Armut", Leute, die durchaus Geld oder Einkommen hatten, aber zu wenig, um standesgemäß leben zu können (poveri vergognosi). Ihnen wurde mit städtischen oder privaten, von entsprechenden Standesgenossen gegründeten Einrichtungen geholfen. So brauchte ein verarmter venezianischer Patrizier oder ein arbeitsloser neapolitanischer Akademiker nicht zu befürchten, ins Bodenlose zu fallen, Unterstützung stand allemal bereit.[36] Verwaltet wurden alle diese Institutionen von Laien, obschon sie durchaus eine religiöse Wurzel hatten.

Neben den hier vor allem aufgezählten Institutionen mit eigenen Häusern, die Bedürftigen Unterkunft und Kost boten, gab es die „ambulante" Fürsorge, über die im Detail wenig bekannt ist. Daß sich vor den Palästen von Kirchenfürsten, Bischöfen und Kardinälen, aber auch den Spitzen der weltlichen Gesellschaft die Armen einfanden, um ein Almosen in Geld oder Naturalien zu erbitten und zu erhalten, war offenbar selbstverständlich.[37] Für den Geber war dies auch eine Möglichkeit, den eigenen gehobenen Status nach außen zu demonstrieren. Hierher gehören auch die vielen Armenspeisungen, wobei man natürlich zuerst an die bekannte Klostersuppe denkt. Haushaltsberechnungen haben allerdings bei den Klöstern ergeben, daß die Ausgaben für Almosen prozentual unbedeutend, ja lächerlich gering waren.[38] Allerdings kann dies darin begründet sein, daß die ausgeteilten Lebensmittel von der eigenen naturalen Ökonomie dieser Großhaushalte geliefert wurden und daher nicht in der Finanzbuchhaltung aufschienen. Was übrigens die Orden betrifft, so ist hier daran zu erinnern, daß einige von ihnen in der sozialen Fürsorge ihren Hauptzweck sahen. Ein Beispiel sind die im 16. Jahrhundert gegründeten Gemeinschaften der Barmherzigen Brüder (fatebenefratelli) und der Kamillianer.

Die Sicht des Armen als „pauper Christi" und der Rekurs auf die biblischen Werke der Barmherzigkeit bestimmten maßgeblich die in Italien gefundene Lösung für die sozialen Probleme; sie unterschied sich de facto von der protestantischen. Trotzdem wäre es sicher verfehlt, anzunehmen, der nicht zum Bodensatz der Gesellschaft gehörende Italiener der Frühneuzeit hätte sich nicht auch über die Bettelei geärgert und sie gelegentlich als Plage betrachtet. Die Bettler waren allgegenwärtig und recht mobil: Sie zogen überall hin, wo es etwas zu erhoffen gab, wobei die Grenzen zum Vaganten-, ja Banditentum fließend waren. Dies gilt besonders für Rom, das nicht bloß als Kapitale der Christenheit, sondern auch als diejenige der Bettler galt. Dort gab es sogar eine eigentliche Bettlerzunft, welche öffentlich in Erscheinung trat und die Interessen dieses besonderen Standes artikulierte. Oft wurde das Almosen, nachdem es ja heilsnotwendig war, mehr ungestüm gefordert als demütig erbeten. Über die Tricks der Bettler, Erbarmen zu erregen, wußte man schon im 16. Jahrhundert gut Bescheid. Vom falschen Pilger über den vorgetäuscht Hinkenden bis zum seifenschaumspeienden „Epileptiker" reichte die bunte Palette dieser randständigen Form von Schauspielkunst.[39] Wenn dergleichen toleriert wurde und harte disziplinierende Maßnahmen, von einzelnen Versuchen abgesehen, unterblieben, wenn die großen Herren das Almosen als festen Posten in ihren Ausgaben buchten und die private Wohltätigkeit florierte wie nie zuvor, so nicht zuletzt deshalb, weil diese Sozialpolitik auch der Sicherung der Herrschaft und der Konservierung der bestehenden Sozialordnung diente. Verglichen mit Deutschland, England und Frankreich blieb Italien in dieser Hinsicht wenigstens im Norden eine friedliche Insel, obschon die sozialen Gegensätze eher noch größer waren.

Eine italienische Spezialität sind die Konservatorien, die Frauenhäuser, die schon bei den fremden Reisenden Aufmerksamkeit erregten, vor allem weil man bei den üblichen Prozessionen der „Jungfrauen" (zitelle) südländische Schönheiten im Dutzend bewundern konnte. Neuerdings hat sich die feministische Forschung wiederum dieser ungewöhnlichen Institutionen angenommen.[40] Die Konservatorien sind eine Antwort auf die besonders im Klima der katholischen Reform virulent gewordene Frage, wie die gefährdete weibliche Ehre außerhalb des normalen Lebensvollzugs der Ehe geschützt werden könnte. In ihnen verbinden sich christlich-humanitäre Impulse mit solchen der Kontrolle und Disziplinierung zwecks Wahrung der öffentlichen Ordnung und Eindämmung der verbreiteten Prostitution. Früher hatten Klöster teilweise diese Aufgabe übernommen; durch die Einführung der strengen Klausur nach dem Tridentinum war dies nun nicht mehr gut möglich. So mußten eigene Häuser geschaffen werden. Auch mittelgroße Städte verfügten über ein Konservatorium, in größeren Städten gab es mehrere, in Rom schließlich gegen zwanzig. Die ersten Gründungen stammen aus dem späten 16. Jahrhundert; bis ins frühe 19. Jahrhundert entstanden kontinuierlich weitere solcher Häuser.[41] Stifter waren Bruderschaften, Kirchenfürsten und wohlhabende Privatpersonen, einzeln oder kollektiv. Aufgenommen wurden im wesentlichen vier Kategorien von Frauen, nämlich reumütige Dirnen, welche ihrem bisherigen Beruf entsagen wollten (convertite, pentite), weiter gefährdete Töchter, d. h. besonders solche von Dirnen selbst oder ausnehmend hübsche Mädchen (pericolanti), ferner Frauen, deren Ehe krisenhaft war, sei es, weil sie sich mit dem Arrangement nicht abfinden konnten, sei es, weil sie von ihren Gatten mißhandelt oder verlassen worden waren (malmaritate), viertens schließlich Ehebrecherinnen (adultere), die zwangs-

Rom, Spital des Heiligen Geistes in Sassia.

weise eingewiesen wurden. Für die beiden ersten Kategorien galten bestimmte Aufnahmekriterien. Gefährdete Mädchen sollten möglichst früh der männlichen Gefahr entzogen werden, ihr Aufnahmealter lag infolgedessen zwischen sechs und zwölf Jahren. Für die Eltern war eine Aufnahme ökonomisch vorteilhaft. Die Kandidatinnen hatten aber Taufscheine, Sittenzeugnisse und eventuelle Empfehlungsbriefe mitzubringen, eine Virginitätsprüfung zu bestehen und bisweilen eine Eintrittsgebühr zu bezahlen. Töchter von Prostituierten allerdings suchten Bruderschaftsmitglieder grundsätzlich ihren Müttern zu entziehen, oftmals nicht ohne deren Widerstand, denn sie wünschten meist, daß die Mädchen die einträgliche Tätigkeit der Mutter weiterführten und so deren Alter sicherten.[42] Im Laufe der Zeit verlagerte sich die Zusammensetzung der Aufgenommenen immer mehr auf die mittleren, ja oberen Schichten. Gleichzeitig verlängerte sich die Aufenthaltsdauer bis hin zur Lebenslänglichkeit. Dies brachte den Häusern, die eigentlich primär bloß als Durchgangsstationen zu einem besseren Leben gedacht waren, Probleme: Es mangelte zunehmend an freien Plätzen.

Das Alltagsleben in den Konservatorien ähnelte Klöstern oder Pensionaten, bei etwas größeren Freiheiten der Bewohnerinnen. Verwaltet wurden die Stiftungen von Laien, eventuell mit Beizug von Geistlichen; die unmittelbare Führung der Häuser übertrug man in der Regel Nonnen unter einer Priorin. Die sozialen Unterschiede zwischen den Gruppen, von Straßenkindern bis zu wohlhabenden Ehefrauen, blieben weiterhin bestehen und waren Anlaß zu Konflikten. Die „malmaritate" behielten eine privilegierte Stellung und verfügten selber über allfällige Gelder. Kontakte zur Außenwelt wurden zwar eingeschränkt, aber nicht unmöglich gemacht. Besuche konnten im Sprechzimmer empfangen werden; daß Männerbesuch Kontrollen unterlag, versteht sich von selbst. Nach auswärts wurden die Kontakte zu den Herkunftsfamilien nicht ganz unterbunden. Die ursprünglichen Prozessionen wurden wegen allzu leicht möglicher Männerbekanntschaften schließlich von gemeinsamen Spaziergängen ohne feste Zeit- und Routenangabe abgelöst. Die Bewohnerinnen der Konservatorien wurden zu hauswirtschaftlichen Arbeiten angehalten und sollten außerdem durch Textilarbeiten einen Teil ihrer Aufenthaltskosten selber verdienen. Spulen, Spinnen, Weben bis hin zur Verfertigung von Luxusartikeln (Handschuhe, Bänder) waren üblich, so daß die meisten Frauenhäuser auch kleine Manufakturen waren. Doch fehlte es auch hier an rigider Disziplinierung und Gewinnstreben, die religiösen Betätigungen hatten sozusagen immer Vorrang.[43] Auch ergaben sich manchmal praktische Probleme, wenn für gewisse Arbeitsgänge im Textilgewerbe dann doch wieder Männer notwendig waren. Auf die kulturelle, nämlich musikalische Bedeutung der Konservatorien von Venedig und Neapel wird an anderer Stelle noch zurückzukommen sein.

Ziel der Konservatorien war es, die Frauen nach Erreichen des Mindestalters bzw. möglichst bald zu verheiraten oder in einem „echten" Kloster unterzubringen und so wieder freie Plätze zu schaffen. Frauen aus diesen Häusern waren in der Mittelschicht durchaus beliebte Heiratsobjekte, da sie meist nicht nur hübsch waren, sondern auch als gut erzogen, hauswirtschaftlich erfahren und arbeitsam galten. Da, wie erwähnt, die Männerkontakte beschränkt wurden, fiel den Konservatorien auch die eigentliche Heiratsvermittlung zu. Das Problem dabei war wiederum die Mitgift. Einige Häuser hatten besondere Mittel für eigene „dote". Die meisten unbemittelten Heiratswilligen aber mußten sich bei einem „monte di maritaggio" um eine Mitgift bemühen. Dies waren Stiftungen zur Aussteuerung von Töchtern.[44] Es gab sie in ganz Italien in großer Menge, in Rom z. B. waren es im 17. Jahrhundert rund 1700. Gleichwohl konnten sie der Nachfrage nicht genügen, so daß die „dote" in der Regel verlost wurden, meist bei einem kleinen Fest. Manchmal waren auch, besonders wegen Nichtanpassung an die Geldentwertung, die Summen zu klein, so daß die Frauen versuchen mußten, mehrere „dote" zusammenzulegen oder das Fehlende mit Ersparnissen aus Handarbeit zu ergänzen. Selbst dann waren noch nicht alle Klippen überwunden. Wurde der Hauptzweck der Ehe verfehlt, und blieben Kinder aus, so mußte die Hälfte der Mitgift wieder zurückerstattet werden. Dafür hatten die Ehemänner zu bürgen; vorsichtige Institute zahlten die zweite Hälfte der Mitgift gleich erst beim Eintritt des freudigen Ereignisses aus. Auch sonst wurden die Ehefrauen aus den Konservatorien bei ihren ersten Schritten in der „Welt" gelegentlich noch von Kontrollen begleitet: Begaben sie sich auf Abwege, so konnte die „dote" ebenfalls zurückgefordert werden. Gestaltete sich die Ehe krisenhaft, so sah die Frau ihr Haus, in der sie als „zitella" aufgewachsen war, oft als „malmaritata" oder „adultera" wieder. Scheiterte die Dotierung oder ein Klostereintritt, so mußte sich die Frau bei einem großen Haushalt als Dienstmagd verdingen, der Schutz ihrer als suspekt erachteten Ehre fiel dann dem neuen Arbeitgeber zu.[45] Im späten 18. und im 19. Jahrhundert konnte sie vielleicht ihr ganzes Leben lang im Frauenhaus bleiben.

3

Vom Bürgertum zum Adel:
Die Refeudalisierung der Gesellschaft

Mit dem Begriff Refeudalisierung hat man eines der wesentlichsten Phänomene der europäischen, insbesondere aber der italienischen Sozialgeschichte zwischen dem 16. und 18. Jahrhundert zu erfassen gesucht. Grundlegend ist sie für Italien schon bald nach dem Zweiten Weltkrieg von Luigi Bulferetti und Fernand Braudel beschrieben worden[1]; den Begriff in die allgemeine Diskussion eingeführt hat dann v. a. der Wirtschaftshistoriker Ruggiero Romano.[2] Andere sind ihm darin gefolgt, umgekehrt haben einige angesehene Historiker auch Widerspruch geäußert.[3] Zwei Einwände wurden vor allem gemacht. Erstens sei eine der für die Refeudalisierung konstitutiven Tatsachen, nämlich der Erwerb von Bauernland durch städtische Bürger, schon im Spätmittelalter anzutreffen. Zweitens setze eine „Re"feudalisierung eine vorangehende „Defeudalisierung" voraus; eine solche habe aber beispielsweise in Savoyen oder im Königreich Neapel nicht stattgefunden.[4] Solche Einwände verraten aber eine methodisch und zeitlich etwas enge Betrachtungsweise. Stellt man das Phänomen in seinen weiteren sozial-, kultur- und mentalitätsgeschichtlichen Kontext – und dazu neigt nun auch Romano in seiner letzten Publikation von 1991[5] –, so hat der Begriff u. E. nach wie vor einen hohen Erklärungswert. Den geäußerten Einwänden Rechnung tragen einige weniger plakative, dafür kompliziertere Umschreibungen des Vorgangs wie „feudale Wiederbelebung" (ripresa feodale), „feudale Offensive" oder „feudale Reaktion". Diese erfassen aber jene Besonderheit nicht, die Braudel – dem der Begriff Refeudalisierung zwar ebenfalls nicht gefällt – mit seiner trefflichen Formulierung vom „Verrat des Bürgertums" (trahison de la bourgeoisie) umschrieb.[6] Wäre vielleicht der gelegentlich verwendete Begriff „Neofeudalismus" der geeignetste?

Was aber ist nun die Sache selbst? Refeudalisierung, oder wie immer man es nennen will, bedeutet im Kern eine Verschiebung der zentralen Werthaltungen einer Gesellschaft von der bürgerlichen nach der adligen Seite hin, ist mithin auch ein historischer Pendelausschlag weg von der Renaissance. Die bürgerlichen „Tugenden" verlieren an Prägekraft, umgekehrt gewinnen adlige Lebensvorstellungen an Attraktivität. Man *will* nicht mehr Bürger sein und bürgerliche Tätigkeiten ausüben, sondern schämt sich dessen fast. Mit allen Mitteln sucht man den adligen Stand zu erlangen und von Renten zu leben, und selbstverständlich möchte man, gesichert durch eine Fideikommißregelung, in diesem angenehmen Zustand verbleiben. Diese bereits im 16. Jahrhundert faßbare Umwertung wird im 17. Jahrhundert durch eine Reihe von politischen, wirtschaftlichen und kulturellen Faktoren besonders begünstigt. Da ist zunächst einmal der dominierende Einfluß der spanischen Macht in ganz Italien, einer Macht, in der, anders als früher in Italien, bürgerliche Ideale selten hohe Wertschätzung genossen, der „Hidalgismus" hingegen, die Sehnsucht nach dem adligen Leben, Individuum und Gesellschaft entscheidend prägten.[7] Aus Spanien kamen auch die für eine feudale Gesellschaft charakteristischen rigiden Ehrbegriffe sowie die Verachtung der „arti vili" und der „mechanischen Künste", der als „niedrig" gewerteten Tätigkeit in Gewerbe, Handel und Handwerk.[8] Solcher hatte sich der Adlige, bei Gefahr des Verlustes seiner Privilegien (Derogation), grundsätzlich zu enthalten.[9] Der Zusammenbruch des oberitalienischen Gewerbes nach 1630/31 ließ solche Überlegungen nicht bloß als fernes Ideal erscheinen; ein Rückzug auf die einer feudalen Gesellschaft eher entsprechende agrarische Tätigkeit war unter den gegebenen Umständen nicht irrationales Verhalten, sondern durchaus vernünftige und realitätsbezogene Entscheidung. Mit der Refeudalisierung ist wirtschaftshistorisch eine Reagrarisierung untrennbar verknüpft.[10] Beachtung verdient weiter die Rolle der Kirche, die nach der kurzen tridentinischen Reformperiode mehr und mehr auch wieder ein Instrument der Familienpolitik des Adels wurde, mindestens in den oberen Rängen der Hierarchie.[11] Schließlich trug der Verfall tragender Bildungsinstitutionen des Bürgertums, in erster Linie der Rechenschulen und Universitäten, dazu bei, das ramponierte Ansehen bürgerlicher Lebensideale weiter zu schwächen.[12] Der neue Stil des Barock hinwiederum kann in vielem als angemessener künstlerischer Ausdruck einer refeudalisierten Gesellschaft gesehen werden.[13] Hier wird dann auch deutlich, daß Refeudalisierung, über bloß rechtshistorische Festlegungen und ökonomische Entscheidungen hinaus, eine Veränderung des Lebensstils mit sich brachte, einen tiefgreifenden Mentalitätswandel bedeutete.

Der sprechendste, wenn auch nicht überall anzutreffende Ausdruck der Refeudalisierung ist wohl die Schaffung neuer Lehen, vielfach verbunden mit dem Verkauf von Domanialgütern. Eine solche Praxis war naturgemäß den

Kartause Padula (Prov. Salerno). Eine der größten barocken Bauunternehmungen im erdbebengefährdeten Süden (vgl. S. 229 und 235).

absolutistischen Grundsätzen strikt entgegengesetzt. Aber Spanien sah sich infolge seiner Finanznot schon im 16. Jahrhundert dazu gezwungen; noch stärker und dringender wurde der Anlaß, die „necessitas", die Anforderungen des Tages, über traditionsgeheiligte Staatsgrundsätze zu stellen, in der Krisensituation des Dreißigjährigen Krieges. Man wußte in Madrid aber auch sehr wohl, daß das Lehensband zum Herrscher neue Abhängigkeiten schaffen konnte. Nachdem die Verkäufe vor allem das Königreich Neapel und die Inseln betrafen, werden die eingangs geäußerten Bedenken gegen die Verwendung des Begriffes Refeudalisierung im Süden größtenteils hinfällig.[14] Unter den neuen Lehensnehmern finden sich dort neben aufgestiegenen Einheimischen vor allem auch Genuesen.[15] In Neapel wie in Sizilien lebten schließlich zwei Drittel bis drei Viertel der Bewohner unter direkter Feudalherrschaft, wobei aber die alten Geschlechter eine Minderheit darstellten. Bei dem unter königlicher Herrschaft stehenden Rest entfällt natürlich ein großer Anteil auf die beiden Hauptstädte. Auch im Herzogtum Mailand erreichten die Entfremdungen von Krongut, mit dem Höhepunkt zwischen 1640–1650, ein beträchtliches Ausmaß.[16] Schätzungen zufolge ging am Ende der spanischen Herrschaft nur noch ein Drittel aller Lehen kontinuierlich bis ins Mittelalter zurück. Ein Viertel waren ganz neue Lehen, der Rest meist Erneuerungen alter (reinfeodazioni). Neue Lehen wurden auch in der Toskana errichtet, jedoch in zahlenmäßig unbedeutendem Umfang und eher an der Peripherie des Landes, etwa im Sienesischen.[17] Die Einnahmen aus den mit dem Lehen verbundenen Rechten blieben im Norden minimal und spielten gegenüber denjenigen aus der Grundherrschaft, der Verpachtung oder Eigenbewirtschaftung der Güter eine immer geringere Rolle. Das Lehen war vor allem Statussymbol: Über eine auch noch so kleine Feudalherrschaft zu verfügen, erhöhte das Ansehen bei Hof und in der Gesellschaft. Die reinste Ausprägung haben diese neuen Lehensherrschaften bei der Binnenkolonisation in Sizilien gefunden.[18] Gestützt auf eine königliche „licentia populandi" gründeten dort im 17. Jahrhundert unternehmerische Adlige, alte und mehr noch neue, im schwach besiedelten Landesinneren Städte mit jeweils etwa 100–200 Bauernhaushalten, die Getreide anbauen sollten. Diese neuen Agrarsiedlungen dienten den Herren auch als zeitweiliger Wohnsitz. Wie sehr dabei feudales Imponiergehabe über ökonomische Vernunft dominierte, zeigen Kostenaufstellungen der Neugründungen.[19] Die Errichtung des Feudalschlosses beanspruchte ein Sechstel bis ein Drittel des Gesamtbetrags, im relativ kleinen Leonforte waren es, die Stallungen dazugerechnet, sogar 43%.

Weitere 7–8% benötigte der Kirchenbau, in Leonforte allerdings verdreifachte sich dieser Betrag, weil noch ein Frauen- und ein Kapuzinerkloster als Stiftung des Feudalherrn hinzukamen. Die notwendige ökonomische Infrastruktur (Brunnen, Mauern, Mühle, Magazine usw.) verschlang weitere Summen, so daß für die Häuser der Bewohner nur noch ein Minimum übrig blieb, wobei man allerdings mit einer weitgehenden Eigenarbeit rechnen muß.[20]

Die zur „Refeudalisierung" – hier im wahrsten Sinne des Wortes – vorgesehenen Städte und Dörfer konnten sich gegen diese Maßnahme wehren, indem sie, wie z. B. im Mailändischen, die erforderliche Ablösungssumme zu zwei Dritteln selber aufbrachten. Daran interessiert waren die Stadtbürger, welche um ihre Privilegien fürchten mußten, weniger die abhängigen Bauern, auf welche die Kosten größtenteils überwälzt wurden. Aus ihrer Sicht war eine „infeodazione" kaum nachteilig: Dem grundherrlichen Zugriff war man ja ohnehin ausgesetzt, der staatliche aber erreichte die Feudalherrschaften nur gebremst, gewissermaßen durch das Filter des Herrn, der mit seinen eigenen oft auch die Interessen des Dorfes gegenüber dem Staat verteidigte. Zur Neuvergabe von Lehen kam im spanischen Herrschaftsbereich noch die Abtretung (gegen Abgabe) von anderen staatlichen Rechten, Gefällen usw. Es leuchtet ferner ein, daß die bereits geschilderte Praxis des Ämterverkaufs auch unter das Stichwort Refeudalisierung gefaßt werden kann. Prinzipiell gegen eine Neuvergabe von Lehen stellten sich die Päpste in ihrem weltlichen Herrschaftsbereich. Indessen kann man in einigen Praktiken des sich im 17. Jahrhundert wieder ausbreitenden Nepotismus eine Verwandtschaft mit der Refeudalisierung sehen, einfach konzentriert auf jeweils eine Familie.[21]

Das bedeutendste sozioökonomische Faktum der Refeudalisierung ist zweifellos der massive Landerwerb städtischer Bürger als notwendige Voraussetzung ihres Aufstiegs in die Adelsschicht. Sicherlich gehörte der Besitz eines kleinen Gutes vor den Mauern schon im Spätmittelalter zur üblichen Ausstattung eines besseren bürgerlichen Haushaltes. Aber was damals meist Zusatz und eher Dekor war, wird nun, seit der Mitte des 16. Jahrhunderts etwa, Hauptsache und eine Leitlinie des Lebens. Besonders unter den Aufsteigern artet der Landerwerb seitdem zu einer eigentlichen Sucht, zu einem Wettrennen nach Land (corsa alla terra)[22] aus, derart, daß die Regierungen in Florenz und Venedig, wo das Fieber grassiert, bereits über Kaufbeschränkungen nachdenken.[23] Eine Bewegung, die man fast als Stadtflucht bezeichnen kann, setzt in großem Maßstab ein; in vielen Fällen verlagert sich die ökonomische Potenz eines Hauses ganz von der Stadt auf das Land. Die Landverkäufer, die es ja in diesem Prozeß auch geben muß, entstammten ganz verschiedenen Kreisen. Da war einmal, wie erwähnt, der Staat, der in Kriegszeiten aus „necessitas" gezwungen war, Domänen zu veräußern. Namentlich in der Anfangsphase trat auch die Kirche Besitz ab, allerdings wurden diese Verluste später durch testamentarische Verfügungen zu ihren Gunsten insgesamt bei weitem wieder kompensiert. In finanzielle Schwierigkeiten geratene alte Adelsfamilien sahen sich zur Aufgabe von Erbbesitz gezwungen, bis die Einrichtung der Fideikommisse diese Entwicklung stoppte. Die wegen Steuererhöhungen gestiegene Schuldenlast zwang viele Orte, Gemeindeland zu verkaufen, oftmals nach sanftem Druck seitens mächtiger neofeudaler Grundbesitzer. Schließlich waren es Individuen, nämlich verschuldete Bauern, die ihren Besitz verkaufen mußten, ihn aber in der Regel als Pächter weiter bewirtschaften konnten. Der Anteil dieser verschiedenen Verkäufer ist je nach Region unterschiedlich, das Endergebnis aber überall dasselbe: eine massive Besitzkonzentration in den Händen einer aus dem Bürgertum aufgestiegenen neofeudalen Schicht. Der Umfang dieser Umschichtung im Bodenbesitz läßt sich anhand einiger Daten wenigstens erahnen. Für Neapel hat man versucht, die „Kommerzialisierung des Feudums" anhand der Übergänge von einer Familie zur anderen nachzuzeichnen, dabei zeigt sich deutlich die Verschiebung vom alten zum neuen Adel.[24] In Florenz registrierte man in den anderthalb Jahrhunderten seit der Konsolidierung der Medici-Herrschaft (1537) sowohl an Einzelbeispielen wie insgesamt ein beträchtliches Ansteigen der Steuer auf Grundbesitz (decima).[25] Zum Grundbesitz außerhalb der Stadt gehört der Bau eines Landsitzes (villa). Der kunsthistorisch bedeutsame Villenbau des Veneto zeigt eindrücklich die Gewichtsverlagerung von der Stadt auf das Land: Entstanden im 15. Jahrhundert 84 Villen, so waren es im 16. rund dreimal mehr, nämlich 257. Das 17. und das 18. Jahrhundert brachten dann nochmals eine leichte Steigerung auf 332 bzw. 403 Einheiten.[26] Jedenfalls wurde der Adel schließlich in allen italienischen Staaten zum größten Grundbesitzer; entscheidend dabei war aber der Zuwachs durch die Neugeadelten.[27] Dieser Besitz war allerdings nur im Prinzip steuerfrei, trotz seiner auch politischen Macht gelang es dem Adel nirgends, die vollständige fiskalische Immunität zu bewahren.[28] Die verschiedenen Zahlen zeigen übrigens, daß der Prozeß der Besitzumschichtung im frühen 18. Jahrhundert ziemlich abgeschlossen war: Es gab schlichtweg kaum mehr Land zu kaufen. Dennoch sprach auch damals der Florentiner

Niccolò Gianni, der Vater des berühmten leopoldinischen Reformpolitikers Francesco Maria, voller Überzeugung noch den Grundsatz aus: „Die beste Anlage für ein Florentiner Haus ist Land."[29] Den Wert und die Erträge des Landes konnte man aber durch Verbesserungen steigern. Dieser Weg, das Vermögen an Grundbesitz zu vermehren, wurde von einigen kapitalkräftigen Besitzern in Einzelfällen schon im 16. Jahrhundert eingeschlagen und wurde nun immer wichtiger.

Die Titelsucht früherer Zeiten ist uns heute schwer verständlich. In der ständischen Gesellschaft der Frühneuzeit aber waren sie notwendige Instrumente der Selbstbestätigung wie der Abgrenzung zu anderen. Selbst der einfache Adelsrang war mit spezifischen Ehrbegriffen gekoppelt. Der von vermögenden Bürgerlichen so ersehnte soziale Aufstieg konnte seine rechtliche Form nur in der Nobilitierung, der Verleihung des Adelsranges durch einen dazu berechtigten Dynasten, finden. Der Jagd nach feudaler Herrschaft und nach Land ging eine solche nach Titeln parallel, Grundbesitz war notwendige Voraussetzung des Wechsels in den höheren Stand. Als Verleiher von Adelsrang und Titeln trat in Italien naturgemäß vor allem der König von Spanien in Erscheinung, daneben spielten Kaiser und Papst eine gewisse Rolle. Den einfachen Adelsrang und niedrige Titel konnten auch die übrigen Souveräne vergeben. Sofern die Standeserhöhung nicht eine Belohnung für dem Fürsten geleistete, besonders wertvolle Dienste war, waren für einen Adelsbrief bzw. die Gewährung eines Titels abgestufte Gebühren zu entrichten. Dies eben war der Grund, weshalb die pekuniär notleidende spanische Krone seit Philipp II. massenhaft Adelstitel an wohlhabende bürgerliche Abkömmlinge verkaufte. Sie setzte dabei eine Spirale in Gang, von der sie gleich nochmals finanziell profitierte. Natürlich waren den alten Adelsfamilien die Emporkömmlinge ein Dorn im Auge, der „Briefadel", vor allem, wenn er sich noch mit Titeln schmückte, konkurrierte ihre hergebrachte besondere Würdenstellung empfindlich. Um sich von ihm abzugrenzen, bedurfte man zusätzlicher höherer Titel, vom Grafen (conte) an aufwärts bis zum Fürsten (principe, in Italien der höchste Rang). Solche Rangerhöhungen wurden von Madrid zwecks Füllung der königlichen Kassen bereitwilligst gewährt. Dabei geriet die ursprünglich klare adlige Rangpyramide ins Wanken, ja wurde auf den Kopf gestellt. 1528 waren in Neapel noch 60% des titulierten Adels Grafen, dagegen nur 6% Fürsten. Am (relativen) Ende der Entwicklung, Mitte des 18. Jahrhunderts, aber gab es siebenmal mehr Herzöge (duchi) und viermal mehr Fürsten als gewöhnliche Grafen![30] Ähnlich war die Situation in

Sizilien. Die Gesamtzahl der titulierten Adligen in Neapel verdreifachte sich zwischen 1528–1620 und wuchs bis 1750 noch einmal um mehr als das Doppelte. Nur die Anzahl der nichttitulierten Adligen blieb ungefähr konstant: Die in die höheren Ränge Aufsteigenden wurden jeweils durch neugeadelte Bürgerliche ersetzt. Der Vorgang läßt sich auch im Herzogtum Mailand beobachten. Hatte Philipp II. dort nur insgesamt 27 Adelstitel vergeben, so vervierfachte sich diese Zahl unter seinem Enkel Philipp IV. und nahm unter dem letzten Habsburger Karl II. nur geringfügig wieder ab. Im 18. Jahrhundert konnte nur ein Drittel aller Mailänder Adligen diesen Rang weiter zurück als in die Regierungszeit Philipps II. datieren.[31] Den Höhepunkt erreichte der Titelverkauf im spanischen Reich während des Dreißigjährigen Krieges, was nicht weiter überrascht.

Der Prozeß der Refeudalisierung ist auch an Fallbeispielen einzelner Familien, kleiner altadliger oder solcher bürgerlicher Herkunft, dargestellt worden. Obschon bis jetzt rund ein Dutzend solcher Studien aus verschiedenen Räumen und mehrheitlich das 16. und 17. Jahrhundert betreffend erschienen ist, fällt es schwer, so etwas wie einen Idealtypus zu zeichnen, dazu sind die regionalen Unterschiede doch zu groß.[32] Grundlage des Aufstiegs war ein bestimmtes Vermögen, herrührend aus Einkommen von gut bewirtschaftetem Grundbesitz bei altadeligen Familien oder solchem aus Gewerbe und Handel bei bürgerlichen, wobei im Norden eher Manufakturwaren, im Süden der Getreidehandel, basierend auf staatlichen Exportlizenzen (tratte), die Hauptrolle spielten. Als dritte, seltenere Möglichkeit schälte sich seit den Tagen der „condottieri" der Militärdienst, vornehmlich für Spanien, heraus. Fast alle diese Familien benutzten dann das Mittel des Ämterkaufs, um zu weiteren Einkünften zu kommen. Dieser war offensichtlich eine der wichtigsten Stationen des sozialen Aufstiegs. Zunehmend beliebt war die lukrative Steuerpacht. Wo Patrizier herrschten, besetzten sie selbstverständlich die städtischen Ämter. Einige Familien mehrten ihren ersten Reichtum durch Kreditvergabe; von da war nur noch ein Schritt zu Engagements auf den Finanzmärkten (Börse, Wechselmessen). Solche Geschäfte boten besonders hohe Gewinnchancen, hatten aber auch entsprechende Risiken, wie das bereits geschilderte Beispiel Giudice zeigt. Sie wurden in der Regel nur vorübergehend von einzelnen Familienmitgliedern betrieben. Gelegentlich konnten günstige Heiratsverbindungen mit hohen Mitgiften oder die Abschöpfung des finanziellen Ertrags guter Pfründen weitere Mittel zubringen. So wurde, auf verschiedenen Wegen, der finanzielle Grundstock beschafft, sich in großem Maßstab Land, eventuell Lehensherrschaften und die zugehörigen Titel zu kaufen und das so weitgehend immobilisierte Vermögen mit einem Fideikommiß abzusichern. Die meisten Familien beschränkten sich in der Folge schon aus Sicherheitsgründen auf das Einkommen aus Grundrenten und eventuellen Feudalrechten, wozu dann etwa noch Einnahmen aus Zinsen von Staatspapieren (monti) oder Vermietungen kamen. Ausnahmen sind vor allem Genua und Florenz, wo in geringerem Maß als zuvor weiterhin Handels- und Finanzgeschäfte betrieben wurden und so zum Gesamteinkommen beitrugen. Gleichwohl bezog die reichste Florentiner Familie, die Riccardi, 1720 58% ihres Einkommens aus Grundrenten und nur 6% aus Handelsgesellschaften. Für die zweitreichste Familie, die Salviati, lauten die entsprechenden Zahlen sogar 78 bzw. 0,7 Prozent.[33] Der geschilderte Aufstieg und die Konsolidierung eines Geschlechts beanspruchte meist mehrere Generationen. Jene Fälle, wo einer allein innerhalb kurzer Zeit ein Riesenvermögen anhäufte und fast gleichzeitig die ganze Titelhierarchie emporstieg, sind seltene Ausnahmen.[34] Spektakuläre Beispiele sind freilich jene, wo Abkömmlingen aus niederen, ja verachteten Schichten der Aufstieg gelang. Hierher gehören etwa die Vaaz, eine 1580 aus Portugal ausgewanderte jüdische Familie, die vom apulischen Hafen Mola aus gewinnbringend Getreide verschiffte, später, gegen den Widerstand der Bürger, die Lehensherrschaft über die Stadt gewann, nach dem Kauf weiterer Güter zur Grafen- und Herzogswürde gelangte und schließlich sogar im königlichen Rat in Neapel, dem „Collaterale", einen Sitz bekam.[35] In Mola ließen die neuen Herren eine prunkvolle Kirche bauen, was sie allerdings später nicht davor bewahrte, wegen judaisierenden Verhaltens angeklagt zu werden; der von eigenen Angehörigen angestrengte Prozeß endete mit einer Teilkonfiskation ihres Vermögens.

Der Kauf von Lehen und Titeln war also ein durchaus normaler Weg, in die anerkannte Spitze der Gesellschaft zu gelangen. Ausnahmsweise war dies auch ohne Geld möglich, nämlich dann, wenn die spanische Krone geleistete Dienste, vor allem militärische, statt mit (dem fehlenden) Geld gewissermaßen mit „Naturalien", eben Grundbesitz und Titeln, vergolt. Eine eher selten benutzte Möglichkeit, sich Rang und Namen und erwerben, waren die militärischen Orden der Malteser, des neugegründeten toskanischen Ordens von Santo Stefano oder der verschiedenen spanischen Ritterorden. Ein Eintritt in diese kam praktisch einer Adelsqualifikation gleich, da die Kandidaten über mehrere Generationen zurück beweisen mußten, daß ihre Ahnen sich nicht mehr mit den „arti vili" abgegeben hatten, sondern von Renten leben konnten.[36] Zuletzt darf die Kirche als „Mobilitätskanal der frühneuzeitlichen

Gesellschaft" nicht vergessen werden.³⁷ In großem Stil war ein Aufstieg auf diesem Weg allerdings nur in Rom möglich, wie vor allem die päpstlichen Nepoten des 17. Jahrhunderts zeigen.

Das Patriziat der italienischen Städte war im 17. Jahrhundert im Rang im allgemeinen dem Adel völlig gleichgestellt und schmückte sich ebenfalls mit Titeln.³⁸ Ein Unterschied bestand noch darin, daß die Patrizier weiterhin die städtischen Ämter monopolisierten, während sich der alte Feudaladel wenig für diese interessierte, auch wenn er das Bürgerrecht besaß. Diese Ämter zu bekleiden gehörte ja zu den konstitutiven Rechten des Patriziats. In ihrem Lebensstil hatten sich die Patrizier durchaus dem Adel angeglichen: Sie waren an erster Stelle an der „corsa alla terra" beteiligt und bezogen ihr Einkommen fortan im wesentlichen aus Grundrenten, ergänzt durch Einkünfte aus Geldanlagen, Ämtern und finanziellen Transaktionen. Wohnsitz war nicht mehr allein der Stadtpalast, sondern mehr und mehr auch die ländliche Villa. Nach unten grenzte man sich strikte ab und suchte insbesondere die in den Städten bedeutsame Gruppe der freien Berufe fernzuhalten. Dasselbe gilt horizontal für die besseren Familien der unterworfenen Städte, die man als „Subpatriziat" bezeichnen könnte. Wie bereits am Beispiel Venedig gezeigt, erzwangen allerdings Kriegszeiten bisweilen einige Konzessionen. Das Patriziat war in sich keine einheitliche Schicht; namentlich in Venedig und Genua schälte sich ein innerer Kern von Familien heraus, welche allein über die wichtigen Ämter und Funktionen verfügten. Doch gelten alle diese Feststellungen grundsätzlich auch für die Patriziate der mittelgroßen Städte der Lombardei und des Veneto, wie etwa Cremona, Brescia oder Verona.³⁹ Etwas anders ist die Lage im Süden. Neuere Forschungen haben auch für die wichtigeren Städte des Königreichs Neapel die Existenz eines Patriziats unterstrichen und damit die traditionelle, etwas simple Gegenüberstellung „patrizischer (bzw. kommunaler) Norden versus feudaler Süden" in Frage gestellt.⁴⁰ Das Funktionieren dieses Patriziats ist am Beispiel von Bari genauer untersucht worden. Selbstverständlich waren diese Patrizier den Baronen nicht gleichgestellt, mußten sich vielmehr gegen deren Einmischungen in die Stadtregierung behaupten. Die Patrizier beanspruchten auch hier die städtischen Ämter und dekorierten sich mit niederen Adelstiteln, womit auch im Süden eine neue städtische „nobiltà" entstand. Die alte freie Stadtverfassung unterlag einer Aristokratisierung; die wenigen noch den „popolani" vorbehaltenen Sitze im Rat wurden von einer bürgerlichen Oberschicht, vor allem Akademikern, eingenommen.

Abgesehen vom Sonderfall Savoyen gab es in Italien nach der Refeudalisierung ein Bürgertum nicht mehr oder höchstens noch punktuell; was blieb, würde man am besten als „Rumpfbürgertum" bezeichnen. Das im Mittelalter mächtige Handelsbürgertum verschwand mit dem Rückzug der Italiener vom internationalen Handel von der Bildfläche. Seine Plätze wurden, teils sogar im Binnenhandel, nun mehr und mehr auch von Ausländern eingenommen, etwa von Holländern und Engländern.[41] Die paar Kleinkaufleute, die es in jeder Stadt gab, waren allein eine zu unbedeutende Gruppe. Die Funktionäre der mittleren und unteren Verwaltung können nicht unbedingt als Vertreter bürgerlichen Geistes angesprochen werden. Auch hier handelte es sich ja, wenigstens im Süden, meist um käufliche Ämter; Ämterkauf aber war, wie wir gesehen haben, ein bewährter Weg, die soziale Stellung zu verändern, konkret: in den Adel aufzusteigen. Bleiben als einzige Vertreter der bürgerlichen Schicht noch die freien Berufe, die Ärzte, Apotheker, Advokaten, Notare, Professoren. Ihr Gewicht ist bei der langen Tradition und der starken Professionalisierung dieser Tätigkeiten in Italien nicht gering einzuschätzen, vor allem nicht in großen und Residenzstädten. In der Großstadt Neapel z.B. waren diese Leute zahlreich und konnten dort als „ceto civile" Krone und Adel ein gewisses Gegengewicht bieten.[42] Anderswo waren sie zahlenmäßig unbedeutend. Für die Provinzhauptstadt Lecce etwa hat man den Anteil dieser Gruppe an der gesamten Stadtbevölkerung auf 3,3% berechnet, in den übrigen Städten der Terra d'Otranto waren es 1-2%.[43] Und wie bereits mehrfach bemerkt, verloren die Städte ja relativ an Bedeutung, außerdem gab es selbstverständlich auch in dieser Schicht Vertreter, die, mit einem mäßigen Reichtum versehen, in den niederen Adel drängten. Insgesamt fielen die freien Berufe politisch und ökonomisch kaum ins Gewicht; allerdings wird man ihren Angehörigen eine gewisse kulturelle Kompetenz nicht absprechen können. Eine neue bürgerliche Schicht bildet sich in Italien erst im späten 18. Jahrhundert wieder heraus, im Zusammenhang mit der Aufklärung und aus verschiedenen Quellen. Sie wird dann Träger des Risorgimento sein.

Mehr als im übrigen westlichen Europa, mit Ausnahme der iberischen Halbinsel, war somit der Adel in Italien die führende Klasse, obschon er zahlenmäßig wohl nicht mehr als 0,7-1,5% der Bevölkerung umfaßte.[44] Bei dem nur beschränkten Ausbau zum Absolutismus blieb er zudem politisch bedeutend, auch wenn die politische Einflußnahme der Patrizier und der neapolitanischen Barone ganz verschiedene Wege ging. Hier mögen abschließend einige Bemerkungen zur spezifisch adligen Kultur Platz finden. Die alten adligen Werte der Tugend, Höflichkeit, Ehre und Würde wurden in Traktaten weitläufig abgehandelt und zeitgemäß konkretisiert.[45] Beigebracht wurden sie den Heranwachsenden wohl zuallererst im eigenen Hause oder bei Verwandten, allenfalls auch im Pagendienst am Hofe. Es gab aber auch meist von Jesuiten geleitete adlige Schulen, welche das notwendige Wissen, die nützlichen Lebenskenntnisse und den gesellschaftlichen Schliff vermittelten.[46] Besonders berühmt und auch von Ausländern besucht waren die Adelsakademien von Bologna, Modena, Parma und Siena. Die Verinnerlichung der adligen Werte diente der inneren Geschlossenheit wie der Abgrenzung nach unten.[47] Sie fanden ihren äußeren Ausdruck in bestimmten Zeichen: In Wohnung und Kleidung, in Sprache und Gestik, in Sitten und Manieren sollte man sogleich als Adliger erkennbar sein. In entsprechend abgewandelter Form galt dies selbstverständlich auch für die Frauen oder besser gesagt: Damen. Neuaufsteiger übertrieben diese Äußerlichkeiten nicht selten bis zur Karikatur; hier handelt es sich wohl um Überkompensation von in den neuen Stand mitgebrachten Defiziten. Ein großes Problem war unter dem System des Fideikommisses die passende Unterbringung der nachgeborenen Söhne (die nichtheiratenden Töchter waren fast ausschließlich für das Kloster bestimmt). Die Apanagen konnten kaum jemals so groß sein, daß sie allein den Jüngeren ein standesgemäßes Leben ermöglicht hätten – sie hätten sonst an der Substanz des Familienvermögens gezehrt.[48] Klassische standesgemäße Beschäftigungen waren der Dienst im Militär oder bei Hof, auch hohe Ämter, der Eintritt in einen Ritterorden oder die kirchliche Karriere. Bereits weniger angesehen waren, bei großen regionalen Unterschieden, die Verwaltung fremder Güter, niedrigere Verwaltungstätigkeit oder Geldgeschäfte. Eher als Abstieg gewertet wurden freie Berufe. Dies sollte sich erst im Jahrhundert der Aufklärung ändern, wo wir Wissenschafter aus dem Adelsstand in hoher Zahl finden.

In den meisten Familien war der Abstand zwischen dem Erben und Fideikommißinhaber und den übrigen Kindern recht spürbar. Auf dem ersten lastete eine erhebliche Verantwortung, dafür verfügte er fast uneingeschränkt über das Familienvermögen. Es zusammenzuhalten und wenn möglich zu mehren, war seine vornehmste Pflicht. Wie bereits erwähnt, spielte dabei die Heiratspolitik eine große Rolle. Im Unterschied zu anderen Klassen konnten Adlige einen Teil ihres Einkommens wieder investieren. In der Praxis kam allerdings das Umgekehrte kaum weniger häufig vor: Man mußte Schulden machen. Ursache dazu war in der Regel der für einen adligen Haushalt selbstverständliche demonstrative Konsum, der den eigenen Status nach außen hin dokumentierte – Sparsamkeit war eine verachtete bürgerliche Tugend.[49] Dieses heute unter dem Terminus Verschwendung als irrational gewertete Verhalten entsprach jedoch durchaus den damaligen gesellschaftlichen Idealen.[50] Oft artete der Demonstrationskonsum in einen ruinösen Wettbewerb aus. Konnte man, einmal zum „duca" oder „principe" aufgestiegen, das Gegenüber nicht mehr mit einem Titel ausstechen, so mußte man es eben mit anderen Statussymbolen tun. In erster Linie dienten diesem Zweck die Wohnsitze, vor allem der allen Leuten sichtbare städtische Palazzo. Über die geradezu fieberhafte Bautätigkeit auf diesem Sektor wird noch zu reden sein.[51] Die ursprünglich auf ihren Burgen sitzenden neapolitanischen Feudalherren hatte Vizekönig Pedro de Toledo, schon lange vor Ludwig XIV., veranlaßt, in die Hauptstadt zu ziehen; sein Ziel war die Domestizierung und Abhängigmachung des alten Adels.[52] So entstanden in Neapel unzählige Paläste. Die alten Sitze auf dem Land wurden allerdings nicht gänzlich aufgegeben, und meist lebte ein Teil der Familie weiter dort, auch wenn die Gebäude vergleichsweise immer unwohnlicher wurden. Die umgekehrte Bewegung von der Stadt auf das Land beobachten wir bei den Patriziern des Nordens. Neben dem Bauluxus wurde viel Geld ausgegeben für Schmuck der Frauen und kostbare Stoffe, für Geschirr, Tafelsilber, Kunstgegenstände und sonstigen Hausrat. Ein außerordentlich teurer, aber zur Statusdemonstration besonders geeigneter Gegenstand waren die Kutschen, deren Gebrauch in Italien im 17. Jahrhundert geradezu explosionsartig zunahm.[53] Nicht nur die zum täglichen Vorzeigen dienende Prunkkarosse allein, sondern auch die notwendigen Pferde, Stallungen und das Personal schlugen sich mit vergleichsweise enormen Summen zu Buche. Ein weiterer teurer Gradmesser des sozialen Status war eine möglichst zahlreiche Dienerschaft, die man bei Einladungen und Festen vorzeigen konnte, auch wenn sie effektiv teilweise völlig funktionslos war. Bei den römischen Kardinalshaushalten nahm allerdings die Zahl der Familiaren im Lauf der Zeit ab.[54] Eine günstige und sehr beliebte Lösung boten Leihdiener, die man zu bestimmten Anlässen mietete; die glänzende Fassade konnte so gleichwohl gewahrt werden. Munifizenz bei öffentlichen Festen erhöhte das Ansehen eines Adelsgeschlechtes im Volk, demselben Zweck dienten sichtbar gegebene Almosen. Die großen Ausgaben für Stiftungen wurden schon erwähnt. Eine letzte Möglichkeit ostentativer Verschwendung bot noch der Tod: Für Leichenfeiern wurden von Adelsfamilien bisweilen unglaubliche Summen ausgegeben.[55]

Macht und Funktion des geistlichen Standes

Die soziale Vermittlerfunktion zwischen oben und unten, zwischen Adel und dem gewöhnlichen Volk übte in Italien nicht in erster Linie das Bürgertum, sondern der Klerus aus. Sein Gewicht ist demjenigen des Adels gleichzusetzen, er übertraf diesen auch zahlenmäßig. Sind wir bei jenem auf ungefähre Schätzungen angewiesen, so haben wir bei diesem sehr viele Zählungen.[1] Auf den ersten Blick ist in Norditalien die Zahl der Weltgeistlichen, eingeschlossen diejenigen mit bloß niedrigen Weihen, zu Beginn des 17. Jahrhunderts nicht überwältigend: In den meisten Diözesen der Lombardei und des Veneto oszilliert sie zwischen 0,4 und 0,6% der Gesamtbevölkerung.[2] In der folgenden Epoche registriert man jedoch ein Wachstum mit Höhepunkt im frühen 18. Jahrhundert, durch das sich der Bestand um etwa die Hälfte vergrößert, ja verdoppelt. Außerdem müßte man für das Total der theoretisch einsatzfähigen Geistlichen die Mönche hinzurechnen. Über ihre Anzahl (ebenso über die der Nonnen) wissen wir für den Norden noch kaum Bescheid. Nach einer ziemlich zuverlässigen Schätzung im Rahmen der „Inchiesta Innocenziana" betrug sie um 1650 für ganz Italien 70–80.000, was etwa 0,6% der Bevölkerung entspräche. So wird wohl im 18. Jahrhundert ein Prozentsatz von 1,5 männlicher Geistlicher bezogen auf die Gesamtbevölkerung das Minimum dargestellt haben. Diese Globalzahl verdeckt indes starke Stadt-Land-Unterschiede. In den Städten war der Anteil zwei- bis dreimal so hoch; auf dem Land hingegen kam nur ein Priester auf 200 bis 300 Gläubige.

Für Mittelitalien verfügen wir bloß über punktuelle, dafür teils differenziertere Untersuchungen.[3] Insgesamt erwecken sie den Eindruck, daß die Zahl der Kleriker noch einige Promillepunkte höher als im Norden war. Auch hier registriert man eine Zunahme im Laufe der Zeit, und der Stadt-Land-Unterschied ist eher noch ausgeprägter. Beachtung verdient die hohe Zahl der Nonnen. In Städten wie Florenz, Pisa, Pistoia und Prato betrug sie 4 bis 5% der städtischen Bevölkerung. Angaben aus einzelnen Städten, wonach ein Zehntel und mehr der Einwohner geistlichen Standes gewesen seien, sind daher nicht unwahrscheinlich.[4] Verglichen damit war Rom hingegen mit geistlichen Personen keineswegs überdotiert: Nach einem gewissen Zuwachs im Zeitalter der Gegenreformation bewegte sich ihre Anzahl (alle Kategorien) bis zur Mitte des 18. Jahrhunderts ziemlich stabil um die 7%.[5]

Anders liegen die Verhältnisse im relativ genau erforschten Süden.[6] Hier setzte schon um und nach 1600 ein starkes Wachstum ein. Schon damals aber hatten viele Diözesen einen Bestand an Weltgeistlichen von 1,5 bis 2%. In den meisten kletterte er dann auf 4 bis 5%, also etwa dreimal so viel wie im Norden. Der Grund liegt vor allem darin, daß es im Süden sehr viele einfache, bloß tonsurierte Kleriker gab. Sie übertrafen im 17. Jahrhundert die Priester zahlenmäßig; in einigen Regionen erreichte ihr Anteil gegen zwei Drittel. Die Anzahl der Regularen entsprach etwa dem Landesdurchschnitt; diejenige der Nonnen war demgegenüber viel geringer. Nur in den Hauptstädten Neapel und Palermo stellten die Klosterinsassen einen beträchtlichen Teil (3 bis 5%) der Bevölkerung dar.[7] Das anfänglich starke Wachstum verlangsamte sich im 18. Jahrhundert bis zur Stagnation. Der Stadt-Land-Unterschied war im Süden noch ausgeprägter. In Lecce, der „Città Chiesa", betrug die Anzahl des geistlichen Personals insgesamt schon im frühen 17. Jahrhundert 12%, und in vielen kleinen Bischofsstädten machte allein der überdimensionierte Kathedralklerus einige Prozent der Bevölkerung aus. Das Land hingegen war in geistlicher Hinsicht vielfach gänzlich unterversorgt.

Die markante Zunahme des Klerus in ganz Italien im 17. und frühen 18. Jahrhundert könnte man zunächst als einen Effekt gegenreformatorischen Eifers und einer gesteigerten Frömmigkeit erklären. Solche schwer eruierbaren Motive mögen besonders bei Regularen eine gewisse Rolle gespielt haben – aus ihnen rekrutierten sich vorzugsweise die Heiligen der Gegenreformation. Mit Recht aber sahen schon Zeitgenossen viele weltlichere Gründe dahinter; die aktuelle Forschung hat sie bestätigt. Zwei wichtige wurden schon genannt: Das System des Fideikommisses, das jüngere Söhne und vor allem Töchter massenhaft in den geistlichen Stand drängte, sowie die vor allem im Süden ausgebauten fiskalischen Privilegien des Klerus, die diesen Stand attraktiv machten. Ein dritter wesentlicher, in anderem Zusammenhang noch zu betrachtender Grund war die gesteigerte Nachfrage nach religiösen Leistungen. Die Pest hatte ambivalente Auswirkungen auf den Bestand an Geistlichen. Zahlten sie an einigen Orten einen hohen Blutzoll für die Betreuung Kranker, so kamen sie an anderen, da materiell gesicherter und eher abgeschlossen lebend (Klöster!), besser davon als die übrige Bevölkerung, so daß sie hinfort weniger in absoluten als in relativen Zahlen stärker ins Gewicht fielen. Die Vermutung, die Verschlechterung der Lebensbedingungen und die allgemeine wirtschaftliche Krise zu Beginn des 17. Jahrhunderts hätten zu einem vermehrten Zulauf nach Pfründen geführt, ist nicht ganz von der Hand zu weisen. Eher spekulativ ist hingegen die Hypothese, der Zölibat sei eine erlaubte Form der Bevölkerungsregulierung gewesen.[8]

Der Überschuß an Priestern wurde im 18. Jahrhundert nicht mehr unwidersprochen hingenommen. Reformeifrige Bischöfe wünschten weniger, dafür bessere Seelenhirten. Gegen andere, die ohne ersichtlichen Grund massenhaft Weihen vornahmen, ging Rom gelegentlich mit Untersuchungen vor. Die Fürsten und Minister des Reformabsolutismus akzeptierten die weitgehenden Immunitäten nicht mehr und kritisierten außerdem, die Zölibatäre trügen nichts zum erwünschten Bevölkerungswachstum bei. Tanucci war der Meinung, ein Geistlicher auf 100 Personen genüge.[9] Nachdem schon seit den Vierziger Jahren der Zustrom zu den Pfründen zurückging, führten aufgeklärtes Denken und die Maßnahmen der Regierungen fast überall ein kräftiges Sinken der Anzahl der Kleriker herbei, das bis in die napoleonische Zeit andauerte. Sogar in Rom halbierte sich damals die Zahl des geistlichen Personals. Überproportional war der Rückgang vor allem bei Mönchen und Nonnen.

Die Rekrutierung des italienischen Klerus ist bis jetzt erst punktuell untersucht worden, das Bild noch unscharf.[10] Für die höheren Ränge der Hierarchie scheint, parallel zur Refeudalisierung, die These einer Aristokratisierung im 17. und 18. Jahrhundert ziemlich gesichert zu sein. Für Patrizier war das Bischofsamt eine übliche Würde; im Venezianischen waren alle wichtigen Sitze mit Stadtpatriziern besetzt.[11] Im Süden treffen wir auch viele Spanier an, nämlich dort, wo der König das Patronat innehatte, was vor allem in Apulien und Sardinien der Fall war.[12] Oft wurden dort die Bischofsstühle abwechselnd mit Fremden und Einheimischen besetzt, erst im 18. Jahrhundert werden diese die Regel. In Apulien waren mehr als zwei Drittel der Oberhirten Adlige, der Rest häufig Regularen, deren Anteil insgesamt sehr hoch war (45%). Der mittlere Klerus (bischöfliche Funktionäre, Domkapitel, Stiftskirchen) rekrutierte sich mehrheitlich aus dem Adel und den besseren bürgerlichen Familien der Städte, teils auch der Pfarrklerus. Die Hauptmasse der Weltgeistlichen aber kam in ganz Italien aus der schmalen Bürgerschicht und der Handwerkerschaft. Im Süden fehlte auch die bäuerliche Oberschicht der „massari" nicht;[13] im Venezianischen konnte man auch aus der Unterschicht in den geistlichen Stand eintreten.[14] Im 18. Jahrhundert zogen sich, wie viele Studien belegen, die Oberstände mehr und mehr von der klerikalen Laufbahn zurück, und gegen Ende des Jahrhunderts treten die bäuerlichen Schichten stärker in Erscheinung. Allgemein ist die Rekrutierung sehr stark lokal; im Falle der im Süden verbreiteten „Chiesa ricettizia" ist diese Gewohnheit auch institutionell abgesichert.[15] Einen Klerikerüberschuß haben viele Berggebiete, was offenbar mit den dortigen Besitzverhältnissen und den kargen Ressourcen zu tun hat. Wie andere Wanderarbeiter mußten dann diese Geistlichen ihr Brot im Flachland verdienen.

Gemäß dem Willen des Konzils von Trient sollten in jeder Diözese geeignete Ausbildungsstätten für Geistliche geschaffen werden; als ideale Form galt seit Karl Borromäus das Priesterseminar.[16] Die erste Reformbegeisterung war fruchtbar: Fünfzig Jahre nach dem Abschluß des Konzils hatten ungefähr die Hälfte der italienischen Diözesen ein Seminar. Nachher allerdings verflachte sich die Kurve der Neugründungen immer mehr. Die Verteilung war ungleich; erwartungsgemäß im Norden dichter, während im Süden und auf den Inseln nur die größeren Diözesen über eine solche Einrichtung verfügten. Ohnehin täuscht die bloße Auflistung der Gründungsdaten: Viele Seminare existierten mehr auf dem Papier, gingen später wieder ein oder vegetierten, mit wenigen Lehrern und Alumnen, ohne geeignete Räume, kümmerlich dahin. Ernsthafte Bemühungen um eine bessere Ausbildung der Priester setzten erst nach der „svolta innocenziana" im 18. Jahrhundert ein. Damals wurden viele Seminare erst oder wieder neu gegründet, bestehende erweitert, die Plätze vermehrt und auch eigene Gebäude errichtet. Das größte Hindernis für die vom Tridentinum gewünschte Verbesserung der Priesterausbildung war das Fehlen der Finanzen. Die Seminare verfügten zu Beginn kaum über Vermögenseinkünfte, sie waren auf Zuwendungen reformeifriger Bischöfe angewiesen. Als hauptsächlichstes Finanzierungsinstrument war eine vom amtierenden Klerus aufzubringende Seminartaxe gedacht. Diese neue „Steuer" einzutreiben erwies aber offenbar sozusagen überall als unmöglich. Auch hier änderte sich erst im 18. Jahrhundert Entscheidendes: Man zog nun gelegentlich das Vermögen aufgehobener Klöster oder Bruderschaften zum Wohle der Seminare ein. Es fehlte an geeignetem Lehrpersonal, nicht zuletzt deswegen, weil es schlecht bezahlt war; gute Theologen zogen es vor, an Ordensschulen oder Universitäten zu wirken. Die Lust der angehenden Kleriker, die „Schule der wahren kirchlichen Disziplin" zu besuchen, war minimal, umso mehr, als dem Seminar auch das Image einer „Armenschule" anhaftete.[17] Eine allgemeine Verpflichtung, ein Seminar zu durchlaufen, gab es nie, ebensowenig eine solche, nachher wirklich in der Seelsorge zu arbeiten.[18] Die theologische Ausbildung darin war bei weitem nicht vollständig: Sie dauerte meist nur einige Monate bis ein Jahr und diente eher als letzte praktische Vorbereitung zur Weihe. Im übrigen dienten die Seminare keineswegs allein der Ausbildung der künftigen Seelenhirten. In fast allen gab es nämlich auch sog. Konviktoren, weltliche Schüler, die keinerlei

Absicht auf den geistlichen Stand hatten. Sie besuchten das Seminar, weil dieses in kleinen Städten manchmal die einzige Ausbildungsmöglichkeit auf mittlerer Ebene war, und weil man sie, da sie dafür zu zahlen hatten und somit die Finanzen im Gleichgewicht hielten, gerne aufnahm. In den meisten Fällen überwog die Anzahl dieser Konviktoren die der Alumnen.[19] Daß das Zusammenleben Probleme mit sich brachte und die von den Reformern gewünschte Abschließung der Priesterkandidaten von der Welt nur unvollkommen möglich war, leuchtet ein.

Dies alles mitberücksichtigt, läßt sich der Schluß ziehen, daß im Barockzeitalter nur eine kleine Minderheit der zukünftigen Geistlichen ein Seminar durchlief. Schätzungen für verschiedene Gebiete bewegen sich um die 10%.[20] Erst im Laufe des 18. Jahrhunderts werden es in einigen norditalienischen Diözesen und im verstädterten Neapel etwa die Hälfte, erst im 19. Jahrhundert wurde in Italien die Seminarausbildung zur Norm. Natürlich gab es noch andere Ausbildungsstätten. Da sind einmal die Schulen der Orden, insbesondere der Bettelorden und der neugegründeten gegenreformatorischen Kongregationen. Besonders die der Dominikaner und der Jesuiten hatten ein hohes Niveau, allerdings wurde manchmal die Einführung in die praktische Seelsorge vernachlässigt. Die Jesuitenkollegien, die es in allen größeren Städten gab, waren eine empfindliche Konkurrenz der Priesterseminare. Die klerikale Elite absolvierte ein Universitätsstudium, wobei aber die Theologie oft zugunsten des kanonischen und weltlichen Rechts zurücktreten mußte. Auch hier sollte man sich jedoch keinen Illusionen hingeben: Sowohl im Venezianischen wie in Apulien konnten in unserer Zeit nur jeweils 57% der Bischöfe einen akademischen Grad vorzeigen.[21] Die Ausbildung an der Dom- oder Stiftskirche, in den seit dem Mittelalter überlieferten eigenen Schulen und durch die Praxis des Gottesdienstes war namentlich im Gebiet der „Ricettizia" die übliche; hier betrachtete man das Priesterseminar als überflüssige Neuerung. Ein großer Teil der italienischen Geistlichen besuchte aber bis zum 18. Jahrhundert gar keine entsprechende Schule, sondern trat nach dem Elementarunterricht eine „Lehre" bei einem amtierenden Pfarrer an oder ging in eine der vielen, von ausgebildeten Klerikern geführten kleinen Privatschulen, wo man ihnen das bei der Weihe geforderte und vorher durch ein Examen geprüfte minimale allgemeine, theologische und pastorale Wissen beibrachte.[22]

Nach seiner Ausbildung und den Weihen wäre der Geistliche bestimmt gewesen, in der Seelsorge zu wirken. Nur eine Minderheit tat dies aber, die

Kleriker mit bloß niedrigen Weihen konnten es gar nicht in vollem Umfang. Die ordentlichen Seelsorger, die Pfarrer, waren nochmals eine Minderheit in der Minderheit: In den Städten erreichte ihr Anteil oft nicht einmal 10% aller geistlichen Personen überhaupt. Aber die vorhandenen Stellen hätten, selbst unter Einrechnung der Landpfarreien, ja auch niemals ausgereicht, die Klerikermassen des 17. Jahrhunderts adäquat zu beschäftigen. Es gab indes eine ganze Anzahl weiterer geistlicher Tätigkeiten. Die gewöhnlichste war, als Hilfspriester unter einem Pfarrer zu dienen. Weiters legten Bruderschaften Wert darauf, einen eigenen Seelsorger zu haben. Zahlenmäßig weniger bedeutend und oft nur einer Elite zugänglich waren Posten wie der eines Lehrers an einer theologischen Bildungsanstalt, eines Funktionärs im kirchlichen Verwaltungsapparat oder eines Hausgeistlichen und Beichtvaters vornehmer Familien. Für den Rest blieb die Möglichkeit, als Meßleser am Ertrag der Millionen Meßstipendien teilzunehmen. Damit war aber eigentlich bereits die Schwelle zum klerikalen Proletariat erreicht, denn davon leben konnte man nur mit großer Genügsamkeit. Auch andere Benefizien waren oft so geringfügig, daß sich viele Kleriker einem weltlichen Nebenberuf widmen oder eine solche Tätigkeit sogar hauptberuflich ausüben mußten. Ihre Allgemeinbildung und die Schreibfähigkeit waren ihnen hiebei von Nutzen. Kaum statusmindernd war es, verschiedene weltliche Fächer an Schulen, bis zur Universität, zu lehren. Schreibertätigkeit war verbreitet, diese reichte vom gewöhnlichen Sekretär bis zum Dichter. Der Anteil der Kleriker an der italienischen Literatur der damaligen Zeit ist enorm, und im 18. Jahrhundert waren jene „abati", die vom Opernlibretto bis zum erotischen Roman so ziemlich alles verfaßten, europabekannte Figuren.[23] Der kirchliche Besitz befähigte viele Geistliche, auch andere Güter und Vermögen zu verwalten, Buchhaltungen zu führen und Handelstätigkeiten auszuüben. Nebenbeschäftigung als Heilkundiger oder Wirt sind ebenfalls bekannt. Im Süden, im ländlichen Gebiet der „Ricettizia", war es nicht ungewöhnlich, daß der Priester nach gelesener Messe morgens Bauernkleider anzog und mit Knechten seinen Anteil am gemeinsamen Pfrundgut (massa comune) selber beackerte. Hier kam es sogar vor, daß sich Geistliche als wandernde Exorzisten betätigten, die Magie ausübten oder sich einer Räuberbande anschlossen.[24] Das alles war sicher nicht nach den Vorstellungen, die man sich in Trient vom Priester gemacht hatte. Aber es war bis zu den Reformen des 18. Jahrhunderts, welche diese weltlichen Tätigkeiten auch als unerwünschte Konkurrenz der Laien betrachteten, vielerorts alltägliche Realität. Man würde übrigens irren, solche Nebenbeschäftigungen nur beim niedrigen Klerus zu suchen. Bischöfe wurden oft mit staatlichen Aufgaben aller Art betraut, was sie, ebenfalls nicht im Sinne des Tridentinums, häufig zur Vernachlässigung der Residenz zwang. Daß selbst die Spitze der Kirche, die Kardinäle, unter dem ehrenhaften Titel eines Mäzens, allerhand weltlichen Dingen nachgingen, ist bekannt.

Ein einmal in den klerikalen Stand Eingetretener konnte unter verschiedenen Titeln am kirchlichen Besitz partizipieren. Über den Umfang dieses Besitzes kursierten in der Historiographie abenteuerliche Vorstellungen. So wurde immer wieder behauptet, im Königreich Neapel gehörten der Kirche zwei Drittel des nutzbaren Bodens.[25] Diese übertriebene Zahl geht auf eine großzügige Schätzung des Aufklärers Antonio Genovesi zurück, der damit dem Publikum den beabsichtigten Zugriff des Staates auf das Kirchengut schmackhaft machen wollte.[26] Eigentlich aber ist es aus methodischen Gründen unmöglich, hier wissenschaftlich fundierte Aussagen zu machen. Zum einen sagt eine reine Flächenstatistik ohne Berücksichtigung der Qualität des Bodens wenig über die Erträge aus. Soll weiters das Ober- oder Untereigentum als Maßstab gelten? Diese Frage stellt sich vor allem bei der beim kirchlichen Besitz verbreiteten Erbleihe (enfiteusi), die eher den Pächter begünstigte. Gegenüber einem auf Gewinnmaximierung bedachten, mit ständig steigenden Zeitpachten wirtschaftenden bürgerlichen Agrarunternehmer konnte so der Kirchenbesitz sehr viel weniger Ertrag abwerfen. Die saubere Trennung weltlich-geistlich ist ein Problem. Kann bzw. soll der Privatbesitz von Geistlichen zum Kirchenvermögen hinzugerechnet werden? Umgekehrt mußten der Armut verpflichtete Klöster Grundbesitz nominell Dritten überlassen. Die „massa comune" der „Ricettizia" war rein rechtlich Laiengut, faktisch dennoch kirchlich. Schließlich: Wie ist mit dem umfangreichen Besitz der gemischten Institutionen (Bruderschaften, Spitäler, fromme Stiftungen usw.) zu verfahren? Trotz dieser vielen Bedenken haben die statistikfreudigen italienischen Historiker versucht, an vielen Einzelbeispielen zu genaueren Zahlen oder wenigstens Schätzungen zu kommen.[27] In den meisten Fällen bewegen sich die Resultate, je nach dem Interpretationsrahmen, in einer Größenordnung von 10 bis 35%. Interessanterweise liegen die Werte für den Süden eher an der unteren Grenze, die obere wird vor allem im Kirchenstaat und teilweise in der Lombardei erreicht. Höhere Werte sind seltene Ausnahmen und müßten wohl nochmals überprüft werden;[28] niedrigere sind im venezianischen Territorium, wo die Kirche allgemein am wenigsten Rechte hatte, festgestellt worden.[29] Zu diesem Bodenbesitz müßten vermietbare städtische Häuser und Kapitalvermögen (Hypotheken und andere Kredite, Staatspapiere, Ämter usw.) hinzugerechnet werden. Sie spielten allerdings nur bei einigen städtischen kirchlichen Korporationen und besonders bei den neuen Orden eine größere Rolle. Allgemein herrscht Übereinstimmung, daß der Kirchenbesitz im 17. Jahrhundert zunahm; in welchem Maße ist allerdings kaum jemals genau festgestellt worden. Wie bereits erwähnt, förderten vor allem die großen Pestwellen durch reiche Vermächtnisse diese Zunahme. In der Lombardei kaufte die Kirche nach der Krise von 1630/31 billig gewordenen Boden auf, stieß ihn aber nachher teilweise wieder ab.

Neben diesen Vermögenserträgen war der Zehent die wichtigste Einkommensquelle. In Italien war er meist verpachtet. Um seine Höhe gab es bisweilen Streit; auf unangemessene Forderungen und allzu rigorose Einzugspraxis antworteten die Bauern wie anderswo mit Zehentbetrug und -verweigerung.[30] Das geistliche Einkommen wurde schließlich mit Stolgebühren und mehr oder minder freiwilligen Opfergaben ergänzt. Zahlen für das Gesamteinkommen anzugeben ist wenig sinnvoll, da die Unterschiede, wie überall in der katholischen Welt, enorm waren. Ein Bischof in einem südlichen Kleinbistum verfügte kaum über mehr Einkommen als ein gutdotierter Pfarrer im Norden, und während ein Meßleser auf dem Existenzminimum stand, konnten römische Kardinäle mit Geld nur so um sich werfen.

Der Alltag des Geistlichen ist noch kaum erforscht. Bemerkenswert ist vielleicht die Tatsache, daß in Italien, namentlich in den Städten und im Süden, viele Geistliche keinen eigenen Haushalt führten, aber auch nicht in einer Kommunität, sondern immer bei ihrer Herkunftsfamilie bzw. Verwandten lebten.[31] Auf dem Lande scheint ein eigenes Pfarrhaus erst im Laufe der Frühneuzeit üblich geworden zu sein.[32] In diesem Falle benötigte der Geistliche eine Haushälterin, über sie ist bislang sozusagen nichts bekannt.[33] Zur Lebensführung der Geistlichen wissen wir etwa so viel oder so wenig wie über den Adel.[34] Nur für die Spitze, etwa die römischen Kardinäle, liegen einigermaßen ausführliche Studien vor. Einiges Brauchbare findet sich gelegentlich unter der stehenden Rubrik „De vita et honestate clericorum" in Visitationsakten, Ad-limina-Berichten und Synodalprotokollen. Doch sind diese Quellen mit Vorsicht zu benutzen: Sie können sowohl beschönigen wie dramatisieren. In den ausführlicher gehaltenen Akten der Inquisition haben nur gravierende Fälle von Devianz ihren Niederschlag gefunden. Aus den oft ermüdenden Wiederholungen in allen diesen Dokumenten läßt sich so etwas wie ein Katalog der negativ bewerteten, aber offensichtlich vorkommenden

Eigenschaften und Verhaltensweisen erstellen: Es sind Vernachlässigung der geistlichen Pflichten und der Residenz, theologische Unwissenheit, Müßiggang und Wirtshausbesuch, exzessiver Trunk, Glücksspiel und Jagd, unklerikale (d. h. vor allem kurze) Kleidung, Tragen von Waffen und Gewaltausübung, schließlich Raffgier und die ganze Palette der sexuellen Delikte. Daß einiges davon auch in die höheren Ränge hineinreichte, belegen Berichte über römische Kardinäle. Und obschon die neapolitanischen Bischöfe, verglichen mit dem ihnen untergebenen Klerus, im allgemeinen wahre Muster tugendhaften Lebenswandels waren, mußte in unserem Zeitraum die römische Bischofskongregation nicht weniger als drei Oberhirten der Diözese Gerace wegen Pflichtvernachlässigung, Diebstahl, Gewalttätigkeit und Frauengeschichten zum Rücktritt zwingen.[35] Noch im frühen 17. Jahrhundert begegnen wir Ausbünden von Verworfenheit unter Pfarrern.[36] Selbstverständlich hatten sich die tridentinischen Reformer um Verbesserungen bemüht. Die von Eiferern wie Borromäus erdachten disziplinierenden Maßnahmen, die das Verhalten des Geistlichen bis ins kleinste Detail regeln wollten, ließen sich allerdings so nicht durchsetzen, der Widerstand war zu groß. Gleichwohl veränderte sich einiges zum Besseren. Die Kriminalitätsrate der Geistlichkeit, die sich im 16. Jahrhundert offenbar noch kaum von derjenigen der Laien unterschieden hatte, ging markant zurück, offene Gewalttätigkeit wurde selten.[37] Ebenso wie das Kurtisanenwesen in den Städten war auf dem Lande der Konkubinat noch sehr verbreitet gewesen. Sofern der Geistliche in einem eheähnlichen Verhältnis lebte und nicht den ehrbaren Frauen und Töchtern nachstellte, wurde er auch von der Bevölkerung akzeptiert, wie noch einige andere der angeführten „Laster". Denunziationen der Dorfbewohner kamen vor, wenn das Maß des Erträglichen überschritten wurde oder Pflichtvernachlässigungen, namentlich in der Sakramentenspendung Sterbenden gegenüber, sich häuften. Dann trat die alte und neue Maschinerie der geistlichen Gerichte, bis zur Inquisition, in Aktion.[38] Die Sanktionen allerdings waren oft sehr milde. Relativ hart bestraft wurden Fälle von Vergewaltigung, Homosexualität und Sollizitation, d. h. die sexuelle Bedrängung von Frauen, aber auch Knaben, im Beichtstuhl.[39] Es waren dies sicherlich Einzelfälle. Die römischen Kurtisanen verschwanden dann im 17. Jahrhundert, und auch der Konkubinat wurde bald seltener.[40] Ob aber die Kleriker damals auf alle sexuelle Aktivität verzichteten, ist keineswegs so sicher: vielleicht lernte man auch, sie dem gestrengen Blick der Kontrollinstanzen besser zu entziehen. Obschon mit der „svolta innocenziana" seit dem ausgehenden 17. Jahrhundert eine neue disziplinierende Welle gegen den Klerus brandete, haben wir noch im späten 18. Jahrhundert manche Berichte, namentlich aus dem Süden, daß viele der eingangs genannten Defekte fortbestanden.[41] Teilweise ersetzten neue Modelaster die alten: Tabakschnupfen, Kleiderluxus, geputzte Haartracht usw. Wie bessergestellte Kleriker, auch außerhalb Roms, damals lebten, zeigt das von Gaetano Greco veröffentlichte Rechnungsbuch eines Pisaner „abate".[42] Seine Ausgaben für Kleider waren etwa hundertmal höher als diejenigen für Almosen oder für Bücher, diejenigen für die Equipage sogar zweihundertmal. Den absolut größten Ausgabeposten aber machten Glücksspiel, Ausflüge, Landaufenthalte und nicht näher spezifizierte „divertimenti" aus. Daß es andererseits wahre Asketen gab, belegt die Schwierigkeit, einen rechtlich so klar definierten Stand wie den Klerus auch sozial- und mentalitätsgeschichtlich als Einheit zu erfassen. Einige Mißstände waren strukturbedingt und daher kaum abzuschaffen. Wenn kritisiert wurde, daß sich Geistliche allzusehr mit weltlichen Geschäften abgäben, so wurde damit die geschilderte ökonomische Grundlage der Kirche übersehen. Solange der „Bauernpriester" im Süden nicht ein kirchliches oder staatliches Salär beziehen konnte, war er darauf angewiesen, sein Feld zu beackern. Wo Banditen eine Gegend verunsicherten, konnte Waffentragen lebensnotwendig sein. Die vom Tridentinum gewünschte Distanzierung des Priesters vom Volk konnte sich geradezu kontraproduktiv auswirken und eine fatale Spirale gegenseitiger Abneigung bis hin zu offener Feindschaft in Gang setzen. Ein Pfarrer, der einvernehmlich mit seiner Gemeinde leben wollte, mußte in einem gewissen Maß auch an deren weltlichen Aktivitäten, zu denen nun einmal Gelage, Spiele, Tanz und anderes Brauchtum gehörte, teilnehmen. Dafür ging den Reformern das Verständnis weitgehend ab.

Die Sozial-, Wirtschafts- und allgemeine Kulturgeschichte der Klöster steckt in Italien wie anderswo noch in den Anfängen, daher sind hier nur einige spärliche Bemerkungen möglich.[43] An der Zunahme des Klerus seit dem späten 16. Jahrhundert partizipierten auch die Regularen. So kam es zu vielen Neugründungen von Ordenshäusern, nicht nur der neuen gegenreformatorischen, sondern auch der alten Gemeinschaften. Selbst in den kleinen Bischofsstädten des Südens existierten jeweils mehrere Klöster, in den mittleren des Nordens ging ihre Zahl schon in die Dutzende, in der Großstadt Neapel und in Rom gab es schon anfangs des 17. Jahrhunderts über hundert Klöster, in Genua waren es noch am Ende des 18. Jahrhunderts achtzig. Der Zuwachs der Klöster und Ordensleute hielt bis in die erste Hälfte des

18. Jahrhunderts an, sank dann aber rapid. Über die soziale Herkunft der Mönche wissen wir bislang kaum etwas, sie wird sich aber wohl nicht grundlegend von derjenigen des Weltklerus unterschieden haben. Einige alte Klöster, vor allem der Benediktiner, waren dem Adel reserviert, in den übrigen waren oft die Äbte adlig oder aus dem besseren Bürgertum. Die alten Abteien zogen ihre Einkünfte im wesentlichen aus der Landwirtschaft, bei den Bettelorden machten nach wie vor die Almosen den größten Einkommensanteil aus, und bei den neuen Kongregationen sicherten Landbesitz, Miethäuser und Kapitalanlagen neben Almosen den Unterhalt. Sie und die Bettelorden profitierten ferner von reichlichen Schenkungen, vor allem in Pestzeiten. Neben reichen Klöstern gab es allerdings auch verschuldete, wie die späteren Aufhebungen dann zeigen sollten. Gewisse oben erwähnte Mißstände des Weltklerus finden sich auch bei den Regularen, aber in beschränktem Umfang. Allgemein waren sie dem Zugriff der Gegenreformation mehr ausgesetzt; auch die alten Orden mußten sich nach Widerständen den neuen Vorschriften über die Klosterdisziplin fügen. Nicht zu beseitigen war aber die in ganz Italien verbreitete Institution der Kommendataräbte.[44] Kirchenrechtlich „Äbte" der meisten gestifteten Klöster waren infolgedessen höhere Kleriker, Bischöfe, Kurienkardinäle und Papstnepoten, die reihenweise über Klöster verfügten. Sogar Laien profitierten von den Früchten solcher Pfründen. Die unmittelbare Leitung der Klostergemeinschaft hatte dann ein untergeordneter „Sekundärabt" bzw. Prior inne. Die Kommende bedeutete vor allem, daß ein großer Teil der Einkünfte vom Kloster abgezogen und anderswo verbraucht wurde. Ihre ökonomischen Nachteile waren spürbar, zumal den Klöstern oft weitere Geldablieferungen, z. B. durch Türkensteuern, auferlegt wurden. Auch litt die Disziplin und diese Einrichtung stand jedenfalls in scharfem Gegensatz zu den Intentionen des Tridentinums. Der einschneidendste Reformversuch in unserer Zeit war die Innozenzianische Klosteraufhebung von 1652.[45] 1513 schwach besetzte Klöster, d. h. etwa ein Viertel des Gesamtbestandes, dazu über 800 Grangien (Gutshöfe) wurden aufgehoben. Die Mönche wurden in andere Klöster versetzt, das eingezogene Vermögen sollte vor allem für Priesterseminare verwendet werden. Hinter dem radikalen Vorgehen standen die Bischöfe, deren Kontrolle sich die Klöster auch ohne Exemption gerne zu entziehen wußten. Die Maßnahme betraf vor allem den Süden und hatte dort, z. B. in Kalabrien und in der Basilicata, die Folge, daß die außerstädtische Seelsorge, zu der diese Kleinklöster angesichts des weitmaschigen Pfarrnetzes einen wichtigen Beitrag geleistet hatten, fast

zusammenbrach und später durch Missionen wieder neu aufgebaut werden mußte. Nicht nur bei den Betroffenen, die Widerstand leisteten, sondern auch im Volke wurde diese verspätete gegenreformatorische Aktion nicht verstanden. Die Klöster waren im Volk beliebt, weil sie nicht bloß geistlichen, sondern auch vielfachen materiellen Beistand lieferten. Sie gaben die Armensuppe aus, ihre Apotheken versorgten die einfachen Leute mit Medikamenten, und Reisenden dienten sie als nächtliche Unterkunft. Übrigens war die Maßnahme weitgehend ein Schlag ins Wasser, da viele Klöster bald danach wieder neu entstanden. Bis zu den staatlichen Eingriffen hundert Jahre später unterblieben dann Reformversuche, auch solche sanfterer Natur. Der tridentinische Impuls hatte sich inzwischen erschöpft. In den Klöstern wurden die religiösen Pflichten nicht mehr so ernst genommen, dafür wurden opulentes Essen und Trinken, Spiele, Konzerte und Unterhaltung, Reisen, Handelsgeschäfte und andere weltliche Dinge sowie der Besitz von Privatvermögen (Peculium) und allerhand Luxusgegenständen mehr und mehr üblich.

Für die Frauenklöster gelten die vorstehenden Bemerkungen nur zum Teil, etwa für die Besitzverhältnisse und die parallel zu den Mönchen festzustellende Zunahme der Nonnen und der Klöster im 17. Jahrhundert.[46] Schwer erklärbar sind dabei die großen regionalen Unterschiede: Während im Norden die Nonnen fast immer die Anzahl der Mönche übertrafen und in Rom ein Gleichgewicht herrschte, war es im Süden gerade umgekehrt. Möglicherweise bot dort der Status einer „bizzoca" eine Alternative. Noch mehr als bei den Mönchen war das Frauenkloster ein Instrument der Familienpolitik und der sozialen Ordnung, wie schon früher bemerkt. Es diente in erster Linie der Versorgung überzähliger Töchter. Entsprechend entstammten die Nonnen proportional weit mehr den höheren Schichten als die Mönche. Innerhalb einer Stadt gab es stets eine bestimmte Rangordnung der Klöster, die sich an der Höhe der mitzubringenden „dote" ablesen ließ. Einige waren dem Adel vorbehalten, andere nahmen auch bürgerliche Frauen aus der Mittelschicht auf, die unteren Schichten traten erst im 18. Jahrhundert vermehrt in Erscheinung. Entgegen verbaler Bekundungen bei der Profeß war der Eintritt in den meisten Fällen erzwungen (monacazione forzata).[47] Einen erschütternden Bericht dieses unfreiwilligen Lebensvollzugs hat uns die venezianische Nonne Arcangela Tarabotti in ihrer berühmt gewordenen „Klosterhölle" hinterlassen.[48] Gleichwohl wäre es verfehlt, dieses Bild zu verallgemeinern und die sozialen Randbedingungen des Nonnendaseins zu verabsolutieren.⁴⁹ Von der in den Klöstern gepflegten Frömmigkeit legen die Mystikerinnen Zeugnis ab, von denen es in der Neuzeit auch in Italien noch viele gab. An den verweltlichten Klöstern der Renaissance, die gelegentlich mit Bordellen verglichen wurden, war die Gegenreformation nicht spurlos vorbeigegangen.⁵⁰ Den Konzilsvätern und Bischöfen war vor allem daran gelegen, die strikte Klausur einzuführen. Im Gegensatz zu den Mönchen, die schon wegen ihrer priesterlichen Tätigkeit das Kloster gelegentlich verlassen konnten, sollten die Nonnen dort für immer ein- und von der Welt abgeschlossen sein, Außenkontakte eigentlich nur noch mit Familienangehörigen und bloß durch das Gitter des Sprechzimmers erfolgen. Wurde ein städtisches Kloster neu gebaut, so sollte es eine „isola" sein, d. h. einen ganzen Häuserblock einnehmen.⁵¹ Auf gebührenden Abstand zu den bekannten Stätten der Prostitution war besonders zu achten. Gegen die disziplinierenden Bestrebungen der Gegenreformation erhob sich z. T. langanhaltender Widerstand seitens der Betroffenen. Er ist verständlich: Sie hatten diese Lebensform ja nicht selbst gewählt. Neue Gemeinschaften organisierten sich deswegen, und um ihre karitative oder pädagogische Aktivität ungehindert ausüben zu können, von vornherein in der lockeren Form der Kongregation. Wie bei den Mönchen aber wurden die strengen Maßnahmen nur zum Teil realisiert, und in der zweiten Hälfte des 17. Jahrhunderts zog auch in den Frauenklöstern wieder weltlicher Geist ein. Schon die Einkleidung mit der feierlichen Profeß wurde zu einem von Reisenden gern besuchten aufwendigen Festanlaß.⁵² Aus besseren Kreisen stammende Nonnen gestalteten mit Hilfe ihrer Familie ihre Zellen zu angenehmen, wohlausgestatteten und geräumigen Wohnungen um, die dann in der Regel als Privatbesitz einer Nichte vererbt wurden.⁵³ Solche Klosterfrauen verfügten z. T. über ein ziemlich bedeutendes Privatvermögen, das sie selber verwalteten und mit dem sie auch als Stifterinnen religiöser Kunst in Erscheinung traten.⁵⁴ Gelegentliche bischöfliche Verbote von Haustieren, Bildern, Spiegeln, Spielkarten, Würfeln, Parfum und Musikinstrumenten sagen etwas über den Lebensstil in einigen Klöstern aus. Der Karneval ging auch dort über die Bühne, und besonders wurde die Musik gepflegt, worüber noch zu reden sein wird. Man versuchte, die strenge Klausur aufzuweichen, und das Sprechzimmer wurde zu einem Treffpunkt der eleganten Welt, in dem sich gerne auch junge Männer einfanden. Über die sexuelle Aktivität von Nonnen nach den Zeiten der Renaissance existieren einige manchmal etwas romanhaft ausgeschmückte Berichte.⁵⁵ Es muß dahingestellt werden, ob es sich um Einzelfälle handelt oder vieles einfach unentdeckt blieb. Zwischen geistlicher Intention und sozialer Funktion der Frauenklöster klaffte ein unaufhebbarer Widerspruch.

Abschließend sollen noch einige in der Kirchengeschichte häufig ignorierte Randgruppen im italienischen Klerus gestreift werden. Es wurde bereits auf die besonders im Süden hohe Zahl von Geistlichen ohne höhere Weihen (Minoristen, Tonsurierte) hingewiesen.[56] Sie genossen die klerikalen Privilegien, vor allem die fiskalischen, und dienten der Kirche als Sakristane, Boten und Verwalter entlegener Besitzstücke. Ohne zu den wesentlichen kirchlichen Handlungen befugt zu sein, vermittelten sie weitab von den Pfarreien lebenden Leuten, etwa Hirten, die Rudimente der christlichen Lehre. Sie waren häufig unterwegs, von daher kommt auch ihr Sammelname „chierici selvaggi". Einige von ihnen waren verheiratet (chierici coniugati). Den Bischöfen waren diese „wilden Kleriker", die nicht mehr ins tridentinische System hineinpaßten und die sich ihrer Aufsicht weitgehend entzogen, selbstverständlich ein Dorn im Auge. Sie suchten sie zahlenmäßig zu beschränken und wenn möglich ganz auszumerzen, was ihnen zuletzt weitgehend gelang. Mit der Reform Tanuccis verloren die „chierici selvaggi" dann auch ihre bisherigen Privilegien (1736). Ähnlich verhält es sich mit den in ganz Italien verbreiteten, zahlenmäßig aber weniger ins Gewicht fallenden Eremiten.[57] Sie gehörten nur teilweise dem Klerus an; oft waren sie Terziarier (Laienmitglieder) von Orden, entlaufene Mönche oder Witwer. Sie betreuten kleine Wallfahrtsstätten, gaben Kindern Elementarunterricht oder wirkten als Heiler. Auch diese außerhalb der geordneten Hierarchie stehenden Frommen gefielen den Bischöfen nicht besonders; sie suchten sie in einer Kongregation übersichtlich zusammenzufassen und ihnen gewisse disziplinarische Richtlinien zu geben. Doch bevor diese recht wirksam werden konnten, griff nach der Jahrhundertmitte der Staat ein und räumte meistenorts mit diesen volksverbundenen Elementen der Frömmigkeit radikal auf.

Ein gewisses Pendant zu diesen beiden Erscheinungen waren auf weiblicher Seite die „bizzoche" oder „pinzochere".[58] Im Norden eher Einzelerscheinungen, fand man sie im Süden häufig. In Neapel gab es um 1700 schätzungsweise tausend, in Lecce 150. In einzelnen Diözesen kam ihre Anzahl fast derjenigen der inklaustrierten Nonnen gleich, und es gab Siedlungen, wo fast jede Familie ihre „bizzoca" hatte. Sie entstammten in der Regel weniger wohlhabenden Bürgersfamilien oder „massari", bis hin zur Unterschicht; ihre Eltern konnten oder wollten die Mitgift für einen Klostereintritt nicht aufbringen. Auf der anderen Seite begegnen wir auch vielen Witwen, die oft mit

Töchtern oder Nichten zusammenlebten und diese für den Beruf der „bizzoca" nachzogen. Sie wohnten in ihrer Familie, bei einem Bruder, der Priester war, allein oder zu zweit oder dritt in kleinen Gemeinschaften. Ihre Bildung war beschränkt wie die der „chierici selvaggi" oder der Eremiten, gleichwohl sollen sie durch ihre frommen Werke nicht wenig zur Aufnahme der neuen gegenreformatorischen Andachtsformen und zur Volkskatechese beigetragen haben. Das Volk ermöglichte mit milden Gaben ihren Lebensunterhalt, nur im Notfall gingen die „bizzoche" auf Betteltour. In der Regel waren sie Terziarinnen eines Ordens, legten aber als solche keine feierlichen Gelübde ab und lebten daher recht ungebunden. Wie bei ihren männlichen Gegenstücken war dies für die Bischöfe ein Grund, kontrollierend und reglementierend einzuschreiten. Sie verlangten u. a. daß die „bizzoca" vor ihrer Lebensentscheidung eine bischöfliche Lizenz einholte und sich in ihrer Kleidung deutlich von einer Nonne unterschied. Beide Forderungen waren offenbar nur beschränkt durchsetzbar. Anscheinend von den aufgeklärten Reformen kaum tangiert überlebten die „bizzoche" bis ins späte 19. Jahrhundert – ein weiterer sichtbarer Beleg für die Tatsache, daß in Italien die tridentinischen Reformen nur sehr unvollkommen und sehr spät durchgeführt werden konnten.

Die Lebensbedingungen des gewöhnlichen Volkes

Adel, Klerus und die schmale Schicht des besseren Bürgertums machten in Italien zusammen vielleicht etwa 10–15 % der Bevölkerung aus. Der ganze große Rest zählte zum gewöhnlichen Volk, zu den einfachen Leuten, zur niederen Schicht (popolo minuto) oder zum Pöbel (plebe), und wie die abwertenden Bezeichnungen alle hießen. Das Bewußtsein von „oben" und „unten" war in Italien stark im Sozialkörper verankert, die beiden Klassen waren rechtlich scharf geschieden, die Gesellschaft insgesamt polarisiert. Nicht zuletzt die im Vergleich zum germanischen Raum ausgeprägtere soziale Trennung war es auch, die viele dazu drängte, sich mit einem Adelstitel oder einem kirchlichen Weihegrad von „denen da unten" klar zu distinguieren. Die gegenseitige Verachtung der beiden Gruppen war tiefliegend und von beidseitiger Angst beherrscht. Über die Geringschätzung der unteren durch die oberen Klassen gibt es viele literarische Zeugnisse; die Gleichsetzung des Volkes mit einer irrationalen Bestie war üblicher Sprachgebrauch.[1] Gleichwohl sollte man bei dieser grundsätzlichen Feststellung drei Dinge nicht übersehen. Der Alltag ebenso wie außergewöhnliche Anlässe, etwa Feste, schufen viele gar nicht zu vermeidende Kontakte zwischen den verschiedenen Schichten: dies umsomehr, als sich das Leben in Italien weniger als im Norden in geschlossenen Räumen abspielte. Im öffentlichen Raum begegneten „oben" und „unten" einander, wenn möglich auf Distanz, bisweilen aber auch handgreiflich, freundschaftlich oder feindlich. Wären die Stände strikt voneinander getrennt gewesen, hätte es der vielfältigen Unterscheidungsmerkmale nicht bedurft. Zweitens muß man das durchgehende Reziprozitätsverhältnis der beiden Gruppen bedenken, das auch Abhängigkeiten nach unten schuf: Der Herr war auf seine Knechte, die Machtperson auf ihre Klientel, der Befehlshaber auf seine Diener ebenso angewiesen wie diese auf jene, ohne sie wäre das Leben, das „die Oberen" führten, schlicht nicht möglich gewesen.[2] In einer Welt, die noch weitgehend ohne Maschinen und Apparate funktionierte, war der Obere, für den Handarbeit als unehrenhaft galt, auf vielfältige Dienstleistungen anderer angewiesen. Dies begrenzte eine schrankenlose Ausbeutung nach dem Muster der Sklaverei, die es in Italien seit dem 17. Jahrhundert kaum mehr gab.[3] Drittens schließlich gilt selbstverständlich, daß das gewöhnliche Volk, wie wir es der Einfachheit halber nennen, kein homogener Block, sondern wiederum in sich geschichtet war. Sogar im letzten Dorf gab es eine Binnenhierarchie, die bei den Notabeln, den Großbauern u. ä. begann und bei den weitgehend aus der Gesellschaft ausgeschlossenen Randgruppen endete.

Sieht man ab von den speziellen Abhängigkeitsverhältnissen der Dienstboten, der Soldaten und der Arbeiterschaft, zahlenmäßig allesamt kaum ins Gewicht fallend, so war dasjenige zwischen Grundherr und Bauer im agrarisch strukturierten Italien weitgehend der Normalfall.[4] Seine rechtlich-technische Seite war durch die jeweils verschiedenen Leiheverträge bestimmt. Diese konnten allerdings nie die Gesamtheit der menschlichen Beziehungen erfassen. Das Verhältnis war einseitig: Abgaben verschiedenster Art und meist auch Schuldzinsen fesselten den Bauern an den Herrn, während dieser seinen übernommenen Verpflichtungen oft kaum oder nur ungenügend nachkam. Dennoch sollte man das Ganze nicht zu statisch sehen und die von momentanen Konstellationen abhängige Dynamik des Herrschaftssystems ebenfalls berücksichtigen. Der Grundherr hatte nur ausnahmsweise selbst mit seinen Untergebenen zu tun, dies besorgte vor Ort ein Verwalter (fattore). Er war zudem nicht unumschränkter Herr, über sich hatte er die staatliche Gewalt und die moralische Instanz der Kirche. Die noch zu wenig im Detail untersuchte Tätigkeit des Faktors konnte sich ambivalent auswirken. Solche, die kriecherisch um die Gunst ihres Herrn buhlten und mittels Geldscheffeln versuchten, selbst den ersehnten Rang eines Grundbesitzers zu erlangen, waren die härtesten Bauernschinder, provozierten naturgemäß aber am ehesten auch Widerstand. Umgekehrt kam es vor, daß mit ihrem Herrn unzufriedene Faktoren mit den Bauern gemeinsame Sache gegen jenen machten, auch so konnten Vorteile herausschauen. Staat und Kirche waren Konkurrenten in der Abschöpfung des bäuerlichen Surplus; von daher hatten sie kein Interesse an einer schrankenlosen Ausbeutung der Untertanen durch die Grundherren. Bei offensichtlichen Mißständen und auf berechtigte Klagen der Untertanen hin intervenierten sie gelegentlich, ohne daß man aber in Italien von einem eigentlichen Bauernschutz sprechen könnte. Bei den Kirchenmännern konnte durchaus ein moralischer Impetus hinzutreten. Namentlich im Süden, wo die Kirche häufig mit den Baronen in Konflikt stand, verteidigte sie auch die materiellen Interessen der einfachen Leute, denen sie mit den Kleinklöstern und den Bauernpriestern der „Ricettizia" auch verhältnismäßig nahe stand.[5] Ein Wechsel des Herrschaftsverhältnisses konnte sich zum Guten wie zum Bösen auswirken. Der Übergang von der königlichen zur feudalen Herrschaft war im allgemeinen eher nachtei-

Giacomo Ceruti, Landleute.

lig; aber der Wechsel von einer lokal sehr bestimmenden und präsenten Herrschaft zu einer in weiter Entfernung ansässigen Familie konnte sich selbst unter einer Lehensherrschaft als vorteilhaft erweisen: Die vergrößerte räumliche Distanz verringerte unmittelbare Konflikte. Überhaupt war das Verhalten der einzelnen Herrschaftsträger unterschiedlich. Am meisten ausgenutzt wurden die Bauern von jenen bürgerlichen Aufsteigern, die rechnen konnten, die Agrarwirtschaft rational betrieben und auf rasche Vermehrung ihres Vermögens bedacht waren. Als milde und nachsichtige Herren hingegen galten, wenn auch nicht ohne Ausnahmen, die kirchlichen Institutionen.

Die im 16. Jahrhundert gesteigerten Forderungen der Grundherren beantworteten die Bauern in Italien in der Regel nicht mit offenem Widerstand und mit Rechtshändeln, sondern mit einem ganzen Spektrum von versteckten Widerstandsaktionen. Sie reichten von Täuschungen über den Zustand des Betriebes und des Landes, allerlei Listen zur Erleichterung der Arbeit, geschickt kaschierten Nachlässigkeiten bei der Betriebsführung bis zu Übervorteilung und Betrug bei der Ablieferung der Früchte, um nur das Wichtigste zu nennen.[6] Die den Herren wohlbekannte, als boshaft gewertete „Bauernschläue" (malizia, astuzia) war ein brennendes Problem in den Agrartraktaten und in der Korrespondenz der abwesenden Besitzer mit ihren Faktoren. Ihr war kaum endgültig beizukommen, eine dauernde und vollständige Überwachung wäre höchstens bei Eigenwirtschaft, die aber Ausnahme blieb, möglich gewesen und hätte dann einen Kostenfaktor bedeutet, der den möglichen Gewinn vielleicht gleich wieder zunichtegemacht hätte. So kalkulierten denn einsichtige Besitzer einen gewissen, im Rahmen einer bestimmten Toleranzmarge bleibenden Verlust durch die „Bauernschläue" von vornherein ein, in der Überlegung, daß ein gewisses Maß an Zufriedenheit bei den untertänigen Bauern ja letztlich auch ihnen selbst wieder zugutekam. Im übrigen wurde in Traktaten und Bauernkatechismen das Landvolk durchaus als ein zum Besseren erziehbares Objekt angesehen, dies zu tun war vornehmlich Aufgabe der kirchlichen Funktionäre.[7]

Die Pflichten eines Dienstboten, Soldaten oder Arbeitnehmers im Gewerbe waren durch Gewohnheit, durch das Recht und spezielle Vorschriften geregelt. Aber auch der bäuerliche Pächter, der vergleichsweise selbständiger arbeiten konnte, sah sich in ein Gehege von Richtlinien, Anweisungen und Befehlen eingespannt, deren Befolgung notfalls mit brachialer Gewalt erzwungen wurde. Besonders ausführlich formuliert waren sie bei dem in Italien verbreiteten System der Halbpacht (mezzadria), deren Verträge oft kleinste Details festhielten.[8] Allerdings waren dabei auch die Hilfeleistungen des Herrn in Notfällen genau umschrieben. Zwei seit dem 16. Jahrhundert zu beobachtende Neuerungen sind wohl dem Bauern besonders lästig gefallen. Die erste v. a. den „mezzadro" betreffende, war die Pflicht, mit verschiedenen Maßnahmen den Boden zu verbessern und ihn so ertragreicher zu machen.[9] Weil davon in erster Linie der Herr profitierte, waren die Bauern nur schwer zu den entsprechenden Mehrarbeiten zu bewegen. Hier haben wahrscheinlich die häufigen Klagen über die Starrköpfigkeit, die Ignoranz und den Traditionalismus der Bauern einen ihrer Ursprünge. Die zweite war die stets wachsende zeitliche Beanspruchung der bäuerlichen Arbeitskraft bis zur Erschöpfung. Sie hatte ihren Grund in den eben erwähnten Zusatzarbeiten, in der allgemeinen Intensivierung der Landwirtschaft und in der Ausbreitung der Heimarbeit auf dem Lande nach dem Zusammenbruch des städtischen Gewerbes. Es wurde so auch möglich, die Arbeitskraft der Frauen und Kinder stärker heranzuziehen. Die ebenfalls verbreiteten Klagen der Besitzer über den Müßiggang (ozio) der Bauern zeigen klar, daß es wenigstens in der Theorie mit der Gemütlichkeit früherer Jahrhunderte vorbei war. Selbst gutgemeinte, unter dem Signum der besseren religiösen Unterrichtung der Bauern getroffene Maßnahmen lassen sich in dieser Richtung interpretieren. Der im Barock beginnende Bau von Kapellen auf größeren Landgütern, zusammen mit der Errichtung dazugehöriger Kaplaneien, diente auch dazu, den oft weiten Gang zur Pfarrkirche zu ersparen.[10] Carroli empfahl in seinem Bauernkatechismus ferner den Landleuten, in Zeiten, wo die Arbeit ruhen mußte, zur Vermeidung des „ozio" mit dem Rosenkranz in der Hand über die Felder zu gehen."[11]

Strukturbedingt war der Müßiggang allerdings bei dem Heer der nicht fest Angestellten, also den Taglöhnern (braccianti), von denen es verschiedene Kategorien gab: von den jeweils saisonal Beschäftigten bis zu jenen Ärmsten, die tatsächlich jeden Morgen ihre Arbeitskraft auf dem Marktplatz anbieten mußten (giornalieri di piazza). Dieses Phänomen betraf nicht allein das Land, sondern auch die Städte. Die in Reiseberichten bis in unser Jahrhundert viel erwähnten neapolitanischen „lazzaroni", die sich scheinbar unbeschwert dem „dolce far niente" ergaben, sind in Wirklichkeit zu einem großen Teil nur die äußere Erscheinungsform einer endemischen Arbeitslosigkeit.[12] Über deren Ausmaß fehlen uns allerdings für historische Zeiten die Zahlen. Ein ähnliches Problem stellten die Wanderarbeiter (monelli) dar, die zu bestimmten Jahreszeiten auf der Suche nach Verdienst aus den gebirgigen Gegenden ins Flachland zogen und deren Zahl in Italien ein bedeutendes Ausmaß erreichte. So finden wir Leute aus dem Piemont, dem Genuesischen und den Südalpen in der Lombardei, solche aus Umbrien und den Abruzzen im „agro romano".¹³ Während ihrer Abwesenheit von zu Hause mußten diese Männer auf vieles, was sonst sogar für gewöhnliche Bauern selbstverständlich war, verzichten. Daß ihr primitives Verhalten, ihre rohen Sitten, ihre sexuelle Gier und ihre Neigung zur Kriminalität situationsbedingt und nicht angeborene „Verworfenheit" waren, erkannten damals bloß wenige Missionare, welche diesen saisonal Entwurzelten ein Minimum an seelsorgerischer Betreuung gewährleisteten.

Verglichen mit diesen Leuten, aber auch mit anderen Angestellten, die von einem auf den anderen Tag entlassen werden konnten, was in Krisenzeiten vorkam, hatte ein bäuerlicher Pächter dank der Selbstversorgung selbst unter eher schlechten Bedingungen wenigstens eine halbwegs gesicherte Existenz. Bei Mißernten und Viehseuchen war der Herr zur Rücksichtnahme verpflichtet, und eine gewisse Hilfeleistung von seiner Seite lag auch in wohlverstandenem Eigeninteresse: Er hatte ja nichts davon, wenn bewährte Arbeitskräfte vor Hunger krank darniederlagen oder gar starben. Im Rahmen der Subsistenzwirtschaft und dem jeweils gegebenen Spielraum suchte der Landwirt seinerseits, mit verschiedenen risikominimierenden Maßnahmen voraussehbare Krisenzustände zu vermeiden bzw. ihre Folgen möglichst gering zu halten.¹⁴ Dazu gehörten agrartechnische Vorkehrungen, wie Beharren auf bewährten Pflanzensorten, Vielfalt der Früchte, parzellierter Anbau, Ergänzung durch marktfähige Produkte (nach anfänglichem Widerstand) usw. Vorratshaltung als Sicherungsmaßnahme war allerdings nur wenigen möglich. Ebenso wichtig war es aber für jede Familie, ein funktionierendes soziales Netz aufzubauen, auf das man sich im Notfall verlassen konnte. Es hielt bei den mehr oder weniger alltäglichen Unglücksfällen, es versagte aber meist bei großen Katastrophen wie Pest, Krieg oder Erdbeben. Hier konnte dann eventuelle Hilfe nur von außen kommen, von der Kirche, dem Staate, reichen Städten. Ohne wesentliche Sicherung ausgeliefert waren die einfachen Leute ferner dem Risiko von langandauernder Krankheit oder Unfällen.¹⁵ Ärztliche Hilfe war außerhalb der Städte nicht vorhanden, und selbst wenn es sie gegeben hätte, wären die Kosten unerschwinglich gewesen. In die Lücke traten dörfliche Bader, lokale Kräuterkundige und Heiler sowie einmal mehr die Kirche.¹⁶ Sie bot materielle Hilfe durch heilkundige Priester, Klosterapotheken und Spitäler; sie öffnete aber auch, wenn dies nichts half, den Weg zu überirdischen Helfern, den wundertätigen Heiligen, denen man sich im bittenden Gebet und besonders in der Wallfahrt näherte. Ihre Effizi-

Giuseppe Maria Crespi, Die Flohsuche. Dargestellt ist eine Kurtisane, vielleicht Sängerin (vgl. S. 263) in ihrer Wohnung mitsamt dem üblichen Inventar.

enz kann nicht bestritten werden, obschon für Italien im Gegensatz zum deutschen Raum darüber Untersuchungen zu früheren Epochen fehlen.[17]

Die bäuerlichen Bemühungen zielten vor allem auf die Sicherstellung des ersten Grundbedürfnisses der menschlichen Existenz, der Ernährung. Wie bereits erwähnt, kannte Italien vor allem gegen Ende des 16. Jahrhunderts

Hungersnöte. Auch später trat dieses Problem, bei allerdings sehr starken regionalen Unterschieden, gelegentlich wieder auf. Insgesamt aber scheint die Ernährungslage Italiens seit dem 17. Jahrhundert im Schnitt ausreichend und eher besser als in anderen europäischen Ländern gewesen zu sein.[18] Die Pestwellen hatten wenigstens das Gute, daß für die nun kräftig reduzierte Bevölkerung verhältnismäßig mehr Lebensmittel zur Verfügung standen. Später wirkten sich vielerorts die begonnenen Verbesserungen der Landwirtschaft in höheren Erträgen aus. Auf diese Weise wurde offenbar damals außerhalb der Gebirgszonen fast überall das Minimum der Kalorienversorgung erreicht. Der Konsum von Getreide, besonders aber des nun billiger gewordenen Fleisches, stieg im 17. Jahrhundert pro Kopf meßbar an.[19] In Florenz verzehrte eine Person im Schnitt um die 20 kg Fleisch pro Jahr.[20] Im Süden allerdings war der Fleischkonsum geringer, derjenige von Getreide dafür sehr hoch. Hier begannen damals die Teigwaren (pasta) ihren Siegeszug als eines der Hauptnahrungsmittel Italiens. Im 18. Jahrhundert, mit seinem Bevölkerungswachstum, kehrt sich dieser Trend wieder um: Fleisch kam – außer bei der Oberschicht – weniger häufig auf die Tafel, Getreide war der wesentliche Kalorienlieferant. Im Norden wurde damals der Mais ein Volksnahrungsmittel.[21] Die einseitig auf diesem sehr ertragreichen Getreide beruhende Ernährung rief allerdings eine verbreitete Vitaminmangelkrankheit, die Pellagra, hervor. Getrunken wurde in Italien Wasser mit Wein, dessen Anbau im 17. Jahrhundert ebenfalls überall zunahm und der z. T. in erstaunlichen Mengen die Kehlen hinunterfloß.[22] Umgekehrt war es für ärmere städtische Bevölkerungsschichten bisweilen sogar schwierig, an einwandfreies Trinkwasser zu kommen. So war es in Neapel um die Wasserversorgung immer schlecht bestellt.[23] In Rom hingegen schuf die Fürsorge der Päpste die heute noch funktionierenden und bewunderten Wasserleitungen und barocken Brunnen.

Über Wohnung, Kleidung und Schlafkultur des gewöhnlichen Volkes haben wir zur Zeit nur rudimentäre Kenntnisse.[24] Bildquellen könnten eine gewisse Hilfe sein, sind aber kritisch zu interpretieren. Mehr als bei der Ernährung spielte bei der Qualität dieser Güter wohl das verfügbare Einkommen eine Rolle. Ebenfalls dürfen regionale Unterschiede im Sinne eines Nord-Süd-Gefälles angenommen werden. Wenn man liest, daß zum karitativen Programm süditalienischer Bischöfe auch der Bau von Häusern für die Bauern gehörte, so kann man sich die erbärmlichen Unterkünfte, in denen sie bisher lebten, vorstellen.[25] Daß Kinder in Neapel nackt herumliefen, wie Reisende verwundert bemerkten, hatte seine Ursache wohl nicht nur im Klima, sondern auch in der grassierenden Armut.[26] Aus dem selben Grund und vermutlich nicht der Mode wegen waren die Frauenkleider in den Augen der Missionare da und dort unanständig (kurz).[27] An weiteren Belegen, daß im Süden breite Kreise nur die allernotwendigsten Lebensbedürfnisse decken konnten, fehlt es nicht.[28] Umgekehrt stellte Paolo Malanima in der Toskana aufgrund von Verlassenschaftsinventaren und der literarischen Kritik einen zunehmenden Luxus auch bei Bauern fest.[29] Ihr Mobiliar verbesserte sich: Betten etwa wurden nun selbstverständlich. Die Stoffe wurden nicht mehr alle selbst hergestellt, sondern in feinerer Qualität auf dem Markt erworben. Küchenwäsche kam auf, und es wurden Hüte getragen. Gutgedeckte Tafeln und Wirtshausbesuch zeugen weiters von der Zunahme des Wohlstands in der oberen und mittleren bäuerlichen Schicht. Wenn auch diese Untersuchung noch vereinzelt und daher nicht verallgemeinerbar ist, so kann doch vermutet werden, daß ein Teil des Mehrprodukts, das die verbesserte Landwirtschaft erzeugte, auch den Pächtern zugutekam. Einkünfte aus Heimarbeit traten da und dort hinzu. Wortreiche Klagen aufklärerischer Schriftsteller über das Elend der Bauern könnten sich damit sehr wohl, wie in anderen Fällen, als ideologiebefrachtete Vorurteile und interessengeleitete Übertreibungen entpuppen.[30]

Eine gesonderte Betrachtung erfordert die Lebensmittelversorgung in den großen Städten. Für die Grundernährung ihrer Einwohnerschaft sorgte in Italien eine in der Frühneuzeit zu einzigartiger Perfektion ausgebaute staatliche Einrichtung, die Annona, auch „abbondanza" (Überfluß, Fülle) genannt.[31] Die Idee ist altrömisch, sie wurde von den herrschenden Kreisen mit der Politik der „drei F", von denen das erste „farina" (Mehl = Brot) hieß, wiederaufgenommen und war ein wesentliches Mittel, sich die Loyalität der städtischen Massen zu sichern. Die Annona war im Grunde genommen eine riesige, mit dem Monopol versehene staatliche Handelsorganisation für Getreide: angesichts der enormen Bedeutung des Ackerbaus in der gesamten landwirtschaftlichen Produktion kommt ihr fast die Funktion einer allgemeinen gesamtstaatlichen Agrarbehörde zu. Aufgabe der Annona war es, die Bevölkerung allzeit mit einer genügenden Menge Brot zu möglichst günstigen und stabilen Preisen zu versorgen. Sie handelte damit im Sinne einer „moral economy", bzw. des von Theologen postulieren „gerechten Preises". Um diesen Zweck zu erfüllen, hatte die Annona weitgehende behördliche Kompetenzen. Sie nahm den Produzenten das Getreide zu festgesetzten, relativ niedrigen Preisen ab und belieferte mit dem Mehl die Bäcker, die nach bestimmten Vorschriften daraus das Brot buken. Etwa entstehende Interessenkonflikte zwischen Produzenten, Verarbeitern und Konsumenten suchte die Annona zu schlichten. Eines ihrer wesentlichen Ziele war, in Zeiten sehr schwankender Ernteergebnisse den Brotpreis durch Glättung der Spitzen möglichst gleich zu halten. Bei Mißernten erforderte dies Zuschüsse aus allgemeinen staatlichen Mitteln. Nötigenfalls kaufte die Annona im Ausland Korn auf; umgekehrt überwachte sie allfällige Exporte. Gegebenenfalls wurde in Krisenzeiten das Gewicht der Brote vorübergehend herabgesetzt, um den Preis stabil halten zu können. Luxusbackwaren für die Oberschicht wurden besteuert und damit das „Normalbrot" verbilligt: Die Annona war somit auch eine der in Italien nicht seltenen Instrumente zur Umverteilung von Vermögen. Analog zur Annona gab es z. B. in Florenz und in Rom eine weitere Institution, die „grascia", welche Fleisch und das für die mediterrane Küche sehr wichtige Olivenöl zu vertretbaren Preisen lieferte.[32] Das Annonarsystem geriet in den sechziger Jahren des 18. Jahrhunderts in eine Krise, nachdem es in einer schweren Hungersnot teilweise versagt hatte. Große Importe hatten die Annona mit Schulden belastet, die allgemeine Subventionierung gestaltete sich beim ständigen Wachstum der Zahl hungriger Mäuler schwieriger, und die Produzenten waren immer weniger gewillt, ihr Getreide zu den vorgegebenen niedrigen Preisen abzugeben, sie traten regelrecht in einen Produktionsstreik. Die Physiokraten propagierten damals die Freigabe des Getreidehandels und die Aufhebung der Preiskontrollen, sie erhofften sich davon eine Produktionssteigerung. Die Annona mußte tiefgreifende Veränderungen auf sich nehmen: in der Toskana entschloß sich Großherzog Peter Leopold 1767 sogar zu dem mutigen Schritt, den Getreidefreihandel zu wagen, was einen Bruch mit einer jahrhundertealten Tradition bedeutete und entsprechendes Murren hervorrief.

Das zweite „F" war das Fest, auch dies ein seit der Antike bewährtes Mittel der Herrschaftsausübung („Brot und Spiele"). Die Festkultur erreichte in Italien im Barock einen zweiten Höhepunkt nach der Renaissance, und vielleicht wurde damals in keinem Lande so verschwenderisch gefeiert wie hier. Allerdings stößt man auf beträchtliche Schwierigkeiten, diesen interessanten Kreuzungspunkt von Elite- und Volkskultur genauer zu bestimmen, überhaupt die italienische Volkskultur historisch zu rekonstruieren. Denn die ältere italienische Folkloristik war rein philologisch, eine Methode, die auch heute noch ihre Anhänger hat, jedoch nur eine sehr begrenzte und vielfach problematische Sicht der Lebenswirklichkeit der unteren Schichten erlaubt.[33] Die jüngeren italienischen Volkskundler aber sind radikal anthropologisch-ethnologisch-sozio-

Giacomo Ceruti, Die Wäscherin.

logisch orientiert und ihre Arbeiten ganz gegenwartsbezogen[34] – so etwas wie eine „Historische Schule der Volkskunde", die uns auf unsere Fragen antwortete, existiert nicht.[35] Heutiges Brauchtum aber einfach in vergangene Zeiten zurückzuprojizieren, geht nicht an, die Kontinuität ist keineswegs immer gegeben, müßte vielmehr in den meisten Fällen erst noch erwiesen werden.

Aus den dürftigen Hinweisen in der volkskundlichen und zusätzlich in der kunsthistorischen Literatur[36] lassen sich immerhin vorläufig drei wesentliche Feststellungen zur weltlichen Festkultur ziehen.[37]

1. Den Herrschenden war die Maxime „panem et circenses", wie beiläufige Aussagen zeigen, durchaus bewußt. Auch hätte man wohl kaum die bisweilen exorbitanten Kosten für den „barocco effimero" auf sich genommen, wenn man sich nicht einen indirekten Vorteil davon versprochen hätte. Vor allem die Spanier wußten, daß Feste für das Volk geeignet wa-

Die Lebensbedingungen des gewöhnlichen Volkes 141

ren, drohende Unruhen im Keime zu ersticken. Nicht zuletzt deswegen erreichte die Festkultur, neben Rom, in Neapel einen Höhepunkt. Das Geld in „divertimenti" zu verschwenden, anstatt überdimensionierte Repressivapparate wie Polizei und Militär damit aufzubauen, war nicht bloß moralisch weniger anrüchig, es belebte auch das Gewerbe und bot beiden Polen der Gesellschaft, Elite und Volk, eine sinnliche Befriedigung.

2. Anlässe zu Festen gab es viele: Traditionell fixierte Veranstaltungen und jährlich wiederkehrende Gedenktage, daneben außerordentliche Ereignisse wie Thronwechsel und feierliche Einzüge von Herrschern, Hochzeiten und Geburten, Siege und Friedensschlüsse. Bei jedem dieser Anlässe wurde auch das Volk miteinbezogen, wenigstens als Statisterie und Zuschauer. Dies war möglich, weil die Feste im Süden meist im Freien stattfinden konnten; wenn möglich suchte man sie ohnehin in die schönere Jahreszeit zu verlegen. Die Pracht der vergänglichen Dekorationen, öffentliche theatralische Aufführungen, die nächtliche Festbeleuchtung und das Feuerwerk waren aller Augen zugänglich, und der Schall der Musik und das Donnern der Kanonen erreichte nicht bloß die Ohren der Veranstalter. Es gab bei den Festen aber auch Angebote, welche speziell an das gewöhnliche Volk gerichtet waren, wie Münzenauswerfen, Weinbrunnen, gebratene Schweine (porchetta) oder jene zunächst vom Militär bewachten Pyramiden aus Schinken, Speck, Würsten u. a. m. (cuccagne), die auf den Wink einer Spitzenpersönlichkeit der harrenden Menge zur Plünderung freigegeben wurden. Von daher sind für Italien allzu dichotomische Thesen über das Verhältnis von Elite- und Volkskultur zurückzuweisen.[38]

3. Die seit der Gegenreformation gelegentlich von der Kirche unternommenen Versuche, gewisse volkskulturelle Bräuche, die mit dem neuen Religionsideal nicht mehr vereinbar erschienen, auch an Festen, bei denen das weltliche Element überwog (Karneval, Maifeiern [calendimaggio], Johannis, Kirchweihe), zurückzudrängen, hatten insgesamt wenig Erfolg.[39] Die Interessen sowohl der Elite wie des Volks leisteten solchen Bestrebungen gegenüber Widerstand. Sie erscheinen als vergebliche Versuche weniger religiöser Eiferer, ein soziales Faktum zu ändern, das wegen seiner Multifunktionalität für die damalige Gesellschaft schlechthin unverzichtbar war. Die Jesuiten, in denen man gerne die Inkarnation der Gegenrefor-

mation sieht, waren da klüger: Sie bewiesen eine erstaunliche Einfühlungs- und Anpassungsfähigkeit gegenüber diesen Traditionen, die sie wohl umzuformen suchten, aber nicht unbedingt abschaffen wollten.[40] Aber auch ein bedeutender Vertreter der der Volkskultur im allgemeinen feindlich gesinnten Aufklärung, nämlich Lodovico Antonio Muratori, sah die Notwendigkeit von Festen durchaus ein.[41]

Die in Italien befolgte Politik von „Brot und Spielen" war wohl der wesentliche Grund dafür, daß hier in der Frühneuzeit große Sozialrebellionen ausblieben. Eine Ausnahme war der Aufstand des Masaniello in Neapel, dem einige kleinere Unruhen vorangegangen waren und der in Messina ein Nachspiel hatte; Ausnahme waren ferner die Banditen, die in Italien einen guten Nährboden fanden.[42] Für diese Leute stand dann das dritte „F", die „forca" (Galgen), bereit. Die bewaffneten Banden bestanden vor allem aus geflohenen Bauern, aus Leuten, die in einer Notlage ohne Hilfe geblieben waren, die schwere persönliche Kränkungen erlitten hatten, schließlich aus solchen, welche keine dauernde Verbesserung schlimmer Verhältnisse erhoffen konnten. Führer waren Männer, auch Geistliche, welche ungerechte Verhältnisse mit Gewalt zu verändern suchten. Zwar gab es im Süden auch „Banditen", die im Auftrage und Sold eines Barons gewissermaßen als dessen Privatarmee operierten. In den meisten Fällen aber haben wir es in Italien mit Sozialbanditen zu tun, die sich neben dem Staat dann auch gegen die Barone richten konnten.[43] Dies kommt deutlich bei der größten Figur in diesem Kampfe zum Ausdruck, bei Marco Sciarra, der sich selbst „Geißel Gottes und sein Abgesandter gegen die Wucherer und Geldraffer" nannte.[44] Die Banden kannten gewisse geographische Schwerpunkte. Bevorzugt waren unwegsame Gebiete im Gebirge, wo zwei Grenzen aufeinanderstießen, was ermöglichte, bei Gefahr rasch auf das Gebiet eines anderen Landesherrn hinüberzuwechseln. Beispiele sind das piemontesisch-genuesische Grenzgebiet, die toskanischen Maremmen und die Abruzzen zwischen Königreich Neapel und Kirchenstaat. Im Süden grassierte das Banditentum besonders im Cilento und in Kalabrien. Es erreichte in den letzten beiden Jahrzehnten des 16. Jahrhunderts einen ersten Höhepunkt und blieb dann für fast ein Jahrhundert ein Problem für die Staaten. Ganz verschwunden war es auch im 18. Jahrhundert noch nicht, die Ausläufer, in Sizilien und Sardinien, reichen bis in unser Jahrhundert. Krisenzeiten nährten selbstverständlich die Banden, die dann bisweilen in die Städte vordrangen. Die Bekämpfung gestaltete sich schwierig, weil die Banditen, freiwillig oder mittels Druck, den Schutz der ansässigen Bevölkerung, die in ihnen oft Rächer gegen die Herren sah, in Anspruch nehmen konnten, gelegentlich auch denjenigen der Kirche, von deren Asylrecht sie ausgiebig Gebrauch machten. In Neapel gelang es 1683/84 dem energischen Vizekönig Gaspar de Haro y Guzman, Marchese von Carpio, mit einer großangelegten militärischen Aktion des Banditentums Herr zu werden. Sein Erfolg rührte daher, daß er gegen die Barone, in deren Auftrag die Banditen handelten, ebenfalls rücksichtslos vorging und nach beendeter Aktion versuchte, mit wirtschaftlichen Verbesserungen das Neuaufkommen des Übels zu verhindern.[45] Er war einer der wenigen, welcher die Zusammenhänge erkannte. Auch einige Missionare bemühten sich um Verständnis und suchten beim Sündenregister der Kriminalisierten zu differenzieren. Als mit vorwiegend repressiven Mitteln zu bekämpfende „outlaws" galten neben den Banditen die Zigeuner.[46] Im Gegensatz zu jenen aber hatten sie, trotz inzwischen erfolgter Christianisierung, die Kirche gegen sich: Die Zigeuner galten nicht allein als gewohnheitsmäßige Diebe und notorische Betrüger[47], sondern auch als besonders eifrige Anhänger magischer Künste. Außerdem entzog sie ihre nomadisierende Lebensweise einer geregelten Seelsorge. Hier scheinen die Herrschenden über das Verhältnis von Ursache und Wirkung im Unklaren geblieben zu sein.

Nicht ohne Zusammenhang mit dem Sozialbanditentum, sondern gewissermaßen seine Speerspitze bildend, steht ein Geschehnis, das europäischen Widerhall erlangte, nämlich der Aufstand in Neapel von 1647/48. Weder die verwickelte Ereignisgeschichte – von den Anfängen in der Hauptstadt bis zum Ausgreifen auf das Land, von der Erklärung der Republik bis zur Niederschlagung durch die spanische Macht – noch die Protagonisten, vom in die Literatur eingegangenen Fischer Masaniello bis zum militärischen Sieger Juan d'Austria, noch die in der Interpretation der Vorgänge sehr kontroverse Historiographie können hier ausführlich dargestellt werden.[48] Nachdem schon Benedetto Croce versucht hatte, zu einer schlüssigen Deutung zu kommen, brachte Rosario Villari die wohl überzeugendste sozio-ökonomische Erklärung.[49] Sie ordnete gleichzeitig die bis ins Jahr 1585 zurückreichenden Voraufstände plausibel in das Geschehen mit ein. Neuere Versuche einer „politischen" Interpretation muten demgegenüber merkwürdig reduktionistisch an.[50] Wie bei allen großen Ereignissen ist das Ursachengefüge des neapolitanischen Aufstands mehrschichtig. Villari legt starkes Gewicht auf die feudale Offensive der alten und neuen Barone, welche ihren Reichtum auf

Kosten des gewöhnlichen Volkes mit allen Mitteln zu mehren suchten, und dies in einer Zeit allgemeiner wirtschaftlicher Depression. Der Aufstand wäre somit – man erinnere sich an die oben zitierte Selbstcharakteristik Sciarras – im wesentlichen gegen diese Schicht gerichtet gewesen. Von Bedeutung war aber auch der im Dreißigjährigen Krieg unablässig steigende fiskalische Druck Spaniens, unter dem ebenfalls die einfachen Leute am meisten litten – die Einführung einer neuen Fruchtsteuer bildete den unmittelbaren Auslöser des Aufstands.[51] In dem teilweise übervölkerten Land – wir sind noch vor der großen Pestwelle von 1656 – hatten Hunger und Armut zugenommen, was die Aufstandsbereitschaft ebenfalls förderte. Daß die Revolte auch ein Machtkampf zwischen dem „ceto civile" der Städte, dem Bürgertum, und dem Baronat war, steht dem nicht entgegen, ergänzt bloß die Komplexität der Auseinandersetzung. Eine antispanische Komponente bekam der Aufstand erst in seinem späteren Verlauf. Er kann somit keineswegs als frühe nationale Erhebung gedeutet werden, auch wenn die Aufständischen nach Frankreich, dem ewigen Gegner Habsburgs, schielten und mit einem in der Hauptstadt gelandeten Prinzen von Guise sich auch ein Anwärter auf die neapolitanische Krone bereithielt. Den Baronen gelang es nicht, den Aufstand zu besiegen, dies war erst der spanischen Militärmacht möglich. Spanien setzte seine früher betriebene Politik, die rivalisierenden Gruppen von Baronen, „ceto civile" und gewöhnlichem Volk gegeneinander auszuspielen, auch in diesen beiden kritischen Jahren fort und kann als eigentlicher Sieger der Auseinandersetzung betrachtet werden; nach 1648 saßen die Vizekönige fester im Sattel denn je. Alle anderen Gewinne waren relativ. Das Baronat konnte seine errungene Machtposition zwar halten, immer aber nur von Gnaden Spaniens, das deutlich kundgetan hatte, wer letztlich am längeren Hebelarm saß. Das Bürgertum konnte seine weitausgreifenden politischen Pläne gegen die Barone nicht durchsetzen, blieb gleichwohl wenigstens in der Hauptstadt ein nicht zu unterschätzender Faktor der Machtbalance. Das einfache Volk zog, wie fast immer, am ehesten den kürzeren, besonders im Verhältnis zu den Baronen. Immerhin war Spanien so klug, nun die Steuern auf einer allgemein akzeptierbaren Höhe zu belassen. Mit großem Geschick vermochte so die Hegemonialmacht, indem sie nach allen Seiten kleine Konzessionen gewährte, ihre Stellung zu halten. Erstaunlich, daß Spanien dann ein Vierteljahrhundert später, beim Aufstand von Messina 1674–78, eher mehr Schwierigkeiten hatte.[52] Diese Erhebung war vom Bürgertum, das sich in seinen wirtschaftlichen Aktivitäten benachteiligt sah, getragen und eindeutig antispanisch, insbesondere gegen die bevorzugte Hauptstadt und Rivalin Palermo gerichtet. Im Gegensatz zu Neapel intervenierte hier Frankreich tatsächlich und hielt Messina jahrelang besetzt. Doch verzichtete es schließlich darauf, die Position zu halten; die mit dem Abzug einhergehende Massenemigration der Messinesen leitete den endgültigen Niedergang der ehemals aktiven Handelsstadt ein. Noch einmal hatte spanische Mentalität sich passiv durchgesetzt.

4

Der Untergang des städtischen Gewerbes

Seit jenen Epochen, in denen dem Historiker annähernd meßbare Indizien für die wirtschaftliche Konjunktur zur Verfügung stehen, gibt es wohl kein vergleichbares Beispiel eines derartigen wirtschaftlichen Zusammenbruchs, wie ihn Italien im 17. Jahrhundert erlebte. Gewiß, dieses war nach allgemeiner Auffassung ein Zeitalter der Krise – wobei zu Recht eingewendet wurde, daß damit der Krisenbegriff überstrapaziert werde. Aber Ländern wie den nördlichen Niederlanden ging es damals glänzend, und auch in England, Frankreich oder Schweden war die wirtschaftliche Gesamtbilanz eher positiv. Ein annäherndes Bild des Rückgangs bieten bloß einige oberdeutsche Städte und in größerem und landesweitem Maßstab Spanien. Dieses aber hatte nie den hohen Stand der wirtschaftlichen Entwicklung Italiens erreicht, auch verlief dort der Abstieg eher schrittweise, über einen größeren Zeitraum verteilt. In Italien aber war der Fall tief und ziemlich rapid.[1]

Dabei hatte im 16. Jahrhundert die Situation noch gar nicht so schlecht ausgesehen. Die führende Gewerbe-, Handels- und Finanzmacht des Mittelalters konnte damals ihre Position innerhalb Europas, wenn auch angefochten, im wesentlichen noch halten. Die Verlagerung der Seewege nach Westen, die ohnehin nur einen minimalen Teil des Handelsvolumens erfaßten, traf Italien keineswegs sofort, wie man lange Zeit meinte. Vielmehr erfreute sich damals das Land einer Konjunktur, eines wirtschaftlichen „Martinisömmerchens" (Romano). Das andauernde Bevölkerungswachstum belebte die Nachfrage in einzelnen Sektoren. Einige Gewerbezweige expandierten infolgedessen noch kräftig und erreichten gegen Ende des Jahrhunderts den säkularen Höhepunkt ihrer Produktion. Venedigs umfangreicher Handel war noch weitgehend intakt, und auch auf den internationalen Finanzmärkten waren die Italiener, vor allem die Genuesen, ebenfalls weiterhin präsent. Am Horizont zeigte sich zwar da und dort ein Wetterleuchten, endgültig aber ging das Gewitter erst 1630/31 nieder.

Die Struktur der italienischen Wirtschaft war recht vielfältig, auch wenn man den dominierenden Bereich der Landwirtschaft sowie die Textilherstellung für den Eigenbedarf und das lokale Handwerk einmal beiseiteläßt. Dabei fallen wiederum merkliche regionale Unterschiede ins Auge: Fast immer besteht ein Gefälle von Nord nach Süd. Gewerblicher Leitsektor war der textile, der Tuche von hoher und höchster (panni alti) Qualität für den Export herstellte. Fast alle Städte nördlich des Po fabrizierten Wolltuche. Besonders wichtige Orte dafür waren Mailand, Venedig, Como und Cremona. Das zweite wichtige Zentrum der Wollweberei befand sich seit altersher in Florenz und den umliegenden Städten. Im Kirchenstaat war die Produktion, trotz Anstrengungen einiger Päpste, sie zu beleben, schon merklich geringer und reichte nicht einmal zur Deckung des eigenen Bedarfs aus. Dasselbe gilt für das Königreich Neapel mit den Inseln. Das Gebiet der Abruzzen bis Apulien trat aber neben Spanien als Lieferant der Rohwolle auf. Rohseide, die Grundlage des zweiten Standbeins des italienischen Textilgewerbes, kam aus der Levante, aus Sizilien und dem äußersten Süden der Halbinsel. Weiterverarbeitet wurde sie dort aber nur in den größeren sizilianischen Städten, in der Hauptstadt Neapel und in Catanzaro. Die bedeutenderen und exportorientierten Zentren der Seidenstoffherstellung befanden sich im Norden: Florenz, Lucca, Genua, Mailand, Venedig und Bologna sind vor allem zu nennen. Die Herstellung von Baumwollgeweben war alt, spielte aber ebenso wie die Verarbeitung von Leinen und Hanf gegenüber den beiden erstgenannten Produkten eine geringere Rolle. Dasselbe gilt für die vor allem in der Lombardei beheimatete Gerberei und die in einigen kleineren lokalen Zentren betriebene Handschuhmacherei und Strumpfwirkerei. Ein Quasi-Monopol hatte Italien lange Zeit bei der Herstellung vieler Luxusartikel. Bekannt sind die Glaswaren und Lüster von Murano, die venezianischen Spiegel und Spitzen, die Fabrikation von Gold- und Silberfäden, gewoben zu Brokaten, in Mailand, die Korallenverarbeitung in Genua, der Musikinstrumentenbau in Cremona und Brescia und schließlich das vielfältige florentinische Kunstgewerbe. Diese Produkte waren in ganz Europa von der Oberschicht gesucht und machten wertmäßig einen großen Teil des Exports aus. Doch fehlten auch die „rohen" Gewerbe nicht. Eisenerzabbau und -verhüttung wurden in mehreren Südalpentälern (Valsassina, Val Camonica, Val Trompia), ferner auf Elba und in Kalabrien betrieben; die produzierte Menge allerdings deckte höchstens den Eigenbedarf. Wichtiger war die Weiterverarbeitung, vor allem zu Waffen, was in erster Linie in und um Brescia sowie in Mailand geschah. Die Alpengebiete lieferten die nötige Holzkohle. In Venedig spielte der Schiffsbau eine große Rolle, die dazu vom Staate betriebene Werkstätte, das Arsenal, war damals einer der größten und bewunderten industriellen Betriebe in Europa. Venedig war auch Mittelpunkt eines qualitativ hochstehenden Buchdruckergewerbes. Papier wurde in vielen dafür spezialisierten Orten an wasserreichen Flüssen im ganzen Land hergestellt. Wo die Rohstoffe vorhanden waren, entfaltete sich die Majolikafabrikation für kunstgewerbliche Zwecke oder Gebrauchsgeschirr. Der fast alleinige Lieferant von Alaun – dieses früher für die Tuchfärberei unentbehrlichen Salzes – in Europa waren die Gruben von Tolfa im nördlichen Kirchenstaat, aus denen die Medici und die Päpste reichlichen Profit zogen. Das im Süden produzierte Olivenöl diente als Grundlage für die Herstellung von Seife (z. B. in Gaeta). Viele dieser Produkte wurden auch exportiert.

Abgesehen von wenigen Ausnahmen wie dem erwähnten Arsenal war die gewerbliche Arbeit zünftisch organisiert. Die Zünfte (corporazioni delle arti e dei mestieri) hatten in Italien eine starke Stellung und waren soziale Organisationen von Gewicht, nicht bloß im wirtschaftlichen Bereich.[2] Ihre politische Rolle hatten sie zwar in der Frühneuzeit ausgespielt: Im Zeitalter der Refeudalisierung hatten Handwerker in den Ratsgremien der meisten Städte nichts mehr zu suchen. Aber ihre den Bruderschaften ähnlichen Funktionen nahmen sie weiterhin wahr, und als Institutionen der sozialen Sicherung waren sie über den Kreis ihrer Mitglieder hinaus wichtig, wie das Beispiel der von ihnen ausgeschütteten Mitgiften zeigt.[3] Natürlich fehlte es nicht an Spannungen innerhalb der Zünfte wie an Konflikten zwischen ihnen.[4] In der großen Wirtschaftskrise, an der sie alles andere als unschuldig waren, versagten sie. So gewann auch in den Städten langsam außerzünftische gewerbliche Arbeit an Bedeutung: In Mailand waren schon 1686 rund 10% aller Weber nicht mehr in einer Zunft.[5] Ebenso konnte sich im 17. Jahrhundert außerhalb der Zünfte die Frauen- und Kinderarbeit etablieren; sie machte einen immer größeren Anteil an der gewerblichen Produktion aus.[6] Den Bestrebungen der Städte, die Zünfte unter ihre Kontrolle zu bringen und so die Folgen der großen Depression zu bewältigen, war vorerst wenig Erfolg beschieden, dies gelang erst dem aufgeklärten Absolutismus. Am radikalsten ging man in Mailand und Florenz vor, indem man die Zünfte einfach aufhob.

Mehr als viele Worte illustrieren einige trockene Zahlen den Verfall des italienischen städtischen Gewerbes.[7] Die Anzahl der gewobenen Wolltuche betrug in Venedig (Durchschnittswerte):

1602	28.700 Tuche
1624/30	16.600
1660	8.000
1700	2.200

Der Untergang des städtischen Gewerbes 149

Die verfügbaren Zahlen zu Florenz lauten:
1560/69	30.000 Tuche		
1600	13.000	100	Werkstätten
1620/29	9.000	49	
1630/39	6.200	46	
1720	1.500		

Schließlich diejenigen für Mailand:
1600	15.000 Tuche		60–70	Werkstätten
1640	3.000		15	
1660	1.000	(1682)	5	
1709	100		1	Werkstätte

Wie vor allem die Angaben für Mailand zeigen, lag kein Konzentrationsprozeß zu größeren Unternehmungen vor: Die Anzahl der hergestellten Tuche sank vielmehr parallel zu derjenigen der Werkstätten bzw. der Weber. Die Zahlen für die kleineren Produktionsorte sind nicht weniger dramatisch. In Como fabrizierten um 1600 60 Hersteller 8–10.000 Tuche. Fünfzig Jahre später waren es noch vier mit 270 Tuchen. In Cremona gab es 1615 noch 187 in der Zunft eingeschriebene Weber, 1648 waren es 23 und am Ende des Jahrhunderts noch ganze zwei. Mantua erreichte die Krise schon im späten 16. Jahrhundert. Auf dem Höhepunkt der wirtschaftlichen Entwicklung, im dritten Viertel des 16. Jahrhunderts, arbeiteten dort rund 125 Weber. Schon am Ende des Jahrhunderts waren es nur noch 20 und 1614 noch sieben. Am besten halten konnten sich die kleineren Städte der venezianischen Terraferma wie Padua, Vicenza, Verona, Bergamo und Treviso, die nach dem Einbruch zu Beginn des Jahrhunderts im Jahre 1684 zusammen immerhin wieder 50.000 Tuche produzierten, jedoch von schlechter Qualität und nur für den lokalen Verbrauch bestimmt.

Paolo Malanima schätzt, daß in ganz Nord- und Mittelitalien diese Arbeitsplatzvernichtung rund 200–250.000 Personen (die Weber und ihre Familienangehörigen) brotlos gemachte, was rund 10% der städtischen Bevölkerung entsprechen würde.[8] Etwas weniger stark wurde die Seidenherstellung von der Krise betroffen. In Florenz kompensierte die Seidenweberei sogar einen Teil der Verluste des Wollegewerbes: Der Einbruch im 17. Jahrhundert auch bei der Seide war zu Beginn des 18. wieder aufgefangen. In Lucca allerdings sank die Zahl der Seidenweber nach dem kriegsbedingten Verlust der wichtigsten Exportmärkte um 1620 auf die Hälfte und reduzierte sich bis 1695 noch einmal im selben Ausmaß (von 2000 auf 500). In denselben Dimensionen bewegten sich die Verluste in Genua. In Venedig sank die Produktion im Laufe des 17. Jahrhunderts um zwei Drittel, hier setzte sich der Rückgang auch im 18. Jahrhundert bis zu unbedeutenden Größenordnungen fort. Mailand hatte 1606 rund 3000 Seidenweber, hundert Jahre später waren es weniger als ein Zehntel (283). In einer kleineren Stadt wie Como sank deren Zahl in der ersten Hälfte des 17. Jahrhunderts von 30 auf zwei. Die Beispiele ließen sich fortsetzen, auch in Süditalien verschwand das Seidengewerbe weitgehend. Im Gegensatz zur Wolle aber konnte sich die Seidenstoffweberei schließlich auf einem niedrigen Niveau stabilisieren. Es gab auch einige neue Herstellungszentren wie Turin und Rovereto. In den älteren von Vicenza und Bologna konnte die Produktion im Gegensatz zum allgemeinen Trend sogar gesteigert werden. Ebenfalls im Gegensatz zur Wolle konnte ein gewisser Export aufrechterhalten werden; er ging vor allem nach England, zu geringeren Teilen auch nach dem Deutschen Reich und Frankreich. Wie sehr sich aber die Zeiten geändert hatten, zeigt die Tatsache, daß die Menge der aus Frankreich nach Italien eingeführten Seidenstoffe um 1700 die Exporte in umgekehrter Richtung überstieg. Hundert Jahre vorher war Italien fast Alleinexporteur der kostbaren Ware gewesen.

Neben den beiden Leitsektoren gerieten auch die meisten anderen gleichzeitig oder etwas später in die Krise. In der Herstellung von Luxuswaren verlor Italien im Laufe des 17. Jahrhunderts seine monopolartige Stellung; dies insbesondere, seit in Frankreich Colbert eine streng merkantilistische Politik betrieb und mit allen Mitteln, auch illegalen, versuchte, hinter die Fabrikationsgeheimnisse zu kommen und Facharbeiter abzuwerben, um so die teuren Dinge in Frankreich selbst herstellen zu können. Dennoch erlitt diese Branche verhältnismäßig die geringsten Einbußen; in andere Staaten konnte Italien weiterhin exportieren, bis ins späte 18. Jahrhundert hinein, wo dann in vielen Ländern Luxusmanufakturen entstanden. Venedig, das besonders betroffen war, wurde auch als Zentrum des Druckereigewerbes von den Niederlanden abgelöst. Ebenfalls verlor es im Schiffsbau seine Bedeutung: Die Holländer, später die Engländer wurden nun technisch führend, und der „Königin der Adria" blieb nichts anderes übrig, als selber holländische Frachter zu mieten oder zu kaufen, wollte es neben der nordischen Konkurrenz in der Adriaschiffahrt überhaupt noch bestehen. Zu Beginn des 18. Jahrhunderts setzte sich sogar die venezianische Kriegsflotte mehrheitlich aus ausländischen Einheiten zusammen. Nach der großen Pest verminderte sich die

Zahl der Arbeiter im Arsenal erheblich.[9] Die Eisengewinnung in den Südalpen ging ebenfalls zurück, wie die Zahl der betriebenen Hochöfen zeigt. Das verarbeitende Waffengewerbe hatte noch eine lange Kriegskonjunktur gekannt, die aber spätestens mit dem Pyrenäenfrieden von 1659 endete. Das Baugewerbe litt stark unter der fehlenden Nachfrage, denn nach der Pest war in den entvölkerten Städten mehr als genug leerer Wohnraum vorhanden. Kirchen- und Palastbau absorbierten eine Zeitlang noch viele Beschäftigte in diesem Sektor. Aber gegen Ende des 17. Jahrhunderts kam der barocke Bauboom, wenigstens in den großen Städten, Rom voran, ebenfalls zum Erliegen, dauerte aber immerhin in Provinzstädten und auf dem Lande weiter fort. Das militärische Bauwesen (Festungen usw.), das im Kriege noch eine Konjunkturstütze gewesen war, spielte seit dem Ende der großen Auseinandersetzung Habsburg-Frankreich kaum noch eine Rolle.

Über die allgemeinen Ursachen dieses ohne Vergleich dastehenden wirtschaftlichen Zusammenbruchs haben sich bereits Zeitgenossen Gedanken gemacht. Ihre bisweilen etwas kurzschlüssigen Erklärungen sind später von den Historikern verfeinert worden. Ein ganzes Bündel von Argumenten ist zu nennen, die mehr oder weniger überall, wenn auch in unterschiedlicher Gewichtung, zutreffen:

1. Wie erwähnt, hatten in Italien die Zünfte eine starke Stellung. Ihnen gelang es, ihre Privilegien dauernd zu bewahren. So etwa konnten sie im Zeitalter der Preisrevolution, auch durch Warenunterangebot, eine Anpassung der Löhne an die steigenden Preise nach oben erzwingen.[10] Anderswo gelang dies offenbar weniger gut, und verglichen mit dem übrigen Europa war Italien ein Hochlohnland. Entsprechend waren die dort hergestellten Produkte teurer als etwa die holländischen oder englischen.

2. Vor der Krise verhinderten die Zünfte eine Dezentralisierung des Gewerbes durch Auslagerung gewisser Fabrikationsschritte auf das Land, wo das Lohnniveau niedriger war. Die außerstädtische Konkurrenz wurde gewaltsam niedergehalten. Anderswo hatte man die Vorteile des Verlagssystems außerhalb der Städte schon früh erkannt. In Italien erlangte es, abgesehen von der Seide, erst im Laufe des 18. Jahrhunderts, in einer relativ späten Phase der Protoindustrie, größere Bedeutung.

3. Die Zünfte hielten – dies gehörte sozusagen zu ihrem Ehrbegriff – die

Qualitätsstandards der hergestellten Waren immer hoch und sicherten sie mit vielen Vorschriften. Kriege und Krisen, Inflation und Pauperisierung aber hatten die Nachfrage nach solchen Erzeugnissen nicht stimuliert; gefragt waren im 17. Jahrhundert im Textilsektor eher leichtere und billigere Tuche, wie sie etwa die Holländer und Engländer mit ihren „new draperies" fabrizierten. Die Italiener konnten bzw. wollten da nicht mitgehen und verloren damit den Anschluß an den Markt. Teilweise waren sie auch unfähig, auf die neuen, von Frankreich ausgehenden Strömungen in der Kleidermode zu reagieren.

4. Italien zeigt musterhaft die besondere „Fragilität einer entwickelten Wirtschaft" (Maurice Aymard).[11] Der Entwicklungsvorsprung, den Italien im Mittelalter gehabt hatte, wurde schon im 16. Jahrhundert kleiner und verkehrte sich im 17. vielfach in sein Gegenteil, wie gewisse spezielle Textilverarbeitungsverfahren, die Buchdruckerei, die Waffenherstellung oder der Schiffsbau zeigen. Die Innovationskraft der italienischen Wirtschaft nahm spürbar ab, vielleicht im Zusammenhang mit einem zunehmenden Desinteresse an den bis zu Galilei gepflegten Naturwissenschaften. Es gibt Beispiele, wo die Zünfte sich erfolgreich gegen neue Produktionsverfahren, die vielleicht einen Ausweg aus der Krise geboten hätten, stemmten.[12] Fachkräfte, die arbeitslos wurden, emigrierten und dienten ihre Kenntnisse der ausländischen Konkurrenz an.

5. Italien sah sich also einer starken und ständig wachsenden erfolgreichen wirtschaftlichen Konkurrenz anderer Staaten ausgesetzt, in erster Linie der „Kernländer" Niederlande und England, aber auch Frankreichs und einzelner deutschsprachiger Territorien. Dies hatte zur Folge, daß Italien nun immer mehr Waren, die es früher selbst hergestellt und sogar exportiert hatte, importierte: holländische und englische Woll- und Baumwollgewebe, französische Seidenstoffe, holländische Schiffe und Metallwaren aus Frankreich und dem deutschsprachigen Raum – all dies tauchte auf dem italienischen Markt auf und verdrängte die einheimische Produktion immer mehr.

6. Zu diesen gewissermaßen „internen" ökonomischen Faktoren traten äußere und zufällige. Der Dreißigjährige Krieg ließ die Nachfrage in den betroffenen Ländern schlagartig sinken, hemmte den freien Handel und versperrte traditionelle Exportmärkte. Von direkten Zerstörungen und

Plünderungen wurde die italienische Wirtschaft zwar nur wenig betroffen. Ein Problem aber war die Kriegsfinanzierung. Die im Kriege steigenden Zumutungen des spanischen Fiskus trafen die lombardischen Gewerbetreibenden mit voller Wucht – sie waren ja nicht privilegiert wie die Oberstände. Dabei wurde eine verhängnisvolle Spirale in Gang gesetzt: Viele Produzenten gaben infolge des Steuerdrucks auf und schlossen ihre Werkstätten, mit der Folge, daß die verbleibenden noch mehr finanziell belastet wurden! Die Steuern wurden als Kosten auf den Preis der Waren geschlagen und verteuerten sie gegenüber der ausländischen Konkurrenz noch mehr. Einige Kaufleute wiesen die spanischen Autoritäten auf die negativen Folgen dieser Politik hin, doch schien diesen angesichts der Priorität der militärischen Erfordernisse kein Entgegenkommen möglich.[13] Als man später die Steuern wieder ermäßigte, war es zu spät, der ruinierten Wirtschaft wieder auf die Beine zu verhelfen.

7. Einige zufällige Faktoren betrafen bloß einzelne Gebiete, konnten sich dort nichtsdestoweniger stark auswirken. Venedig verlor infolge der Dekadenz des Osmanischen Reiches, das zudem eine Währungskrise erlitt und eine neue Zollpolitik einleitete, die der Adriastadt nicht mehr die bisherigen Handelsprivilegien einräumte, einen wichtigen Absatzmarkt im Nahen Osten.[14] Der Rückgang des Schiffbaus und der Eisengewinnung und -verarbeitung in den Südalpen hängt möglicherweise auch mit Engpässen in der Holzversorgung zusammen.[15] Das Alaun von Tolfa wurde nach 1620 infolge neuer technischer Verfahren entbehrlich. Als in den Wintern 1612 und 1622 in Apulien rund 70% der Schafe infolge einer außerordentlichen Kälte durch Futtermangel verendeten, stockte der Nachschub an Rohwolle für die Tuchmacher.[16] Die früher geschilderten Naturkatastrophen im allerdings nicht sehr gewerbereichen Süden beeinträchtigten selbstverständlich auch viele wirtschaftliche Aktivitäten.

8. Den Gnadenstoß gab dem norditalienischen Gewerbe die Pest von 1630/31. Sie machte den schon vorher einsetzenden schleichenden Niedergang zu einem raschen, umfassenden und irreversiblen. Die Gründe liegen auf der Hand: Behinderung der handwerklichen Arbeit, schlagartiger Rückgang der Binnennachfrage, Handelssperren in allen Richtungen, weiter steigende Lohnkosten bei fehlenden spezialisierten Arbeitskräften, nochmals erhöhte Steuern zur Bewältigung der Katastrophenfolgen.[17]

Eine Spätfolge der Wirtschaftskrise war ein Preisverfall, der eine säkulare Trendwende bedeutete. Die bekannte Preisrevolution, die ständige Geldentwertung in der zweiten Hälfte des 16. Jahrhunderts, hatte Italien besonders stark betroffen, obschon, wie erwähnt, die Auswirkungen für die Lohnempfänger gedämpft wurden. Nun aber gerieten, endgültig durch die verminderte Nachfrage nach der Pest, die Preise vor allem für Lebensmittel unter Druck, was den Konsum förderte. Entsprechend fiel der Wert der landwirtschaftlichen Grundstücke, die nun vor allem im Norden billig zu erwerben waren.[18] Die Preise für gewerbliche Güter und die Löhne, vor allem für Spezialarbeiter, verharrten jedoch vielfach auf der bisherigen Höhe. Ein gewöhnlicher Arbeiter, z. B. im Baugewerbe, verdiente damals im Jahr etwa 50–70 Scudi. Etwa im gleichen Rahmen oder leicht höher war die Besoldung eines Staatsdieners in den untersten Rängen oder eines Soldaten sowie der Verdienst des Klerikerproletariats.[19] Qualifizierte Facharbeiter oder Meister kamen auf das Doppelte bis Dreifache. Dies war aber immer noch weit entfernt von den vier- und fünfstelligen Einkommen der Oberschicht. Deren Dienstboten standen am unteren Ende der Lohnskala, hatten aber dafür Quartier und Verpflegung gratis. Obschon die Folgen der Depression die mittleren und niedrigen Schichten zweifellos mehr trafen als die Reichen, sind jene, wegen des Preisverfalls, also zu relativieren. Die Getreidepreise stagnierten vielerorts bis weit ins 18. Jahrhundert hinein. Erst nach 1740/50 folgte wieder eine Trendwende mit einer Scherenbewegung, die in etwa der gesamteuropäischen Entwicklung parallel verlief: Die Preise stiegen andauernd, wogegen die Löhne, bei vermehrtem Arbeitskräfteangebot, sanken. Unter diesem Aspekt mag die Zeit des großen Niedergangs vielleicht in einem etwas freundlicheren Licht erscheinen.

Auf den Untergang des städtischen Gewerbes reagierte Italien auf seine Weise, in einer Art, die man originell und innovativ nennen möchte: Es schleuste sein Kapital, seine Arbeitskräfte und seine Erfindungskraft in die Landwirtschaft und in die dieser direkt nachgelagerten Gewerbe. Der Deindustrialisierung folgte eine Reagrarisierung, wie noch ausführlich darzustellen sein wird.[20] Ein systematischer Wiederaufbau des städtischen Gewerbes nach Überwindung der unmittelbaren Not von Krieg und Pest fand hingegen nicht statt. Nur punktuell registriert man da und dort eine Belebung früherer Aktivitäten oder die Aufnahme von neuen. Doch erreichten sie alle zusammen nur einen Bruchteil des früheren Produktionsvolumens, und vor der Folie des in Nordeuropa einsetzenden protoindustriellen und industriellen

Aufschwungs erscheint die Ruralisierung Italiens erst recht auffällig. Im Toskanischen etablierte sich seit 1660 Prato als neuer Mittelpunkt der Wolleverarbeitung und überflügelte bald Florenz.[21] Doch gingen die dort hergestellten minderen Tuche nicht mehr in den Export. Mit der Fabrikation neuer leichter Seidengewebe wurde Bologna im 17. Jahrhundert ein neues Textilzentrum.[22] Möglich war dies durch den massiv gesteigerten Einsatz von unterbezahlter Frauenarbeit. Der Vorsprung konnte aber im 18. Jahrhundert nicht gehalten werden, das neue Gewerbe schlitterte wieder in die Krise, und um 1800 war davon nichts mehr vorhanden. Auch die weiter im Norden in neuen Zentren hergestellten Seidenstoffe waren bloß von mittlerer Qualität. Das in vieler Hinsicht schwer getroffene Venedig versuchte im 18. Jahrhundert durch Verarbeitung der landwirtschaftlichen Produkte der Terraferma sowie durch Dienstleistungen, wie Versicherungstätigkeit und den nun stark in Mode kommenden Tourismus, sich über Wasser zu halten.[23] In Mailand wollten die nach dem Spanischen Erbfolgekrieg an die Macht gekommenen Österreicher mit einer merkantilistischen Politik die marode Wirtschaft wieder ankurbeln.[24] Der Erfolg war aber gering, und die erlassenen Importverbote, z. B. von Seidenstoffen, konnten Retorsionsmaßnahmen des Auslands hervorrufen. Strikt merkantilistisch nach französischem Vorbild war auch die Wirtschaftspolitik des Herzogtums Savoyen, das vorher, im Gegensatz zum übrigen Norditalien, kaum gewerbliche Tätigkeit für den Export gekannt hatte. Seit 1670 nahm nun die Seidenherstellung, inklusive der Weberei, in Piemont einen erstaunlichen Aufschwung und verschaffte dem Land einen führenden Platz neben den bisherigen Produzenten.[25] Von diesen spielten nach wie vor das Veneto und die Lombardei eine gewisse Rolle, die aber in keiner Hinsicht mit der früheren verglichen werden kann. Nord- und Mittelitalien wurde nämlich im Zuge der Reagrarisierung, nach der Pflanzung von Millionen neuer Maulbeerbäume, mit der Zucht von Seidenraupen der bedeutendste Hersteller des Rohprodukts in Europa. Die ersten Verarbeitungsschritte, das Spulen und eventuell das Spinnen, wurden nahe der Produktion auf dem Lande vorgenommen und beschäftigte viele Hände, namentlich von Frauen und Kindern. Für das Spinnen allerdings waren seit dem Ende des 17. Jahrhunderts auch mit Wasserenergie betriebene mechanische Verfahren bekannt.[26] Sie wurden nun zunehmend eingesetzt, womit sich die Arbeit in kleine Fabriken verlagerte. Diese ersten Verarbeitungsschritte erbrachten aber nur einen minimalen Teil der gesamten Wertschöpfung. Die hergestellte Rohseide und eventuell gesponnene Seide wurde nicht mehr im vollem Umfang im Lande selbst verarbeitet, sondern in großen Mengen exportiert. Die kostbaren Stoffe, Bänder usw. wurden in Lyon, Krefeld, Basel, Zürich oder Wien, um nur die bedeutendsten Orte zu nennen, gewoben. Somit machten die dortigen Unternehmer und nicht mehr die Italiener das große Geld mit dem in allen Modeströmungen immer noch an der Spitze stehenden edlen Gewebe. Wertmäßig konnte also die Verlagerung des Gewerbes von der Stadt auf das Land keineswegs die früheren Verluste wiedergutmachen. Man kann immerhin hier ein Anzeichen sehen, daß Italien an der neuen protoindustriellen Entwicklung teilnahm.[27] Diese setzte aber recht eigentlich erst ein Jahrhundert nach dem Zusammenbruch ein und erfaßte erst nach der Mitte des 18. Jahrhunderts in größerem Maßstab auch andere Bereiche als die Seide. In Gallarate, Busto Arsizio und Vercelli begann man neu Baumwolle zu verarbeiten. In Schio nahm eine große Wollzeugmanufaktur ihren Betrieb auf. Gegründet hatte sie der venezianische Patrizier Nicolò Tron, sonst waren die Initianten und Unternehmer häufig Ausländer und Juden. Ein weiterer bedeutender Standort einer fortgeschrittenen Wolleverarbeitung entstand um das piemontesische Biella. Daneben gab es vielerorts im Norden kleinere neue Produktionsstätten, die allerdings nicht immer von Dauer waren. Die neuen gewerblichen Zentren befanden sich meist in Gegenden, in denen die Landwirtschaft zu wenig Ertrag abwarf, um überleben zu können. Mit Heimarbeit konnten viele Bauern ihre sich im 18. Jahrhundert wieder verschlechternde Situation durch ungünstige Pachtverträge vorerst auffangen. Hochentwickelte Agrargebiete, vor allem in der Lombardei, verzichteten in der Regel auf solche gewerblichen Aktivitäten, mit Ausnahme der Rohseideherstellung. Dies gilt auch für die Toskana, wo das Halbpachtsystem mit seiner hohen Arbeitskraftbeanspruchung im landwirtschaftlichen Sektor die Einführung von Heimarbeit nur beschränkt zuließ. Weiter südlich scheiterten alle Versuche, Gewerbe neu einzuführen, auf die Dauer. Hier gab es wohl auch mentalitätsmäßige Barrieren, auf die in anderem Zusammenhang noch einzugehen sein wird.

Handel und Finanzen:
Zeichen eines Mentalitätswandels?

Dem Niedergang der italienischen gewerblichen Wirtschaft entsprach eine Kontraktion des Handels, wie bereits am Beispiel der Wolltuche, aber auch der Seidengewebe gezeigt wurde: Die einstmals beträchtlichen Exporte reduzierten sich im ersten Fall praktisch auf Null, im zweiten auf einen Bruchteil der früheren Werte. Einzig der Export von Luxuswaren spielte weiter eine gewisse Rolle.[1] Genaue Handelsbilanzen für Gesamtitalien aufzustellen, ist unmöglich, da die Daten aus den verschiedenen Staaten, soweit überhaupt vorhanden, zu uneinheitlich sind. Außerdem müßte man den kaum abschätzbaren, aber anscheinend massiven Schmuggel mit in Betracht ziehen. Mit großer Wahrscheinlichkeit kann aber gesagt werden, daß spätestens seit der zweiten Hälfte des 17. Jahrhunderts der Export von Agrarprodukten wertmäßig größer war als derjenige von Fertigwaren. Jene stiegen im umgekehrten Verhältnis, wie diese sanken. Der Sonderfall der Rohseide, die z. B. im Piemont mit einem Anteil von gegen 80% der weitaus wichtigste Exportartikel war, wurde schon erwähnt. Die Ausfuhr von anderen textilen Rohstoffen (Wolle, Hanf, Leinen, Baumwolle) bewegte sich demgegenüber in sehr bescheidenem Rahmen. Bedeutender war der Export von Nahrungsmitteln.[2] Vorübergehend, in den Hungerkrisen seit 1590, hatte Italien nordisches Getreide importieren müssen. In der Folge aber nahmen Menge und Wert der Agrarexporte ständig zu, mit nur gelegentlichen Einbrüchen: in Süditalien schon in der Zeit um 1600, im Norden im Gefolge der generellen Krise nach 1630/31. Süditalien und die Inseln konnten in guten Jahren Getreide exportieren.[3] Eine besondere Rolle dabei spielte Sizilien, im Zusammenhang mit der Binnenkolonisation. Aus Norditalien fand ein edleres und teureres Korn, der dort mehr und mehr angebaute Reis, den Weg über die Alpen. Aus dem Königreich Neapel und von den Inseln wurde eine ganze Menge spezieller Nahrungsmittel, die vieler Sonne bedurften, zur Bereicherung üppiger Tafeln nach West-, Mittel- und Nordeuropa verfrachtet. Genannt seien etwa Mandeln und Zucker (aus Zuckerrohr), Rosinen, Feigen und andere Trockenfrüchte, Kastanien und Johannisbrot. Dazu kamen Bohnen und getrockneter Thunfisch.[4] Frische Agrumen, besonders Zitronen, lieferten schon damals Sizilien und einige Gebiete am Südfuß der Alpen. Ein besonders bevorzugtes Anbaugebiet, wo die Früchte sorgfältig in großen ummauerten Gärten, bei Kälte zugedeckt, gezogen wurden, befand sich am Gardasee – es hat seinen Nachklang in Goethes Mignon-Gedicht gefunden.[5] Das bedeutendste tierische Exportprodukt war Käse, der besonders aus der Poebene (der berühmte Parmesan), aber auch aus dem Königreich Neapel ausgeführt wurde. Zu einem sehr wichtigen Ausfuhrgut Italiens wurde der dort im 17. Jahrhundert überall vermehrt angebaute Wein. Weine aus der Toskana, dem oberitalienischen Seengebiet (Valpolicella), dem Hügelland des Veneto oder dem Trentino wurden nördlich der Alpen nun mehr und mehr geschätzt und begannen erfolgreich, den bekannten französischen Kreszenzen Konkurrenz zu machen.[6] Hingegen ging die früher einmal nicht unbedeutende Verschiffung der qualitativ eher minderwertig gewordenen süditalienischen Weine zurück, bis die Engländer nach 1770 den sizilianischen Marsala entdeckten und bekanntmachten. Dafür wurden im Königreich Neapel nun Oliven und das aus ihnen gewonnene Öl als Exportgut wichtig.[7] Auch Genua deckte einen Teil seines Handelsbilanzdefizits mit dem Export des besonders feinen ligurischen Öls.[8] Ganz konkurrenzlos war Italien bei vielen dieser Produkte nicht: Getreide exportierten auch die ostelbischen Länder und Frankreich, eine Zeitlang sogar England, Seidenraupen zog man ebenfalls in Südfrankreich, und Olivenöl kam auch aus Griechenland. Dennoch dürfte Italien im 18. Jahrhundert an Menge, Wert und auch hinsichtlich der Diversifikation der bedeutendste Agrarexporteur Europas gewesen sein, eine Rolle, die es bis in unser Jahrhundert spielte. Aber natürlich ließen sich mit Agrarprodukten nicht so hohe Gewinne wie mit Fertigwaren machen. Nicht zu vergessen ist der Binnenhandel mit landwirtschaftlichen Gütern. Er wies aber eine einseitige Struktur auf, indem er vor allem von Süd nach Nord ging, während in umgekehrter Richtung Fertigwaren dominierten.

In seiner Verteidigung Italiens wies Baretti selbstbewußt darauf hin, daß Italien, bei großer Vielfalt der Produkte, genug Lebensmittel erzeuge, um alle seine Einwohner reichlich zu versorgen. Es habe alles, was es brauche.[9] Tatsächlich importierte Italien nur ganz wenige spezielle Nahrungsmittel, darunter natürlich die neuen, in Mode gekommenen Kolonialwaren. Mengenmäßig am wichtigsten war wohl der von den nordischen Fischereiflotten gelieferte gut konservierbare getrocknete und gesalzene Fisch, der sog. Stockfisch, dessen Konsum auf die nach wie vor bestehenden Fastenvorschriften der katholischen Kirche zurückzuführen ist.[10] Aber auch eine Delikatesse, wie der von den Engländern vermittelte russische Kaviar, wurde anscheinend größtenteils in Italien gegessen.[11] Den weitaus größten Anteil der Importe aber machten seit der Mitte des 17. Jahrhunderts, wie bereits kurz erwähnt, die gewerblichen Fertigwaren aus. Dazu gehörten in erster Linie Stoffe aller Arten, billige und teure. In der Toskana überstiegen im 18. Jahrhundert die Textilimporte die Ausfuhren wertmäßig um das Fünffache.[12] Unter den gegebenen Umständen war es nicht außergewöhnlich, daß ausgeführte Rohstoffe – man denke an die Seide – in Form von Fertigwaren wieder in ihr Heimatland zurückkehrten.

Die Ströme der Handelsgüter hatten sich also mindestens wertmäßig reduziert und inhaltlich verändert. Auch bei den Transportmitteln und -wegen sowie bei dem damit befaßten Personenkreis trat ein Wandel ein. Weiterhin wurden die Güter zwar, wenn immer möglich, auf dem bequemen Wasserweg befördert. Dabei spielte in Italien neben der recht gut ausgebauten Flußschiffahrt, vor allem in der Poebene, die navigatorisch anspruchslose Küstenschiffahrt eine große Rolle. Das Straßennetz war für den Handelsverkehr völlig unzulänglich, besonders im Süden, und hielt, abgesehen vielleicht von der lombardischen Tiefebene, keinen Vergleich mit Frankreich oder England aus.[13] Das lag natürlich zu einem nicht geringen Teil an der Topographie des Landes. Seit den vierziger Jahren des 18. Jahrhunderts wurden neue Anstrengungen unternommen, die Apenninen mit fahrbaren Straßen zu überwinden. Dabei handelte es sich jedoch nicht selten um primär politisch oder militärisch motivierte, völlig überzogene und kostenintensive Prestigeprojekte, die dem Handel kaum etwas nützten. Ein Beispiel ist die fehlgeplante „Via Vandelli", mit welcher Modena das ihm zugefallene Herzogtum Massa-Carrara enger an sich binden wollte.[14] Das Projekt zeigt immerhin, welches Prestige in Italien ein auch noch so kleiner Meerhafen hatte; vorher war Modena ja ein reines Binnenland gewesen. Ins gleiche Kapitel gehören die erst 1815 erfüllten Aspirationen Savoyen-Piemonts auf Genua.

Der bedeutendste italienische Seehafen blieb während der ganzen Frühneuzeit Venedig. Im 16. Jahrhundert hatte es gegenüber den neuen Atlantikhäfen nur relative Einbußen erlitten. Einen schweren und nicht wieder gutzumachenden Einbruch brachte erst das beginnende 17. Jahrhundert.[15] Zwar wurde berechnet, daß auch damals kaum weniger Schiffe als im prosperierenden 16. Jahrhundert ankerten. Aber der Wert der umgeschlagenen Güter war, was nach dem Vorhergesagten einleuchtet, viel geringer geworden. Auch tendierte man zu kleineren und leichteren, dafür schnelleren Schiffen. Mit anderen Worten: Jetzt erlitt Venedig absolute Verluste. Dazu kamen weitere Verschiebungen. Den einträglichen Handel mit Pfeffer und anderen exotischen Gewürzen hatte die Serenissima endgültig zu Beginn des 17. Jahrhunderts an Amsterdam abtreten müssen. Den Orienthandel mit Tuchen übernahmen vor allem Franzosen aus Marseille, später auch Engländer. Die für Venedig früher wichtige Funktion eines Umschlagplatzes zu Deutschland konnte es im Dreißigjährigen Krieg nicht mehr wahrnehmen, und die späteren Versuche einer Wiederbelebung waren wenig erfolgreich. Deutsche Barchentwebereien bezogen die Baumwolle seither nicht mehr aus Venedig, sondern über Frankreich oder die Niederlande. Venedig wurde zu einem Lokalhafen für den italienischen Binnenhandel, in dem sich die Venezianer weiterhin betätigten. Doch selbst hier stießen sie auf Konkurrenten, nämlich die Holländer und Engländer. Diese waren, zusammen mit einigen deutschen Schiffen, zuerst gegen Ende des 16. Jahrhunderts in größerer Zahl im Mittelmeer erschienen, als sie in den damaligen Hungerkrisen das Getreide aus Danzig nach Italien vermittelten. Später, vor allem nach dem Waffenstillstand Spanien-Niederlande (1609), kamen andere Güter hinzu: die von ihnen produzierten „new draperies", die neuen Kolonialwaren, der Stockfisch. 1615/16 legten in einem Zeitraum von 16 Monaten bereits 85 holländische Schiffe in Venedig an. Die Kaufleute aus dem Nordwesten Europas waren damals in der Stadt schon gut vertreten, während es umgekehrt in Amsterdam, dem neuen Zentrum des Welthandels, nur noch einen einzigen venezianischen Kaufmann gab. Die Exportfrachten nach Nord- und Westeuropa gingen völlig in die Hände der Ausländer über, sie schalteten sich aber zunehmend auch in den italienischen Binnenhandel ein. Die venezianischen Handelsschiffe waren langsamer und schwerfälliger zu manövrieren als die holländischen, sie amortisierten sich also schlechter und waren dem Risiko von Piratenüberfällen mehr ausgesetzt. Italienische Matrosen wurden pro Tag entlohnt, die westeuropäischen aber pro Fahrt, was sie veranlaßte, ungeachtet des Wetters möglichst schnell zu fahren.[16] Unter diesen Umständen überrascht es nicht, daß schon in den ersten vier Jahrzehnten des 17. Jahrhunderts die venezianische Handelsflotte um die Hälfte zusammenschmolz. Als der venezianische Handel im 18. Jahrhundert zaghafte Erholungstendenzen zeigte, stand bereits ein neuer Konkurrent vor der Türe, nämlich das gegenüberliegende Triest, das, von Maria Theresia großzügig gefördert, zum Hauptimporthafen der habsburgischen Großmacht wurde.

Nicht viel anders verlief der Niedergang des zweitwichtigsten italienischen Hafens, nämlich Genuas.[17] Auch hier ankerten seit dem Ausgang des 16. Jahrhunderts vermehrt Ausländer: Deutsche, Holländer und Franzosen, während sich die Engländer eher nach Livorno wandten. Entsprechend nahm die Zahl der genuesischen Handelsschiffe ab, und noch schlimmer als in Venedig: Es sank auch die Menge der umgeschlagenen Güter beträchtlich. Ein 1647 unternommener Versuch, mit einer neuen Orienthandelskompagnie, verbunden mit einem Ausbau der Kriegsflotte, verlorenes Terrain wiederzugewinnen, scheiterte kläglich. Immerhin blieben die Genuesen als Händler weiterhin im Ausland tätig, nämlich in Spanien, wo man sie auch im großen Überseehafen Cadiz antreffen konnte. Vor allem aber waren sie wichtige Vermittler des Handels mit dem Königreich Neapel; sie hatten dort größtenteils die Venezianer abgelöst.

Die übrigen alten Häfen Italiens hatten nur noch lokale Bedeutung. Ancona, der Haupthafen des Kirchenstaates, verlor im 17. Jahrhundert ebenfalls ziemlich an Gewicht, erholte sich aber im 18. wieder. Im Süden nahmen dagegen Tarent und Gallipoli einen konjunkturbedingten Aufschwung.[18] In den Haupthandelshäfen Neapel und Messina konnten sich aber für lange Zeit die Engländer festsetzen.[19] Seit dem späten 17. Jahrhundert vermittelten sie im wesentlichen den Außenhandel des Königreichs, der nunmehr eher nach West- und Nordeuropa als nach den anderen italienischen Staaten ging. Zum Schutz der Handelsflotte kreuzte seitdem auch ständig ein Teil der englischen Kriegsmarine in den mediterranen Gewässern. Ihre Verproviantierung erforderte weitere Basen an Land. Diese doppelte maritime Präsenz war die Grundlage eines ständig zunehmenden politischen Einflusses der Engländer, der schließlich dazu führte, daß am Ende des 18. Jahrhunderts ein Lord Acton Erster Minister des Königreichs wurde, Sizilien im Kampf gegen Napoleon vorübergehend ganz in die Gewalt der Briten kam. Ein weiterer Stützpunkt der Engländer war Livorno, der einzige im 17. Jahrhundert prosperierende Hafen Italiens.[20] Die Neugründung der ersten Medici-Herzöge an der toskanischen Küste verdankte diesen Erfolg dem Status als Freihafen. So nahm Livorno Genua einen großen Teil des Umschlags ab und wurde zum wichtigsten Stapelplatz zwischen Westeuropa und dem Nahen Osten. Kaufleute aller Nationen und Religionen – letztgenanntes noch heute im Stadtbild gut sichtbar – ließen sich dort nieder, wobei die Engländer mit rund 40% Anteil eindeutig an der Spitze waren, die Toskaner selbst hingegen sich mit knapp 10% sehr zurückhielten. Die Franzosen, die unter Colbert ja gewaltige Anstrengungen machten, mit den Holländern und Engländern handelspolitisch gleichzuziehen, konnten sich in Italien, wohl auch wegen des politischen Gegensatzes zu Habsburg, nur schwer festsetzen. Außer in

Genua spielten sie in Sardinien noch eine gewisse Rolle.[21] Im internationalen Handel, etwa mit Spanien und dem Orient, aber waren sie ernsthafte Konkurrenten der Italiener geworden. Diese waren nach 1600 im Ausland kaum noch anzutreffen. Die Florentiner zogen sich aus Lyon, Nürnberg usw. zurück und beschränkten sich darauf, noch ein wenig im Binnenhandel mitzumachen. Sehr lange und energisch verteidigten die Luccheser Kaufleute ihre Außenposten in Deutschland und Polen, doch mußten sie angesichts der widrigen Umstände dort und in ihrer Heimat schließlich auch aufgeben.[22]

So hatte Italien also nicht bloß im Gewerbe, sondern auch im Handel weitgehend an Terrain verloren. Der Anteil der einstmals die Meere beherrschenden italienischen Handelsflotte an der Gesamttonnage Europas wird nach dieser Krise noch auf 7–8% geschätzt. Wie abhängig Italien handelspolitisch vom Ausland geworden war, zeigte sich grell darin, daß das florierende Livorno nach dem fast gleichzeitigen Zusammenbruch des Law'schen Bankenimperiums und der englischen Südseekompagnie (1720) in eine schwere Krise geriet. Die Umlagerungen in Gewerbe und Handel hatten Auswirkungen auf die italienische Handelsbilanz. Die Quellenbelege und die Aussagen der Historiker in dieser Frage und erst recht für die Zahlungsbilanz sind widersprüchlich, endgültige Klarheit ist wohl kaum zu gewinnen.[23] Im 16. Jahrhundert hatte Italien zweifellos noch eine sehr aktive Handelsbilanz, die dann im 17. passiv wurde. Dabei gibt es selbstverständlich regionale Unterschiede, auch spielen die jeweils wichtigen Handelspartner eine Rolle. Passiv war die Handelsbilanz, wegen der kumulierten Verluste, in Venedig geworden. Passiv war sie ferner in Ländern mit umfangreicher Fertigwareneinfuhr, wie dem Königreich Neapel, das demgegenüber nur Agrarprodukte ausführte. Ziemlich ähnlich liegt der Fall beim Kirchenstaat, der überhaupt keinen nennenswerten Export hatte, dem aber durch die kirchlichen Taxen aus dem katholischen Europa sowie durch Pilger und Touristen ausländisches Geld zufloß. Genuas Handelsbilanz war seit dem Zusammenbruch sicher stark passiv, doch wurden diese Defizite durch Transferzahlungen von Kapitalgewinnen aufgefangen.

Die dritte Säule des ökonomischen Erfolgs der Italiener im Mittelalter waren das Bank- und Geldwesen, die Finanzspekulation und das Wechselgeschäft gewesen. Doch auch diese Herrlichkeit war spätestens im 17. Jahrhundert zu Ende.[24] Die berühmten Florentiner Bankhäuser waren nur noch ein Schatten ihrer selbst. Die reichen Familien investierten immer kleinere Teile ihres Vermögens in risikobehaftete Finanztransaktionen. Flüssiges Kapital wurde hier wie anderswo jetzt vorzugsweise in Land oder in als sicher geltenden Staatsanleihen (monti) angelegt. In Venedig war der Konkurs des Bankhauses Pisani und Tiepolo (1584) eine düstere Vorankündigung kommender schwieriger Zeiten. Einzig Genua blieb europäische Geldmacht, stand im „genuesischen Jahrhundert" von 1557–1627 sogar an der Spitze der internationalen Hochfinanz.[25] Genua war auf Einnahmen aus dem Geldgeschäft angewiesen, nach dem Niedergang des Gewerbes mehr denn je. Denn als einziger italienischer Staat verfügte es nicht über genügend landwirtschaftliche Ressourcen, um sich selbst zu versorgen. Getreideimporte waren somit für das Überleben unerläßlich. Sie erfolgten z. B. aus Süditalien, wo die Genuesen ja auch im Getreidehandel engagiert waren. Das „Zeitalter der Genuesen" (Braudel) begann, als sich die Fugger nach dem ersten spanischen Staatsbankrott von 1557 zurückziehen mußten und die ligurischen Bankiers, die vorher schon als Kaufleute im spanischen Reich tätig gewesen waren, den immensen Geldbedarf der Habsburger deckten. In dieser Funktion leiteten sie auch das in immer größeren Mengen aus Südamerika kommende Silber, das ihnen als Pfand für ihre Kredite diente, auf die Geldmärkte weiter. Andererseits nahmen sie Geldeinlagen gegen Zins an und verliehen sie gewinnbringend weiter. Dieses goldene Zeitalter neigte sich dem Ende zu, als 1622 die Wechselmessen von Piacenza zusammenkrachten und fünf Jahre danach ein weiterer der vielen spanischen Staatsbankrotte erfolgte. Dies veranlaßte die Financiers der Superba zum Rückzug aus dem nun zu riskant gewordenen Geschäft. Ihr Erbe in Spanien übernahmen portugiesische Juden. Die erlittenen Verluste schmälerten die in den sieben Jahrzehnten erlangten kolossalen Gewinne etwas. Doch war ein großer Teil ja in neapolitanischen „feudi" und anderswie in Sicherheit gebracht worden. Diese Anlagen warfen zwar weniger spektakuläre, dafür regelmäßigere Renditen ab. Doch betrieb Genua aus Notwendigkeit das Geldleihgeschäft weiter bis ins 18. Jahrhundert.[26] Kreditnehmer waren zunächst vorwiegend italienische Staaten, darunter auch der Hauptkonkurrent Venedig. Im 18. Jahrhundert dehnte sich dann der Geschäftskreis wieder auf ganz Europa aus: Besonders Frankreich und die österreichischen Habsburger beanspruchten den Kredit der genuesischen Bankiers. So konnte die Stadt weiterhin ihr Defizit in der Handelsbilanz decken. Es kann jedoch nicht genug betont werden, daß es sich hier um einen Sonderfall innerhalb der italienischen Staatenwelt handelt.

Der weitgehende Rückzug Italiens von der internationalen Hochfinanz hatte seine Rückwirkungen im Lande selber; auch hier reduzierte sich die

Banktätigkeit von Privaten oder Gesellschaften vergleichsweise stark. Mehr denn je lag das Kreditwesen im Italien der Frühneuzeit in den Händen kirchlicher Organisationen. Sie genossen dabei die moralische Unterstützung der Bischöfe, welche so hofften, die jüdischen Wucherer endgültig auszuschalten. Das umfangreiche Kirchengut sollte zum Wohle aller eingesetzt und damit auch mögliche Kritik daran neutralisiert werden. Als wichtige Kreditgeber wurden bereits die Bruderschaften erwähnt. Daneben fungierten Spitäler, Klöster und im Süden die „Ricettizia" als Geldverleiher.[27] In der Stadt Brescia beispielsweise hatten 1783 insgesamt 178 kirchliche Institute total 2,5 Millionen Scudi bei 4267 Personen ausstehend.[28] Von besonderer Bedeutung als Banken der kleinen Leute waren aber die Pfandleihanstalten (monti di pietà).[29] Diese sonst nur noch in Spanien vorzufindenden spezifisch italienischen Institutionen waren schon im Spätmittelalter als Konkurrenz der Juden entstanden, namentlich auf Anregung von Franziskanern. In der Frühneuzeit erfuhren sie eine weitere Ausdehnung, besonders auf mittlere oder kleinere Landstädte, eifrig gefördert von einigen gegenreformatorischen Bischöfen. Die „monti di pietà" waren, wie der Name sagt, Einrichtungen der christlichen Karitas; sie sollten anders als die jüdischen Wucherer und die bürgerlichen christlichen Bankiers bloß ihre Selbstkosten decken, aber keinen oder nur (als Sicherheit) bescheidenen Gewinn erzielen. Sie nahmen ebenfalls Gelddepositen entgegen und gewährten umgekehrt vor allem Kleinkredite. Die Zinsen dafür schwankten stark, zwischen 2 und 10% als Maximum, je nach Bonität des Schuldners, den gegebenen Bürgschaften oder des Werts der Pfänder. Jüdische Geldleiher verlangten demgegenüber in der Regel mindestens 14%. Am häufigsten bewegten sich die Zinsen in der Höhe der von den Moraltheologen als Richtschnur betrachteten 5%. Ein besonders Notleidender konnte wohl auch damit rechnen, eine geringe Summe zinslos zu erhalten. Im Laufe der Zeit, besonders durch die große Depression, verminderte sich der Zinsfuß generell und betrug im 18. Jahrhundert in der Regel weniger als 5%. Damals kamen allerdings aus verschiedenen Gründen nicht wenige „monti" in Schwierigkeiten. Einmal deckten die sinkenden Zinsen und mit ihnen auch die geringere Zinsmarge die Kosten kaum mehr. Dazu erlitten die „monti" häufig Verluste an fälligen Zinsen und selbst an verliehenem Kapital, weil ihr Charakter als kirchliche Institution es ihnen verbot, gegen ins Unglück geratene säumige Schuldner rigoros vorzugehen. In solchen Fällen wurde die „pietà" dem Geschäftsinteresse übergeordnet. Schließlich nahmen immer mehr auch bessergestellte Personen und die Gemeinden die Pfandleihanstalten als Kreditgeber für höhere Summen in Anspruch. Entsprechend weniger gut konnten diese dann, ohne gleichzeitige Ausdehnung des Kreditvolumens, die Bedürfnisse der kleinen Leute decken. Saumselige Buchhaltung und Unterschlagungen brachten weitere Schäden. Die aufgeklärte Kritik säumte nicht, diese Defizite anzuprangern.[30] Einige „monti" mußten damals ihre Tätigkeit einstellen oder saniert werden. Ihre Funktionen übernahmen nun zusehends, endgültig im 19. Jahrhundert, neue Geschäftsbanken. Als reine Pfandleihanstalten existieren sie bis heute weiter.

Ein „naturales" Gegenstück zu den „monti di pietà" sind die von der Forschung bisher noch wenig beachteten „monti frumentari", die Getreidebanken, die nicht Geld, sondern Saatgut verliehen.[31] Sie sind wohl der bezeichnendste Ausdruck der Ruralisierung Italiens im Kreditwesen. Auch sie gab es vereinzelt schon im 15. Jahrhundert. Ihre große Zeit erlebten sie aber erst im 17. und in der ersten Hälfte des 18. Jahrhunderts, wo sie, von Kirchenmännern befürwortet, außerordentlich viele Neugründungen erlebten. Einer ihrer größten Förderer war der nachmalige Papst Benedikt XIII. noch als Erzbischof von Benevent. Besondere Bedeutung gewannen sie neben dem Kirchenstaat im Königreich Neapel. In der dünn besiedelten und rückständigen Basilicata gab es 1780 151 solcher Getreidebanken, also praktisch in jeder Ortschaft eine. Ihr Grundkapital stammte häufig aus einer frommen Stiftung. Betreut wurden sie vielerorts, so in der erwähnten Basilicata, von Bruderschaften. Anderswo waren sie ein Anhängsel der Annona; jedenfalls waren immer Laien die Verwalter. Das ausgegebene Saatgetreide mußte nach der Ernte in vorgeschriebener guter Qualität wieder zurückerstattet werden, dazu ein Zins ebenfalls in Form von Getreide. Er war höher als bei Geldkrediten, in der Regel um die 10–15%. Man muß hier jedoch die Kosten der Lagerhaltung und den natürlichen Schwund durch sie mitberücksichtigen. Die „monti frumentari" haben wesentlich zur Aufrechterhaltung des kleinen bäuerlichen Besitzes in Italien beigetragen; ohne sie wäre die Entwicklung zum Latifundium vermutlich wesentlich schneller und umfassender vor sich gegangen. Im späten 18. Jahrhundert litten viele Getreidebanken unter ähnlichen Problemen wie die Pfandleihanstalten. Zu große Rücksichtnahme auf säumige Schuldner, aber auch Korruption hatten die Getreidevorräte in vielen Fällen erheblich schwinden lassen, so daß sie gelegentlich nur noch auf dem Papier, in der unzulänglich geführten Mengenbuchhaltung, bestanden (monti cartolari) und somit die Hauptfunktion dieser „monti" nicht mehr erfüllt werden konnte. Die manchmal erblich gewordene Verwaltung durch eine oder mehrere führende Familien des Dorfes und die fehlenden Kontrollinstanzen zeigten nun negative Auswirkungen. Im Rahmen der aufgeklärten Reformen kam es daher im Königreich Neapel zu vermehrten Aufsichtsbemühungen und Eingriffen des Staates. Das französische Jahrzehnt brachte dann viele dieser „monti frumentari" zum Verschwinden, sie wurden aber nachher unter der Ägide der Kirche wieder reorganisiert, und es gab sogar bis zum Untergang des bourbonischen Regimes noch Neugründungen. Im neuen Italien wurden sie dann mehr und mehr durch die „casse rurali", die nur noch Geld verliehen, ersetzt, endgültig den Garaus machte ihnen aber erst der Faschismus.

Der Niedergang Italiens in Gewerbe, Handel und Finanzwesen im 17. Jahrhundert hatte sicher viele objektive Gründe. Diese erklären aber kaum die völlige Kehrtwende, die damals vollzogen wurde, die fast gänzliche Abwendung der Italiener von diesen Geschäften, die man nun weitgehend dem Ausland überließ. Sie können nicht darlegen, weshalb man nach dem Abklingen der unmittelbaren Notsituation von Krieg und Pest nicht mehr an die früheren Erfolge wieder anknüpfte und den zweiten und dritten Sektor der Wirtschaft wieder aufbaute. Das Kapital dazu wäre vorhanden gewesen – Italien war aus früheren Zeiten immer noch eine der reichsten Nationen. Sie zeigen auch nicht auf, weshalb die frühere Risikobereitschaft nun einem bisweilen extremen Sekuritätsdenken Platz machte. Um Fragen wie diese zu lösen, muß man wohl auf mentale Dispositionen zur Erklärung zurückgreifen. Sie genau zu erfassen, ist aber keine leichte Aufgabe. In der Literatur werden sie gelegentlich mit den Begriffen „Verlust des Handelsgeistes", als einem Teil des „Verrats des Bürgertums", und als zunehmende „Rentenmentalität" erwähnt, sind aber bis heute noch nie ausführlich beschrieben worden.[32] Dies obschon bereits Zeitgenossen das Phänomen bemerkten: Staatsmänner, wie der venezianische Doge Leonardo Donà oder der Genuese Andrea Spinola, weiter Wissenschafter wie Juan Caramuel, Antonio Serra, Ovidio Montalbani und Paolo Mattia Doria.[33] Ihre Überlegungen wurden dann von der Aufklärung übernommen und weitergeführt. Serra und Doria wirkten in Neapel, wo ein unternehmerisches Bürgertum völlig fehlte. In den beiden großen Hafenstädten des Nordens sowie in Florenz und Lucca lebte es immerhin noch in Resten fort. Offensichtlich fand in Italien mit dem Übergang zum Barock auch ein Mentalitätswandel größten Ausmaßes statt. Warum dieser erfolgte, läßt sich wenigstens andeutungsweise skizzieren. Wir haben das mit der spanischen Mentalität zusammenhängende Problem der Derogation bereits erwähnt. Der Beruf eines Kaufmanns genoß kein Ansehen mehr, war im Gegenteil als „arte vile" verachtet. Soziale Anerkennung konnte er erst gewinnen, wenn er sich von diesen nun offenbar zunehmend als anrüchig gewerteten Tätigkeiten zurückzog und zum Bezieher von Renten, möglichst aus Grundbesitz, wurde. Das Bildungssystem, insbesondere dasjenige der Jesuiten, war nicht auf kaufmännische Fächer ausgerichtet. Einzig die Piaristen, darin „moderner", lehrten diese später.34 Einige Vorgaben des Staates, insbesondere sein Steuer- und Zollsystem, hemmten nicht allein faktisch Gewerbe und Handel, sondern mußten in ihrer Gesamtheit demoralisierend auf den darin Tätigen wirken. Auch religiöse Überzeugungen mochten eine Rolle spielen, so etwa, wenn man den Handel mit den Ungläubigen, konkret den Türken, als unmoralisch betrachtete – eine Wertung, für die man angesichts ihrer Rolle in Italien Verständnis aufbringen kann.35 Wollte jemand neu mit einem Gewerbe beginnen und Unternehmer werden, etwa im Verlagssystem oder in der Manufaktur, so stieß er häufig auf fehlende Arbeitsmotivation und schlechte Arbeitsmoral der unteren Schichten, die angesichts der ausgebauten sozialen Einrichtungen wenig Lust hatten, sich mit disziplinierter Arbeit ihr Brot zu verdienen.36 Umgekehrt gab es für die obere Schicht eine Menge anderer Möglichkeiten, das Leben mit wenig Anstrengung zu fristen. Die große Anzahl der geistlichen Pfründen, die käuflichen Ämter, die reichen Mitgiften veranlaßten viele, diese bequemeren Wege zu gehen. Natürlich gab es immer noch Familien, die ihre Fortune nach dem Muster der Datini oder Medici mit Fleiß und Anstrengung machten. Aber sie waren nunmehr große Ausnahmen.37 Im übrigen vollzogen sich solche Karrieren oft im Ausland und ohne Verbindung zur Heimat. Den religiösen Emigranten des 16. Jahrhunderts, die sich im kalvinistischen Norden niederließen, folgte im 17. und 18. Jahrhundert eine weitere Auswanderungswelle von katholisch gebliebenen Norditalienern, die sich vor allem in Deutschland und Österreich in Gewerbe und Handel betätigten, etwa die später bekanntgewordenen Brentano.38 Auch dieser Sachverhalt belegt die geschwundene Attraktivität der geschäftlichen Tätigkeit in Italien selbst.

Die mentalitätsgeschichtliche Forschung zum „Verlust des Handelsgeistes" hat noch nicht begonnen, und es wird zweifellos noch vieler Arbeiten bedürfen, um hier klarer zu sehen. Nur einige Fragen können hier aufgeworfen werden. Wäre es möglich, daß man von der bisweilen fieberhaften Aktivität genug hatte und Italien sich „ausruhen" und „brachliegen" wollte, wie Croce und Burckhardt vermuteten?39 War angesichts des aufgehäuften

Reichtums weitere Arbeit überhaupt noch sinnvoll? Wurde nach einem halben Jahrtausend (mehr oder minder) geschäftlichen Erfolgs das menschliche Bedürfnis nach Abwechslung in allen Schichten übermächtig? Sah oder ahnte man wenigstens einige der erst später zum Problem werdenden ökologischen und sozial negativen Folgen einer fortgeschrittenen Ökonomie voraus?[40] Erhoben sich im Zeitalter der Gegenreformation moralische Bedenken, den Weg zum ungehemmten modernen Kapitalismus zu beschreiten? Alle diese Fragen münden ein in jene von Max Weber aufgeworfene grundlegende nach dem Zusammenhang von Religion und Ökonomie.

Reagrarisierung und Aufschwung der neuzeitlichen Landwirtschaft

Dem Niedergang von städtischem Gewerbe, Handel und Bankwesen in Italien entsprach umgekehrt ein Aufschwung der Landwirtschaft.[1] Das Interesse der Städter – denn sie und nicht etwa die Bauern waren die Initiatoren – verlagerte sich von den Geschäften auf die Agrikultur. Kapital floß von der Stadt auf das Land, und neben den Palazzo trat die Villa als Wohnsitz. Vielleicht gab es unmittelbar nach dem Zusammenbruch auch eine Migration von arbeitenden Menschen in dieser Richtung.[2] Die Produktion von landwirtschaftlichen Gütern gegenüber den gewerblichen verschob sich zugunsten von jenen. Im Veneto soll ihr Anteil im 18. Jahrhundert schon fünfmal größer gewesen sein[3] – dabei hatte Venedig doch noch etwas Luxusgewerbe und Handel und stand bei der Agrarmodernisierung nicht voran. So scheint es angebracht, für das 17. und 18. Jahrhundert von einer Reagrarisierung großen Ausmaßes bzw. einer Ruralisierung des Landes zu sprechen.[4]

„Oh, wie blind sind gewiß jene Kaufleute, die zu jeder Zeit zu Lande, auf dem Meer, über Berge und durch Wälder reisen, mit unendlichen Gefahren für ihr Leben und ihr Vermögen, begierig, ihre zwanzig oder dreißig Prozent Gewinn zu erlangen; nur darum lassen sie nicht von diesem traurigen Beruf und widmen sich jenem anderen (der Landwirtschaft, P.H.), welcher nicht nur zwanzig oder dreißig, sondern hundert Prozent von dreißig einträgt." So pries der Agrarschriftsteller Agostino Gallo um 1560 die Vorzüge seines Gewerbes.[5] Sicherlich darf man das Lob des Landlebens in der damals einsetzenden Welle von Traktaten zum Thema nicht ganz voll nehmen: Vieles ist literarischer Topos aus Vergil und anderen antiken Schriftstellern. Gleichwohl sagt allein die Tatsache, daß diese Literatur damals Konjunktur hatte, Wesentliches aus.[6] Vermutlich war sie bereits Antwort auf eine bestehende Nachfrage, denn in Einzelfällen läßt sich die eingangs bemerkte Verlagerung schon im späten 15. und im 16. Jahrhundert nachweisen. Umgekehrt haben die theoretischen Schriften wohl die im Gang befindliche Umstellung weiter gefördert, auch wenn man sich über die Reichweite der Lektüre keine Illusionen macht: Wären die Ratschläge zur Verbesserung der Landwirtschaft immer und überall sogleich befolgt worden, so hätte es nicht weiterer Traktate bedurft, die das Gesagte mehr oder minder variiert wiederholen. Doch muß hier einmal mehr auf die regionalen Unterschiede hingewiesen werden; sie spiegeln sich auch im Autoren-

Katasteraufnahme eines Großgrundbesitzes mit Villa:
Lonigo (Veneto)

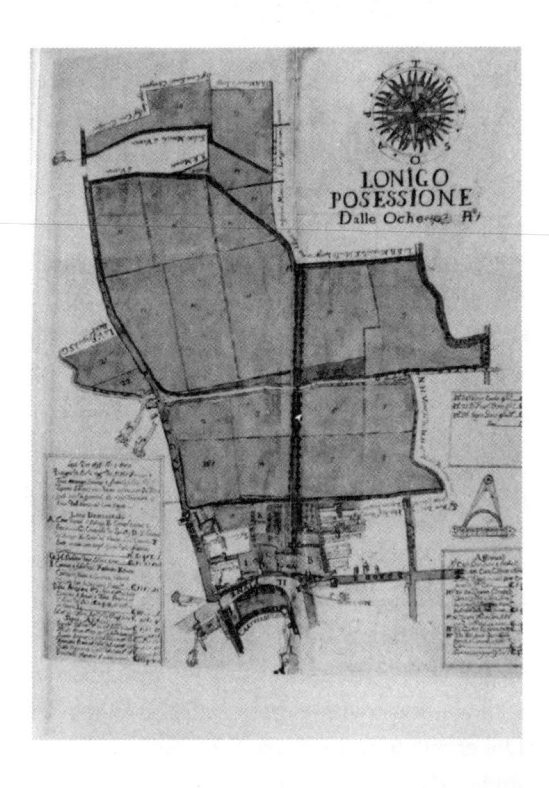

kreis und in den Publikationsorten der Schriften, wo Venedig bei weitem an der Spitze steht, wider.7 Die am höchsten entwickelte Landwirtschaft hatte damals die Lombardei. Sie rief die Bewunderung der englischen Agrartheoretiker John Symonds und Arthur Young hervor, welche diese Gegend im 18. Jahrhundert bereisten und aus der Sicht der sehr fortgeschrittenen englischen Agrikultur urteilten. Der Lombardei stand die nördliche Toskana mit ihrem „poderalen" System kaum nach. Auf einer mittleren Stufe befand sich die Landwirtschaft in den flachen und hügeligen Gebieten des Veneto, Piemonts und der Emilia; hier setzte die Agrarbewegung etwas später ein. Südlich davon, im Kirchenstaat um Rom, im Königreich Neapel und auf den Inseln wurde die Landwirtschaft, abgesehen von wenigen isolierten Punkten, traditionell betrieben. Sie war hier schon immer der dominante und fast einzige Produktionszweig gewesen, ihr fehlte der im Norden wirksame „push"-Faktor. Es fehlte dort auch die Agrarliteratur, wenn man vom Lob der Landwirtschaft absieht, das Carlo Tapia in seinem grundlegenden Traktat über die Annona anstimmte.8

Der Inhalt der Agrartraktate ist hier nicht zu referieren. Er entspricht etwa dem, was im deutschen Raum als „Hausväterliteratur" bekannt ist, jedoch mit Konzentration auf die Landwirtschaft unter besonderer Berücksichtigung der technischen und finanziellen Aspekte. Antike und aktuelle Anregungen aus anderen Ländern flossen mit ein.[9] Es ist eine durchaus mit rechnerischem Kalkül betriebene, gewinnorientierte Landwirtschaft, die da propagiert wird: sie sollte die Erträge steigern helfen und dem Eigentümer, auch auf dem Rücken der Pächter, geldwerte Vorteile bringen. Mit den Traktaten drang buchhalterisches Denken in die Agrarökonomie ein, und es verwundert nicht, daß ehemalige Kaufleute die besten Landwirte wurden. Inwieweit allerdings diese Anweisungsliteratur, deren Verfasser häufig betonten, nicht bloß Theoretiker zu sein, sondern aus eigener Erfahrung zu schreiben, im einzelnen befolgt wurde, ist schwer zu sagen. Tatsache ist einzig, daß damals Hunderte, ja vielleicht Tausende von Patriziern der Auffassung Gallos und anderer folgten und die Geschäfte liegen ließen. Der Aufforderung, der Eigentümer müsse auch in seiner Villa, als dem neuen ökonomischen Zentrum, wohnen, kamen sie alle wenigstens teilweise nach, indem sie im saisonalen Rhythmus von der Stadt aufs Land und wieder zurück wechselten. Sie suchten die Nähe zur Produktion und überwachten sie, wenn möglich, persönlich. Sonst wurde diese Aufgabe an den Faktor als Fachmann delegiert. Die erhaltenen, aber erst punktuell ausgewerteten Briefwechsel mit diesen zeigen das Interesse der Eigentümer sehr gut: Häufig gingen die Briefe wöchentlich hin und her.[10] Die bekanntgewordenen Beispiele stammen vor allem aus dem Veneto, doch wird es in der Lombardei und in der Toskana wohl nicht anders gewesen sein. Hingegen interessierten sich die genuesischen Patrizier und die römischen Adligen, abgesehen vom Rentenbezug, kaum für das Schicksal ihrer Landgüter.[11] Die Größe der erworbenen Güter und die dafür ausgelegten Summen könnten als quantitatives Indiz für das Ausmaß des neuen Interesses an der Agrikultur gelten. Sie sind für einige venezianische und mailändische Familien, die sich bis dahin Gewerbe und Handel gewidmet hatten, berechnet worden.[12] In zwei, drei Generationen oder wenigen Dezennien wurden von jeder Hunderte von Hektaren erworben. An der Spitze stehen die d'Adda, die mehr als 1600 Hektar Land kauften und dafür eine Million Lire auslegten. In ähnlichen Größenordnungen bewegten sich die Investitionen der Riccardi in Florenz. Zwischen 1611 und 1670 stieg deren Grundbesitz wertmäßig fast um das Doppelte, während die Anlagen in „negozi" auf ein Drittel zurückfielen.[13]

Die Gründe der „corsa alla terra" sind z. T. schon im Zusammenhang mit der Refeudalisierung und dem wirtschaftlichen Zusammenbruch beleuchtet

worden. Ein allererster Faktor ist sicher das Bevölkerungswachstum im
16. Jahrhundert, das der Landwirtschaft günstig war: Man benötigte nun eben
mehr Nahrungsmittel, und das trieb, bei der unelastischen Nachfrage, die
Preise empor. Auch wenn Gallo übertrieb: Die Renditen waren damals sehr
hoch. Die gleichzeitige Inflation und erlittene Verluste bei Geldgeschäften
ließen den Sicherheitsaspekt der Vermögensanlage in Landgütern in den Vordergrund rücken. Steuerflucht, eine eher pessimistische Einschätzung der
Chancen in geschäftlichen Tätigkeiten, vielleicht auch ein gewisser Überdruß
an der städtischen Kultur waren weitere Gründe, sich agrikolen Tätigkeiten
zu widmen. Diese galten nicht als „vile", entehrten nicht, im Gegenteil: Zum
erwünschten Aufstieg in den Adel gehörte notwendigerweise Grundbesitz
außerhalb der Stadtmauern. Das Schreckensjahr 1630/31 hat dann, nach einer gewissen Schockpause, bloß einen bereits in Gang befindlichen Prozeß beschleunigt, in seinen Ausmaßen vergrößert und unumkehrbar gemacht. Zwar
sanken damals auch die landwirtschaftlichen Renditen, aber sie waren dennoch
höher als die im Gewerbe zu erzielenden, und nach Überwindung der unmittelbaren Pestfolgen ließ sich auf dem Land eine bessere Zukunft erhoffen. Im
übrigen: Wo sonst hätte man denn vorhandenes Geld klug investieren können? Vorübergehend billig gewordenes Land schien in diesen Zeiten die beste Alternative. Bisweilen führte auch schiere Not dazu. Lucca etwa mußte
nach dem Zusammenbruch seines Seidenexports in seinem kleinen Territorium zwangsläufig die Landwirtschaft intensivieren, wollte es überleben.[14]

Die Hinwendung der Italiener zur Landwirtschaft hängt wahrscheinlich
aber auch mit einem anderen, eher mentalen Faktor zusammen, nämlich mit
der Rolle der Kirche. Nach allem, was wir bisher über den Klerus und seinen
Besitz – im wesentlichen eben nutzbare Landgüter – wissen, ist dieser Einfluß nicht gering zu veranschlagen. Die Kirche war zutiefst von einer agrikolen Ideologie geprägt; Gewerbe und erst recht Handel und Geldgeschäfte
waren ihr suspekt bis sündhaft. Man braucht hier bloß an die jahrhundertelangen Diskussionen um das kanonische Zinsverbot zu erinnern. Die wieder
steigende Macht der Kirche im Zeitalter der Gegenreformation geht mit der
Reagrarisierung parallel. Die große Figur der Gegenreformation, Karl Borromäus, der aus einer Familie stammte, die sich schon ganz früh, im 15. Jahrhundert, vom Handel ab- und der Landwirtschaft zugewandt hatte, war auch
in dieser Hinsicht Vorbild. Obschon er als Erzbischof in einer Stadt wirkte
(wirken mußte!), hatte er ein negatives Bild von ihr und predigte die Rückkehr aufs Land. Er hatte eigentlich kein rechtes Verhältnis zum Geld und sah

im Ackerbau die einzige ethisch vertretbare Erwerbsmöglichkeit.[15] Seine Auffassung teilten andere Bischöfe, die sich dann, im Rahmen ihrer Sorge für die Landbevölkerung, auch für agrarische Fragen interessierten.[16] Dies gilt auch und gerade für Süditalien, wie etwa die Geschichte der Getreidebanken zeigt. Geistliche waren nicht selten Verwalter von Landgütern, als solche treten sie auch als Agrarschriftsteller neben Patriziern in Erscheinung.[17] Für sie ist die aristotelische Ökonomie wegweisend, und ihre Überlegungen zur Landwirtschaft sind, was nicht überraschen kann, häufig in theologische Bezüge eingebunden. Viele kirchliche Institute lebten weitgehend in den geschlossenen Kreisläufen einer naturalen Ökonomie.[18] Obschon, wie wir sahen, der Großteil der Geistlichkeit in der Stadt lebte, war er durch den Kirchenbesitz gleichwohl eng mit der Agrarwirtschaft verbunden.[19] Der Landpfarrer, vielfach einziger Vertreter der Intelligenz dort, sah sich tagtäglich mit Problemen der Landwirtschaft konfrontiert, vor allem dann, wenn er sein Gut selber zu bearbeiten hatte wie die Priester der „Ricettizia". Die agrikole Ideologie der Kirche wirkte sich auf die konkrete Bewirtschaftung ihrer Güter ambivalent aus.[20] Einige kirchliche Institute, vor allem die alten Orden, hielten ganz an der traditionellen Bewirtschaftung fest, wollten keine Neuerungen und suchten keine Ertragssteigerung. Dies konnte zu Vernachlässigung und Substanzverlust führen: Im 18. Jahrhundert gerieten nicht wenige Klöster in Schwierigkeiten, weil sie der Konkurrenz der anderen, inzwischen modernisierten Betriebe nicht mehr gewachsen waren und auch keine finanziellen Reserven mehr hatten.[21] Andere aber folgten den Ratschlägen ihrer schreibenden Standesgenossen und bewirtschafteten ihre Güter zeitgemäß und ertragsorientiert, auch um die wachsenden kirchlichen Bedürfnisse decken zu können. Als besonders gut verwaltet galten die Ländereien der Jesuiten, wo man durchaus rationalen Prinzipien folgte.[22] Es ist erstaunlich, wie dieser abgesehen von den Missionen doch sehr stadtbezogene Orden auch der Landwirtschaft sein Augenmerk widmete.

Die Organisation der italienischen Landwirtschaft läßt sich regional nur schwer klar differenzieren. Großbetrieb und bäuerlicher Kleinbesitz unter einem Hektar gab es in den meisten Teilen des Landes nebeneinander, oft koexistierend, indem der Bauer neben der Bewirtschaftung seines Eigentums als Taglöhner auf jenem arbeitete. Vor allem im Flachland finden sich einige Schwerpunkte des Großbetriebs. Dazu zählen etwa die Großpacht in der Lodigiana, das Latifundium im römischen „agro", die apulische „masseria" oder die Neugründungen in Sizilien. Für das Hügelland ist die in Halbpacht vergebene „poderale" Familienwirtschaft, eigentlich eine Einzelhofsiedlung, am ehesten charakteristisch. Am verbreitetsten war das Eigenland und ebenso die Allmende im Gebirge. Das Ausmaß des kleinen bäuerlichen Besitzes, der Anteil der Allmende, der intensive Gartenbau und die wahrscheinlich ausgedehnte Sammelwirtschaft sind vermutlich in der italienischen Agrargeschichte unterschätzt worden. Diese befaßte sich als „storia aziendale" in erster Linie und bis in alle Details mit dem Großbetrieb, an dem sich ja die „Modernität" am besten zeigen ließ.[23] Noch ein anderer Grund führte dazu: Während die erstgenannten Formen agrarischer Wirtschaft kaum Niederschlag in den Quellen gefunden haben, hinterließen die Großbetriebe reichlich schriftliches Material, wozu auch ganze Zahlenberge gehören, was nach dem eingangs Gesagten nicht überraschen kann. Diese etwas einseitige Sichtweise müßte vielleicht in zukünftigen Forschungen etwas korrigiert werden.[24]

Großflächige Eigenwirtschaft war in Italien Ausnahme, sie wurde auch von den meisten Agrartheoretikern nicht empfohlen. Der größte Teil des Herrenlandes war somit in irgendeiner Form verliehen oder verpachtet.[25] In ganz Italien existierte die Erbpacht in Form der „enfiteusi". Namentlich Kirchengut war in dieser für den Bauern sehr günstigen Leiheform mit gleichbleibenden Grundzinsen vergeben. Die Tendenz, sie durch die für den Eigentümer vorteilhaftere Zeitpacht zu ersetzen, ist allerdings unübersehbar. Nur selten, etwa in der großen Krise nach 1630/31, gelang es den Bauern zeitweise, jene Leiheform entgegen dem herrschenden Trend durchzudrücken.[26] Die „enfiteusi" war, ökologisch gesehen, zukunftsbezogen, weil sie den Ackersmann zu einem sorgfältigen Umgang mit dem Boden veranlaßte. Die Zeitpacht gab es in verschiedenen Formen, denen aber gemeinsam war, daß der Pachtzins periodisch, im Extremfall jährlich, erhöht werden konnte. Daß diese Anpassungen vorgenommen wurden, läßt sich vielfach belegen. Rücksichtslos eingetriebene hohe Pachtzinsen führten dann viele Bauern in die Verschuldung, der sie nur mit dem Verkauf ihrer Eigengüter entrinnen konnten, die sie dann wiederum in Pacht nahmen – ein Teufelskreis, der neben der Usurpation der Allmende das allmähliche Entstehen des Großgrundbesitzes weitgehend erklären kann. Dieser dunkle Hintergrund des Erfolgs der italienischen Landwirtschaft sollte nicht übersehen werden. Allerdings konnte sich die Zeitpacht auch als Bumerang für den Eigentümer erweisen, nämlich dann, wenn der gepreßte Pächter nur im kurzfristigen Horizont der Pachtdauer wirtschaftete und den Boden bis zur Erschöpfung ausnutzte.[27] Zwischen diesen beiden Formen steht die Halbpacht, die „mezzadria". Sie fand ihre klassische Form in der Toskana und in den angrenzenden Teilen des Kirchenstaats, breitete sich aber, vor allem im Norden, weit darüber hinaus aus und verschwand erst in der Mitte unseres Jahrhunderts endgültig. Sie ist, vielleicht etwas verklärend, oft als Idealverhältnis zwischen Landbesitzer und Pächter beschrieben worden. Produktionseinheit war das „podere", das einzelstehende Gut in der Größe von einigen Hektaren. Diese war auf die Zahl der verfügbaren Arbeitskräfte, bezogen auf die durchschnittliche Familie, und ihrer Selbstversorgung mit Agrarprodukten zugeschnitten.[28] Die Frau war in dieses System fest eingebunden, die Verträge liefen über mehrere Jahre. Im Gegensatz zu den übrigen Pachtformen stellte der Verpächter nicht allein den Boden, sondern auch Gebäude und Werkzeuge, bisweilen auch Zugtiere zur Nutzung zur Verfügung. Die Erträge wurden in der Regel zur Hälfte (daher der Name) zwischen Herr und Pächter aufgeteilt, mit einigen Abweichungen nach oben und unten bei gewissen Produkten. Die „mezzadria" führte anders als die Zeitpacht zu einem schonenden Umgang mit den Ressourcen. Häufig war der Pächter auch vertraglich zu Landverbesserungen verpflichtet. Umgekehrt hatte der Verpächter in Notfällen (Mißernten, Viehseuchen) Hilfe zu leisten.

Die Ertragssteigerung der italienischen Landwirtschaft im 17. und 18. Jahrhundert beruhte sicher zu einem großen Teil, aber nicht ausschließlich, auf der besseren Ausnützung der bäuerlichen Arbeitskraft. Es gab noch wie im Mittelalter Binnenkolonisation. Das bekannteste und bedeutendste Beispiel Sizilien wurde schon erwähnt, weitere Versuche wurden im Königreich Neapel, in Sardinien und im Kirchenstaat unternommen. In Ligurien drängte man gegen das Gebirge vor und rodete Wald, um Landwirtschaft zu betreiben. Venedig, das landwirtschaftliche Neuerungen eher zögernd aufnahm, versuchte mit dem altbekannten Mittel der Bonifikation, d. h. der Trockenlegung von Sumpfland, mehr Ackerfläche zu gewinnen.[29] Sie fand bis etwa 1610 statt, dann trat eine lange Pause ein, bis im 18. Jahrhundert wiederum 188.000 Hektar auf diese Weise gewonnen wurden. Die Stadt gab dafür beträchtliche Mittel aus, profitiert haben von dem Neuland dann allerdings auch vorwiegend patrizische Familien. Wie sehr man allerdings inzwischen technisch ins Hintertreffen geraten war, zeigt sich darin, daß man nunmehr holländische Wasserbauingenieure beizog. Im Mittelalter waren die Italiener auf diesem Gebiet noch führend gewesen. In den toskanischen Maremmen und weiter im Süden während des 16. Jahrhunderts unternommene Bemühungen zur Bonifikation scheiterten indes und wurden erst im aufgeklärten Zeitalter, nachdem sich das Sumpfland neuerdings ausgedehnt hatte, wiederaufgenommen.[30] Die sozusagen entgegengesetzte technische Methode zur Verbesserung der landwirtschaftlichen Erträge, nämlich die künstliche Bewässerung, war ebenfalls schon im Mittelalter, namentlich in der Lombardei, in weitem Ausmaß praktiziert worden und breitete sich nun weiter aus, nachdem ebenfalls die große Krise eine gewisse Pause gebracht hatte[31], in der auch die bestehenden Anlagen schlecht unterhalten worden waren. In der Lodigiana stieg der Anteil des bewässerten Landes von der Mitte des 16. Jahrhunderts bis zum Beginn des 18. gleichwohl von 56 auf 73% der Gesamtfläche, ähnlich war es im Pavese. Auch diese Technik, die vor allem den Futterwiesen und selbstverständlich dem Reisanbau zugutekam, erforderte hohe Kapitalinvestitionen für Bau und Unterhalt der Kanäle. In der Lombardei stoßen wir ferner schon früh auf einige Verbesserungen, die etwa gleichzeitig in England, aber offenbar unabhängig gemacht und dann im 18. Jahrhundert gesamteuropäisch propagiert wurden. Sie bilden eine Kette: Wässerwiesen ermöglichten vermehrten Futterbau, dies erlaubte verstärkte Tierhaltung in Ställen, was mehr Dünger brachte, der wiederum die Erträge auf den Äckern erhöhte. Dazu trat die systematische Fruchtwechselwirtschaft anstelle des primitiven Dreifeldersystems. In der mezzadrilen Hügellandschaft besonders der Toskana, aber auch in Teilen Norditaliens und um Neapel suchte man mit dem System der „coltura mista" oder der „doppelstöckigen Landwirtschaft" die Erträge zu mehren.[32] Neben der offenen Flur bepflanzte man einen Teil des Landes mit nutzbaren Bäumen (Obst oder Maulbeer – Oliven waren dazu nicht geeignet). An diesen hingen in Girlanden die weinproduzierenden Reben herunter. Den Boden ganz unten konnte man dann mit etlichen anderen Früchten bebauen. Auch die Hecken an den Grenzen sollten neben Brennholz Fruchterträge liefern. Diese vielfältige Landwirtschaft verteilte die Arbeit gleichmäßiger als eine Monokultur: Irgendwo gab es immer etwas zu tun, so daß für Heimarbeit höchstens noch im Winter Zeit übrig blieb. Andere technische Verbesserungen blieben vorerst beschränkt. Das Werkzeugsortiment erfuhr eine gewisse Verfeinerung. Der Agrarschriftsteller Camillo Tarello erfand sogar eine Sämaschine, doch ließ die praktische Anwendung dieser und anderer Erfindungen bis ins 19. Jahrhundert auf sich warten.[33] Die kunstvollen in Italien verwendeten Pflugführungssysteme hat der an technischen Fragen interessierte Agrarhistoriker Carlo Poni beschrieben.[34]

Die Produktpalette der italienischen Landwirtschaft ist uns zum Teil bereits aus dem Abschnitt über den Handel bekannt. Die Aufzählung der landwirtschaftlichen Exportgüter dort darf aber nicht darüber hinwegtäuschen, daß die erste Priorität dem Grundnahrungsmittel Brotgetreide galt. Als solches drangen in unserer Epoche Weizen und Roggen auf Kosten anderer und älterer Sorten wie Hirse, Hafer, Gerste und Dinkel vor. Der Ertrag, gemessen am Verhältnis ausgesätes : geerntetes Korn, konnte sich sehen lassen. Er war in Süd- und Mittelitalien mit 1 : 5–7 so hoch wie in Frankreich und höher als in Mitteleuropa. Im Norden konnte der Ertrag im 18. Jahrhundert doppelt so hohe Werte erreichen und stand damit an der europäischen Spitze. Am bemerkenswertesten ist aber für die Frühneuzeit die enorme Ausdehnung des Reis- und Maisanbaus in Norditalien. Der Reis wurde zunächst im 16. Jahrhundert um Vercelli – noch heute das bedeutendste Produktionsgebiet – angebaut und breitete sich von dort nach der Mitte des 17. Jahrhunderts weiter aus in die Lombardei, ins Mantuanische, ins Veneto (Gebiete um Verona und Vicenza), ins Piemont.[35] Die Zuwachsraten waren an einigen Orten außergewöhnlich hoch, in der Lombardei waren im 18. Jahrhundert rund 10% der bebauten Fläche Reisfelder. Der Reis bedurfte neben hoher Temperaturen systematischer Bewässerung, unter Umständen ließ sich allerdings auch nicht bonifizierbares Sumpfland für den Anbau verwenden. Die notwendigen Erstinvestitionen einmal gemacht, lieferte der Reis höhere Hektarerträge als der Weizen und bescherte den Agrarunternehmern doppelt so hohe Renditen. Ein großer Teil ging in den Export, Italien war ja lange Zeit der einzige Produzent in Europa. Ein Problem war allerdings, daß die weiten stehenden Wasserflächen die Ausbreitung der Malaria begünstigten, so daß die Sanitätsbehörden der Städte die ständige Ausdehnung des Reisanbaus nicht immer gerne sahen. Fast gleichzeitig mit dem Reis wurde der aus Amerika kommende Mais in Italien angebaut, zuerst vereinzelt im Veneto.[36] Im übrigen Norditalien setzte er sich aber erst gegen Widerstände und nach der Überwindung der großen Krise durch; sein eigentlicher Siegeszug erfolgte dann im 18. Jahrhundert, als der Nahrungsspielraum wieder knapper wurde. Um diese Zeit drang er auch weiter nach Süden (Emilia-Romagna, Toskana) vor. Auch der Mais lieferte wesentlich höhere Hektarerträge als die europäischen Getreide und wurde so, wie schon erwähnt, zum nicht ganz unproblematischen Volksnahrungsmittel.

Als durch den großen Bevölkerungsrückgang im 17. Jahrhundert die Nachfrage nach Getreide sank, wurden ersatzweise andere, auch exportfähige Produkte angebaut. Großbetriebe reagierten jeweils rasch und flexibel auf solche und andere Veränderungen und waren zu anbautechnischen Experimenten bereit. Als wichtigstes Konkurrenzprodukt zum Getreide ist der im 17. Jahrhundert in sehr vielen Gegenden vermehrt erzeugte Wein zu nennen.

Eine andere Alternative waren Textil- (Hanf, Leinen) oder Färbepflanzen (Waid). Sie verblassen aber vor der Seide. Die Kultur der Maulbeerbäume als Futterpflanze für die Seidenraupen breitete sich schon im späten Mittelalter über ganz Mittel- und Norditalien aus und erreichte im 17. Jahrhundert selbst entlegene Täler.[37] Vor allem aber erfolgte ein quantitativer Aufschwung. Außerdem ließ sich der Maulbeerbaum günstig mit anderen Kulturen kombinieren. Eine weitere Konkurrenz des Getreides konnten Nutztiere sein. Im Norden waren es vor allem Kühe, welche die Milch für den als Parmesan bekannten (aber keineswegs hauptsächlich dort hergestellten) Hartkäse lieferten.[38] Parallel damit ging eine Zunahme der Schweinehaltung, welche Abfälle aus der Käseproduktion verwerten konnte. Viehzucht betrieben auch die süditalienischen „massari". Sonst trat im Süden die Wollschafzucht zeitweise an die Stelle des Getreidebaus. Vernachlässigte Gebiete, aus denen sich das Getreide zurückzog, wie die Maremmen und der „agro romano", wurden vor allem auf diese Weise noch extensiv landwirtschaftlich genutzt.[39] Das klassische Gebiet der Wollschafzucht war aber das nördliche Königreich Neapel mit den Abruzzen, der Molise und der Capitanata.[40] Im System der Transhumanz zogen die Herden, insgesamt durchschnittlich um die eineinhalb Millionen Tiere, auf besonderen Triften (tratturi) im Mai in die Berge, im Oktober wieder auf die Ebenen des apulischen Tavoliere. Dabei hatten die Besitzer, wie auch in den beiden vorgenannten Gegenden, eine Abgabe an den Staat zu entrichten, in unserem Falle eingehoben von der bis 1806 bestehenden Dogana von Foggia. Diese fungierte auch als Schlichtungsinstanz bei Streitigkeiten zwischen den Herdenbesitzern und den nicht seltenen Interessenkonflikten zwischen diesen und den Getreideproduzenten. Weitere Zentren der Wolleproduktion waren Kalabrien und Sardinien. Das Leben der Hirten war hart und entbehrungsreich und hatte wenig mit der damals in der Literatur beliebten Schäferidyllik gemein. Vielmehr rekrutierten sich aus diesem Berufe die meisten Banditen. Wegen der regelmäßigen Einnahmen durch die Dogana begünstigte der Staat aber die Wollschafzucht, auch wider besseres Wissen. In Neapel erlebte sie nach einer Krise ab 1612 seit 1686 eine letzte Konjunktur. Diese ging auf Kosten des Getreidebaus, den man in diesen Gegenden bis zu krisenhaften Erscheinungen vernachlässigte. An diesem Punkt setzte die Kritik der Aufklärung an dem extrem staatlich regulierten pastoralen Gewerbe ein.

Die Renditen, die sich auf landwirtschaftlichen Großbetrieben erzielen ließen – nur dort verfügen wir über meßbare Größen –, spiegeln die Agrarkonjunktur wieder.[41] Beispiele aus verschiedenen Teilen Italiens zeigen, daß in unserer Epoche im Schnitt eine Nettorendite von 4–5% das Übliche war. Der Ertrag war somit nicht geringer als bei Geldanlagen wie „monti" usw. Selbst wenn er es gewesen wäre, hätte der „soziale Zins" des statuserhöhenden Grundbesitzes die Differenz mehr als aufgewogen. In guten Zeiten, etwa in den Boomjahren um 1600, vor der großen Depression, konnte die Rendite wohl auch auf 7–8% – so die Zahlen für Norditalien – steigen. Das Umgekehrte traf dann nach 1630/31 ein, wo sie bisweilen nur 1–3% betrug. Dies war jedoch eine vorübergehende Krise. Um 1650, spätestens um 1670 hatte sich die Lage wieder normalisiert, und es folgte eine langanhaltende Agrarkonjunktur. Auch die Toskana kannte im 17. Jahrhundert einen ähnlichen Einbruch. Im Kirchenstaat und im spanischen Süden ließen sich bei der relativ rückständigen Technik und der strikt annonarischen Politik nie so hohe Renditen erzielen – vermutlich einer der wesentlichen Gründe, weshalb sich hier im Agrarwesen wenig änderte.[42] Im Königreich Neapel gingen die Getreideproduktion und -exporte schon um 1600 zurück, vielleicht im Zusammenhang mit den vorrevolutionären politischen Umständen. Die Pest im Norden ließ dann die Nachfrage nach Getreide aus dem Süden auf Null sinken, und als die Seuche 1656 Neapel traf, hatte sie den genau gleichen Effekt wie dort: Die Rendite ging stark zurück. Etwas phasenverschoben wurde auch Sizilien von einer Agrarkrise erfaßt, die Getreideexporte hörten nach der Mitte des Jahrhunderts auf.[43] Nach einigen Jahrzehnten der Stagnation erholte sich die Landwirtschaft im Süden wieder einigermaßen auf den Stand von vorher, aber, wenigstens qualitativ, nicht darüber. Als insgesamt wenig für Konjunkturkrisen anfällig erwiesen sich die auf sich gestellten Berggebiete in ganz Italien.[44] Ihnen standen mit Weidewirtschaft und Saisonemigration Alternativen zur Verfügung, mit dem sie den bisherigen niedrigen Lebensstandard wenigstens halten konnten.

Ruggiero Romano hat den wirtschaftlichen Zusammenbruch Italiens im 17. Jahrhundert als einen totalen gesehen und die Landwirtschaft ausdrücklich miteinbezogen. Andere Forscher neigen eher dazu, die Folgen des Ereignisses zu bagatellisieren. Es hat den Anschein, daß man klar nach wirtschaftlichen Sektoren unterscheiden kann. Während die Aktivitäten des Gewerbes und der Dienstleistungen real zurückgingen und niemals wieder den früheren Stand erreichten, machte die Landwirtschaft nur kurze Krisen durch und stand im 18. Jahrhundert auf einem weit höheren Niveau als im 16., wenigstens in Norditalien und in Teilen der Mitte. Der im 17. Jahrhundert stattgefundene Deindustrialisierungs- und Reagrarisierungsprozeß ist in seinem Umfang in Europa einmalig. Er zeigt, daß die Geschichte keine Einbahnstraße ist. In der Wirtschaftsgeschichte wird üblicherweise die Verlagerung der ökonomischen Tätigkeit vom ersten auf den zweiten und dritten Sektor als selbstverständlich angesehen und unbefragt als „Fortschritt" apostrophiert. Es ist ein Prozeß, der im Mittelalter begann und bis heute andauert. Seine scheinbare Zwangsläufigkeit hat dazu geführt, entgegengesetzte Entwicklungen zu übersehen. Italien ist dazu ein gutes Beispiel. Während anderswo Welthandel und Überseekompagnien, Protoindustrie und Manufaktur, Naturwissenschaften und Technik emporkamen, zog es sich – mit guten Gründen – auf die ursprünglichste aller menschlichen Aktivitäten, auf die agrarische zurück. Es übernahm nicht kritiklos Rezepte, die anderswo als Gradmesser des „Fortschritts" und der „Modernisierung" betrachtet wurden. Es fand einen anderen Entwicklungspfad als den zur industriellen Revolution. Darin liegt vielleicht, wie Peter Musgrave zu Recht bemerkte[45], eine nicht geringere Leistung als die der bewunderten „Kernländer" Niederlande und England, um die beiden Gegenpole zu nennen.

5

Das Scheitern der tridentinischen Reformbewegung

Der Titel dieses Abschnitts mag überraschen, ja provokativ wirken. Allgemein herrscht die Auffassung, daß in Italien wie anderswo in der katholischen Welt mit Trient ein neues Zeitalter der Kirche begonnen habe und Gegenreformation und katholische Reform vollendete Tatsachen seien.[1] Bereits einiges früher zum Klerus Gesagte sollte aber zur Vorsicht hergebrachten Urteilen gegenüber mahnen. Die weltlichen Motive, die viele in den geistlichen Stand drängten, Refeudalisierung, Adelskirche, Kommende und päpstlicher Nepotismus, nicht ins tridentinische System passende Überbleibsel wie die „Ricettizia", die „chierici selvaggi", die Eremiten und die „bizzoche", die weltlichen Nebenbeschäftigungen der Geistlichen und die Verwaltung des Kirchenguts, das vorläufige Fehlschlagen der Seminarausbildung, die zwar gebesserte, aber noch keineswegs immer dem Ideal entsprechende Moral des Klerus, die soziale Funktion der Klöster im Rahmen des Fideikommisses und ihre Wiederverweltlichung usw. – das alles waren z. T. strukturelle Hindernisse, die sich der endgültigen Durchführung der Reform in den Weg stellten. Die Frage soll hier auf einigen weiteren Feldern untersucht werden. Vorerst ist dazu ein kritischer Blick auf die Quellen notwendig, die den Darstellungen dieser Epoche zugrundegelegt werden.

Die mehrheitlich von Laien betriebene italienische kirchengeschichtliche Forschung hat überall exzessiv mit den ad limina-Berichten der Bischöfe, den neu vorgeschriebenen, alle drei Jahre vorzulegenden Rechenschaftsberichten an den Papst, gearbeitet; Dutzende von Diözesen sind auf diese Weise untersucht und die Texte teilweise auch publiziert worden.[2] Es ist aus arbeitstechnischen Gründen naheliegend; denn diese Quellen sind alle bequem an zentraler Stelle, im Vatikanischen Geheimarchiv in Rom, greifbar. Ihr Wert ist aber höchst zweifelhaft, denn man muß bei ihnen, wie schon die bisweilen blumige Sprache zeigt, mit erheblichen Beschönigungen und Auslassungen rechnen.[3] Kein Bischof – es sei denn, er hätte sich auf sonderbare Art kasteien wollen – konnte ein Interesse daran haben, sich selbst vor der übergeordneten Instanz als unfähig, überfordert und nachlässig hinzustellen, sich als zu wenig eifriger Vertreter der Reform, ja gar als ihr Verhinderer zu denunzieren. Die ad limina-Berichte bieten wertvolles statistisches Material, eine einigermaßen objektive Schilderung des Zustands einer Diözese und insbesondere des Kirchenvolks darf man von ihnen aber nur in Ausnahmefällen erwarten. Vielfach sind die Berichte überhaupt nicht, nur unregelmäßig oder in kaum veränderter Form wiederholt abgeliefert worden, was zeigt, wie wenig ernst die Bischöfe diese Aufgabe nahmen, die wohl für die meisten bloß eine weitere lästige Pflicht war. Auch fallen sie, je länger, desto mehr schematisch aus.[4] Detailliertes Material enthalten die auch in Italien seit einiger Zeit stärker beachteten Visitationsakten.[5] Doch für sie gelten prinzipiell dieselben Einwände. Wie Peter Burke bemerkt, hat man den Visitatoren „wahrscheinlich ... die Antworten gegeben, die sie hören wollten, oder die, von denen man glaubte, sie wollten sie hören".[6] Die ersten nachtridentinischen Visitationen hatten noch einen Überraschungseffekt und können daher interessantes Material enthalten. Später lernte man „unten", mit dem neuartigen Kontrollinstrument umzugehen: Meist wäre für den Historiker interessanter, was alles in den Protokollen ausgelassen und verschwiegen wurde. Auch die Visitationsberichte unterlagen einer zunehmenden Schematisierung, die sie immer weniger spannend macht. Zudem wurden auch in Italien weniger direkte Formen der Visitation, die eigentlich nur noch die Geistlichen erfassen, üblich. Näher beim Volk sind wohl Relationen von Missionaren, bloß hat man bei ihnen bisweilen den Eindruck, daß die eigenen Bemühungen und die Erfolgsbilanz etwas übertrieben wurden.[7] Was die dritte wichtige vom Trientiner Konzil hergeleitete Quelle, die Synodalbeschlüsse, anbelangt, so handelt es sich bei ihnen um klassische normative Quellen, die allenfalls gegen den Strich gelesen etwas über die Wirklichkeit aussagen. Wie die Visitationen sind aber auch die Synoden längst nicht immer in der vorgeschriebenen Frequenz durchgeführt worden. Es ist erstaunlich, wie wenig demgegenüber bisher die Protokolle der Inquisition und anderer gerichtlicher Institutionen ausgewertet worden sind. Natürlich stellt sich hier das Generalisierungsproblem. Kluge Lektüre könnte vermutlich dennoch aus der unerbittlich detaillierten Befragung der Vorgeladenen manch allgemein Interessantes herausfiltern.[8] Gelegentlich können Inquisitionsakten, wie das Oscar di Simplicio einmal demonstrierte, die ganze schöne Fassade wohlgeordneter pfarrlicher Verhältnisse zum Einsturz bringen.[9] Im übrigen sollten vielleicht profangeschichtliche Quellen auch kirchengeschichtlich genutzt werden, was bisher in Italien kaum geschehen ist.[10]

Durch die von Gabriele de Rosa und seiner Schule seit gut zwanzig Jahren durchgeführten Forschungen ist Süditalien zu einer der kirchengeschichtlich am besten bekannten Landschaften Italiens geworden, weit besser als z. B. der ehemalige Kirchenstaat.[11] Der besondere Vorzug dieser Arbeiten ist, daß de Rosa versuchte, methodisch neue Wege zu gehen und sozial- und mentalitätsgeschichtliche Ansätze in die bis dahin auch in Italien sehr traditionell betriebene Kirchengeschichte hineinzubringen.[12] Was nun die Durchführung des tridentinischen Reformprogramms betrifft, so sind de Rosa und seine Mitarbeiter sozusagen einhellig zum Schluß gekommen, daß diese trotz aller Anstrengungen der Bischöfe scheiterte, ein „fallimento" war. Höchstens einzelne Bestimmungen seien verwirklicht worden, und auch diese mit großer Verzögerung, meistenteils erst im 18. Jahrhundert. Nur in der Hauptstadt Neapel machte man seit der zweiten Hälfte des 17. Jahrhunderts ernsthafte Anstrengungen; die „Chiesa magica-sensitiva" (de Rosa) der Peripherie blieb noch bis weit ins 19. Jahrhundert hinein von Tridentinum unberührt. („Borromäus kam nur bis Eboli" ist man versucht, in Abwandlung eines berühmten Buchs von Carlo Levi, das genau diese Problematik beschreibt, zu formulieren.[13]) Das Urteil de Rosas und anderer ist nicht aus der Luft gegriffen, sondern stützt sich auf eine große Anzahl Detailforschungen, die das Königreich fast flächendeckend umfassen. Es dürfte auch für die in dieser Hinsicht noch wenig erforschten beiden großen Inseln gelten, wie Einzelbelege zeigen.[14]

Die Gründe für dieses Scheitern sind z. T. bereits früher, bei der Betrachtung des Klerus, genannt worden. Andere hängen mit der spezifisch politischen Lage unter der spanischen Herrschaft zusammen. Innerkirchlich kommen vor allem zwei dem Süden eigene hindernde Elemente hinzu, nämlich die Stellung der Bischöfe und die pfarrliche Organisation. Abgesehen vom Kirchenstaat war in keinem Teil der katholischen Welt die Dichte der Diözesen so groß wie im Königreich Neapel (mit Sardinien, aber nicht Sizilien). Nach der demographischen Krise kam im Schnitt auf 18.000 Einwohner ein Bischof.[15] Damit hätten eigentlich beste Voraussetzungen zu einer Reform bestanden, denn die Bischöfe, vor allem die fremden und die Ordensleute, waren deren eigentliche Träger. Sie waren aber auch die einzigen, und sie standen völlig isoliert in einer ihnen feindlichen Umwelt.

Ihr Hauptgegner war, angeführt von dem Domkapiteln, der einheimische niedrige Klerus, der z. T. in der „Ricettizia" eine autonome Organisation kannte, welche die Bischöfe bis ins 19. Jahrhundert nicht aufbrechen konnten.

Diese selbstbewußten Geistlichen wiesen jede Forderung einer Reform und einer moralischen Besserung ihrer selbst als Zumutung von sich, sie wollten keine fremden Priester beschäftigen und verweigerten die Seminarsteuer. Sie betrachteten die Bischöfe als Funktionäre Roms und verbaten sich deren Einmischung in allen nicht rein geistlichen Materien. Oberhirten wurden verlacht und verhöhnt, man überzog sie mit Prozessen und schritt gelegentlich noch im 18. Jahrhundert zu offener Rebellion. An wirksame Visitationen war unter solchen Umständen nicht zu denken, Synodalbeschlüsse blieben Papier. Ging ein Bischof mit provokativer Härte vor, so war die Reaktion entsprechend; zeigte er sich in der Folge unnachgiebig, so entflammte der Widerstand erst recht. Auf vom Bischof verhängte Exkommunikationen bzw. das Interdikt antwortete die Gegenseite mit Gewalt, mit Morddrohungen und Überfällen auf den Bischofspalast. Auf mehrere Bischöfe wurden Attentate verübt, sie waren zur Flucht gezwungen, irrten umher und mußten sich eine neue Residenz suchen. Dem Widerstand der Geistlichen schlossen sich die häufig mit ihnen verwandten Laien aller Schichten an. Mit den Baronen standen viele Bischöfe im Zwist, weil sie gegen deren Usurpationen die Besitzrechte der Kirche verteidigten. Zusätzliche Streitpunkte waren konkurrierende gerichtliche Zuständigkeiten und die von einigen Bischöfen abgeschafften Ehrenvorrechte des Adels in den Kirchen. Ähnlich verhielt es sich mit den Städten, auch hier gab es unzählige Konflikte um die fiskalische Immunität, um Güter und bestimmte Rechte, um die Eingriffe des Oberhirten in finanzielle Belange, die als Laiensache betrachtet wurden (Kirchenfabrik, Bruderschaftskassen). Und obschon sich die Bischöfe oft der Sache des Volkes annahmen, konnten sie dieses gegen sich aufbringen, etwa wenn sie neue Moralvorstellungen durchzusetzen versuchten, gegen die Magie predigten oder bestimmte Bräuche untersagten. In solchen Fällen kam es dann auch zu sonst unüblichen Allianzen zwischen Baronen und Städten bzw. dem Volk. Zuletzt ist noch zu erwähnen, daß sich die Bischöfe nicht selten auch die mit ihnen in der Seelsorge konkurrierenden Regularen zu Feinden machten. Einige alte Orden hatten zunächst der tridentinischen Reform gegenüber heftigen, ja gewalttätigen Widerstand geleistet.[16] Sie mußten sich schließlich fügen, doch suchten sie bei jeder Gelegenheit, sich der episkopalen Kontrolle zu entziehen. Die Rache der Oberhirten bestand in der bereits geschilderten innozenzianischen Klosteraufhebung, die eine neue Eskalation im gegenseitigen Kampf bedeutete. Unter solchen Umständen war das Reformwerk im Süden einfach nicht durchzusetzen, und es ist verständlich, daß viele Bischöfe im wahrsten Sinne des Wortes resignierten und um Versetzung in eine andere Diözese baten. Rom ließ sie in ihrem Kampf weitgehend allein und leistete, wohl auch aus politischen Rücksichten, keine effektive Hilfe.[17] Das Papsttum schwächte im Gegenteil die ökonomische Position der Bischöfe, wie noch zu zeigen sein wird. Am ehesten Erfolg hatten im Süden jene Bischöfe, die nach dem Muster des klugen Caramuel sich nachgiebig zeigten und den lokalen Rechtsvorstellungen und Gebräuchen anpaßten. Im übrigen gab es, wie der früher erwähnte Fall Gerace zeigt, auch im Süden keineswegs nur vorbildliche Oberhirten, sondern auch ganz weltlich gesinnte Pfründenjäger. Klagen über Vernachlässigung der Residenz sind während der ganzen Frühneuzeit nicht selten. Die Abwesenheit von der Diözese konnte ehrenwerte Gründe haben: Bedrohung an Leib und Leben durch Feinde und Banditen, angeschlagene Gesundheit im malariaverseuchten Klima, Aufträge und Ämter seitens des Königs. Wer immer den drückenden Verhältnissen der neapolitanischen Bistümer mit ihrer meist minimalen Dotation entfliehen wollte, mußte anderswo Zeugnisse apostolischen Eifers ablegen. Dazu gehört sogar eine fast heiligmäßige Figur wie der spätere Reformpapst Innozenz XII., der seine erste Diözese Lecce von der (meist römischen) Ferne aus regierte.[18]

Das zweite und nach de Rosa wesentliche Hindernis für die Reform im Süden war die lokale Kirchenstruktur auf der unteren Ebene, insbesondere die von de Rosa quasi „wiederentdeckte" „Chiesa ricettizia".[19] Unbekannten Ursprungs, war sie vor allem in Apulien und der Basilicata verbreitet, ganz im Norden und Süden des Königreichs weniger, in der Hauptstadt fehlend. Es handelt sich bei ihr um von Laien, nämlich bestimmten Familien eines Orts oder der ganzen Gemeinde dotierte freie und privatrechtlich geordnete Vereinigungen von Klerikern, welche einerseits das gemeinsame Vermögen (massa comune) verwalteten, andererseits bestimmte Seelsorgefunktionen ausübten. In sie mußte man, wie der Name (ricetto, receptum) sagt, aufgenommen werden; dies geschah durch Zuwahl, aber strikt beschränkt auf Ortsansässige. Diese Kirchenorganisation hatte einen hohen Grad von Autonomie, sie regelte ihre Angelegenheiten auf der Basis von Statuten selbst, anstehende Entscheidungen wurden gemeinschaftlich gefällt. Obschon die „Ricettizia" zahlenmäßig im Schnitt nicht dominierte[20], war sie doch im Süden prägend, bis weit ins 19. Jahrhundert, denn ihre Abschaffung erfolgte erst im neuen Italien. Selbstverständlich entsprach diese wenig hierarchische Kirche nicht dem tridentinischen Modell der Pfarreiorganisation. Diese war aber auch außerhalb der „Ricettizia" schwach. Die Städte bildeten vielfach eine einzige Großpfarrei, die Seelsorge war nicht unbedingt territorial organisiert. Auf dem Lande bestanden sehr große Lücken im Pfarreinetz, die Seelsorgebedürfnisse wurden notdürftig und nur teilweise durch Kleinklöster oder Kapläne auf den „masserie", durch die „chierici selvaggi" und die „bizzoche" abgedeckt. In Sizilien, wo es vergleichsweise viel weniger Diözesen gab, war die Situation ähnlich, auch dort existierte statt der Pfarrei eine der „Ricettizia" ähnliche Form der Kirchenorganisation, die „Communia". In Sardinien fehlte ein Pfarreinetz im eigentlichen Sinne überhaupt, die Seelsorge wurde dort vor allem durch von den Bischöfen eingesetzte „vicari ad nutum" besorgt, oft pflichtvergessene Leute, welche wegen der Malaria die ihnen anvertrauten Gläubigen vielfach monatelang nicht sahen. Besonders für den Süden, aber auch für einige Gebiete des Nordens gilt ferner, daß große Teile der Bevölkerung wegen ihres Wanderlebens von der regulären Seelsorge ohnehin nicht erreicht wurden. Unter solchen Bedingungen mußte das tridentinische Reformprogramm naturgemäß auf der Strecke bleiben.

Für Nord- und Mittelitalien kann, auch angesichts noch wesentlicher Forschungslücken, generell kein so kategorisches Urteil gefällt werden.[21] Mit der Sozialgeschichte der Kirche eingehender befaßte Forscher sind aber auch hier von der Vorstellung einer erfolgreich durchgeführten Reform abgerückt. Christoph Weber, der zur Zeit beste deutsche Kenner der kirchlichen Verhältnisse Italiens in der Frühneuzeit, findet „eine Revision des traditionellen Bildes der tridentinischen Reformära unumgänglich" und meint die Vorstellung, nach Trient hätte es keine Mißstände mehr gegeben, sei eine vom Ultramontanismus des 19. Jahrhunderts in die Welt gesetzte Legende.[22] Italienische Historiker haben sich ähnlich skeptisch geäußert.[23] Die meisten sind wenigstens davon überzeugt, daß die Verwirklichung sehr lange Zeit brauchte, daß der erste Anlauf nicht von Dauer war, der Reformgeist bald wieder verloren ging und Episode blieb, daß ein Erfolg, wenn überhaupt, sich erst nach der „svolta innocenziana" im 18. Jahrhundert einstellte.[24] Eine solch langfristige Sicht fehlt aber in den meisten Arbeiten zur Gegenreformation, nicht nur in Italien.[25] Sie konzentrierten sich jeweils auf jene leuchtenden Figuren nach dem Muster eines Karl Borromäus, die es fast in jeder Diözese einmal gab, meist in der zweiten Hälfte des 16. und der ersten des 17. Jahrhunderts;[26] sie fragen aber nicht nach dem Schicksal der von ihnen getroffenen reformerischen Maßnahmen unter ihren weniger heiligmäßigen, gewöhnlichen und alltäglicheren Nachfolgern – insgesamt ist die Kirchengeschichte des 17. und 18. Jahrhunderts bis zur Aufklärung weit weniger gut erhellt als diejenige des vorangehenden 16.[27] Die bereits geschilderte Geschichte der Priesterseminare beispielsweise aber zeigt, daß hinsichtlich der Kontinuität der Reformbewegung eine gehörige Portion Skepsis am Platze ist. Vermutlich muß man im Norden eine gewisse geographische Differenzierung vornehmen. In einigen Städten, vor allem größeren, erreichte die kirchliche Reformbewegung sicher breitere Kreise, allerdings nie die gesamte Bevölkerung. Hingegen änderte sich in abgelegenen Gebieten, etwa in den Südalpen oder den toskanischen Maremmen, teils auch in der wenig reformfreundlichen venezianischen Terraferma, vorläufig wenig.[28] Selbst vor den Toren Roms stand es schlimm: Der „agro romano" hatte wie im Süden keine ausreichende Pfarreistruktur und war seelsorgerlich völlig vernachlässigt.[29] Eine kürzlich veröffentlichte detailreiche Studie über die Diözese Anagni, unweit von Rom, im 18. Jahrhundert liest sich streckenweise wie eine Schilderung vorreformatorischer Zustände.[30] Die Reformer der ersten Stunde, auch ein Karl Borromäus, erfuhren bei ihren Neuerungen vielfachen Widerstand breiter Kreise, so daß einige allzu strenge Vorschriften Papier blieben.[31] Ob und inwieweit sich die Gegenkräfte nach dem Tod dieser „zelanti" neu formierten, ist leider kaum je untersucht worden. Auch hier waren die im allgemeinen vom lokalen Patriziat besetzten Domkapitel Herde des Widerstandes und Gegenspieler der Bischöfe. Die Kontrollbefugnisse, welche diese ihrem untergebenen Klerus, den Klöstern und „luoghi pii", den Kirchenfabriken und Bruderschaften gegenüber beanspruchten, konnten sie auch im Norden längst nicht im vollem Umfang durchsetzen. Allerdings schufen sie sich mit den Landdekanen (vicari foranei) mit ihren kommissarischen Funktionen zusätzliche Augen und Ohren. Gesamthaft sind wie im weltlichen auch im geistlichen Bereich enorme Vollzugsdefizite anzunehmen. Was soll man sagen, wenn etwa in der Diözese Chioggia das Domkapitel zwar die beiden geforderten Ämter eines Pönitentiars und Theologen einrichtete, sie aber dann ständig vakant beließ.[32] Was ist davon zu halten, wenn selbst unter den Augen des Papstes, in Rom, säumige Osterkommunikanten zwar ermahnt wurden, aber bei fortgesetzter Weigerung gleichwohl ohne Sanktion blieben.[33] Was nützte es, nichtresidierende Bischöfe zu bestrafen und zur Überprüfung eine eigene Kardinalskongregation einzusetzen, wenn deren Hauptaufgabe dann darin bestand, entsprechende Dispensen auszustellen.[34]

Eines der wesentlichsten unter den vielen systembedingten Hindernissen für die Durchführung der konziliaren Reform war in ganz Italien das verbreitete Laienpatronat, das durch die Benefizienvergabe die Auswahl des Klerus für seine Ämter auf allen Ebenen steuerte.[35] Nicht unbedingt einen Nachteil bedeutete zwar das Patronat etwa des spanischen Königs bei den Bischöfen des Südens; oft präsentierte er Subjekte, die sich danach als würdigere als die päpstlichen Kandidaten erwiesen.[36] Was die mittlere Ebene der Dom- und Stiftskapitel u. ä. anbelangt, so hat Christoph Weber in einer umfassenden Untersuchung die dominierende Rolle des Laienpatronats aufgezeigt.[37] Diese gutdotierten Pfründen waren allerdings ohnehin nicht zur Seelsorge bestimmt, sie waren in erster Linie Instrumente der Versorgungspolitik der adligen und patrizischen Familien, „Hochburgen adlig-herrschaftlichen Denkens und Fühlens".[38] Sie dienten nicht der „pietas", sondern der „ambitio". An Institutionen wie diesen ging das Tridentinum tatsächlich vorbei, oder besser umgekehrt: Diese verhielten sich noch zwei Jahrhunderte danach so, als ob nichts geschehen sei. Besonders bemerkenswert ist, daß auch nach dem Konzil noch viele Neugründungen von Familienkanonikaten erfolgten, wodurch sich das Verhältnis der Ernennungen noch etwas mehr vom Bischof weg zu den herrschenden Familien verschob. Was die niedrigen, vor allem die Kuratbenefizien (Pfarrer) anbelangt, so ist zunächst festzuhalten, daß im Königreich Neapel das Laienpatronat bei weitem (schätzungsweise über 90%) vorherrschte.[39] Bei der „Ricettizia" war es ohnehin konstitutiv, man hat hier von einem „kollektiven Gemeindepatronat" gesprochen. Aber auch bei den übrigen Kuratbenefizien entschieden im wesentlichen die Gemeinden die Vergabe, das Pfarrwahlrecht wurde entweder von der Gemeindeversammlung oder dem Magistrat ausgeübt. In den Gemeinden rund um Neapel wurde es eifersüchtig gegenüber konkurrierenden Ansprüchen des Bischofs gewahrt, wie Carla Russo in einer wegweisenden Untersuchung feststellte.[40] Gelegentlich gab es ein gemischtes Patronat, wo Laien mit Klerikern im Turnus abwechselten. Für Nord- und Mittelitalien lassen die verfügbaren Untersuchungen noch keinen einheitlichen Schluß zu: Bisweilen überwog bischöfliches, bisweilen Laienpatronat. In der Republik Genua hatten die Gemeinden das Pfarrwahlrecht, es war auch im Venezianischen verbreitet.[41] Im Trentino wurden 58% der Pfarrstellen vom Bischof besetzt, der Rest meist durch den Adel.[42] In den von Torre erforschten drei piemontesischen Bistümern übten verschiedene geistliche Institutionen mehrheitlich das Patronatsrecht aus.[43] In der Lombardei dominierte das Laienpatronat in Pavia, in der östlich angrenzenden Diözese Lodi hingegen war es genau umgekehrt.[44] Vorherrschende bischöfliche Kollation und nur wenig (12–13%) Laienpatronat wurde für Siena festgestellt, in der nördlichen Toskana hingegen könnte dieses eine größere Rolle gespielt haben. Die viel zahlreicheren einfachen Benefizien unterhalb der pfarrlichen Ebene sind in ganz

Italien vermutlich zum allergrößten Teil von Laien, in erster Linie Adligen und Organisationen wie Bruderschaften und „luoghi pii" vergeben worden. Für die Laien aber galten nun andere Kriterien der Auswahl als bei den reformeifrigen Bischöfen. Sie suchten ihre Familienangehörigen und Klienten in den geistlichen Stellen gut und sicher unterzubringen. Frömmigkeit und erst recht Eifer im Sinne der konziliaren Reform waren sekundär, konnten sich sogar eher nachteilig auswirken. Damit waren aber vielerorts dem Bischof die Hände gebunden, er konnte höchstens mit Minimalerfordernissen für die Bildung verhindern, daß gänzlich unwürdige Leute die Benefizien erlangten. Kein Wunder, daß ein vehementer Vertreter der Kirchenreform des späten 18. Jahrhunderts wie der jansenistische Bischof Scipione de' Ricci versuchte, das hergebrachte System gänzlich aus den Angeln zu heben. Am Rande sei noch erwähnt, daß einige Patronatsherren in Form von Pensionen nach wie vor auch einen Teil des finanziellen Ertrags des Benefiziums für sich beanspruchten.

Man hätte erwarten dürfen, daß Rom, das Papsttum und die kuriale Bürokratie, die Durchführung der Konzilsbeschlüsse nach Kräften unterstützten. Auch hier sind jedoch einige Vorbehalte zu machen. In einem Buch, das sich schwerpunktmäßig mit der Zeit nach 1600 abgibt, sei zunächst darauf hingewiesen, daß die Epoche des eigentlichen Reformpapsttums damals, mit Klemens VIII. Aldobrandini (1592–1605) und Paul V. Borghese (1605–1621), bereits zu Ende ging.[47] Natürlich haben die späteren Päpste Trient nicht desavouiert, Einzelmaßnahmen im tridentinischen Geist finden wir immer wieder. Aber der Reform galt nicht mehr ihr einziges Sinnen und Trachten. Andere und weltlichere Interessen schoben sich zunehmend in den Vordergrund: Die Versorgung der wiederauflebenden Nepoten, das Mäzenat in verschiedenen Bereichen, die Verschönerung Roms mit prachtvollen Barockbauten, innenpolitische Ambitionen zur Arrondierung des Kirchenstaats, das Mitspielen auf dem internationalen Welttheater, um nur einiges zu nennen. In vielem schien die Renaissance wiedergekehrt. Eine solche Veränderung wirkte sich naturgemäß auch auf den unteren Ebenen aus. Wenn Kardinalskongregationen oder der Papst persönlich gegen offensichtliche Mißstände einschritten, gravierende Verletzungen der tridentinischen Beschlüsse ahndeten, pflichtvergessene Bischöfe bestraften und nonkonforme Synoden nicht genehmigten – es waren dies nun lauter Einzelaktionen, der große und allesbeherrschende Impetus zur Erneuerung fehlte, je länger, je mehr. Im übrigen stand es mit vielen Reformanliegen auch in der Diözese des Papstes, in Rom, nicht immer zum besten, geschweige denn vor den Mauern der Stadt, und es war beinahe eine Sensation, wenn der Pontifex die kanonisch vorgeschriebene Visitation einmal persönlich vornahm.[48] Die italienischen Staaten hatten sich formell hinter die Konzilsbeschlüsse gestellt, unternahmen aber selber wenig, sie zu verwirklichen, im Gegensatz etwa zu deutschen Fürsten. Im Gegenteil, Spannungen mit Rom (Venedig, Genua, Savoyen, Neapel) konnten auch das Reformwerk behindern, waren allerdings überall nur vorübergehend. Die Kontakte Roms mit den Ortskirchen waren verhältnismäßig locker, die Kontrollen – man denke an die ad limina-Berichte – eher large. Die ad limina-Besuche hätten die Bischöfe persönlich vornehmen sollen, das kam aber nur ganz selten vor.

Die vermutlich größte Schuld Roms an der Nichtdurchführung der Reform betrifft die finanzielle Ausblutung der Provinz durch die geistliche Zentrale. Wir haben schon auf die Abgaben der Klöster hingewiesen, unter dem Titel der Kommende und der Türkensteuer, wozu noch die Ablieferungen an die römischen Ordensleitungen kamen. Ein mit dem Geist des Tridentinums noch weniger vereinbares Faktum aber waren die in Italien üblichen Pensionen auf die Mensa, die bischöflichen Einkünfte.[49] Im Norden und im Kirchenstaat war rechtlicher Grund dazu häufig eine „resignatio in favorem" eines höheren Kurienprälaten zugunsten eines meist mit ihm verwandten neuen Amtsinhabers.[50] Das größte Ausmaß erreichte das Pensionenwesen, mit dem Höhepunkt im 17. Jahrhundert, aber in Süditalien (mit Sizilien), wo damals die meisten Diözesen 20–30% ihrer ohnehin nicht sehr großen Einkünfte nach Rom ablieferten. Dies ausgerechnet in einem Land, wo das Geld zur Durchführung der Reform – z. B. zum Unterhalt eines Priesterseminars oder zur Dotierung neuer Pfarreien – am dringendsten nötig gewesen wäre! Insgesamt sind auf diese Weise im Laufe der Zeit Millionen von Dukaten nach Rom geflossen und dort weit entfernt von geistlichen Bedürfnissen verzehrt worden. Wiederum steht man fassungslos vor einem Phänomen, das mit der Vorstellung einer geglückten katholischen Reform überhaupt nicht zu vereinbaren ist. Erst im 18. Jahrhundert sanken die Pensionszahlungen wieder, seit der „svolta innocenziana" und nach Interventionen der Österreicher und später der Bourbonen, die diesen ständigen Geldabfluß nach auswärts nicht länger duldeten.

Schwerlich kann hingegen der Beitrag der alten und neuen Orden zur Reform unterschätzt werden, er war in Italien wohl bedeutender als derjenige der ordentlichen pfarrlichen Seelsorge.[51] Nachdem sich neben den neuen gegenreformatorischen Orden auch die alten, besonders die Bettelorden, der Reform angeschlossen hatten, traten sie zusammen gerade in jenem Augenblick auf den

Plan, als in der römischen Zentrale der Wille zur Erneuerung schon wieder zurückging, nämlich im 17. Jahrhundert, wo sie viele seelsorgerliche Lücken füllten. Aus diesem Grunde wirkte sich die als Reformmaßnahme drapierte innozenzianische Aufhebung kontraproduktiv aus. Die Tätigkeit der Orden umfaßte nicht allein die gewöhnliche Seelsorge durch Gottesdienst, Predigt und Sakramentenspendung, sondern auch viele neue Andachtsformen, Prozessionen, geistliche Spiele, Erziehung der Elite, Karitas, geistliche Betreuung von Bruderschaften und Wallfahrtsorten), sowie die Förderung der religiösen Kunst. Hemmend wirkten sich natürlich die nicht seltenen Auseinandersetzungen mit den Bischöfen aus, aber auch die Konkurrenz zwischen den einzelnen Orden, namentlich den neuen. Jesuiten und Theatiner beispielsweise rivalisierten fast gewohnheitsmäßig miteinander, sie suchten einander in der Magnifizenz ihrer Kirchen zu übertreffen und neideten einander sogar die Ordensheiligen.[52] Konkurrenz- und Neidgefühle brachen schließlich bei den Bemühungen um Legate und fromme Spenden hervor. Im 18. Jahrhundert ging dann, Hand in Hand mit der zunehmenden Verweltlichung, auch der reformerische Impuls vieler Ordensgemeinschaften wieder zurück.

Ein Beitrag der Orden zur Durchführung der Reform und in Italien wahrscheinlich eine ihrer erfolgreichsten Unternehmungen waren die Volksmissionen.[53] Sie fanden vorzugsweise dort statt, wo die ordentliche Seelsorge die größten Defizite aufwies: auf dem Lande im tiefen Süden, in Sardinien, im „agro romano" und in den Maremmen. Als erste traten die Jesuiten missionierend auf den Plan; von ihnen stammen jene Berichte über die „otras Indias", wo sie verwundert bemerken, daß sie im „christlichen" Italien auf Heiden wie in Amerika oder Asien gestoßen seien.[54] Selbst unter Abrechnung einer gewissen Übertreibung werfen diese Aussagen doch ein Licht auf die Zustände, manchmal noch einige Zeit nach dem Konzilsende. Nach der innozenzianischen Klosteraufhebung mußte in Kalabrien und der Basilicata die Mission die entstandenen Schäden wieder beheben. Neben den Jesuiten gab es einige kleinere Missionskongregationen, als wichtigste die im 18. Jahrhundert erstmals auftretenden Passionisten, die mit großer Einfühlungsgabe vor allem in den Maremmen wirkten, und die Redemptoristen im Süden, die neue Formen der Verinnerlichung suchten.[55] Hauptziel der von Dorf zu Dorf ziehenden und jeweils einige Tage lang dauernden Mission war die Unterrichtung in den christlichen Grundwahrheiten durch die Predigt und die Aufforderung zur Buße in der Beichte, ferner die Versöhnung streitender Familien. Männer und Frauen wurden auf verschiedene Weise angesprochen.

Gerade letztgenannte waren von der Mission anscheinend sehr angetan und suchten gelegentlich die Patres, bei denen sie lieber als beim Dorfpfarrer beichteten, vergeblich zum Bleiben zu bewegen. Die Missionare brachten eine gewisse Abwechslung in die ländliche Eintönigkeit, und die von den Jesuiten eingeführten theatralischen Darstellungen machten offensichtlich den Gemütern Eindruck: die nächtlichen Prozessionen und die Geißelungen, die gemeinsam gesungenen Lieder und die dramatischen Predigten. Grundsätzlich sollte die Mission den Bewohnern keine Kosten verursachen, diese wurden oft von Spendern übernommen. Wenn immer möglich suchten die Missionare bei ihrem Werk die Zusammenarbeit mit dem zuständigen Ortsgeistlichen. Eher reformfreundliche Pfarrer waren bisweilen froh um die Hilfe von außen, andere hingegen betrachteten die Missionare als unerwünschte Konkurrenz, vor allem wenn diese die Amtsführung des ortsansässigen Pfarrers kritisch beurteilten und auch ihn zu belehren suchten. In größeren Abständen sollte die Mission jeweils wiederholt werden.

Das Konzil von Trient hatte einige Instrumente bereitgestellt, welche die Durchführung der Reform absichern sollten; es war von ihnen bereits als Quellengrundlagen die Rede. Im allgemeinen erwiesen sie sich, wie schon angedeutet, als stumpfe Waffen. Im Süden gab es kaum Visitationen, man begreift, daß sich angesichts der dortigen Situation die Bischöfe nicht unnötigen Risiken aussetzten und lieber in einer halbwegs sicheren Residenz blieben. Im Norden fanden Visitationen je nach dem Grad des Reformeifers des betreffenden Oberhirten nicht, gelegentlich oder regelmäßig statt. Einige Bischöfe überließen das Geschäft ihren Kurialen. Widerstand gegen die Visitation gab es natürlich auch hier, bei Domkapiteln und anderen Stiftern, bei Klöstern und Bruderschaften, stets Anlaß zu unerfreulichen Streitigkeiten. Synoden, jene allgemeinen Klerusversammlungen zur Beratung der Bischöfe, fanden nach 1560 viele statt.[56] Ihr Hauptzweck war zunächst, die Beschlüsse des Konzils für jede Diözese formell zu akzeptieren. Im 17. Jahrhundert pendelte sich die Anzahl der Synoden, nimmt man die gedruckten Beschlüsse als Maßstab, bei knapp zehn pro Jahr ein, womit klar wird, daß die Vorschrift, jährlich eine solche Versammlung abzuhalten, bei den insgesamt rund 300 Diözesen bei weitem nicht eingehalten wurde.[57] Nach einem merklichen Absinken der Frequenz setzte im Rahmen der „svolta innocenziana" um 1700 eine neue synodale Bewegung ein, welche die Zahl vorübergehend in die Höhe trieb, bis sie dann im späten 18. Jahrhundert auf ein Minimum sank.[58] Der Grund dafür lag vor allem im nun wieder nachdrücklicher ausgeübten

Placetrecht der Staaten, das, etwa unter Tanucci, Synoden praktisch unmöglich machte. Aber auch innerkirchlich hatte es, vor allem im Süden, gelegentlich Widerstand gegeben, so daß bisweilen einberufene Synoden gar nicht stattfanden oder begonnene nicht zu Ende geführt werden konnten.[59] Nicht selten wurden statt einer neuen Synode einfach frühere Beschlüsse wörtlich wiederholt. Dies zeigt die Hauptproblematik der Synoden an, nämlich das auch hier bestehende massive Vollzugsdefizit.[60] Ohne einen tatkräftigen Oberhirten blieben die besten Anordnungen Papier, auch scherten sich viele Nachfolger einen Deut um die Synoden ihrer Vorgänger. Der völlige Fehlschlag dieses Reforminstruments wurde im Norden halbwegs kompensiert durch die von einigen Bischöfen dort eingeführten periodischen Kleruskonferenzen. Im übrigen regierten viele Bischöfe mehr und mehr „absolutistisch", mit Pastoralbriefen und -erlassen – natürlich stellt sich auch hier die Vollzugsproblematik.

Hätte es noch eines Beweises bedurft, daß die katholische Reform in Italien zunächst höchst unvollkommen verwirklicht wurde, so lieferte ihn die „svolta innocenziana", die schon mehrmals erwähnte „Innozenzianische Wende".[61] Nach der Reihe der Barockpäpste zog im letzten Viertel des 17. Jahrhunderts mit Innozenz XI. Odescalchi (1676–1689) und Innozenz XII. Pignatelli (1691–1700)[62] wieder ein nüchterner, frommer, religiöser und reformerischer Geist in Rom ein, sichtbar demonstriert durch das damalige Erliegen der barocken Bautätigkeit. Die „Wende" war von einer „ripresa tridentina" begleitet, einem Rückgriff auf Trient, dessen Beschlüsse nun endlich vollumfänglich verwirklicht werden sollten. Wieder einmal war von einer „reformatio in capite et membris" die Rede, insbesondere der niedrige Klerus sollte nun definitiv besser werden. Dem diente eine ganze Reihe hier nicht im einzelnen zu schildernder Maßnahmen. Wichtig ist, daß die „Wende" gleichzeitig viele Bischöfe, vor allem im Norden, ergriff. Beispiel und Vorbild war Gregorio Barbarigo, der unterlegene Papstkandidat gegen Pignatelli.[63] Er kehrte, wie seinerzeit Karl Borromäus, im letzten Drittel des Jahrhunderts seine Diözese Padua mit eisernem Besen und suchte besonders den Pfarrklerus zu reformieren durch zweimalige persönliche Visitation pro Jahr, Ausbau des Netzes der „vicari foranei", Kontrolle durch regelmäßig einzusendende Berichte, Kleruskonferenzen und obligatorische Weiterbildung. In ihm wie auch in anderen Amtsbrüdern fand der tridentinische Geist eine Wiederauferstehung, so daß seitdem eine verspätete Reformbewegung mehrere Diözesen erfaßte. Etwas phasenverschoben erreichte diese auch den

Süden, die Hauptstadt Neapel erlebte bereits im späten 17. Jahrhundert einige bischöfliche Reformer.[64] Besonders nach dem Abschluß des Konkordats von 1741 finden wir in einigen Diözesen Oberhirten, die nun ernstlich daran gehen, die tridentinischen Ideen zu realisieren, wobei sie, nun finanziell besser gestellt und mit dem Staat im Rücken, auch einige Erfolge erzielen. Teils verbindet sich diese episkopale Reformtätigkeit mit Vorschlägen der katholischen Aufklärung, wie dann besonders einige radikale jansenistische Reformbischöfe zeigen sollten.[65] In Rom allerdings fand die Erneuerung im frühen 18. Jahrhundert keine Fortsetzung. Die Bemühungen Papst Benedikts XIII. Orsini (1724–1730) darum wurden durch politische Unklugheiten und Günstlingswirtschaft verdüstert und erreichten erst mit Benedikt XIV. Lambertini (1740–1758) wiederum einen bedeutenden Vertreter.[66] Die „svolta innocenziana" brachte eine Aufwertung der bischöflichen Autorität mit sich und bedeutete eine klare Wendung gegen den Barock, man kann in ihr die italienische Variante der frühen katholischen Aufklärung sehen. Sie war eine schwächere, aber zeitlich gedehntere Wiederaufnahme der ersten Gegenreformation vor 1600. Die späteren staatlichen Interventionen im kirchlichen Bereich unterstützten teils ihre Intentionen, teils liefen sie ihr konträr. Sie bildet aber, unterbrochen durch die Revolution, eine Brücke ins 19. Jahrhundert.

Formen und Bedeutung der Laienreligiosität

Im allgemeinen wird von der katholischen Geschichtsschreibung eine im Vergleich zu vorher stärkere Klerikalisierung der Kirche im Verlauf der Frühneuzeit angenommen. Sie war zweifellos in den Beschlüssen von Trient angelegt, und die meßbare Zunahme des Klerus nach 1600 scheint diesen Befund zu bestätigen. Trotzdem ist die Annahme falsch. Der tridentinische Geist ergriff vorerst bloß Teile der Hierarchie, den Episkopat und die Mitglieder der neuen Orden etwa, nicht aber große Teile des Weltklerus. Das Scheitern der geplanten Seminarerziehung beließ diesen weitgehend in vortridentinischen Denk- und Handlungsweisen. Die Zunahme des Klerus aber hatte in erster Linie, wie schon aufgezeigt, soziale, nicht religiöse Gründe. Selbst diese aber, z. B. die gestiegene Nachfrage nach religiösen Leistungen, entsprachen größtenteils nicht den tridentinischen Idealen. Sie waren bestimmt von spezifischen Vorstellungen und Wünschen der Laien, seien es Individuen, Familien, intermediäre Gemeinschaften oder ganze Gemeinden. Wie die Laien via Patronat die Auswahl des Klerus steuerten, so bestimmten sie auch zu einem nicht geringen Teil die Frömmigkeitsformen innerhalb der katholischen Kirche. Das namentlich von der französischen Forschung und der „Historischen Anthropologie" gezeichnete Bild einer nachkonziliären erfolgreichen Verdrängung der traditionellen Volksfrömmigkeit der Laien durch eine klerikale Elitereligion, der „gelebten" durch die „vorgeschriebene" Religion, im Rahmen einer „Sozialdisziplinierung", ist für Italien recht fragwürdig.[1] Folgende grundsätzliche Erwägungen mögen dies zeigen:

1. Was auf politischer Ebene zum Absolutismus bemerkt wurde, nämlich daß er weitgehend ein Mythos war, papierenes Programm blieb, müßte auch für die Kirchengeschichte bedacht werden.[2] Dann erweist sich die Vorstellung eines in Trient beschlossenen, von oben gesteuerten und „unten" bedingungslos akzeptierten Umwandlungsprozesses innerhalb der Kirche als eine Fiktion – konkrete Argumente dazu wurden bereits vorgetragen. Die bisherige Erforschung der katholischen Reform ist fixiert auf die Spitze: Päpste, religionseifrige Fürsten, Nuntien, Bischöfe, Ordensstifter … Die Reaktion des einfachen Volkes, der Laien also, wurde kaum je mitreflektiert, sie stellen sich sozusagen als amorphe, beliebig knetbare Masse dar. Ihr Widerstand gegen die konziliaren Zumutungen

hat nur am Rande Beachtung gefunden, so als dürfe das Bild einer immer heiligmäßigen Kirche nicht durch derlei Makel getrübt werden.3 Wie anders aber als durch diesen Widerstand ließe sich denn das vorläufige Scheitern des Reformvorhabens erklären? Vielleicht käme die ziemlich steril gewordene Erforschung dieser Epoche weiter, wenn sie die für den politischen Bereich entwickelten Konzepte der „Vermittlung" und des „Aushandelns"4 auch im kirchlichen Bereich anwenden würde; zwangsläufig kämen damit die Laien stärker ins Blickfeld.

2. „Kirche" läßt sich bis zu den am Ende der Frühneuzeit eintretenden, von der Aufklärung ausgehenden Wandlungsprozessen nicht einfach auf „Religion" und deren zuständige Diener einschränken. In den Augen der Laien war diese ihre Funktion vermutlich nicht einmal die wichtigste. Die Kirche war damals auch noch tragende Säule des Bildungswesens und der Sozialfürsorge, bis hin zum Kreditwesen. Sie hatte mannigfache soziale Funktionen: In ihr ließen sich Status demonstrieren, Kontakte knüpfen, Beziehungen anbahnen, die Geselligkeit pflegen. Unterhalb einer ganz dünnen weltlichen Oberschicht war die „höhere Kultur", die bildenden Künste und die Musik, stets an Kirche gebunden, durch sie partizipierten die gewöhnlichen Leute an jener. Begreift man „Kirche" derart umfassend, so muß zwangsläufig den Laien darin ein größeres Gewicht eingeräumt werden.

3. Der Gegensatz von Elite- und Volksfrömmigkeit ist ein scheinbarer: An den Manifestationen dieser als der Religiosität der mittleren bis unteren Schichten nahmen auch die oberen, auf ihre besondere Weise, teil; der Unterschied darin war kein prinzipieller, sondern ein gradueller. Wir wiesen bereits darauf hin, daß die meisten Bruderschaften keine sozialen Schranken kannten, ebenso, daß religiöse Stiftungen allen möglich waren, sich bloß in ihrem Umfange unterschieden. Der Heiligenkult wurde quer durch alle Schichten gepflegt, ebenso das Wallfahren, wo man sich bloß durch die Komfortstufen etwa der Ortsveränderung, der Beherbergung und Verpflegung unterschied. Ebenso waren die Prozessionen allgemeine Sache, bloß daß darin jeder Stand seinen besonderen Platz hatte. Die Oberschicht finanzierte religiöse Feste, die Unterschicht leistete die notwendige Knochenarbeit dazu: Beide waren notwendig, das Gelingen zu sichern. Allzu dichotomische Kulturtheorien verdecken solche Gemein-

samkeiten und Zusammenhänge gerne.[5] Wiederum bringt erst das 18. Jahrhundert, mit der Aufklärung, einen Wandel: Jetzt begannen sich elitäre Gruppen bewußt vom Volke zu distanzieren.

4. Die vom Tridentinum vorgesehene Funktion des Ortsgeistlichen als Transmissionsriemen zwischen lehrender Elitekirche und „unwissendem" Volk nahm dieser nicht wahr, weil sie ihm weit mehr Unannehmlichkeiten als Vorteile gebracht hätte. In der bisweilen schwierigen „Sandwichlage" zwischen fordernden Reformbischöfen und traditionalem Volk, das bestimmte bräuchliche Riten vom Pfarrer wünschte, schlug sich dieser, sofern er nicht eine kirchliche Karriere vor Augen hatte, wohl eher auf die Seite des letztgenannten. So gewann er sich Ansehen und Beliebtheit über sein bloßes Amt hinaus und ersparte sich lästige Auseinandersetzungen. Er wußte oder lernte, daß dünkelhaftes Auftreten ungute Reaktionen heraufbeschwören konnte und Nachgiebigkeit bisweilen die bessere Lösung war. Anders kann das lange Überleben traditionaler, wenngleich kritisierter Riten nicht erklärt werden. Außerdem: Der kontrollierende Bischof wohnte weit weg, und seine Sanktionsmittel waren begrenzt, dem Pfarrvolk aber, eben den Laien, begegnete der Seelsorger tagtäglich. Und auch dieses verfügte, in unterschiedlichen Graden, über Machtmittel, namentlich materielle, ihm gegenüber. So braucht man sich auch nicht über gelegentliche Komplizenschaft von Pfarrer und Volk dem visitierenden Bischof gegenüber zu verwundern.

5. Wie bereits erwähnt, war der niedrige Klerus der Vermittler par excellence zwischen den verschiedenen sozialen Schichten. Es gehörte auch zu seinen vornehmsten Aufgaben, Zwiste zu schlichten. Sich distanziert auf einen Sockel zu stellen war (und ist) nicht Sache des italienischen Priesters, mochte das Konzil dies auch wünschen und es andere Nationalkirchen, etwa die französische, dann durchführen.[6] Aus dieser Perspektive sehen auch die von den Bischöfen gerügten, aber kaum abzuschaffenden klerikalen „Laster" anders aus – sie waren von den Laien bis zu einer bestimmten Toleranzschwelle geduldete Anpassungen an ihren eigenen Lebensstil. Wie die Dorfgeistlichen Kommunikationsbarrieren zu überwinden suchten, ist neuerdings am Beispiel der Predigtsprache thematisiert worden.[7] Diese war nämlich nicht die Schriftsprache. Wollte man seine Botschaft unter die Leute bringen, mußte man sich des jeweiligen lokalen

Dialekts bedienen, denn bis zur Einigung war nur eine winzige Minderheit der Italiener des klassischen Toskanischen mächtig. Der Geistliche hatte also eine doppelte Übersetzungsleistung, vom Latein in den Dialekt, zu vollbringen. Wie sprachliche Barrieren einer Verbreitung der christlichen Botschaft im Wege stehen konnten, zeigt gut das negative Beispiel Sardinien.[8]

6. Die Laien hatten andere Erwartungen an die Kirche als umgekehrt (vor allem unter der tridentinischen Prämisse). Zentral für das Volk waren beispielsweise jene agrarischen Riten, welche das Gedeihen der Feldfrüchte sichern sollten. Weiter erwartete man vom Geistlichen Beistand zur Abwehr von Krankheit und Naturbedrohungen, auch dazu stand ein reiches Instrumentarium von Riten bereit. Ferner waren die „Passageriten" bei Geburt, Ehe und Tod elementares Bedürfnis; hier wurde Pflichtvernachlässigung, etwa unterlassene Spendung des Sakraments der Letzten Ölung, bei den Oberen angezeigt, wie vielfach belegt ist. Wie diese Riten durchzuführen waren, darüber herrschten ebenfalls verschiedene Auffassungen. Davon legen etwa Synodalakten Zeugnis ab: Gegen den Strich gelesen, läßt sich ihnen entnehmen, daß sich das tridentinische Modell, das ja auch die Ritualbücher vereinheitlichte, keineswegs sofort und überall durchsetzte.

7. Auf der anderen Seite wäre selbstverständlich die Annahme eines systematischen und grundsätzlichen Widerstands seitens der Laien gegen die konziliaren Anforderungen überzogen. Vielmehr geschah die Aneignung selektiv, oft auch in etwas gewandelter Form. So verminderte sich die im 16. Jahrhundert noch deutlich sichtbare Kluft zwischen den beiderseitigen Vorstellungen bis zum 18. Jahrhundert zusehends. Es waren aber letztendlich die Laien, die akzeptierten oder (vorläufig) verwarfen. Widerstand gab es, aus verschiedenen, auch durchaus lebenspraktischen Gründen, z. B. gegen allzu rigide moralische Anforderungen, gegen die regelmäßige sonntägliche Katechese und gegen systematische Kontrollversuche (Beichte, Inquisition), ferner gegen einen zu hohen Grad von Fremdbestimmung und eine Entwertung der „munizipalen Religiosität", der „religione cittadina" durch die episkopale Zentrale. Andererseits wurden etwa neue Andachtsformen durchaus übernommen, ja mit Begeisterung ausgeübt, ebenso wurde die Volksmission und die seelsorgerliche Ar-

beit der Klöster geschätzt. Entsprechend war man dann auch zu finanziellen Opfern bereit.9 Dazu gehören auch die Bemühungen abgelegener Orte um eine eigene Pfarrei – obschon sich dies natürlich als zweischneidiges Schwert erweisen konnte. Die Durchchristlichung des Alltags – man denke an das Angelusläuten, die Grußformeln, das geweihte Wasser, die Sakrallandschaft – fand statt, aber nur soweit die Laien damit einverstanden waren.

8. Wäre der tridentinische Umerziehungsprozeß so schnell, allgemein und reibungslos verlaufen, wie einige Historiker annehmen: Weshalb hätte es dann der bereits geschilderten „svolta innocenziana" und der „ripresa tridentina" bzw. später der Reform der katholischen Aufklärung bedurft? Hier zeigt sich mit nicht zu übersehender Deutlichkeit, daß das Programm der Reform im Barockzeitalter eben ein solches geblieben war. Erst mit der zweiten Reformwelle erfolgte ein weiterer kräftiger Schub, begann auch die Klerikalisierung der Kirche, die dann im 19. Jahrhundert weitgehend vollendete Tatsache wurde. Ebenso setzte erst damals, etwa im Umkreis des jansenistischen Bischofs de' Ricci, der Kampf gegen das Laienregiment in der Kirche ein, ein Kampf, der sich paradoxerweise wiederum auf Laien stützte, nämlich auf die aufgeklärten Fürsten, in unserem Falle Peter Leopold von Toscana, und deren Beamte. Damals begann die weitgehende Entmündigung der Laien, die dann das II. Vatikanum wieder zu korrigieren suchte.

Als wesentliche, wenn auch keineswegs einzige Träger der Laienfrömmigkeit sind hier nochmals die Bruderschaften, deren soziale Funktion bereits beschrieben wurde, zu erwähnen.10 Namentlich dann, wenn sie über ein eigenes Oratorium und einen eigenen Geistlichen verfügten, kann man sagen, daß sie eine, diesmal von Laien dirigierte Sonderseelsorge, eine „Paraliturgie" aufbauten, welche den ordentlichen pfarrlichen Gottesdienst konkurrierte und entwertete, dies umsomehr als bis zur Krise des 18. Jahrhunderts den Bruderschaften ja vorwiegend die oberen und mittleren Stände zuströmten. Vor allem in den Städten mit ihrer aus dem Mittelalter überkommenen, nun vielfach ungenügenden und unangepaßten Pfarreistruktur entstanden um die Bruderschaften herum eigentliche Ersatzpfarreien. Auch in anderer Hinsicht füllten Bruderschaften oft bestehende Defizite der Seelsorge aus. Wo sich die Bruderschaften nicht in eigenen Gebäuden, sondern in den

Pfarrkirchen versammelten, vielleicht in einer besonderen Seitenkapelle oder bei einem entsprechenden, von ihnen gestifteten Altar, leisteten sie einen meist erheblichen Beitrag an Ausstattung und Unterhalt der Kirchen und entlasteten so, namentlich bei armen Landpfarreien, deren Budget, verschafften sich aber nach dem Grundsatz „Wer zahlt, befiehlt" selbstverständlich auch wiederum größeren Einfluß als kirchenrechtlich vorgesehen.[11] Bruderschaften stifteten ganze barocke Altäre – ein Faktum, das häufig nur noch durch die entsprechenden Patrozinien sichtbar wird – und weitere kirchliche Ausstattungsstücke, sie sorgten für Kerzen und das Öl des Ewigen Lichts, insbesondere aber lieferten sie, angefangen mit den Heiligenstatuen, alle für die Prozessionen notwendigen Gegenstände. Dabei wurde nicht gespart, galt es doch, die rivalisierenden Bruderschaften mit noch größerem Pomp und Aufwand auszustechen. Aus der Diözese Chioggia wird berichtet, daß dort die Bruderschaftsoratorien besser instandgehalten waren als die Pfarrkirchen.[12] Nicht die Pfarrer, sondern die Bruderschaften übernahmen auch die Organisation der noch zu schildernden Prozessionen sowie der kollektiven Wallfahrten. Teilnahme an jenen war für die Mitglieder verpflichtend, Fehlen wurde mit Bußen geahndet. Die im späten 18. Jahrhundert bemerkbar werdende Lauheit in dieser Hinsicht ist ein deutliches Indiz des Niedergangs der Bruderschaften. Die tragende Rolle der Bruderschaften im Totenbrauchtum, vom Begleiten des Sakraments und der Tröstung des Sterbenden bis zur Beerdigung, wurde schon erwähnt, ebenso die mit ihrer besonderen Zielsetzung verbundenen religiösen Aufgaben.

Buß- und Altarssakrament gehören zu den wesentlichen Inhalten des christlichen Glaubens, die außerdem im Gegensatz zu den Sakramenten der Passageriten mehrmals im Leben empfangen werden konnten. Dementsprechend wurde ihnen in der konziliaren Diskussion ein gehöriger Platz eingeräumt, und sie unterlagen einer stärkeren kirchlichen Normierung. Das Bußsakrament, die Beichte, war nach den in Trient erneuerten älteren Vorschriften wenigstens einmal jährlich zur Osterzeit zu empfangen, und zwar beim ordentlichen Seelsorger, d. h. dem Pfarrer. Auswärts Beichtende hatten ihm ein entsprechendes Attest, den Beichtzettel, auszuhändigen. Insbesondere über das moralische Verhalten wäre damit eine fast perfekte Kontrolle möglich gewesen – entsprechend wird dieses Sakrament denn auch in der Geschichtsforschung als Hauptinstrument der Sozialdisziplinierung auf katholischer Seite betrachtet.[13] Doch gilt es auch hier, Theorie und Praxis zu unterscheiden. Die Kontrolle war sicher im Prinzip da, aber nachdem dem

Ostentative Verschwendung und Präsenz der Laien in der Kirche: Trauergerüst (Castrum doloris, vgl. S. 248) für Anna von Österreich, errichtet 1667 in Rom.

Priester durch das Beichtgeheimnis die Zunge gebunden war, blieben Sanktionen gegen unmoralisches Verhalten im wesentlichen auf die relativ milden kirchlichen Zensuren beschränkt. Die Beliebtheit der Auswärtsbeichte zeigt aber das Bestreben der Gläubigen, sich der beabsichtigten kirchlichen Kontrolle zu entziehen. Es gelang dies in den Städten besser als auf dem Land, weil die Einsammlung der Beichtzettel lasch durchgeführt wurde und im 18. Jahrhundert weitgehend versandete. Mißbräuchliche Ausfertigung und Verwendung dieser Zeugnisse kam vor.[14] Viele Pfarrer betrachteten das Ganze wohl als weiteren unnötigen bürokratischen Aufwand. In den Dörfern war (begreiflicherweise) vor allem bei den Frauen die Beichte beim Ortspfarrer unbeliebt, weil zu wenig anonym, umsomehr als ein großer Teil des Gesprächs, wie Beichtspiegel und -anleitungen zeigen, dem Sexualleben gewidmet war.[15] Daher wurde die unangenehme Pflicht wenn möglich lieber bei vorüberziehenden Missionaren erledigt. Eine andere Möglichkeit der Auswärtsbeichte war diejenige an Wallfahrtskirchen. Gegebenenfalls konnte man zu Regularen Zuflucht nehmen oder, im Süden, zu der die pfarrlichen Funktionen aufteilenden Körperschaft der „Ricettizia". Die Beliebtheit dieser Seelsorgergruppen im Volke gegenüber dem Pfarrer kann sicher zu einem Teil mit dem delikaten Geschäft der Beichte erklärt werden. Natürlich wurde auf diese Weise die angestrebte totale Überwachung illusorisch. Das Altarssakrament als Gedächtnisfeier und Opfermahl wurde ebenfalls in Trient, auch in Abgrenzung zum Protestantismus, neu definiert und der sonn- und feiertägliche Messebesuch verbindlich vorgeschrieben. Der Kommunionempfang war indes damit nicht notwendig verbunden. Er sollte im Minimum ebenfalls einmal alljährlich zur Osterzeit erfolgen. Besonders Fromme, etwa Bruderschaftsmitglieder, hielten sich an häufigere Frequenzen. Über die Teilnahme am Sonntagsgottesdienst wurde keine systematische Kontrolle geführt. Er wird wohl aber schon deswegen allgemein besucht worden sein, weil er einer der zentralen und regelmäßigen Treffpunkte war, welcher die ganze Bevölkerung periodisch vereinte, namentlich in Gebieten mit Streusiedlung. Wie überall haben wohl das Gespräch nach dem Gottesdienst und eventueller Wirtshausbesuch auch in Italien eine große Rolle gespielt. Der Sonntagsgottesdienst, inklusive der Fest- und Bruderschaftsfeiern aber machte nur wenige Prozente, ja vielleicht nur einen Promillewert sämtlicher gelesenen Messen aus, was zeigt, daß die später im II. Vatikanum bekräftigte und verbindlich gemachte Idee des eucharistischen Mahls im Barock in der Gedankenwelt der Laien wie der Kleriker noch kaum eine Rolle spielte. Der weitaus größte Teil der gelesenen Messen wurde nämlich zum Seelenheil der Verstorbenen gestiftet, und zwar – das ist hier der springende Punkt – eben fast ausschließlich von Laien.[16] Ihr Total erreichte phantastische Dimensionen, ist aber für verschiedene Gegenden gut belegt. Für apulische Kathedralkirchen wurden Jahresdeputate an zu lesenden Messen festgestellt, die zwischen 10- und 40.000 schwanken.[17] Aber selbst Dörfer und Kleinstädte ohne Bischof konnten mit einigen Tausend aufwarten.[18] Im Dom des sardischen Sassari waren es über 25.000, ein Dorf mit 1500 Einwohnern kam dort auf 6000.[19] In der toskanischen Kleinstadt Orbetello waren jährlich gegen 9000 Messen zu feiern, in der Bischofsstadt Prato 44.000, im benachbarten Pistoia sogar 82.000.[20] Die beiden letztgenannten Zahlen stammen aus den siebziger Jahren des 18. Jahrhunderts, vor den Reformen des radikalen Bischofs de' Ricci. Sie belegen den auch andernorts festzustellenden Trend einer ständigen Zunahme der Meßstipendien bis weit ins 18. Jahrhundert hinein. Für die Diözese Lodi wurden damals insgesamt 200.000 alljährlich zu lesende Messen geschätzt und in Bergamo waren es über 300.000, was im Verhältnis zur Einwohnerzahl eigentlich wenig ist.[21] Es wird ersichtlich, daß bei solchen Dimensionen in einer Stadt Dutzende von Geistlichen allein mit Messelesen beschäftigt werden konnten (in Pistoia waren es, wie eine kleine Rechnung ergibt, mindestens

225). Die früher genannten, überdimensioniert erscheinenden Zahlen des italienischen Klerus, namentlich an den Kathedralen, werden nun verständlicher: In der Tat liegt hier neben Steuerprivilegien und Fideikommiß der dritte wesentliche Grund der außerordentlichen Klerusvermehrung seit dem 17. Jahrhundert. Trotzdem kam es gelegentlich zu einem Notstand, indem bestimmte Kirchen die gestifteten Verpflichtungen mangels geistlichem Personal nicht mehr erfüllen konnten.[22] Sie mußten dann, sofern der Stifterwille dies zuließ, mit bischöflicher Dispens samt den Einkünften auf andere Kirchen übertragen werden. Profitiert davon haben möglicherweise die mit Stiftmessen eher kärglich bedachten Orden.[23] Anderswo freilich hören wir von eigentlichen Bewerbungen arbeitsloser Geistlicher um Meßstipendien, mit entsprechenden Konkurrenzkämpfen.[24] In greller Beleuchtung zeigt sich hier die Abhängigkeit des unteren Klerus von den Laien.

Daß diese Stiftmessen mit Andacht gefeiert worden wären, kann man nicht gut behaupten. Viele Geistliche waren imstande, die heilige Handlung in einer Viertelstunde abzuspulen, womit sie dann ihr minimales Tageseinkommen erreicht und für andere Beschäftigungen frei waren. „Jägermesse" (messa da cacciatore) nannte man diese verbreitete und vielkritisierte Erscheinung.[25] Den Morgen in einer größeren italienischen Kirche der damaligen Zeit muß man sich als ständiges Hin und Her von Geistlichen vorstellen, die an sämtlichen vorhandenen Seitenaltären die mehreren Dutzend Stiftmessen lasen, eine Betriebsamkeit, die den Hauptgottesdienst etwas störte. Daneben finden wir in bischöflichen Dokumenten Feststellungen, die eine weitgehende Respektlosigkeit der Laien gegenüber der Wohnstatt des lebendigen Gottes bezeugen – vermutlich war es in protestantischen Tempeln, die diesen Anspruch nicht hatten, wesentlich ruhiger.[26] Allgemein waren Klagen über Herumlaufen und Schwatzen während des Gottesdienstes, Erscheinungen, die in etwas gemilderter Form noch heute in Italien ohne weiteres beobachtet werden können. Weiters wurden gerügt unangemessene und indezente Kleidung, Hutaufbehalten, Mitführen von Waffen oder Hunden in die Kirche. Gelegentlich verlegten Bettler ihre Standplätze vor den Toren in die Kirche hinein und heischten ungestüm ein Almosen. In Dorfkirchen wurde von den Visitatoren festgestellt, daß sich vor allem die Männer an unpassenden Orten zum Gottesdienst niederließen, im Chor, in der Sakristei oder vor der Kirche. Weniger benutzte, vor allem abgelegene Sakralgebäude wurden als Lagerhaus oder Werkstatt mißbraucht und dienten Tieren und Menschen, darunter auch zwielichtigen Figuren, als zeitweiliger Unterschlupf. Die

Gründe dieses Verhaltens sind, vorausgesetzt, man legt nicht die falschen Maßstäbe an, nicht so befremdend. In Stadt und Land betrachteten die Gläubigen das Kirchengebäude, das sie ja weitgehend finanziert hatten und daher als Gemeindebesitz betrachteten, nicht so sehr als heiligen Ort, dem Schweigen angemessen wäre,[27] denn als günstigen, zentral gelegenen, geräumigen und wettergeschützten Treffpunkt, wo sich Neuigkeiten austauschen, Geschäfte abschließen und Liebeskontakte anknüpfen ließen; so erklärt sich der die Ohren der kirchlichen Obrigkeiten beleidigende hohe Lärmpegel. D. h. die Kirche war primär nicht sakraler, sondern sozialer Ort.[28] Namentlich Reisende aus protestantischen Ländern kamen nicht umhin, ihre Verwunderung über diese Zustände schriftlich niederzulegen.[29]

Die Einstellung zur Messe zeigt, daß die barocke Frömmigkeit in Italien kaum christozentriert war. Diese Feststellung wird durch den gewaltig zunehmenden, wild wuchernden Heiligenkult, insbesonders den Marienkult, bestätigt.[30] Er läßt sich mittels verschiedener Indikatoren zahlenmäßig gut belegen. In Neapel waren im 17. Jahrhundert 23% der dort gedruckten religiösen Literatur hagiographischen Charakters.[31] Im Umland der Hauptstadt wurden sowohl im beginnenden 17. wie Mitte des 18. Jahrhunderts, wie eine Stichprobenzählung ergab, über 80% der neuen Altäre in Pfarrkirchen den Heiligen geweiht, davon rund die Hälfte der Madonna.[32] Nur etwa 15% betrafen Christus. Bei den Kapellen und Oratorien machte die erstgenannte Kategorie sogar über 90% aus. Im zeitlichen Verlauf ergibt sich eine leichte Verschiebung zugunsten der Marienpatrozinien. In der norditalienischen Diözese Ferrara zeigt sich ein ähnliches Bild.[33] Zur Zeit des Bischofs Crescenzi (1746–1768) wurde rund ein Drittel der Kapellen und Oratorien Maria geweiht, knapp die Hälfte anderen Heiligen, nur 7% Christus. Bei den populären, meist von Laien errichteten Kleinheiligtümern (capitelli) in Padua und Vicenza war ebenfalls ein Drittel bis die Hälfte der Madonna gewidmet, ein Sechstel bis ein Viertel betraf die göttlichen Personen, der Rest meist andere Heilige.[34] In einem toskanischen Landbezirk lauten die entsprechenden Zahlen allerdings etwas anders: ca. 70% für Maria, 20% für andere Heilige, 10% für Christus.[35] Ein Kenner der Materie schätzt für die von ihm untersuchten norditalienischen Gegenden den Anteil der marianischen unter diesen populären Kleinheiligtümern auf etwa 80%.[36] Bei den Bruderschaften resultierte in einer umfassenden Untersuchung aus Apulien, daß dort in fast der Hälfte der Fälle Maria als Patronin erkoren wurde, bei knapp einem Viertel waren es göttliche Personen, der Rest waren Heilige, oder es handelte sich um Totenbruderschaften.[37] In süditalienischen Testamenten wurde im 17. Jahrhundert weitaus am häufigsten Maria als Fürbitterin angerufen, erst im 18. traten ihr noch andere Heilige zur Seite.[38] Die populäre Rangordnung Marias drückt sich auch in der damals neu aufkommenden Grußformel „Gelobt sei Jesus und Maria" aus.[39] Der Marienkult multiplizierte sich, indem verschiedene Lebensstationen und Eigenschaften der Gottesmutter (z. B. Assunta, Immacolata, Addolorata) oder ihr geweihte Orte alter Wallfahrten durch Kultfiliation speziell verehrt wurden, besonders auf Veranlassung der diese Sonderkulte pflegenden Orden. So gab es schließlich Dutzende von Verehrungsmöglichkeiten für die Himmelskönigin[40], deren Rang auch durch die damals üblich werdenden Krönungen und feierlichen Einkleidungen von Marienstatuen gehoben wurde. Unterhalb dieser unbestrittenen Spitze veränderte sich der Heiligenhimmel dadurch etwas, daß neue Berufsheilige, z. B. für die Bauern oder die Seeleute[41], propagiert wurden und spanische Heilige, vor allem aus dem Jesuitenorden, auch in Italien avancierten. Bei den neuen Heiligen der Gegenreformation dominierten die Ordensheiligen bei weitem, darunter sehr viele Italiener. Orden bildeten bei der Ritenkongregation die einflußreichste „pressure group" und rivalisierten miteinander, ihre Angehörigen zur Ehre der Altäre zu bringen. Aus Zeugenbefragungen beim Heiligsprechungsprozeß resultiert übrigens, daß auch und besonders die Laienelite diese Promotionen unterstützte, was zeigt, daß es falsch wäre, den Heiligenkult als bloße „Volksfrömmigkeit" der unteren Schichten zu betrachten. Rom gelang es aber in der Gegenreformation, den Prozeß der Heiligmachung unter seine Kontrolle zu bringen:[42] Die vom Volke auch ohne kirchliche Erlaubnis verehrten „lebendigen Heiligen", besonders Frauen (sante vive), verschwanden im 17. Jahrhundert weitgehend, entsprechende Figuren gerieten nun, vor einer kirchlichen Untersuchung, eher in den Ruch einer falschen Heiligen, Simulantin, gar Häretikerin.[43] Dennoch lebten einige dieser „Dienerinnen bzw. Diener Gottes" im Volksgedächtnis weiter, das Phänomen ist noch heute nicht ausgestorben.[44] Über die Kultformen ist im einzelnen wenig bekannt. Eine große Bedeutung gewann durch die Entdeckung der Katakomben der Reliquienkult; nicht nur in Rom selbst, sondern auch anderswo in Italien wurden seit dem 17. Jahrhundert viele frühchristliche Grabstätten entdeckt und ausgehoben.[45] Die Translationen der Heiligen Leiber wurden ebenso wie Heiligenjubiläen oder Marienkrönungen mit rauschenden Festen und gewaltigem Pomp gefeiert, Veranstaltungen, die bisweilen ungeheure Menschenmengen anzogen.[46] Die Funktion der Heiligen war einerseits eine symbolische, andererseits die thaumaturgische (wunderwirkende). Erstgenannte kommt vor allem bei den Stadtpatronen, die gewissermaßen als „Seele" der Stadt galten, zum Ausdruck. Sehr schön zeigt dies das Beispiel des erdbebenzerstörten Noto: Die Überführung des Schreins des Stadtheiligen S. Corrado an den Platz der neuaufzubauenden Stadt stellte den offiziellen Akt der Verlegung dar und sollte die Diskussionen um den Verbleib am alten Ort beenden.47 In Venedig hatte Maria den Rang einer „Staatsheiligen".48 Im Süden erlebten die zunächst einzigen oder wenigen Stadtpatrone seit dem 17. Jahrhundert eine geradezu inflationäre Zunahme, derart daß z. B. Palermo 1773 nicht weniger als 15 Haupt- und 20 Nebenpatrone besaß, ähnlich wie Neapel.49 Sogar eine Kleinstadt wie Altamura zählte 21 Stadtpatrone. Da mindestens die Hauptpatrone jährlich mit einem Fest zu feiern waren, ergaben sich auch hier Rangstreitigkeiten zwischen den verschiedenen Verehrerkreisen. Dem gewöhnlichen Volke wird dies wohl gleichgültig gewesen sein: Es genoß die zusätzlichen arbeitsfreien Tage und die ihm abfallenden Brosamen der Feierlichkeiten. Bemerkenswert an der Sache ist, daß Laien, in erster Linie die Magistrate oder andere einflußreiche Gruppen, diese Erhebungen der zuständigen Ritenkongregation in Rom unterbreiteten, und daß diese die Gesuche, weitab ehemals in Trient formulierter Grundsätze, offenbar anstandslos zu genehmigen pflegte. Das Ansehen der Heiligen im Volke gründete vor allem in ihrer Funktion als Wundertäter, besonders bei Krankheiten und Unfällen.50 Dabei zeigen sich einige geschlechtsspezifische Unterschiede. Anzumerken ist, daß die wundertätigen Heiligen keineswegs mit der Schulmedizin konkurrierten; beide suchten vielmehr mit vereinten Kräften, die Selbstheilungsfähigkeit der Patienten anzuregen. Für die Schichten unterhalb der städtischen Eliten allerdings kamen schon aus finanziellen Gründen eigentlich nur die Heiligen als Heiler in Frage – oder aber der magische Heilzauber.

Mit dem Heiligenkult waren die Feiertage aufs engste verbunden, denn nur etwa ein Zehntel des gesamten Festkalenders entfiel auf die Herrenfeste. Die Anzahl der Feiertage schwankte lokal stark.51 Neben den 34 von Urban VIII. in der Bulle „Universa per orbem" (1642) für die gesamte Kirche vorgeschriebenen Tagen kamen die Feiern von lokalen Patronen – erinnert sei an die erwähnten Stadtpatrone – und auf dem Lande etwa Hagelfeiertage hinzu. Ordens-, Zunft- und Bruderschaftsheilige verpflichteten einzelne Gruppen. Ferner ist zu berücksichtigen, daß bisweilen Vigilien vorangingen und die hohen Feste zwei oder mehrere Tage dauern konnten.52 Eine Gesamtzahl von 70–80 Feiertagen (neben den Sonntagen) wird daher für viele Gegenden Italiens wohl nicht unrealistisch gewesen sein.⁵³ Zuweilen lassen sich Vermehrungen des Festkalenders nachweisen, in der Toskana z. B. unter dem frommen Reliquiensammler Cosimo III. Die Feiertage verteilten sich über das ganze Jahr, mit Spitzen im August und im Dezember, während das Frühjahr und der Spätherbst eher tiefe Werte aufwiesen. Im Prinzip waren diese Tage arbeitsfrei, doch war oft an weniger bedeutenden die Arbeit nach angehörter Messe erlaubt (Halbfeiertage). Auch sonst konnten die Pfarrer etwa bei unaufschiebbaren Erntearbeiten Dispens erteilen. Trotzdem ist in bischöflichen Quellen häufig von unerlaubter Feier- und Sonntagsarbeit die Rede. Andererseits waren die Feiertage beliebt, wurden aktiv begangen und Vorstöße einiger Bischöfe zur Einschränkung des Wildwuchses eher abgelehnt. Vielleicht kann man den Widerspruch so auflösen, daß dem Volke aus arbeitstechnischen Gründen ein allzu starrer Kalender zuwider war: Es wünschte sich zwar viele Möglichkeiten, arbeitsfrei zu bleiben, behielt sich dann aber vor, im konkreten Falle bei Bedarf doch den Berufspflichten nachzugehen. Dazu gibt es große schichtspezifische Unterschiede. Gutgestellte Handwerker konnten sich erlauben, ihre Werkstätten an sämtlichen Feiertagen geschlossen zu halten, während Taglöhner auf Feiertagsarbeit angewiesen waren. Eine weitere Klage der Bischöfe betraf die mangelnde Heiligung der Feiertage. Dem geistlichen Teil mit dem Gottesdienst schloß sich ja vielfach ein mehr oder weniger ausgedehnter weltlicher an, mit Wirtshausbesuch und Spielen, bis zum eigentlichen Fest mit Musik, Tanz und weiteren Unterhaltungen. So gab der heilige Tag, in der Sprache der religiösen Eiferer, oft Anlaß zu „Müßiggang, Verschwendung und Ausschweifungen" aller Art, konträr zur eigentlichen Zielsetzung. Es ist daher nicht verwunderlich, daß in der Aufklärung, beginnend mit Muratori, die übergroße Anzahl der Feiertage samt der dahinterstehenden Heiligenverehrung zum Diskussionsgegenstand wurde und die Vertreter einer Kirchenreform eine Neuausrichtung forderten.⁵⁴ Es blieb nicht bei der Idee: In der zweiten Hälfte des 18. Jahrhunderts kam es in fast allen italienischen Staaten zu Feiertagsreduktionen, wobei auch ökonomische Erwägungen eine Rolle spielten, da man in den vielen Feiertagen einen Hauptgrund der wirtschaftlichen Rückständigkeit gegenüber den protestantischen Ländern sah.

Es war zweifellos ein Erfolg der katholischen Reform, daß einige von ihr propagierte Andachten guten Anklang im Volke fanden. Allerdings wurden auch hier bisweilen die ursprünglichen Intentionen in ihr Gegenteil verkehrt.

So etwa bei der in den Rahmen des „barocco effimero" zu stellenden „Vierzigstündigen Andacht" (Quarant'ore) vor Aschermittwoch.55 Von Orden und Bruderschaften gefördert sollte sie ursprünglich als fromme Alternative die Leute von den Gefährdungen des Karnevals abziehen. In der Folge wurden die „Quarant'ore", trotz Beibehaltung ihrer guten Absicht, zu einem musikalisch begleiteten aufwendigen Spektakel, insbesondere durch die Errichtung riesiger Schaugerüste in den Kirchen, welche weltlichen Theaterdekorationen in nichts nachstanden. Sehr populär wurde der Rosenkranz.56 Von den gegenreformatorischen Orden und eigens dafür geschaffenen Bruderschaften propagiert, erlebte er in Neapel während der Krisenzeit von 1618–1622 einen ersten Durchbruch; das neue Gebet sollte als Gegenmittel zu den Zeitübeln dienen. Vor allem für die Frauen wurde er zum täglichen Gebet; die Tradition des abendlichen „Rosario" hat sich, mit einiger Gefährdung, bis in unsere Tage gehalten. Daß mit der sakralen Handlung auch weltliche Bedürfnisse nach Ausgang, Kontakt und Gespräch befriedigt wurden, versteht sich von selbst; es erklärt dies vielleicht die Beliebtheit dieser Andacht. Für die Männer wurde, ebenfalls erfolgreich, seit 1727 durch Alfons von Liguori und die Redemptoristen in Neapel ein Gegenstück geschaffen, die „cappelle serotine", die mit einer kurzen Predigt verbunden waren.57 Dagegen richtete sich die etwas später eingeführte Maiandacht wiederum eher an die Mädchen und Frauen.58 Die verschiedenen Andachten zeigen gut, wie religiös-kulturelle Anregungen von oben „unten" selektiv und bisweilen etwas verändert aufgenommen wurden. Gleichzeitig aber erfolgte hier eine weitere Distanzierung vom Geist des Konzils von Trient, denn alle diese Andachten konkurrierten die Eucharistiefeier noch einmal mehr. Sie boten auch der Marienverehrung breiten Raum, wovon im Barockzeitalter nicht allein der Rosenkranz, sondern auch die vielfach musikalisch umrahmten Andachten des „Salve Regina", „Magnificat" und „Stabat Mater" beredtes Zeugnis geben.

Die wichtigste von Laien initiierte und getragene geistliche Veranstaltung war die Prozession, der feierliche Umgang mit Altarssakrament, Reliquienschreinen oder Heiligenstatuen.59 Sie war einerseits verlängertes Fest und nach außen getragener Gottesdienst, andererseits feierlicher, beschwörender Anruf an die Gottheit bzw. deren Trabanten, zum Gedeihen der Feldfrüchte (Rogationen) und zur Abwehr von Gefährdungen aller Art, wie Pest, Dürre, Schädlinge, Naturkatastrophen usw. (apotropäische Prozession). Gerade diese wurden von der gesamten Bevölkerung als existenznotwendige Handlung und eigentlich wichtigster Ritus überhaupt angesehen und daher der Geistlichkeit dringend abverlangt, ja regelrecht aufgezwungen. Angesichts dieses Ungestüms sahen sich einige rigorose Reformer, welche diese Frömmigkeitsübung mit Skepsis betrachteten, schließlich meist zum Nachgeben gezwungen.[60] Es war nur folgerichtig, daß die Laienschaft, i. d. R. Bruderschaften, auch die Organisation übernahm. Daß die Prozession auch der Repräsentation und dem öffentlichen Vorzeigen der sozialen Ordnung diente und von daher auch einen bedeutsamen profanen Gehalt hatte, ist von Volkskundlern bemerkt worden, ebenso daß es deswegen fast regelmäßig zu Präzedenzstreiten kam. Auch der Weg der Prozession folgte nicht unbedingt in erster Linie sakralen Erwägungen, sondern berücksichtigte bestimmte soziale Strukturen.[61] Eine Reduktion, gar Abschaffung der Prozessionen war bis zur Aufklärung undenkbar, die reformfreudigen Bischöfe mußten sich arrangieren, indem sie wenigstens Mißbräuche (aus ihrer Sicht) zu unterbinden suchten: die ständige Vermehrung der Prozessionen, die Vermischung der Geschlechter im Zug, die Dauer und Reichweite, profane Begleiterscheinungen akustischer Art sowie die öffentliche Geißelung bei Bußprozessionen. Ein Streitpunkt waren auch die „figurierten" Prozessionen, welche etwa die Passion Christi in einem Zug mit lebenden kostümierten Figuren nachbildeten, z. B. in Form des aus Spanien stammenden „Entierro".[62] Diese im Süden ebenfalls in einigen Orten noch lebendige Tradition ersetzte die mittelalterlichen geistlichen Spiele, die in der Neuzeit in Italien, abgesehen vielleicht im Grenzsaum gegen Norden, verschwanden.[63]

Die sozial- und mentalitätsgeschichtliche Erforschung der Wallfahrt steckt in Italien für die Frühneuzeit noch in den Anfängen.[64] Einzelhinweise lassen jedoch vermuten, daß sie auch hier eine große Rolle spielte, selbst wenn man den Sonderfall der Romwallfahrt zu den Heiligen Jahren einmal beiseiteläßt.[65] Bekannt waren die großen Orte Loreto, Assisi, auch St. Nikolaus in Bari, die im 17. Jahrhundert noch viele Ausländer anzogen.[66] Zum „Perdono", dem großen Ablaßfest im Sommer, kamen jeweils einige zehntausend Leute der Region nach Assisi, aber auch von Rom aus organisierten Laien mehrwöchige Züge dorthin. Noch größere Massen vermochten Jubiläen zu mobilisieren. Eine Festwoche im kalabresischen Dominikusheiligtum Soriano im Jahre 1609 soll 100.000 Besucher vereinigt haben.[67] Daß dabei auch profane Bedürfnisse abgedeckt wurden, belegen die gleichzeitig aufgestellten 200 Marktstände. Die gleiche Zahl von Besuchern wird für die 1682 stattgefundene Krönung der Marienstatue im piemontesischen Heiligtum Vico genannt; in Montesanto bei Görz waren es 1717 sogar 130.000.[68] Dies zeigt einmal mehr, daß auch die Wallfahrt Angelegenheit aller sozialen Schichten war, keineswegs bloß „Volksfrömmigkeit" der unteren Klassen. Vielleicht gesamthaft noch größere und nachhaltigere Bedeutung hat die in der Neuzeit aufgekommene Nahwallfahrt gehabt, doch fehlen in Italien dazu vorläufig gesicherte Erkenntnisse.[69] Daß die Wallfahrer an ihrem Ziel auch erhebliche Opferspenden liegen ließen, mit denen Bau, Vergrößerung und Verschönerung der Kirchen finanziert wurden, ist vor allem für die südalpinen „Sacrimonti", ebenfalls Wallfahrtsorte ersten Ranges, belegt.[70] Auch bei ihnen überkreuzten sich verschiedene geistliche und weltliche Interessen. Und wie bei den Prozessionen werden wohl bei den Wallfahrten einige profane Elemente den Bischöfen Sorgen gemacht haben.[71] Denn auch die Wallfahrt war eben mehrheitlich eine Angelegenheit des Laienvolks, es bestimmte letztendlich über Aufstieg und Niedergang eines Wallfahrtsortes.

Seinerzeit war die Reformation ausgezogen, die Christen von der angeblichen klerikalen Bevormundung zu befreien und das allgemeine Priestertum zu verkünden. Was von dieser neuen Freiheit in der protestantischen Orthodoxie im 17. Jahrhundert noch übrig blieb, steht hier nicht zur Debatte, ist auch noch kaum untersucht worden. Italien bietet dazu und zu im Katholizismus verbreiteten, nichtsdestoweniger falschen Vorstellungen das Bild einer stark von Laien bestimmten Religiosität. Diese „gelebte" Religiosität war allerdings (und ist in Teilen bis heute) von der „vorgeschriebenen" Religiosität des tridentinischen Modells weit entfernt. Laien haben die sofortige Durchführung der Konzilsbeschlüsse verhindert, Laien stemmten sich der geplanten Disziplinierung vorläufig wirksam entgegen. Unter dem klerikalen Firnis bestimmten sie die Geschicke der Kirche im Barockzeitalter entscheidend mit.

Der Konformismus im Geistesleben und die Ausgrenzung der Dissidenten

Das perfekte Disziplinierungsinstrument für die Italiener wäre die Schule gewesen – wenn sie es im breiten Umfange gegeben hätte. Leider haben wir zum niederen Schulwesen im Italien der Frühneuzeit nur fragmentarische Kenntnisse.[1] Diese stehen aber durchaus im Einklang mit anderen Feststellungen zur Epoche. Der abnehmenden Bedeutung des Bürgertums entspricht das Fehlen von seinen Interessen entsprechenden Schulen. Die ehemals wichtigen städtischen Rechenschulen, die vor allem auch Kaufleuten, Gewerbetreibenden und niedrigen Beamten eine adäquate Ausbildung vermittelt hatten, gingen seit dem 16. Jahrhundert zurück, bis ihr Anteil an der gesamten Schülerschaft, verglichen mit den Lateinschulen, nur noch etwa 10–15% betrug.[2] Den Kommunen fehlte das Geld zur Unterhaltung, in die Lücke traten aber manchmal Stiftungen. Auf dem Lande vermittelten die minderbepfründeten Geistlichen Elementarunterricht; diese Aufgabe war oft in den Stiftungsurkunden ausdrücklich vorgeschrieben. Auch sonst war das Schulwesen nun weitgehend kirchlich organisiert. Es wurde schon erwähnt, daß die Priesterseminare auch von Laien, manchmal sogar mehrheitlich von solchen, besucht wurden. Viele neue Orden betrachteten es als eine ihrer wesentlichsten Aufgaben, Schulunterricht zu geben. Am angesehensten waren die Jesuitenkollegien, daneben waren Barnabiten und Somasker als Lehrer tätig.[3] Am zukunftsweisendsten waren die Schulen der Piaristen (scolopi), deren Hauptzweck der Elementarunterricht war.[4] Sie berücksichtigten breit die Realfächer, insbesondere Rechnen und Schönschreiben. Im späten 18. Jahrhundert verfügte dieser nur in Italien zu größerer Bedeutung gelangte Orden über 218 Häuser. Die verschiedenen kirchlich-laikalen Fürsorgeeinrichtungen (Waisenhäuser, Konservatorien usw.) hatten eigene interne Schulen. Die Seminare und mittleren Ordensschulen standen nur Jünglingen offen. Töchter aus besseren Häusern erhielten die ihnen angemessen erachtete minimale Ausbildung als „educande" in einem der vielen Nonnenklöster bzw. durch Institute weiblicher Schulorden.[5] Gemeinsam war diesen kirchlich geführten Schulen eine weitgehende Vernachlässigung der Realfächer einerseits, eine Hochbewertung des Lateins andererseits. Kenntnisse in dieser Sprache, die für die Italiener auch im internationalen Verkehr wichtig war, wurden selbst für Damen und Kaufleute als nicht unnütz und unangemessen betrachtet. Es entsprach dies der auch im Barock vom Humanismus übernommenen und weitergetragenen Auffassung der Bedeutung der klassischen Kultur als eines nicht mehr zu überbietenden Gipfels.[6] Grundlagen einer Alphabetisierung in der eigenen Schriftsprache konnte der Katechismusunterricht geben.[7] Zahlen über den Alphabetisierungsgrad liegen aber für Italien bislang kaum vor. Für das Königreich Neapel wurde am Ende der hier betrachteten Epoche eine Rate von 5–10% geschätzt, in der Hauptstadt allein allerdings 40%.[8] Für Norditalien (Piemont, Lombardei, Emilia) gelten mutmaßlich höhere Werte. Wie überall gab es hier natürlich auch in Italien enorme schichtspezifische Unterschiede.

Die einstmals berühmten italienischen Universitäten traten nach 1630 in eine Phase der Stagnation, ja des Rückgangs.[9] Dieser geht zum Teil auf das Ausbleiben der ausländischen Studenten zurück, deren Landesherren die Auslandsstudien erschwerten oder unmöglich machten.[10] Vielen Ausländern schienen die italienischen Universitäten im Zeitalter der Gegenreformation aber auch nicht mehr attraktiv: Der kirchliche Konformismus schreckte sie ab, das Tradieren des Aristoteles und anderer Autoritäten wurde als nicht mehr zeitgemäß betrachtet und die fehlende Offenheit gegenüber neuen Erkenntnissen bemängelt.[11] In dem früher beliebten Padua sank der Ausländeranteil damals von fast 50% auf 10%. An den meisten norditalienischen Universitäten studierten nur noch 100–200 junge Leute regulär, an den kleineren sogar nur noch einige Dutzend. Die Hochschulen hatten somit nur noch regionale Bedeutung. Der allgemeine Geldmangel der Staaten machte sich auch hier negativ bemerkbar: Neue Lehrstühle konnten nicht geschaffen, notwendige Apparate (z. B. physikalische oder astronomische) nicht gekauft werden. Die Professoren waren vergleichsweise miserabel bezahlt, so daß die meisten irgendwelchen Nebenbeschäftigungen nachgehen mußten und es vorzogen, auf Kosten der akademischen Lehre reichen Kavalieren Privatunterricht zu erteilen. Die Universitäten standen allseits unter starkem Konkurrenzdruck, dem sie nicht gewachsen waren. Für die Forschung waren weitgehend die Akademien zuständig. Im Unterricht hatten die höheren Schulen der Orden, namentlich die Jesuitenkollegien, große Bedeutung erlangt, sie absorbierten einen Teil der Theologenschaft. Aber auch Mediziner und Juristen erwarben ihre Kenntnisse mehr und mehr an privat geführten, kleineren und effizienteren Instituten und suchten die Universität nur noch für die feierliche Promotion auf. Für die zahlreichen Adligen boten die auch von Ausländern gern frequentierten Ritterakademien eine auf ihre Bedürfnisse besser zugeschnittene, relativ moderne Ausbildung an.[12] Sie umfaßte neben den eigentlich adligen Exerzitien auch moderne Fremdsprachen (vor allem Französisch), Geschichte, Geographie und eher technisch-militärische Fächer – lauter Materien, welche die Universitäten damals nicht anboten. Einige Staaten investierten zwar weiter in ihre Universitäten, was sich auch baulich ausdrückte.[13] Die Absicht dabei war aber, Fachschulen für die Beamtenschaft zu errichten, entsprechend wurde dem Recht ein überproportionaler Platz eingeräumt. Deutlich sichtbar wird diese Politik an der von Viktor Amadeus II. reformierten Universität Turin. In den anderen Staaten erfolgten Universitätsreformen erst später, nachdem auch die Studentenzahlen seit dem Beginn des 18. Jahrhunderts wieder steigende Tendenz aufwiesen. Am umfassendsten waren die Eingriffe dort, wo der aufgeklärte Absolutismus wirkte.

Die in der Renaissance einsetzende Welle von Akademiegründungen hielt, im Gegensatz zu den Universitäten, weiter an: Rein zahlenmäßig übertrifft darin das 17. Jahrhundert sogar das vorangehende.[14] Diese Akademien sind gelegentlich als Beweis dafür angesehen worden, daß Italien nach wie vor mit dem übrigen Europa Schritt gehalten habe. Eine eingehendere Betrachtung zeigt aber, daß dem nicht so war. Die Geschichte der drei großen, die Erfahrungswissenschaften pflegenden Akademien, der „Lincei" (Lüchse) in Rom, des „Cimento" (Erprobung, Versuch) in Florenz und der „Investiganti" (Forscher) in Neapel, ist eine Geschichte der Mißerfolge, ganz im Gegensatz zu ihren berühmten Schwestern in London und Paris. Sie florierten alle nur ein, zwei Jahrzehnte und verfielen dann in Inaktivität oder wurden sanft zum Schweigen gebracht. Sie hatten eine zu schwache organisatorische Struktur und kaum Statuten. Die Mitgliedschaft entbehrte strikter Kriterien und fluktuierte stark. Die Sitzungen fanden unregelmäßig statt, und auch die Publikationen erfolgten eher zufällig. Die Akademien blieben abhängig vom Elan eines Gründers (etwa Federico Cesi für die „Lincei") und von den finanziellen Zuschüssen eines Mäzens. Die 1657 gegründete „Accademia del Cimento" blieb ganz ihrem Protektor Leopold von Medici, Bruder des Großherzogs und Kardinal, ergeben und richtete sich bei aufkommenden Konflikten zwischen Glauben und Wissen nach jenem aus. Die Akademie war auch ein Vorzeigestück des Staates, der Tod Leopolds (1675) bedeutete ihr Ende. Die 1663 gegründeten „Investiganti" überlebten zwar das 17. Jahrhundert, sahen sich aber ständig Anfeindungen ausgesetzt. Publiziert wurde in den Naturwissenschaften in Neapel bis weit ins 18. Jahrhundert hinein sozusagen nichts[15], hier wie anderswo übten sich die Wissenschafter in Selbstzensur. Weitere Beispiele gescheiterter Akademiegründungen ließen sich anführen. In Bologna führten mehrere Versuche erst im 18. Jahrhundert zu einem dauernden Erfolg.¹⁶ Im übrigen gab es auch, was weniger bekannt ist, „Gegenakademien" zu den „fortschrittlichen". Ihr Name war vielfach Programm.¹⁷ So bekämpfte die „Accademia degli Immobili" (der Unbeweglichen) in Venedig den Kopernikanismus und damit auch Galilei, gegen den sich auch die „Fantastici" in Città Castellana wandten. Die „Oscuri" (Dunkelmänner) in Siena traten als Verteidiger des Aristoteles auf den Plan. Die „Accademia degli Oziosi" (Müßiggänger) in Neapel schließlich war wie andere im spanischen Machtbereich gegründete Institute ein Lenkungsinstrument der Regierung für beschäftigungslose, mithin potentiell gefährliche Intellektuelle.¹⁸ Zu erwähnen ist auch, daß nur einige wenige Prozent aller im 17. Jahrhundert gegründeten Akademien sich speziell den Erfahrungswissenschaften widmeten. Die meisten anderen – die es auch in kleinen Städten gab – hatten gar keine wissenschaftlichen Ambitionen, sondern dienten der gehobenen Geselligkeit und den kulturellen Bedürfnissen (Musikaufführungen) einer kleinen intellektuellen Schicht.

Den „Lincei" gehörte auch Galileo Galilei an. Seit ihn das 19. Jahrhundert zum Heros der Freiheit der Wissenschaft gegen den Obskurantismus der Kirche auf den Schild hob, hat sein „Fall" unzählige Federn in Bewegung gesetzt. Die uferlose, gleichwohl ständig weiter wachsende Literatur dazu – kein Ereignis des italienischen Seicento hat mehr Beachtung gefunden als dieses eine – kann hier nicht referiert werden.¹⁹ Folgende generelle Bemerkungen aufgrund der neueren Forschung drängen sich zur Korrektur älterer, populär gewordener Vorstellungen auf:

1. Der berühmte Naturforscher hat sich stets als treuer Sohn der Kirche gefühlt; seine beiden Töchter Virginia und Livia ließ er Nonnen werden, was nur denjenigen in Erstaunen setzt, der die Sozialgeschichte dieser Epoche nicht kennt. Sein letztes Ziel war wohl, Glaube und Wissen zu versöhnen – eine unter den damaligen Umständen schwierige Aufgabe. Der Zusammenstoß mit den über den Glauben wachenden Instanzen ist von Mißverständnissen begleitet und von gegenseitigem Aneinandervorbeireden geprägt.

2. Galilei war sich seiner Größe bewußt und nicht bescheiden. Er war nicht „reiner", zurückgezogener Forscher, sondern auch seine Karriere im Auge behaltender Hofmann. Doch war diplomatisches Entgegenkommen ihm fremd, und wissenschaftliche Konkurrenten beobachtete er argwöhnisch. So verscherzte er sich Sympathien, insbesondere die der Jesuiten, die

ebenfalls bedeutende Astronomen stellten. Naturgemäß hatten diese die besseren Beziehungen zur Kurie. Unter Galileis Feinden waren, wie angedeutet, bornierte Ignoranten, aber es waren eben nicht alle so.

3. Der zweite Prozeß gegen Galilei (1632/33) war kein isoliertes Ereignis, sondern seine Vorbereitung fand in einem Klima der allgemeinen Angst und einer außenpolitischen Verunsicherung der römischen Kirche statt. In Norditalien wütete die Pest, und in Neapel brach der Vesuv aus. Auf dem deutschen und dem italienischen Kriegsschauplatz eilten die Franzosen und die mit ihnen verbündeten Schweden von Sieg zu Sieg. Der mit Frankreich sympathisierende Papst Urban VIII. geriet in eine schwierige Lage. So scheint sich an der nervös gewordenen Kurie eine Stimmung breit gemacht zu haben, welche forderte, der Konformismus sei notfalls mit Gewalt wiederherzustellen, an Widerstrebenden gelte es, ein Exempel zu statuieren, ein Erfolg müsse, koste es, was es wolle, erzielt werden.

4. Letztlich ging es um die Frage, was dem Heil der Menschheit dienlicher sei, der Glaube oder das Wissen, und wer darüber zu entscheiden habe. Am Ende der von Galilei entwickelten Neuerungen stand eine Physik, welche, frei von jeglicher ethischen Bindung, im 20. Jahrhundert Mittel bereitstellte, die ganze Menschheit auszulöschen – darauf hat der Atheist Bertolt Brecht hingewiesen.[20] Im Vorgehen der Kurie kann man auch einen, gewiß naiven und letztlich eben erfolglosen Versuch der heute wiederum geforderten Technikfolgenabschätzung bzw. -kontrolle sehen. Man ahnte vielleicht in der Kirche, daß im Konflikt zwischen Ethik und Physik schließlich erstgenannte den kürzeren ziehen mußte. Es ging also auch um den Präzedenzfall.

Den unbezweifelbaren Niedergang der italienischen Wissenschaft bloß auf den Galilei-Prozeß zurückzuführen, ist wohl etwas zu einfach. Der große Gelehrte hatte auch keine Nachfolge, weil seine begabtesten Schüler, Evangelista Torricelli und Emilio de' Cavalieri, schon bald nach ihm in jungen Jahren starben (1647). Dessen ungeachtet war die Lage eines Naturwissenschafters in Italien nach dem skandalösen Ereignis zweifellos keine komfortable.[21] Es muß auch darauf hingewiesen werden, daß Galilei kein Einzelfall war. Auch andere, weniger berühmte Forscher sahen sich von der Inquisition und den Jesuiten – die ihren eigenen Wissenschaftern strikte Limiten auferlegten – verfolgt, in ihren Arbeitsmöglichkeiten behindert, im Publikationsrecht beschränkt, ja zur Emigration gezwungen. Wer damals weiter forschen wollte, mußte im Kopfe Glaube und Wissen möglichst trennen, auf philosophische Überlegungen zur Natur weitgehend verzichten, sich am besten rein technischen Fragen widmen. Die Akademiker des „Cimento" und andere gingen diesen Weg. Wenn es trotzdem nicht zu einer neuen Blüte der Wissenschaften kam, so waren vermutlich noch andere Gründe dafür ursächlich. Die große Wirtschaftskrise hatte sicherlich negative Auswirkungen, insofern, als praktisch verwertbare wissenschaftliche Leistungen nicht mehr so gefragt waren, außer in der Agrikultur. Paolo Malanima meint anhand der erteilten Privilegien, in der Toskana (der wichtigsten Wirkungsstätte Galileis) sei es damals zu einer meßbaren Abnahme der Innovationsfähigkeit gekommen.[22] Die Marginalisierung der naturwissenschaftlichen Forschung, von der einzig die Medizin ausgenommen war, kann aber auch damit zusammenhängen, daß diese Probleme das Publikum nicht mehr so interessierten, daß die finanziellen Mittel anderswo eingesetzt wurden, etwa in der bildenden Kunst oder der Musik – das „Sponsoring" einer barocken Oper war offensichtlich wirkungsvoller als dasjenige einer wissenschaftlichen Akademie und erreichte breitere Kreise, vor allem auch die Frauen. Auch bei der sogenannten „fuga dei cervelli" (Flucht der Gehirne) gilt es, neben den „push"-auch die „pull"-Faktoren zu beachten. Nach der Emigration der religiösen Nonkonformisten im 16. Jahrhundert gab es eine zahlenmäßig schwächere Auswanderungswelle von italienischen Naturwissenschaftern und Technikern im Jahrhundert danach. Sie ist aber wohl zum Teil auch darauf zurückzuführen, daß den Italienern im Ausland bessere materielle Bedingungen angeboten wurden. Colbert bemühte sich 1667, den letzten Galileischüler Vincenzo Viviani nach Paris zu ziehen; als dieser ablehnte, trat der ebenfalls ins Kreuzfeuer geratene Giovanni Domenico Cassini an seine Stelle und begründete am Observatorium von Paris eine berühmte, bis ins 19. Jahrhundert wirkende Astronomendynastie.[23] Der Buchdruck in Amsterdam, den bekanntlich auch Galilei in Anspruch nahm, bot Schutz vor zensurierenden Eingriffen, war aber inzwischen auch rein technisch dem italienischen überlegen geworden. Daß Frankreich, die Niederlande und England Italien den Rang abliefen, hängt also mit mehreren Faktoren zusammen. Einige, darunter auch der auf den Italienern lastende Konformitätsdruck, wurden schon damals von den Franzosen benannt. Sie waren davon überzeugt, daß Italien in Rückstand geraten war, während sie sich selbst auf die ersten Plätze vorgearbeitet hatten. Dasselbe Gefühl teilten umgekehrt nicht wenige italienische Wissenschafter, die nun bewundernd auf das ebenfalls katholische Nachbarland blickten.[24]

Der Prozeß gegen Galilei wurde vom Heiligen Offizium, der römischen Zentrale der Inquisition, geführt. In ihr sah man seit der Aufklärung gewissermaßen die Inkarnation des Bösen. Allerdings sind die populären Vorstellungen darüber vermutlich lange stärker von Schiller und Verdi, mit der bühnenwirksamen Szene im „Don Carlos", als von der Geschichtswissenschaft geprägt gewesen. Diese befaßt sich, unter neuen Fragestellungen, erst seit jüngster Zeit intensiv mit der Inquisition in Italien.[25] Lange Zeit war sie auf Einzelfälle, u. a. eben den berühmten Galilei, fixiert, während bei der spanischen Inquisition schon früher sozialgeschichtliche Probleme diskutiert wurden. Allerdings ist auch die Quellenlage in Italien schwieriger: aus politischen Gründen konnte hier die Inquisition nicht so zentralistisch organisiert werden wie in Spanien und Portugal. Im Prinzip gab es unter der koordinierenden und kontrollierenden Zentralinstanz Provinztribunale. Ihnen dienten in einer speziellen Bruderschaft zusammengefaßte „Familiaren" sowie dazu rekrutierte Geistliche als Zuträger. Auch die „vicari foranei" waren in das System eingebaut. Diese Leute stießen aber gelegentlich auf Widerstand; ohnehin war das Aufpassernetz recht ungleichmäßig und eher weitmaschig.[26] Die Zuständigkeit der Zentralbehörde reichte nicht immer so weit wie gewünscht, es war ja nicht ohne weiteres möglich, einen fremden Staatsbürger einfach nach Rom zu zitieren. Die italienischen Staaten bejahten zwar grundsätzlich die Inquisition, deren Kompetenzen aber mußten jeweils einzeln vertraglich geregelt werden, wobei das Resultat sehr unterschiedlich ausfiel. Sizilien und Sardinien fielen in den alleinigen Zuständigkeitsbereich der staatlichen spanischen Inquisition. Im Königreich Neapel hingegen konnte Spanien seine eigene Institution nicht durchsetzen, ebensowenig aber die Kurie die ihrige: Faktisch kämpften dort die erzbischöfliche Inquisition und ein Abgeordneter des Heiligen Offiziums nicht selten eher gegeneinander als miteinander gegen allfällige Ketzer. Der römischen Zentrale relativ ergeben zeigte sich die Toskana unter den letzten Medici, ebenso Savoyen. Lucca hingegen ließ die römische Inquisition nie zu, in Genua und Venedig mußten auch Laien im Tribunal sitzen. Miteinander konfligierende Ansprüche der Kirche und Rechte der Staaten, denen ja auch der Vollzug der scharfen Strafen oblag, sowie Kompetenzstreitigkeiten bei einigen Delikten (z. B. Bigamie) schränkten die tatsächliche Macht der anscheinend so fürchterlichen Institution etwas ein und ließen gelegentlich den Übeltätern unverhoffte Schlupfwinkel offen. Bischöfe, die selber auf scharfe Kontrolle bedacht waren, wie Barbarigo, sahen in der Inquisition eher eine Konkurrenz.[27] Was das Verfahren anbelangt, so hat John Tedeschi, der führende Historiker auf diesem Gebiet, auf seine Strenge, aber auch die strikte Rechtmäßigkeit hingewiesen.[28] Es war durch einen hohen Grad von Schriftlichkeit, langsames Vorgehen, viele juristische Sicherungen und peinlich genaue Befragung charakterisiert. Die Inquisitoren gingen, wie die Protokolle zeigen, nicht mit dem Holzhammer vor, sondern suchten oft mit psychologischem Feingefühl in die Verästelungen des Seelenlebens der Delinquenten einzudringen – das macht die erhaltenen Dokumente zu interessanten, wenn auch bisher eher wenig ausgewerteten Quellen. Die Angeklagten bekamen einen Pflichtverteidiger, die Folter trat nur in Aktion, wenn sehr viele Indizien eines Verbrechens vorlagen, der Beschuldigte dieses aber beharrlich leugnete. Bei den verhandelten Delikten zeigen sich gewisse Verschiebungen auf der Zeitachse. Zuerst stand selbstverständlich die Verfolgung des Protestantismus und des Judentums im Vordergrund, diese Phase war aber schon im 16. Jahrhundert abgeschlossen. Hexenprozesse beschäftigten alsdann die Inquisition nur vorübergehend im Norden; im Süden spielten anfänglich Bigamieprozesse eine nicht unbedeutende Rolle. Blasphemie wurde weiterhin verfolgt, kam aber selten vor, ebenso wie Fälle von falschen Priestern und selbsternannten Heiligen.[29] Am meisten und fast ständig gaben den Inquisitoren die verschiedenen Formen von Magie zu tun. Ferner wurden seit dem 17. Jahrhundert in zunehmendem Maße die bereits früher erwähnten sexuellen Vergehen, unerlaubter Verkehr bei Laien und Sollizitation des Klerus, abgeurteilt. Zuletzt kamen Fälle von Schatzgräberei, Wahrsagerei u. dgl. vermehrt vor das Gericht. Die Strafen waren, wie neuere statistische Aufschlüsselungen zeigen, eher milde. Die Todesstrafe wurde nur selten (in 1–2% der Fälle) ausgesprochen, sie traf besonders ruchlose Verbrecher, hartgesottene Ketzer und Rückfällige. In den meisten Fällen blieb es bei öffentlicher Abschwörung der Irrtümer, verbunden mit Kirchenbußen und Gebet. Man konnte seine Haut also leicht retten. Körperstrafen waren Galeere (für die Männer), Auspeitschung (meistens für Frauen) und Gefängnis (für die privilegierten Stände Adel und Klerus). Die letzten Autodafés fanden in Sizilien, im Bereich der spanischen Inquisition, zu Beginn des 18. Jahrhunderts statt. Abgeschafft wurde die Inquisition, nach vorangegangenen Einschränkungen, in den meisten Staaten im Rahmen der aufgeklärten Reformen der zweiten Hälfte des 18. Jahrhunderts.

Drei numerisch zwar unbedeutende Gruppen, die ins Kreuzverhör der Inquisition gerieten, haben die Forschung seit längerer oder kürzerer Zeit besonders beschäftigt, nämlich die Hexen, die Libertiner und die Quietisten. Verglichen mit den anderen Ländern Europas erreichten die Hexenverfolgungen in Italien nur ein unbedeutendes Ausmaß; sie beschränkten sich räumlich auf das nördliche Randgebiet, den Alpenbogen, und zeitlich auf das späte 16. Jahrhundert.[30] Schuld an diesem Ergebnis war in erster Linie die dafür (als einer Form der Magie) zuständige Inquisition. Das Heilige Offizium verhielt sich in dieser Sache extrem vorsichtig und suchte lokale Eiferer – der berühmteste war Borromäus, der im Veltlin hart vorging – zu dämpfen. Die Selbstanklagen über Teilnahme am Hexensabbat hielt man für Einbildung, Denunziationen behandelte man mit großer Zurückhaltung und ließ auch keine darauf beruhenden Kettenprozesse, wie anderswo, zu. Seit dem Traktat „Flagellum daemonum" des Girolamo Menghi (1578) betrachtete man allgemein den Exorzismus als geeignetere und persönlich schonendere Waffe gegen die Hexerei, im 17. und 18. Jahrhundert gab es deswegen nur noch ganz vereinzelt Prozesse. Die Libertiner und „Atheisten" beschäftigten die Inquisitoren vor allem um die Wende vom 16. zum 17. Jahrhundert.[31] Ihr Zentrum war Venedig, wo sie sich sogar in einer Akademie, den „Incogniti" (Unbekannten), zusammenfanden; von dort aus liefen Fäden zu Gesinnungsgenossen in Frankreich und England. Die bekannten Fälle sind noch im Rahmen des Späthumanismus zu sehen und fallen zeitlich meist ins 16. Jahrhundert. Die Libertiner wurden auch deswegen verfolgt, weil man ihnen, zu Recht oder Unrecht, einen freieren Umgang mit der Sexualität, also ein für die Inquisition ebenfalls strafwürdiges Delikt, zuschrieb.[32] Umgekehrt wurden Homosexuelle und Sollizitanten oft auch theologischer Abweichungen verdächtigt. Im weiteren Verlauf des 17. Jahrhunderts kam es kaum noch zu Prozessen gegen die Freigeister, bei dem großen in Neapel, zwischen 1688-1697, ging es, wie bei Galilei, eher um naturphilosophische Fragen, nämlich die Abwehr des Kartesianismus und Gassendis Atomismus.[33] Der Kampf gegen den Protestantismus war in Italien schon um 1570-1580 beendet, einzelne Dissidente erreichten ihr Exil, meistens die Niederlande, noch im 17. Jahrhundert.[34] Eine mögliche Verbindung von Häresie und unerlaubter Sexualität fand man, wie schon gestreift, im Quietismus.[35] Diese neue mystische Lehre war für die Inquisition bis ins 18. Jahrhundert ein Problem, doch gelang es ihr stets, die da und dort auflodernden Flämmchen zu ersticken. Der Begründer des Quietismus, der in Rom lebende Spanier Miguel de Molinos, widerrief nach der lehramtlichen Verurteilung (1687). Größeren Umfang erreichte eine dem Quietismus verwandte Bewegung gleichzeitig in

Mailand und im Val Camonica, nördlich von Brescia. Spätere Regungen zeigten sich ebenfalls im Venezianischen und in der Emilia, doch war damals die Inquisition nicht mehr sehr aktiv. Im Süden erregte der Fall des Bruders Romuald und der Schwester Geltrude in Palermo Aufsehen, die beiden endeten 1724 als verstockte Quietisten und sexuelle Delinquenten auf dem Scheiterhaufen.[36] Daß man übrigens trotz der Aktivität der Inquisition in Italien durchaus Kenntnis von ausländischen Ketzereien hatte, belegen u. a. die seltsamen Bilder, die Alessandro Magnasco von den Quäkern malte.

Neben der gerichtlichen fiel der Inquisition eine weitere Aufgabe zu, die das Geistesleben ebenfalls prägte und negativ beeinflußte, nämlich die Bücherzensur.[37] Die in Italien strenger als anderswo gehandhabten Kontrollen waren sowohl präventiv, indem für den Druck vorgesehene Manuskripte zu genehmigen waren, wie repressiv, indem Drucker und Buchhändler überwacht wurden, Bibliotheksreinigungen vorkamen und verbotene Werke beschlagnahmt und verbrannt wurden. Ein besonderes Augenmerk galt natürlich den von Kaufleuten aus häretischen Ländern in die Hafenstädte eingeschleppten fremden Büchern. In der Repressivzensur spielte neben der Inquisition auch die Indexkongregation, welche das periodisch erscheinende Verzeichnis der verbotenen Schriften redigierte, eine große Rolle. Die Staaten befürworteten die Zensur grundsätzlich, zumal es ja auch als staatsgefährdend betrachtete Literatur gab; gerade deswegen aber kam es auch hier nicht selten zu Kompetenzkonflikten zwischen den beiden Gewalten. Das im ersten Jahrzehnt nach dem Tridentinum geschaffene Kontrollsystem funktionierte um 1600 bereits recht gut; es führte zu einer weitgehenden Selbstzensur der Autoren, nur besonders Wagemutige ließen ihre Werke im Ausland erscheinen. Gleichwohl schlüpften gelegentlich heterodoxe oder auch obszöne Werke durch die Maschen. Am längsten wehrte sich begreiflicherweise Venedig gegen das neue, die Intellektuellen disziplinierende Instrument, aus geschäftlichen Gründen, war doch hier der Buchdruck ein Hauptgewerbe. Sein späterer Niedergang hat wohl auch in der Zensur eine seiner Ursachen. Zusätzlich konkurrierten nun kircheneigene Druckereien, welche bei theologischen Werken die beste Garantie vor Abweichungen boten, die bürgerlichen Buchdrucker. Wegen des fortbestehenden Kontrollinteresses der staatlichen Seite blieb die Zensur auch während des ganzen 18. Jahrhunderts eine wirksame Institution, wenngleich Übertretungen jetzt häufiger vorkamen, die Kirche für Wissenschafter aber auch leichter Lektüredispensen erteilte.

Ein Problem, das die Inquisition und die Kirche überhaupt trotz aller Anstrengungen nie ganz in den Griff bekam, war die Magie.³⁸ Sie war in allen Schichten, selbst im niedrigen Klerus, verbreitet; wiederum wäre es völlig falsch, hier ein bloß auf die niedrigen Klassen beschränktes Phänomen zu sehen. Die Gelehrtenmagie war in Italien im 16. Jahrhundert noch gang und gäbe, scheint dann allerdings an Bedeutung verloren zu haben. Die in breiten Schichten geübte Magie hatte hingegen eine enorme Persistenz, so daß sich sogar Baretti, nachdem ausländische Reisende mit dem Finger darauf zeigten, zu einer entschuldigenden Bemerkung veranlaßt sah.³⁹ Im Süden überlebte die Magie bis heute, ihre von der Anthropologie untersuchten Formen weisen allerdings nicht immer eine Kontinuität nach rückwärts auf.⁴⁰ Man kann die Magie als Gegensatz zur exakten Wissenschaft auffassen, eine solche Sicht verkennt allerdings, daß beide, mit verschiedenen Mitteln, auf Naturbeherrschung zielen. Die tridentinische Kirche sah in beidem eine Gefahr für den rechten Glauben, war aber bei der Zurückdrängung der Magie weit weniger erfolgreich als bei der Wissenschaft. Der Grund lag vor allem darin, daß in Italien Glaube und Aberglaube, Christlich-Sakrales und un- bzw. vorchristliche Magie fast untrennbar miteinander verknüpft waren. Ein großer Teil der magischen Handlungen schloß sich eng an verschiedene Formen der Volksfrömmigkeit an – nicht notwendigerweise, aber faktisch. Die der Reform verpflichteten Bischöfe suchten hier klar zu trennen und die magischen Teile zu eliminieren. Die Laien aber folgten auch hier nicht den kirchlichen Vorschriften: Sie brauten sich aus der offiziellen Doktrin und magischen Elementen ihre eigene Religiosität zusammen. Zeugnis über die Bestrebungen der Bischöfe geben die Synodalbeschlüsse. Aus ihnen haben Cleto Corrain und Pierluigi Zampini eine materialreiche, aber leider kaum greifbare Sammlung von Volksbräuchen, welche die Bischöfe ausmerzen wollten, zusammengestellt.⁴¹ Sie knüpften sich vor allem an die Passageriten. Taufe und Hochzeit waren von bestimmten volkstümlichen Handlungen begleitet, welche sich an die kirchlichen Zeremonien anlagerten. Das Kinderzeichnen, die nachträgliche Taufe totgeborener Kinder, war in Norditalien noch lange üblich.⁴² Beim Totenkult waren die wahrscheinlich auf die Antike zurückgehenden Klageweiber (prefiche, lamentatrices), die es praktisch in ganz Italien gab, ein Stein des Anstoßes. Die mittelalterlichen Verbote wurden in der Frühneuzeit wiederholt – offenbar ohne durchschlagenden Erfolg, denn wenigstens im Süden hat sich diese Erscheinung bis in unser Jahrhundert gehalten. Auch an kirchliche Feste, selbst Hauptfeste wie Weihnachten und Ostern, knüpften sich abergläubische Bräuche. Im „calendimaggio", der Maifeier mit dem Aufstellen des Maibaums, traten alte Fruchtbarkeitsriten zu Tage, Grund genug für die Bischöfe, dieses Fest zu bekämpfen und für Ersatz, etwa durch die Maiandacht, zu sorgen.[43] Verschiedenartige, der reinen christlichen Lehre entgegenstehende Bräuche wurden ferner in vielen Teilen Italiens in der Johannisnacht gepflegt. Gebete, Andachtsgegenstände, Segnungen und andere Sakramentalien, der Reliquienkult und die Wallfahrt wurden im Volke mit magischen Zusätzen versehen. Nächtliche Riten übten die von Carlo Ginzburg entdeckten friulanischen „benandanti" aus, Ähnliches wird aber für Anagni noch aus dem 18. Jahrhundert überliefert.[44] Groß war das Spektrum der verschiedenen Schadenzauber. Diese schwarze Magie, der sich vor allem Frauen ergaben, wurde erbittert verfolgt, hier war die gegnerische Position der Kirche ganz deutlich, ebenso wie bei der Schatzgräberei und dem Wahrsagen, die erst im 18. Jahrhundert größere Bedeutung erlangten.[45] Sehr schwierig war die Abgrenzung jedoch umgekehrt bei den verschiedenen Heilzaubern und -riten. Sie wurden ebenfalls vielfach von Frauen, u. a. den „bizzoche" ausgeübt, ebenso häufig aber von Priestern, außerhalb des von der Kirche dafür vorgesehenen Rahmens.[46] Diese halb christliche, halb magische Heiltätigkeit entstand oft aus einem echten Bedürfnis des Geistlichen, zu helfen und dabei alle möglichen Mittel einzusetzen. Dagegen ließ sich schwer argumentieren, umsoweniger als das Wunder – bei einem positiven Heileffekt war der Übergang dazu fließend – von der Kirche prinzipiell ja anerkannt war. Im Süden arrangierten sich einige Bischöfe mit der nicht auszurottenden Magie und versuchten gewisse ihnen anstößig erscheinende Bräuche christlich zu überformen, eine Praxis, die auf die Dauer, wie ja schon die bisherige Geschichte der Kirche zeigte, mehr Erfolg verhieß als eine unnachsichtige Bekämpfung des „Übels".[47]

6

Ostentative Verschwendung: Der barocke Bauboom

Sozialgeschichte der Kunst muß mit der Architektur beginnen, denn diese ist in höherem Maße an die Gesamtgesellschaft oder einzelne ihrer Gruppen gebunden als die sich seit der Renaissance mehr und mehr individualisierende Malerei. Sie sucht zunächst den Gesamtbestand rein quantitativ, ohne große Berücksichtigung der Qualität und unter Vernachlässigung formaler Finessen, zu erfassen und nach Bauaufgaben, -typen und -werken zu gliedern, wobei sie diese sogleich in ihr soziales Umfeld einbezieht. Als „Geschichte" möchte sie epochale Schwerpunkte, Baukonjunkturen und -krisen deutlich machen. Sozialgeschichte der Kunst berücksichtigt auch angemessen die von der „reinen" Kunstgeschichte eher vernachlässigte Architektur zweiten und dritten Ranges, bei der Sakralarchitektur etwa die gewöhnlichen Pfarrkirchen, Kapellen und übrigen, mit dem Begriff der Sakrallandschaft oder Volkskunst erfaßten Kleinheiligtümer. Wichtig ist der Sozialgeschichte die Frage nach den Auftraggebern, einzelnen Personen, Gruppen oder größeren Gemeinschaften, ihren Motiven zum Bau, ihrem Einfluß auf die Architekten, sie versucht selbstverständlich auch diese sozial zu verorten. Zu untersuchen sind ferner mögliche theologisch-kirchliche, politische, ökonomische, im engeren Sinn soziologische, sowie allgemein geistesgeschichtliche und kulturelle Faktoren, die auf die Entstehung des Kunstwerkes einwirken. Sozialgeschichte will schließlich wissen, was das Gebaute alles kostete, wie und von wem das Geld dazu aufgebracht wurde.

Dieses anspruchsvolle Programm ist – das sei gleich zu Beginn betont – bis jetzt erst in höchst bescheidenem Umfang in Angriff genommen worden, größere Arbeiten dazu sind vorderhand noch einzelne Inseln in einem Meer des Unwissens.[1] So kann die folgende Darstellung nicht mehr als einen in vielem nebulösen Umrißcharakter haben. Will man jedoch, und diese Frage stellt sich gerade im Falle Italiens, den Begriff „Barock" als einen Epochenbegriff rehabilitieren, wie dies im Titel dieses Buches geschehen ist, so kann man nicht, mit der apodiktischen Erklärung: „Der Barock fand nicht statt", die Kunstgeschichte auf eine der Namen und Daten reduzieren.[2] Sozialgeschichte der Kunst wäre eine klassische interdisziplinäre Aufgabe, vor der aber die Vertreter beider Wissenschaften bislang eher zurückschreckten. Allgemeinhistoriker pflegen, wie die allermeisten Übersichtsdarstellungen irgendeines Landes oder einer Epoche gut zeigen, hier meist einen großen Bogen zu machen, vielleicht auch, weil nach dem Ende des unbedingten Primats der politischen Geschichte allzuviele Aufgaben an sie herangetragen werden, weil die Synthese sämtlicher „Bindestrichgeschichten" sie überfordert. Kunsthistoriker andererseits halten es offenbar vielfach unter ihrer Würde, Zahlenmengen und Prozentwerte zu berechnen, sich mit qualitativ eindeutig minderwertiger, eher schematisch fabrizierter Massenarchitektur abzugeben, schwierige sozialgeschichtliche Voraussetzungen zu rekonstruieren, eigensüchtige Interessenkonstellationen und eifersüchtig verteidigte Prestigefragen zu erörtern und zuletzt noch in die Niederungen des schnöden Mammons abzusteigen. So bleibt vorderhand vieles von beiden Seiten unerörtert.

Etwas kann immerhin mit Sicherheit gesagt werden: Der Akzent muß, wenn man nicht das bloße Kriterium der Menge heranzieht, auf dem Sakralbau liegen. Er ist – eine banale Feststellung – in höherem Maße öffentlich als der Profanbau, wo das Private dominiert. In einer Epoche, wo das Religiöse, wie wir bereits auf anderen Feldern gesehen haben, schlechthin alles beherrscht, muß auch die Betrachtung der religiösen Kunst Vorrang genießen. Ferner: Wenn es überhaupt Vorarbeiten zu unseren Fragestellungen gibt, so betreffen sie weit eher die Sakralkunst. Auch das Mengenkriterium ist zu relativieren. Nach einer Schätzung aus der Gegenwart bewahrt die italienische Kirche in knapp hunderttausend Kultgebäuden und mehreren tausend weiteren Institutionen insgesamt über 75% des Kulturerbes des Landes.[3]

Den Gesamtbestand an barocken Kultbauten in Italien präzise zu erfassen ist vermutlich ein Ding der Unmöglichkeit, Rückschlüsse aus dem heutigen Bestand sind nur beschränkt möglich.[4] Einige Lokalstudien geben jedoch über die Größenordnungen Bescheid, mit denen man es zu tun hat. Dabei wird fast eine Gesetzmäßigkeit sichtbar: Mit abnehmender Einwohnerzahl der Städte nimmt die verhältnismäßige Anzahl der Sakralbauten zu. Die größte Stadt Italiens, Neapel, besaß auch die meisten Kirchen, nämlich rund 450–460 schon in der ersten Hälfte des 17. Jahrhunderts.[5] Das ist vergleichsweise wenig, denn damit mußten, wenn man die rund 120 privaten Oratorien wegrechnet, vor der großen Pest mehr als tausend Einwohner eine Kirche miteinander teilen, was zeitgenössische Berichte über die Überfüllung neapolitanischer Kirchen glaubhaft macht. Rom, selbstverständlich ein Sonderfall, besaß damals wohl fast gleich viele Kirchen, hatte aber etwa nur ein

Noto (vgl. auch S. 72). Kloster SS. Salvatore, im Vordergrund Kirche des Klosters S. Francesco (die Wohngebäude rechts anschließend).

Viertel der Einwohner Neapels, so daß das Verhältnis günstiger war.[6] Im mittelgroßen Catania aber war es ähnlich ungünstig wie in Neapel, es scheint dies auch die einzige Stadt Italiens gewesen zu sein, in der sich, nach den eingetretenen Naturkatastrophen vom 17. zum 18. Jahrhundert, die Zahl der Kirchen vorübergehend reduzierte.[7] In den Städten Palermo und Genua kann man im Barockzeitalter mit etwas mehr als 400 Einwohnern pro Kirche rechnen.[8] Eine kleinere Stadt, wie Verona hatte ein Verhältnis von etwa 1:270, in Noto waren es nach dem Wiederaufbau 1:190.[9] Dichter war das Netz der Kirchen in der „Città-Chiesa" Lecce, nämlich (ohne die Privatkirchen) eine Kirche auf rund 120 Einwohner.[10] Dieselben Verhältnisse weisen die gut untersuchten toskanischen Städte Pistoia, Prato und Pisa (Innenstadt) auf, wobei Pistoia einen Rekord aufstellt: Auf eine Kirche kamen hundert Einwohner, bei Einrechnung der privaten Oratorien waren es sogar nur 78.[11] Auf die Fläche bezogen heißt dies, daß bei den drei Beispielen auf jedem Hektar des Stadtgebiets innerhalb der Mauern eine Kirche stand! Die Heftigkeit des Vorgehens des reformerischen Bischofs de' Ricci gegen diese Zustände, denen eine weitgehende Vernachlässigung der gebirgigen Pfarreien der Diözese gegenüberstand, wird vor diesem Hintergrund einigermaßen verständlich. Zahlen über die Kirchendichte in Kleinstädten und Dörfern sind wohl allzu zufällig, um daraus weitreichende Schlüsse zu ziehen. Für die kleinen Bischofsstädte des Südens darf man, bei Berücksichtigung der Klöster, gleichwohl mit etwa 10–15 Gotteshäusern rechnen.[12] Etwas schwierig ist die Bestimmung der Kirchendichte für ganze Diözesen.[13] Die wenigen verfügbaren Zahlen bewegen sich zwischen 100–200 Einwohnern pro Kirche; vorschnelle Generalisierungen verbieten sich vorerst.[14]

Interessante Feststellungen lassen sich hinsichtlich der Art der Kirchengebäude machen. Die Pfarrkirchen machten nur einen geringen Teil aller Kultgebäude in den Städten aus. In denjenigen des Nordens schwankte der Prozentsatz meist zwischen 15 und 20. Der Rest waren Klosterkirchen, mit i. d. R. etwa demselben Anteil, dann aber, zahlenmäßig überragend, Bruderschafts- und Privatoratorien. Schon allein dies belegt den gewaltigen Unterschied zwischen dem katholischen und dem protestantischen Raum, wo es ja praktisch nur die erstgenannte Gruppe gab. Noch ungünstiger war das Verhältnis im Süden mit seinen Großpfarreien. In Neapel machten die Pfarrkirchen nur knapp 7% aus, Klosterkirchen gab es fast viermal mehr, und jeweils knapp ein Viertel des Gesamtbestandes waren Bruderschafts- bzw. private Oratorien.[15] Die früher gemachten Feststellungen über die Nebensächlichkeit des Pfarrgottesdiensts und umgekehrt die Bedeutung der partikulären Frömmigkeit der Bruderschaften und der Laien überhaupt (v. a. des Adels, dem die meisten Privatkapellen gehörten) finden somit ihre architektonische Bestätigung. Die frühneuzeitliche „Sakralisierung des Raums" ist für Neapel von Mario Rosa untersucht worden, dafür waren in erster Linie die Klöster, die Bruderschaften und die gehobene Laienschicht verantwortlich, nicht etwa der Erzbischof.[16]

Baubestandsaufnahmen zu irgendwelchen Zeitpunkten des 17. und 18. Jahrhunderts beziehen selbstverständlich die Werke vom Frühchristentum bis zur Renaissance mit ein. Schon ein oberflächlicher Blick auf das erhalten Gebliebene zeigt aber, daß darin rein quantitativ der Barockbau bei weitem überwiegt. Dazu wurden sehr häufig nicht abgerissene ältere Gebäude außen und innen barockisiert, vor allem im „nichtkommunalen" Italien. Nach einer gewissen Stagnation seit der Hochrenaissance setzte seit Mitte des 16. Jahrhunderts eine enorme Bautätigkeit ein, die aber quantitativ noch kaum erfaßt ist, vor allem nicht als Kontinuum. In der Stadt Neapel wurden im 17. Jahrhundert rund 150 Kirchen neu errichtet.[17] In Venedig waren es weit weniger, hier muß man aber die beschränkten Platzverhältnisse berücksichtigen.[18] Zwischen 1669 und 1769 entstanden dort immerhin 40–45 neue bzw. neugestaltete Kirchen. In Assisi wuchs die Anzahl der nichtpfarrlichen Bethäuser im 17. Jahrhundert um mehr als das Doppelte, vor allem durch die Oratorien der Bruderschaften.[19] Im Herrschaftsgebiet der Caracciolo auf Sizilien stellte man im gleichen Zeitraum eine Verdreifachung der Kultgebäude fest.[20] Im übrigen entstanden in Sizilien seit dem späten 16. Jahrhundert vor allem Hunderte von neuen Klöstern. In Genua erreichte der Klosterbau seinen quantitativen Höhepunkt im frühen 17. Jahrhundert. Bei drei von Angelo Torre genau untersuchten piemontesischen Diözesen setzte gegen Mitte des 17. Jahrhunderts eine Bauwelle ein, die erst ein gutes Jahrhundert später ihr Ende fand. 63 Pfarrkirchen, etwa ebensoviele Bruderschaftsoratorien und dreimal soviele Feldkapellen wurden neu errichtet. In einem ähnlichen Zeitraum entstanden im Umland von Pavia viele Pfarrkirchen neu, dazu etwa hundert Oratorien.[21] Hier ist eine wichtige Korrektur einer in der Kunstgeschichte noch verbreiteten Vorstellung über das Ende des Barock anzubringen. In Rom, der Geburtsstätte und dem langjährigen Zentrum barocken Bauens, endete der Boom ja 1676 ziemlich abrupt durch die „svolta innocenziana" und flackerte dann im 18. Jahrhundert eher schwach noch einmal auf. Diese bekannte Tatsache kann aber keinesfalls verallgemeinert werden. In der Provinz setzte sich die Bautätigkeit im 18. Jahrhundert weiter fort, ja sie begann in vielen Gegenden erst recht oder intensivierte sich noch. Im unmittelbaren Umland von Neapel erreichte der Bau von Kapellen in der ersten Hälfte des 18. Jahrhunderts einen absoluten Höhepunkt, welcher die Anzahl dieser kleinen barocken Kultgebäude auf rund 480 brachte.[22] In der Diözese Bergamo wurden im 17. Jahrhundert 60 Pfarrkirchen neu gebaut und acht erneuert.[23] Für das 18. Jahrhundert lauten die entsprechenden Zahlen aber 150 und 23. Für einige venezianische Diözesen, wie Treviso, Vittorio Veneto, Brescia, ist im 18. Jahrhundert eine gesteigerte Bautätigkeit feststellbar, die anderswo in Einzelfällen sogar bis ins 19. Jahrhundert anhielt.[24] Für das 18. Jahrhundert wird auch von vielen Erneuerungen bzw. Neubauten von Kathedralen berichtet, ein Faktum, das dem Kunstreisenden wohl bekannt ist, auch negativ, weil er bedauert, daß damals viel mittelalterliche Bausubstanz ohne große Bedenken für vielfach wenig originelle neue Gebäude geopfert worden ist.[25] Die Tatsache, daß diese Bauten sich im Detail eher einer klassizistischen Formensprache nähern, ändert nichts daran, daß ihre Grundkonzeption noch barock ist. Auch Klöster der alten Orden (Benediktiner usw.) wurden im 18. Jahrhundert gelegentlich neu errichtet.[26] Allerdings erreichte diese Bautätigkeit, wohl wegen der Kommende, nie das Ausmaß derjenigen des deutschsprachigen katholischen Raums. Aufwendige „Klosterschlösser" sind nicht so häufig und eher im erdbebengeschädigten Mittel- und

Süditalien zu finden. Eine neue Bauaufgabe für den Barock waren neben den als eigene Gebäude errichteten Bruderschaftsoratorien die öffentlichen Kapellen auf den Latifundien der Lombardei, wie der „masserie" und der „casali" im Süden.[27] Sie sollten den Landarbeitern den oftmals weiten Weg zur Pfarrkirche ersparen. Kaum dokumentiert sind die vielen Feldkapellen, noch weniger die übrigen, im nächsten Abschnitt zu betrachtenden Kleinheiligtümer.

Es wäre interessant, zu wissen, wieviel dieser exorbitante Kirchenbau etwa kostete und wer dafür wie tief in seine Taschen griff. Allein, darüber sind zur Zeit und wahrscheinlich auch in Zukunft nicht einmal Schätzungen, und seien es noch so ungefähre, möglich. Einige Zahlenangaben sollen jedoch wenigstens die pekuniären Dimensionen illustrieren. Das größte barocke Bauwerk in Italien, der Petersdom in Rom, soll, neueren Berechnungen zufolge, insgesamt rund 6 Millionen Scudi gekostet haben.[28] Natürlich stellt dies einen absoluten Ausnahmefall dar. Daß das Geld aber nicht nur beim Militär, sondern auch in der Kunst der Nerv der Dinge war, zeigt sich darin, daß das endgültige Erliegen des Barockbaus in Rom zwischen 1740–1750 nicht zuletzt in völlig leeren Kassen seinen Grund hatte. Die Kathedrale S. Maria Assunta ihres „Familienbistums" Ariccia kostete die Chigi mindestens 84.000 Scudi, Architekt dabei war allerdings Gianlorenzo Bernini.[29] Für den barocken Neubau der großen Kathedrale von Lecce werden 54.000 Dukaten genannt.[30] Billiger war eine bloße Barockisierung, wie diejenige des Domes von Pozzuoli, die „nur" 14.000 Scudi kostete, obschon man den berühmten Giovanni Lanfranco als Freskanten beschäftigte.[31] Teurer zu stehen kamen wegen ihrer größeren Baumasse ganze Klöster. Bei zwei dokumentierten Beispielen gutausgestatteter Institute in Neapel wurde die Hunderttausendergrenze überschritten.[32] Für denselben Zweck stiftete in Rom eine Gräfin Orsini 80.000 Scudi.[33] Sehr viel Geld benötigte ein ganzer „Sacromonte" mit seinen vielen Kapellen; für denjenigen von Varese wurden die Gesamtaufwendungen auf 1–1,5 Millionen Lire geschätzt.[34]

Diese Summen stammen aus sehr verschiedenen Quellen und unterscheiden sich auch je nach Bauaufgabe. Bereits früher wurden die Familienstiftungen erwähnt, die in sakrale Bauten, darunter natürlich in erster Linie für prunkvolle Familienkapellen in bestehenden Kirchen, investiert wurden. Dem Adel kommt sicherlich die erste Stelle im privaten Kunstmäzenat zu. Von ihm profitierten namentlich auch die Klöster der Reformorden, allen voran Jesuiten und Theatiner, ferner Kirchen, bei denen Adelsfamilien das Patronat hatten. Bei den sizilianischen Städteneugründungen hatten die Feu-

Lecce, Kirche S. Croce: Beispiel des volkstümlich-paganen Barock (vgl. S. 234).

dalherren die gesamten Kosten des Kirchenbaus zu übernehmen. In diesem Zusammenhang dürfen die adligen Damen nicht vergessen werden, die oft als Witwen ansehnliche testamentarische Schenkungen von ihrem Frauengut machten, wiederum vor allem zugunsten von Klöstern, wobei diesmal natürlich die Nonnen im Vordergrund standen.[35] Auch reiche Kaufleute bedachten vor allem Klöster, so etwa der in Neapel niedergelassene Flame Kaspar Roomer, der kirchlichen Institutionen insgesamt dreihunderttausend Dukaten vermachte.[36] Das Problem solcher Stiftungen war gelegentlich, daß sie nur für den Bau, nicht aber für den Unterhalt reichten, was den Beschenkten in Zukunft unangenehm belasten konnte. Der Klerus trat bei diesen Bauten fast nur als Empfänger in Erscheinung. Ausnahme waren neben den Päpsten einige Bischöfe, die ihre Regierung monumental zu verewigen suchten. Beispiele wurden oben erwähnt: Lecce wurde durch Bischof Luigi Pappacoda zu einem Zentrum des Barock, in Pozzuoli entfaltete der Spanier Martino León y Cárdenas eine fieberhafte Bautätigkeit.[37] Beide Oberhirten verwendeten zu diesem Zwecke auch bedenkenlos Gelder, die eigentlich dem Priesterseminar hätten zugehen sollen, und desavouierten damit frühere tridentinische Reformer. Die Mittelschicht und gar das gewöhnliche Volk trat bei den bisher genannten Bauten als Geldgeber kaum in Erscheinung, wohl aber bei den Klöstern der Bettelorden.[38] Auch die Gemeinden leisteten hier gelegentlich Beiträge. Im 18. Jahrhundert scheute man nicht davor zurück, eine Kirche aus Lotterieerträgen zu bauen, Beispiele sind aus Rom und Venedig bekannt. Auch Kreditfinanzierung kam vor, aber anscheinend eher als Ausnahme. Für die Pfarrkirchen mußten naturgemäß meistens die Gemeinden aus ihren Mitteln aufkommen. Die Baulast lag in der Regel für das Schiff bzw. für zwei Drittel der ganzen Kirche bei ihnen, für den Chor bzw. den Rest hatte üblicherweise der Patron zu sorgen. Da viele Gemeinden ja verschuldet waren, trotzdem auf eine glanzvolle Kirche nicht verzichten wollten, gab es hier oft Probleme, außer wenn ein reicher Bürger auf den Plan trat, wie jener Kaufmann aus dem Veneto, der für die Errichtung von Sakristeien und Nebenkapellen in der Kirche seiner Kleinstadt großzügig 60.000 Dukaten stiftete – Bau und Unterhalt sollten aus den Zinsen dieses Kapitals bezahlt werden.[39] Im Alpengebiet halfen bisweilen auswärts reich gewordene Emigranten den armen Gemeinden bei der Finanzierung.[40] Sonst wurde die außerordentliche Aufgabe eines Neubaus der örtlichen Kirche mit Legaten und Spenden, mit im Ort und auswärts erbettelten Opfergaben, Beiträgen der Pfarrer und befristeten Sondersteuern bewerkstelligt.[41] Zur Verminderung der Kosten leisteten die Einwohner Fronarbeit. Die Wallfahrtskirchen wurden zum größten Teil aus Spenden erbaut, Fronarbeit kam ebenfalls vor.[42] Auf allen Ebenen wurden statt Geld auch Naturalien gegeben; dies reichte vom Grundbesitz und kostbarem, zu verkaufendem Schmuck adliger Damen bis zum Baumaterial und zur Naturalverpflegung, die Dorfbewohner den Handwerkern lieferten. Welche Rolle die Bruderschaften als Mäzene spielten, wurde bereits erwähnt, ihnen verdanken wir Tausende von z. T. kostbar ausgestatteten Oratorien. Daß in Italien zu sämtlichen Gebäuden, welche Kollektive beherbergten – Universitäten, Kollegien, Waisenhäuser, Hospitäler, Konservatorien usw. –, selbstverständlich auch eine Kirche gehörte, die auf Kosten der Träger der betreffenden Institution zu errichten war, sei hier nur noch am Rande erwähnt. Ebenso gehörte zu jedem einigermaßen repräsentativen Adelsdomizil eine Privatkapelle. Feldkapellen gingen fast immer auf die Initiative von Gemeinden, Nachbarschaften oder Privaten zurück, diese übernahmen dann auch die Kosten. Insgesamt sind auch für diese wenig aufwendigen Bauten beträchtliche Summen eingesetzt worden.

Der hier nur andeutungsweise erfaßte barocke Baubestand liegt trotz vieler späterer Demolierungen, Profanierungen und Purifizierungen im wesentlichen noch vor uns.[43] Wenn er uns nicht immer Bewunderung wegen seiner künstlerischen Qualität einflößt, so zwingt er uns doch zur Achtung vor der dahinter stehenden Willensleistung, nicht nur der beteiligten Baumeister, sondern auch der verschiedenen Auftrag- und Geldgeber. Diese Massenarchitektur aber kulturhistorisch als „Kunst der Gegenreformation" zu bezeichnen, wie dies Werner Weisbach vor Jahrzehnten zum erstenmal tat, geht heute nicht mehr an.[44] So wenig wie andere hier im Zusammenhang mit der Religion betrachtete Erscheinungen ist der barocke Sakralbau mit dem Sinn und Geist des Konzils von Trient vereinbar. Den Reformern, etwa einem Karl Borromäus in seinen bekannten Instruktionen für den Kirchenbau, schwebten eher asketische und strenge, mit Schmuck nicht überladene und vor allem funktionale Kultgebäude vor.[45] Der Mailänder Kardinal und seine Mitstreiter konnten sich dabei auf die Kirchenväter berufen, die schon in der Antike übermäßige Größe, Pracht und Zier der Kirchen bekämpften und das dafür aufgewandte Geld lieber den Armen zugewendet hätten.[46] Wenn später der römische Pasquino die überbordende Bauerei kritisierte und dafür in Krisenzeiten Brot für das Volk forderte, so konnten sich die Reformer gerechtfertigt fühlen.[47] Borromäus verkannte den Wert der Kunst für die Propaganda des Glaubens nicht, doch sah er – und die Zukunft sollte ihm recht geben – daß strikte Grenzen notwendig waren. Die architektonischen Exzesse des Barock und die gewaltige Vermehrung der Gotteshäuser waren vom Tridentinum nicht vorgesehen gewesen. Im Gegenteil, schlecht unterhaltene, verkommene und baufällige Kirchen, die nicht für dem Pfarrgottesdienst wieder herzurichten waren, sollten abgerissen werden. Ein nicht ausgeführter Plan des Neapolitaner Erzbischofs Annibale di Capua sah am Ende des 16. Jahrhunderts vor, 164 Kapellen in der Stadt zu demolieren oder zu profanieren.[48] Die in den ersten Jahrzehnten nach dem Konzil erbauten, nicht sehr zahlreichen, auch stilistisch noch nicht so einheitlichen Kirchen folgten im wesentlichen den Normen, welche die gegenreformatorischen Reformer für die Künstler aufgestellt hatten; für diese Frühphase des Barock kann man wohl Weisbach recht geben. Es war aber ein Problem, daß die von Theologen als Richtschnur verfaßten Traktate vor allem Kataloge von Verboten waren, den Künstlern hingegen keine positiven Anregungen boten. Die Wende kam denn auch schon bald, mit dem Übergang zum Hochbarock nach 1600. Die Regierung der Päpste Klemens VIII., noch mehr Pauls V. und dann vor allem ihrer Nachfolger bedeutete auch baulich eine zunächst vorsichtige, dann immer entschiedenere Abkehr von den tridentinischen Maximen, und dies nicht nur, weil jetzt der Bau von luxuriösen Nepotendomizilen denjenigen von Kirchen etwas konkurrierte. Auch im Sakralbau begann schon damals die fortschreitende Säkularisierung des Barock, der einen grundlegenden Wandel, ja Bruch mit seinem ursprünglichen gegenreformatorischen Ideengehalt bedeutete. Der Barock erhielt ein anderes Gesicht: Nun trat das Rhetorische und Theatralische, das Dekorative und Demonstrative in den Vordergrund.[49] Der „sfarzo" (Prunk, Aufwand) siegte einmal mehr über die Askese. Neben dem „frommen" und strengen, eher zum Klassizismus neigenden Barock bildete sich, wie am Beispiel Lecces gezeigt wurde, eine gegensätzliche, volkstümliche, heiter-pagane und dekorativ überquellende Stilrichtung heraus.[50] Das ursprünglich eher kahle Innere der Kirchen füllte sich mit einer reichen plastischen Ausstattung von kostbaren Materialien, und das nüchterne Weiß wich farbigem Stuckmarmor und Deckenfresken. Prunk und Pomp herrschten auch außen, an den immer aufwendiger werdenden Fassaden. Rein materiell gesehen bedeutete dies alles einen größeren und ständig wachsenden Mitteleinsatz. Dieses verschwenderische Denken hielt in Italien noch zu einer Zeit an, zu der in Rom selbst, geschweige denn in anderen Ländern, bereits wieder sparsamer gewirtschaftet wurde. Beim in den siebziger Jahren des 18. Jahrhunderts neu zu erstellenden Kloster S. Maria Cassinense bei Palermo wurde festgelegt, es sei „meisterliche Arbeit, ohne im geringsten zu sparen" zu liefern, „ein vollen-

Feldkapelle zur Erinnerung an die Pest bei Niardo, Valcamonica. Renoviert im 19. Jhd.

detes Werk ohne auf die Kosten zu achten" zu schaffen.[51] Klöster mit mehr als zweihundert Zellen wurden damals errichtet; für die Kartause von Padula, dem vielleicht bedeutendsten Barockdenkmal im ländlichen Kampanien, wurde ein Areal von mehr als fünf Hektar überbaut. Auch die Jesuiten – einen einheitlichen „Jesuitenstil" hat es nie gegeben – machten die Entwicklung vom Einfachen zum Aufwendigen durch, wetteifernd mit den Theatinern.[52] Das Resultat war das, was dann fast alle Reisenden, welche in Italien die „edle griechische Simplizität" suchten, gänzlich geschmacklos und barbarisch fanden, ein negatives Urteil, dem das 19. Jahrhundert dann noch dasjenige hinzufügte, eine „echt christliche" Kunst hätte es ohnehin nur im Mittelalter gegeben.[53] So wie andere aus der Aufklärung und dem Risorgimento überkommene Meinungen beeinflussen solche Urteile bis heute die Einschätzung des italienischen Barock jenseits der römischen Meisterwerke: Sinnlose Verschwendung scheint immer noch häufig der einzig adäquate Terminus für ein Phänomen zu sein, dessen präzise sozial- und mentalitätsgeschichtliche Einordnung noch vorzunehmen ist. Bisweilen fanden allerdings schon damals einige Regierungen, es werde des Guten zuviel getan. So suchte Venedig ab 1660 mit staatlichen Vorschriften den baulichen Aufwand der Klöster zu begrenzen; in Neapel bemühten sich im 18. Jahrhundert die Österreicher und dann vor allem die Bourbonen um Einschränkungen des baulichen Luxus.54 Gelegentlich erinnerte man sich sogar an der Kurie an das Reformkonzil: Die im Aufwand miteinander wetteifernden neapolitanischen Frauenklöster erhielten einmal von der Religiosenkongregation die Mahnung, nicht so kostspielig zu bauen. Wie oben gezeigt wurde, entbehrten diese väterlichen Worte nicht der Grundlage. Gleichwohl waren sie in den Wind gesprochen, was nicht bloß am bekannten Vollzugsdefizit lag, sondern auch daran, daß Rom in dieser Hinsicht natürlich alles andere als ein gutes Vorbild war.55

Die wesentlichen Gründe für den Boom des barocken Sakralbaus in Italien sollen hier noch einmal kurz aufgeführt werden, einerseits als Zusammenfassung von früher und jetzt Gesagtem, andererseits als Hypothesen, deren genaue Überprüfung noch vorzunehmen ist:56

1. Die vielfach als Beweggrund zum Neubau angeführte, auch von Bischöfen bei Visitationen angemerkte Baufälligkeit der alten Kirche betrifft hauptsächlich die Pfarrkirchen, also einen insgesamt kleinen Teil. Sie ist ein Faktum, das zu allen Zeiten, nicht bloß im Barock, auftritt. Außerdem ist zu fragen, weshalb man sich, angesichts meist knapper Mittel, soweit tunlich nicht mit einer Reparatur begnügte. Baufälligkeit ist in den meisten Fällen wohl nur ein vorgeschobenes Argument für andere, weniger gut begründbare.

2. Allgemeine Bevölkerungsvermehrung und dadurch bedingter Platzmangel in der alten Kirche kann für das 17. Jahrhundert keine Ursache zum Bauen gewesen sein – die Bevölkerung nahm ja ab. Möglicherweise spielte sie aber in einzelnen Regionen im späten 16. und frühen 17. Jahrhundert, vor den Pestwellen, eine Rolle, z. B. in Sizilien, wo selbstverständlich in den Neusiedlungen Kirchen errichtet werden mußten. Dasselbe kann man für das 18. Jahrhundert erwägen, nun allerdings eher im Norden.

3. Im Süden spielten Naturkatastrophen, vor allem Erdbeben, lokal eine entscheidende Rolle: das Fallbeispiel Noto sagt hier eigentlich alles. Im Norden, besonders im Alpengebiet, scheinen Verlegungen von Kirchen ins Zentrum, sporadische Neugründungen von Pfarreien, Erhebungen von Filialkirchen u. dgl. Anlaß zu Neubauten gewesen sein.57

4. Religiöse Impulse der Gegenreformation können höchstens verzögert oder indirekt Motiv des Bauens gewesen sein. Der wesentliche Teil der

Gebäude ist zu einer Zeit entstanden, in der jene nur noch schwach, wenn überhaupt, wirkten. Die Gegenreformation zielte anfänglich auf Beschränkung der Anzahl der Kirchen.

5. Allenfalls auf Umwegen mit der Gegenreformation in Verbindung gebracht werden kann von einigen Bischöfen veranlaßtes (und z. T. auch finanziertes) Bauen, als Machtdemonstration, Aktivitätsbeweis und Verewigung der Person. So etwas konnte aber, wie oben angedeutet, ambivalente Wirkung haben. Die Beispiele sind lokal begrenzt, kommen aber bis ins 18. Jahrhundert hinein vor.

6. Hingegen ist die seit dem beginnenden 17. Jahrhundert festzustellende massive Vermehrung des Klerus ein Faktor von Gewicht: Es ist eigentlich selbstverständlich, daß mehr Kirchenpersonal auch mehr Raum für seine Aktivitäten benötigt. Somit kann nicht überraschen, wenn die Zunahme der Gebäude da und dort zur Zunahme der Geistlichkeit ziemlich proportional ist. Das Argument gilt natürlich vor allem für die Klöster.

7. Ein wesentlicher, damit zusammenhängender Punkt ist ferner die meßbar gestiegene Nachfrage nach religiösen Leistungen seitens der Laien. Insbesondere die gigantische Zahl von Stiftmessen ist hier wichtig. Zur Erfüllung dieser Pflicht mußte den Geistlichen eine entsprechende Anzahl von Altären zur Verfügung stehen. Dies geschah in erster Linie durch Vermehrung der Nebenaltäre, in zweiter aber auch durch Neubauten.

8. Das gewaltig angewachsene Stiftungswesen konnte sich ab einer gewissen Stufe nicht anders als baulich ausdrücken, was insbesondere für neue Klöster, Stiftskirchen und Fürsorgeeinrichtungen gilt. Es war aber auch der Wille der Stifter, nach dem Motto „Te saxa loquntur", ihre Geste nach außen sichtbar zu machen und sie in möglichst dauerhafter Form der Nachwelt zu überliefern.

9. Die Laienfrömmigkeit verlangte nach adäquatem baulichen Ausdruck: Bruderschaftsoratorien, Wallfahrtskirchen, Feldkapellen und Kleinheiligtümer sind vorrangige Beispiele dafür. Nicht in ihrer Größe, aber zahlenmäßig machen sie den überwiegenden Teil der barocken Denkmäler aus. Natürlich spielt in diesem Zusammenhang der zunächst von Laien getra-

gene, mittels entsprechender Frömmigkeitsübungen (Andachten) ausgeübte und sich im Barock geradezu explosiv vermehrende Heiligenkult eine zentrale Rolle.

10. Die Gleichung, daß ein würdiger Kult auch ein prächtiger sein müsse, wurde nach den ersten Jahrzehnten einer eher asketisch denkenden Gegenreformation im 17. Jahrhundert allgemein. So wurde die angelaufene Baukonjunktur durch ein Wettrennen nach größerem Glanz und Magnifizenz, Tugenden, die damals durchaus positiv gewertet wurden, noch zusätzlich angeheizt. Diese Sucht, den anderen zu übertreffen, läßt sich überall feststellen, in den Kirchen rivalisierender Orden, bei den Kapellen großer Adelsfamilien, in den Oratorien miteinander konkurrierender Bruderschaften, bei den Pfarrkirchen benachbarter Dörfer. Solche Fragen des Status und Prestiges spielten bei den damaligen Ehrbegriffen eine außerordentlich wichtige Rolle: demonstrativer Konsum, auch und besonders von Kunst, wurde so beinahe zur Pflicht. Bei den sozialen Aufsteigern drehte sich die Schraube infolge Überkompensation noch um einige Runden weiter.

11. Die Frage, inwieweit die Baukonjunktur mit einer allgemeinen Konjunktur positiv oder negativ zusammenhängt, ist für die Renaissance eifrig diskutiert worden, für den Barock bislang noch kaum.[58] Die beiden wesentlichen Argumente dafür und dawider, nämlich daß nicht autoritär erzwungene Kulturinvestitionen ohne ökonomisches Surplus nicht denkbar sind, mithin beide Konjunkturen zusammenhängen, sowie das umgekehrte, daß Kunstinvestitionen in Krisenzeiten vorgenommen würden, weil eben anderswo nichts mehr zu investieren sei, widersprechen einander eigentlich nicht, sie stehen bloß in einer unumkehrbaren zeitlichen Folge. Sicherlich brachten die Pestwellen auch die Bautätigkeit kurzzeitig zum Erliegen, umso mehr, als ja der Bedarf kräftig sank. Andererseits spricht für das Argument des „Investitionsnotstands" der Sachverhalt, daß die Ausgaben für Kunst dort verhältnismäßig am größten waren, wo es überhaupt keine kapitalistische Wirtschaft als Auffangbecken gab: in Rom, Neapel, dem Süden überhaupt.

12. Das Argument, daß Bauen Arbeitsbeschaffung und damit ein wohltätiges Werk sei, wurde schon von Kardinal Alessandro Farnese Karl Borromäus

entgegengehalten, der meinte, mit dem für dessen Schloß Caprarola ausgegebenen Geld hätte man sämtliche Armen des Dorfes unterstützen können.[59] Einige Autoren nehmen an, daß es Italien eine gewisse Rolle spielte, etwa im Alpengebiet, wo die Arbeitsmöglichkeiten stets begrenzt waren.[60] Nachdem in einigen Diözesen der Pfarrkirchenbau auf dem Lande demjenigen in der Bischofsresidenz zeitlich eher folgte, wäre ferner zu prüfen, ob auf diese Weise Bauhandwerker für längere Zeit weiterbeschäftigt wurden. Generell harrt das Problem, wie dasjenige der konjunkturellen Zusammenhänge, noch einer genauen Untersuchung.

Abschließend seien noch einige Bemerkungen zum barocken Profanbau in Italien gemacht.[61] Im wesentlichen handelte es sich dabei um Stadtpaläste und Villen des Adels auf dem Land.[62] Der öffentliche Bau spielte eine ganz geringe Rolle, wenn man den Militärbau und die der gemischt kirchlich-laikalen Sphäre zuzuordnenden Fürsorgehäuser, die nicht selten palastartige Ausmaße erreichten und keineswegs kärglich ausgestattet waren, nicht hinzurechnet.[63] Der Residenzbau der Souveräne kann, verglichen mit anderen Ländern, vernachlässigt werden, da hier die Renaissance bzw. der Manierismus schon viel errichtet hatten.[64] Hingegen ist die besondere Bauaufgabe des Theaters im Zeitalter der aufkommenden Oper nicht zu vergessen.[65] Der Palastbau war in Neapel seit dem Stadtentwicklungsplan des Vizekönigs de Toledo ein Faktor von Rang. Im 17. Jahrhundert wurde er durch das kirchliche Bauen verhältnismäßig etwas zurückgedrängt, während im 18. Jahrhundert der Profanbau, besonders auch durch die massigen Bauwerke der Bourbonen (Portici, Capodimonte, Caserta, Albergo dei Poveri) wieder in den Vordergrund trat. Wie sehr die städtischen Domizile der „baroni" der ostentativen Verschwendung dienten, wie sehr sie Statussymbol und Gegenstand eines ambitiösen Wettbewerbs waren, hat Gérard Labrot eingehend beschrieben.[66] Kreditfinanzierung spielte beim Profanbau eine bedeutend größere Rolle als beim sakralen, dies konnte bis zum Ruin führen. Abgesehen von der Umgebung Neapels und Palermos (als Beispiel die durch Goethe berühmt gewordene, für 200.000 Scudi errichtete Villa Palagonia) spielte der Villenbau im Süden keine bedeutende Rolle. Man bediente sich weiterhin auch der alten Feudalsitze oder ließ „masserie" herrschaftlich herrichten. In dem wie in Neapel räumlich beengten Genua erreichte der barocke Profanbau wie der sakrale schon früh, im ausgehenden 16. und beginnenden 17. Jahrhundert, einen Höhepunkt. Insgesamt 170 Paläste sollen damals entstanden sein, dazu kam eine etwas höhere Anzahl von Villen an der ligurischen Küste. Solche finden sich ferner um Lucca.[67] Venedig, platzmäßig noch begrenzter als die beiden erstgenannten Städte, hatte seine Paläste im wesentlichen schon vor dem Barockzeitalter bekommen. Doch wurden im Jahrhundert nach 1669, dem Abschluß des Kretakrieges, gleichwohl noch 40 neue errichtet, für die eine Ausgabensumme von 10–12 Millionen Dukaten berechnet wurde. Weit bedeutender war aber der Villenbau in der Terraferma, der nun in die Hunderte von Gebäuden ging.[68] Eine Villa war – auch aus technischen Gründen – billiger zu bauen, insgesamt sollen die Ausgaben dafür im selben Zeitraum diejenigen für die Paläste jedoch um das Fünffache übertroffen haben. Eine bedeutende Rolle spielte der Villenbau schließlich um Mailand herum, bis hin zum oberitalienischen Seengebiet.[69] Relativ wenig barocke Gebäude entstanden in der Toskana, hier war eben schon die Renaissance am Werk.[70] Die Nepotenpaläste in Rom und die zugehörigen Villen um die Stadt, in Frascati und den Colli Albani, genießen einen gewissen Bekanntheitsgrad, trotzdem sind hier noch viele sozialgeschichtliche Fragen ungeklärt.[71]

Vorstellung und Realität: Plastik und Malerei

Auf dem Wege von der Architektur zu den übrigen bildenden Künsten muß bei drei Zwischenstationen Halt gemacht werden, die gewissermaßen den Übergang markieren: bei den volkstümlichen Kleinheiligtümern, der Kirchenausstattung und dem „barocco effimero".

Die Kirchen, Oratorien und Kapellen sind nur die Hauptpunkte der im Barock erfolgten sakralen Durchdringung der Landschaft. Dafür eher noch bezeichnender und recht eigentlich die „Sakrallandschaft" formend sind die unzähligen Kleinheiligtümer, die nicht begehbaren Miniaturkapellen, die Nischen und Bildstöcke mit Heiligenfiguren (edicole, campitelli, santelle, madünin), die Fresken religiösen Inhalts an den Hausfassaden, die Kreuzwegstationen und Wegkreuze usw.[1] Wie bereits erwähnt, waren die meisten der Madonna oder anderen Heiligen geweiht. Oft beobachtet man dabei Kultfiliationen, z. B. der verschiedenen Devotionsformen der Gottesmutter, des heiligen Antonius von Padua als des im Volke beliebtesten männlichen Heiligen oder des Erzengels Michael in der Region des Gargano.[2] Die Erforschung dieser Kleinheiligtümer ist mit noch weit größeren Schwierigkeiten verbunden als die der Kirchen. Die wenigsten dieser Werke sind schriftlich dokumentiert, oft sind sie stilistisch nicht eindeutig einer bestimmten Epoche zuzuordnen. Ein großer Teil des Bestandes stammt erst aus dem 19. und 20. Jahrhundert, ist allerdings wohl in vielen Fällen Ersatz oder Totalrenovation älterer Anlagen gewesen. Auch sind hier Demolierungen noch weit rücksichtsloser erfolgt als bei größeren Bauwerken.[3] So ist es kaum möglich, die Dichte dieser Denkmäler für das 17. und 18. Jahrhundert auch nur annähernd zu schätzen; schon Zählungen des jetzigen Bestands sind mit großen Unsicherheitsfaktoren belastet. Die Tatsache, daß sich reglementierende bischöfliche Vorschriften für solche Heiligtümer im 17. Jahrhundert häufen, könnte für eine Zunahme in dieser Epoche sprechen. Die Städte waren, wie einzelne Hinweise zeigen, offenbar übersät mit solchen „edicole". In Venedig wurde deswegen 1765/66 beschlossen, eine große Anzahl wegzuräumen, um dem Wildwuchs zu steuern – die Reduktion des heute noch sichtbaren Bestands beginnt also schon früh. Auf dem Lande fanden sich solche Denkmäler besonders bei Wegkreuzungen, wo sie als Weiser dienten. Sie säumten Prozessions- und Wallfahrtswege und gaben für jene Zwischenstationen und Ziel an. Eine eigentliche „via sacra" stellten die Kreuzwege (via crucis, calvario) dar, die erst im 18. Jahrhundert, vor allem durch die Initiativen des Volksmissionars Leonardo da Porto Maurizio, eine größere Bedeutung erlangten.[4] An gefährlichen Wegstellen oder in der Abgeschiedenheit errichtete Heiligtümer hatten apotropäischen (schadenabwehrenden) Charakter. Als gebaute „Exvoto" erinnerten sie an zurückliegende Katastrophen (Pest und Naturereignisse). Schließlich markierten sie verschwundene größere Kultgebäude. Diese religiösen Orientierungspunkte forderten den Vorübergehenden zur geistlichen Reverenz auf: Bekreuzigung, Kurzgebet, Anrufung, Betrachtung; sie dienten als Ruhepunkte im Alltag. Gestiftet, gebaut und finanziert wurden sie von Privaten, Gemeinden, bäuerlichen Gemeinschaften, Nachbarschaften, Familien und Parentelen.

Die reine architektonische Hülle wäre noch keine Kirche im katholischen Sinne gewesen, höchstens eine kalvinistische „Betscheune". Erst durch eine reiche Ausstattung und Zier wurde sie das, was sie sein wollte: ein Abbild des Himmels auf Erden, ein Ziel, das man seit jeher mit den verschiedensten Mitteln zu erreichen versuchte. Im Barock war die Innenausstattung vielleicht noch wichtiger als in den Zeiten zuvor, denn abgesehen von der ebenfalls reich gegliederten Fassade und etwa der Turmspitze waren die Kirchen äußerlich schmucklos.[5] Andererseits traten als neue innenarchitektonische Schmuckelemente die Stuckierung der Wände und Decken sowie die Deckenfresken hinzu. Hinsichtlich Form und Inhalt der Darstellung hatte indes die Gegenreformation einige Eingriffe vorgenommen und etliche Vorschriften erlassen.[6] Generell waren die Reformbischöfe des späten 16. Jahrhunderts bei ihren Visitationen darauf bedacht, die Kirchen, in ihren Worten manchmal Spelunken gleichend, zu reinigen und dabei insbesondere „obszöne" und „laszive" Werke zu entfernen.[7] Dies betraf nicht bloß Darstellungen des nackten Menschen – man erinnert sich an die berühmten nachträglichen Bekleidungen bei Michelangelos „Jüngstem Gericht" in der Sixtina –, sondern insbesondere auch Heiligenfiguren und -bilder. Unkanonisierte Heilige waren wegzuräumen, die Figuren sollten nicht beritten auftreten (Martin von Tours!), und als unpassend empfundene Attribute, wie etwa das Schwein des heiligen Antonius Eremita, waren künftighin wegzulassen. Trotz grundsätzlicher Einhaltung dieser neuen Regeln durch die Künstler setzte sich aber im Hochbarock bald wieder mehr Ungebundenheit und Freizügigkeit durch, was dann manchmal protestantische Reisende zu empörten Kommentaren veranlaßte.[8] Die knisternde Erotik der heiligen Theresia von Bernini ist hier nur das hervorragendste und berühmteste Bei-

Karmeliterkloster S. Annunziata und Sakrallandschaft (Kapellen, Bildstöcke) bei Trapani (Sizilien).

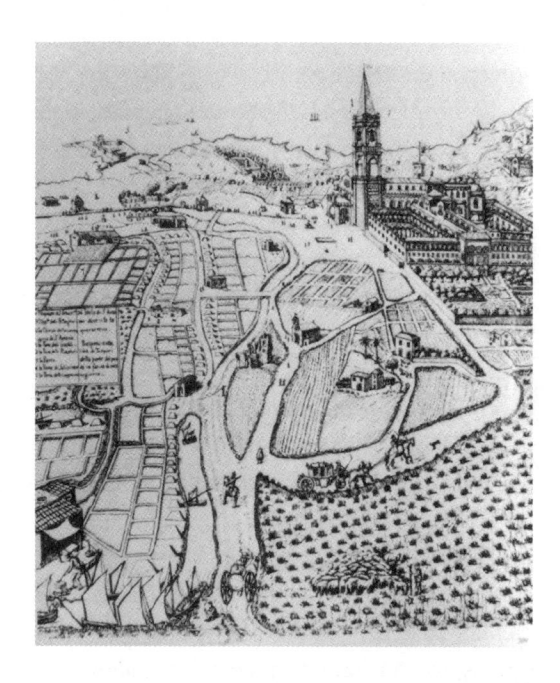

spiel. Dem Geist der frühen Gegenreformation entsprach auch kaum die sich im 17. Jahrhundert durchsetzende überbordende Schmuckfreude, welche die Kirchen wie mit einem Teppich überzog. Das Deckenfresko sollte ein Abbild des Himmels sein: In diesen Himmel aber zogen, wie die Entwicklung zeigte, statt Heiliger und Putti immer mehr weltliche Elemente ein.

Das auch theologisch zentrale Ausstattungsstück einer Kirche war der Altar. Im Vergleich zu früheren Epochen wuchs im Barock der Altaraufbau hinter der Mensa noch einmal in die Höhe und wurde dank vieler Statuen noch reichhaltiger und belebter. Wie schon in der Renaissance stammte das zentrale Gemälde, das Altarblatt, von den berühmtesten Meistern – sofern sich der oder die Auftraggeber dies leisten konnten. Anstelle des Altarblatts konnte, namentlich bei Bruderschaftsaltären, auch die Statue eines Heiligen im Glasschrein treten, für Prozessionen wurde sie dann heruntergenommen und auf ein Traggestell montiert. Neu kam die Gewohnheit auf, die Figur der Madonna, die ja in keiner Kirche fehlte, mit einem reichverzierten, bestickten, mit Spitzen versehenen und perlenumfaßten Kleid zu umhüllen, eine naheliegenderweise vor allem von Frauen ausgeübte Devotion.[9] Die neugefundenen Reliquien wurden in ähnlich gestaltete kostbare Fassungen gekleidet und auf die Altäre gestellt. Welcher Aufwand hier getrieben wurde, wird klar, wenn man sich vergegenwärtigt, daß in Neapel um 1650 rund 3000 Reliquien ausgestellt waren.[10] Die großartigen Marienkrönungen wurden schon erwähnt. Aber auch bei anderen Lieblingsheiligen wurde nicht an Zier gespart. So etwa wurde 1713 dem Haupt des heiligen Januarius in Neapel eine Mitra mit 3694 Edelsteinen aufgesetzt.[11] Großer Aufwand wurde fernerhin bei liturgischen Gewändern und Geräten betrieben; die Zunahme der Geistlichen und der zu lesenden Messen rief hier nach zahlreichen Neuanschaffungen. Dazu traten die von den Bruderschaften für die Prozessionen angeschafften Gegenstände: Traghimmel, Fahnen, Laternen, Stäbe usw., wobei man in der Kostbarkeit des Materials und der Verarbeitung miteinander wetteiferte.[12] Die bei all diesen Erscheinungen zu Tage tretende ostentative Verschwendung läßt sich kaum mit dem Konzil von Trient legitimieren. Andererseits gingen einige Ausstattungsstücke auf dieses bzw. auf die detaillierten Vorschriften Karl Borromäus' zurück. Die nun seitlich, nicht mehr vorne anzubringende Kanzel sollte die Verständlichkeit des Wortes Gottes sichern, der neueingeführte Beichtstuhl Mißbräuche bei der Spendung dieses Sakraments – zu denken ist an die Sollizitation – verhindern.[13] Auch in Italien dauerte es, wie Visitationsakten zeigen, allerdings einige Zeit, bis dieser neue Ausstattungsgegenstand in allen Kirchen vorhanden war.

Der sozialgeschichtlich wichtigste Gegenstand der Kirchenausstattung sind die Privatkapellen und die Nebenaltäre. Kapellen in den Seiten-, gelegentlich auch den Querschiffen dienten als private Andachts- und Begräbnisstätten adliger Familien oder als Ort der religiösen Übungen von Bruderschaften, beides bei Fehlen einer eigenen, diesen Zwecken dienenden Kirche.[14] Diese von der Masse abgesonderten, oft reicher als die Kirche selbst ausgestatteten und gezierten Separatheiligtümer zeigen künstlerisch die Privatisierung des Gottesdienstes im Barock an und markieren sinnfällig die Präsenz der Laien in der Kirche. Sie nahmen ständig zu, bis kein Platz mehr vorhanden war und Anbauten nötig wurden. Allenfalls konnten bloße Altäre an Stelle der Kapellen treten. Die Zahl der Nebenaltäre mußte im Rhythmus der Zunahme der Meßstipendien vermehrt werden. Zwei Nebenaltäre stellen das Minimum dar, in der Regel waren es aber vier bis acht, wenn man außer den Stirnwänden des Schiffes auch noch die Seitenwände füllte.[15] Sogar Pfarrkirchen aber überschritten gelegentlich diese Zahl, vor allem dann, wenn sie ihre Erhebung zur Stiftskirche erreicht hatten.[16] Mehr als insgesamt neun Altäre waren allerdings bei einem einfachen Grundrißschema kaum unterzubringen, es bedurfte dann eines Neubaus, der mit Quer- und Seitenschiffen oder als Zentralbau mehr Platz bot. Das gilt natürlich noch mehr für die Kathedralen, wo 20–25 Altäre nicht ungewöhnlich waren. Nebenaltäre waren häufig Ersatz für eigene Kapellen und wurden dementsprechend fast immer gestiftet. Im Norden waren die Stifter in erster Linie Bruderschaften, in zweiter angesehene Familien, wobei im 18. Jahrhundert neben dem immer führenden Adel auch bürgerliche Dorfnotabeln und Großbauern in Erscheinung traten.[17] Im Süden stifteten neben den Bruderschaften die Barone, die sonst zum Pfarrkirchenbau wenig beitrugen, häufig Altäre.[18] Anzahl, Zeitpunkt, Umfang und Kosten dieser Stiftungen sind naturgemäß noch weniger erforscht als die Kirchen selbst. In den von Torre eingehend untersuchten drei Diözesen Asti, Alba und Mondovì setzte die Stiftungswelle zu Beginn des 17. Jahrhunderts ein, erreichte zwischen 1650–1670 mit mehr als 50 Seitenaltären ihren Höhepunkt und stabilisierte sich dann bei einem Durchschnitt von etwa einem Altar jährlich in den nächsten Jahrzehnten.[19] Wie Torre bemerkt, waren Familienstiftungen eines Altars oft baulicher Ausdruck des Zusammengehörigkeitsgefühls verschiedener Linien desselben Geschlechts. Bekannt sind die Kapellen- und Altarstiftungen der römischen Kardinäle.

Die Tatsache, daß in der Regel der größte Teil der Ausstattung einer Barockkirche auf Stiftungen zurückging, war wesentlicher Grund dafür, daß sich jene bisweilen über Jahrzehnte hinzog und deshalb häufig künstlerisch nicht ganz einheitlich ist.[20] Man schaffte zunächst einmal das absolut Notwendige an und wartete dann, bis mehr Geld zur Verfügung stand, mit dem man weitere Ausstattungsstücke anschaffen oder alte durch neue ersetzen konnte. Die reiche Ausstattung von Klöstern, in gebührendem zeitlichen Abstand von tridentinischen Askesevorstellungen, wurde schon erwähnt, ebenso daß Nonnen mit ihrem Privatvermögen als Stifterinnen von Zierat auftraten.[21] Wenn diese Schmuckgegenstände auch zuerst die Kirche füllten, so dehnten sie sich doch später, vor allem im 18. Jahrhundert, auch auf die übrigen Gemeinschaftsräume, ja die Zellen aus. Über die Innenausstattung von Profanräumen (Paläste und Villen) lassen sich gar nicht so leicht verallgemeinernde Feststellungen machen. Zwar wird sowohl in Reiseberichten wie in der kunstwissenschaftlichen Literatur auch hier zunehmende Opulenz, Statusdemonstration und Verschwendung konstatiert. Man wird aber bedenken müssen, daß hier manchmal wirklich der bloße Schein regierte. Viele Ausstattungsstücke waren beweglich. Man konnte sie also in einem oder mehreren Räumen zusammentragen, ja sogar entlehnen und dem Besucher in „konzentrierter" Form vorzeigen. Es gibt Hinweise, daß man hinter den glänzenden Fassaden und golddurchwirkten Tapeten bisweilen recht einfach lebte.[22]

Der „barocco effimero" hatte seine Vorläufer noch in der Renaissance, auch standen hier profane, nicht sakrale Bedürfnisse Pate.[23] Es handelt sich hier um jene vergängliche, für eine bestimmte Gelegenheit hergestellte Festarchitektur und -dekoration aus Holz, Papiermaché (cartapesta), Gips, Leinwand, Karton u. dgl. Sie bot mit Triumphbogen, Fassadenverkleidungen, kulissenartigen Aufbauten, Estraden, Abschrankungen usw. den baulichen Rahmen für festliche Handlungen. Solche Ereignisse waren etwa feierliche Einzüge von fürstlichen Personen, Repräsentanten der staatlichen Macht (Vizekönige, Gouverneure) und Botschaftern, Hochzeiten von Souveränen, Geburten von Thronfolgern, aber auch Todesfälle, Siegesfeiern und Dankfeste, um die wichtigsten zu nennen. Im kirchlichen Bereich gab es Einzüge von neuen Bischöfen, Heiligsprechungen, Heiligenjubiläen, Reliquientranslationen, Kirchweihen, dazu die jährlich wiederkehrenden Feste der Stadtpatrone, wie St. Peter und Paul in Rom, St. Januarius in Neapel, St. Nikolaus in Bari, St. Oronzo in Lecce. Große Künstler wie Bernini, Pietro da Cortona oder Carlo Rainaldi hielten es nicht für unter ihrer Würde, solche vergängliche Architektur zu entwerfen; sie diente ihnen nämlich als Experimentierfeld für dauerhaftere Bauten. Mit dem „barocco effimero" kam der neue Stil auch dorthin, wo er sich aus räumlichen Gründen architektonisch wenig entfalten konnte, z. B. in enge Altstadtgassen.[24] Sicherlich bedeutet er die extremste Art der ostentativen Verschwendung, denn die Materialien wurden schließlich, auch wenn sie meist noch einige Zeit nach dem eigentlichen Festanlaß stehen blieben, vernichtet, nur in seltenen Fällen aufgehoben und, eventuell etwas verändert, wiederverwendet. Es war ja gerade der Reiz der ephemeren Architektur, auf (relativ) billige Weise immer wieder Neues zur Schau zu stellen. Den höchsten Grad erreichte die Verschwendung naturgemäß in der nächtlich in den Himmel gezeichneten Scheinarchitektur des Feuerwerks, das zu jedem größeren Festanlaß obligatorisch gehörte.[25] In Italien hatte diese Kunst schon früh eine hohe Perfektion erreicht, italienische Pyrotechniker wirkten auch anderswo in Europa. Immer noch durchgeführt wurden daneben Lichterfeste, wo herausgehobene Gebäude nächtlich mit Hunderten von Kerzen beleuchtet wurden.[26] Gerade in kirchlichen Kreisen fand dergleichen selbstverständlich immer wieder Kritiker, die aber vorläufig isoliert blieben. Umgekehrt findet man gelegentlich auch hier Bemerkungen, nicht mit Geld zu sparen, das Fest mit dem „gewohnten Pomp" durchzuführen, selbst wenn eine Stadt als Veranstalterin unter Schulden ächzte. In solchen Fällen nahm man Kredit auf, wie der spanische Botschafter in Rom, der ein

Dekoration für die Vierzigstündige Andacht von Andrea Pozzo (1695).

2000 Scudi kostendes Feuerwerk nur mit einem Darlehen zu Wucherzinsen bezahlen konnte.[27] Dergestalt war der schöne Schein ein doppelter.

Zwei besonders merkwürdige sakrale Beispiele des „barocco effimero" sind noch speziell zu behandeln, nämlich die „Quarant'ore" und die „castra doloris".[28] Die „Vierzigstündige Andacht" wurde gegen Ende des 16. Jahrhunderts in Italien eingeführt, namentlich von den Jesuiten propagiert und meist von Bruderschaften organisiert. Sie fand während des Karnevals statt und sollte die Leute von ihm fernhalten, indem sie in edler gegenreformatorischer Absicht einen frommen Ersatz bot. Doch wurden in der Folge die „Quarant'ore" selber zu einem aufwendigen Fest. Aufwendig insbesondere, weil dabei in der Hauptkirche des Ortes – später dehnte sich der Brauch auf weitere Kirchen aus – mit den bekannten, eingangs erwähnten Techniken eine riesige Scheinarchitektur aufgebaut wurde, welche bisweilen den ganzen Choreingang füllte. Sie umrahmte einerseits den Gegenstand der Anbetung, das ausgesetzte Allerheiligste, mit Strahlenkränzen, Gloriolen, Putti usw., stellte andererseits passende biblische Szenen in plastisch-malerischer Weise vor. Indem sich die „Quarant'ore" von ihrem ursprünglichen kalendarischen Termin loslösten und auch andere, sogar weltliche Ereignisse begleiteten, unterlagen sie selbst einer Verweltlichung, so daß später Repräsentanten der Kirche wiederum Vereinfachungen zwecks Reduktion der exorbitant gewordenen Spesen forderten.[29]

Die etwa gleichzeitig aufkommenden „castra doloris" belegen hingegen, daß selbst der Tod noch Anlaß zu pompösem Schaugepränge bot. Bereits früher wurde das Bemühen der Großen um „Verewigung" erwähnt, das im Barock zu einem ausufernden Funeralprunk führte.[30] Sprechender Ausdruck dafür sind die in ähnlicher Form wie die schon genannten theatralischen Aufbauten über dem aufgebahrten Leichnam errichteten „castra", die den als würdig empfundenen Rahmen für die kirchliche Totenfeier boten.[31] Solche Katafalke waren zunächst üblich bei Fürstlichkeiten. Beim Tod eines spanischen Königs etwa wurde von den süditalienischen Städten erwartet, daß sie so ein vergängliches Erinnerungszeichen errichteten und die entsprechenden Kosten, nicht immer geringe, übernahmen.[32] Später wurde die Gewohnheit auch von anderen hochgestellten Persönlichkeiten übernommen, mit steigendem Aufwand, so daß sich Papst Alexander VII. genötigt sah, in Rom den Kostenrahmen für solchen Prunk auf 200 Scudi zu limitieren.[33] Im 18. Jahrhundert wurden die Formen der „castra doloris" einfacher, stark reduziert hat sich der Brauch noch bis ins 19. Jahrhundert gehalten.

Daß im gesamten italienischen Kunstbetrieb die Sakralkunst auch in Plastik und Malerei einen hervorragenden Platz einnahm, leuchtet nach dem Gesagten ein. Berücksichtigt man, daß schon seit dem späten 17. Jahrhundert Verkäufe und Raub, Profanierungen und purifizierende Restaurierungen, Katastrophenverluste und liturgische Veränderungen (zuletzt im Vatikanum II)[34] den ursprünglichen Bestand ziemlich geschmälert haben, da mit den barocken Kunstwerken wegen ihrer anhaltenden Geringschätzung seit der Aufklärung rücksichtsloser als mit anderen umgegangen wurde, berücksichtigt man andererseits, daß natürlich nicht alle erhaltenen Kunstwerke barock sind, so kommt man grob geschätzt gleichwohl auf Hunderttausende von Werken (ohne reines Kunstgewerbe und Volkskunst), die damals, vom ausgehenden 16. bis zur Mitte des 18. Jahrhunderts, entstanden sind.[35] Leider wissen wir über die Bedingungen und Umstände, unter denen diese Kunstwerke hergestellt wurden, abgesehen von den Spitzenwerken, wenig, noch weniger über ihre gesamten Kosten. Die Bildhauerei wurde in Rom fast serienmäßig betrieben.[36] Kunstgewerbliche Zentren, wo man auch für den Export arbeitete, waren Genua, Florenz,[37] Neapel. Hier stellte man z. B. die etliche hundert Dukaten kostenden eingelegten Marmoraltäre her, die im ganzen Königreich beliebt waren.[38] Malerschulen, die für den regionalen Bedarf arbeiteten, gab es in allen größeren, ja selbst mittleren Städten. Serienmäßig, in bestimmten Grundtypen, wurden die kleinen Andachtsbilder hergestellt, die auch weniger Bemittelte kaufen konnten.[39] Noch billiger und massenhafter war die entsprechende Druckgraphik. Große Meister arbeiteten selbstverständlich im Werkstattbetrieb. Die Preisgestaltung für Bilder ist kürzlich am Beispiel Guercinos (Francesco Barbieri) untersucht worden.[40] Sie folgte wie offenbar auch bei anderen Künstlern bestimmten Regeln und berücksichtigte in erster Linie die Größe des Gemäldes sowie die Zahl der dargestellten Köpfe bzw. Ganzfiguren. Für eine solche mußte man dem Meister auf dem Höhepunkt seiner Berühmtheit etwa 150 Scudi hinlegen. Auftraggebern, die weniger boten, beschied der seinen Ruf wohl einkalkulierende Meister, sie müßten sich in diesem Falle mit halben Figuren begnügen. Innerhalb einer bestimmten Bandbreite waren die Preise also stabil, für gut bekannte Käufer galten Vorzugsbedingungen. Vorauszahlung mindestens eines Teils bei Auftragserteilung war üblich, neben dem Preis wurden im Vertrag ferner Maße und oft auch der Inhalt des Bildes genau festgelegt.

Die verschiedenen Gattungen und die Inhalte der bildenden Kunst im italienischen Barock sind hier nicht darzustellen; die Kunstwissenschaft hat sich mit ihnen zwar nicht so intensiv wie mit anderen Epochen und Ländern, aber doch mindestens für die erstrangigen Künstler in ausreichendem Maße beschäftigt.[41] Nur eine Bemerkung sei hier angebracht: Die Masse der religiösen Kunstwerke, die vielen auf antike Themen zurückgehenden profanen Gemälde sowie die Portraits lassen oft vergessen, daß in Italien auch die Landschaftsdarstellung gepflegt wurde[42] und ebenso mehrere realistische Schulen der Genremalerei existierten, über die in anderem Zusammenhange noch zu sprechen sein wird.

Auf die soziale Stellung des Künstlers kann hier nur kurz eingegangen werden.[43] Viele entstammten bescheidenen Verhältnissen, genossen aber dann, einmal aus der Anonymität aufgestiegen, hohe gesellschaftliche Anerkennung und Wertschätzung. Exzentrizitäten und Selbstüberschätzung, wie wir sie etwa bei Salvator Rosa finden, wurden hingenommen, um trotzdem an die Meisterwerke zu kommen. Bernini war ein Künstlerfürst mit ansehnlichem Einkommen und großem Haus, der sich seines Ranges bewußt war und sich gerne bitten ließ.[44] Sein großer Gegenspieler Borromini hingegen lebte eher einfach und zurückgezogen, ganz seiner Kunst und seinen vielfältigen Interessen (die auch bei Bernini nicht fehlten) hingegeben.[45] Die Architekten des Barock waren noch recht vielseitig und übernahmen auch allerhand Aufgaben außerhalb ihres engeren Berufs. Erst im 18. Jahrhundert spaltete sich endgültig der mathematisch geschulte Ingenieur vom vorwiegend entwerfenden Künstler ab. Bei den Malern hing der offiziell mit der Mitgliedschaft in einer Akademie sanktionierte Rang innerhalb der Berufsgruppe nicht nur von ihrer technischen Virtuosität ab, sondern auch von der von ihnen gepflegten Bildgattung: Die Historienmalerei etwa, obschon bei Käufern gar nicht immer so beliebt, galt mehr als das Genre. Im Gegensatz zur Renaissance ging den Malern des Barock oft tiefere Bildung ab, dafür waren sie sehr religiös im Sinne der Gegenreformation. Guercino lehnte es trotz verlockender Bedingungen ab, nach England zu gehen, da er nicht mit Ketzern zusammenleben wollte. Pietro da Cortona und Guido Reni lebten sehr fromm, auch Bernini begab sich alljährlich zu den Jesuiten in die Exerzitien.[46] Insgesamt bewegte sich die Religiosität der Künstler im selben Rahmen wie die ihrer Zeitgenossen. So traten sie auch als Stifter auf, und dies keineswegs nur bei ihren eigenen Kunstwerken.

Zu den Auftraggebern ist an verschiedenen Stellen bereits das Wesentliche gesagt worden, im übrigen finden sich in dem trotz mancher Einschränkungen einzigartigen Werk von Francis Haskell über Maler und Auftraggeber grundlegende Einsichten.[47] Er ist nicht nur zu dem Schluß gekommen, daß das „generelle Niveau der Malerei in Rom, Bologna, Neapel und Venedig ... höher war als in fast jeder anderen Stadt Europas", sondern daß die Künstler auch kaum je wieder so viele Möglichkeiten und so viel Ermutigung bekamen wie im italienischen Barock und seinem liberalen Mäzenat. Obschon – oder gerade weil – die Kunst auch politische Defizite zu kompensieren hatte, nahm sie einen hohen Rang in der Gesellschaft ein, mehr als irgendwo anders, wurde aber natürlich auch stärker von der Gesellschaft bestimmt. Diesen Aussagen Haskells ist sicher zuzustimmen, trotzdem reduziert sich die „Gesellschaft" bei ihm dann doch wieder auf einzelne eher isolierte Individuen nach dem bekannten Muster „Große Männer machen die (Kunst-)Geschichte" – Zahlen sind seine Sache nicht. Eine prozentuale Aufteilung der wichtigsten Auftraggebergruppen ist am Beispiel Guercinos versucht worden.[48] Seine Gemälde wurden zu je etwa einem Fünftel von einzelnen Geistlichen, von religiösen Gemeinschaften und Orden sowie vom Bürgertum gekauft. Etwa 30 Prozent der Käufer stellte der Adel, der Rest ist nicht zuzuordnen. Bei der Dominanz der religiösen Werke auch bei Guercino könnte überraschen, daß nach dem Vorgesagten mehr als die Hälfte der

Besteller Laien waren. Aber diese kauften eben auch religiöse Bilder, teils für den Privatgebrauch, teils als Stiftungen für anderswohin – die Tatsache illustriert bloß einmal mehr die starke Präsenz der Laien im religiösen Leben. Der erste Auftrag ging meist auf Bekanntschaft mit einem Bild des Meisters zurück, Vermittler knüpften dann weitere Kontakte, die bis zur engeren Bekanntschaft mit dem Künstler selbst führen konnten. Gelegentlich konnte es zu Trübungen der Beziehungen kommen, etwa wenn Auftraggeber säumig zahlten oder bei Architekten gezeichnete Pläne nicht ausgeführt wurden.49 In Rom machten viele Künstler, auf der Basis landsmannschaftlicher Beziehungen, ihre ersten Schritte im Hause eines Kardinals als ihres Protektors. Der relativen Sicherheit des Angestelltendaseins standen aber Freiheitsbeschränkungen gegenüber, insbesondere sollte man nicht für andere Auftraggeber arbeiten. Die Abhängigkeit von der Gunst eines Auftraggebers zeigte sich dann manchmal brutal mit dessen Tod oder in Rom bei einem Wechsel auf dem päpstlichen Thron – das mußte beim Übergang von Urban VIII. zu Innozenz X. sogar ein Bernini erfahren. Diese Imponderabilien, mit dem Risiko des Unbeliebtwerdens, Aus-der-Mode-Kommens und Verblassen des Ruhms brachten nicht wenigen Künstlern Einkommensprobleme und Alterssorgen. Trotzdem entschlossen sich nur wenige Maler, wie der exzentrische Rosa, ihre Werke im Kunsthandel oder bei Ausstellungen – die jetzt aufkamen, aber erst seit dem Ausgang des 17. Jahrhunderts größere Bedeutung erlangten – abzusetzen statt auf Bestellung zu arbeiten. Nur auf diese Weise ließen sich schließlich auch inhaltliche Wünsche der Mäzene erfüllen. War ein Maler einmal berühmt, so konnte er den Auftraggebern weitgehend seine Bedingungen diktieren. Schon im 17. Jahrhundert interessierte man sich auch im Ausland für italienische Barockmalerei, in Madrid etwa, bei deutschen Fürsten oder bei Karl I. von England, nur vorübergehend (vor allem unter Mazarin) in Paris. Später traten auch Rom-Touristen, besonders englische, als Käufer auf, wenngleich ihr Hauptinteresse den Antiken galt. Die Schätze, vor allem Gemälde, aber auch vereinzelte Plastiken, wurden von In- und Ausländern in Galerien gesammelt und Besuchern vorgezeigt; in Rom haben einige Familiensammlungen in fast originalem Zustand überlebt und geben Zeugnis vom Reichtum des barocken Italien ab. Selbst unter sehr vorteilhaften Bedingungen ließen sich nur wenige italienische Künstler verlocken, einem Ruf ins Ausland zu folgen, sie belieferten die Welt lieber von ihrem Wirkungsort aus. Umgekehrt zog aber, wie bekannt, Rom Scharen von ausländischen Künstlern an. Aus Frankreich kamen die einsamen Größen Nicolas Poussin und Claude Lorrain, die deutsche Kunst des 17. Jahrhunderts ist eng mit Italienaufenthalten der wenigen Meister verbunden, Spanier wie Ribera oder Velázquez waren kürzere oder längere Zeit dort, und schließlich gab es in Rom eine ansehnliche Kolonie von Niederländern.[49a]

Bei der enormen Produktivität der italienischen Malerei ist für den Historiker die Frage interessant, ob einige dieser Gemälde mit eher alltäglichen Darstellungen Abbilder der Realität sind, mithin als Quellen genutzt werden könnten. Die Frage darf in der Kunstwissenschaft wieder gestellt werden, seitdem vor einigen Jahren, nach einer langen Vorherrschaft der „ikonologischen Schule", Svetlana Alpers unter dem programmatischen Titel „Kunst als Beschreibung" versuchte, diese wiederum als „Teil einer visuellen Kultur" zu interpretieren.[50] Dies wird zwar am besser geeigneten holländischen Beispiel gezeigt. Aber auch an die italienische Kunst sollte nicht allein die ikonologische Sonde angelegt werden. Die Bemühungen der Kunsthistoriker, den historischen Hintergrund vieler Gemälde zu erschließen, sie in ein soziales und kulturelles Umfeld einzuordnen und nach ihrem Realitätsgehalt zu fragen, leiden allerdings vielfach darunter, daß dazu nur wenige, zum Teil hoffnungslos veraltete historische Fachliteratur, meist immer dieselben Werke, beigezogen wird. Auch hier wäre mehr Interdisziplinarität wünschenswert. Realistische Züge findet man schon bei drei frühen Barockmalern im ersten Drittel des 17. Jahrhunderts, nämlich Domenico Fet(t)i, Jan Liss und Bernardo Strozzi. Sie wirkten meist in Venedig, die zwei erstgenannten starben aber schon früh, so daß von dieser Schule eigentlich keine weitere Wirkung ausging. Seit ein zeitgenössischer Kunstschriftsteller, Giambattista Passeri, das Urteil fällte, ihre Bilder seien wie „ein Blick aus dem offenen Fenster", sind besonders die römischen „Bamboccianti" als Vertreter eines extremen, der akademischen Kunst ihrer Zeitgenossen entgegengesetzten Realismus angesprochen worden.[51] Die im zweiten Drittel des 17. Jahrhunderts auf ihrem Höhepunkt stehende Schule bestand hauptsächlich aus ausgewanderten Niederländern. Ihre damals sehr gefragten und erfolgreich abgesetzten Bilder bevorzugten eine besondere Thematik. Sie schilderten Szenen aus dem Alltagsleben mit Angehörigen der unteren Schichten: Müßiggänger, Vagabunden, Spieler, Scharlatane, Banditen, Bettler und Bauern. Dargestellt wurde ihr Zusammentreffen an verschiedenen Orten: auf Plätzen und Märkten, vor Wirtshäusern und Ruinen, bei Festen, dem Karneval oder Almosenausteilungen. Parallelen zur Lebensführung dieser Malergruppe, die sich von ihren die höheren Kunstgattungen pflegenden Kollegen durchaus absetzten, sind nicht zu übersehen. Gekauft wurden die Werke aber selbstverständlich gleichwohl von derselben Elite, die uns schon als Interessenten für Werke ganz anderen Charakters begegnete. Dies hat dazu geführt, diese Bilder als Idealisierungen des Volkes zu deuten, künstlerisch derart aufbereitet, daß es für die Oberschicht akzeptierbar war, in domestizierter und in einen Rahmen gefaßter Form.52 Diese Interpretation ist etwa so extrem wie jene andere (kaum mehr vertretene), die in diesen Werken fast Fotografien sieht. Der Realitätsbezug ist vielmehr für jedes einzelne Sujet jeweils zu erschließen. Die Darstellung der „zufriedenen Armut" (povertà contenta) beispielsweise stellt, nach allem, was wir über die Sozialfürsorge im barocken Italien wissen, nicht unbedingt eine Idealisierung dar.53 Das Banditentum, ein weiteres Beispiel, war zur Zeit der „Bamboccianti" noch ein echtes Problem. Auch die Frage nach dem „gutgläubigen Volk" (plebe credula), ein weiteres Sujet, ist nicht einfach aus der Sicht der Aufklärung und des medizinischen Wissens des 19. Jahrhunderts zu beantworten.

Die „Bamboccianti" hatten als Gruppe Aufmerksamkeit gefunden. Einzelne Künstler, die man hier anschließen könnte, sind noch kaum erforscht, etwa Michelangelo Cerquozzi, dessen wohl berühmtestes Bild eine Wiedergabe des Masaniello-Aufstandes ist.54 Einer jüngeren Generation gehört der ebenfalls noch weitgehend unbekannte ausgewanderte Vorarlberger Jakob Franz Zipper (Cipper, il Todeschino) an.55 Er ist ein Zeitgenosse jener drei großen oberitalienischen Realisten der ersten Hälfte des 18. Jahrhunderts, die als Persönlichkeiten schon länger das Interesse der Kunstwissenschaft gefunden haben, nämlich Giuseppe Maria Crespi (lo Spagnuolo), Alessandro Magnasco (il Lissandrino) und Giacomo Ceruti (il Pitocchetto). In ihnen fand die wirklichkeitsnahe, trotzdem – schon im malerischen Vortrag – niemals fotografische Menschendarstellung in der italienischen Barockmalerei ihren Gipfel. Alle malten neben religiösen Szenen auch solche aus dem Profanleben. Sie setzten sich dabei intensiv mit ihrer Umgebung auseinander und gingen, wie auch einige ihrer Auftraggeber, neuen Strömungen nicht aus dem Weg – insofern zeigen sie auch das Ende des Barock an. Der Bologneser Crespi, am ehesten noch in der Tradition verwurzelt, malte, neben Alltagsszenen gewöhnlicher Leute, für den Mäzen Kardinal Ottoboni die eigenartige Serie der sieben Sakramente, in der man eine zwischen Idealismus und Realismus schwankende „comédie humaine" sah.56 Von dem in Genua, Mailand und Florenz wirkenden Magnasco sind namentlich seine „fraterie", Darstellungen des Klosterlebens, berühmt und viel diskutiert worden.57 Man kann in einigen eine Vorstellung des mönchischen Daseins, wie es sein sollte, bisweilen sicher auch war, sehen, in anderen, etwa dem prunkvollen Refektoriumsbild oder dem „Konzert der Nonnen", eine Kritik an der stattgefundenen Verweltlichung des Klosterlebens. Bezüge zur theologischen Kritik (Rancé, Muratori) sind wahrscheinlich, sie wurden anscheinend durch die Auftraggeber, u. a. den mailändischen Gouverneur Graf Hieronymus Colloredo-Mels, vermittelt. Andere Gemälde weisen auf Bekanntschaft mit englischen Sektenangehörigen in Livorno oder dem spanischen Schelmenroman hin. Leider lassen die verfügbaren Quellen im Falle Magnasco vielfach nur Hypothesen zu. Der „realistischste" der drei ist Ceruti, dessen Auftraggeber, die er auch eher konventionell portraitierte, vor allem aus dem Brescianer Patriziat stammten.[58] Sein Beiname „Pitocchetto" (etwa: Bettlermaler) sagt schon viel aus. Cerutis Werke sprechen mehr als die der beiden anderen unmittelbar an. Teilnehmend, aber gleichwohl unerbittlich scharf und genau schildert er die soziale Situation seiner Zeit, die Alltagsarbeit und die Armut, die Last, aber auch die Würde des einfachen Menschen. Ceruti läßt uns einen Blick in vergangene Zeiten werfen, den Texte allenfalls mittelbar vermögen. Insofern sind seine Gemälde wie diejenigen Magnascos schon jenseits des Barock, von dem er sich auch in seinen religiösen Bildern, die man in Verbindung mit dem Jansenismus gebracht hat, entfernt.

Kultur als Exportartikel: Musik und Theater

Ein Kapitel über die Musik ist in diesem Buch vonnöten, weil diese noch viel mehr als die bildende Kunst eine soziale Angelegenheit ist, somit Teil der Sozialgeschichte darstellt.¹ Zweitens zeigt sich hier noch deutlicher als bei jener die Weltgeltung Italiens im Barock, wo das Land als „weltgrößter Exporteur von Musik und Musikern" unbestritten und in jeder Hinsicht an der Spitze stand.² Eine soziale Kunst par excellence war und ist die Musik, weil sie in aller Regel gemeinschaftlich ausgeübt und angehört wird. Das Madrigal, jener in der Renaissance entstandene, im Barock dann wieder verschwundene mehrstimmige Gesang auf Texte klassischer Dichter, ist ein gutes Beispiel dafür. Die ganze Kirchenmusik und der größte Teil der weltlichen hatte viele Zuhörer. Jedes Fest mußte nicht nur die Augen, sondern selbstverständlich auch die Ohren erfreuen, von der hohen Kunstmusik über die Volksmusikanten bis zum „strepito" (wörtlich: Lärm) der Trommeln, Fanfaren, Gewehrsalven und Kanonenschüsse.³ Dabei wird einmal mehr sichtbar, daß es falsch wäre, zwischen Elite und Volk scharf zu trennen. Volksmusiker traten als Abwechslung auch an den italienischen Höfen auf. Umgekehrt gibt es Zeugnisse, die das Interesse der einfachen Leute an der „gehobenen" Musik belegen. Die Kirchenmusik war in der Regel allgemein zugänglich; wie anderswo stellte auch in der Musik die Kirche die wesentlichste Vermittlungsinstanz zwischen „oben" und „unten" dar, was schon Baretti betonte.⁴ Dort, wo die Oper auf Impresariobasis betrieben wurde, kam es vor, daß selbst niedrige Schichten, wie die venezianischen Gondolieri, billige Plätze kauften. So bildete die Musik eines der wichtigsten verbindenden Elemente der italienischen Gesellschaft.

Mehr als die bildende Kunst war die Musik eine internationale Sache, Notendrucke und -abschriften zirkulierten wie Sänger und Komponisten in ganz Europa. Die in ihren Anfängen recht nationalistische Musikwissenschaft hat versucht, die überragende Bedeutung Italiens in diesem Sektor herunterzuspielen.⁵ Doch die Tatsachen sprechen für sich. Fast sämtliche später wichtigen Formen der klassischen Musik wurden in Italien erfunden und zum erstenmal ausprobiert. Das Land bot Europa ein unerschöpfliches Reservoir an gutausgebildeten virtuosen Sängern und Sängerinnen. Italienisch war – und ist bis heute – nicht nur die „technische" Sprache der Musik, sondern war ganz selbstverständlich auch die der führenden vokalen Gattung, der Oper, zumal sich keine andere Sprache so gut für den Gesang eignet. Auch bei den übrigen Bestandteilen des Gesamtkunstwerkes Oper, angefangen vom Theaterbau über die Inszenierung (Bühnenaufbauten) bis zu den Tanzeinlagen, herrschten die Italiener fast zwei Jahrhunderte lang konkurrenzlos. Italienische Komponisten waren von den Höfen bis nach Rußland gesucht, umgekehrt war ein Studienaufenthalt in Italien für Ausländer bester Ausgangspunkt einer Karriere. Ebenso führte Italien zunächst in der weniger hoch als die vokale bewerteten reinen Instrumentalmusik. Und seitdem Arcangelo Corelli, dessen Melodien sogar niederländische Glockenspiele hören ließen und dessen Konzerte damals vierzig Auflagen erreichten, den Streicherchor zur Grundlage des Orchesters gemacht hatte, blieb Italien auch im Bau der entsprechenden Instrumente lange an der Spitze. Eine Hofkapelle, die etwas auf sich hielt, mußte auf den teuren, aber klanglich bis heute unerreichten Instrumenten der berühmten Geigenbauschulen von Cremona und Brescia spielen – ein wichtiger später Beitrag Italiens zum Export von Luxuswaren. Sicherlich gab es in Deutschland und kurzzeitig auch in England (Purcell) Ansätze zu einer nationalen musikalischen Schule, aber nur in steter Konkurrenz zu den Italienern. Das einzige Land, das sich in formaler wie in personeller Hinsicht der italienischen Vorherrschaft in der Musik weitgehend entziehen konnte, war Frankreich seit Ludwig XIV. Paradoxerweise wurden die Grundlagen dieser französischen Schule aber ebenfalls von einem Italiener, dem Florentiner Jean-Baptiste Lully, errichtet.

Inwieweit man von einer „Barockmusik" überhaupt sprechen kann, wurde in der Musikwissenschaft lange und kontrovers diskutiert. So problematisch der Begriff ist, so unverzichtbar scheint er. In einem neuesten zusammenfassenden Artikel sieht Silke Leopold das Wesen der Barockmusik darin, daß sie die Menschendarstellung ins Zentrum gerückt habe, nicht die Texte (wie die Zeit vorher) oder das Absolute (die Zeit nachher).[6] Eine treffende Feststellung, die bloß die „reine" Instrumentalmusik, die damals ebenfalls aufkam, nicht ganz erfaßt, auch wenn der Bezug dieser zur Vokalmusik, wie Leopold bemerkt, sehr eng ist.[7] Wesentlich für die Epoche scheint uns dazu das für die Musik von Gino Stefani analysierte Spannungsverhältnis „geistlich-weltlich".[8] Zusätzlich müßte man vielleicht doch außermusikalische, allgemein kulturelle Rahmenbedingungen bei einer Definition stärker berücksichtigen. Unbestritten ist seit langem, daß die Jahre um 1600 für die Musik eine entscheidende Epochenwende bedeuteten. Damals setzte sich, in den ersten in Florenz aufgeführten Opern, aber auch in den Spätwerken des Madrigals, der monodische, sparsam instru-

Die Kastraten Gaetano Baerenstadt und Senesino mit der Sängerin Cuzzoni in einer Szene aus Händels „Flavio".

mental begleitete, auf gute Deklamation bedachte und auf Expressivität und dramatische Charakterisierung zielende Sologesang als „stile moderno" (oder „concitato") gegenüber der alten Polyphonie durch. Der hergebrachte „stile antico" (oder Palestrina-Stil) wurde zwar weiterhin gelehrt und gehörte bis weit ins 18. Jahrhundert hinein zum unentbehrlichen Rüstzeug eines angehenden Komponisten, praktisch ausgeübt aber wurde er eigentlich nur noch in der römischen Kirchenmusik zu St. Peter. Einige weitere technische Neuerungen um diese Zeit oder wenig später markieren ebenfalls einen Epocheneinschnitt. So die dem neuen akkordischen Denken entsprechende Generalbaßtechnik (basso continuo), die Ausbildung einer klaren Dur-Moll-Tonalität gegenüber den alten Kirchentonarten, die moderne Taktgliederung. Wie bereits angedeutet, gab es auch bei den tragenden Musikinstrumenten einige Veränderungen. Die neuen musikalischen Formen können hier nur aufgezählt werden. Abgesehen von den noch ausführlicher zu behandelnden Gattungen der Oper und des Oratoriums werden es vor allem die mit Generalbaß und eventuell zusätzlichen Instrumenten begleitete Solokantate, die das Madrigal ablöst, die Soloarie, die verschiedenen Sonaten (Kirchen-, Kammer-, Triosonate), das Concerto grosso und das Solokonzert, ferner Stücke für Soloinstrumente (Orgel, Cembalo, Laute). An der weiteren Entwicklung im 18. Jahrhundert, etwa zur Suite oder Sinfonie, war dann Italien nur noch mitbeteiligt. Damals vollzog sich ein weiterer eingreifender Stilwandel, der zwischen 1750–1770 das Ende der barocken Ära auch in der Musik anzeigt, wobei allerdings die zeitliche Abgrenzung schwieriger ist als zu Beginn. Gleichzeitig neigte sich die italienische Vorherrschaft in der Musik ihrem Ende zu.

Die frühesten Pflegestätten dieser neuen Musik des Barock waren neben einzelnen Fachkollegien, z. B. in Florenz, die kleinen Höfe von Ferrara, Mantua und Modena, vor allem für die Oper. Eine gute Hofkapelle und ein Theater gehörten zur Normalausstattung auch eines kleineren Fürstenhofes.[9] Venedig konnte seine schon im 16. Jahrhundert mit den beiden Gabrieli erlangte bedeutende Stellung in der Musik, in steter Anpassung an die neuen Formen, bis ins 18. Jahrhundert bewahren; hier war ständig ein Zentrum und auch eine wichtige Ausbildungsstätte der europäischen Musik. Die Krise um 1630 wirkte sich indirekt auch auf die Musik aus, in einer Einschränkung des Mäzenats. Man registriert um diese Zeit einen Rückgang des Notendrucks, in dem jetzt außerdem die Niederlande führend wurden. Zunehmend wurde Musik eher in handschriftlichen Kopien verbreitet. Die erstgenannten Städte verloren langsam an Bedeutung; als neue Mittelpunkte konnten sich Rom für die Kirchenmusik und Neapel für die Oper und als Ausbildungsstätte etablieren. Im 18. Jahrhundert gewann dazu Bologna große Bedeutung, hier befand sich der größte „Markt" für italienisches Singpersonal. Musik wurde aber, getragen von der Kirche, von Akademien und anderen Zirkeln, selbstverständlich auch in jeder kleineren Stadt aufgeführt, bis hinunter zu den Pfarrkirchen.[10] Die Spitzenstellung Italiens ist ohne diese breite Basis nicht denkbar.

Die Bedeutung der Sakralmusik wird nicht nur dadurch unterstrichen, daß sie über eine ältere Tradition verfügte als die weltliche Kunstmusik, sondern auch, daß sie eben alle kirchlichen Feste begleitete und mindestens in jeder Bischofsstadt über wohleingerichtete Institutionen, die Kirchenkapellen, verfügte.[11] Die Ausbildung an den Konservatorien war zunächst auf die Kirchenmusik gerichtet, und auch Komponisten, die sich sonst eher der weltlichen Musik widmeten, strebten eine Anstellung bei einer Kirche als Kapellmeister oder Organist an, weil eine solche Funktion eine minimale ökonomische Sicherheit bot. Natürlich befaßte sich das Konzil von Trient auch mit der Kirchenmusik und versuchte, wie bei der bildenden Kunst, reinigend zu wirken. Einen totalen Ausschluß der Musik wollte man so wenig wie denjenigen des Kirchenschmucks, da man bei beiden ihre Funktion für die „propaganda fide" nicht verkannte. Gute Textverständlichkeit, keine Paraphrasen der heiligen Worte, reiner a cappella-Gesang möglichst ohne Instrumente und Ausschaltung aller weltlichen, „lasziven" Elemente waren die neuen Maximen, nach denen sich künftig die Komponisten richten sollten. Sie wurden in späteren Dekreten, etwa unter Alexander VII. (1665) und Benedikt XIV.

(1749), den Zeitumständen entsprechend präzisiert. Aber noch weniger als bei der bildenden Kunst gelang es in der Musik, diese Forderungen durchzusetzen. Auch ein Borromäus mußte einmal mehr seine rigorosen Forderungen in der Praxis zurückschrauben, auch in Mailand wurden weiterhin prunkvolle polyphone Festmessen aufgeführt. Die Monodie hätte zwar gewissen Forderungen des Konzils besser entsprochen, aber ihre weitere, von der Oper bestimmte Entwicklung ließ die Kirchenmusik schon bald weltlicher als überhaupt jemals werden. Die Unterschiede zwischen den Gattungen verwischten sich schließlich fast völlig; wie in der bildenden Kunst setzten sich Prunk, Theatralik und komplizierter Satz durch, wurde gesteigerter Aufwand auch hier zum Statussymbol und Gegenstand ostentativer Verschwendung. Bei den fünf in Musik gesetzten Teilen der Messe war schon um die Mitte des 17. Jahrhunderts die alte Mehrchörigkeit abwechselnd mit eher virtuosen Einzelstücken sowie reiche Instrumentalbegleitung, inklusive (der 1749 verbotenen) Pauken und Blechbläser, üblich; selbst und gerade in Rom außerhalb von St. Peter entfaltete sich dieser „Kolossalstil".[12] Vermischungen gab es auch personell, bei den Komponisten, wo schon Claudio Monteverdi, der erste geniale Vertreter des neuen Stils, seine Schaffenskraft etwa gleichmäßig zwischen geistlicher und weltlicher Musik aufteilte, ebenso in der Tatsache, daß Priester auch Komponisten und Musiklehrer sein konnten, wie der berühmte Antonio Vivaldi (il „prete rosso") oder Padre Martini in Bologna, ferner bei den Kirchensängern, die auch bei Privataufführungen weltlicher Musik in den großen Adelshäusern mitwirkten. Dazu kamen die vielen neuen Andachten, welche die Messe konkurrierten und nun musikalisch gestaltet wurden: die Vespern mit den Psalmen, die verschiedenen marianischen Andachten (Salve Regina, Magnificat, Stabat Mater), die „Quarant'ore" und die Passion. Hier brillierte mehr und mehr der virtuose Sologesang, der sich musikalisch von weltlichen Arien bloß um Nuancen unterschied. Aber auch diese Musik sollte den Zuhörer rühren, zum Glauben bekehren und zur Tugend führen; man dachte dabei sogar an die Protestanten aus nordischen Ländern, bei denen die Aufführungen solcher Musik eine der beliebten Attraktionen Italiens darstellten. Die vom Tridentinum vorgeschlagene strikte Trennung erwies sich in der Praxis als undurchführbar und wich einem spannungsreichen Miteinander der beiden Elemente, einem Gesang zwischen „Engeln und Sirenen", wie es Gino Stefani in ein Bild faßte.[13] Einer überzeugenden Auffassung gemäß ließ sich die Lehre (dottrina) am besten unter die Leute bringen, wenn man sie mit dem Vergnügen (diletto) verband. Die meisten

Feste hatten sakrale wie profane Seiten, spitzfindige Unterscheidungen waren da unangebracht. Schließlich: Weshalb sollte man Gott auf dem himmlischen Thron nicht mit prinzipiell denselben, höchstens noch glanzvolleren Mitteln als die irdischen Fürsten ehren? Wie wenig man profane und sakrale Sphäre in Italien zu trennen gewillt war, zeigt auch der schon damals übliche Applaus am Ende des geistlichen Konzerts in der Kirche – in der protestantischen Welt wurde dergleichen noch in unserem Jahrhundert als unpassend befunden. Und auch hier gilt wiederum: Die mitwirkenden und zuhörenden Laien brachten ihre eigenen Vorstellungen ein und kümmerten sich wenig um kirchenamtliche Vorschriften. Die Kritik an diesem verweltlichten musikalischen Vergnügen brach in der Aufklärung hervor, deutlich bei Muratori, und wirkte im 19. Jahrhundert (Cäcilianismus) fort.

An der Spitze der weltlichen Musik stand die Oper, die man schon im Barock mit der griffigen Formel „Gesamtkunstwerk" beehren kann.[14] Schon bald nach der Jahrhundertwende erreichte sie mit Monteverdis „Orfeo" (Mantua 1607) einen ersten Höhepunkt. Später war zunächst Venedig, wo Monteverdi seine meist verlorenen Spätwerke schrieb und wo seine Schüler wirkten, ihr Zentrum.[15] Im 18. Jahrhundert rückte Neapel in den Vordergrund, gleichzeitig trat neben die „opera seria" die „buffa", die komische Oper, dazu gab es das einaktige Intermezzo.[16] Auf die weiteren musikalischen Details ist hier nicht einzugehen, hingegen sind die sozialgeschichtlichen Hintergründe zu beleuchten. Bianconi/Pestelli haben in ihrer Geschichte der Oper drei Grundtypen festgestellt, die sich nach Initiatoren, Ausführenden und Adressaten unterscheiden, wobei selbstverständlich Mischformen vorkommen. Als auch historisch erster Typ ist die z. B. in Mantua gepflegte höfische Oper zu nennen, die von festangestellten Hofmusikern aufgeführt wird, vor einem ausgesuchten, bei Hof zugelassenen und rangmäßig geordneten Publikum, vor allem natürlich aus dem Adel. Adressat ist aber eigentlich der Fürst selbst, dessen Verherrlichung die Oper dient, wobei das Publikum den glanzvollen Rahmen abgibt; Oper ist hier also Inszenierung der Herrschaft. Die Aufführungen werden später nicht wiederholt, gedruckte Partituren dienen der Erinnerung, nicht der Weiterverbreitung. Außerhalb der Residenzen gibt es zweitens von Städten oder Akademien unterhaltene Opernhäuser, die von Wandertruppen bespielt wurden. Die Besucherschaft ist nicht mehr geschlossen, beschränkt sich aber zumeist auf die städtische Elite. Noch einen Schritt weiter in der Öffnung geht dann die als Geschäftsunternehmen betriebene Impresario-Oper, wie wir sie z. B. in Venedig finden. Die Darsteller werden von den Direktoren auf dem freien Markt rekrutiert, Zutritt hat jeder, der den geforderten Eintrittspreis bezahlen kann, die Aufführungen werden nach Bedarf wiederholt. Solcherart erreicht die Oper eine größere Autonomie als an den Höfen, umgekehrt wirken aber kommerzielle Zwänge auf sie ein. Ein Kostenfaktor waren vor allem die Sängerinnen und Sänger, wogegen die Ausgaben für Komponisten und Instrumentalisten sowie für Ausstattung und Bühnenbild vergleichsweise bescheiden waren. Im Idealfall verband so die Oper die verschiedenen sozialen Schichten miteinander, mit ihrer dosierten Durchmischung des Publikums wirkte sie politisch und sozial systemstabilisierend. Sie war aber auch ein wirtschaftlicher Faktor, ein großes Kulturunternehmen, welches, angefangen vom Theaterbau bis zur Aufführungspraxis, viele Arbeitskräfte beschäftigte. Der Impresario war so etwas wie ein früher „Kulturmanager", wobei sein Risiko nicht gering war. Im Bau von für die Oper geeigneten neuen Theatern waren italienische Architekten bahnbrechend: Sie erfanden den hufeisenförmigen Grundriß, die Guckkastenbühne mit den beweglichen Kulissen, die perspektivischen Verkürzungen und die übereck gestellte Scheinarchitektur, Flugmaschinen, Beleuchtungs- und andere Theatereffekte, kurz das ganze bis in unsere Zeit überlieferte inszenatorische Repertorium.[17] In diesem Zusammenhang muß übrigens noch die in der Oper zur Geltung kommende Tanzkunst erwähnt werden, wo ebenfalls seit dem Beginn des 17. Jahrhunderts Italiener die Grundlagen des Balletts schufen und diese Kunst als Lehrer und durch gedruckte Traktate im übrigen Europa verbreiteten.[18] Italiener waren schließlich fast alle Verfasser von Operntexten, die Librettisten, darunter auch jener führende Dichter, der im 18. Jahrhundert ganz Europa (mit Ausnahme von Frankreich) über Jahrzehnte mit Dutzenden von Operntexten versorgte: Pietro Metastasio (Trapassi).[19] Er wählte seine Stoffe bevorzugt nicht mehr aus der antiken Mythologie, sondern aus der Geschichte, schilderte dabei aber nicht männlich-kriegerisches Heroentum, sondern menschliche Leidenschaften, insbesondere die Liebe, der selbst ein Xerxes, Alexander oder Cäsar erlagen. Den Anforderungen der Komponisten nach Sangbarkeit kam er ideal entgegen. Italienisch war damals so selbstverständlich die Sprache der musikverständigen Welt, daß sich Metastasio, der die meiste Zeit seines Lebens als hochgeachteter kaiserlicher Hofpoet in Wien verbrachte, dort gar nicht erst bemühte, mehr als die allerwichtigsten Worte Deutsch zu lernen, da er ja von allen verstanden wurde. Die Auffassung, daß nur Italienisch das der Gesangskunst adäquate Medium sei, teilte Metastasios kongenialer

Freund und Briefpartner Johann Adolf Hasse, in dem die Gattung zwischen Händel und Mozart ihren Gipfel erreichte. Doch war er nur einer unter Dutzenden von Komponisten, die Metastasios Texte vertonten. Kritik an der formal erstarrten Barockoper äußerte sich noch zu Lebzeiten der beiden, in der Aufklärung, sie führte zu einer Epochenwende mit neuen Entwicklungen. Aber noch Mozarts letzte Oper „Titus" (1791) war eine traditionelle „Seria".

Ein eher hartes Pflaster für die Oper war Rom, wo dieses weltliche Spektakel die meiste Zeit nur privat in den Palästen der Nepoten und Mäzene aufgeführt werden durfte.[20] Die Haltung der Päpste reichte von der Liberalität eines Klemens IX. Rospigliosi (1667–1669), der in jungen Jahren selber Operntexte verfaßt hatte, bis zur völligen Ablehnung durch die sittenstrengen Vertreter der „svolta innocenziana". Immerhin entstanden in Rom die ersten komischen Opern der Geschichte, außerdem gab es schon früh mit der „Rappresentazione sacra" eine Art geistliche Oper. Von hier führte der Weg zum Oratorium, das mit den Werken Giacomo Carissimis ebenfalls schon in der ersten Hälfte des 17. Jahrhunderts einen Höhepunkt erreichte.[21] Das in der Fastenzeit zur öffentlichen Aufführung gelangende Oratorium unterschied sich vor allem textlich und in der Aufführungspraxis – es gab zwar auch szenische Oratorien – von der Oper, nicht musikalisch, obschon hier die Satztechnik etwas strenger war. Carissimis Oratorien waren noch lateinisch, später setzte sich auch hier das Italienische durch, wozu auch Metastasio mit zwölf Texten beitrug. Bei der Aufführung wurden die einzelnen Teile der Musik von geistlichen Lesungen oder kurzen Predigten unterbrochen. Das Oratorium gehört aber nicht zur eigentlichen Kirchenmusik, sondern wurde von Orden (den Oratorianern des Philipp Neri), von Bruderschaften und adligen Mäzenen initiiert und gefördert, womit wiederum der starke Einfluß der Laien im Sakralen sichtbar wird. Auch in den übrigen Städten Italiens trat nun in der Fastenzeit das Oratorium als „Ersatz" für die Oper auf. Wie beliebt dieses war, zeigt etwa Modena, wo zwischen 1680–1691 über hundert solcher „geistlicher Opern" aufgeführt wurden.

Das musikalische Mäzenat ist insgesamt weniger gut untersucht als das künstlerische; immerhin weiß man über Rom einigermaßen Bescheid.[22] Als erste große Förderer traten hier die Barberini-Nepoten hervor. Neben dem besonders prestigeträchten Sponsoring von Opernaufführungen in ihren Palästen bezahlten sie jährlich jeweils einige hundert Scudi für die Musik in den Kirchen, wo sie Protektoren waren. Fürstlich war in Rom das Musikmäzenat zweier Frauen: der Königinnen Christine von Schweden und Maria

Kasimira von Polen. Im frühen 18. Jahrhundert gab es dort drei große Musikliebhaber, die jahrzehntelang auf ihre Kosten Aufführungen veranstalteten: Marchese Francesco Ruspoli und die Kardinäle Benedetto Pamphilij und Pietro Ottoboni. In den Anfängen leitete noch Corelli die wöchentlichen Konzerte. Hier verkehrte der junge Händel und schrieb seine ersten Meisterwerke sakraler Musik. Als die drei zwischen 1730 und 1740 starben, war die große Zeit der Barockmusik, gleichzeitig mit den bildenden Künsten, für Rom vorbei. In der Provinz förderten einige Bischöfe neben der Architektur auch die Musik, etwa die früher erwähnten barockbegeisterten Oberhirten Pappacoda und León y Cárdenas.[23] Bei diesem, in Pozzuoli, starb in jungen Jahren der große Giovanni Battista Pergolesi. Sein Schwanengesang, eines der berühmtesten kirchenmusikalischen Werke überhaupt, das „Stabat Mater", war im Auftrage einer Bruderschaft entstanden, und dies verweist wiederum auf die noch kaum erforschte Bedeutung der Bruderschaften auch in musikalischer Hinsicht. Bruderschaftsoratorien waren jedenfalls wichtige Aufführungsstätten geistlicher Musik.[24] Weiters wirkten Akademien als Förderer. Wie für eine Fürsorgeinstitution oder für Werke bildender Kunst konnte man auch für die Aufführung einer Musik, z. B. jährlich an einem bestimmten Feiertag, eine Stiftung machen; hier begegnen uns neben Adligen auch Bürgerliche als kleine Mäzene.[25]

Höher bewertet und besser bezahlt als die Schöpfer der Musik waren im italienischen Barock die wichtigsten Ausführenden, die Sänger und Sängerinnen.[26] Sie bildeten die Spitze des kulturellen Luxusexports aus Italien. Im Madrigal hatte noch jeder einigermaßen musikalische Laie mitsingen können. Nun, mit der Oper und der Solokantate, tauchte der Virtuose auf, dessen Stimme nach einer jahrelangen Schulung auf Höchstleistung getrimmt worden war. Als Folge trennten sich nun vielfach Ausführende und Zuhörer. Ziel jeden Sängers und jeder Sängerin, sofern sie auch dramatisch begabt waren, war die Oper. Dort erschien jetzt die Primadonna auf der Bühne, deren Exzentrizitäten man, wie auch ein Händel erfahren mußte, in Rechnung zu stellen hatte. Gleichwohl wurden ihre Kehlen mit Gold aufgewogen, was einige musikliebende Fürsten des Auslands nicht hinderte, richtige Expeditionen zur Anwerbung von Spitzenkräften nach Italien zu senden.[27] Daß Sängerin oft ein Synonym für Kurtisane war, unterstreicht bloß ihre ambivalente Rolle in der Gesellschaft: hochgeschätzt und heiß verehrt, war sie gleichwohl immer mit einem Ruch des Unsoliden, Komödiantenhaften umgeben. Übertroffen wurden die Primadonnen aber vielleicht noch von jenen spezifisch italienischen, ganz besonderen Sängern, die seit der ersten Hälfte des 17. Jahrhunderts auf den europäischen Bühnen erschienen und als „primo uomo" schließlich das Zugstück jeder Barockoper darstellten: den Kastraten (evirati).[28] Sie waren, etwas salopp gesagt, die reisenden Popstars des Barock, mit ihrem kunstvollen Gesang rissen sie das Publikum zu Begeisterungsstürmen hin und ließen Damen in Ohnmacht fallen. Eines der größten Probleme für Händel in London war, daß er die seine Opern singenden, wegen ihrer Launenhaftigkeit berüchtigten Kastraten nach Meinungsverschiedenheiten an die Konkurrenz um den italienischen Komponisten Nicola Porpora verlor, dem sie volle Kassen sicherten. Ihre Gagen waren mit denen der Primadonnen die höchsten, der berühmte Caffarelli konnte sich damit als Altersvorsorge ein apulisches Herzogtum kaufen und in Neapel einen Palast errichten lassen, während der nicht weniger umschwärmte Farinelli als Privatsänger Philipps V. eine einflußreiche Rolle am spanischen Hofe spielte. Die Kastraten bildeten den Gipfel der damaligen Sangeskunst, weil sie mühelos die Höhen der Soprane erreichten, mit ihren Kehlköpfen und kräftigeren Lungen aber die Töne länger aushalten konnten als Frauen, was ihnen scheinbar endlose Passagen und Trillerketten ermöglichte. Sie sangen Männer- wie Frauenrollen, genau wie Sängerinnen auf der Bühne beide Geschlechter verkörpern konnten. Mit der Aufklärung machte sich dann scharfe Kritik an den vergötterten Publikumslieblingen breit: Sie wurden nun als Opfer einer unnatürlichen und unmenschlichen Vergewaltigung betrachtet. Natürlich erreichten längst nicht alle dieser beschnittenen Knaben die Gipfel des Ruhms. Die meisten kamen in italienischen Kirchenchören, wo Frauen nicht zugelassen waren, unter, von wo ihnen gelegentlich, mit entsprechender Dispens, der Sprung in die geistliche Laufbahn gelang.[29] Im frühen 19. Jahrhundert wurden die Kastraten endgültig von den Heldentenören abgelöst; in der Cappella Sistina konnten sie sich noch bis zum Beginn des 20. Jahrhunderts halten.[30]

Neben diesen Virtuosen verblaßte der Ruhm der Komponisten etwas, sie galten eigentlich nicht als Künstler, sondern eher als bessere spezialisierte Handwerker. Sie rekrutierten sich aus den mittleren bis unteren Schichten, bei einer hohen Selbstergänzungsquote. Sofern sie keine feste Stelle hatten, mußten sie ständig dem Geld nachlaufen. Der oben erwähnte Porpora, einst gefeierter Opernkomponist, der als Lehrer in Neapel vielen Kastraten den Grundstein des Ruhmes gelegt hatte und in Wien noch Joseph Haydn ausbildete, beendete seine Tage in bitterer Armut. Schon vor ihm hatten seit dem 17. Jahrhundert viele italienische Tonschöpfer ihr Heimatland verlassen, um in der Fremde zu wirken. Namentlich die Wirtschaftsgroßmächte England und Niederlande waren auf solchen musikalischen Import angewiesen.[31] Aber auch deutsche Fürsten, nicht zuletzt die Habsburger in Wien, engagierten gerne und häufig Italiener, während sie in Frankreich kaum Fortune machen konnten. Die letzten dieser kulturellen Auswanderer trifft man noch im frühen 19. Jahrhundert an. Umgekehrt war für einen nordländischen Komponisten, der Karriere, vor allem in der Oper, machen wollte, ein Studienaufenthalt in Italien fast unumgänglich.[32] Händel, der jüngste Bach-Sohn Johann Christian und Mozart sind nur die bekanntesten Beispiele. Ein weitgehend italianisierter und als Wanderer zwischen den Kulturwelten vielleicht einer der typischsten Komponisten des 18. Jahrhunderts war der bereits genannte Hasse (1699–1783).[33] An der Hamburger Oper zum Sänger ausgebildet, ging er mit gut zwanzig Jahren zur Vervollkommnung seiner Kunst und zum Studium der Komposition nach Neapel, zu dem dort führenden Alessandro Scarlatti und Porpora. Alsdann wurde er Kapellmeister an einem Konservatorium in Venedig, wo er, inzwischen zum Katholizismus konvertiert, die berühmte Sängerin Faustina Bordoni heiratete. Mit ihr zog er nach Dresden, um die Leitung der dortigen hochstehenden Oper zu übernehmen. Seine mehr als sechzig eigenen Opern, meist nach Texten Metastasios, waren dort und in vielen europäischen Städten, wo er als Gast auftrat, große Erfolge. Ruiniert durch den Siebenjährigen Krieg, in dem auch sein Haus mitsamt den sorgfältig zum Druck vorbereiteten Partituren aller Werke in Flammen aufging, ging er, von Kaiserin Maria Theresia und jüngeren Komponisten hochgeschätzt, nach Wien, um schließlich den Lebensabend, bis zu seinem Tod komponierend, wiederum in Venedig zu verbringen.

Die Ausbildung zur Musik geschah an den Konservatorien, also den bereits früher behandelten Frauenhäusern. In diesem Zusammenhang ist aber zunächst zu erwähnen, daß die italienischen Frauenklöster vielfach eine hochstehende Musikpflege übten, ja sogar komponierende Nonnen bekannt sind.[34] Natürlich versuchte auch hier die Gegenreformation Einschränkungen mit dem Ziel, die weltliche und die Instrumentalmusik aus den Klöstern zu verbannen. Dies erwies sich als unmöglich, die Beschäftigung mit der Musik dehnte sich im Gegenteil bei den sonst zu wenig geforderten Nonnen mehr und mehr aus. In Bologna und Mailand führten die Insassinnen der dortigen Klöster deswegen einen jahrzehntelangen hartnäckigen Kampf mit den Bischöfen. Für diese waren namentlich die Kontakte der Nonnen mit männlichen Sängern und Musiklehrern im Kloster ein gravierendes Problem.

Neben dem Gesang beherrschten die Nonnen sämtliche Instrumente, auch die blasenden. Um eine reiche musikalische Gestaltung bemühten sie sich vor allem bei den Einkleidungsfeiern. Dieses Vorbild war auch für die Mädchenkonservatorien maßgeblich, die zudem mit dem Musikunterricht den mittellosen jungen Frauen eine brauchbare Fachausbildung boten. Besonders berühmt waren die venezianischen Konservatorien, deren Konzerte gern besuchte Attraktionen für die vielen Fremden waren.[35] Die dabei erzielten Einnahmen konnte man für Mitgiften verwenden. Die berühmtesten Komponisten wirkten dort als Lehrer – und verliebten sich dabei gelegentlich in eine Schülerin. Den Sprung zur Oper mußte man allerdings außerhalb tun, er war erst nach dem Verlassen des Konservatoriums möglich. Die neapolitischen Konservatorien waren zunächst Waisenhäuser, nahmen später aber auch zahlende Schüler und Schülerinnen auf, darunter sehr viele der erwähnten Kastraten. Der Unterricht war streng, die später so bewunderte Virtuosität mußte vom Kindesalter an in täglichen Übungen hart erarbeitet werden. Doch war die Ausbildung recht umfassend: Instrumentenspiel, Komposition, Improvisieren, Sprache und Literatur gehörten ebenfalls dazu. Auch hier geschah die Schulung für die Opernbühne jedoch außerhalb, durch Privatunterricht. Was Italien auf anderen Gebieten, etwa im Militär, in der Wirtschaft oder Wissenschaft, fehlte, nämlich ein auf Höchstleistungen zielendes Denken, wurde hier im kulturellen Sektor realisiert und als Spitzenprodukt exportiert.

Schluß: Das andere Europa – eine Kultur wider den „Fortschritt"

Einer der eher seltenen italienischen Historiker, der das Wagnis von Generalisierungen nicht scheut, Giuseppe Galasso, hat einer zusammenfassenden, von der Frühneuzeit bis ins 20. Jahrhundert reichenden „Historischen Anthropologie Süditaliens" den Haupttitel gegeben: „Das andere Europa".[1] Vor dem Hintergrund jener vielen Urteile, angefangen mit den Jesuiten der Gegenreformation, über die Reisenden der Aufklärung und die Offiziere und Verwaltungsbeamten des piemontesischen Einheitsstaates, bis zu unserer Zeit (Carlo Levi), die befinden, in Süditalien beginne eigentlich ein anderer Kontinent, Indien oder Afrika, mit einer heidnischen Bevölkerung, weist Galasso darauf hin, daß auch dies ein Teil Europas war. Aber eben: ein anderer Teil, gänzlich verschieden vom Gewohnten. Mit einigen Einschränkungen läßt sich die auf den Süden zugespitzte Feststellung Galassos aber auf ganz Italien übertragen, mindestens für das Barockzeitalter.

Welches aber war aus dieser Sicht damals, seit dem Beginn der Neuzeit, das eigentliche, das „normale" Europa? Es war, geographisch bestimmt, das nördliche und westliche Europa, konfessionell das protestantische und das nicht barock-katholische mit dem Kern in Frankreich.[2] Davon waren schon die an der Richtigkeit ihrer Auffassungen nicht im geringsten zweifelnden Aufklärer aus diesen Gegenden überzeugt, gerade diejenigen, die Italien auf Reisen kennengelernt hatten und ihre Eindrücke dann schriftlich niederlegten. Ihre Urteile wurden von der positivistischen Geschichts- und Gesellschaftswissenschaft des 19. Jahrhunderts übernommen und weiterentwickelt. Die bündigsten Formulierungen für die Einzigartigkeit dieses Teils Europas und der historischen Prozesse, die dazu hinführten, fand wohl Max Weber um die Jahrhundertwende mit den zentralen Begriffen der Säkularisierung und Rationalisierung, oder umgekehrt: der „Entzauberung der Welt". Er zeichnete auch, nachdem schon Jahrzehnte zuvor der mit Italien wohlvertraute Karl-Viktor von Bonstetten versucht hatte, den „nördlichen" vom „südlichen" Menschen abzuheben[3], in seiner „Protestantischen Ethik" ein plastisches Bild des Repräsentanten dieser neuen Welt. Der erste wirklich moderne Mensch, den Jacob Burckhardt noch in der italienischen Renaissance geortet hatte, war nun der englische Puritaner und seine Geistesverwandten. Am Schluß seiner berühmten Darstellung wies Weber aber auch auf den Zwangscharakter des entstehenden modernen Kapitalismus hin, der den Menschen nun wie ein „stahlhartes Gehäuse" umschloß.[4] Er legte damit die Fundamente zu einem Gedankengebäude, an dem im 20. Jahrhundert andere weiterbauten, in Deutschland Norbert Elias mit seiner Zivilisationsthese und Gerhard Oestreich mit derjenigen der Sozialdisziplinierung, in Frankreich etwa Michel Foucault mit seinen Überlegungen zur „großen Einschließung" oder Robert Muchembled mit seiner Auffassung einer siegreichen Überwältigung der Volks- durch die Elitenkultur. Über diese vier Wände wurde dann in unseren Tagen abschließend das alles überwölbende begriffliche Dach der „Modernisierung" gelegt – der ältere, für die Aufklärer noch zentrale Begriff des Fortschritts war inzwischen doch zu suspekt geworden.[5] In dem auf diese Weise fest errichteten Theoriegebäude richtete sich auch und besonders die Geschichtswissenschaft häuslich ein. Es schien den Ansprüchen einer Totalerklärung der wesentlichen historischen Prozesse der letzten fünf Jahrhunderte weitgehend zu genügen und fügte sich außerdem ausgezeichnet in die politökonomische Landschaft der westlichen Welt in der Nachkriegszeit ein. Gleichwohl zeigte es schon nach einiger Zeit etliche Risse, und es erforderte einige Anstrengung, den neuen wissenschaftlichen Konformismus aufrechtzuerhalten. Kritiker, wie die Alltagshistoriker, die sich in dem komfortablen Gebäude doch nicht so wohlfühlten und das darin enthaltene theoretische Mobiliar ausschlugen, wurden an die Luft gesetzt und in eine Nischenexistenz außerhalb gedrängt.[6] Einige französische und angelsächsische Historiker überzeugte das vor allem in Deutschland zur Perfektion gebrachte Gedankengebäude nicht.[7] Auch das historische Material selber bot bisweilen einige Probleme. Die gebotenen Erklärungsansätze paßten zwar sehr gut auf die „Kernstaaten" Niederlande und England, im wesentlichen auch auf Frankreich, Nordeuropa und den größten Teil des deutschen Raums. Die mittelmeerische Welt aber oder auch Osteuropa erwiesen sich als sperrige, für den Neubau kaum verwendbare Bestandteile; als bequemste Lösung erbot sich die, ihre Geschichte aus derjenigen Europas weitgehend auszublenden, das „andere Europa" als nicht existent zu erklären.[8] Die neuen Thesen und Theorien hatten dazu geführt, die Wirtschafts- und Sozialgeschichte ins Zentrum historischer Arbeit zu rücken, diese geradezu als „historische Sozialwissenschaft" zu betreiben – zweifellos eine notwendige und besonders in Deutschland überfällige Reaktion auf die Dominanz einer steril gewordenen politischen Geschichte. Ob indes die zum Trendsetter der neunziger Jahre gewordene neue Kulturgeschichte mit all ihren Töchtern ebenfalls in das immer noch festgefügte und die historische Landschaft prägende Theoriegebäude einziehen oder es umgekehrt sprengen wird, ist noch offen. Interessant ist, daß auch diese „neue Kulturgeschichte" Max Weber als Ahnherrn reklamiert, so wie er schon für die Modernisierung Pate stehen mußte.[9] Diese einseitige Vereinnahmung muß den erstaunen, der sich etwas in die schwierige Biographie des großen Wissenschafters und umfassenden Denkers vertieft. Sie zeigt, was gelegentlich auch im gedruckten Werk hervorbricht, in seinen letzten beiden Lebensjahrzehnten einen von Nietzsche und Burckhardt beeinflußten, mehr und mehr fortschrittsskeptischen Menschen, der fasziniert war von Italien, und zwar mutmaßlich eben gerade von jenem „anderen" Italien Galassos, mitsamt seiner „rückständigen" Katholizität.[10] Vielleicht hat ihm diese nun endgültig vergangene Welt sogar als Folie seiner Zeichnung jenes so gegensätzlichen modernen und fortschrittsbefördernden innerweltlich asketischen Puritaners gedient. Den Eigenwert der Epoche, des Seicento, hatte im Kern schon Burckhardt, einer der besten Kenner Italiens überhaupt, erfaßt.[11] Aber der Basler Kulturhistoriker stand schon zu Lebzeiten quer zur damaligen politisch-wissenschaftlichen Welt, und für alle späteren Modernisierungstheoretiker mußte er mit seinem Konservativismus eine totale Unperson sein. Auch wenn damals die Begriffe noch nicht im Schwang waren, so hätte er vermutlich gewußt, daß Erklärungsansätze wie Säkularisierung, Rationalisierung, Disziplinierung, Modernisierung usw. zum Verständnis der italienischen Geschichte der Frühneuzeit wenig bis nichts beitragen können. Sie versperren im Gegenteil den Zugang zum „anderen" – bis heute. Sich von ihnen loszulösen ist dringend.

In Oestreichs Modell der Sozialdisziplinierung geschieht diese in erster Linie durch die staatlichen Institutionen; er steht damit in einer alten deutschen Tradition der Überschätzung der Rolle des Staates in der Geschichte, die auch die Absolutismusdiskussion stark bestimmte. Italien paßt nur schwer in dieses Schema hinein, denn hier war „Konservierung" die Leitidee, nicht „Entwicklung zum modernen Staat". Die „astatualità" zeigt sich in einer theoretischen und praktischen Abwesenheit von absolutistischen Modellen (Savoyen wie immer ausgenommen), in einer Geringschätzung des Militärs, besonders einer offensiven Streitmacht, in einer schwachen Zentralisierung und weitgehend den Lokalgewalten überlassenen unteren Verwaltung, verbunden mit einer weitgehenden Delegation und Privatisierung der Herrschaft, in einer wenig repressiven, auf Konsens und Kompromiß, Verhandeln und Vermitteln bedachten „weichen" Innenpolitik, welche die Oberschicht mit Titeln, Gnaden und Gunsterweisen köderte, die unteren nach der Maxime „Brot und Spiele" mit der Annona und öffentlichen Festen befriedigte. All dies wirkte kaum darauf hin, die Untertanen im Sinne der Sozialdisziplinierung umzumodeln. Die von Max Weber als Charakteristikum der Moderne angesehene Bürokratisierung findet sich zweifellos auch in Italien, sogar recht früh. Aber verbreitete Korruption, fehlende Kontrolle, dauernde Ämterkonkurrenz und ein massives Vollzugsdefizit ließen nur eine sehr begrenzte Rationalität und Effizienz des Systems zu. Ebensowenig kann im Falle Italiens von einer Säkularisierung, die ja immer auch ein Auseinandergehen der beiden Sphären Staat und Kirche bis hin zur völligen Trennung bedeutet, die Rede sein.[12] Vielmehr waren die beiden bis zur Unkenntlichkeit miteinander verknüpft, institutionell und personell, nicht allein auf der höchsten Ebene der Souveräne, sondern auch unterhalb, z. B. bei den vielen gemischten Organisationen. Die nicht seltenen Konflikte, von grundsätzlichen Auseinandersetzungen einzelner Staaten mit Rom bis zu kleinen alltäglichen Kompetenzstreitigkeiten, bestätigen nur diesen Sachverhalt.

Die Familie war in Italien auch im Barock höchstwahrscheinlich ein mächtiger Gegenpol zum Staat, doch wissen wir über ihre konkrete Funktion in der damaligen Gesellschaft insgesamt noch zu wenig. Diese zu erfassen, scheinen aber die eingangs erwähnten Konzepte, wie einige mikrohistorische Studien vermuten lassen, wenig geeignet. Die verbreiteten Fideikommißregelungen hätten modernisierend wirken können, wenn sich die jüngeren Söhne wie etwa in der englischen „gentry" wirtschaftlichen Aktivitäten zugewandt hätten. Das taten sie aber nicht, sie zogen ein bequemeres Leben, basierend auf geistlichen Pfründen oder anderem arbeitslosem Einkommen, vor. Was die in Italien wichtigen intermediären Organisationen anbelangt, so können die Bruderschaften trotz ihrer auf das moderne Vereinswesen vorausweisenden Binnenstruktur kaum als Agenten der Modernisierung angesprochen werden. Auch wenn man ihnen eine gewisse disziplinierende Funktion in Bezug auf ihre Mitglieder sicher nicht absprechen kann, so wehrten sie sich doch in ihrem ständigen Kampf um Autonomie gegen entsprechende Zumutungen von außen. Sie traten ebenfalls in Konkurrenz zum Staat, und wie dieser die Bruderschaften als Bremser des „Fortschritts" betrachtete, zeigte sich dann bei den Reformen der Aufklärung. Auch den verschiedenen „luoghi pii", den Stiftungen der sozialen Fürsorge, ist im Ansatz ein disziplinierendes Moment durchaus gegeben. Befaßt man sich dann aber näher mit dem konkreten Leben dieser Institutionen in Italien, so wird der Unterschied zu den von den Zwängen der Arbeitsethik beherrschten protestantischen Anstalten deutlich. In Italien blieb die „große Einschließung" weitgehend Programm. Und hier wie bei den Bruderschaften findet man keine Säkularisierung, sondern gerade umgekehrt eine weitgehende Vermengung von Geistlichem und Weltlichem.

In allen Modernisierungsthesen wird seit Weber, wohl zu recht, dem Bürgertum eine tragende Rolle zugemessen. Der Adel erscheint, abgesehen von einigen protestantischen Ländern und Territorien, eher als retardierende Schicht, der Klerus bloß als ein in Dienst genommener Vermittler der passenden Ideologie. Sozialdisziplinierung wird als ein oben („Stabsdisziplinierung") beginnender, nach unten fortschreitender Prozeß gesehen. Rationales Denken soll zuerst in den Gehirnen der Elite stattfinden, alsdann auch die „irrationale Bestie" des Volkes zähmen. Auch diese Vorstellungen lassen sich meist nur schwer mit der italienischen Wirklichkeit vereinen. Zunächst muß man feststellen, daß die modernisierenden Schichten, vor allem das Bürgertum, einfach weitgehend fehlten. Es war hier eine Schicht, der man eigentlich am liebsten nicht angehören mochte; Adel und Geistlichkeit waren nicht nur in den ständischen Theorien, sondern in der Wirklichkeit tonangebend, in jeder Hinsicht. Ihre Werte aber und ihr Handeln, die Titelsucht und das Statusdenken, ihre Bemühungen um Lehen und ihr Wille zu monumentalen Stiftungen, der zu Schuldenwirtschaft führende Luxus aller Art – Bauten, Kleider, Dienerschaft, Kutschen usw. bis zum Leichenpomp –, kurz alles, was sich unter das Stichwort „ostentative Verschwendung" fassen läßt, mußten aus moderner Sicht als völlig irrational erscheinen. Das Bewußtsein, daß es in der Gesellschaft „oben" und „unten" gab, war auch in Italien stark entwickelt. Doch gab es in der Praxis auch hier allerlei Vermischungen bei alltäglichen Kontakten und bei verschiedenen, z. T. theologisch begründeten, aber auch durch die vortechnische Welt gegebenen Reziprozitätsverhältnissen. Eine totale Abschottung der verschiedenen Schichten zueinander wurde vermieden, und finanzielle Umverteilungssysteme sorgten dafür, daß die zweifellos bestehende Kluft im Lebensstandard nicht unerträglich weit auseinanderging. Auch im ländlichen Raum wurde, bei auf dem Papier klaren Herrschaftsverhältnissen, in der Praxis auf verschiedenen Wegen meist ein auch für den Untergebenen erträglicher modus vivendi gefunden, die Ideen einer „moral economy" waren in Italien nicht unbekannt. Den Armen und den meisten Randgruppen ging es vermutlich nirgendwo so gut wie in Italien. Das alles begrenzte Tendenzen zu einer umfassenden Disziplinierung. Einige mentale Einstellungen, die zur protestantisch geprägten Moderne kaum paßfähig sind, gingen quer durch alle oder fast alle Schichten. Erwähnt seien der Wunderglaube im Zusammenhang mit dem Heiligenkult und die mindestens im Süden verbreitete Magie. Ein anderes Beispiel ist der „ozio", der Müßiggang. Für den Adel gehörte er sozusagen zur Standesehre, er war ein eifrige Oberhirten ständig beschäftigendes Problem des ihnen untergebenen Klerus, wurde aber auch den Unterschichten, der Masse der Bauern bis hin zu den „lazzaroni" allgemein zugeschrieben.[12a] Diese alle Stände umfassende Eigenheit der Italiener wurde von vielen Reisenden aus nördlichen Ländern registriert und negativ kommentiert, weil sie eben grell von dem ihre Heimatländer prägenden Arbeitsethos abstach. Allerdings darf man hier gewisse natürliche Rahmenbedingungen nicht vergessen: Das dauernde Risiko von Katastrophen (Erdbeben, Vulkanausbrüche) war einer rationalen Lebensplanung im Sinne der „protestantischen Ethik" abträglich, wäre eben in anderer Art und Weise irrational gewesen. In der ganzen Diskussion um die „Modernisierung" der Gesellschaft müßte übrigens die Rolle der Frau darin viel stärker berücksichtigt werden. Eine konsequente „gender-history" könnte vielleicht Begriffe wie Rationalisierung, Disziplinierung usw. als typisch männliche Werte entlarven, denen die Frau als „aufsässiges Wesen" gegenüberstand.[13] Es ist für Italien wie für andere Länder vermutlich noch zu früh, hier weitreichende Schlüsse zu ziehen und endgültige Feststellungen zu machen, obschon auf einigen Feldern intensive feministische Forschungen eingesetzt haben. Spezifisch italienische, von „Kerneuropa" abweichende Erscheinungen gab es auch hier, und die vielen Nonnen und ihre Lebensweise, die „bizzoche", die Konservatorien und „monte di maritaggio", die Kurtisanen und Primadonnen, die gelehrten Frauen, aber auch die fern von ihrem Gemahl mit ihrem „cicisbeo" den Tag (und die Nacht?) verbringende Ehefrau sind jedenfalls Figuren und Einrichtungen, die dazu zwingen, festgefahrene Geschlechterschemata in Frage zu stellen.

Am offenkundigsten ist der andere Weg Italiens beim europäischen Modernisierungspfad zweifellos im Ökonomischen, derart, daß dieser Sachverhalt schon Zeitgenossen auffiel, etwa dem englischen Bischof Burnet, der sich über das veränderte Investitionsverhalten der Italiener im Vergleich zu seinen Landsleuten wunderte.[14] Ging in England das Kapital in Kolonialbesitz und Aktien der Handelskompagnien, in Schiffe und Hafenanlagen, Straßen und Kanäle, Ausbildungs- und Forschungsstätten, Bergwerkstechnik und

Verlag, zuletzt auch in Manufakturen und Fabriken, so zogen die Italiener ihr Geld eher aus gewerblichen und merkantilen Unternehmungen ab und steckten es vorwiegend in Landbesitz. Sehr viel wurde aber gar nicht produktiv investiert, sondern für Demonstrativkonsum verbraucht: Aufwendige Paläste und Villen, prächtige Kirchen, der vergängliche Glanz des „barocco effimero" mitsamt dem Feuerwerk, großartige Feste, Kunstwerke aller Art und die Oper.[15] In Gewerbe und Handel ließen sich die Italiener fast widerstandslos von Holländern und Engländern, um nur die wichtigsten Handelsnationen zu nennen, verdrängen, selbst in ihrer Heimat. Die von Weber aufgezeigte Entwicklung zum modernen Kapitalismus fand hier nicht statt, mindestens nicht im gewerblichen Bereich, wo vielmehr bestehende Ansätze abgebrochen wurden. Von einer einst technisch führenden Stellung rückte man auf die hinteren Plätze, die Naturwissenschaften als Voraussetzung wurden kaum mehr gefördert. Statt der für die europäische Wirtschaftsgeschichte fast gesetzmäßigen Verlagerung vom ersten auf den zweiten und dritten Sektor erfolgte eine umfassende Deindustrialisierung und Reagrarisierung. Die Landwirtschaft rückte in den Mittelpunkt der ökonomischen Aktivität, hier erzielte man auch große Erfolge. Italien wurde jetzt primär Rohwarenexporteur, vor allem von agrarischen Produkten, und importierte zunehmend Fertigwaren, selbst solche aus eigenen Rohprodukten (Seide). Auch aus der internationalen Finanz zogen sich die Italiener, mit Ausnahme der Genuesen, zurück. Das Kreditwesen in Italien selbst wurde nun weitgehend von kirchlichen und bruderschaftlichen Institutionen betrieben, den „monti di pietà" und den „monti frumentari", welch letztgenannte geradezu ein Symbol für die erfolgte Ruralisierung des Landes sind. Statt ihn zu fördern, wie in viele protestantischen Ländern, legten Staat, Gesellschaft und Kirche dem „Handelsgeist" Hemmnisse in den Weg. Auch im Ökonomischen blieben somit in Italien, im Gegensatz zur protestantischen Welt, disziplinierende Effekte weitgehend aus. „Fortschritt" durch steigende Produktionsziffern, höhere Wachstumsraten und Maximierung der Profite – das war in Italien, mit Ausnahme etwa des Agrarbereichs, kaum Ziel der wirtschaftlichen Aktivität, diese war vielmehr noch lange in grundlegende christlich-ethische Bezüge eingebettet.

Zweifellos war die Kirche eine der mächtigsten Institutionen im barocken Italien, ebenso wie die Geistlichkeit schon rein zahlenmäßig eine im Vergleich zum Protestantismus weit bedeutendere Rolle spielte. Aber diese Stellung hatte die Kirche nicht infolge einer grundlegenden Erneuerung nach dem Konzil von Trient, sondern im Gegenteil, weil sie ihre aus dem Mittelalter überkommenen soziokulturellen Aufgaben erfolgreich weiterführte, ja sogar noch ausbauen konnte. Aus der Sicht von unten war Kirche mehr soziale als religiöse Institution, sie füllte viele Lücken, die Staat, Gesellschaft und Wirtschaft offen ließen. Zu denken ist etwa an das Schulwesen, an die Fürsorgeinstitutionen, die Kredittätigkeit oder die Kulturpflege (Kunst und Musik). Von einer Säkularisierung kann nicht entfernt die Rede sein, im Gegenteil: Geistlich und Weltlich waren fast untrennbar miteinander vermischt. Geistliche übten allerlei weltliche Tätigkeiten aus, umgekehrt hatten die Laien ein entscheidendes Wort in der Kirche, sie bestimmten sie weit stärker mit als kirchenrechtlich eigentlich vorgesehen. In diesen Zusammenhang gehören natürlich auch die vielen gemischten Korporationen, mit Bruderschaften, „luoghi pii" und den verschiedenen „monti" als den wichtigsten, die ebenfalls beiden Sphären zuzurechnen sind und sehr wichtige soziale Funktionen erfüllten, im Falle der Bruderschaften auch als Kulturträger wirkten. Einer Rationalisierung im kirchlichen Bereich, dem, was die Aufklärung später „vernünftiger Gottesdienst" nannte, stand die ganze Tradition der Kirche, die eben nicht allein die Theologie umfaßt, entgegen, an ihr scheiterten oft auch beabsichtigte Rationalisierungen in Politik und Ökonomie. Aber auch die beliebt gewordene These der „Gegenreformation als Modernisierung" überzeugt keineswegs, sie beruht im wesentlichen auf einer extensiven Interpretation normativer Quellen und berücksichtigt die Entwicklung im 17. und 18. Jahrhundert mit all ihren Ambivalenzen und ihren nichtintendierten Wirkungen kaum.[16] Die Praxis sah vor allem im Süden ganz anders aus als die Idealvorstellungen der Konzilsväter und der Reformer der ersten Stunde. Die weltlichen Motive, die viele in den geistlichen Stand drängten, ihre nur teilweise Beschäftigung nachher in der Seelsorge, Refeudalisierung auch in der Kirche, Nepotismus, Kommende und Pensionenwesen, im Süden „Ricettizia" und „chierici selvaggi", das vorläufige Fehlschlagen der Seminarausbildung, die Lebensführung vieler Geistlichen, die Quasi-Autonomie der Orden, die Wiederverweltlichung der Klöster, die Diskrepanz zwischen geistlichem Anspruch und sozialer Funktion der Frauenklöster, die mangelhaft bleibende Pfarrseelsorge und ihre Konkurrenz u. a. durch die „Paraliturgie" der Bruderschaften, das verbreitete Laienpatronat, die Abkehr vom tridentinischen Ideal im Barockpapsttum und die Vollzugsdefizite bei der Kurie, die vorerst vielerorts schwache Stellung der Bischöfe als den wesentlichen Anhängern der Reform, die Weigerung des niedrigen Klerus, auf die vom

Tridentinum gewünschte Abhebung vom gewöhnlichen Volke einzutreten, der konkrete Widerstand gegen bestimmte Forderungen des Konzils auf mehreren Ebenen, der Laxismus in der Theologie, die wenig christozentrische Frömmigkeit und ihre Überwucherung durch Heiligen-, insbesondere Marienkult und das Andachtenwesen, die kaum konziliaren Vorstellungen entsprechende Umwertung der Messe, dagegen die aus der Sicht der Laien grundlegende Bedeutung von Prozessionen, Feiertagen und Wallfahrten – das alles spricht eine deutliche Sprache und verbietet es, von einer geglückten Erneuerung im Sinne der katholischen Reform zu sprechen. Das Barockzeitalter war – auch in anderen Ländern – nicht ein „tridentinisches" Zeitalter, vielmehr eine Reaktion auf die frühe strenge, aber gerade deswegen nicht erfolgreiche Gegenreformation. Erst die „svolta innocenziana" und die katholische Aufklärung brachten eine Wiederaufnahme der konziliaren Grundsätze mit sich und führten zu einem weiteren Anlauf, sie in die Praxis umzusetzen. Mindestens für das 17. Jahrhundert muß daher auch eine allgemeine kirchliche Disziplinierung verneint werden. Bloß die schmale Schicht der Intellektuellen und Wissenschafter wurde tatsächlich an die Kandare genommen. Die Inquisition betraf aber zahlenmäßig einen minimalen Teil der Bevölkerung. Auch dem in der Theorie disziplinierenden Instrument der Beichte wußten sich die Menschen teilweise zu entziehen. Umgekehrt milderte die Kirche, die dem gewöhnlichen Volke recht nahestand, gelegentlich disziplinierende Zugriffe von außen auf dieses. Und ebenso wie Magistraten zogen auch Kirchenmänner nicht selten den Weg des Arrangements demjenigen der bedingungslosen Härte vor, um einen Teilerfolg zu erzielen, wie etwa das Verhalten gegenüber der Magie zeigt.

Bestimmende historische Potenz – um einmal einen Begriff Burckhardts aufzugreifen[17] – war im barocken Italien nicht der Staat, nicht die Wirtschaft, aber auch nicht die Kirche als religiöse Institution, sondern die Kultur im weitesten Sinne, auch wenn wir über die sog. Volkskultur, deren saubere Scheidung von der „höheren Kultur" ohnehin ein schwieriges (und auch gar nicht anzustrebendes) Unterfangen ist, vorderhand wenig wissen. Wesentliche Trägerin der Kultur war die Kirche als soziale Organisation, in einigem Abstand gefolgt vom Adel, in noch weiterem von den übrigen Schichten. Allerdings ergaben sich infolge der Refeudalisierung der Kirche und der geistlich-weltlichen Gemengelage viele Querverbindungen, so daß auch im Bereich der Kultur sicher nicht von einer Säkularisierung gesprochen werden kann. Die Dimensionen des kulturellen Engagements Italiens lassen sich an dem ohne Vergleich dastehenden barocken Bauboom ablesen und quantitativ wenigstens annäherungsweise erfassen, wobei auch die nun vielfach verschwundenen Kleinheiligtümer, die ebenfalls nicht mehr immer vollständig erhaltene Auszierung der Kirchen sowie der seinem Charakter nach vergängliche, nur durch Stiche überlieferte „barocco effimero" hinzuzurechnen sind. Diese Räume, vor allem sakrale, aber auch profane, waren mit weiteren Kunstwerken, Gemälden und Plastiken, bereichert. Und zuletzt füllte sie Musik, eine Musik, in der Italien seit dem beginnenden 17. Jahrhundert Weltgeltung erlangte und alle anderen Nationen qualitativ und quantitativ an die Wand drückte. Kultur wirkte sich mannigfach auf andere Lebensbereiche aus, sie war Mittel der Herrschaft, in Außen- und Innenpolitik, sie demonstrierte sozialen Status, verband aber auch die verschiedenen Schichten miteinander. Sie stiftete eher als alles andere nationale Identität, ließ Religion sinnfällig werden und war Vehikel der christlichen Verkündigung. Ihr hatten sich ökonomische Prinzipien unterzuordnen, andererseits war sie selbst (Gemälde, Instrumente, Singpersonal) ein Exportgut besonderer Klasse. Sicher wird niemand behaupten wollen, diese Barockkultur hätte in anderen Ländern nicht existiert. Aber sie war dort anderen Bereichen doch eher unter- oder nachgeordnet, als Ganzheit eigentlich auf die Fürstenhöfe beschränkt. In Italien ging sie sehr viel mehr in die Breite und Tiefe. Der Stellenwert der Kultur war hier möglicherweise auch so groß, weil sie bestehende Defizite der staatlichen und wirtschaftlichen Macht kompensierte. In diesen Kategorien gedacht, hat Italien den Status einer kulturellen Großmacht, den es schon in der Renaissance errungen hatte, zweifellos auch im Barock bewahren können. In keinem andern Land waren die Freiräume für die Kultur, jenseits politischer oder ökonomischer Zwänge, wohl so groß wie in Italien. Hier gab es keine Disziplinierung[18], abgesehen etwa von den Anforderungen der Ausbildung, die besonders bei ausführenden Künstlern (Sänger) zur Erlangung der technischen Virtuosität notwendig waren. Grundlegende Differenzen bestanden zwischen dieser katholischen Barockkultur und der „protestantischen Ethik", was auch an den Berichten von Reisenden ablesbar ist. Sie nahmen interessiert an den kulturellen Manifestationen teil, waren aber, namentlich im sakralen Bereich, vielfach davon befremdet und äußerten sich entsprechend kritisch. Die nach der verhältnismäßig raschen Überwindung der frühen asketischen Phase der Gegenreformation wieder geltende Leitidee, daß der Gott angemessene Kult ein möglichst prächtiger zu sein habe, stand protestantischen, vor allem kalvinistischen Auffassungen diametral entgegen. In den Augen jenes von Weber skizzierten Vertreters der „protestantischen Ethik" mußte der katholische Gottesdienst, ja die ganze Barockkultur als irrationales Verhalten, in mehrfacher Hinsicht, erscheinen. Spätestens hier wird allerdings klar, daß hinter den beliebten Kategorien Modernisierung, Rationalisierung, Disziplinierung massive Werturteile verborgen sind, daß sie unbefangen zu generellen Maßstäben, die historische Wirklichkeit zu deuten, erhoben wurden, daß hier auf jede Bemühung, zwischen zwei konfessionell divergierenden Kulturen zu differenzieren, verzichtet wird, daß bei den Prioritäten, die eine Gesellschaft setzt, selbstverständlich der „Fortschritt" der handlungsleitende Gradmesser ist.

Indem Italien nicht den Pfad zum „Fortschritt", zur Modernisierung nach dem westlich-nördlichen und protestantischen Modell einschlug, sondern die Alternative der „intendierten Rückständigkeit" wählte, erlebte es, bis zum massiven Anpassungsdruck seitens der Aufklärung, noch einmal ein langes goldenes Jahrhundert. Für den dominierenden Bereich der vom Barock geprägten Kultur kann diese Feststellung wohl unbestritten gemacht werden. Vielleicht mag ein solches Urteil angesichts der Pest, von minderen und eher ubiquitären Plagen in der Welt einmal abgesehen, frivol erscheinen. Wir wissen wenig darüber, wie der Mensch damals derart katastrophale Ereignisse aufgenommen und verarbeitet hat. Vermutlich gab es allerdings grundlegende Unterschiede zu unseren Versuchen der Krankheits- und Leidbewältigung, vor allem wegen der noch durchgehend religiösen Prägung der Gesellschaft. Überindividuell gesehen, haben die Pestwellen jedoch die Lebenslage gerade der nichtprivilegierten Schichten langfristig und nachhaltig verbessert. Sie hatten mehr und besser zu essen, sie fanden reichlich freien Wohnraum, sie profitierten von sinkenden Preisen, während umgekehrt ihre Arbeitskraft hoch bewertet wurde. Ein neues Gleichgewicht zwischen Bevölkerung und vorhandenen Ressourcen konnte sich einpendeln. Die reichlichen Vermächtnisse flossen als direkte Sozialunterstützung und als zum Teil allgemein zugängliches Kulturangebot an die Überlebenden zurück. Der Zusammenbruch des Gewerbes, des Handels und der Finanzen war nur rein ökonomisch gesehen ein negativer Bilanzposten. Er veranlaßte die Italiener, längst vor physiokratischer und ökologischer Kritik am Industrialismus, sich auf die Grundlage menschlicher Existenz, die Landwirtschaft, zu besinnen. Von einigen geographisch exponierten Regionen abgesehen, erfüllte sie die an sie gestellten Anforderungen und stillte die Grundbedürfnisse. Dank der geschmähten spanischen Hegemonialmacht blieb Italien auch die dritte

Geißel der Menschheit weitgehend fern. Es erlebte, von wenigen Jahren und Regionen abgesehen, eine lange Friedenszeit, während viele andere europäische Nationen damals vom Kriegstheater verwüstet wurden. Drückten anderswo Schaffung und Unterhalt der neuen absolutistischen Heere als schwere Last die Untertanen, so konnten die Italiener das Militär auf die leichte Schulter nehmen. Die auf Wahrung des Bestehenden trachtende Politik wie das ganze soziale System, von der Familie bis zu den intermediären Körperschaften, ruhten auf den Grundwerten Stabilität und Sicherheit.[21] Gerade angesichts elementarer Unberechenbarkeiten kam ihnen zentrale Bedeutung zu. Vor umstürzenden Neuerungen, risikobehafteten Unternehmungen und ständigen Anpassungsleistungen verschont, konnte Italien, insbesondere im Ökonomischen, „brach liegen" (Burckhardt) und „sich ausruhen" (Croce). Musse und Lebensgenuß waren infolgedessen allgemeine Leitideen. Indem die katholische Kirche, anders als im calvinistischen Protestantismus, sich diesen nicht entgegenstemmte, sie vielmehr ebenfalls adaptierte, erhielten sie gewissermaßen religiöse Weihen. Damit waren die Grundlagen der glanzvollen kulturellen Entwicklung des Barock gegeben.

Mit dem hier mehrmals genannten Barock ist zum Schluß die Frage nach der Einheit und Abgeschlossenheit der Epoche zu beantworten. Im deutschen Sprachraum und auch anderswo wurde Barock als Epochenbegriff nicht durchgängig verwendet und verschwand genau in jenem Moment aus der Diskussion, wo sich die neuen wirtschafts- und sozialhistorischen Paradigmata durchzusetzen begannen.[22] Den Barock heute als kulturell bestimmten Epochenbegriff zu rehabilitieren, scheint nicht nur notwendig, weil selbst die Vertreter einer „historischen Sozialwissenschaft" inzwischen ein Defizit an „Kultur" in ihren Darstellungen erkannt haben und die Forderung einer neuen Kulturgeschichte aktuell ist[23], sondern auch, weil im Falle Italiens Kultur, wie gesagt, bestimmender Faktor historischen Geschehens war. Außerdem liegen die Epochengrenzen relativ klar zutage: Mit dem beginnenden 17. Jahrhundert setzt überall ein Wandel ein, der die dominierende Stellung der Kultur unterstreicht. Das Ende frühabsolutistischer Experimente, das endgültige Arrangement mit der spanischen Macht, die sich abzeichnenden Ressourcenprobleme mit dem nachfolgenden Schock der Pest, beginnende Wirtschaftskrise und Verlust der Weltgeltung in Handel und Finanzen, das Ende der konsequent gegenreformatorischen Maßnahmen, anderseits die Schaffung eines neuen Stils in bildender Kunst und Musik markieren deutlich einen Einschnitt. Nach vorwärts ist die Abgrenzung sogar noch deutlicher. Nach einigen vorerst auf die Elite und die Literatur beschränkten Diskussionen löst seit der Mitte des 18. Jahrhunderts auch in Italien endgültig die Aufklärung den Barock ab, wobei man allerdings sehen muß, daß diese nicht zu einer Totalumwälzung führt und viel Barockes, namentlich im Rahmen der Kirche, bis ins 19., ja 20. Jahrhundert weiter tradiert wurde. Für die anderthalb Jahrhunderte dazwischen, vom Beginn des 17. bis zur Mitte des 18. Jahrhunderts, scheint, gerade weil er von kulturellen Phänomenen abgeleitet ist, Barock der einzige verwendbare Epochenbegriff zu sein, mindestens für Italien, vielleicht aber auch für die Geschichte der übrigen katholischen Länder.[24]

Aufklärung, Revolution und Risorgimento beendeten die halkyonischen Tage, derer sich Italien bis ins 18. Jahrhundert erfreuen durfte. Kritik an der „Rückständigkeit" wurde nun auch von Italienern geäußert. Ein neuer und diesmal eher erfolgreicher Anlauf zur Disziplinierung wurde genommen. Im aufgeklärten Absolutismus krempelten die fremden Dynastien der Bourbonen und österreichischen Habsburger mit ihren Beamten in den von ihnen übernommenen Territorien die alten Strukturen um. Die eiligst begonnenen, zum Teil sicher notwendigen und gerechtfertigten Reformen erfaßten beinahe alle Lebensbereiche. Der staatlichen ging eine erneute Welle der kirchlichen Disziplinierung, ausgehend von der „svolta innocenziana", parallel. Erst jetzt wurden viele Punkte des tridentinischen Programms realisiert, verbunden damit war ein weiterer Zentralisierungsschub in Rom. Der dem eigentlichen Italien lange fremde savoyische Staat wurde schließlich die neue Hegemonialmacht der Halbinsel, ungleich intensiver als die spanische herrschend. Mit ihr lernten die Italiener nun auch den Militarismus kennen, der dann im Ersten Weltkrieg und im Faschismus so groteske Auswirkungen zeigte. Die neue nationale Idee schaffte bestehende Autonomien ab, reduzierte die kulturelle Mannigfaltigkeit und wälzte regionale Unterschiede platt. Der bisher ausgeprägt korporative Aufbau der italienischen Gesellschaft war mit dem neuen Individualismus nicht mehr vereinbar, die bestehenden Körperschaften wurden unterdrückt oder büßten wenigstens ihre einst führende Rolle ein. Mit der Protoindustrie suchte Italien Anschluß an den ökonomischen „mainstream" zu gewinnen. Reich wurde es dadurch insgesamt nicht, im Gegenteil, nach der napoleonischen Ausplünderung galt Italien im europäischen Vergleich seitdem als armes Land. Bloß eine schmale bürgerliche Schicht, welche die neuen Werte der innerweltlichen Askese übernommen hatte, bereicherte sich am Gut der alten Oberstände Adel und Klerus.[25] Dem gewöhnlichen Volk ging es, allein schon wegen des wieder zunehmenden demographischen Drucks, eher schlechter. Für ostentative Verschwendung fehlte nun das Geld – dies hatte sich in Rom schon im 18. Jahrhundert gezeigt. Anstelle barocker Opulenz trat klassizistische Nüchternheit, wobei der Übergang allerdings eher ein fließender ist. Auch in der Musik büßte Italien jetzt seine weitgehende Alleinherrschaft ein, gleichzeitig erfolgte ein Stilwandel zur Klassik. Inquisition und Zensur wurden durch die Aufklärung wirksam in Frage gestellt, aber an ihre Stelle trat bloß die Tyrannei der Rationalität, der sich alles unterzuordnen hatte: Die „Dialektik der Aufklärung" holte auch Italien ein. Magie war nun suspekt, es begann die Entzauberung auch der südlichen Welt. Insgesamt erlebte Italien so, seit der zweiten Hälfte des 18. Jahrhunderts, eine Epochenwende, wie sie das Land seit dem Hochmittelalter nicht mehr gekannt hatte. Der bis heute andauernde unweigerliche und unausweichliche Prozeß der Anpassung an die moderne Welt, an den „Fortschritt" setzte ein und ließ nur noch kaum bewußte Erinnerungen an vergangene große Tage zurück – bildhaft ausgedrückt in den nun beginnenden und ebenfalls bis heute vorkommenden absichtlichen und unabsichtlichen Zerstörungen barocker Bauwerke.

Abkürzungsverzeichnis

AISIG	Annali dell'Istituto storico italo-germanico in Trento
ASL	Archivio storico lombardo
ASPN	Archivio storico per le province napoletane
Burke	Peter Burke, Städtische Kultur in Italien zwischen Hochrenaissance und Barock, Berlin 1988
DBI	Dizionario biografico degli italiani, Roma 1960ff.
Galasso	Storia d'Italia, hg. von Giuseppe Galasso, Torino 1976ff.
Orlandi	Giuseppe Orlandi, Il Regno di Napoli nel Settecento, Roma 1996
QS	Quaderni storici
RSI	Rivista storica italiana
RSRR	Ricerche per la storia religiosa di Roma
RSSR	Ricerche di storia sociale e religiosa
SeS	Società e Storia
SIE	Storia d'Italia Einaudi, hg. von Ruggiero Romano/Corrado Vivanti, Torino 1972–76
SIEA	Storia d'Italia Einaudi, Annali, Torino 1978ff.
SIR	Storia dell'Italia religiosa, Bd. 2: L'Età moderna, hg. von Gabriele de Rosa/Tullio Gregory, Bari 1994
SSI	Storia della Società italiana, Bd. 11 und 12, Milano 1989
StS	Studi storici

Anmerkungen

Einleitung

1 Standardwerk zu den Italienreisenden allgemein ist immer noch Schudt, neuere Darstellung bei De Seta. Umfassend erschlossen werden die Reiseberichte zur Zeit von Kanceff in der umfangreichen Reihe der „Biblioteca del viaggio in Italia". Die meisten der bis jetzt über fünfzig Bde. betreffen aber die Zeit seit dem späten 18. Jahrhundert. Für die Frühneuzeit kommen in Frage Bd. 21, 26, 41, 42 und 46, die drei letztgenannten betreffen den wenig bekannten Süden. Unter den besonders bekannten Reiseberichten steht bei dem vielzitierten Des Brosses die Objektivität in umgekehrtem Verhältnis zur literarischen Brillanz. Trockener, aber informativer sind Engländer, wie etwa Addison, Burnet und Berkeley. Von den deutschen Reiseberichten sind Bartels und der von Goethe benutzte Volkmann wichtig.
2 Petrocchi, S. 56, gibt jedoch an, daß 1680–82 immerhin 21% der Rom Besuchenden Frauen gewesen seien. Als erotischer Markt war vor allem der Karneval von Venedig berühmt: Burke, S. 146ff. Zu den frommen Pilgern vgl. S. 211f.
3 Für die von Schudt und De Seta nicht mehr behandelten Reisenden der neuesten Zeit mag Max Weber exemplarisch stehen: Hersche, Weber. Die Verschiebung der Reisemotive wird gut sichtbar in den zwei Übersichtswerken zu Sizilien von Osterkamp und Tuzet.
4 Fischer Weltgeschichte, Bd. 24 und 25, hg. von Richard van Dülmen und Günter Barudio, Frankfurt/M. 1982, 1981. Oldenbourg Grundriß der Geschichte, hg. von Jochen Bleicken, Lothar Gall, Hermann Jakobs, Bd. 10 und 11, München ⁴1996, ²1992.
5 Einigermaßen vollständig ist nur Tranfaglia/Firpo.
6 Lill, S. 7ff. In den späteren Auflagen hat sich der Akzent noch mehr auf die neueste Geschichte verlagert.
7 Procacci, S. 167ff.
8 Schumann, S. 148ff.
9 Cochrane, Italy.
10 Carpanetto/Ricuperati.
10a Sella, Italy. Das Buch erschien während der Fertigstellung unseres Manuskripts und konnte nicht mehr eingearbeitet werden.
11 L'Italie.
12 Borelli, Mercanti, S. 554ff. (Schlußwort).
Wir würden mindestens 80 Prozent italienisch geschriebene Werke schätzen, knapp 10% englische, der Rest etwa gleichmäßig französisch und deutsch.
13 Gemeint ist natürlich das Deutsche Historische Institut, dessen Tätigkeit jedoch schwerpunktmäßig im Mittelalter einerseits, im 19./20. Jahrhundert andererseits liegt. Vgl. zu seiner Geschichte: Das Deutsche Historische Institut in Rom 1888–1988, hg. von Reinhard Elze und Arnold Esch, Tübingen 1990.
14 Die wichtigste Vermittlerrolle spielt neben dem eben erwähnten in Rom das „Italienisch-deutsche historische Institut" in Trient mit seinem Jahrbuch („Annali") und seiner Reihe („Quaderni"), wo gelegentlich deutsche Forscher mit übersetzten Beiträgen zu Wort kommen (während umgekehrt seit 1991 einzelne ausgewählte Bde. der „Quaderni" in deutscher Sprache herausgegeben werden). Auch bei diesem Institut kommt man jedoch nicht um die Feststel-

lung herum, daß die Schwerpunkte im Mittelalter und in der neuesten Geschichte liegen, die Frühneuzeit und besonders das Barockzeitalter demgegenüber vernachlässigt werden.
15 Der Einfluß der „Ecole des Annales" ist vor allem in der SIE (s. unten Anm. 45) deutlich, derjenige der historischen Religionssoziologie vor allem bei Gabriele de Rosa und seiner „Schule" (vgl. S. 302, Anm. 6).
16 Waquet F.
17 Baretti. Das Werk wurde in viele Sprachen übersetzt. Wir benutzten die französische Ausgabe: Les italiens, Amsterdam-Paris 1774.
18 Zu Pilati zuletzt Borrelli/Di Seclà/Donati.
19 „Di una Riforma d'Italia" nannte sich das 1767 publizierte Hauptwerk Pilatis, in dem diese Frage vor allem diskutiert wurde. Carpanetto/Ricuperati, S. 348ff.
20 Für Mailand wirkten vor allem die ökonomisch-historischen Werke von Pietro Verri (vgl. zu ihm die Hinweise bei Carpanetto/Ricuperati) prägend, für Florenz das monumentale Geschichtswerk von Jacopo Riguccio Galluzzi, Istoria del granducato di Toscana sotto il governo della casa Medici, 8 Bde., Livorno ²1781.
21 Croce, Spagna (bes. die „Conclusione", S. 246ff.); ders., Età barocca.
22 Quazza.
23 Bulferetti. Chabod befaßte sich jedoch nur mit dem Beginn der spanischen Herrschaft. Vgl. zum mailändischen „Revisionismus" zuletzt Vigo, Stato.
24 Unter den vielen Werken Galassos sei hier besonders seine vor kurzem erschienene Aufsatzsammlung: Periferia, erwähnt. Eine abschließende Darstellung dürfte der noch ausstehende Bd. über Neapel im Rahmen der von ihm hg. „Storia d'Italia" (s. unten Anm. 46) bringen. Zu De Rosa vgl. oben Anm. 15.
25 S. unten Anm. 34 und 35.
26 Zu Begriff und Formen des „barocco effimero" vgl. S. 246ff.
27 Wallerstein. Italien hingegen wird in Wallersteins System der „Semiperipherie" zugeordnet.
28 Galasso, Europa.
29 Richard van Dülmen, Formierung der europäischen Gesellschaft in der Frühen Neuzeit, in: Geschichte und Gesellschaft 7 (1981) S. 5–41; Winfried Schulze, „Von den großen Anfängen des neuen Welttheaters", in: Geschichte in Wissenschaft und Unterricht 43 (1993) S. 3–18. Von den sieben Vorgängen, die Schulze als wesentlich für die Wandlungsprozesse der Moderne betrachtet, paßt keiner uneingeschränkt auf Italien, einige überhaupt nicht.
30 Karl Polanyi, The Great Transformation, Wien 1977; ders., Ökonomie und Gesellschaft, Frankfurt/M. 1979; Erich Egner, Der Verlust der alten Ökonomik, Berlin 1985. Polanyis Werke liegen seit längerer Zeit auch in italienischer Sprache vor (bei Einaudi), werden aber von Historikern kaum beachtet. Ausnahmen sind etwa Grendi und Levi.
31 Auch die gerade für Italien verwendete Formel von der „Gleichzeitigkeit des Ungleichzeitigen" (s. unten Anm. 45) ist verräterisch: sie unterstellt in jedem Fall in einzelnen Sektoren „Rückständigkeit".
32 Dazu bes. Burke, S. 22ff. Vgl. auch Anm. 1.
33 Braudel, Modell. Der prachtvolle Bildband stellt im Text die Übersetzung eines Beitrags Braudels zur SIE (vgl. unten Anm. 45) dar. Generell sei hier auf die beiden weiteren wichtigen Werke des seinerzeitigen Hauptes der „Ecole des Annales" verwiesen: Braudel, Mittelmeer; ders., Sozialgeschichte.
34 Waquet, Toscane.
35 Vgl. dessen Rezension in RSI 103 (1991) S. 877–886, und Waquets Entgegnung ebd. 105

(1993) S. 355–362. Diaz hatte im Rahmen seines Beitrags zur „Storia d'Italia" (vgl. unten Anm. 46), die 1976 als deren erster Bd. erschien, noch die traditionelle Auffassung, vielfach gestützt auf Galluzzi (vgl. oben Anm. 20), den er fast hundertmal zitiert, vertreten.

36 Cochrane, Florence. Inzwischen werden auch in Italien die Dekadenzthese heftig kritisiert und die Medici teils rehabilitiert. Vgl. Angiolini/Becagli/Verga (insbes. die Beiträge von Malanima, Verga und Fantoni). Für Malanima ist ebenfalls der Begriff der Stabilität zentral geworden. Vgl. Malanima, Lusso.

37 Cochrane, Italy.

38 Burke; ders., Renaissance.

39 Musgrave.

40 S. oben Anm. 22. Als Gradmesser kann die jährlich (mit großem Rückstand) erscheinende „Bibliografia storica nazionale" gelten. Das Interesse an der Aufklärung scheint umgekehrt merklich nachgelassen zu haben.

41 Unverändert beibehalten wird die alte Sichtweise in der Literaturgeschichte. Vgl. etwa die neue Darstellung von Petronio.

42 Venturi.

43 Greco/Rosa. Vgl. auch unten Anm. 50.

44 Wandruszka.

45 SIE, Torino 1972–76. Fortsetzung als Jahrbuch (SIEA, Storia d'Italia Einaudi, Annali) in 9 Bänden, Torino 1978–86.

46 Galasso, Torino 1976ff. Die Frühneuzeit ist in den Bänden 8–17 dargestellt. Z. Z. fehlt noch Bd. 15 über Neapel. Der vom Herausgeber verfaßte Einleitungsband (Introduzione, ohne Bandzählung) ist eine gute Einführung in Grundprobleme der Geschichte Italiens.

47 De Rosa L. Der von G. Giarrizzo verfaßte Abschnitt über das Seicento (S. 63–84) enthält eine sehr subjektive Auswahl, die Titel sind aber nirgends systematisch aufgelistet, oft fehlt der Nachweis zitierter Stellen. Brauchbarer sind die Bibliographien zur Agrar- (S. Zaninelli, S. 209–233) und Wirtschaftsgeschichte (A. di Vittorio, S. 235–308). Nützlicher und aktueller, wenn auch bloß eine Auswahl umfassend, Bertelli (Publikationen von 1985–95). Wie bereits oben (Anm. 40) bemerkt, erscheint die große nationale historische Bibliographie jeweils mit notorischer Verspätung. Eine umfassende, jedoch nur alphabetisch nach Autoren gegliederte Bibliographie findet sich bei Greco/Rosa (S. 335–374, ca. 800 Titel). Teilweise nützlich sind die Bibliographien in den in Anm. 50 erwähnten Sammelbänden.

48 Hunecke, Zeitschriften. Unter den seither neu erscheinenden, nicht strikt lokalgeschichtlich orientierten sind für unsere Zeitepoche von einem gewissen Interesse: Cheiron, 1983ff. (vgl. zum 17. Jahrhundert bes. Bd. 2/1 und 9); Dimensioni e problemi di ricerca storica, 1988ff.; Roma moderna e contemporanea, 1993ff.; Annali di Storia moderna e contemporanea, 1995ff.

49 Neben den in Anm. 6–8 erwähnten Werken v. a. die Beiträge von H. Lutz und K. O. von Aretin im Handbuch der Europäischen Geschichte, hg. von Theodor Schieder, Bd. 3 und 4, Stuttgart 1971, 1968. Ferner Kramer. Relativ ausführlich auch Sella, Italy, S. 1ff.

50 Eine sozialgeschichtlich konzipierte, wenn auch dann nicht durchwegs so durchgeführte Darstellung der italienischen Geschichte des 17. bzw. 18. Jahrhunderts liegt vor in Bd. 11 und 12 der „Storia della Società italiana" (SSI), Milano 1989. Die Geistes- und Kulturgeschichte ist ebenfalls berücksichtigt, doch sind auch diese beiden Bde. ausgesprochene „Buchbindersynthesen". Zu der in allen bisher angezeigten Übersichtswerken eher marginal behandelten Alltagsgeschichte ist nach wie vor die ältere Darstellung von Valsecchi wertvoll, nicht zuletzt wegen ihres Bildmaterials. Galasso, Mentalità, ist ein ähnlich angelegter,

neuerer und wiederum reich bebilderter Sammelband, dessen Einzelbeiträge recht unterschiedliche Qualität aufweisen – eine Synthese kann auch hier nicht zustandekommen. Immerhin scheint hier aber schon die neuere „microstoria" auf, zu der im übrigen vor allem auf die so betitelte Reihe des Verlages Einaudi zu verweisen ist (hier interessierende Einzeltitel vgl. unter Cabibbo, Levi, Merzario, Raggio). Was die Geschichte der Frau anbelangt, ist Italien in der neuen, großartigen Synthese von Hufton angemessen berücksichtigt, wie auch die nützliche Bibliographie ausweist.

51 Über den Kulturbegriff kann an dieser Stelle so wenig wie über andere theoretische Fragen diskutiert werden. Unsere Darstellung ist einem möglichst weiten, ausdrücklich auch die sog. Volkskultur miteinbeziehenden Kulturbegriff – über die praktischen Schwierigkeiten mit der „Volkskultur" vgl. S. 140f. – verpflichtet, wie ihn etwa Burke oder französische Historiker aus dem Umkreis der „Annales" in ihren Werken formuliert und praktisch erprobt haben. Zur Diskussion in Deutschland vgl. nunmehr: Kulturgeschichte heute, hg. von Wolfgang Hardtwig und Hans Ulrich Wehler, Göttingen 1996.

52 Zu den geographischen Bedingtheiten dieser Zersplitterung hat sich vor allem Braudel (s. oben Anm. 33) geäußert. Vgl. ferner die in Anm. 46 erwähnte Einführung von Galasso.

53 Vgl. zu diesem Begriff S. 195f..

54 Zum Begriff vgl. Peter Hersche, Intendierte Rückständigkeit. Zur Charakteristik des geistlichen Staates im Alten Reich, in: Stände und Gesellschaft im Alten Reich, hg. von Georg Schmidt, Wiesbaden 1989, S. 133–149.

55 Zur Gegenwartsbefindlichkeit Italiens informativ (wenn auch bereits wieder ergänzungsbedürftig) Jens Petersen, Quo vadis, Italia? Ein Staat in der Krise, München 1995.

56 Dazu Erwin Faul, Ursprünge, Ausprägungen und Krise der Fortschrittsidee, in: Zeitschrift für Politik 31 (1984) S. 241–290; Günther Schäfer, Modernisierung der Vergangenheit, Hamburg 1990; Peter Wehling, Die Moderne als Sozialmythos, Frankfurt/M. 1992.

57 Dieter Groh, Strategien, Zeit und Ressourcen. Risikominimierung, Unterproduktivität und Mußepräferenz – die zentralen Kategorien von Subsistenzökonomien, in: ders., Anthropologische Dimensionen der Geschichte, Frankfurt/M. 1992, S. 54–113.

I

Ein Panorama der italienischen Staatenwelt in der Neuzeit

1 Aus diesem Grunde wurde hier auf eine Bibliographie der Geschichte einzelner Städte, die ohnehin unvollständig bleiben müßte, verzichtet. Für die Geschichte der Einzelstaaten ist vorweg auf Galasso zu verweisen. Weitere Gesamtdarstellungen werden bei den einzelnen Territorien erwähnt. Wo solche fehlen, werden ersatzweise einige andere Darstellungen zusammenfassenden Charakters, welche den Akzent auf der politischen Geschichte haben, aufgezählt. Zur Geschichte der Gemeinde bes. den Sammelband Tocci, Comunità.

2 Die mehrbändige „Storia di Napoli", zu Beginn der siebziger Jahre vollendet, und das ebenfalls prächtig ausgestattete, 1982 erschienene Sammelwerk: Galasso, Napoli spagnola, sind inzwischen bereits wieder zum großen Teil ersetzt durch die editorisch ebenfalls luxuriöse, wenn auch unbebilderte umfassende Darstellung von Galasso/Romeo, von der für unser Zeitalter die Bde. 9–11 in Frage kommen. Kürzer und mit etwas anderen Akzenten ist Lepre, Mezzogiorno. Neben den bereits in der Einleitung erwähnten Werken Galassos hat seine ältere Aufsatzsammlung: Galasso, Mezzogiorno, allgemeinen Charakter; ebenso: Musi, Mezzogiorno. Beschränkt auf das 18. Jahrhundert, aber auf neuestem Stand und als Nach-

schlagewerk geeignet ist Orlandi. Viele allgemeine Ergebnisse der italienischen Forschung über Neapel sind bei Astarita in englischer Sprache greifbar, einige wichtige Aufsätze in englischer Übersetzung bei Calabria/Marino.

3 Mit den „Inseln" sind im italienischen Sprachgebrauch immer Sizilien und Sardinien zusammen gemeint. Zu Sizilien neben der knappen, deutsch übersetzten Darstellung von Finley/Mack Smith/Duggan und des mehrbändigen Handbuches von Romeo (für unsere Epoche kommt Bd. 7 in Betracht) noch Ligresti, Sicilia. Zu Sardinien gibt es drei neuere, umfangreichere Darstellungen: Guidetti; Kirova; Manconi, Società.

4 Die österreichische Zeit wird in den erwähnten Gesamtdarstellungen ziemlich vernachlässigt, wenn nicht ganz unterschlagen. Vgl. dazu neben der älteren Arbeit von Benedikt nun Cassani (Beitrag Garms-Cornides). Allg. noch Chiarini/Zeman.

5 Eine befriedigende Gesamtdarstellung des barocken Zeitalters existiert nicht. Für das 17. Jahrhundert die ältere Zusammenfassung von Petrocchi, für die Zeit Urbans VIII. allg. Nussdorfer. Für das 18. Jahrhundert nunmehr umfassend Gross. Das Pionierwerk von Delumeau, Vie économique, betrifft das 16. Jahrhundert, enthält aber auch für die Zeit danach noch manches Lesenswerte. Zum päpstlichen Absolutismus: Prodi, Sovrano; zum Nepotismus: Reinhard, Papstfinanz; zum Kardinalskollegium: Weber, Senatus, und Visceglia, Porporati; zum (politischen) Zeremoniell: Visceglia/Brice; zum Verhältnis politische Zentrale – Peripherie Zenobi und die Fallstudie von Stader.

6 Vgl. die in Einl. Anm. 34–36 erwähnte Literatur. Einzelaspekte des mediceischen Herrschaftssystems behandeln: Fantoni; Litchfield; Mannori; Tagliaferri (Beitrag Stumpo). Aus der in den letzten zwanzig Jahren sehr angewachsenen Literatur zur habsburgisch-lothringischen Zeit seien nur die beiden gleichzeitig erschienenen Sammelbände von Rotondi und Ciuffoletti/Rombai für einen Überblick genannt.

7 Die vor vierzig Jahren erschienene „Storia di Milano" ist noch nicht in jeder Hinsicht überholt. Ansätze einer Umwertung der spanischen Zeit in: Lombardia spagnola. Der von D. Sella und C. Capra verfaßte Bd. im Rahmen von Galassos „Storia d'Italia" ragt innerhalb des Gesamtwerks hervor. Hingewiesen sei auf drei neuere Tagungsbände, die viele Aspekte der spanischen Epoche behandeln: Bona Castellotti/Bressan/Vismara; Pissavino/Signorotto; Brambilla/Muto; weiter auf die Aufsatzsammlung von Vigo, Stato und Signoretto, Milano. Für das nachfolgende Zeitalter der Reformen sehr ausführlich De Maddalena/Rotelli/Barbarisi.

8 Die Geschichte der kleinen padanischen Staaten ist zusammenfassend dargestellt bei Galasso, Bd. 17. Vgl. ferner Rombaldi; Tocci, Terre.

9 Dem großen ausländischen Interesse an Venedig entsprechend liegen zwei einbändige Übersichtsdarstellungen von Lane und Zorzi in deutscher Sprache vor. Die große kulturgeschichtliche Synthese von Arnaldi/Pastore Stocchi ist für den Allgemeinhistoriker eher enttäuschend. Für das 18. Jahrhundert trotz gewissen Mängeln und Einseitigkeiten materialreich: Georgelin. Cozzi ist stark nur rechtshistorisch orientiert. Von der neuen „Storia di Venezia" lag Bd. 7 über das Barockzeitalter bei Abschluß des Manuskripts noch nicht vor.

10 Herausragend die beiden Bde. von Grendi: Cervo; ders., Repubblica. Daneben noch Bitossi.

11 Berengo, Nobili; Mazzei, Società; Mazzei/Fanfani, alle eher sozialgeschichtlich orientiert.

12 Eine eigenständige Gesamtdarstellung fehlt, doch bietet Galasso, Bd. 8, eine brauchbare Zusammenfassung. Französische Darstellungen der Geschichte Savoyens behandeln in der Regel auch nur den französischen Teil des Herzogtums westlich der Alpen (vgl. etwa Roger Devos/Bernard Grosperrin, La Savoie de la Réforme à la Revolution française, Rennes 1985). Der Aufsatz von Stumpo in: Tagliaferri (S. 151–197) vermittelt in knapper Form

wesentliche Einsichten und faßt frühere Forschungen des Autors zusammen. Zum für Savoyen wichtigen Militär vgl. Barberis.
13 Dies gilt auch für den verbreitetsten italienischen historischen Atlas: Atlante storico De Agostini, Novara ²1992.
14 Galasso, Bd. 17. Für die italienische Geschichtsschreibung sind diese Gebiete völlig peripher, „Irredenta", für die österreichische Geschichtsschreibung aber werden sie eigentlich erst nach unserem Zeitalter, mit den theresianischen Reformen, ein interessanter und integrierter Teil der Geschichte des Habsburgerreichs. Vgl. zuletzt etwa Antonio Trampus, Die Gründung einer neuen Stadt, in: Das achtzehnte Jahrhundert und Österreich 11 (1996) S. 47-54; Eva Faber, Litorale Austriaco. Das österreichische und kroatische Küstenland 1700-1780, Graz 1995.
15 Neben Galasso, Bd. 17, der Tagungsband von Mozzarelli/Olmi. Ferner, trotz der chronologischen Einschränkung, für viele Aspekte interessant: Donati, Trentino.
16 Aus italienischer Sicht: Spagnoletti, Malta.
17 Raggio. Zur geographischen Position dieser Gebiete vgl. die nützliche Kartenbeilage bei Edelmayer.
18 von Aretin. Vgl. auch die Hinweise auf Reichsitalien bei Otmar von Aretin, Das alte Reich 1648-1806, 3 Bde., Stuttgart 1993-1997.
19 Peter Hersche, Die deutschen Domkapitel im 17. und 18. Jahrhundert, Bern 1984, Bd. 2, S. 78. Vertreten waren u. a. die Häuser Medici, Savoyen, Gonzaga.

Die spanische Hegemonie über Italien

1 Orlandi, S. 119.
2 Zur objektiven Beurteilung der spanischen Herrschaft vgl. die auf S. 286, Anm. 2 und S. 287, Anm. 7, erwähnten jüngeren Arbeiten und allgemein: Musi, Sistema; Signorotto, Austrias; Spagnoletti, Principi.
3 Zu diesen bes. Spagnoletti, Principi.
4 ders.; Edelmayer.
5 Koenigsberger, in SIEA 1 (1978) S. 575ff.
6 Musi, Mezzogiorno. Vgl. zu den regierenden Eliten auch Tagliaferri (Beitrag Muto). Entsprechendes gilt für Mailand, vgl. die auf S. 287, Anm. 7, erwähnte neuere Literatur.
7 Marino J. A.
8 Cassani (Beitrag Garms-Cornides).
9 Namentlich bei typischen Aufsteigerfamilien wie die Cellamare (Spagnoletti, Principi) oder die Terranova (Aymard, Terranova), aber auch bei den Caetani (Signorotto, Aristocrazie).
10 Benzoni, Frutti; Hanlon; Tranfaglia/Firpo (Beitrag Stumpo).
11 Lombardia spagnola (Beitrag Angiolini).
12 von Aretin; Spagnoletti, Principi (auch für das folgende).
13 Aymard/Trasselli. Zur Frage der „Treue" noch Villari, Re.
14 Astarita; Ligresti, Bilanci; Tocci, Comunità (Beitrag Muto).
15 Asor Rosa, Letteratura (Beitrag Quondam); Benzoni, Affanni; Comparato, Oziosi; Pissavino, Politica.
16 Stalla. Ein ähnlicher Fall war der wenig bekannte Maler Cerquozzi (Haskell, S. 197ff.).
17 Mancini F.
18 Centri e periferie; Fagiolo/Carandini; Fagiolo/Madonna; Visceglia/Brice. Eine Verfügung

König Karls II. von 1674, welche diesen Aufwand einzuschränken suchte, blieb völlig wirkungslos.
19 Bernardi; Cascetta/Carpani (Beitrag Bernardi).
20 Croce, Spagna.
21 Dazu bes. Manconi, Società.
22 Zur spanischen Fiskalpolitik nun, mit vielen Zahlenangaben, Calabria. Speziell zu Sizilien Ligresti, Bilanci.
23 Lombardia spagnola (Beitrag Angiolini).
24 Zahlenangaben dazu bei Galasso, Periferia, S. 301ff.
25 So schon Croce, Spagna. Zur Rolle des Militärs in Italien allg.: L'Italie (Beitrag Bercé); Benzoni, Affanni; ders., Frutti. Die Schwierigkeiten der Organisation einer Miliz in der Lombardei beleuchtete Dalla Rosa. Zur Abneigung des Neapolitaners gegen den Militärdienst: Galasso, Europa, S. 153. Die ganze Fragestellung wird neulich von Hanlon aufgerollt und im Sinne einer weitgehenden Entmilitarisierung Italiens, besonders seit etwa 1660–1670, beantwortet.
26 Brizzi, Formazione, S. 169.
27 Genaue Vergleichszahlen fehlen. Der sonst ausführliche Hanlon vernachlässigt diesen Aspekt weitgehend. Schon Baretti, S. 227, äußerte sich, mit einem Seitenblick auf Preußen, skeptisch zu den Militärausgaben. Goldthwaite, S. 32f., nimmt an, die lange, durch Spanien garantierte Friedenszeit hätte Italien mehr Geld zum Kulturkonsum übrig gelassen. Im Kirchenstaat wurden 1706 11% der Staatsausgaben für das Militär verwendet, dieser Satz stieg bis 1750 – eben in der Zeit, in der es mit dem Barock in Rom zu Ende ging – auf 19% (Gross, S. 159). Bekannt ist aus dem 17. Jahrhundert der Ausspruch Innozenz X., der seine verschwenderischen Ausgaben für aufwendige barocke Feste rechtfertigte: „Wir wollen keine Soldaten, wir wollen, daß Rom Freude hat" (Kohler, S. 17). Die kleinen Staaten hätten sich die großen Aufwendungen für die Hofhaltung und das damit verbundene Kulturmäzenat kaum leisten können, wären sie ebenso bewaffnet gewesen wie Groß- oder Mittelmächte. Zu einer nur kurzzeitigen Steuererhöhung aus militärischen Gründen in Parma vgl. Hanlon, S. 354.
28 Barberis.
29 Zur Türkengefahr ausführlich Bono. Speziell für das Königreich Neapel ferner Cestaro, Chiesa (Beitrag Vera Mafrici); Visceglia, Territorio, S. 110ff.; Orlandi; Volpe, Cilento; ders., Studi (Beitrag Digiorgio). Für Sizilien neben Romeo (Beitrag Bono) noch Ligresti, Organizazzione; Nicastro, Bd. 2. Für Sardinien Guidetti, Bd. 3, und Kirova (mehrere Beiträge). Zu den Abwehrbemühungen Venedigs neben Eickhoff und Lane noch Preto, Venezia und Venezia e la Difesa. Dem spanischen Verteidigungssystem schloß sich auch der Kirchenstaat an.
30 Wendland.
31 Mattone.
32 Zu diesem Grundproblem der italienischen Geschichte neuerdings Ferraro.
33 Auch durch das Verstecken der wahren Meinungen, der „dissimulazione": Villari, Elogio.

Gehemmter Absolutismus: Regierung und Verwaltung

1 Zur politischen Theoriediskussion in Italien nun zusammenfassend Rosa in: Greco/Rosa, S. 59ff.
2 Allgemein zur politischen Praxis in Italien der Beitrag von Galasso in SIE, Bd. 1, S. 399ff., und sein Einleitungsband zur „Storia d'Italia"; Waquet in: L'Italie, S. 13ff.; Verga und Frigo

in: Greco/Rosa, S. 3ff. und 117ff. Weiter die Sammelbände: Fasano Guarini, Potere; Pissarino/Signorotto; Signorotto, Austrias; Chittolini/Molho/Schiera (dieser meist allerdings nur bis ins 16. Jahrhundert gehend).
3 Das Hofleben am Beispiel der Toscana gründlich untersucht bei Fantoni.
4 Zur Rolle des Adels zusammenfassend Donati, Nobilities.
5 Mozzarelli, Stato; Mozzarelli/Schiera.
6 Benzoni, Affanni.
7 Zu Genua: Franchini Guelfi, Casacce. Zu Piemont: Barbero/Ramella/Torre; Ramella/Torre; Torre, Consumo; ders., Faide.
8 Raggio; Grendi, Cervo. Vgl. dazu auch die Diskussion in: SeS 67 (1995) S. 111–167. Im Piemont hat Torre (s. oben Anm. 7) diesen Gegebenheiten Beachtung geschenkt.
9 Leider fehlen für die Monarchien entsprechende Fallstudien.
10 Ein Überblick bei Schiera/Gubert/Balboni.
11 Tocci, Comunità; ders., Persistenze; ders., Terre. Zu den südlichen Apenninen vgl. das auf S. 143f. zum Banditentum Gesagte.
12 Zum Regierungssystem in Neapel neben den diversen Arbeiten Galassos v. a. Comparato, Uffici (mit einem Organisationsschema, Tafel 1); Caracciolo, Uffici (knappe Zusammenfassung bei Borelli, Rifeudalizazzione, S. 145ff.). Vgl. im übrigen hier und für das Folgende die auf S. 286, Anm. 2, genannte allgemeine Literatur, ferner die Länderartikel bei Fasano Guarini, Potere.
13 Astarita; Ligresti, Sicilia; Tagliaferri (Beitrag Muto); Verga; Visceglia, Signori.
14 Galasso/Romeo, Bd. 9, S. 45.
15 Zu den Städten vgl. das von Spagnoletti, Incostanza, beschriebene Beispiel Bari.
16 Mastellone; Rovito, Rivolta; ders., Togati; Spagnoletti, Incostanza.
17 Prodi, Sovrano.
18 Gross. Das Erschöpfen der ursprünglichen Antriebe, von Gross „Post-tridentinisches Syndrom" genannt, ist die zentrale Aussage des Werks. Auch Zenobi und Stader weisen auf eher altertümliche Herrschaftspraktiken hin.
19 Neben den bereits genannten Werken von Fantoni und Mannori vgl. noch Angiolini, Segretari.
20 Tocci, Terre.
21 In Parma setzte 1759 mit dem Franzosen Guglielmo Dutillot der Reformabsolutismus ein.
22 Zur Verwaltung der venezianischen Provinzen Pederzani; Ferraro, zur Ämterstruktur Domzalski.
23 Pissavino/Signorotto.
24 Zusammenfassend und mit der Toskana vergleichend der Beitrag Stumpos, in: Tagliaferri, S. 151ff.
25 Allgemein Reinhard, Staatsmacht. Für Neapel die umfassende Untersuchung von Mantelli, dazu Sofia (Beitrag Musi).
26 Weber, Senatus.
27 Hunecke, Adel. Diese Würden/Ämter brauchten aber nicht lukrativ zu sein, im Gegenteil, worauf Hunecke ebenfalls hinweist.
28 Burke, S. 33ff.; zu den Katastern SIE, Bd. 6, S. 506ff.
29 Pissavino/Signorotto (Beitrag Rizzo). Zwischen 1637–1680 fand in Mailand keine „visita" mehr statt.
30 Allgemein Waquet, Corruption. Weitere Hinweise u. a. bei Caracciolo, Uffizi; Di Simplicio, Peccato; Faccini; Gross; Mantelli. Zum ganzen Problemkreis noch den Literaturbericht von Mancini R.

31 Vgl. etwa den Sammelband: Der Absolutismus – ein Mythos? hg. von Ronald G. Asch/Heinz Duchhardt. Zum „Vollzugsdefizit" zuletzt: Jürgen Schlumbohm, Gesetze, die nicht durchgesetzt werden – ein Strukturmerkmal des frühneuzeitlichen Staates? in: Geschichte und Gesellschaft 23 (1997) S. 647–663; Martin Dinges, Normsetzung und Praxis, in: Norm und Praxis im Alltag des Mittelalters und der frühen Neuzeit, Wien 1997, S. 39–53.
32 Fasano Guarini, Ordini; Pissavino/Signorotto (Beitrag Mozzarelli); Reinhardt, Überleben; Zardin, Città (Beitrag Liva).
33 Waquet, Corruption.
34 So verzichtete z. B. das Kapitel von St. Peter in Rom darauf, Mietzinsrückstände auf seinem großen Häuserbesitz in der Stadt zwangsweise einzutreiben. Schmidtbauer, S. 228. Vgl. auch S. 165f.
35 Vgl. Kap. 2.1.
36 Hinweise z. B. bei Cohen und De Spirito (Prostitution); Pullan, Poverty (Arme); Centri e periferie, Bd. 1 (Beitrag Moli Frigola), und Strazzullo (Aufwand).
37 Labrot, Baroni; Strazzullo.
38 Die Hinweise in der wirtschaftsgeschichtlichen Literatur (vgl. S. 309f.) sind zahlreich, der Umfang des Phänomens naturgemäß kaum bezifferbar. Vgl. auch die in Anm. 39 erwähnte Literatur.
39 Interessante Bemerkungen dazu in den Beiträgen bei Monticone, Cammino. Ferner Pergrari, Ceruti (Beitrag Meneghetti Casarin); Raggio; Tocci, Comunità; ders., Terre.
40 Ein erster Hinweis darauf schon bei Baretti, S. 15. Für Rom hat v. a. Gross den Sachverhalt betont, vgl. dazu außerdem Blastenbrei zur Haltung der Oberstände.
41 Allg. De Maddalena/Kellenbenz, Finanze; Kellenbenz/Prodi; SIEA 6 (1983) (außer dem Beitrag von Stumpo jedoch wenig zur Frühneuzeit).
42 Neben Kellenbenz/Prodi allg. Stumpo, mito. Das Problem betrifft vor allem das Königreich Neapel. Dazu bes. Caracciolo, Sud; ferner De Marco; Palumbo, Massaro. Für Piemont einige Hinweise bei Torre, Consumo.
43 Aymard/Trasselli; Muto.
44 Musi, Finanze; Villari, Rivolta.
45 Die Zahlen bei De Maddalena/Kellenbenz, Finanze (Beitrag Galasso, S. 63).
46 Nämlich 57%. In Venedig war dieser Anteil etwas über einem Drittel, in der Toskana und in Savoyen um die 20%. Vgl. De Maddalena/Kellenbenz (Beitrag Stumpo, S. 199f.).
47 Zu dieser generellen Schlußfolgerung ist Calabria gekommen.
48 Nach Villani, Mezzogiorno, wäre sie im Süden sogar oft ein Verlustgeschäft gewesen. Vgl. auch S. 106.
49 Die Problematik des Asylrechts ist vor allem von der Forschung über den Reformabsolutismus des späten 18. Jahrhunderts thematisiert worden, wobei es an Übertreibungen, wie bei anderen „Mißständen" des Barock, nicht fehlt. Eine umfassende Untersuchung steht noch aus. Einige Hinweise bei De Maio, Società; Gross; Orlandi; Tocci, Terre; auch in der Literatur über das Banditentum (vgl. S. 308, Anm. 42).
50 Zur venezianischen Justiz allg. Cozzi, die Galeerensträflinge werden im Beitrag von Scarabello (Bd. 1, S. 317ff.) behandelt.
51 Ebd.; Liva; Paglia, Morte; Panico; Romeo, Boia; Russo, Assistenza (Beitrag Notari). Einige interessante Aspekte des Gefängniswesens behandelt die Fallstudie von Fornilli.
52 Caiazza, Stato; Sella, Italy, S. 161ff. Vgl. auch S. 194f.
53 Abgesehen von den allgemeinen Darstellungen noch Torre, Vescovo. Für das frühe 17. Jahrhundert Erba.

54 Zum Verhältnis Staat-Kirche in der Lombardei allg. Pissavino/Signorotto, Bd. 2.
55 Spedicato, Mercato.
56 Text des Konkordats bei Di Bella, Chiesa, S. 125–197. Ein Überblick der bourbonischen Kirchenreform bei Rao, in SSI, Bd. 12, S. 215ff.
57 Angiolini/Becagli/Verga (bes. der Beitrag von Fantoni).

2

Die demographische Katastrophe

1 Allerdings ist dies in Italien so wenig wie in Deutschland die Regel.
2 Braudel, Mittelmeer; Sereni. Interessierende Beiträge in der SIE v. a. in Bd. 1, 5 und 6. Zur Kritik der „mittelmeerischen" Konzeption und für eine stärkere Berücksichtigung des Alpenraums: Coppola/Schiera.
3 Gambi, in SIE, Bd. 5, 370ff. Kritische Einwände gegen diese traditionelle Auffassung durchziehen verschiedene Beiträge der SIE, ebenso Galasso, Bd. 4 (vgl. dort vor allem der Beitrag von Chittolini). Vgl. zur Siedlungsstruktur noch Galasso, Mentalità (Beitrag Pescosolido, S. 90ff.); SIE, Bd. 6, S. 425ff.
4 Explizit so interpretiert wird der Vorgang nur bei Corritore.
5 Ulvioni, Castigo. Weitere Hinweise auf dieses Problem bei Fiorani, Religione; Politi/Rosa/Della Peruta; Russo S.; Stato e Chiesa.
6 De Maddalena. „Città" sind Städte mit vollem Stadtrecht, meist auch Bischofssitze (im Süden), „borgo" wäre eher mit Landstadt, Kleinstadt, Flecken zu übersetzen, jedenfalls minderen Rechts. Die Unterscheidung ist also nicht (nur) eine Frage der Größe.
7 So Corritore (Anm. 4), der umgekehrt aber auch von einer „Urbanisierung des Landes" spricht.
8 Dazu auch S. 108, 172, 239f.
9 Bentmann/Müller.
10 So Sereni (Anm. 2).
11 Zum folgenden bes. Galasso, Europa; Galasso/Romeo, Bd. 9 (Beitrag Muto, S. 17ff.); Orlandi. Einiges englisch bei Astarita zugänglich.
12 Zur Struktur der süditalienischen Ortschaften noch Delille; Labrot, Histoire.
13 Eine bildliche Vorstellung der „masseria" vermittelt der Prachtband von Costantini.
14 Donzelli; Galasso, Periferia; Strazzullo.
15 Cantone.
16 Der versteckte Hinweis bei De Rosa, Chiesa, S. 53.
17 Karl-Julius Beloch, Bevölkerungsgeschichte Italiens, 3 Bde., Berlin-Leipzig 1937–1961 (teils aus dem Nachlaß veröffentlicht).
18 Neuere Gesamtdarstellungen, denen die im folgenden genannten Daten entnommen wurden: Bellettini (vgl. auch den Beitrag von dems. in SIE, Bd. 5, S. 489ff.); Popolazione italiana. Übersichten ferner von Delille in: L'Italie, S. 153ff., und Del Panta, in: Greco/Rosa, S. 215ff. Speziell zum 17. Jahrhundert noch Belfanti, Aspetti.
19 Als neuere interessante Lokalstudien seien für den Süden genannt: Aymard/Delille (Zusammenfassung früherer Studien der Autoren); Da Molin, Popolazione; Sannino; Volpe, Cilento. Für Rom relativ ausführlich Gross, für Bologna Popolazione ed economia; für die Toscana die Fallstudie von McArdle, für das Alpengebiet Viazzo.
20 Diese Zahlen bei Livi Bacci, in: Popolazione italiana, S. 224. Etwas andere Prozentangaben, die aber verhältnismäßig denselben Rückgang anzeigen, bei Delille, in: L'Italie, S. 154.

21 Vgl. dazu auch die auf S. 294 genannte Literatur zur Familiengeschichte.
22 Stella, Strategie.
23 Mercurio; Rossi, Sovvenzione.
24 Bellettini (Anm. 18).
25 Zitat bei Ulvione, Castigo, S. 48. In modernen Termini der Ökologie gesprochen hatte damals Italien seine Tragekapazität überschritten. Vgl. Malanima, Fine.
26 Cipolla, Miasmas; Del Panta; Popolazione ed economia.
27 Giorgetti, Contadini (bes. die Beiträge von Fasano Guarini und Bonelli Conenna in Bd. 1). Die Chininbehandlung der Malaria war seit der Mitte des 17. Jahrhunderts bekannt, setzte sich aber erst im 19. und 20. Jahrhundert allgemein durch.
28 Aymard/Delille; Merzario, Paese (vgl. auch den Beitrag desselben Autors in: Groppi, Lavoro, S. 229ff.); Rossi, Agro; Viazzo.
29 Merzario, Anastasia; ders., Meride, weist auf ein kleines Bergdorf in den Südalpen hin, wo ungewöhnlicherweise schon im 17. Jahrhundert Geburtenverhütungspraktiken bekannt waren – die Kenntnisse dazu hatten die Wanderarbeiter vermutlich von venezianischen Dirnen. Die Absicht, die Bevölkerung nicht über die vorhandenen Kapazitäten hinaus zu vermehren, war also stark und könnte zusätzlicher Grund der Auswanderung gewesen sein.
30 Neben den bereits in Anm. 18 genannten demographischen Studien gibt Del Panta (Anm. 26) eine Übersicht. Wichtige Einzelaspekte behandelte Cipolla in seinen meist auch englisch erschienenen Werken (z. B. Faith; Fighting). Unter den neueren Lokalstudien seien hervorgehoben: Lopez L.; Manconi, Castigo; Ulvioni, Castigo; Volpe, Cilento. Die italienische Literatur z. T. verarbeitet bei Dinges.
31 Zu den letzten Epidemien Restifo.
32 Cipolla, Fighting, S. 104ff.
33 Es gab aber auch Geistliche, welche die Problematik dieses Vorgehens sahen. Burke, S. 180.
34 Zu den „untori" das im übrigen wenig überzeugende Buch von Preto, Epidemie. Vgl. auch Dinges, S. 92ff.
35 Am meisten bieten: Calvi, Peste; Calvi/Caracciolo; Pastore, Crimine; ders., Testamenti.
36 Ausgeprägt z. B. in Mantua, wo die Bevölkerung von 35.000 auf dem Höhepunkt der gewerblichen Entwicklung (1562/63) auf 8.000 im Jahre 1632 zurückging. Belfanti, Città.
37 In Mantua wurde gewerbliche Arbeit während des Sommers untersagt. Ebd.
38 Lope und Volpe (Anm. 30) registrierten bei den Priestern eine höhere Sterblichkeit als im Durchschnitt der Bevölkerung.
39 Wie für den Kirchenbesitz überhaupt (vgl. S. 122f.), sind dazu kaum genaue Zahlen bekannt, das Faktum aber u. a. etwa aus den von Pastore durchgearbeiteten Testamenten (s. oben Anm. 35) erkennbar. Vgl. zur ganzen Problematik noch die knappen Hinweise bei: Irpinia Sacra, Bd. 1 (Beitrag Barra/Montefusco); Latorre; Lepre, Mezzogiorno; Pederzani; Rinaldi; Seicento a Bergamo (Beitrag Rossi).
40 Zu den „guglie" Cantone, zur Rochusverehrung Turchini, Straordinario (Beitrag Fappani).
41 In der durch die Pest schwer verschuldeten Stadt L'Aquila bewilligte der Rat, um das Ereignis gebührend feiern zu können, 76 Dukaten für 382 Pfund Pulver (Lopez L. S. 46). Im religiösen Mittelpunkt solcher Feste stand jeweils ein Tedeum mit Musik, der Höhepunkt des weltlichen Festes war ein prächtiges Feuerwerk.
42 Beispiele aus dem Süden bei Falassi.
43 Eine Gesamtdarstellung aus kulturhistorischer (statt naturwissenschaftlicher) Sicht fehlt. Mit den sozialgeschichtlichen Folgen allgemein hat sich Placanica befaßt. Vgl. zuletzt: Conseguenze.

44 Vgl. aber Calvi/Caracciolo (Anm. 35); zum Beitrag der Kirche bei der Katastrophenbewältigung Scaramella.
45 Einige eher allgemeine Hinweise bei Irpinia Sacra, Bd. 1 (Beitrag Barra/Montefusco); Labrot, Etudes; Lattuada; Ligresti, Sicilia; Russo, Comunità.
46 Die bekanntesten Beispiele sind in Sizilien Noto, Avola, Grammichele; auf dem Festland Cerreto Sannita. Zu diesem Narciso (Beitrag Ciaburri).
47 Centri e periferie, Bd. 3; Hofer (ausführliche architektonische Dokumentation, aber wenig historisch); Luminati; Tobriner.
48 Sallmann, in: Galasso/Russo, Bd. 2, S. 187ff., stellte nach Katastrophen eine Zunahme der Gesuche um neue Stadtpatrone fest. Zu den spezifischen „Erdbebenheiligen" Cabibbo. Vgl. auch Carroll, Madonnas, S. 138ff.
49 Hinweise bei Tuzet, S. 311ff. Zum ganzen Problemkreis ferner Galasso, Europa.

Sexualität, Ehe, Familie

1 Vgl. etwa, mit weiteren Literaturangaben, Giordano.
2 Die einzige zusammenfassende Darstellung von Barbagli ist, entgegen dem Titel, völlig auf das 19. und 20. Jahrhundert konzentriert, der Verfasser ist Soziologe. Knappe Übersichten von Delille, in: L'Italie, S. 195ff., und Levi, in: Galasso, Mentalità, S. 74ff.
3 Zur Familie im Süden v. a. Da Molin, Famiglia. Ergänzend Delille; Pellegrino/Spedicato; Sannino. Für die Toskana McArdle.
4 Zanetti; Hunecke, Adel.
5 Vgl. S. 293, Anm. 29. Ferner Gentilcore, Bishop, S. 148f.
6 Novi Chavarria, Ideologia.
7 Stella/Da Molin. Allg. zum Thema John T. Noonan, Empfängnisverhütung, Mainz 1969.
8 Vereinzelte Hinweise darauf in zeitgenössischen bischöflichen Verlautbarungen. Vgl. etwa Bertoli, Settecento, S. 45; De Rosa, Vescovi, S. 95ff.; Palumbo, Relazioni; Russo, Comunità, S. 415.
9 Dies versucht u. a. Canosa, Restaurazione. Der Verfasser, von Haus aus Jurist, stützt sich u. E. dazu jedoch zu stark auf normative Quellen. Als Materialsammlung zu verschiedenen im folgenden diskutierten Problemen ist das Werk trotzdem nützlich.
10 Hierher gehört auch der offenbar von Bauern geübte Brauch, einem Gast das Ehebett zur Mitbenutzung anzubieten. Casali, S. 117.
11 Russo, Comunità, S. 389.
12 Illibato.
13 Allg. zur Prostitution nun Groppi, Lavoro (Beitrag Ferrante) und Hufton, S. 438ff.; zu ihrer Anziehungskraft auf Fremde Schudt, S. 202f. Speziell zu Neapel De Spirito; Illibato; zu den römischen Kurtisanen Kurzel-Runtscheiner; zum Karneval in Venedig Burke S. 146ff.
14 Zu den Quietisten vgl. S. 221f.
15 Canosa, Restaurazione.
16 Ebd.; Martini, Giustizia.
17 Martini, Rispetto. Vgl. auch Niccoli.
18 Troiano. Zur wenig systematischen Verfolgung sexueller Delikte in Rom noch Blastenbrei, S. 267ff.
19 Die Prozeßakten in deutscher Übersetzung bei Wachenfeld, die Einleitung der Herausgeberin etwas problematisch. Die maßgebliche Biographie (ebenfalls mit Abdruck der Prozeßakten) von Garrard.

20 Cestaro, Studi (Beitrag Sannino); Illibato; Stella/Da Molin.
21 Da Molin, Trovatelli; De Rosa, Emarginazione; Enfance abandonnée (mit einem ausgezeichneten Überblick von Hunecke); Hunecke, Findelkinder; Maestrello; Prodi, Disciplina (Beitrag Fubini Leuzzi); Russo, Assistenza (Beitrag D'Ario).
22 Zu Norm und Durchsetzung: Baratti; De Rosa/Cestaro (Beitrag Sannino Cuomo); Di Simplicio, Peccato; Novi Chavarria, Ideologia; Prodi/Reinhard (Beitrag Zarri); Weber, Vicegerente; Zarri, Donna.
23 Di Simplicio, Peccato; Baratti; Rossi, Agro; Troiani.
24 Di Simplicio, Peccato. Vgl. auch Barbieri/Preto (Beitrag Scremin).
25 Delille; Merzario, Paese; ders., Land; Vismara, Verze.
26 Astarita; Davies; Delille; Groppi, Lavoro (Beitrag Ago); Hunecke, Kindbett; Pullan, Crisis; Raggio; Sannino; Visceglia, Bisogno.
27 Ambrasi.
28 Vgl. S. 309, Anm. 3.
29 Forme e soggetti (Beitrag Ciammiti).
30 Dini/Sonni.
31 Brown, Monache. Vgl. ferner Cabibbo/Modica; Hunecke, Kindbett.
32 Dies wird v. a. in Reiseberichten hervorgehoben. Vgl. Schudt, S. 199ff.
33 Zur geistlichen Haushälterin Di Simplicio, Perpetue. Das Verhältnis Dienerin-Junggeselle ist Thema vieler musikalischer Intermezzi nach dem Muster von Pergolesis „La serva padrona". Zum Dienstpersonal in großen Haushalten: Völkel. Allg. noch Groppi, Lavoro (Beitrag Arru, jedoch im wesentlichen erst die Zeit ab dem späten 18. Jahrhundert erfassend).
34 Olimpia Maidalchini: Schwägerin Papst Innozenz' X.
35 Ago, Carriere. Vgl. weiter Pellegrino/Spedicato (Beitrag Delille).
36 Calvi, Contratto.
37 Picinni. Vgl. auch Ago, Feudo.
38 Einiges bei Schudt, S. 201f.; Canosa, Restaurazione; Guerci.
39 Di Simplicio, Peccato. Zum Tatbestand des Ehebruchs noch Nardi, Concubinato; zu den Frauenhäusern S. 98ff.
40 Conti Odorisio; Guerci.
41 Ceranski.
42 Allg. Ago, Feudalità; Fasano Guarini, Potere. Zu Süditalien vgl. die in Anm. 26 erwähnte Literatur, außerdem Delille/Ciuffreda; Palumbo, Massaro; für Florenz: Litchfield; für Venedig und Mailand die in Anm. 4 erwähnten Werke von Hunecke und Zanetti, für Mailand außerdem noch Zorzoli und De Maddalena/Rotelli/Barbarisi, Bd. 3 (Beitrag Padoa Schioppa). Für die ländliche Oberschicht Genuas: Raggio.
43 Palumbo, Massaro; Sallmann, Eremitismo. Näheres zur „bizzoca" S. 129f.
44 So der Titel des Buchs: Visceglia, Bisogno.
45 De Rosa, Chiesa, S. 14f.; Lepre, Mezzogiorno, Bd. 2, S. 14f.; Parrocchia (Beitrag Volpe). Die Formulierungen in den Testamenten sind von Gaudioso, der umgekehrt dem Einfluß der Notare nachgegangen ist, untersucht worden: Gaudioso, Pietà, ders., Testamento.
46 Zahlenbelege dazu bei Cohn; Pellegrino, Otranto (Beitrag De Luca). Zum folgenden bes. das bahnbrechende Werk von Weber, Familienkanonikate.
47 Cabibbo/Modica.
48 Novi Chavarria, Nobiltà.

49 Zu den im folgenden genannten Baustiftungen vgl. die auf S. 326ff. zitierte kunsthistorische Literatur.
50 Beispiele bei Weber, Familienkanonikate; ein weiteres bei Pellegrino/Spedicato (Beitrag Tondo).
51 Visceglia, Bisogno; Weber, Familienkanonikate. Vgl. dazu auch das auf S. 248 zu den „Castra doloris" Gesagte.
52 Bösel; Galasso/Russo, Bd. 1 (Beitrag Campanelli); Labrot, Etudes.
53 Zum Bau eines Jesuitenkollegs in Ozieri (Diözese Ampuria/Sardinien) hinterließ ein Verwandter des dortigen Bischofs testamentarisch 15.000 Stück Vieh. Kirova, S. 139.
54 Dazu wiederum v. a. Weber, Familienkanonikate.
55 Zu den Musikstiftungen vgl. S. 333, Anm. 25. Die Armenspeisungen fanden meist im Rahmen der „luoghi pii" (vgl. S. 96ff.) statt.
56 Die oft konfliktreichen horizontalen Familienbeziehungen mit den daraus resultierenden Fehden sind bis jetzt nur für Genua und Piemont genauer untersucht worden. Eine heute schon fast wieder vergessene Pionierarbeit war die Untersuchung von Doria über deren Herrschaft Montaldeo: Doria, Uomini. Breitere Wirkung entfaltete dann das Buch von Levi, das sofort auch deutsch übersetzt wurde. Ihm schlossen sich Grendi, Raggi und Torre an, die erste Ergebnisse ihrer Forschungen in Nr. 63 (1986) der QS unter dem Titel „Conflitti locali e idiomi politici" veröffentlichten. Sie fanden dann ihren Niederschlag in ihren späteren Büchern. Für Mittelitalien einige Hinweise bei Ago, Feudo, und Di Simplicio, Anticristo. Im Süden haben v. a. Delille und Palumbo, Massaro, Verwandschaftssysteme eingehender untersucht. Vgl. allg. noch Torri, Comunità.
57 Zu Rom Ago, Carriere; Reinhard, Papstfinanz; Weber, Senatus, Stader. Allg. noch Mączak, mit einigen Beiträgen auch zu Italien. Für die Patronage unter Frauen („maternage") Ferrante/Palazzi/Pomata.

Intermediäre soziale Organisationen: Bruderschaften und fromme Stiftungen

1 Die gute Zusammenfassung von Black geht nur bis zum 16. Jahrhundert. Angelozzi ist nicht mehr auf dem neuesten Stand und Rusconi, in SIEA 9 (1986) S. 471ff., ziemlich knapp.
2 Dies gilt insbesondere für die vielen unter der Aegide von Liana Bertoldi Lenoci erschienenen Sammelbände über Apulien, von denen die ersten für den Sozialhistoriker gänzlich uninteressant sind, während sich bei den letzten aus den Jahren 1988–1994 (siehe Literaturverzeichnis) die Perspektiven ausweiten. Stärker sozialgeschichtlich, in der Tradition der „Schule" De Rosa, ist der von Paglia, Sociabilità (schon der Titel ein Programm). Dasselbe gilt für die entsprechenden Ausführungen von Russo, Comunità, S. 300ff. Für die Terra d'Otranto verfaßte D'Ambrosio einen Literaturbericht in: Spedicato, Cultura, S. 189–198. Knappe Zusammenfassung einiger Resultate in englisch bei Gentilcore, Bishop, S. 82ff. Einige bemerkenswerte oder neuere Lokalstudien: Delle Donne; Latorre; Libertazzi, Confraternite; Palese; Zazzera. Für Sizilien: Cucinotta; für Sardinien: Manconi (Beitrag Usai). Für Rom bes. die von Fiorani, Confraternite, herausgegebenen Beiträge und sein darauf folgender Literaturbericht (Fiorani, Discussione), sowie Paglia, Pietà. Die florentinischen Bruderschaften sind für das Mittelalter ausgiebig untersucht worden, doch reicht keine dieser Arbeiten (vgl. etwa Weissmann, Terpstra) über das 16. Jahrhundert hinaus. Zu nennen sind aber für Assisi: Proietti Pedetta, ferner die Bemerkungen von Fantappié, Riforme, über Prato. Zu Genua und Piemont die auf S. 290, Anm. 7, genannten Arbeiten, dazu ergänzend:

Arte ... confraternite savonesi; Comino; Scaraffia, Tre re. Für Mailand in erster Linie Zardin, Confraternita e vita, und, etwas allgemeiner und mit vielen weiterführenden Literaturangaben: Confraternite in Italia. Vgl. auch seinen Beitrag über die jesuitischen Bruderschaften in: Acerbi/Marcocchi. Eine weitere Falluntersuchung von Curatolo. Zwei sehr begrenzte, aber gleichwohl interessante Lokalstudien aus diesem geographischen Raum bei Piazzi, Confraternite, und Poli R. Zu Brescia Pegrari, Ceruti (Beitrag Montanari); zu Venedig einige Hinweise bei Bertoli, Seicento, S. 211ff., und ders., Settecento, S. 138ff.

3 Die grundlegende Arbeit schrieb Maurice Agulhon: La Sociabilité méridionale, 2 Bde., Aix-en-Provence 1966. Dazu viele Studien von Marie-Hélène Froesché/Chopard, zuletzt zusammenfassend: Espace et Sacré en Provence (XVIe–XXe siècle). Cultes, Images, Confréries, Paris 1994.
4 Wichtig etwa bei Torre und Zardin.
5 Ein Beispiel bei Comino, allerdings dauerte dieser Zustand nur bis 1635.
6 Noch heute bei einer vorösterlichen Prozession in Sulmona zu beobachten, vgl. Falassi, S. 150. Vgl. zu diesem Problem noch die Quellenhinweise bei Di Leo, S. 82; Rabaglio; Tuzet, S. 397.
7 Boesch Gajano/Scaraffia (Beitrag Rosa).
8 Die verschiedenen von Black und Bertoli gegebenen absoluten Zahlen weichen voneinander etwas ab, doch bleibt das Verhältnis der Zunahme bei beiden ungefähr gleich.
9 Diese Angabe bei Bertoldi Lenoci, Confraternite Chiesa, S. 458.
10 Aus den von Fantappiè, Riforme, errechneten, sehr genauen Zahlen für Prato (S. 76 Tab. und S. 80) ergibt sich für diese Stadt ein Durchschnittsbestand von 120–130 Mitgliedern.
11 Blacks Schätzung bezieht sich auf Venedig und Perugia.
12 Die Angabe zum genuesischen Fallbeispiel bei Bertoldi Lenoci, Confraternite Chiesa, S. 150, diejenige zur Basilicata läßt sich aus verschiedenen Angaben, die Cestaro in seinem Beitrag bei Paglia, Sociabilità (S. 15–54), gibt, in etwa schätzen. Libertazzi gibt für die von ihm untersuchten zwei süditalienischen Diözesen ca. 1/3 der Einwohner als Bruderschaftsmitglieder an, in Prato waren es 52 Prozent (Fantappié, Riforme, S. 80). Natürlich sagen diese Zahlen nichts über die Aktivität der einzelnen Mitglieder aus.
13 In der süditalienischen Stadt Solofra nahm die Zahl der Bruderschaftsmitglieder parallel zu einer Blüte der gewerblichen Tätigkeit zu. Vgl. Paglia, Sociabilità, S. 69.
14 Daneben gab es auch eine nationale Segregation, z. B. waren in Sizilien die Spanier von einigen Bruderschaften ausgeschlossen (sie hatten dafür eigene). Vgl. Cucinotta, S. 228.
15 Casali, S. 105.
16 Ein Hinweis bei Proietti Pedetta, S. 76. Der vermehrte Zustrom von Frauen ist außerhalb Italiens nachgewiesen.
17 Barbero/Ramella/Torre (vgl. Tab. 3 B im Anhang S. XVIII–XIX). Zwei Beispiele aus Mittelitalien: Pieri; Pirani.
18 Einen Eindruck davon vermittelt die Auflistung bei Torre, Consumo, S. 139. Vgl. zur karitativen Tätigkeit der Bruderschaften noch Colosimo, S. 182ff.; Galasso/Russo, Bd. 2 (Beiträge Rienzo und Musella); Russo, Assistenza (Beiträge Sodano und Urso); Stato e Chiesa (Beitrag Rosa).
19 Dazu bes. Paglia, Pietà. Vgl. im übrigen die Ausführungen von Scarabello in: Cozzi, Bd. 1, S. 317ff.
20 Bertoli, Seicento, S. 220ff.
21 Vgl. die auf S. 289, Anm. 29, genannte Literatur zur Türkengefahr. Ferner Cucinotta, S. 207ff.
22 Es war dies die Bruderschaft der „Santissima Trinità dei Pellegrini", von denen die zu Rom die größte war.

23 Zu den Vermögens- und Einkommensverhältnissen der Bruderschaften – neben eher vereinzelten Hinweisen in der allgemeinen Literatur (Anm. 2) – im Königreich Neapel noch: De Nicolais/Laudato, Archidiocesi (Beitrag Laudato); Galasso/Russo, Bd. 1 (Vorwort Galasso); Poli G. (Beitrag Spedicato); Volpe, Studi (Beitrag Delle Donne). Für Rom die Beiträge von Mira und Serra bei Fiorani, Confraternite, S. 221ff. und S. 261ff.
24 Poli R. berichtet von einzelnen Gesuchen von Geistlichen bei Bruderschaften, deren Messen lesen zu dürfen.
25 Bisweilen waren allerdings die Bruderschaften auch der Orden überdrüssig und verselbständigten sich von diesen. Irpinia Sacra, Bd. 1 (Beitrag Barra/Montefusco).
26 Zur Krise der Bruderschaften im späten 18. Jahrhundert neben vereinzelten Hinweisen in der allgemeinen Literatur (Anm. 2) noch: Colosimo, S. 185f.; Orlandi, Campagne, S. 134; Valensise.
27 Diese war allerdings in vielen Bruderschaften schon durch eine Geldzahlung abgelöst worden.
28 Galasso/Romeo, Bd. 9, S. 422.
29 Allg. Monticone, Storia (mit Quellentexten); Politi/Rosa/Della Peruta (mit Beiträgen aus allen Regionen Italiens); Pastore in SIEA 9 (1986) S. 435ff.; Stato e Chiesa. Die verdienstvolle gesamteuropäische Synthese von Geremek stellt u. E. die Unterschiede zwischen dem mehrheitlich protestantischen West- und Nordeuropa und dem katholischen Süden zu wenig heraus. Besser, wenngleich für Italien auf etwas schmaler Literaturbasis beruhend, ist die alle Aspekte miteinbeziehende Übersicht von Jütte. Was die Lokalstudien anbelangt, so liegt für den Süden kaum etwas vor, außer einigen Seiten (133ff., 367ff.) bei De Maio, Società. Zu Rom neben Gross bes. Fatica (Rom und Modena als Fallbeispiele weiterreichender Überlegungen); Fiorani, Religione; Piccialuti. Für Umbrien die sehr interessante Studie von Monticone, Cammino. Zu Bologna: Forme e soggetti; zu Florenz: Lombardi; zu Lucca: Russo S. Für das Piemont: Cavallo, die auch einige Ergebnisse der italienischen Forschung in englischer Sprache zugänglich macht. Für Mailand den von Zardin, Città, herausgegebenen neuen Sammelband, außerdem Bona Castellotti/Bressan/Vismara (Beitrag Bressan). Für Brescia: Pegrari, Ceruti (mehrere Beiträge), für Vicenza: Rigon Barbieri (eher kunsthistorisch orientiert). Zu Venedig: Aikema/Meijers; Pullan, Poverty; ders., Rich and Poor (geht aber nur bis zum Beginn des 17. Jahrhunderts).
30 Zur Publizistik neben Geremek v. a. Fatica, der auf die Diskrepanz zwischen Theorie und Praxis in den katholischen Ländern aufmerksam macht.
31 Zum Projekt Innozenz' XII. neben Fatica noch: Nasto; Piccialuti; Toscano P. Über ein parallel laufendes Projekt in Ferrara: Pellegrino, Riforme (Beitrag Fatica).
32 Baretti, S. 246ff.
33 Girola Picchi.
34 Delumeau, Storia (Beitrag Sciolla); Piereth; Politi/Rosa/Della Peruta (Beitrag Riis); Zardin, Città (Beitrag Gregori). Vgl. auch S. 252ff.
35 Beispiele bei Monticone, Cammino.
36 Zu Venedig: Hunecke, Adel; zu Neapel: Galasso/Russo, Bd. 2 (Beitrag Musella).
37 Für die römischen Kardinäle vgl. etwa Völkel, für den Aufwand liebenden Bischof León y Cárdenas in Pozzuoli: Ambrasi/D'Ambrosio, S. 287ff.
38 Russo, Monasteri, S. 35, konnte in Neapel nur bei vier der von ihr untersuchten Frauenklöster entsprechende Einträge finden, sie beliefen sich auf 1–2,5% der Ausgaben. Zum selben Schluß kam De Maio, Società, S. 107 und 134. Cucinotta, S. 149, fand in Sizilien Werte zwischen 1–10%.

39 Burke S. 67ff.
40 Zuerst von Ciammiti und Ferrante. Vgl. auch den Beitrag der letzteren in: Ferrante/Palazzi/ Pomata. Grundlegende Studien sind Cohen und Groppi, Conservatori, diese jedoch auf das späte 18. und 19. Jahrhundert konzentriert. Für Neapel vgl. noch Illibato und Valenzi (Schwerpunkt jedoch 19. Jahrhundert); für die Basilicata Cestaro, Chiesa (Beitrag Sannino); für Rom: Camerano; für Mailand: Bellettati. Unter den in Anm. 29 genannten Werken sind einige auch für die Frauenhäuser von Belang (z. B. Aikema/Meijers; Forme e soggetti; Lombardi; Zardin, Città). Eine Zusammenfassung der ersten wichtigen Ergebnisse bei Bock, Frauenräume. Vgl. ferner Hufton, S. 438ff.
41 In Rom erfolgte die letzte Gründung, eine Stiftung des Fürsten Torlonia, erst 1841. Auf einige späte Gründungen, gegen Ende des 18. Jahrhunderts, in Sizilien weist Ligresti, Sicilia, S. 49, hin.
42 Auf die Anwendung von Zwang und den Widerstand dagegen und auf den disziplinierenden Charakter der Konservatorien weist Camerano hin, ihre Feststellungen werden aber in der umfassenden Studie von Groppi, Conservatori, nicht bestätigt.
43 Betont wurde der Wert der Arbeit, selbst gegenüber religiösen Übungen, nur in den florentinischen Häusern. Vgl. Cohen; Lombardi.
44 Ciammiti; Cavaciocchi (Beitrag D'Amelia); Ferrante/Palazzi/Pomata (Beitrag D'Amelia); Galasso/Russo, Bd. 2 (Beitrag Rienzo); Illibato; Politi/Rosa/Della Peruta (Beitrag Delille). Zur „dote" allg. S. 295, Anm. 26.
45 Cavaciocchi (Beitrag Lombardi/Reggiani).

3
Vom Bürgertum zum Adel: Die Refeudalisierung der Gesellschaft

1 Bulferetti; Braudel, Mittelmeer; ders., Modell.
2 Romano, Tra due crisi.
3 Die beste Übersicht in den regionenbezogenen Beiträgen, die Borelli in den „Studi Storici Luigi Simeoni" Bd. 36 (1986) versammelte und die eine in gewissem Sinn abschließende Bilanz der vor allem in den siebziger Jahren geführten, heute wieder eher in den Hintergrund gerückten Diskussion darstellen. Sie drehte sich stets mehr um den Begriff als um die Sache selbst, die kaum je ernsthaft bestritten wurde.
4 Mit Hinblick auf Savoyen bestreitet Stumpo (vgl. seine Beiträge bei Tagliaferri und Tranfaglia/Firpo) energisch das Faktum der Refeudalisierung in diesem Land und wirft Romano vor, in diesem Zusammenhang mit falschen Zahlen operiert zu haben. Sicherlich hat er recht – aber Savoyen ist eben für Gesamtitalien nicht repräsentativ, sondern ein Spezialfall.
5 Romano, Storia, in der abschließenden Synthese, S. 337ff. Demgegenüber äußert Sella, Italy, S. 63ff. nach wie vor Kritik, der aber u. E. ein veraltetes, zu enges Konzept von „Refeudalisierung" zugrundeliegt.
6 Braudel, Mittelmeer, Bd. 2, S. 51ff.
7 Dazu Marcelin Defourneaux, Spanien im Goldenen Zeitalter, Stuttgart 1986.
8 In Italien deswegen zusammenfassend auch kurzerhand „spagnolismo" genannt.
9 So explizit 1593 für das Herzogtum Mailand verfügt. 1663 bemühte sich der Adel um Wiederzulassung zum Handel, 1682 wurde die Derogation wieder abgeschafft. Vgl. Angiolini/Roche (Beitrag Molas y Ribalta); Fasano Guarini, Potere (Beitrag Vismara).
10 Zur Reagrarisierung vgl. S. 170ff.

11 Vgl. S. 118 und S. 190. Unterstrichen hat diesen Sachverhalt vor allem Weber, Familienkanonikate.
12 Vgl. S. 113f. Dazu gehört auch, trotz einzelnen adligen Mäzenen, die generelle Geringschätzung der Wissenschaft.
13 Diese These hat vor allem Victor-Lucien Tapié, Le Baroque, Paris ³1968, vertreten.
14 Untersucht wurden die Vorgänge in Neapel zunächst von Villari, Rivolta, bes. Kap. V, S. 159ff. und ders., Ribelli, bes. Kap. V, S. 97ff. Vgl. auch den Beitrag Villaris bei Fasano Guarini, Potere, sowie Spagnoletti, Principi. Zusammenfassende Bemerkungen bei Bock, Campanella, S. 52ff. Ergänzend noch Del Vecchio; weitere Hinweise in der allgemeinen Literatur: Galasso/Romeo, Bd. 9 (Beitrag Muto); Orlandi. Astarita, S. 102, und Muto (in dem in Anm. 3 erwähnten Sammelband) finden beide den Begriff der Refeudalisierung auch für den Süden brauchbar.
15 Nach Sereni, in SIE, Bd. 1, S. 206, wären 1200 von insgesamt 2700 Siedlungen Genuesen infeodiert gewesen.
16 Faccini; Fasano Guarini, Potere (Beitrag Vismara); Sella, Economia (die abschließende „Postilla sui feudi").
17 Litchfield (vgl. auch seinen Beitrag in Fasano Guarini, Potere); Malanima, Economia.
18 Davies; Ligresti, Sicilia; Verga. Vgl. auch die Beiträge von Aymard und Davies in SIEA 8 (1985).
19 Angaben bei Davies (S. Catarina, Alessandria, Leonforte) und Ligresti, Sicilia (Leonforte). Die Zahlen beruhen z. T. auf ungenauen und sich widersprechenden Schätzungen, außerdem wird nicht nach Material- und Lohnkosten unterschieden, so daß die Prozentangaben als bloße Richtwerte zu betrachten sind. Für das von beiden Autoren unabhängig voneinander untersuchte Leonforte differieren ihre Angaben leicht.
20 Dies gilt offenbar vor allem für Leonforte, wo der Anteil der entsprechenden Ausgaben gegen Null tendierte, während er in S. Catarina und Alessandria immerhin geschätzte 40, bzw. 50% betrug.
21 Anschauungsmaterial dazu bei: Reinhard, Papstfinanz; Reinhardt, Borghese.
22 Diese Formulierung wird in der italienischen Forschung fast synonym zu „Refeudalisierung" verwendet, was die Bedeutung des Phänomens unterstreicht.
23 Zur „corsa" in Florenz: Litchfield; Malanima, Economia; Mozzarelli/Schiera (Beitrag Angiolini). Zu Venedig: Beltrami; Pullan, Crisis. Gut untersucht ist der Sachverhalt auch für Mailand: Amato; Bolognesi; De Maddalena; Faccini. Vgl. im übrigen S. 172f.
24 Delille; vgl. auch die Tabelle 5, S. 274ff., bei Villari, Rivolta.
25 Litchfield, S. 218f.
26 Zahlen nach Sereni, S. 252. Ebd. zum Villenbau allgemein S. 287ff. Namentlich im 18. Jahrhundert scheinen viele Umbauten und Neubauten älterer Villen vorgekommen zu sein, worauf Sereni nicht eingeht. Vgl. noch Borelli, Patrizio.
27 Prozentwerte dafür anzugeben ist methodisch grundsätzlich schwierig, vgl. dazu unsere Bemerkungen auf S. 122 zum Kirchenbesitz, wo die Sache noch problematischer ist. Die in der Literatur für einzelne Regionen genannten Zahlen dürften als bloße Richtwerte zu betrachten sein.
28 Im Königreich Neapel, wo die fiskalischen Immunitäten am weitesten gingen, war die Steuer auf den Boden, nicht auf die Person bezogen, sodaß auch adlige Besitzer ehemals bürgerlicher, bzw. bäuerlicher Güter für diese belastet wurden.
29 Zit. bei Litchfield, S. 229.
30 Vgl., auch zum folgenden, Astarita, insbes. Tab. 6.1, S. 220. Vgl. auch die Zahlen und die entsprechende Grafik bei Villari, Rivolta, S. 188ff. Zu den Titelverkäufen in Sardinien Guidetti, Bd. 3, S. 191ff. und 343ff.

31 Die Zahlen, bezogen auf Familien, bei Donati, Idea, S. 280.
32 Folgende Einzelarbeiten, die auch für das bisher Gesagte Material boten, sind hier zu nennen (in Klammer der Name der Familie): Astarita (Caracciolo); Aymard (Terranova); Ciuffreda, Tontoli; Davies, Fanfani (Taglieschi); Gullino (Pisani); Malanima, Riccardi; Novi Chavarria, Nobiltà (Cellamare); Roveda, Trivulzio; Sirago (Vaaz); Stella Rollandi (Brignole Sale); Visceglia, Bisogno (Muscettola). Zwei späte Beispiele aus dem 18. Jahrhundert: Caracciolo, Belloni; Giusberti (Bettini). Fallbeispiele finden sich auch bei De Maddalena und in den in Anm. 3 erwähnten Studien zur Refeudalisierung. Bezogen auf den Grundbesitz ist schließlich auf zwei Sammelbände zur „Storia aziendale" zu verweisen, die, unter eingeschränkten Aspekten, weitere Beispiele untersuchten: Aziende; Coppola, Agricoltura.
33 Die Zahlen bei Donati, Nobilities, S. 252, für die Zeit vorher vgl. Malanima, Economia.
34 Auf zwei von ihnen (D'Aquino und Giudice) wurde bereits auf S. 57 und S. 84 hingewiesen.
35 Sirago. Vgl. auch ihren Beitrag in dem in Anm. 3 erwähnten Sammelband.
36 Angiolini/Malanima; Donati, Nobilities; Litchfield; Spagnoletti, Malta; Visceglia, Signori (Beitrag Angiolini).
37 So der Titel eines Aufsatzes von Wolfgang Reinhard, in: Ständische Gesellschaft und soziale Mobilität, hg. von Winfried Schulze, München 1988, S. 333–351 (mit Hinweisen auf die Familie Borghese).
38 Zum Patriziat allg. Fasano Guarini, Potere; Mozzarelli/Schiera; Mozzarelli, Stato ; Tagliaferri; Visceglia, Signori. An Einzeluntersuchungen sind neben der in Anm. 16, 17 und 23 erwähnten Literatur noch zu nennen: Domzalski; Hunecke, Adel; Zanetti. U. E. wenig erhellende Vergleiche des venezianischen Patriziats mit dem von Lübeck, bzw. Amsterdam ziehen Cowan und Burke, Venice.
39 Fasano Guarini, Potere (Beitrag Berengo über Verona); Ferraro (Brescia); Pizzocaro (Cremona).
40 Orlandi, S. 251ff.; Spagnoletti, Incostanza; Visceglia, Signori.
41 Dazu im Einzelnen S. 161ff.
42 Mastellone.
43 Pellegrino/Spedicato (Beitrag Visceglia).
44 Zuverlässige Zahlenangaben sind laut Donati, Nobilities, zur Zeit nicht möglich. Vermutlich muß man auch mit einigen regionalen Differenzen rechnen. Vgl. die Tabelle bei Spagnoletti, Principi, S. 48.
45 Donati, Idea; ders., Nobilities.
46 Brizzi, Formazione; ders., Pratica.
47 Spagnoletti, Autocoscienza. Di Simplicio, Peccato, stellte einen Rückgang der Kriminalität beim sienesischen Adel zwischen dem 16. und 18. Jahrhundert fest; zweifellos hatte die adlige Erziehung gewisse disziplinierende Effekte.
48 Ob wirklich immer die Erstgeborenen heirateten und die jüngeren Söhne zum Zölibat gezwungen wurden, wie allgemein angenommen wird, wäre noch genauer zu untersuchen. Sannino, S. 130, macht darauf aufmerksam, daß in Potenza die älteren Söhne die klerikale Laufbahn beschritten, weil damit die Familie am schnellsten von den kirchlichen Pfründen profitieren konnte. Hinzufügen könnte man noch, daß auf diese Weise das Generationenintervall vergrößert wurde.
49 Grundsätzlich zum Folgenden: Burke, S. 111ff. Für Neapel bes. die Arbeiten von Labrot: Baroni; Comportement; Etudes. Ferner Visceglia, Bisogno; dies., Territorio. Für Florenz: Malanima, Economia; Manikowski. Zum Zusammenhang von Verschwendung und Verschuldung auch Davies.

50 Schon früh waren Reisende aus dem Norden, namentlich Engländer, über dieses Verhalten der Italiener, namentlich im (armen) Süden, erstaunt und beschrieben es mit einer gewissen moralischen Entrüstung. Beispiele bei Schudt und Tuzet.
51 Vgl. S. 239.
52 Gerade aufwandbedingte Verschuldung konnte abhängig machen, die Krone hatte somit kein Interesse, die ostentative Verschwendung zu hemmen.
53 In Venedig traten die Gondeln an deren Stelle.
54 Völkel.
55 Astarita, S. 200, nennt ein Beispiel, wo in Süditalien für diesen Zweck einmal 10.000 Dukaten ausgegeben wurde.

Macht und Funktion des geistlichen Standes

1 Eine Übersicht von Toscani in SIEA 9 (1986), S. 575ff. Allg. zum Klerus in Italien: Clero; Penco, Chiesa; Rosa, Clero (bes. Beitrag Greco); die neueste Übersicht in Greco/Rosa (Beitrag Greco, S. 163ff.).
2 Für den norditalienischen Raum und insbesondere die Lombardei hat Toscani sehr viele Kleruszählungen veröffentlicht und auch die Ursachen zeitlicher und regionaler Unterschiede erwogen, allerdings liegt der Schwerpunkt dieser Arbeiten aber eher im späten 18. und beginnenden 19. Jahrhundert. Vgl. Clero lombardo, ferner seine Beiträge in: Acerbi/Marcocchi; Caprioli/Rimoldi/Vaccaro, Bd. 1; Cultura; Storia di Pavia. Kritik wurde von Brambilla, Società, formuliert. Für Lodi vgl. die ausgezeichnete, materialreiche Studie von Zambarbieri, ebenso dessen Beitrag in De Maddalena/Rotelli/Barbarisi, Bd. 3. Beizuziehen für die ganze Thematik sind selbstverständlich die sehr unterschiedlich informativen Einzelbände der neuen Kirchengeschichte der Lombardei von Caprioli/Rimoldi/Vaccaro, welche in 12 Bänden sämtliche Diözesen erfassen wird. Das Gegenstück im Veneto ist De Antoni/Perini, ebenfalls erst im Erscheinen begriffen. Für die Stadt Venedig ist Bertoli grundlegend. Für das Trentino: Donati, Trentino; für das Piemont einige Hinweise bei Torre, Consumo. Für Genua existiert bloß eine Untersuchung der Klöster: Felloni/Poloni.
3 Aus der Toskana gibt es eine Anzahl vorzüglicher sozialhistorischer Arbeiten, die auch für alles folgende wichtig sind: Fantappié, Riforme; ders., Strutture; Giorgini; Greco, Ecclesiastici; ders., Parrocchia. Di Simplicio, Peccato, berührt die Thematik; Orlandi, Campagne, ist zwar in der napoleonischen Zeit angesiedelt, läßt aber einige Rückschlüsse auf frühere Zeiten zu. Für den Kirchenstaat gibt es nur wenige Hinweise: Colosimo (Anagni); Grohmann (Beitrag Bettoni, Assisi); Turrini, Penitenza (Ferrara).
4 Bei Angaben von über 10% für die Nonnen allein (vgl. etwa Cohen, S. 28, Monson, S. 6) sind wohl die Insassinnen der Konservatorien mitgerechnet.
5 Fiorani, Visite; Gross, S. 76ff.
6 Sie erfolgte vor allem durch Gabriele de Rosa und seine Schule. Hier kann nur eine Auswahl von Werken, die auch für das folgende wichtig sind, genannt werden. Von De Rosa selbst sind grundlegend: Chiesa; Vescovi; Tempo (mit einer Autobiographie und Bibliographie). Weiter sind die publizierten Beiträge einiger der vielen von ihm veranstalteten Tagungen heranzuziehen: De Rosa/Cestaro; De Rosa/Malgeri; Parrocchia; Società. Einige Forscher aus dem Umkreis De Rosas haben ihre verstreut erschienenen Aufsätze in Sammelbänden wiederaufgelegt: Cestaro, Strutture; Donvito, Società; Pellegrino, Istituzioni; Spedicato, Episcopato; Volpe, Parrocchia. Für die Terra d'Otranto liegen zwei Literaturberichte vor: Colapietra, in: Spedicato,

Cultura, Bd. 1, S. 11–87; Spedicato, in: Pellegrino, Otranto, S. 13–64. Einige Schlaglichter auf die Geschichte der „Schule" bei Cestaro, Chiesa (Beiträge Cestaro und De Spirito). Unter den zahllosen Regionalstudien sind bemerkenswert: Caiazza, Aspetti; Colangelo, Marsico; Colapietra, Clericalizazzione; De Marco; Donvito, Domanda; Donvito/Pellegrino; Manduca; Nicastro; Pellegrino, Castellaneta; ders., Lecce; Volpe, Studi (Beitrag Volpe). Daneben haben zwei weitere Forscher grundlegende Arbeiten geschrieben: Mario Rosa, Religione (vgl. auch seinen Beitrag in SIEA 9 [1986] S. 295ff.) und Carla Russo, insbes. Comunità. Zu Sardinien vgl. Guidetti, Bd. 3 und 4 (Beiträge Turtas). Eine sehr selektive Rezeption dieser Forschungen nun in deutscher Sprache bei Miele, Provinzialkonzilien.

7   De Maio, S. 16; Orlandi, S. 125ff.; Politi/Rosa/Della Peruta (Beitrag Muto); Stabile.
8   Stella, Strategie.
9   Ambrasi, S. 88. Allg. zur Tragweite der bourbonischen Kirchenreform: Placanica, Calabria.
10 Die einzige umfassende Untersuchung für einen Teil (den mittleren) des Klerus ist Weber, Familienkanonikate.
11 Menniti Ippolito.
12 Spedicato, Mercato.
13 Zur Rekrutierung des Klerus im Süden, neben der in Anm. 6 genannten Literatur noch: Delille/Ciuffreda; Palumbo, Massaro; Pellegrino/Spedicato; Poli G.; Galasso/Russo, Bd. 1 und 2 (Beiträge Garzya); Sannino.
14 Dies weil dort die Weihekandidaten infolge eines besonderen Privilegs keines Tischtitels, d. h. keines Vermögensnachweises, bedurften. Bertoli, Settecento, S. 10f. und 55.
15 Zur „Ricettizia" vgl. S. 187f.
16 Die Priesterseminare werden in den in Anm. 2–6 genannten Untersuchungen vielfach mitberücksichtigt. Eine Übersichtsdarstellung in SIEA 9 (1986) (Guasco, S. 634ff). Zusätzlich speziell: Cestaro, Studi (Beiträge Clemente und De Spirito); Fantappié, Seminari-Collegi; Narciso (Beitrag Lepore); Pellicia. Zu Sizilien vgl. Cucinotta, zu Sardinien Guidetti, Bd. 3.
17 Von Revolten der Alumnen, bzw. Konviktoren berichten Bertoli, Settecento, S. 64, und Pellicia. Das Zitat bei Turrini, Riforma, S. 351.
18 Um alle Kandidaten für den geistlichen Stand ausbilden zu können, hätte die Kapazität der Seminare im 17. und 18. Jahrhundert bei weitem nicht ausgereicht!
19 Nicht selten ging ihr Anteil gegen zwei Drittel. Besonders hohe Zahlen nennt Fantappié (s. oben Anm. 16): In Arezzo ein Verhältnis 46:8, in Montepulciano 40–50:6. Ähnlich Bertoli, Settecento, S. 62, für Venedig: 50–120:20.
20 In Modena waren es laut Orlandi, Campagne, S. 171, auch am Ende des 18. Jahrhunderts erst 6%.
21 Menniti Ippolito; Spedicato, Mercato. In der Diözese Sant'Agata dei Goti bei Neapel hatten nach Campanelli um 1700 etwa 10% der Kleriker in der Hauptstadt studiert. Weitere Hinweise fehlen. Zur theologischen Universitätsausbildung vgl. die Fallstudie über Pavia bei Negruzzo.
22 Eine systematische Untersuchung über diesen offenbar bedeutsamen Privatunterricht existiert nicht. Sein Ausmaß ist naturgemäß schwierig abzuschätzen. Hinweise gibt es vor allem aus Norditalien, vgl. etwa Bertoli, Settecento, S. 65; Caprioli/Rimoldi/Vaccaro, Bd. 5, S. 68; Narciso (Beitrag Lepore); Perini. Über Betrug mit gefälschten Zeugnissen berichten Garzya, in: Galasso/Russo, Bd. 1, S. 263f., und De Rosa, Vescovi, S. 144.
23 Petronio, bes. S. 90.
24 Von solchen eher ungewöhnlichen Tätigkeiten berichten, neben Arbeiten aus dem Umkreis De Rosas, noch: Levi; O'Neil; Sallmann, Chercheurs.
25 So noch bei Braudel, Sozialgeschichte, Bd. 1, S. 585.

26 Placanica, Cassa sacra; Poli G. (Beitrag Spedicato); Rosa, Sviluppo. Die Fehleinschätzung ist vor allem darauf zurückzuführen, daß bei dieser Ziffer das in „enfiteusi" (vgl. S. 175) ausgebende Land dem Obereigentümer (d. h. in diesem Fall der Kirche) zugerechnet wurde. Heutige Forscher wie etwa Galasso beziffern den Anteil des Kirchenguts im Königreich Neapel im 17./18. Jahrhundert auf nur etwa 12–13%. Vgl. Galasso, Europa, S. 424.

27 Mit den dabei auftauchenden methodischen Problemen setzten sich aber nur wenige auseinander, etwa: Landi (s. unten); Bettoni, in: Grohmann; Greco, Ecclesiastici; Stumpo, in SIEA 9 (1986) S. 265ff.; Zaninelli, in: Cultura. Zu den hier und in Anm. 26 erwähnten Titeln sind noch folgende Spezialuntersuchungen zum Kirchenbesitz zu nennen: Berengo, Proprietà; De Nicolais/Laudato, Archidiocesi; Fasano Guarini, Potere (Beitrag Zenobi): Irpinia Sacra, Bd. 1 (Beitrag D'Alelio); Pallanti; Placanica, Redditi. Zur Lombardei vgl. Toscani und Zambarbieri. Eine musterhafte Fallstudie zum Besitz ravennatischer Klöster neuerdings bei Landi.

28 Den höchsten Wert bei Sannino, S. 114, mit 60% für Potenza; für das benachbarte Matera werden „über die Hälfte" genannt (Galasso/Romeo, Bd. 9, S. 261)

29 Pullan, Crisis, S. 185, nennt 5%.

30 Der Zehnte hat außer einigen eher beiläufigen Bemerkungen bei Placanica (s. oben Anm. 26 und 27), G. de Rosa und M. Rosa in der italienischen Forschung bislang kaum Beachtung gefunden. Der Überblicksartikel von Castagnetti, in SIEA 9 (1986), S. 509ff. beschränkt sich im wesentlichen auf das Mittelalter. Allg. zum Einkommen der Pfarrer: Russo, Comunità.

31 Ago, Carriere; Greco, Parrocchia; Palumbo, Massaro.

32 Sie sind Gegenstand von Visitationsprotokollen: Turchini, Fonte.

33 Di Simplicio, Perpetue.

34 G. de Rosa hat das Problem bereits in seinem ersten Buch: Vescovi, beleuchtet und mit eindrücklichen Beispielen belegt; doch hat es in der späteren Literatur (s. oben Anm. 2–6) verhältnismäßig wenig Beachtung gefunden. Eine erste allgemeine Annäherung bei Greco in: Rosa, Clero, S. 45ff. (s. oben Anm. 1). Besondere Aufmerksamkeit hat die Thematik bei Di Simplicio gefunden: Anticristo; Giustizia; Peccato. Ähnlich, ebenfalls zum Sienesischen: Nardi, Aspetti; ders., Concubinato. Einzelaspekte behandeln: Baratti; Campanelli; Di Leo; Martucci; Perini.

35 D'Agostino, Vescovi; ders., Vicende.

36 Etwa den von Di Simplicio, Anticristo, aus den Akten der Inquisition detailliert geschilderten Fall eines Pfarrers, der mit seinen Gewalttaten ein ganzes Dorf terrorisierte.

37 Di Simplicio, Peccato.

38 Di Simplicio, Giustizia; Levi; Mancino.

39 Canosa, Restaurazione; Del Col/Paolin (Beitrag Paolin); Madricardo; Martini, Rispetto; Prosperi, Tribunale, S. 508ff.

40 Mit Ausnahme von Sardinien, wo es noch zu Beginn des 18. Jahrhunderts üblich war: Manconi (Beitrag Greco).

41 Einige Beispiele in der in Anm. 2–6 genannten Literatur, soweit sie auch das 18. Jahrhundert betrifft.

42 Greco, Ecclesiastici, S. 321.

43 Die in Anm. 2–6 genannte Literatur befaßt sich im allgemeinen, wenn überhaupt, nur am Rande mit den Regularen. Die zusammenfassende Darstellung von Penco, Monachesimo, ist traditionell gehalten. Auch der Beitrag von Rusconi, in: Rosa, Clero, S. 207ff., gibt sozialgeschichtlich kaum etwas her. Bessere knappe Übersicht bei Greco, in: Greco/Rosa, S. 189ff. In lexikalischer Form orientiert über die einzelnen Orden ausführlich der mehrbändige „Dizionario degli Istituti di Perfezione", Roma 1974ff. Einige neuere Fragestellungen werden gelegentlich aufgeworfen in den umfangreichen Sammelbänden von Pellegrino/Gaudioso und Far-

nedi/Spinelli. Dazu ergänzend für das 18. Jahrhundert Trolese. Um eine eher sozialgeschichtliche Sichtweise bemüht sich neuerdings Fantappié, Monachesimo (darin auch Kritik der traditionellen Ordensgeschichtsschreibung); ders., Vita monastica. Ähnlich die auf das Ökonomische gerichtete Untersuchung von Landi. Die ökonomischen Belange der Orden in Süditalien haben am ehesten in den Arbeiten von Placanica Berücksichtigung gefunden; interessant auch Campanelli, in: Galasso/Russo, Bd. 1, S. 179ff. Zu den Bettelorden im Süden mehrere Beiträge in: Irpinia Sacra, Bd. 1. Zur ökonomisch-finanziellen Aktivität der Jesuiten: Rurale.

44 Eine Übersichtsdarstellung fehlt. Zu Piemont: Erba, S. 208ff. Für die Lombardei die beiden Fallbeispiele bei: Brambilla, Politica; Tomea. Für Süditalien die Arbeiten von Placanica, dazu der in Anm. 6 erwähnte Artikel von Rosa, wo S. 306 auch Karl Borromäus und sein Neffe Federico als Kommendataräbte einer süditalienischen Abtei erwähnt werden. Für Sizilien Cucinotta, S. 322ff. Für die Funktion der Kommende im Finanzhaushalt römischer Kardinäle exemplarisch Reinhard, Papstfinanz; Reinhardt, Borghese.

45 Grundlegend dazu Boaga. Der Aufhebung voran ging eine Bestandsaufnahme der Klöster, die „Inchiesta Innocenziana", welche wertvolles Quellenmaterial liefert, mit dessen Erschließung und Auswertung inzwischen begonnen wurde: D'Alatri; Galasso, Inchiesta (Quellenedition, bisher zwei Bde.); Mastroianni. Zu den späteren Reformversuchen unter Innozenz XII.: Pellegrino, Riforme (Beitrag Boaga).

46 Übersichtsdarstellungen zu den Frauenklöstern bei: Greco, in: Greco/Rosa, S. 196ff; Rosa, Ordensschwester; Zarri, in SIEA 9 (1986) S. 359ff. Die in Anm. 43 erwähnten Sammelbände enthalten auch einige wenige Beiträge zu den weiblichen Orden. Die Nonnen sind naturgemäß ein Schwerpunkt der neueren feministischen Forschung, diese befaßt sich aber mehr mit deren spirituellen und mystischen Erfahrungen als mit Fragen der Sozialgeschichte oder der materiellen Kultur. Vgl. zuletzt etwa: Donne sante. Allg. Hufton, S. 503ff.; Scaraffia/Zarri. Die einzige größere Fallstudie ist immer noch Russo, Monasteri. Vgl. weiter die kleineren Studien von Busnelli; Colturi; Hunecke, Kindbett; Masetti Zannini; Nardi, Aspetti; Novi Chavarria, Nobilità; Aiello; Brambilla/Muto (Beitrag Aiello). Verwoben mit der Geschichte einer Baronenfamilie behandeln Cabibbo/Modica das Thema als „microstoria". Die demographischen Aspekte beleuchtet Brown. Durchaus interessant auch in sozialgeschichtlicher Hinsicht sind die primär musikologischen Studien von Kendrick und Monson.

47 Das die ältere Literatur zu diesem Thema zusammenfassende Buch von Canosa, Velo, ist methodisch etwas problematisch. Zum 18. Jhd. vgl. Hunecke, Adel, S. 137ff., und Vismara, Settecento, S. 31ff., die beide für diese Zeit eine Abnahme der „monacazioni forzate" feststellen. Vgl. zur Problematik noch die verschiedenen Beiträge in: Rivista di storia e letteratura religiosa 32 (1996).

48 Neuausgabe: Tarabotti. Vgl. dazu Zanette; Conti Odorisio.

49 Arcangela Tarabotti (s. oben Anm. 48) schrieb als Gegenstück zum „Inferno" auch ein „Paradiso monacale".

50 Greco, Monasteri; Miele, Sisto V; Paschini; Prodi-Reinhard (Beitrag Zarri); Zarri, Donna.

51 Boesch Gajano/Scaraffia (Beitrag Rosa); Pane.

52 Monson, S. 182ff.; Schudt, S. 229. Eine Aufstellung der dabei entstehenden Kosten als Exempel bei Strazzullo, S. 212.

53 Evangelisti.

54 Ebd. und: Colturi; Dunn, Nuns; dies., Piety; Fonseca, Esperienza (Beitrag Pellegrino); Pellegrino, Istituzioni, S. 304ff.; Strazzullo, S. 206ff. Auch die Garderobe wurde aufwendig, wie aus einem von Giorgini, S. 149, herausgegebenen Verzeichnis der von einer Nonne ins Kloster mitzubringenden Wäschestücke hervorgeht. Zur Ernährung der Klosterfrauen: Archivi; Narciso (Beitrag Buccella).

55 Neben Canosa (s. oben Anm. 47): Caprioli/Rimoldi/Vaccaro, Bd. 3, S. 82f.; Mazzucchelli; Testa. Vgl. auch Baretti, S. 222; Kendrick, S. 97. Den Fall einer lesbischen Liebe hat Brown, Immodest Acts, in aller Breite geschildert.

56 Eine zusammenfassende Darstellung fehlt; verstreute Hinweise für Süditalien v. a. in den bereits zitierten Werken von G. de Rosa und seiner Schule.

57 Zu diesen bes. Sallmann, Eremitismo, und die dort gegebenen Hinweise. Ferner Colosimo, S. 149; Giorgini, S. 156ff.; Russo, Comunità, S. 286f. Von diesen einzellebenden Personen zu unterscheiden sind die eremitischen Orden, wie etwa die Kamaldulenser.

58 Vgl. zunächst die entsprechenden Artikel im „Dizionario degli Istituti di Perfezione" (NB: zwei Artikel, der eine unter „Bizzoche", der andere, umfangreichere unter „Pinzochere"!). Weiter bes. die Sondernummer zu Ehren der (heiliggesprochenen) „bizzoca" S. Maria Francesca delle Cinque Piaghe, in: Campania Sacra 22 (1991) mit mehreren interessanten Beiträgen. Colangelo, Bizzoche; Donne sante (Beitrag Modica Vasta); Palumbo, Massaro; Pugliese Curatelli, Bd. 1 (Beitrag Ambrasi); Sallmann, Eremitismo. Vereinzelte Hinweise bei G. de Rosa (z. B.: Vescovi, S. 133f, 218ff.) und seiner Schule, sowie in einigen oben in Anm. 6 erwähnten Bistumsgeschichten. Der Begriff ist unübersetzbar, gelegentlich findet man auch die Bezeichnung „Hausnonne" (monaca di casa), dieser verdeckt aber eher die vielfältigen Existenzformen.

Die Lebensbedingungen des gewöhnlichen Volkes

1 Piereth, mit Hinweis auf dieses Sujet in den Bildern de „Bambocccianti".
2 Dies wird unterstrichen in so unterschiedlichen Werken wie Ago, Feudo; Delille; Levi; Raggio; Völkel.
3 Groppi, Lavoro (Beitrag Angiolini); Ligresti, Sicilia, S. 170ff.
4 Relativ viel zu dieser Fragestellung enthalten einige bereits im Zusammenhang mit der Refeudalisierung erwähnte Arbeiten: Ago, Feudo; Cucinotta; Delille; Doria, Uomini; Faccini; Fanfani; Stella Rollandi. Interessante Bemerkungen auch bei Casali, der eine bemerkenswerte Quelle ausgewertet hat. Zusammenfassend, aber mit Beschränkung auf die Toscana: Menzione. Zur Lebensweise von Arbeitern vgl. die außerordentlich aufschlußreichen, wenn auch nicht verallgemeinerbaren Ausführungen bei Davis über die venezianischen „arsenalotti".
5 Parrocchia (Beitrag D'Abbondanza).
6 Hunecke, Agronomen. Die dort angekündigte größere Arbeit ist leider nie erschienen. Vgl. noch: Ago, Feudo; Casali; Finzi; Poni, Fossi.
7 Hervorgehoben bei Casali.
8 Vgl. S. 175f.
9 Dies ist die Regel in den toskanischen Halbpachtverträgen. Weitere Beispiele in der oben Anm. 4 genannten Literatur.
10 Vgl. zu Details S. 327, Anm. 27.
11 Casali, S. 72. Ähnlich Finzi, S. 107. Zum Problem des Müßiggangs allg. noch das Schlußkapitel.
12 Galasso, Europa, S. 143ff.; Valenzi.
13 Eindrückliche Schilderung der Verhältnisse um Rom bei: Rossi, Agro. Ergänzend: Ferrero; Monticone, Cammino. Für die südlichen Abruzzen: Da Molin, Popolazione; für die Maremmen: Giorgini. Für die Südalpen: Brunold; Merzario, Paese; Viazzo; zuletzt Busset/Mathieu.
14 Levi; McArdle; Musgrave.
15 Cipolla, Miasmas; Doria, Uomini.

16 Von einer eher ungewöhnlichen Sorge des Herrn um die gesundheitlichen Belange seiner Bauern berichtet Fanfani, S. 249.
17 Gentilcore, Illness; Sallmann, Naples; Sangalli; Sodano; Vismara Chiappa, Miracoli. Alle jedoch nicht vergleichbar mit der Dichte etwa deutscher Untersuchungen zur Wallfahrt (Hinweise auf diese bei: Peter Hersche, Devotion, Volksbrauch oder Massenprotest? Ein Literaturbericht aus sozialgeschichtlicher Sicht zum Thema Wallfahrt, in: Das achtzehnte Jahrhundert und Österreich 9 [1994], S. 7–34). Vgl. auch S. 211f..
18 Livi Bacci; Romano, Storia (Beitrag Visceglia), S. 212ff. Detailhinweise zu Neapel: Orlandi, bes. S. 64f.; zu Rom: Gross, S. 220; zu Bologna: Popolazione ed economia; zu Florenz: Pult Quaglia; zu Brescia: Pegrari, Ceruti (Beiträge Pegrari und Zalin); zu Venedig: Davis, zu Piemont: Levi, S. 76ff.
19 Zahlen in den in Anm. 18 genannten beiden allgemeinen Werken.
20 Im Gegensatz zur allgemeinen Annahme (Anm. 19) stellte Pult Quaglia im Florenz des 17. Jahrhunderts allerdings eine kontinuierliche Abnahme des Pro Kopf-Fleischkonsums fest. Vgl. die Mengenangaben S. 214.
21 Coppola, Mais.
22 Gross, S. 220, nennt für Rom einen Verbrauch von 2 hl pro Kopf und Jahr. Im römischen Priesterseminar wurde pro Kopf täglich etwa 1 l konsumiert: Schmidtbauer, S. 258. Selbst die Insassen der römischen Gefängnisse erhielten Wein zum Essen: Fornilli, S. 92.
23 Cantone, S. 226ff.
24 Einige Hinweise, neben Valsecchi, bei Galasso, Mentalità (Beitrag Pescosolido), S. 90ff. Für Neapel außerdem: Galasso/Romeo, Bd. 11 (Beitrag Pelizzari), S. 133ff.; Labrot, Histoire; Orlandi. Zu Bildquellen als Möglichkeit S. 252ff.
25 De Rosa, Chiesa, S. 56ff. Allg. zum Bauernhaus SIE, Bd. 6, S. 479ff.
26 Schudt, S. 217.
27 Galasso/Russo, Bd. 2, S. 477.
28 Vgl. etwa Russo, Comunità, und die in Anm. 24 erwähnte Literatur.
29 Malanima, Lusso; dazu die Bemerkungen in seinem Beitrag bei Angiolini/Becagli/Verga.
30 So die Meinung von Poli G., S. 151f.
31 Überblick bei Romano, Storia (Beitrag Visceglia, S. 223ff.). Vgl. ferner die Fallbeispiele aus verschiedenen Regionen in: Dimensioni e problemi della ricerca storica, Heft 2, 1990 und in: Archivi. Die beiden grundlegenden Werke sind: Pult Quaglia; Reinhardt, Überleben. Für Neapel vgl. Di Cicco; Lepre, Feudi; ders., Mezzogiorno, Bd. 1; Macry; Papagna. Für Sizilien, jedoch beschränkt auf die Zeit nach 1750: Fazio. Für Perugia: Chiachella-Tosti. Zur Politik der „drei F": Piereth; Valenzi.
32 Zur „Grascia" in Florenz: Pult Quaglia; zu Rom: Gross, S. 215ff.
33 Diese ältere Forschung zusammengefaßt bei Toschi. Ein aktueller Vertreter dieser Methode ist Piero Camporesi, dessen vielverbreitete Werke z. T. auch in deutscher Übersetzung erschienen. Wegen seiner Fixierung auf literarische Quellen bei gleichzeitiger souveräner Nichtbeachtung der Ergebnisse historischer Quellenforschung wird Camporesi, trotz mancher interessanter Fragestellungen, von der italienischen Geschichtswissenschaft mit einem gewissen Recht nicht zur Kenntnis genommen. Vgl. zur Kritik die Beiträge von Foa, Calvi, Schulte van Kessel in: QS 56 (1984), S. 627–640, und kürzlich: Alexander Jendorff/Frank Jung, Polykulturelle Partizipation, in: Historische Anthropologie 5 (1997), S. 329–349.
34 Als Beispiele zu unserem Thema können etwa gelten: Jesi; Orlando; Rivera. Die besten allgemeinen Übersichten zur italienischen Volkskunde, bezogen auf das Fest, sind: Cardini; Falassi. Für das bes. wichtige Neapel vgl. noch De Simone; Galasso/Romeo, Bd. 9 (Beitrag

Campanelli, S. 483ff.); Pugliese Curatelli, Bd. 1 (Beitrag Ambrasi); für Sizilien: Lima. Allen diesen Werken fehlt aber größtenteils der historische Hintergrund.

35 Wie dies in Deutschland z. B. in der auch für Historiker interessanten „Münchner Schule" der Volkskunde der Fall ist (vgl. Grundriß der Volkskunde, hg. von Rolf W. Brednich, Berlin ²1994, S. 80f.). An der mangelnden Historizität der italienischen Volkskunde krankt auch die bislang einzige Annäherung eines bedeutenden italienischen Historikers an das Thema „Fest": Galasso, Europa, S. 121ff. Vgl. auch seine allgemeinen Bemerkungen zur Volkskunde im Vorwort von Galasso/Russo, Bd. 1. Der einzige italienische Historiker, der u. W. systematisch Geschichte und Volkskunde (am Beispiel der Volksreligiosität) zu verbinden versucht, ist Turchini.

36 In Frage kommen vor allem Werke, die sich mit dem „barocco effimero" (dazu ausführlich S. 246ff.) befassen: Allegri/Di Benedetto; Centri e periferie; Fagiolo/Carandini; Fagiolo/Madonna; Franzese; Hammond; Mancini; Manconi, Società (Beitrag Bullegas); Preimesberger; Riederer-Grohs. Natürlich hat diese Literatur primär andere Erkenntnisinteressen.

37 Zu den spezifisch religiösen Festen S. 208ff.

38 Vgl. S. 318, Anm. 1.

39 Dies wird schon beim Vorkämpfer Karl Borromäus deutlich. Vgl. S. 316, Anm. 31.

40 Insbesondere bei ihren Volksmissionen. Vgl. S. 193f..

41 Muratori, Felicità, S. 249.

42 Dazu in erster Linie der Sammelband von Ortalli. Ferner: Doria, Uomini; Giorgini; Raggio; Tocci, Terre; Volpe, Cilento. Das neapolitanische Banditentum wird meist im Zusammenhang mit der Vorgeschichte des Aufstandes von 1647/48 (s. unten Anm. 48ff.) mitbehandelt. Zu Kinderbanden und -kriminalität, vorwiegend allerdings im 16. Jahrhundert, Niccoli.

43 Zum Begriff des Sozialbanditen die u. a. mit italienischem Material erarbeitete grundlegende Studie von Hobsbawn.

44 Villari, Rivolta, S. 67.

45 Sabatini.

46 De Rosa, Vescovi; Monticone, Cammino (Beitrag Morozzo); Politi/Rosa/Della Peruta (Beitrag Geremek).

47 Zum populären Heiligtum des Francesco di Paola fand alljährlich auch eine Zigeunerprozession statt, während dieser Zeit verzichteten sie auf Bettel und Raub! Vgl. Fede ... San Francesco.

48 Übersichten in deutscher Sprache: Bock, Campanella; Procacci, S. 175ff.; Reinhard, Theorie. Gute Darstellung von Waquet, in: L'Italie, S. 74ff. Der berühmte Aufstand wird kürzer oder länger in allen italienischen Gesamtdarstellungen behandelt; sehr übersichtlich, dicht und kompetent der Artikel von Musi in SSI, Bd. 11, S. 317–358.

49 Villari, Rivolta; ders. Ribelli (Aufsatzsammlung).

50 Vor allem bei: Rovito, Rivolta; ders., Strutture. Eine mittlere Linie verfolgt die neueste Gesamtdarstellung von Musi, Rivolta. Zu den kulturell-symbolischen Aspekten: Burke, S. 155ff.

51 Der Krieg führte auch anderswo zu kleinen Revolten. Vgl. etwa Pederzani für das Veneto. Fanfani, S. 269ff., führt für sein Untersuchungsgebiet an, daß es in Notzeiten zur Gewaltanwendung durch Bauern gekommen sei.

52 Di Bella, Rivolta; Villari, Ribelli, S. 119ff; Hanlon, S. 192ff.

4
Der Untergang des städtischen Gewerbes

1 Die vor einiger Zeit von R. Romano herausgegebene neue „Storia dell'economia italiana" ermöglicht es, hier auf die Angabe vieler Spezialliteratur zu verzichten. Vom genau gleich betitelten Vorgängerwerk ist mindestens der Beitrag des Herausgebers C. M. Cipolla immer noch lesenswert. Allerneueste knappe Zusammenfassung bei Malanima, Fine. Das Werk enthält viel Zahlenmaterial, über dessen Interpretation man allerdings streiten kann. Der Autor will die Zeit der Krise auf die erste Hälfte des 17. Jahrhunderts beschränken, nachher sei ein neues Gleichgewicht gefunden und insgesamt der Status quo ante wieder erreicht worden. Im folgenden seien einige richtungsweisende Regionalstudien, die zur nachfolgenden Darstellung viel Material boten, erwähnt: Caizzi, Comasco; Malanima, Decadenza; Pullan, Crisis; Rapp (umstritten); Romano, Viceregno; Sella, Economia. Für Mailand noch Brambilla/Muto und Vigo (vgl. auch seinen Beitrag bei Pissavino/Signorotto, S. 249ff.); für andere Gebiete behandeln z. T. Gesamtdarstellungen auch die Ökonomie angemessen (z. B. Gross für Rom, Romeo für Sizilien). Übersichten enthalten die SIE (Romano), die SSI und Rosa/Greco (beide von Malanima). Die Beiträge von Saba und Abrate im Handbuch der Wirtschafts- und Sozialgeschichte sind unbefriedigend (was auch an der nicht nachkontrollierbaren Übersetzung liegen mag) und lassen viele Wünsche offen. Für eine Einführung in nichtitalienischer Sprache empfehlen sich englische Publikationen von zwei Autoren, welche die Diskussion maßgeblich mitbestimmten: Cipolla, Industrial Revolution; Romano, Economic Crisis. Sehr nützlich sind die Beiträge in Van der Wee, die optimistischen Wertungen von Moioli können wir allerdings nicht nachvollziehen. Vgl. daneben Krantz/Hohenberg (Beiträge Cipolla und Sella). Eine erste Fassung dieser Ausführungen bei Hersche, Fortschritt.
2 Die Erforschung der Zünfte in Italien hat den Schwerpunkt auf die mittelalterliche Glanzzeit gelegt. Vgl. etwa den Beitrag von Rutenburg in SIE, Bd. 5, S. 616ff. Für die Neuzeit: Mozzarelli, Corporazioni, und die Beiträge in den „Studi Storici Luigi Simeoni" 41 (1991). Eine interessante Fallstudie zu Turin liegt bei Cerutti vor. Frauen in den Zünften: Groppi, Lavoro (Beitrag Laudani).
3 Calcara (Beitrag Serraino); Delle Donne; Stato e Chiesà (Beitrag Musella).
4 Merlo.
5 Mozzarelli, Corporazioni (Beitrag Cova).
6 Cavaciocchi.
7 Die Zahlenangaben im wesentlichen nach Malanima, in SSI, Bd. 11, S. 160ff. Ergänzend Romano, in SIE, Bd. 2, S. 1908; Cipolla, Industrial Revolution, Tab. S. 241. Zu Como nunmehr Vigo, Declino, zu Mailand ders., Stato, sowie seinen Beitrag im Sammelband von Pissavino/Signorotto. Bei Zahlenangaben über mehrere Jahre handelt es sich um gleitende Durchschnitte. Kleinere Abweichungen bei den verschiedenen Autoren werden nicht besonders angemerkt.
8 Die ursprüngliche Zahlenangabe (20%) im Beitrag in der SSI, Bd. 11, S. 164, im späteren Beitrag in: Greco/Rosa, S. 287, korrigiert.
9 Später stieg sie wieder an, um im 18. Jahrhundert erneut zu sinken. Vgl. die verschiedenen Angaben bei Davis.
10 Gegen dieses vor allem von Cipolla vertretene Argument haben Malanima und Rapp Einwände erhoben (siehe die oben Anm. 1 erwähnten Arbeiten).
11 So der Titel seines Beitrags in: Romano, Storia, S. 3.

12 Ein aussagekräftiges Beispiel bei Belfanti, Calze; ein weiteres bei Trezzi.
13 Auch im Königreich Neapel behinderte der fiskalische Druck gewerbliche Initiativen: De Maddalena/Kellenbenz, Finanze (Beitrag Galasso). Venedig sah sich durch den Kretakrieg gezwungen, sein Gewerbe stärker zu besteuern: Rapp, S. 149ff.
14 Aspetti e cause.
15 Die Vermutung bei Sella, Economia, S. 192f. Allgemein zur Energie als begrenzender Faktor der Wirtschaft: Malanima, in: Greco/Rosa, S. 251ff; ders., Fine; Romano, Storia (Beitrag Levi, S. 141ff.). Vgl. noch Romano, Tra due crisi, S. 59; Georgelin. Die in der lombardischen Tiefebene im 17. und 18. Jahrhundert neugepflanzten Pappelalleen dienten neben der Abgrenzung und dem Windschutz vor allem der zusätzlichen Holzversorgung ohne weite Transportwege.
16 Marino J. A., S. 55.
17 Einige Hinweise zu den wirtschaftlichen Folgen der Pest bei Ulvioni, Castigo, und Calvi, Peste.
18 Atypisch, auch in Bezug auf das Lohn/Preis-Verhältnis, war Sizilien. Vgl. Cucinotta.
19 Zu den Geldsorten und Münzen Valsecchi, S. 842ff., 852ff. Die schwierige Frage der Umrechnung kann hier nicht erörtert werden – ohnehin müßten auch die unterschiedlichen Lebenskosten berücksichtigt werden. Was die wichtigsten Währungen anbelangt, so entsprach ein scudo etwa 3 neapolitanischen Dukaten (nach Donati, in: Rosa, Clero, S. 335).
20 Vgl. S. 172ff. und unseren in Anm. 1 erwähnten Aufsatz.
21 Fasano Guarini, Prato.
22 Cavaciocchi (Beitrag Guenzi); Giusberti; Poni, Storia. Allg. zur Frauenarbeit: Groppi, Lavoro.
23 Borelli, Mercanti; Burke (zum Karneval, S. 146ff.).
24 Trezzi.
25 Chicco.
26 Poni, Origine.
27 Zur Protoindustrie in Italien zuletzt zusammenfassend: Belfanti, Erbe. Im Einzelnen noch: Ciriacono, Echecs; ders., Wege; Zalin.

Handel und Finanzen: Zeichen eines Mentalitätswandels?

1 Zum Handel mit Fertigwaren vgl. die auf S. 309f. erwähnte Literatur zu den einzelnen Branchen. Allg. Romano, Storia (Beitrag Pagano, S. 310ff.)
2 Soweit im folgenden nichts anderes erwähnt, vgl. dazu generell die auf S. 314 aufgeführte Literatur zu den einzelnen Produkten.
3 Fenicia; Papagna; Romano, Viceregno; Van der Wee (Beitrag De Rosa). Zu Sizilien Romeo (Beitrag Cancila); zu Sardinien Guidetti, Bd. 3.
4 Ausführliche Angaben bei Fenicia.
5 Zalin.
6 Coppola, Agricoltura (Beitrag Leonardi); Musgrave; Pult Quaglia; Zalin.
7 Vgl. die in Anm. 3 erwähnte Literatur.
8 Raggio.
9 Baretti, S. 54ff.
10 Gross, S. 219; Pagano, Commercio.
11 Pagano, Mediterraneo.
12 Malanima, Lusso, S. 112.

13 Allg. zum Transportwesen immer noch Valsecchi, S. 826ff., bei Romano, Storia, fehlt ein entsprechender zusammenfassender Artikel (bei verstreuten Angaben in anderen). Für Neapel vgl. die gute Gegenüberstellung bei Macry; weiter: Galasso/Romeo, Bd. 11, S. 135ff; Orlandi, S. 18ff. Zu dem im Norden gut ausgebauten Postnetz vgl. Caizzi, Posta.
14 Colombo/Hegland.
15 Borelli, Mercanti; Pullan, Crisis; Rapp; Sella, Commerci.
16 Cipolla, Storia, S. 622f.
17 Zum Handel Genuas viele Arbeiten von Grendi: Cervo; Commercio; Nordici; Repubblica.
18 Visceglia, Territorio.
19 Dazu vor allem die Arbeiten von Pagano (vgl. auch ihren Artikel in: Romano, Storia, S. 310ff.). Für Sizilien: Romeo (Beitrag Trasselli, S. 165ff.).
20 Baggiani; die Zahlenangaben nach Romano, Storia, S. 298.
21 Guidetti, Bd. 3.
22 Allg. der Beitrag von Pagano, in: Romano, Storia, S. 310ff. Speziell zu den Lucchesen: Mazzei, Società; dies., Traffici; Mazzei/Fanfani. Auf die fortwährende Präsenz von Italienern in Amsterdam wies kürzlich Bicci hin. Doch handelt es sich bei ihnen offenbar hauptsächlich um Nachfahren religiöser Emigranten.
23 Die Meinung Goldthwaites, die Handelsbilanz sei noch im 18. Jahrhundert positiv gewesen, können wir nicht teilen. Vgl. zur ganzen Diskussion: Galasso, Periferia; Grendi, Commercio; Gross, S. 97; Pagano, Commercio; dies., Mediterraneo; Sella, Commerci.
24 Allg. Braudel, Sozialgeschichte, Bd. 2 und 3. De Maddalena/Kellenbenz, Repubblica.
25 Neben der eben genannten Literatur noch: Aymard/Trasselli; Doria, Investimenti.
26 Felloni.
27 Die Kredittätigkeit der kirchlichen Institutionen ist – abgesehen von den „monti di pietà" (s. unten) – noch kaum untersucht. Einige Hinweise bei: Borelli, Città; Placanica, Cassa sacra; ders., Calabria; Rosa, Sviluppo.
28 Montanari, Centenario, S. 130.
29 Die Forschung über die „monti di pietà" ist ganz auf deren Anfänge im Mittelalter konzentriert und berücksichtigt die spätere Entwicklung kaum mehr. Brauchbar sind v. a. die Arbeiten von Montanari, neben dem in Anm. 28 genannten Buch noch: Disciplinamento; Lombardia. Vgl. ferner seinen Beitrag in: Bona Castellotti/Bressan/Vismara. Zu den venezianischen „monti" Pullan, Rich and poor; zu den genuesischen Giacchero, zum florentinischen Bresnahan Menning.
30 Z. B. Maffei.
31 Neben gelegentlichen Erwähnungen in der Literatur über die Bruderschaften (S. 196, Anm. 2, bes. unter Bertoldi Lenoci) sind erst jüngst einige Spezialarbeiten entstanden: De Nicolais/Laudato, Monti (Edition von Texten); Sacco; Stranzio; Tosti (betrifft v. a. das 19. Jahrhundert). Vgl. weiter noch Ebner, S. 236ff; De Rosa/Malgeri (Beiträge Abbondanza und Cristofano). Die Tätigkeit von „monti frumentarii" im Piemont erwähnt Torre, Consumo, S. 106ff. In Regionen einer entwickelten Landwirtschaft, z. B. in der Lombardei, fehlten sie weitgehend (Montanari, Lombardia).
32 Am ausführlichsten greift Galasso, Europa, S. 191ff. das Problem auf, jedoch in erster Linie auf die neueste Zeit bezogen. Daneben bes. Musi, Mezzogiorno, S. 173ff. Romano widmet dem Problem einigen Platz in der Synthese der von ihm herausgegebenen „Storia dell'economia italiana", S. 337ff., ebenfalls Gross; in seinem Werk über Rom, S. 113ff. Aus der älteren Literatur ragt der Aufsatz von G. Vismara in: Fasano Guarini, Potere, hervor. Vgl. auch noch Litchfield, S. 213f.

33 Zu Donà vgl. das Zitat bei Romano, in SIE, Bd. 2, S. 1916; zu Spinola die Hinweise bei Burke, S. 124, und Doria, Investimenti, bes. S. 25; zu Caramuel ein Zitat in: Storia di Napoli, Bd. 6, S. 119; zu Serra Lepre, Mezzogiorno, Bd. 1, S. 246f., und Musi, Mezzogiorno, sowie sein Beitrag in: Angiolini/Roche; zu Montalbani Dooley, Italy, S. 398ff.; zu Doria Galasso, Europa, S. 194. Die Liste ließe sich vermutlich erweitern, vgl. Cassani (Beitrag Garms-Cornides, S. 24ff.). Zu einem kuriosen zeitgenössischen Versuch, die Dinge umgekehrt zu sehen: Prodi/Reinhard (Beitrag Poni).
34 Angiolini/Roche (Beitrag Brizzi); Liebreich; Rosa in SIR, S. 287ff. Vgl. auch S. 213.
35 Galasso, Bd. 13/1, S. 395, mit Hinweis auf entsprechende kirchliche Verbote. Zur Abgrenzung gegen die Protestanten im Handel vgl. Brunold (Beitrag Paganini).
36 Poni, Storia.
37 Vgl. S. 301, Anm. 32; dort erwähnt zwei Beispiele (Belloni, Bettini).
38 Augel; Hertner.
39 Croce, Età barocca, S. 48 („L'Italia ... allora, stanca si riposava ..."). Zu Burckhardt siehe das Motto.
40 Eine systematische Untersuchung der ökologischen Probleme Italiens in der Frühneuzeit fehlt. Einige Hinweise bei Malanima, Fine.

Reagrarisierung und Aufschwung der neuzeitlichen Landwirtschaft

1 Die Agrargeschichte der Frühneuzeit ist in den allgemeinen Werken vergleichsweise kurz gehalten; am besten wohl Aymard in: Romano, Storia, S. 54ff. Dieselbe Feststellung gilt für die Übersichtswerke zur Agrargeschichte von Fazio und Rossini/Vanzetti. Mehrere einschlägige Artikel, jedoch unter dem etwas eingeschränkten Blickwinkel des „Agrarkapitalismus" in SIEA 1 (1978). Nach wie vor wertvoll Sereni und Villani, Feudalità. Auf eine neuere Bibliographie wurde bereits hingewiesen (Einl. Anm. 47). Am informativsten für die nachfolgende Darstellung waren zunächst einige Sammelbände: Aziende; Coppola, Agricoltura; Guarducci; Poni, Azienda. Unter den Regionen ist seit dem 19. Jahrhundert die Lombardei am besten erforscht. Grundlegende Beiträge aus unserer Zeit sind: De Maddalena; Faccini; Sella, Economia. Ertragsziffern bei Colella, für das späte 18. Jahrhundert noch Romani, Agricoltura. Zum Veneto: Borelli, Città; ders., Patrizio; Georgelin. Für Genua: Grendi, Cervo; Raggio. Für die Toskana war Giorgetti grundlegend, neuere Übersicht mit Hinweisen auf frühere Arbeiten, von Malanima in: Angiolini/Becagli/Verga. Für Neapel in erster Linie die Werke von Lepre, außerdem Massafra und Villani/Massafra. Zu den Abruzzen Felice.
2 Dies legen die Studien von Caizzi, Comasco, und D'Amico nahe. Handwerker, die auf dem Land arbeiteten, wurden mit staatlichen Erlassen zur Rückkehr in die Stadt aufgefordert. Das Problem harrt noch einer befriedigenden Untersuchung.
3 Nach Georgelin, S. 567.
4 Grundsätzlich dazu Corritore. Das Problem der „Reagrarisierung" in weiterem Zusammenhang behandelt bei Hersche, Fortschritt.
5 Zitat nach Romani, in SIE, Bd. 2, S. 1901. Zu Gallo: Pegrari, Gallo.
6 Zu den Agrartraktaten: Benzoni, Affanni, S. 140ff.; Berengo, Tarello (Vorwort des Herausgebers); Bianchini; Finzi; Hunecke, Agronomen. Zum Stellenwert des Landlebens in den Adelsfamilien Frigo, S. 173ff., zu den Freskendarstellungen des Landlebens in den venezianischen Villen Bolard.
7 Vgl. die Titel bei Hunecke, Agronomen. Natürlich war Venedig allgemein das Zentrum des italienischen Buchdrucks.

8 Carlo Tapia, Trattato dell'Abbondanza, Napoli 1638.
9 Der Verfasser des Traktats „Istruzione di agricoltura", Innocenzo Malvasia (vgl. Finzi), hatte z. B. als Gesandter in Flandern die dortige fortgeschrittene Landwirtschaft kennengelernt.
10 Beispiele bei Borelli, Mercanti; ders., Patrizio; Fanfani; Gullino. Nach Gullino pflegten die Pisani – die ehemaligen Teilhaber des 1584 konkurs gegangenen Bankhauses in Venedig – zeitweise eine tägliche Korrespondenz mit ihren Faktoren. Ihre Villa in Strà ist eines der größten, kostspieligsten und berühmtesten Beispiele der Gattung.
11 Zur vielfach unterschiedlichen Haltung der, wie bereits bemerkt, immer noch geschäftlich tätigen Genuesen vgl. Doria, Uomini. Bezeichnend ist auch das von Stella Rollandi geschilderte harte Vorgehen der Brignole Sale in ihrem „feudum".
12 De Maddalena, bes. S. 251ff. Für Venedig: Beltrami.
13 Galasso, Bd. 13/1, S. 391 Tabelle. Vgl. auch die ausführlichen Tabellen bei Malanima, Riccardi.
14 Berengo, Nobiltà; Mazzei, Società.
15 Kellenbenz/Prodi, Fiskus. Ferner Guarducci (Beitrag Bracco).
16 Vgl. etwa Ambrasi/D'Ambrosio (Bischof León y Cárdenas); De Rosa/Malgeri; Rosa, Religione.
17 Ein Beispiel ist der oben Anm. 9 erwähnte Malvasia. Vgl. bes. Bianchini.
18 Schmidtbauer.
19 Toscani in SIEA 9 (1986), S. 575ff. Eine Fallstudie eines güterbesitzenden „abate" bei Dell'Oro, Terre.
20 Dies hatte schon Penco, Monachesimo, festgestellt, insgesamt kommt die neue Fallstudie von Landi zum selben Ergebnis.
21 Farnedi/Spinelli. Hier liegt möglicherweise der Grund dafür, daß viele Reisende gerade die Güter kirchlicher Institutionen als schlecht genutzt, heruntergekommen und verfallen betrachteten: Schudt, S. 217; Burnet, Curieuse Beschreibung, S. 681; ders., Eigentliche Beschreibung, S. 8ff.
22 Lepre, Feudi; Stumpo in SIEA 9 (1986) S. 265ff.; Sibilio.
23 Dies zeigen schon die Titel vieler in Anm. 1 zitierter Untersuchungen an.
24 Vielleicht wird die Alltagsgeschichte dazu einiges beitragen. Vgl. vorläufig Grendi, Cervo; Levi; Musgrave; Raggio.
25 Der rechtlichen Ausgestaltung des Verhältnisses zwischen Eigentümer und Bebauer des Landes ist in der italienischen Agrargeschichte weniger Aufmerksamkeit geschenkt worden als etwa in der deutschen, die Fragestellung steht in den in Anm. 1 erwähnten Werken eher am Rande. Am meisten findet sich in der älteren Literatur: Giorgetti (zusammenfassend sein Beitrag in SIE, Bd. 5, S. 701ff.); Lepre; Romani. Zusätzlich sind informativ: Ago, Feudo; dies., Feudalità; Doria; Uomini; McArdle; Milanesi; Schmidtbauer. Grundsätzliches bei Aymard/Delille; eher holzschnittartig Kahl.
26 Faccini.
27 Zum noch kaum beachteten ökologischen Problem der Bodenerschöpfung knappe Hinweise in: Civiltà e Cultura (Beitrag Masella); De Maddalena; Massafra.
28 Zur familiären Grundlage der „mezzadria" neben der allgemeinen agrargeschichtlichen Literatur zur Toskana: Da Molin, Famiglia; Picinni.
29 Neben der bereits zum Veneto erwähnten Literatur bes. Ciriacono, Acque.
30 Maremma.
31 Roveda, Beneficio.
32 Zu dieser auch durch Bildquellen überlieferten Wirtschaft u. a.: Angiolini/Becagli/Verga (Beitrag Menzione); Romano, Storia (Beitrag Malanima, S. 169ff.); Musgrave; Sereni.

33 Zu Tarello: Berengo, Tarello.
34 Poni, Fossi. Zur Agrartechnik allg. den Beitrag von Haussmann in SIE, Bd. 1, S. 63ff.
35 Ciriacono, Acque; Guarducci (Beitrag Bracco).
36 Coppola, Mais; Guarducci, (Beitrag Levi); Georgelin.
37 Battistini.
38 Spezialarbeiten zur tierischen Produktion fehlen. Eine gute Übersicht über die breite Produktionspalette der lombardischen Landwirtschaft geben Faccini und Roveda, Trivulzio.
39 Maremma. Für Rom wenige Hinweise bei Rossi, Agro. Für kurze Zeit erschienen nach 1631 die Schafe sogar auf unbearbeiteten Feldern der lombardischen Tiefebene.
40 Marino J. A.; Narciso (Beitrag Casilli); Piccioni; Transhumance.
41 Die auf die „azienda" gerichteten allgemeinen Darstellungen behandeln meist auch Probleme der Agrarkonjunktur und der Rendite und belegen sie mit vielen Zahlen. Ergänzend zu den bereits genannten Werken noch Amato; Calabria.
42 Reinhardt, Überleben, S. 356, kommt für den Kirchenstaat auf dem Tiefpunkt im 17. Jahrhundert auf eine Rendite von 2%, d. h. weniger als damals die „monti" mit 2,5% einbrachten.
43 Romeo, Sicilia (Beitrag Cancila); Verga.
44 Aufgezeigt am Beispiel der Abruzzen bei Bulgarelli Lukacs, die Feststellung scheint nach dem, was man über die Wirtschaftsgeschichte der Alpen weiß (vgl. etwa Jon Mathieu, Eine Agrargeschichte der inneren Alpen, Zürich 1992), verallgemeinerbar.
45 Musgrave, S. 28 und 104.

Das Scheitern der tridentinischen Reformbewegung

1 Diese Sichtweise z. B. in dem Kompendium von Penco, Chiesa; ebenso im Literaturbericht von Hudon. Sie prägt ferner den von Marc Venard verfaßten Artikel über Italien in der neuen großen „Geschichte des Christentums", Bd. 8, hg. von dems., Freiburg 1992, S. 573ff., was aber damit zusammenhängen kann, daß dieser Bd. mit 1630 abschließt (Bd. 9 noch nicht erschienen). Vor allem folgt Wolfgang Reinhard dieser Auffassung und verknüpft sie mit einer, an dieser Stelle nicht zu erörternden (vgl. aber noch das folgende und das Schlußkapitel) Konfessionalisierungs- und Disziplinierungsthese. Seine vielzitierten früheren Aufsätze sind kürzlich gesammelt erschienen: Ausgewählte Abhandlungen, Berlin 1997. In neueren Aufsätzen werden die früheren Positionen mit nur leichter Relativierung einiger Punkte wiederholt: vgl. die Beiträge in: Lutz; Prodi/Reinhard; und zuletzt in: Die frühe Neuzeit in der Geschichtswissenschaft, hg. von Nada Boškovska-Leimgruber, Paderborn 1997, S. 39–55 (wörtliche Übersetzung des Beitrags in: Prodi, Disciplina, jedoch ohne entsprechenden Hinweis!). Durch die früh erfolgte Übersetzung eines Aufsatzes ins Italienische (Confessionalizazzione forzata? in: AISIG 8 [1982], S. 13–37) übte Reinhard auf einige italienische Historiker im Umkreis des „Istituto storico italo-germanico" Einfluß aus. Reinhard hat sich in umfangreichen Arbeiten als exzellenter Kenner Italiens, insbesondere Roms, im ausgehenden 16. und beginnenden 17. Jahrhundert erwiesen, geht aber – und das ist hier der springende Punkt – kaum über diese Epoche hinaus. Außerdem argumentiert er – ein weiterer in diesem Zusammenhang bedenklicher Punkt – im wesentlichen mit normativen Quellen. Aus den folgenden Ausführungen dürfte ohne weiteres klar werden, daß uns Reinhards Schlußfolgerungen, die bloße (und sicher nicht bezweifelbare) Absicht mit erfolgter Wirkung in eins setzen, nicht zu überzeugen vermögen.
2 Diese Feststellung gilt auch für die „Schule" De Rosa. Die vielen Arbeiten können hier nicht

einzeln aufgelistet werden, ein großer Teil wurde bereits auf S. 302f., Anm. 6, genannt. Beispiel einer umfangreichen Edition: Camozzi. Eine geschickte Auswertung bei Spedicato, Episcopato; das Gegenbeispiel einer unkritischen etwa bei Nicastro. Ein mehr als gewöhnliches Interesse können vielleicht die Relationen berühmter Persönlichkeiten beanspruchen, etwa des hl. Alfons von Liguori (Orlandi, Relazioni) oder des Kardinals Querini (Cultura, Beitrag Molinari, S. 495–516). Grundsätzlich zur Quellenproblematik: Ricerca (Beitrag Menozzi, S. 83–109); Rosa, Religione.

3   Zu diesem Schluß kam schon der eigentliche „Entdecker" der ad limina-Berichte als historische Quellen, der deutsche Kirchenhistoriker Heinrich Schmidlin. Vgl. Menozzi (oben Anm. 2).
4   Seit 1725 war von Rom sogar ein bestimmtes Schema zur Abfassung vorgeschrieben.
5   Mazzone/Turchini; Nubola/Turchini (vgl. auch die Beitrage der beiden bei Prodi/Reinhard); Ricerca (Beitrag Turchini, S. 133–158). Die Zeit vor 1600 steht überall im Vordergrund.
6   Burke, S. 45. Kritische Bemerkungen zu den Visitationsberichten: De Rosa, Vescovi, S. 277ff.; ders. in SIR, S. 303ff.; Prosperi in: Baratti (Vorwort); Torre, Consumo; ders., Politics; S. 7ff. Konkrete Betrugsfälle bei Visitationen nennt Colosimo, S. 142.
7   Der Quellenwert dieser Relationen wird am Beispiel der Maremmen diskutiert bei Giorgini.
8   Das klassische, wenn auch nicht unumstrittene Beispiel dafür lieferte Emmanuel Le Roy Ladurie, Montaillou. Ein Dorf vor dem Inquisitor, Berlin 1980. Für Italien vgl. v. a. Ginzburg, Benandanti; ders., Käse.
9   Di Simplicio, Giustizia; ders., Anticristo. Der Autor weist nachdrücklich darauf hin, daß die Visitationsberichte, deren Quellenwert er nicht bestreitet, mit gerichtlichen Quellen ergänzt werden müßten. Zum hohen Quellenwert der Inquisitionsprotokolle allg. Del Col/Paolin.
10 Demgegenüber hat z. B. die „Münchner Schule" der Volkskunde (vgl. S. 308, Anm. 35) gezeigt, wieviel sich aus so trockenen Quellen wie Rechnungsbüchern für die Volksreligiosität herausholen läßt.
11 Die wesentlichen Titel wurden bereits auf S. 302f., Anm. 6, aufgezählt, aus Platzgründen muß hier generell darauf verwiesen werden. An interessanten Lokalstudien sind noch anzufügen: Ambrasi/D'Ambrosio; Colapietra, Spiritualità; D'Agostino E.; Di Biase; Irpinia Sacra; Libertazzi, Transumanza; Lopez, Ischia. Sehr vieles aus der italienischen Literatur des Südens macht Gentilcore, Bishop, allgemein zugänglich. Vgl. auch ders., Methods (Literaturbericht). In deutscher Sprache vgl. Miele, Provinzialkonzilien. Leider fehlt die nun dringend nötige Synthese der Forschungsergebnisse aus der „Schule" selbst. Als Einführung in die Problematik nach wie vor vorzüglich: Rosa, Religione, und sein Beitrag in SIEA 9 (1986) S. 295ff. Wertvolles Material ferner in den beiden von Galasso/Russo herausgegebenen Sammelbänden. In vielen Überblicken zur Kirchengeschichte bleibt der Süden nach wie vor unterbelichtet.
12 Diese repräsentiert das Handbuch von Penco, Chiesa.
13 „Christus kam nur bis Eboli" (1945). Der autobiographische Roman schildert u. a. die religiösen Zustände in einem entlegenen Ort der Basilicata, wohin der Autor während der faschistischen Zeit verbannt war. Vgl. zu Werk und Autor Kanceff, Bd. 41 (Beitrag Bronzini, S. 541–553). Die Formulierung von De Rosa in: Vescovi, S. 142.
14 Zu Sizilien: Cucinotta; Manduca; Nicastro; zu Sardinien die einschlägigen Artikel in den Sammelbänden von Guidetti; Kirova; Manconi.
15 Ohne Berücksichtigung der Hauptstadt.
16 Vgl. etwa Miele, Riforma.

17 Auch die Vizekönige hielten sich, vermutlich ebenfalls aus politischen Gründen, in der Auseinandersetzung auffallend zurück.
18 De Palma.
19 Neben vielen Erwähnungen in den Werken von De Rosa selbst bes.: Delle Donne; Lerra; Schmid. Zusammenfassend: Hersche, Chiesa ricettizia.
20 De Rosa hatte die Verbreitung der „Ricettizia" anfänglich stark überschätzt. Vgl. die Kritik von De Vitiis in: Galasso/Russo, Bd. 2, S. 349ff. Für die Geschichte der übrigen Pfarreien vgl. v.a. die verschiedenen Arbeiten von C. Russo.
21 Auch für diesen Teil Italiens fehlt eine einigermaßen komplete Darstellung. Die neue „Storia dell'Italia religiosa" (SIR) befaßt sich nicht in erster Linie mit der Sozialgeschichte der Kirche und Religion. Am ehesten Übersichtscharakter hat der Aufsatz über die Bischöfe von Donati in: Rosa, Clero, S. 321ff., dort auch ein interessanter neuer Periodisierungsvorschlag. Auch Greco, in: Greco/Rosa, S. 163ff., gibt einen vorzüglichen Überblick über wesentliche Fakten. Eine Fülle von bibliographischen Hinweisen für die einzelnen Lokalkirchen in: Ricerca.
22 Weber, Senatus, S. 72 (dort das Zitat); ders., Familienkanonikate, S. 24.
23 Neben den beiden in Anm. 21 genannten Autoren etwa noch Fantappié, Monachesimo (Einleitung). Mario Rosa hat sich immer wieder in dieser Richtung geäußert. Galasso stellt in seinem Beitrag in: ders., Mentalità, S. 15 und 17 eine Liste von 15 Punkten zusammen, in denen die Vorstellungen des Konzils von Trient in Italien nicht erfüllt wurden.
24 Diese Auffassungen z. B. in Übersichtsdarstellungen von Ausländern (Cochrane, Italy; Sallmann, in: L'Italie, S. 229ff.) und in einigen Lokalstudien, wie: Baratti; Galante Garrone/Lombardini/Torre; Mantese; implizit natürlich in vielen weiteren.
25 S. oben Anm. 1. Für Deutschland hat Heinrich Richard Schmidt, Konfessionalisierung im 16. Jahrhundert, München 1992, S. 76ff. auf dieses Problem hingewiesen.
26 Zwei dennoch anregende und wertvolle Arbeiten können hier stellvertretend genannt werden: Montanari, Disciplinamento; Turchini, Clero. Vgl. zur Kritik noch Caiazza, Storia.
27 Dieser Sachverhalt ist gut sichtbar in den großen Übersichtsdarstellungen zur Lombardei und zum Veneto (vgl. S. 302, Anm. 2)
28 Zu den Alpen: Baratti; Besomi/Caruso; Bianconi/Schwarz; Torre, Consumo, und die Vorarbeiten dazu; Vismara, Verze. Zu den Maremmen Giorgini; zum Veneto De Antoni/Perini (bes. aufschlußreich Bd. 2 über Chioggia).
29 Vgl. die auf S. 306, Anm. 13 genannten Werke.
30 Colosimo.
31 Caprioli/Rimoldi/Vaccaro, Bd. 2, S. 201ff.; Cascetta/Carpani (Beiträge Bernardi und Turchini); De Luca; Pissavino/Signorotto (Beitrag Mozarelli); Zardin, Confraternita e vita; ders., Riforma. Für das angrenzende Tessin noch Bianconi/Schwarz. Das vielleicht schönste Beispiel einer gescheiterten Reform ist Borromeos Idee, Männer und Frauen in der Kirche durch eine Bretterwand oder mindestens einen Vorhang im Mittelgang voneinander zu trennen.
32 De Antoni/Perini, Bd. 2, S. 123. Zu den Schwierigkeiten, diese neuen Ämter im Piemont einzuführen: Erba, S. 367ff.
33 Fiorani, Visite, S. 104.
34 Donati, in: Rosa, Clero, S. 352.
35 Greco in SIEA 9 (1986) S. 534ff.; dazu die beiden Fallstudien aus Pisa: Ecclesiastici; Parrocchia.
36 Spedicato, Mercato. Zu Mailand vgl. Pissavino/Signorotto (Beitrag Borromeo).
37 Weber, Familienkanonikate.
38 Ebd., S. 24.

39 Dazu bes.: Parrocchia (verschiedene Beispiele). Ferner: Ciuffreda, Benefici; Labrot, Histoire; Orlandi; Russo, Poteri. Vgl. außerdem die auf S. 303, Anm. 13, genannte Literatur. Auch der Fastenprediger wurde im Süden von der Gemeinde gewählt (und bezahlt): Galasso/Romeo, Bd. 9 (Beitrag Novi Chavarria, S. 359ff.)

40 Russo, Comunità. Ergänzend dazu ihre Studie über die Kirchenfabrik (mastria), in: Galasso/Russo, Bd. 2, S. 9ff.

41 Für Genua: Grendi, Cervo. Für das Veneto: Cestaro, Studi (Beiträge Franceschetto und Gambasin). Eine Ausnahme war die von Bischof Barbarigo reformierte Diözese Padua (s. unten), wo das Patronatsrecht zu 2/3 beim Bischof lag. Hingegen ist auch im Venezianischen die Bestallung des Fastenpredigers durch die Gemeinde bekannt (Bertoli, Settecento, S. 59).

42 Donati, Trentino.

43 Torre, Consumo.

44 Storia di Pavia, S. 376; Zambarbieri.

45 Di Simplicio, Giustizia. Für die nördliche Toskana vgl. Greco (wie Anm. 35) und Fantappié, Riforme; ders., Strutture.

46 Ebd., vgl. zu de' Ricci auch die übrigen Beiträge des Sammelbandes, in dem Fantappiés Studie erschien.

47 Dieser Auffassung ist auch Reinhard, Reformpapsttum. Die beiden letztgenannten Päpste kann man als Übergangsfiguren betrachten. Donati (s. oben Anm. 21) läßt mit ihnen die Reformzeit enden, Gross erst mit ihrem Nachfolger Urban VIII. Zum Kampf der Ideen zwischen Reform und fortlebendem Renaissancegeist anschaulich Zapperi; für das Schicksal der Reform unter Klemens VIII. den Sammelband von Lutz (vgl. darin bes. den Beitrag von Ganzer, der auf systembedingte Hindernisse der Reform hinweist). Zum Borghesepapst Reinhard, Papstfinanz, und Reinhardt, Borghese. In Mailand wird die Abkehr von der strengen Gegenreformation schon bei Erzbischof Federico Borromeo (dem Neffen Carlos, 1595–1631) deutlich, wie Jones am Beispiel der Kunst und Kendrick an demjenigen der Musik klar zeigen konnten.

48 Dazu, neben Gross, v. a. die verschiedenen von Fiorani verfaßten Artikel in den RSRR, insbesondere der bereits in Anm. 33 erwähnte.

49 Erste systematische Untersuchung bei Rosa, Curia; dazu ergänzend ders., Scarsella. Vgl. auch den bereits in Anm. 11 erwähnten Artikel der SIEA. Verschiedene Einzelhinweise in einigen Arbeiten aus der Schule De Rosa. Für Sizilien: Cucinotta, S. 289ff. Allg. zum Geldabfluß nach Rom: Stumpo, Mito, und sein Beitrag in SIEA 9 (1986) 265ff.

50 Eine eindrückliche Liste in dem in Anm. 21 erwähnten Aufsatz von Donati, S. 336f.

51 Dieser Beitrag hat schon in der älteren Literatur genügend Beachtung gefunden, so daß hier auf ausführliche Behandlung im Text und viele Literaturhinweise verzichtet werden kann. Zu den alten Orden vgl. die auf S. 304f., Anm. 43, erwähnten Werke, zu den neuen die Beiträge von Caiazza und Rosa in SIR, S. 211ff. und S. 271ff. Generell ist bei allen Orden das Fehlen einer methodisch modernen Geschichtsschreibung festzustellen (vgl. dazu auch die Bemerkungen von Fantappié, Monachesimo, und Giarrizzo, in: L. De Rosa, S. 82)

52 Beispiele bei Bösel; Sallmann, Naples; Sodano. Vgl. auch S. 329, Anm. 52. Für die bescheidenere Art der Kapuziner vgl. Mastroianni.

53 Neueste Zusammenfassung der Forschungsstandes, mit Literaturangaben, bei Orlandi in SIR, S. 419ff. Dazu einige Beiträge bei Nanni. Speziell zu Sardinien Turtas. Für die Jesuiten materialreich A. Guidetti.

54 Nanni (Beitrag Fiorani); Prosperi, Tribunali.

55 Zu den Passionisten Giorgini; zu den Redemptoristen nun Chiovaro (Beitrag Orlandi).
56 Überblick, mit Literaturhinweisen, von De Rosa in SIR, S. 321ff.
57 Zahlen nach dem Katalog der gedruckten Synodalbeschlüsse bei Da Nadro. Die Zahl der abgehaltenen Synoden ist zweifellos größer, erreichte gleichwohl nie die von den Reformern gewünschte Frequenz, wie aus Untersuchungen einzelner Diözesen hervorgeht: Mariotti; Spedicato, Episcopato, S. 171ff. Die Durchsetzung der Beschlüsse und die Verpflichtung des niederen Klerus auf sie mußte eine Verbreitung durch den Druck nahelegen. Die bisherigen Auffassungen zum 17. Jahrhundert stellte jüngst Caiazza, Prassi, etwas in Frage.
58 Von 1700–1720 listet Da Nadro 150 Drucke auf, 1760–1780 nur noch 38. Vgl. noch Donati, in: Rosa, Clero, S. 370ff.; Menozzi; Miele, Provinzialkonzilien (32 Konzile im späten 16. Jahrhundert, noch fünf im 17. und, außer im kirchenstaatlichen Benevent, im 18. keine mehr!).
59 D'Agostino, Vescovi; De Rosa, Vescovi; Manduca; Marino, Sinodo. Aber auch Rom machte Schwierigkeiten. So wurden die Beschlüsse einer 1594 in Cosenza abgehaltenen Provinzialsynode von der Kurie nicht genehmigt, weil sie zu viele Konzessionen an lokale Volksbräuche machten. Natürlich mußte solches die reformerische Aktivität blockieren und die Bischöfe entmutigen. Vgl. Miele, Provinzialkonzilien. Ein späterer Parallelfall untersucht bei Lauro.
60 Caiazza, Stato; De Rosa/Cestaro (Beitrag Cestaro).
61 Zur „svolta" v.a. drei Beiträge von Donati, in SIEA 9 (1986) S. 721ff.; in: Rosa, Clero, S. 361ff.; und: Bona Castellotti/Bressan/Vismara, S. 103ff. Vgl. ferner den Beitrag von Greco, in: Rosa, Clero, S. 45ff.
62 Zu Innozenz XII. gibt es einige neuere Arbeiten, die auch seine vorgängige bischöfliche Aktivität beleuchten: De Palma; Pellegrino, Riforme; Turrini, Riforma.
63 Billanovich. Zur Lombardei Vismara, Settecento.
64 De Maio, Società. In Neapel war auch Innozenz XII. vor seiner Wahl zum Papst kurze Zeit Erzbischof.
65 Zum neuen Bischofsbild, neben dem bereits mehrfach erwähnten Aufsatz von Donati, noch Rosa, Immagine; zum jansenistischen Einfluß zusammenfassend ders. in SIR, S. 231ff.
66 Zu Benedikt XIII. im wesentlichen immer noch das bei Pastor, Bd. 15, Gesagte; für Benedikt XIV. nun zusammenfassend Garms-Cornides.

Formen und Bedeutung der Laienreligiosität

1 In Frankreich vertrat vor allem Robert Muchembled, Kultur des Volks – Kultur der Eliten, Stuttgart 1982, ein ausgesprochen dichotomisches Modell, das er in späteren Werken dann etwas zurücknahm. Ein weiterer „klassischer" Vertreter ist Camporesi (zu ihm S. 307, Anm. 33). Bei Casali hat offenbar die von ihm benutzte Quelle zu dieser Sichtweise geführt, bei Besomi/Caruso ist sie schon im Titel ihres Sammelbandes wegleitend geworden. Bei den Vertretern der Historischen Anthropologie in Deutschland, die sich um die seit 1993 erscheinende Zeitschrift dieses Namens gruppiert haben, schimmert ein dichotomisches Konzept bisweilen durch, während Burke, der sich ebenfalls der Historischen Anthropologie zurechnet (Burke, S. 11 – das Werk hat auch den Untertitel „Eine historische Anthropologie") vorsichtiger argumentiert. Auch einige Arbeiten aus dem Umkreis der auf S. 314, Anm. 1, angesprochenen Autoren (vgl. bes. Prodi, Disciplinamento; Prodi/Reinhard) sind davon nicht unbeeinflußt. Der schärfste Kritiker solcher Auffassungen ist der Volkskundler Wolfgang Brückner (vgl. etwa

seine Einleitung und die Beiträge in: Jahrbuch für Volkskunde 19 [1996] – erstaunlicherweise ist Brückner aber auch in Prodi/Reinhard mit einem Beitrag vertreten!). Die aus der französischen Forschung übernommene, u. E. sinnvolle Unterscheidung zwischen „gelebter" und „vorgeschriebener" Religion bei Ginzburg, Religioni, noch weiter ausdifferenziert. Die seinerzeit in Frankreich und Deutschland lebhaft geführte Diskussion um die „Volksfrömmigkeit" hat Italien nur abgeschwächt erreicht. Vgl. etwa Giuseppe de Rosa; Russo, Religiosità; Stella, Devozioni; auch bei Galasso, Europa, und in einigen Kongreßakten von De Rosa zeigt sich etwas Widerhall. Ein nun schon etwas älterer Literaturbericht in deutscher Sprache bei Chorherr, neuer: Gentilcore, Methods. Übersichten zum religiösen Volksbrauchtum gibt es bei Cardini; Falassi; Rivera, doch fehlt allen, wie bereits früher erwähnt (S. 140f.), die historische Tiefendimension. Insgesamt steht die Volksreligiosität wie die Volkskultur allgemein in der italienischen Forschung am Rande, wie etwa die großen Übersichten zur Lombardei und zum Veneto zeigen (vgl. S. 302, Anm. 2). Am ehesten hat wiederum Gabriele de Rosa diesem Phänomen seine Aufmerksamkeit gewidmet, sein Beitrag in der SIR, S. 345ff. bietet aber nur Bruchstückhaftes. Die meist in den RSSR erschienenen Arbeiten seines Schülers Giuseppe Maria Viscardi über die Volksreligiosität können nicht ernst genommen werden: Neben einem völlig außer Rand und Band geratenen Anmerkungsapparat (bis zwei Drittel des Umfangs!) bleibt der Text allzu dürftig, auch fehlt bisweilen die notwendige Quellenkritik. Gehaltvolle Fallstudien, wie sie etwa Greco, Capello, oder auch Turchini vorlegten, sind Ausnahmen; eine fundierte Übersichtsdarstellung steht offenbar in weiter Ferne. Für die nachfolgende grundsätzliche Betrachtung waren folgende Arbeiten in Teilaspekten anregend: Allegra, in SIEA 4 (1981) S. 895ff.; Baratti; Barbero/Ramella/Torre; Calcara; Colosimo; De Rosa, Vescovi; Di Simplicio, Peccato; Donati, Trentino; Giorgini; Greco, Parrocchia; Manconi, Società; Orlandi, Campagne; Parrocchia; Russo, Comunità; Scaraffia, Tre re; Spedicato, Episcopato; Torre, Consumo; Vismara, Miracoli.

2 Vgl. S. 46ff.
3 Vgl. S. 316, Anm. 31.
4 Vgl. S. 290, Anm. 8.
5 Zweifellos sind solche Dichotomien vorhanden, doch dürfen sie nicht absolut gesetzt werden. Stets sind Vermittlungen zu bedenken, ebenso das heuristische Problem, daß nahezu sämtliche verfügbaren Quellen aus der Hand der Elite stammen und daher ihre Sichtweise widerspiegeln.
6 Die Pionierrolle der französischen historischen Religionssoziologie bei der Erforschung der hier diskutierten Probleme hat bisweilen dazu geführt, das französische Modell unbesehen auf andere Länder zu übertragen. Doch unterscheidet sich der französische Katholizismus grundlegend von den anderen „Katholizismen". Vgl. Peter Hersche, „Klassizistischer Katholizismus". Der konfessionsgeschichtliche Sonderfall Frankreich, in: Historische Zeitschrift 262 (1996) S. 357–389.
7 Besomi/Caruso (Beitrag Pozzi); D'Agostino M.; Turtas, Pastorale. Allg. noch Burke, Reden.
8 Manconi (Beitrag Greco); Turtas, Missioni (vgl. auch seine Beiträge in: Guidetti). In Sardinien konnten sich Reste vorchristlicher Religiosität am ehesten und längsten halten.
9 Viele Kapuzinerklöster entstanden auf Wunsch und teilweise auch mit materieller Unterstützung des gewöhnlichen Volkes: Mastroianni, S. 74. Ebenso zeigt sich dessen auch materielles Engagement bei den Kleinheiligtümern der Sakrallandschaft (vgl. S. 241f.).
10 Vgl. S. 87ff. und die dort aufgeführte Literatur.
11 Zum Kunstmäzenat der Bruderschaften, abgesehen von der Spezialliteratur (bes. Bertoldi Lenoci), noch: Confraternite; Cucinotta, S. 251ff.; De Maddalena/Rotelli/Barbarisi, Bd. 3 (Beitrag

Bottoni); Goldthwaite, S. 119f.; Labrot, Etudes; ders., Histoire; Poletti; Torre, Consumo. In Pestzeiten mußten diese Ausgaben eingeschränkt werden, andererseits ermöglichten die damals erfolgten Vermächtnisse Kunstinvestitionen in der Zukunft: Seicento Bergamo (Beitrag Rossi).
12 Perini.
13 Zur Beichte allg. De Boer; Prosperi, Tribunali; Turrini, Coscienza. Diese Literatur bezieht sich auf Beichttraktate; über die konkrete Ausgestaltung und Wirksamkeit des Bußsakramentes wissen wir sehr wenig. Die beiden weiteren kirchlichen Disziplinierungsinstrumente waren die Inquisition (vgl. S. 219ff.) und die geistlichen Gerichte, über deren konkretes Wirken ebenfalls wenig bekannt ist, außer etwa zur Ehegerichtsbarkeit (vgl. S. 295, Anm. 22). Im Buch von Bonacchi über das römische Vikariatsgericht – sicherlich ein weniger geglücktes Beispiel feministischer Forschung – wird die Disziplinierungsthese überzogen (vgl. zur Kritik noch Caffiero, Religione).
14 Baratti, S. 75; Giorgini, S. 114; Miele, Provinzialkonzilien, S. 501. Das Instrument der Beichtzettel ist in der Forschung noch kaum beachtet worden, am ausführlichsten: Ernst J. Huber, Beichtzettel, in: Jahrbuch für Volkskunde 6 (1983), S. 182–207. Dort weitere Beispiele von Mißbräuchen.
15 Chiovaro, S. 406; Merzario, Anastasia, S. 127; Russo, Comunità, S. 383 und 410. Allg. Acatti; Prosperi, Tribunale.
16 Die Meßstipendien werden in manchen Untersuchungen zur Kirchengeschichte beiläufig erwähnt, doch fehlt eine Gesamtdarstellung. Dem Phänomen genauer nachgegangen ist eigentlich nur Torre, Consumo (vgl. auch die Vorgängerpublikationen für das Piemont). Auch Greco hat das Problem in verschiedenen seiner Publikationen im Auge. Allg. noch Goldthwaite, S. 105ff.; für die Lombardei Acerbi/Marcocchi (Beitrag Toscani, bes. S. 57ff.); für Siena Cohn.
17 Donvito, Domanda. Für Lecce noch De Palma, S. 81.
18 Palumbo, Massaro, S. 49; Spedicato, Carmiano (Beitrag Pellegrino).
19 Guidetti, Bd. 3, S. 285, Bd. 4, S. 123.
20 Giorgini, S. 96; Fantappié, Riforme, S. 117; ders., Strutture, S. 158. Die Zunahme in Siena belegt bei Cohn, S. 219ff.
21 Zambarbieri, S. 156ff. (mit Tabellen); Camozzi, S. 553.
22 Bertoli, Settecento, S. 53; Rosa, Religione, S. 55. Zu beachten ist dabei, daß ein Priester pro Tag nur eine Messe lesen durfte.
23 Dies geht aus einigen detaillierten Angaben in der in Anm. 16–21 erwähnten Literatur hervor. Eine Ausnahme, wo es umgekehrt war, war Rimini: Turchini, Clero, S. 123ff.
24 Vor allem in Venedig, wo die Zahl der Meßleser besonders groß war, bei gleichzeitiger starker Konkurrenz der Orden, denen z. B. im Stichjahr 1695 45.900 Messen zustanden: Bertoli, Seicento, S. 43f. und 106; Perini. Zur mißlichen Situation der Meßleser andernorts: Poli R.; Schmidtbauer.
25 Hinweise u. a. bei Campanelli; Colosimo; Fiori; Parrocchia (Beitrag D'Andrea). Der Reformpapst Innozenz XII. ordnete an, daß eine Messe mindestens 20 Minuten zu dauern hätte; zu diesem Zweck sollten in den Sakristeien Uhren aufgestellt werden: Pellegrino, Riforme, S. 282.
26 Belege dazu und für das folgende, neben einzelnen Stellen in der in Anm. 1 und 25 erwähnten Literatur noch bei: Di Leo; Ferrero; Fiorani, Visite; Greco, Capello; Montanari, Disciplinamento. Vgl. auch Burke, S. 24f.; Miele, Provinzialkonzilien, S. 485ff.
27 Mehr Schweigen im Gotteshaus war eine der vielen nicht erreichten Zielsetzungen der tridentinischen Reform: Burke, Reden, S. 78.
28 Zu dieser Tatsache, die bereits Baretti, S. 6, erkannt hatte, noch Hinweise bei Colapietra,

Spiritualità; De Marco; Donvito, Società. Normalerweise nahm der zentrale Stadtplatz diese Funktionen wahr: Pelizzari; Burke S. 17ff.

29 Schudt, S. 205; Tuzet, S. 322. Eine plastische zeitgenössische Schilderung des Betriebes im Dom von Mailand bei Karl Gottlob Küttner, Briefe eines Sachsen aus der Schweiz, Leipzig 1785–1786, Bd. 2, S. 69f.; für Neapel eine bei Volkmann, Bd. 3, S. 153.

30 Im Gegensatz zu anderen hier behandelten Themen wird die Erforschung der Heiligen in Italien sehr intensiv betrieben, was auch darauf zurückzuführen ist, daß die weiblichen Heiligen ein Angelpunkt der feministischen Forschung sind. Sozialgeschichtliche Fragestellungen bleiben dabei allerdings meist auf der Strecke. Vgl. etwa folgende neuere Sammelbände: Boesch Gajano, Raccolta; dies., Santità; Boesch Gajano/Sebastiani; Donne sante; Scaraffia/Zarri; Zarri, Donna; dies., Finzione. Für das späte 18. Jahrhundert noch De Spirito in SIR, S. 453ff; zuletzt zum Thema Burschel, in: Prodi/Reinhard, S. 309ff. Ein fundamentales Werk, das den Gegenstand von vielen Seiten her beleuchtet, ist Sallmann, Naples (mit Hinweisen auf ältere Arbeiten des Autors). Galasso, Europa, S. 64ff., widmete dem Thema ein interessantes Kapitel. Trotz einiger Bedenken aus historischer Sicht sei zuletzt auf die Bücher des Soziologen Carroll hingewiesen, zumal sie viele Ergebnisse der italienischen Forschung allgemein zugänglich machen. Speziell zu Sizilien Cabibbo.

31 Sallmann, Naples, S. 22.

32 Russo, Comunità, S. 417ff. Zur Verteilung der Patrozinien in der Stadt selbst De Maio, S. 149. Auch in Anagni waren die meisten Kirchen der Madonna geweiht: Colosimo, S. 170. Zu Chioggia De Antoni/Perini, Bd. 2, S. 295ff.; zu Piemont Quaccia; Scaraffia, Tre re.

33 Turrini, Penitenza, S. 356f. Bei den weniger aussagekräftigen Pfarrpatrozinien trat Maria zurück (17%), christologische Patrozinien gab es aber überhaupt keine.

34 Capitelli (Beitrag Giurato, die Zahlenangaben S. 153). Zu den Problemen der Auswertung dieser Sachquellen vgl. S. 241.

35 Cinelli/Mazzanti/Romagnoli. Vgl. außerdem Battistelli.

36 Cumàn, hier die auch anderswo zu machende Feststellung, daß der zweitbeliebteste Heilige Antonius von Padua war. Hier mag angefügt werden, daß von den heute anerkannten 1763 Wallfahrtsheiligtümern Italiens 87% Maria geweiht sind (Carroll, Madonnas, S. 25). Von den hundert im Verzeichnis von Salvini aufgelisteten Marienwallfahrtsorten sind die meisten alt (d. h. mittelalterlich oder frühneuzeitlich).

37 Bertoldi Lenoci, Confraternite pugliesi, Bd. 1, S. 112f. Interessant ist auch die Toponomie, wie sie etwa Lima in ihrem Buch über die sizilianische Sakrallandschaft untersucht hat.

38 Gaudioso, Pietà.

39 Parrocchia, S. 154.

40 Eine Liste bei Carroll, Madonnas, S. 61f. Zur „Schmerzensmutter" Scaraffia, Bemerkungen; zu der in den Alpen verbreiteten „Schneemadonna" und zu Konkretisierungen des Marienkults überhaupt Jorio/Borello.

41 Zu diesen das materialreiche Werk von Manodori.

42 Burke, S. 54ff.

43 Neben den in Anm. 30 genannten Werken (bes. Zarri) noch: Del Col/Paolin (Beitrag Jacobson Schutte); Modica Vasta; Prosperi, Tribunali, S. 431ff.)

44 Drei monographisch bearbeitete Beispiele: Caffiero, Politica; De Rosa, Santi popolari (Gerardo Maiella), letzte Fassung in: ders., Tempo, S. 315ff.; Palumbo G.

45 Zu Neapel: Boesch Gajano/Scaraffia (Beitrag Rosa); Labrot, Histoire, S. 515ff. Zu Sardinien: Kirova, S. 270ff. Eine Falluntersuchung zum Reliquienkult bei Greco, Capello.

46 Einige Beispiele, teilweise auch mit Angabe der exorbitanten Kosten: Allegri/Di Benedetto;

Colapietra, Spiritualità, S. 539f.; Cucinotta, S. 267; Fagiolo/Madonna; Franzese; Galasso/ Romeo, Bd. 9 (Beitrag Campanelli, S. 494ff.); Romano L.; Storia di Pavia, S. 400. Weitere Beispiele s. unten in Anm. 67 und 68.

47 Luminati, S. 112f.
48 Bertoli, Settecento, S. 127ff. und 250ff.
49 Calcara, S. 127. Im übrigen zu den Stadtheiligen des Südens bes. Sallmann, Naples; ferner De Maio, Società, S. 145f.
50 Galasso/Romeo, Bd. 9 (Beitrag Novi Chavarria, S. 369ff.); Gentilcore, Bishop, S. 162ff.; ders., Illness; Sangalli; Sodano; Vismara, Miracoli. Einen Vergleich der Wunderheilungen mit der Schulmedizin zieht Pomata. Zu diesem Problemkreis gehört die Ex Voto-Forschung, in Italien vornehmlich von Turchini betrieben: Turchini, Straordinario, und sein Beitrag in Anselmi.
51 Eine zusammenfassende Arbeit zum Thema fehlt. Am ausführlichsten geht Lima für Sizilien auf das Thema ein. Feiertagskalender finden sich bei Cucinotta, S. 264f.; De Antoni/Perini, Bd. 2, S. 332f.; Di Leo, S. 108; Donati, Trentino, S. 94f.; Orlandi, Campagne, S. 366ff. (mit ausführlicher Beschreibung); Storia di Pavia, S. 394. Zur Toskana die wohl etwas fragwürdige Zahlenangabe bei Riederer-Grohs, S. 13.
52 Das berühmte Rosalienfest in Palermo dehnte sich schließlich auf fünf Tage aus: Carroll, Madonnas, S. 41, vgl. auch Tuzet, S. 287.
53 Bisweilen überschreitet das Total die Zahl Hundert, in diesem Falle sind aber wohl die Halbfeiertage (s. unten) mitgerechnet.
54 Dazu, unter Berücksichtigung auch Italiens: Peter Hersche, Wider „Müßiggang" und „Ausschweifung". Feiertage und ihre Reduktion im katholischen Europa, namentlich im deutschsprachigen Raum zwischen 1750 und 1800, in: Innsbrucker Historische Studien 12/13 (1990), S. 97–122. Vgl. neben der dort erwähnten Literatur noch Marino, Situazione, und Schöch. In den Zusammenhang des Kampfes gegen die Feiertage gehört derjenige gegen Tanz und Musik, der sich mit der Aufklärung ebenfalls intensivierte. Ein Fallbeispiel bei Lunelli.
55 Caffiero, Politica, S. 157ff.; Cascetta/Carpani (Beitrag Grandis); Torniai; Ussia.
56 Rosa, Religione, S. 217ff.; ders. in: Boesch Gajano/Scaraffia, S. 409ff.
57 Zuletzt Orlandi, in: Bertoldi Lenoci, Confraternite Chiesa, 325ff., mit Hinweisen auf die ältere Literatur.
58 Nanni (Beitrag Caffiero).
59 Aus Platzgründen muß hier auf die Aufzählung von allgemeiner und speziell religionsgeschichtlicher, im Einzelfall auch kunsthistorischer oder volkskundlicher Literatur, wo Prozessionen nicht selten, aber immer knapp erwähnt sind, verzichtet werden. Vgl. insbesondere die in Anm. 1 erwähnten Werke. Eine auch nur beschränkte Zusammenfassung zum Thema fehlt, Einzelarbeiten gibt es ganz wenige: Civiltà e Cultura (Beitrag Fonseca); Dallaj; Rabaglio. Im übrigen ist wiederum auf das auch hinsichtlich der graphischen und illustrativen Umsetzung des Themas außergewöhnliche Werk von Lima zu verweisen.
60 Ein bekannter Gegner der Prozessionen, wie aller anderer Manifestationen der Volksreligiosität, war Gregorio Barbarigo. Er wollte sie durch Bußandachten ersetzen: Billanovich, S. 177f.
61 Dazu vor allem Lima (s. oben Anm. 59), ferner Delille, S. 109ff; Sibilla.
62 Bernardi; Cascetta/Carpani (Beitrag Bernardi). Für Sizilien: Calcara. Vgl. auch die in Anm. 1 erwähnte volkskundliche Literatur.
63 Z. B. im Trentino: Donati, Trentino, S. 92.

64 Im Gegensatz zum deutschen Raum (vgl. unseren auf S. 307, Anm. 17, erwähnten Literaturbericht) ist auch hier für Italien das Fehlen von grundlegenden Einzelforschungen wie von vorläufigen Überblicken zu beklagen. De Rosa in SIR, S. 345ff., ist eher allgemein gehalten, man vermißt umfassende Literaturhinweise. Salvini macht nur gelegentlich historische Exkurse (ohne Nachweis), dasselbe gilt für Jorio/Borello. Auch die folkloristische Forschung versagt völlig, der einschlägige Beitrag z. B. von Mazzei in: Cardini, S. 161ff., ist eigentlich bloß ein Inventar der Wallfahrtsorte ohne jegliche Analyse.
65 Delumeau, Vie économique; Paloscia; Romani, Pellegrini.
66 Zu Loreto: Grimaldi; Santarelli; zu Assisi: De Vecchi Ranieri; Grohmann (Beitrag De Vecchi); Monticone, Cammino; zu Bari: Tateo, Bd. 1 (Beitrag Papagna/Russo, S. 240ff.)
67 Parrocchia (Beitrag Avagliano).
68 Penco, Chiesa, S. 97. Vgl. zu Vico noch Galante Garrone/Lombardini/Torre; Amedeo. Zu Montesanto Salvini, S. 135.
69 Vereinzelte Hinweise bei Baratti; Kirova (Beitrag Kirova u. a.); Labrot, Histoire; Russo, Comunità; Vismara, Miracoli.
70 Dell'Oro, Oropa; Vaccaro/Ricardi; Zanzi. Vgl. auch S. 233.
71 In der italienischen Forschung kaum thematisiert (für den deutschen Raum vgl. demgegenüber Peter Hersche, Die Lustreise der kleinen Leute, in: Geselligkeit und Gesellschaft im Barockzeitalter, hg. von Wolfgang Adam, Wiesbaden 1997, S. 321–332). Vgl. für den Tessin Baratti, S. 80ff. Möglicherweise bezieht sich eine Klage des Bischofs von Cagliari über „Skandale" beim Übernachten des Volkes in der Kirche auf Wallfahrten (Kirova, S. 146).

Der Konformismus im Geistesleben und die Ausgrenzung der Dissidenten

1 Eine auch die Elementarschule umfassende Synthese der Bildungsgeschichte fehlt, selbst in den allgemeinen Darstellungen. Einzig die etwas dürftige Einleitung zum Quellenband von Balassi/Roggero hat zusammenfassenden Charakter. Die Beiträge der Sammelbände von Bartoli Langeli/Toscani; Brizzi, Catechismo; Toscani, Scuole, befassen sich mit wenigen Ausnahmen nur mit der Zeit der Reformen in der 2. Hälfte des 18. Jahrhunderts, die dort gegebenen Alphabetisierungsraten entstammen mit einer Ausnahme (Frascadore, in: Bartoli Langeli/Toscani, S. 109–148) erst der napoleonischen Zeit, wo ausreichend Quellen zur Verfügung stehen. Das Barockzeitalter kommt eigentlich nur im Beitrag der Orden zum Schulwesen zur Sprache. Eine wertvolle Einzelstudie ist Vadagnini; für Mailand vgl. noch Pissavino/Signorotto (Beitrag Bianchi), zu Neapel Orlandi, S. 78ff.
2 Angiolini/Roche (Beitrag Brizzi).
3 Zu den Jesuiten der Beitrag von Caiazzi in SIR, S. 211ff., für die beiden übrigen Orden der in Anm. 1 genannte Aufsatz von Bianchi.
4 Liebreich; Rosa in SIR, S. 287ff.
5 Vgl. die auf S. 305, Anm. 46 genannte Literatur, bes. Hunecke und Russo.
6 Dies zeigt vor allem die hier nicht zu behandelnde Literaturgeschichte. Vgl. Asor Rosa, Letteratura; ders., Seicento; Petronio.
7 Brizzi, Catechismo; Toscani, Dottrina cristiana.
8 Diese und weitere Angaben bei Orlandi, S. 78ff.
9 Asor Rosa, Letteratura (Beitrag Brizzi); Brizzi/Varni; De Bernardin; Dooley, Social Control; Kagan.
10 Dies galt auch, trotz der engen politischen Verbindungen, für die Spanier.

11 Schudt, S. 207ff.
12 Brizzi, Formazione; ders., Pratica.
13 Kiene.
14 Asor Rosa, Letteratura (Beitrag Quondam); Boehm (Beiträge Olmi und Quondam); Caracciolo, Accademie; Cesi; Galasso/Romeo, Bd. 9, S. 606ff. (zu den Investiganti); Segre.
15 De Sanctis.
16 Cavazza M.
17 Vgl. die Namensliste bei Benzoni, Affanni, S. 164f.
18 Vgl. S. 288, Anm. 15.
19 Wir beschränken uns auf wenige neuere Biographien: Biagioli; Fantoli; Feldhay; Fischer; Redondi (die hier aufgestellte neue These der Gründe der Verurteilung hat nicht überall Anerkennung gefunden). Zuletzt aus der Sicht des Allgemeinhistorikers: Reinhardt, in: Prodi/Reinhard. Eine gute Übersicht, auch zum wissenschaftsgeschichtlichen Kontext, mit ausführlicher Bibliographie, von Maiocchi, in SSI, Bd. 11, S. 425–453. Ausführlich auch Sella, Italy, S. 213ff.
20 Nach Hemleben, S. 172.
21 Zum folgenden, neben der Literatur in Anm. 14 und 19, Finzi in SIEA 1 (1978) S. 511ff., 3 (1980) und 7 (1984) (beide jedoch im allgemeinen für das Barockzeitalter wenig ergiebig); Braudel, Modell; Cochrane, Florence; Maffioli.
22 Malanima, Decadenza, S. 150. Unter den Erfindern fanden sich bemerkenswert viele Juden und Nichtitaliener.
23 Zu den Angehörigen der Familie vgl. die entsprechenden Artikel im DBI.
24 Waquet F.
25 Grundlegend für Italien sind Del Col/Paolin und Tedeschi, Prosecution, ergänzend ders., New light. Eine neue Gesamtdarstellung schrieb Bethencourt, Italien ist dabei angemessen berücksichtigt. Die ältere Literatur in traditioneller Manier zusammengefaßt bei Canosa, Inquisizione. Prosperi, Tribunali, befaßt sich nur mit den Anfängen im 16. Jahrhundert. Von ihm die ebenfalls zeitlich beschränkte Übersichtsdarstellung bei Rosa, Clero. Eine weitere, auch sehr knappe von Osbat in SIR, S. 375ff. Dasselbe gilt für Sallmann, in: L'Italie, S. 283ff., er gibt aber S. 305ff. interessante Tabellen zu den verschiedenen von der Inquisition abgeurteilten Delikten. Eine Fallstudie zu Cremona bei Pissavino/Signorotto (Beitrag Peyronel Rambaldi). Zur Judenverfolgung durch die Inquisition nun Luzzatti. Im deutschen Raum hat die Inquisition wenig interessiert, vgl. aber Schwedt. Zur Archivsituation – die sich mit der kürzlichen Öffnung des Archivs des Heiligen Offiziums grundlegend verändert hat – Del Col.
26 Angaben dazu mit Zahlen bei Bethencourt und Prosperi, Tribunali. Abgesehen von der Abschreckungswirkung wird damit die der Inquisition zugeschriebene disziplinierende Funktion fraglich. Dies zeigt auch die Anzahl der Prozesse, die für Italien nur geschätzt werden kann (im Gegensatz zu Spanien und Portugal): Auf jeweils einen von 30–40.000 Einwohnern der Halbinsel kam im Schnitt jährlich ein Prozeß.
27 Billanovich.
28 S. oben Anm. 25.
29 Zur Blasphemie Burke, S. 96ff., zu den falschen Heiligen die auf S. 321, Anm. 30, erwähnte Literatur, bes. Zarri.
30 Zum Thema Hexen in erster Linie Romeo, Inquisitori; vgl. auch dessen Kurzdarstellung in SIR, S. 189ff. Eher allgemein Gentilcore, Bishop, S. 238ff. Die Literatur zum 16. Jahrhundert kann hier nicht berücksichtigt werden. Eine Gesamtdarstellung der Hexenverfolgungen in italienischer Sprache unter besonderer Berücksichtigung des Südtirols und des Tren-

tino, schrieb Di Gesaro. Die Schlußfolgerungen von Ginzburg, in seinem bekannten Buch über die „Benandanti", können, Romeo zufolge, nicht verallgemeinert werden.
31 Asor Rosa, Letteratura, S. 340ff.; Davidson; Hersche, Unglaube (Literaturbericht); Sella, Italy, S. 206ff.; Spini, Barocco; ders., Ricerca.
32 Canosa, Restaurazione; Conti Odorisio; Di Simplicio, Anticristo; Nardi, Concubinato.
33 Osbat.
34 Bicci.
35 Canosa, Restaurazione; Donne sante (Beitrag Modica Vasta); Orlandi, Fede; Signorotto, Inquisitori.
36 Nicastro, Bd. 2. Ausführliche Schilderung des Autodafés bei Benedikt, S. 337ff.
37 Eine befriedigende Gesamtdarstellung fehlt, die meisten Arbeiten zum Thema beschränken sich auf das 16. Jahrhundert (vgl. etwa die Beiträge in SIEA 4 [1981]). Die Übersichten von Rotondò in SIE, Bd. 5, S. 1399ff. und Rozzo, in SIR, S. 137ff., stellen mehr die zensurierten Werke als das Funktionieren des Apparats in den Vordergrund. Dieses wird aber deutlich in der älteren Arbeit von Lopez, Inquisizione, über Neapel. Einige Hinweise bei Tedeschi, Prosecution, und, speziell für das 18. Jahrhundert, bei F. Waquet. Zu Venedig: Grendler (erfaßt nur die Frühzeit); Matozzi; Ulvioni, Stampa. Zur Selbstzensur und „Dissimulation" noch Villari, Elogio.
38 Auch zu diesem Thema, das in den meisten Werken zur Volksreligiosität (vgl. S. 319) erwähnt wird, fehlt eine Synthese. Übergreifende Perspektiven am ehesten bei De Rosa, Vescovi; ders., Religione, und Galasso, Europa. Daneben sei auf Carroll und Gentilcore, Bishop, hingewiesen.
39 Baretti, S. 237ff.
40 Grundlegend De Martino. Zur Kritik Hauschild. Vgl. ferner Galasso, Europa, S. 253ff.
41 Corrain/Zampini, Documenti. Die Sammlung erschien zunächst in einem lokalen Pfarrblatt. 1970 gab der Verlag Forni einen Reprint heraus, der inzwischen längst vergriffen und in Bibliotheken eher selten ist. Das Material ist nach Regionen geordnet. Eine Art Zusammenfassung stellen die Karten S. 390ff. dar. Vgl. noch dies., Costumanze.
42 Cavazza S.
43 Zu den Ursprüngen des „calendimaggio" Toschi; zur Auseinandersetzung damit: Baratti; Pellegrino, Riforme (Beitrag Mazzone); Prosperi, Controriforma; Pugliese Curatelli, Bd. 1 (Beitrag Ambrasi). Zur Maiandacht: Nanni (Beitrag Caffiero).
44 Ginzburg, Benandanti; Colosimo, S. 190.
45 Ausführliche Schilderung eines Schadenzaubers bei Vismara, Verze. Zur Schatzgräberei: Gai; Sallmann, Chercheurs.
46 Allg. Burke, S. 170ff.; Gentilcore, Illness. Eine ausführliche Fallschilderung bei Palumbo G. Zur magischen Tätigkeit von Priestern: Levi; Lopez, Clero; O'Neil; zur Konkurrenz von Frauen und Priestern: Acatti.
47 Berühmtestes Beispiel ist der hochgebildete Juan Caramuel y Lobkowicz, der als Bischof von Campagna und Satriano hautnahe pastorale Erfahrungen mit der Magie gemacht hatte. Er war einer der Hauptvertreter des moraltheologischen Systems des „Laxismus". De Rosa, Vescovi; Galasso/Romeo, Bd. 9 (Beitrag Campanelli, S. 343ff.); vgl. ferner die Biographie im DBI. Zum Laxismus noch Canosa, Restaurazione, und Weber, Vicegerente.

6
Ostentative Verschwendung: Der barocke Bauboom

1 Der „Klassiker" der Gattung, Arnold Hauser, Sozialgeschichte der Kunst und Literatur, München 1953, genügt heutigen Ansprüchen längst nicht mehr, ganz besonders für das Barockzeitalter. Die kunstgeschichtliche Literatur streift die Sozialgeschichte höchstens am Rande, Haskell ist eine große Ausnahme. Die nach wie vor überzeugendste Synthese der Geschichte der Barockkunst in Italien bleibt Wittkower. Neuer, aber für unsere Fragestellung weniger (bzw. überhaupt nicht) ergiebig sind: Matteucci; Storia dell'Arte; Varriano. Nachstehend seien einige regional beschränkte historische und kunsthistorische Arbeiten genannt, bei denen wenigstens annähernd eine wechselseitige Durchdringung versucht wurde und die für die folgende Darstellung viel Belegmaterial boten: Barbero/Ramella/Torre; Doria, Investimenti; Fantappié, Riforme; ders., Strutture; Georgelin; Kirova; Labrot (sämtliche Arbeiten); Lattuada; Russo, Comunità; Strazullo; Torre, Consumo. Auf die Pionierarbeit von Delumeau, Vie économique, wurde schon in der Einleitung hingewiesen – ein Gegenstück zum Barockzeitalter bleibt Desideratum. Vgl. außerdem Carroll, Veiled Threats, S. 31ff.
2 Claus Grimm, Der Barock fand nicht statt, in: Gesellschaftsgeschichte. Festschrift für Karl Bosl, hg. von Ferdinand Seibt, Bd. 1, München 1988, S. 71–77. Zur Kritik und zur Frage der Sozialgeschichte des Barock überhaupt: Peter Hersche, Die soziale und materielle Basis des „gewöhnlichen" barocken Sakralbaus, in: Frühneuzeit-Info 6 (1995), S. 151–171 (enthält auch einige wenige Hinweise auf Italien).
3 Gemäß einer im September 1996 veröffentlichten Pressemitteilung aus Anlaß eines Abkommens über den Schutz der kirchlichen Kulturgüter. Die effektive Anzahl aller Kultgebäude dürfte noch höher liegen. Heute gibt es in Italien 25.715 Pfarreien (Mascanzoni), die Pfarrkirchen machen aber nur einen verhältnismäßig geringen Teil aller Kultgebäude aus (s. unten).
4 Gedruckte Inventare, wie in anderen Ländern wenigstens ansatzweise, existieren nicht – vermutlich verbietet die schiere Masse der Gebäude ein solches Unternehmen. Man könnte die Guidenliteratur (Kunstführer) heranziehen, doch ist hier der Barock allgemein unterbewertet, die Schwelle zur Aufnahme relativ hoch. Hinzuzurechnen wären die demolierten Kirchen, deren Zahl vermutlich größer ist als die im 19. und 20. Jahrhundert erfolgten Neubauten. Zu den Schwierigkeiten der Erfassung noch Lattuada.
5 Die Zahlenangaben in der Literatur differieren etwas, beziehen sich aber in etwa auf dieselbe Zeit. Vgl. Divenuto, S. 91ff. (Auflistung, nimmt man den Index, S. 302ff., so kommt man auf eine etwas höhere Anzahl); Schmid, S. 50; Strazullo, S. 154ff. Leider liegen für das 18. Jahrhundert keine Angaben vor.
6 Fiorani, Visite, S. 116, für das 17. Jahrhundert. Eine niedrigere Zahl für das 18. Jahrhundert bei Varriano, S. 16, er bezieht indes nicht alle Gattungen mit ein. Zum Barockbau in Rom allg., ohne Zahlenangaben, noch: Magnuson; Scavizzi P.
7 Ligresti, Sicilia, S. 46.
8 Grobe Schätzungen nach Stabile, S. 28 (für 1735), und Doria, Investimenti, S. 18 (Mitte des 17. Jahrhunderts). In beiden Fällen wahrscheinlich die Privatoratorien nicht mitgerechnet.
9 Borelli, Città, S. 360 (1654); Tobriner, S. 110.
10 Schätzung nach dem Index bei Paone, die privaten Oratorien nicht berücksichtigt.
11 Fantappié, Strutture, S. 152; ders., Riforme, S. 46; Greco, Parrocchia, S. 150. Die Zahlen beziehen sich in allen Fällen auf die Zeit der leopoldinischen Reformen (1770–1790).
12 Die Forschung der Schule De Rosa geht darauf kaum präzise ein, Schätzung aufgrund verschiedener Einzelhinweise.

13 Dies, obschon mit den ad limina-Berichten eigentlich viel statistisches Material vorliegt – allerdings in den meisten Fällen ohne Berücksichtigung der untersten Ebene der Kultgebäude.
14 Labrot, Histoire, S. 137ff., ist der Meinung, im Süden komme vor allem in kleineren Orten mehr als ein sakrales Gebäude auf hundert Einwohner, die kleinen Kapellen sind dabei mitgerechnet. Für Anagni ergibt sich, nach Angaben bei Colosimo, ohne die Kapellen, ein Verhältnis von etwa 1:210. Eine vergleichbare Größenordnung, 1:140–160, weist die gesamte Diözese Pistoia auf (Fantappié, Strutture, S. 164f. und Tab. 4). Für die Diözese Bergamo ergibt sich, den Angaben bei Camozzi, S. 553, folgend, ein Verhältnis von 1:130. Aus verschiedenen Hinweisen in den Arbeiten Torres kann man für das Piemont die Zahl 1:90–100 annehmen.
15 Aufstellung bei Divenuto, S. 91ff. Placanica, in: Società, S. 1012, beziffert für Kalabrien die Anzahl der übrigen Kirchen auf etwa das Drei- bis Vierfache der Pfarrkirchen.
16 Beitrag in Boesch Gajano/Scaraffia. Die übrigen Beiträge dieses Sammelbandes sind reichlich abstrakt. Vgl. demgegenüber als auch vorzüglich illustrierte Rekonstruktion einer Sakrallandschaft Lima für Sizilien.
17 Schätzung nach dem Katalog bei Strazullo, S. 187ff. Soweit nicht anders erwähnt, sind die folgenden Zahlenangaben der in Anm. 1, bzw. 5–14 erwähnten Literatur entnommen.
18 Bartoli, Seicento, S. 37 (18 Kirchen).
19 Grohmann, S. 347.
20 Astarita, S. 132.
21 Storia di Pavia, S. 376.
22 Russo, Comunità, S. 281ff.
23 Seicento Bergamo, S. 29. Zum heutigen Bestand die ausführliche Dokumentation von Pagnoni. Für die benachbarte Lombardei existiert ein ähnliches Repertorium (Grassi). Beide sind aber für historische Fragestellungen kaum auswertbar.
24 Zu Treviso und Vittorio Veneto: De Antoni/Perini, Bd. 3 und 4. Für Brescia: Cultura (Beitrag Molinari). Beispiele für den Süden liegen vor in: Cestaro, Studi (Beitrag Clemente zu Teramo); Ambrasi/D'Ambrosio (Pozzuoli); Russo, Assistenza (Beitrag Carnevale zu Larino); Pellegrino/Spedicato (Beitrag Palese zu Lecce). Die Feststellung einer gesteigerten Bautätigkeit der Bischöfe im 18. Jahrhundert auch bei Donati, in: Rosa, Clero, S. 367f., und Labrot, Etudes. Interessant im Zusammenhänge des langen Nachlebens des Barocks ist die Tatsache, daß Bernardo Vittone, einer der bedeutenden Architekten namentlich von Pfarrkirchen, noch 1760/66 entsprechende Lehrbücher schrieb (Wittkower, S. 282ff.). Die in Nordeuropa im späten 18. und frühen 19. Jahrhundert aufkommenden verschiedenen „Neo"-Stile (angefangen mit dem strengen Klassizismus) fanden in Italien mindestens im Sakralbau zunächst kaum Anklang.
25 Dokumentierte Beispiele in der in Anm. 24 erwähnten Literatur. Das Beispiel Lodi bei Zambarbieri, S. 236.
26 Fantappié, Vita monastica; Farnedi/Spinelli; Pellegrino/Gaudioso, Bd. 1, S. 145ff.; Penco, Monachesimo; Trolese.
27 Zambarbieri, S. 67ff. Ergänzend dazu die illustrierte Beilage (ohne Seitenzahl) in: Annali di Storia pavese 10 (1984). Nach Zambarbieri verdoppelte sich die Anzahl dieser Gebäude in der Lodigiana bis zum 18. Jahrhundert fast. Um Lecce begann der Bau solcher Kapellen schon im späten 16. Jahrhundert. Vorzügliche Dokumentation bei Mainardi/Panico; vgl. auch Pellegrino/Spedicato (Beitrag Palese). P. Massafra spricht von „Myriaden" solcher Kirchen bei Masserien (in: Fonseca, Taranto, S. 314). Über die Verpflichtung zum Bau: De Marco, Settecento, S. 123.

28 Piola Caselli.
29 Weber, Familienkanonikate, S. 246. J. Garms hält diese Kostenangabe für übertrieben (Pers. Mitteilung).
30 Barocco leccese, S. 293.
31 Ambrasi/D'Ambrosio, S. 120f.
32 Novi Chavarria, Nobiltà; Fasano Guarini, Prato, S. 531. Vgl. auch unten Anm. 36.
33 Dunn, Piety. Als Witwe trat sie dann selber in dieses Kloster ein.
34 Zanzi, S. 187f. Dazu kritisch Merelli.
35 Dunn, Nuns; dies., Piety; Magnani; Pane S. 85ff.
36 De Maio, Società, S. 133; Haskell, S. 297ff.; Bazin; Picasso. Vgl. außerdem S. 304, Anm. 43.
37 Spedicato, Episcopato, und die bereits erwähnte kunsthistorische Literatur über Lecce. Ambrasi/D'Ambrosio, S. 120f.
38 Mastroianni, S. 78ff.; Irpinia Sacra, Bd. 1, S. 246.
39 Olivari; Patelli.
40 Sibilla. Zum Barockbau in den Südalpen nun eine erste Bestandesaufnahme von Langé/Pacciarotti. Namentlich die beigegebenen Karten vermitteln einen guten Eindruck der Dichte des Barockbaus in diesem Raum.
41 Beispiele zur Finanzierung des Pfarrkirchenbaus bei: Barbero/Ramella/Torre; Garms J.; Piazzi, Basilica; Russo, Comunità; Torre, Consumo. Vgl. auch unseren in Anm. 2 erwähnten Aufsatz. Die Fronarbeit betraf vor allem das Ausheben des Baugrunds und die Transporte.
42 Amedeo; De Maddalena/Rotelli/Barbarisi, Bd. 2 (Beitrag Molinari/Fappani); Gasparotti; Mariella; Vaccaro/Ricardi; Zanzi. Amedeo und Zanzi nehmen an, daß allzu generöse Spenden von Frauen und Armen wieder zurückerstattet wurden.
43 Zum Problem der Demolierungen bes. Lattuada. Gravierend waren sie z. B. in Umbrien, wo bis zum heutigen Tag bei barockisierten Kirchen versucht wird, den „reinen" mittelalterlichen Zustand wiederherzustellen. Zum nicht weniger schwerwiegenden Problem der von der Liturgiereform des II. Vatikanums verursachten Zerstörungen vgl. Noehles, in: Fagiolo/Madonna, S. 88ff.
44 Werner Weisbach, Der Barock als Kunst der Gegenreformation, Berlin 1921.
45 Mayer-Himmelheber. Neuausgabe der Instruktionen, zusammen mit anderen gegenreformatorischen Traktaten, bei Barocchi. Zur heutigen Diskussion um den Problemkreis Gegenreformation-Barock vgl. De Maio, Pittura; Toscano; zuletzt Collareta in SIR, S. 167ff. Abgesehen davon, daß sich die Diskussion vor allem um die Malerei dreht, ist sie auch deswegen wenig interessant, weil sie auf dem Felde des Normativen verbleibt und kaum je die Umsetzung in die Praxis ins Auge faßt. „Neue" Paradigmata in die Diskussion einführen wollen Externbrinck/Scholz-Hänsel. Abgesehen davon, daß diese – nämlich Konfessionalisierung und Sozialdisziplinierung – auch schon wieder etwas gealtert haben, wären die Verfasser, wenn sie beispielsweise Tedeschi, De Maio und De Rosa gelesen hätten, wohl kaum zum Schluß gekommen, die Inquisition sei das machtvollste Instrument der Sozialdisziplinierung in dieser Zeit gewesen. Vgl. dazu auch S. 324, Anm. 26.
46 Scavizzi G.
47 Burke, S. 124. Mit den „guglie" sind aber nicht Kirchtürme, sondern die damals aufgestellten Obelisken gemeint.
48 Strazullo, S. 151ff. Ähnlich Montanari, in: Turchini, Straordinario, S. 397. In Lecce wurde am Ende des 16. Jahrhunderts durch Bischof Spina eine Demolierung von 25 Kirchen tatsächlich durchgeführt: Visceglia, Territorio, S. 279ff.

49 Argan; Cantone; Portoghesi.
50 Barocco leccese (Beitrag Manieri Elia). Vgl. auch die spätere Aufsatzsammlung des Autors und seinen Beitrag in Pellegrino, Lecce.
51 Farnedi/Spinelli (Beitrag Bellanca, das Zitat S. 653). Zum baulichen Luxus der sizilianischen Klöster noch die Reiseberichte bei Tuzet, S. 387ff.
52 Zu den Jesuitenbauten und dem „Jesuitenstil": Architettura; Bösel; Milella; Patetta/Della Torre; Wittkower/Jaffé. Zu den Theatinern bes. Pane, S. 94ff., der darauf aufmerksam macht, daß der Ordensgründer Gaetano von Thiene ausdrücklich reich ausgestattete Kirchen wünschte.
53 Eine Ausnahme war der Engländer Berkeley, der vom Leccheser Barock begeistert war! Berkeley, S. 72. Für die negative Wertung des Barock aus der Sicht der Neubewertung der mittelalterlichen, aber auch der Renaissancekunst sind Umbrien und die Toskana illustrativ: Cresti; Grohmann. Vgl. auch Anm. 43.
54 Bertoli, Seicento, S. 174; De Maio, Società, S. 190f. Vgl. ferner, Doria, Investimenti, zur Kritik des Dogen Spinola an der „Verschwendung".
55 Russo, Monasteri, S. 16; Strazullo, S. 204. Beispiele interner Opposition zwischen verschiedenen kirchlichen Kreisen bei Piazzi, Basilica (Bruderschaften gegen Pfarrer); Milella (Bischof gegen Jesuiten).
56 Vgl. zu einigen hier nur knapp ausgeführten Bemerkungen ausführlich unseren in Anm. 1 erwähnten Aufsatz.
57 Ebd. Beispiele für die Nordalpen. In den Südalpen ist die Valcamonica ein Beispiel. Bei Langé/Pacciarotti wird diese Frage kaum angesprochen. Hingegen weist Sibilla auf den Wettbewerb der 14 Fraktionen der Gemeinde Rimella um eine eigene Kirche hin – ein für den heutigen Besucher noch heute baulich überraschendes Faktum. Beispiele solcher Verlegungen im Umland von Neapel bei Russo, Comunità.
58 Die Diskussion zur Renaissance zusammengefaßt bei Esch. Allgemein, mit jedoch für die Zeit nach 1600 wohl etwas anfechtbaren Thesen Goldthwaite. Kluge Bemerkungen für Neapel dagegen bei Labrot, Etudes. Einen negativen Bezug des Barock zur Konjunktur nehmen Fagiolo/Carandini an, einen positiven Langé, in: Vaccaro/Ricardi, S. 3ff., und Musgrave. Zu Genua vgl. Doria, Investimenti; zu Rom Scavizzi P.; zu Neapel Cassani (Beitrag J. Garms). Vermutlich sind die regionalen Unterschiede zu groß, um generalisierende Thesen aufstellen zu können. Bernd Roeck hat kürzlich das Problem für Bayern beleuchtet: Konjunktur und Ende des süddeutschen Klosterbarock, in: Europa im Umbruch 1750–1850, hg. von Dieter Albrecht, Karl Otmar Freiherr von Aretin, Winfried Schulze, München 1995, S. 213-227.
59 Peter Hersche, Barockes Bauen: Last oder Lust? in: Frühneuzeit-Info 9 (1998), S. 53. Borelli, Città, S. 289; Doria, Investimenti; Sivori Porro; Zanzi (vgl. auch seinen Beitrag in: Caprioli/Rimoldi/Vaccaro, Bd. 10, S. 479ff.).
61 Im wesentlichen ist dazu auf die in Anm. 1 erwähnte Literatur zu verweisen.
62 Zu den in der Hausväterliteratur vorherrschenden Vorstellungen über ein Adelsdomizil Frigo. S. 133ff.
63 Dazu bes. Cavallo.
64 Zur Sozialgeschichte des Residenzbaus, am Beispiel der Este, Southorn.
65 Ricci.
66 Labrot, Baroni.
67 Belli Barsali.
68 Die Zahlen bei Sereni, S. 252.

69 Faccini; Mozzarelli, Villa.
70 Es gab aber Umbauten und Neugestaltungen des Dekors. Vgl. Bigazzi; Manikowski; Romby.
71 Einige Hinweise bei Reinhard, Papstfinanz.

Vorstellung und Realität: Plastik und Malerei

1 Allg. zur Sakrallandschaft: Boesch Gajano/Scaraffia (eher theoretisch); Labrot, Histoire; Lima. Speziell die auf S. 321, Anm. 34-36, erwähnten Werke, dazu Fappani; Scaraffia, Tre re; Turchini/Fossaluzza. Einiges auch in der allgemeinen Literatur: Caprioli/Rimoldi/Vaccaro, Bd. 1 (Beitrag Niero); Bertoli, Settecento; De Antoni/Perini, Bd. 1.
2 Zu Antonius von Padua bes. Cumàn; zu St. Michael Bronzini.
3 Die Tatsache, daß der Druck der vorzüglichen Dokumentation von Turchini/Fossaluzza von der Firma „General Beton s.r.l." mitfinanziert wurde, kann vielleicht als Wiedergutmachungsgeste interpretiert werden!
4 Zu Leonardo die Hinweise in der SIR und bei Caffiero, Politica, S. 148ff. Es handelt sich bei diesen Anlagen eigentlich um vereinfachte Sacrimonti, mit in der Regel 14 Stationen.
5 Auf das nach innen gerichtete Wesen des toskanischen Barock macht Cresti aufmerksam.
6 Vgl. S. 328, Anm. 45.
7 Das wichtigste der als Richtlinie geltenden Werke schrieb der bekannte Reformbischof Gabriele Paleotti, die Partien über das „Laszive" wurden aber nicht publiziert: Barocchi, S. 117ff.
8 Etwa Burnet, Curieuse Beschreibung, S. 196f.
9 Trexler.
10 Sallmann, Naples, S. 335, erwähnt ein gedrucktes Verzeichnis darüber.
11 De Maio, Pittura, S. 87.
12 Schöne Beispiele bei Franchini Guelfi und Arte savonesi.
13 De Boer.
14 Visceglia, Bisogno; Weber, Familienkanonikate, bes. S. 213.
15 Nach Russo, Comunità, S. 62ff. In einem der von ihr untersuchten Gebiete hatte ein Viertel der Kirchen drei Altäre, die Hälfte 4-8, ein weiteres Viertel mehr. Orlandi, Campagne, stellte für das von ihm untersuchte, ziemlich arme modenesische Berggebiet meist drei Altäre fest, sonst 5-11.
16 Ein gutes Beispiel ist Lonato, mit zwölf Altären: Piazzi, Basilica.
17 Barbero/Ramella/Torre; De Antoni/Perini, Bd. 4, S. 173; Perini; Quaccia; Torre, Consumo.
18 Labrot, Etudes; Russo, Comunità; Società (Beitrag Ebner). Die Mittelschicht trat aber ebenfalls in Erscheinung: Russo, Assistenza (Beitrag Carnevale).
19 Liste bei Torre, Consumo, S. 294.
20 Beispiele Lonato (Piazzi, Basilica) und Alzano Maggiore (Patelli). Beispiele aus der Jesuitenarchitektur bei Bösel. Insbesondere die Deckenfresken wurden, schon im römischen Barock, teils erst Jahrzehnte später angebracht. Diese Tatsache erklärt z. T. das lange Leben des Barock, bis ins 19. Jahrhundert hinein.
21 Vgl. S. 305, Anm. 54.
22 Labrot, Baroni; Schudt, S. 214.
23 Die Literatur dazu bereits auf S. 308, Anm. 36 aufgezählt. Die meisten Werke enthalten Abbildungen, die einen besseren Eindruck des Phänomens als viele Worte verschaffen können.
24 Hinweis bei Tateo, Bd. 2 (Beitrag Barsante/Livrea, S. 272ff.).

25 Gelegentliche Hinweise und Abbildungen in der auf S. 308, Anm. 36, aufgeführten Literatur. Speziell zum Thema: Kohler. Eine Liste der in Parma gefeierten Feste, die von einem Feuerwerk begleitet waren, bei Allegri/Di Benedetto, S. 90ff.
26 Z. B. das Januariusfest in Neapel, vgl. Franzese. Berühmt war auch die alljährlich stattfindende Beleuchtung der Engelsburg in Rom mit abschließendem Feuerwerk, die „girandola", die nach Hammond, S. 120, 700 scudi kostete.
27 Fagiolo/Madonna, S. 114.
28 Neben der kunsthistorischen Literatur zum „barocco effimero" die auf S. 322, Anm. 55, aufgezählten Werke.
29 Die Kosten wurden zwar offenbar auch durch Stiftungen aufgebracht, ein Beispiel bei De Antoni/Perini, Bd. 4, S. 173.
30 Allg. Astarita; Visceglia, Bisogno.
31 Zur bereits genannten allgemeinen Literatur über den „barocco effimero" noch: Seicento Mantova (Beitrag Rigozzi).
32 Vgl. z. B. Colapietra, Spiritualità, S. 409, wo in L'Aquila beim Tode Philipps II. für ein solch vergängliches Monument an Aufwand nicht gespart wurde, obschon die Stadt tief in Schulden steckte. Die Kleinstadt Gallipoli gab beim Tode Philipps IV. zum selben Zwecke 800 Dukaten aus: Barocco leccese, S. 186.
33 Matitti. Vgl. auch die Kritik am Funeralprunk in Rom bei Fiorani, Visite, S. 129f.
34 Ein erster großer Kunstraub, noch vor den bekannten der napoleonischen Zeit, fand nach dem Abzug der Franzosen 1678 aus Messina statt, wo sie viele Gemälde mitnahmen: Di Bella, Rivolta (Beitrag Moschella). Zu den Restaurierungen vgl. S. 328, Anm. 43.
35 Eine solche Schätzung kann auf zwei Wegen vorgenommen werden: Eine für Bergamo vorliegende Zahl von 12.000 Bildwerken des 17. Jahrhunderts (Seicento Bergamo, S. 173) kann, unter Berücksichtigung einer wahrscheinlich geringeren Dichte im Süden, auf ganz Italien extrapoliert werden. Andererseits kann man, unter Berücksichtigung der Tatsache, daß die seit dem Ende des 18. Jahrhunderts neu hinzugekommenen Kunstwerke den Abgang an barocken in etwa ersetzten, den „Durchschnittsbestand" in den verschiedenen Kultgebäuden mit ihrer heutigen Anzahl (vgl. dazu S. 326, Anm. 3) multiplizieren. In beiden Fällen kommt man auf eine Zahl zwischen einer halben und einer ganzen Million.
36 Montagu.
37 Zu Genua: Newcome-Schleier; zu Florenz: Lankheit.
38 Bertoldi Lenoci, Confraternite pugliesi, Bd. 1 (Beitrag Pasculli Ferrara); Latorre, S. 164ff. (mit Preisangaben, inkl. der teuren Transportkosten).
39 Haskell, S. 189ff.; Turchini, Iconografia.
40 Bonfait; ferner Haskell, S. 27ff.
41 Auf die Anführung von Fachliteratur muß hier verzichtet werden. Einen guten ersten Einblick geben oft Kataloge von Ausstellungen in bestimmten Regionen, zumal sich in ihnen meist Artikel zum allgemeinen Rahmen finden. Einige neuere Beispiele von vielen: Arte papi; Bossaglia/Terraroli; Civiltà Napoli; Seicento Bergamo; Seicento Mantova.
42 Sereni, S. 253ff. Vgl. auch SIE, Bd. 6, S. 53ff. (Beitrag Zeri).
43 Viele verstreute Hinweise bei Haskell.
44 Contardi/Curcio (Beitrag Curcio).
45 Zuccari/Macioce.
46 Zu Reni: Fumaroli.
47 Die – wahrscheinlich notwendigen – Einschränkungen können wie folgt formuliert werden: a) Haskell konzentriert sich auf Rom und Venedig;

b) er behandelt nur die Malerei, die aber häufig in einem engen Zusammenhang mit der Architektur steht;
c) er berücksichtigt nicht das wichtige Mäzenat der Bruderschaften und frommen Stiftungen;
d) er verzichtet darauf, für die deutsche Fassung (das Original erschien 1963), die inzwischen erschienene historische Literatur einzuarbeiten. Das folgende Zitat S. 537. Neben Haskell sind für das Mäzenat noch von Interesse: Bösel; De Maio, Pittura; Michel (für das 18. Jahrhundert).

48 Bonfait.
49 Contardi/Curcio (Beitrag Ferraris).
49a Barroero/Polverini Fosi; Michel.
50 Svetlana Alpers, Kunst als Beschreibung, Köln 1985.
51 Wortlaut des Zitats bei Haskell, S. 192. Briganti/Trezzani/Laureati; Levine/Mai; Piereth.
52 So die Auffassung der meisten in Anm. 51 genannten Kunsthistoriker. Großen Einfluß auf diese Wertung hatte ein bekanntes Zitat des Malers Salvator Rosa über die Bamboccianti „Diejenigen, welche sie als Lebende verabscheuen, sehen sie gerne gemalt" (Original bei Haskell, S. 194). Um eine differenzierte Sicht bemüht sich Piereth.
53 Zur Darstellung der Armut in der Kunst vgl. die auf S. 298, Anm. 34, erwähnte Literatur.
54 Eine Biographie und ein Werkverzeichnis fehlen. Vgl. den Artikel in DBI und Haskell, S. 196ff.
55 Auch hier fehlen Biographie und Werkverzeichnis. Artikel in DBI (Cipper) und kurze Würdigung bei Tschaikner.
56 Emiliani/Rave; Merriman; Spike.
57 Franchini Guelfi, Magnasco (1977, 1991); Magnasco; Mandel; Muti/De Sarno Prignano.
58 Ceruti; Gregori; Pegrari, Ceruti. Dieser letztgenannte Band mit Tagungsbeiträgen stellt u. W. der einzige ernsthafte Versuch dar, einen realistischen Künstler in sein politisches, wirtschaftliches, soziales und kulturelles Umfeld einzuordnen.

Kultur als Exportartikel: Musik und Theater

1 Die musikwissenschaftliche Fachliteratur ist in der Regel so wenig sozialhistorisch orientiert wie die kunsthistorische, umgekehrt ist in allgemeinhistorischen Werken die Musik noch weniger präsent als die Kunst. Bei den Gesamtdarstellungen ist einzig der Artikel von Bezza in SSI, Bd. 12, S. 435 ff. zu erwähnen, der einen guten Überblick über das gesamte Barockzeitalter gibt. Unter den musikwissenschaftlichen Gesamtdarstellungen sind einige, die mehr oder weniger auch den gesellschaftlichen Rahmen berücksichtigen: Bianconi; Bianconi/Bossa (für Neapel); Braun; Buelow; Price. Vom offenbar erwachten Interesse der Allgemeinhistoriker zeugt ein kürzlich von A. Morelli besorgter Band in den QS mit einigen sozialhistorisch interessanten Beiträgen. Ausdrücklich hingewiesen sei auf die Artikel in der neuen MGG: Die Musik in Geschichte und Gegenwart, 2. neubearbeit. Aufl., hg. von Ludwig Finscher, Kassel-Stuttgart 1994ff. Bei Abschluß des Manuskripts lag etwa die Hälfte des Sachteils vor, das Personenlexikon fehlt noch.
2 So das Fazit im Artikel „Italien" in MGG, Bd. 4, Sp. 1254. Ein entsprechender Hinweis auch bei Romano, Storia, S. 333f.
3 Hammond; Stefani, Festa. Dabei ist wiederum darauf hinzuweisen, daß viele Feste im Freien stattfanden und daher allgemein zugänglich waren.

4 Baretti, S. 146ff.
5 In Deutschland wurde dabei vor allem Johann Sebastian Bach, der im Gegensatz zu Händel nie in Italien gewesen war (italienische Musik aber sehr wohl kannte) als nationaler Heros aufgebaut. Die Bedeutung Italiens auch bei Price relativiert.
6 Artikel „Barock" in MGG, Bd. 1, Sp. 1235–1256.
7 Insbesondere indem die Instrumentalmusik die menschliche Stimme nachzuahmen versuchte und Formen der Instrumentalmusik auf solche der vokalen zurückgingen.
8 Stefani, Religione.
9 Selbst die Miniaturresidenz Sabbioneta der Gonzaga besaß ein (noch erhaltenes) kleines Theater.
10 Über die Musikpflege in einer entlegenen kalabresischen Kleinstadt Bianconi/Bossa (Beitrag Magaudda); zu derjenigen in Pfarrkirchen das Beispiel Lonato, wo man an hohen Festtagen Musiker und Sänger aus dem benachbarten Brescia einlud, um die „gebührende Solennität" zu erreichen: Piazzi, Confraternite, S. 196.
11 Allg. zur Kirchenmusik Fellerer; Stefani, Religione. Zu den musikalischen Kapellen in den Kirchen Morelli, Capelle.
12 Die französische Kirchenmusik zeichnete sich demgegenüber durch betonte Schlichtheit aus.
13 Vgl. dazu das Schema bei Stefani, Religione, S. 95.
14 Grundlegend zur Sozialgeschichte der Oper: Bianconi/Pestelli. Vgl. außerdem Melodramma; Petronio, S. 79ff. Guter allgemeiner Überblick über die Weltgeltung und die soziale Funktion der italienischen Oper von St. Kunze im einleitenden Beitrag zu: Hasse, S. 1–15.
15 Rosand.
16 Zur neapolitanischen Oper neben den in Anm. 1 erwähnten allgemeinen Werken noch Pugliese Curatelli, Bd. 2 (Beitrag Gialdroni/Ziino).
17 Ricci. Vgl. auch die Literatur zum „barocco effimero" (S. 308, Anm. 36).
18 Winklehner (Beitrag Dahms).
19 Neben den allgemeinen Ausführungen bei Bianconi/Pestelli, S. 257ff., und Petronio, S. 118ff., speziell: Muraro; Sala di Felice; Stroppa. Metastasios Vorgänger als Hofpoet in Wien war ebenfalls ein Italiener: Apostolo Zeno (1668–1750).
20 Franchi.
21 Arnold; Smither.
22 Hammond. Die von ihm genannten Kosten für Opernaufführungen scheinen uns allerdings zu hoch gegriffen. Allgemein zum musikalischen Mäzenat: Annibaldi.
23 Ambrasi/D'Ambrosio, S. 287ff. Pellegrino, Lecce, S. 677ff.
24 Gelegentliche Erwähnungen in der Literatur über die Bruderschaften (S. 296f., Anm. 2). Ferner Caprioli/Rimoldi/Vaccaro, Bd. 5, S. 74. Eine Fallstudie bei O'Regan.
25 Bertoldi Lenoci, Confraternite pugliesi, Bd. 2, S. 1004; De Antoni/Perini, Bd. 4, S. 173.
26 Rosselli.
27 Mahling. Intensive Bemühungen waren auch deswegen notwendig, weil die Höfe um die besten Leute konkurrierten und sie einander abzuwerben versuchten.
28 Ortkemper, vgl. auch die entsprechenden Kapitel bei Rosselli.
29 Galasso/Russo, Bd. 1, S. 259. Kirchenrechtlich waren Entmannte eigentlich nicht zum Priestertum zugelassen.
30 Vom letzten Vertreter, Alessandro Moreschi, existiert noch eine frühe Schallplattenaufnahme.

31 Als italienische Exportware hatte schon Metastasio die Musik bezeichnet, der englische Musikhistoriker Charles Burney bemerkte, seine Landsleute würden sie importieren wie Wein oder Tee. Rosselli, S. 124 und 191.
32 Winklehner (Beitrag Croll).
33 Eine Biographie des seinerzeit gefeierten, dann in völlige Vergessenheit geratenen, zur Zeit anscheinend in Wiederentdeckung befindlichen Mannes existiert nicht. Vgl. den in Anm. 14 erwähnten Sammelband, sowie den Artikel in der alten MGG.
34 Kendrick; Monson. Zu den gegenreformatorischen Verboten noch Russo, Monasteri.
35 Aikema/Meijers (Beitrag Arnold).

Schluß: Das andere Europa – eine Kultur wider den „Fortschritt"

1 Galasso, Europa.
2 Zur Sonderstellung Frankreichs vgl. unseren auf S. 319, Anm. 6, erwähnten Aufsatz.
3 Bonstetten.
4 Max Weber, Die protestantische Ethik und der Geist des Kapitalismus, neu hg. von Johannes Winckelmann, Gütersloh ⁷1984, S. 188.
5 Die ausgedehnte Diskussion um Modernisierung, Sozialdisziplinierung usw. kann hier nicht mit Literaturbelegen nachgezeichnet werden. Es sei stattdessen auf zwei jüngst erschienene Beiträge verwiesen, welche aus kontroverser Sicht einen Zugang dazu eröffnen: Reinhard, in: Boškovska-Leimgruber (vgl. S. 314, Anm. 1); Heinrich Richard Schmidt: Sozialdisziplinierung?, in: Historische Zeitschrift 265 (1997) S. 639–682 (Antwort auf eine vorangehende Publikation von Heinz Schilling). Der in der Diskussion ebenfalls eine große Rolle spielende Begriff der Konfessionalisierung scheint uns auf ein konfessionell geschlossenes Land wie Italien grundsätzlich nicht anwendbar.
6 Vgl. etwa die Polemik von Hans-Ulrich Wehler, Aus der Geschichte lernen, München 1988. Zur Weiterführung der hier nicht zu referierenden, seinerzeit heftigen, in der Zwischenzeit aber wieder etwas abgeflauten Debatte (vgl. etwa Wehler selbst in dem in Einl., Anm. 51, erwähnten Band): Sozialgeschichte, Alltagsgeschichte, Mikro-Historie, hg. von Winfried Schulze, Göttingen 1994.
7 In Frankreich einige der dort gut vertretenen Mentalitätshistoriker, in England etwa der ausgezeichnete Italienkenner Peter Burke.
8 Auf diesen Sachverhalt wurde schon in der Einleitung hingewiesen.
9 In der retrospektiven Übersicht von Hardtwig/Wehler (vgl. Einl., Anm. 51) ist Weber der weitaus am meisten zitierte Autor.
10 Hersche, Weber.
11 Vgl. das diesem Buch vorangegebene Motto.
12 Dies gilt natürlich auch für die anderen katholischen Länder, teilweise auch für diejenigen lutherischer Konfession. Deutlich ist der Unterschied zu solchen kalvinistischer und freikirchlicher Tradition, diese hatte Weber in seiner „Protestantischen Ethik" vor Augen.
12a Das schon von Croce bemerkte Problem des „ozio" hat in der Literatur noch kaum Beachtung gefunden. Am meisten noch bei Benzoni, Affanni und Pegrari, Ceruti (Beitrag Meneghetti).
13 Der Begriff von Natalie Zemon Davis, Humanismus, Narrenherrschaft und die Riten der Gewalt, Frankfurt/M. 1987, S. 136. Natürlich darf man sich dann dabei nicht auf bloße An-

weisungsliteratur für Frauen beschränken, wie dies die Beiträge in dem kürzlich erschienenen Sammelband von Zarri, Donna, allesamt tun.
14 Burnet, Curieuse Beschreibung, S. 438f. und 466. Die einzige Parallele zu den „Kernländern" Niederlande und England dürften die Investitionen in die Landwirtschaft sein.
15 Diese Dinge gibt es im 18. Jahrhundert teilweise auch in England. Aber sie beschränken sich dort auf die Hauptstadt, bzw. den Hof, sie haben eine geringere gesellschaftliche Breitenwirkung, und sie treten später auf – vielleicht bereits als Folgeerscheinung des neu erworbenen Reichtums.
16 Vgl. S. 314, Anm. 1, und S. 318f., Anm. 1.
17 Burckhardt sieht in seinen „Weltgeschichtlichen Betrachtungen" drei bestimmende und einander wechselseitig bedingende historische „Potenzen", nämlich Staat, Religion und Kultur – Max Weber hätte ihnen zweifellos die Wirtschaft hinzugefügt.
18 Nach Friedrich Schiller und der Ästhetik seiner Zeit führt die Kunst ins „Reich der Freiheit".
19 Die häufigste Kategorien dafür sind die des Heidnischen, Äußerlichen, Leeren, Oberflächlichen, Unechten, Affektierten. Vgl. Paloscia (Beitrag J. und E. Garms); Schudt, S. 203ff.
20 Dieser Gesichtspunkt ist in der neuesten Publikation von Malanima, Fine, wegleitend (vgl. S. 43ff. „Equilibrio").
21 Vgl. auch die Einleitung. Hier sei eine Feststellung von Hunecke, Adel, S. 3, zum Veneto zitiert: „Ob ihre (d. h. Venedigs) Untertanen das Los der Mituntertanen, die unter aufgeklärt-absolutistischen Regierungen lebten, zu beneiden hatten, ist mehr als fraglich".
22 Vgl. unseren auf S. 326, Anm. 2, erwähnten Aufsatz.
23 Hardtwig/Wehler (vgl. Einl., Anm. 51).
24 Interessanterweise wird er in Italien selbst eher wenig verwendet, nach wie vor herrscht eine Epochengliederung nach Jahrhunderten vor. Andere Epochenbegriffe wie Gegenreformation, Konfessionalisierung, Absolutismus usw. scheiden nach allem Vorhergesagten u. E. aus.
25 Anstelle von Fachliteratur sei hier auf eine meisterliche dichterische Gestaltung des Themas hingewiesen: Giuseppe Tomasi di Lampedusa, Der Leopard (1958).

Literaturverzeichnis

Um den Umfang des Literaturverzeichnisses in akzeptablen Grenzen halten zu können, wurden folgende abkürzenden Maßnahmen getroffen:
a) Neben allgemein bekannten Nachschlagewerken wurden einige Arbeiten, welche nicht Italien betreffen und in den Anmerkungen nur zu Vergleichszwecken oder aus methodischen Gründen erwähnt wurden, im Literaturverzeichnis nicht nochmals aufgeführt. Diese Titel sind in den Anmerkungen mit vollständigen bibliographischen Angaben zitiert.
b) Bei Sammelwerken mit mehreren interessierenden Aufsätzen werden diese nur einmal, unter dem Namen des (der) Herausgeber, im Literaturverzeichnis aufgeführt. In den Anmerkungen wird mit einer Klammerbemerkung (Beitrag N. N.) auf die einzelnen Aufsätze hingewiesen.
c) Aufsatzsammlungen („saggi") einzelner Verfasser sind in Italien häufig. In einem solchen Falle erscheinen nur diese, nicht die einzelnen Aufsätze mit ihren ursprünglichen Publikationsorten, im Literaturverzeichnis.
d) Reihentitel und Untertitel, die nichts Wesentliches zum Inhalt des Buches aussagen, sind weggelassen.

Abrate, Mario, Italien 1648–1861, in: Europäische Wirtschafts- und Sozialgeschichte von der Mitte des 17. Jahrhunderts bis zur Mitte des 19. Jahrhunderts, hg. von Ilja Mieck, Stuttgart 1993, S. 837–879
Acatti, Luisa, Lo spirito della fornicazione: virtù dell'anima e virtù del corpo, in: QS 41 (1980) S. 644–672
Acerbi, Antonio/Marcocchi, Massimo (Hg.), Ricerche sulla Chiesa di Milano nel Settecento, Milano 1988
Addison, Joseph, Remarks on several parts of Italy &c, in the years 1701, 1702, 1703, London 1756
Ago, Renata, Carriere e clientele nella Roma barocca, Bari 1990
–, La feudalità in età moderna, Bari 1994
–, Un feudo esemplare, Fasano 1988
Aiello, Lucia, Il mondo della clausura a Milano: Consistenza e modalità di accesso, in: ASL 122 (1996) S. 85–106
Aikema, Bernard/Meijers Dulcia (Hg.), Nel regno dei poveri, Venezia 1989
Allegri, Luigi/Di Benedetto, Renato (Hg.), La Parma in festa, Modena 1987
Amato, Massimo, Il decentramento dell'economia mediterranea, in: RSI 106 (1994) S. 622–650
Ambrasi, Domenico, Aspetti della vita sociale e religiosa di Napoli tra il 1759 e il 1776 attraverso le lettere di Bernardo Tanucci a Carlo III, in: Campania Sacra 3 (1972) S. 61–112
– /D'Ambrosio, Angelo, La Diocesi e i Vescovi di Pozzuoli, Napoli 1990
Amedeo, Renzo, La Madonna del Pilone, Fossano 1987
Angelozzi, Giancarlo, Le confraternite laicali, Brescia 1978
Angiolini, Franco, Dai segretari alle „segreterie": uomini ed apparati di governo nella Toscana medicea (metà XVI sec. – metà XVII sec.), in: SeS 58 (1992) S. 701–720
– /Becagli, Vieri/Verga, Marcello (Hg.), La Toscana nell'età di Cosimo III, Firenze 1993
– /Malanima, Paolo, Problemi della mobilità sociale a Firenze tra la metà del Cinquecento e i primi decenni del Seicento, in: SeS 4 (1979) S. 17–47
– /Roche, Daniel (Hg.), Cultures et formations négociantes dans l'Europe moderne, Paris 1995

Annibaldi, Claudio (Hg.), La musica e il mondo. Mecenatismo e commitenza musicale in Italia tra Quattro e Settecento, Bologna 1993
Anselmi, Sergio (Hg.), Religiosità popolare e vita quotidiana, Jesi 1980
L'architettura della Compagnia di Gesù in Italia XVI–XVIII sec., Brescia 1990
Gli Archivi per la storia dell'alimentazione, 3 Bde., Roma 1995
Aretin, Karl Otmar von, L'ordinamento feudale in Italia nel XVI e XVII secolo e le sue ripercussioni sulla politica europea, in AISIG 4 (1978) S. 51–94
Argan, Giulio Carlo, Immagine e persuasione. Saggi sul barocco, hg. von Bruno Contardi, Milano 1986
Arnaldi, Girolamo/Pastore Stocchi, Manlio (Hg.), Storia della Cultura veneta, Bd. 4–5, Vicenza 1983–86
Arnold, Denis and Elsie, The oratorio in Venice, London 1986
L'arte per i papi e per i principi nella campagna romana: grande pittura del '600 e del '700, 2 Bde., Roma 1990
Arte, storia e vita delle confraternite savonesi, Savona 1984
Asor Rosa, Alberto (Hg.), Letteratura italiana, Bd. 1: Il letterato e le istituzioni, Torino 1982
–, Il seicento. La nuova scienza e la crisi del Barocco, Bari 1974
Aspetti e cause della decadenza economica veneziana nel secolo XVII, Venezia-Roma 1961
Astarita, Tommaso, The continuity of feudal power, Cambridge 1992
Augel, Johannes, Italienische Einwanderung und Wirtschaftstätigkeit in rheinischen Städten des 17. und 18. Jahrhunderts, Bonn 1971
Aymard, Maurice, Une famille de l'aristocratie sicilienne aux XVIe et XVIIe siècles: Les ducs de Terranova, in: Revue historique 247 (1972) S. 29–66
– /Trasselli, Carmelo, I Genovesi e la Sicilia durante la Guerra dei Trent'anni, in: RSI 84 (1972) S. 978–1021
– /Delille, Gérard, L'exemple de l'Italie entre XVe et XVIIIe siècle: le poids des structures agraires, familiales et patrimoniales, in: Evolution agraire et croissance démographique, hg. von Antoinette Fauve-Chamoux, Liège 1987, S. 155–176
Aziende e patrimoni di grandi famiglie (sec. XV–XIX), Pisa 1979

Baggiani, Daniele, Tra crisi commerciali e interventi istituzionali: Le vicende del R. porto di Livorno in età tardo-medicea (1714–1730), in: RSI 104 (1992) S. 678–729
Balassi, Donatella/Roggero, Marina (Hg.), La scuola in Italia dalla Controriforma al secolo dei Lumi, Torino 1976
Baratti, Danilo, Lo sguardo del Vescovo, Comano 1989
Barbagli, Muzio, Sotto le stesso tetto. Mutamenti della famiglia in Italia dal XV al XX secolo, Bologna ²1988
Barberis, Walter, Le armi del Principe. La tradizione militare sabauda, Torino 1988
Barbero, Amilcare/Ramella, Franco/Torre, Angelo, Materiali sulla religiosità dei Laici, Cuneo 1981
Barbieri, Franco/Preto, Paolo (Hg.), Storia di Vicenza, Bd. 3/1, Vicenza 1989
Baretti, Giuseppe, Les Italiens, Amsterdam-Paris 1774 (Original u. d. T.: An account of the manners and customs of Italy, London 1768)
Barocchi, Paola (Hg.), Trattati d'Arte del Cinquecento fra Manierismo e Controriforma, Bd. 3, Bari 1962
„Barocco" leccese, Milano 1979
Barroero, Liliana/Polverini Fosi, Irene (Hg.), Stranieri a Roma (secc. XVI–XIX), in: Roma moderna e contemporanea 1, Heft 1 (1993)

Bartels, Johann Heinrich, Briefe über Kalabrien und Sizilien, 3 Bde., Göttingen 1787-1792
Bartoli Langeli, Attilio/Toscani, Xenio (Hg.), Istruzione, alfabetismo, scrittura, Milano 1991
Battistelli, Marco, Le cellette della Valmarecchia, s. l. 1993
Battistini, Francesco, La diffusione della gelsibachicoltura nell'Italia centrosettentrionale: Un tentativo di ricostruzione, in: SeS 56 (1992) S. 393-400
Bazin, Germain, Paläste des Glaubens, Bd. 1, München-Fribourg 1980
Belfanti, Carlo Maria, Aspetti dell'evoluzione demografica italiana nel secolo XVII, in: Cheiron 2 (1984) S. 101-132
-, Le calze a maglia: moda e innovazione alle origine dell'industria della maglieria (sec. XVI-XVIII), in: SeS 69 (1995), S. 481-501
-, Dalla città alla campagna: industrie tessili a Mantova tra carestie ed epidemie (1550-1630), in: Critica storica 25 (1988) S. 429-456
-, Das protoindustrielle Erbe. Formen ländlicher Protoindustrie in Norditalien im 18. und 19. Jahrhundert, in: Proto-Industrialisierung in Europa, hg. von Markus Cerman/Sheilagh C. Ogilvie, Wien 1994, S. 147-160
Bellettati, Daniela, Ragazze e donne milanesi tra XVII e XVIII secolo: il conservatorio del Rosario, in: ASL 114 (1988) S. 99-150
Belli Barsali, Isa, Ville e committenti dello Stato di Lucca, Lucca 1980
Beltrami, Daniele, La penetrazione economica dei veneziani in Terraferma, Venezia-Roma 1961
Bellettini, Athos, La popolazione italiana, Torino 1987
Benedikt, Heinrich, Kaiseradler über dem Apennin, Wien 1964
Bentmann, Reinhard/Müller, Michael, Die Villa als Herrschaftsarchitektur, Frankfurt/M. 1970
Benzoni, Gino, Gli affanni della cultura. Intellettuali e potere nell'Italia della Controriforma e barocca, Milano 1978
-, I „frutti dell'armi". Volti e risvolti della guerra nel '600 in Italia, Roma 1980
Berengo, Marino (Hg.), Camillo Tarello: Ricordo d'agricoltura, Torino 1975
-, Nobili e mercanti nella Lucca del Cinquecento, Torino 1965
-, A proposito di proprietà fondiaria, in: RSI 82 (1970) S. 121-147
Berkeley George, Viaggio in Italia, hg. von Thomas E. Jessop/Mariapaola Fimiani, Napoli 1979
Bernardi, Claudio, La drammaturgia della settimana santa in Italia, Milano 1991
Bertoldi Lenoci, Liana (Hg.), Confraternite, Chiesa e società, Fasano 1994
- (Hg.), Le confraternite pugliesi in età moderna, 2 Bde., Fasano 1988-1990
Bertelli, Sergio, Appunti sulla storiografia italiana per l'età moderna (1985-1995), in: Archivio Storico Italiano 156 (1998) S. 97-154
Bertoli, Bruno (Hg.), La Chiesa di Venezia nel Seicento, Venezia 1992
- (Hg.), La Chiesa di Venezia nel Settecento, Venezia 1993
Besomi, Ottavio/Caruso, Carlo (Hg.), Cultura d'élite e cultura popolare nell'arco alpino fra Cinque e Seicento, Basel 1995
Bethencourt, Francisco, L'inquisition à l'époque moderne, Paris 1995
Biagioli, Mario, Galileo, Courtier, Chicago 1993
Bianchini, Marco, La riflessione economica nell'Italia seicentesca, in: Cheiron 2 (1984) S. 31-50
Bianconi, Lorenzo, Music in the seventeenth century, Cambridge 1987
- /Bossa, Renato (Hg.), Musica e cultura a Napoli dal XV al XIX secolo, in: Quaderni della Rivista italiana di musicologia 9 (1983)
- /Pestelli, Giorgio (Hg.), Geschichte der italienischen Oper, Bd. 4: Die Produktion: Struktur und Arbeitsbereiche, Laaber 1990
Bianconi, Sandro/Schwarz, Brigitte (Hg.), Il vescovo, il clero, il popolo, Locarno 1991

Bicci, Antonella, Italiani ad Amsterdam nel Seicento, in: RSI 102 (1990) S. 899–934
Bigazzi, Isabella, Il „bel palazzo" come immagine di un'ascesa sociale, in: Archivio storico italiano 145 (1987) S. 203-228
Billanovich, Liliana, Fra centro e periferia. Vicari foranei e governo diocesano di Gregorio Barbarigo Vescovo di Padova (1664-1697), Padova 1993
Bitossi, Carlo, Il governo dei Magnifici, Genova 1990
Black, Christopher W., Italian Confraternities in the Sixteenth Century, Cambridge 1989
Blastenbrei, Peter, Kriminalität in Rom 1560-1585, Tübingen 1995
Boaga, Emanuele, La soppressione innocenziana dei piccoli conventi in Italia, Roma 1971
Bock, Gisela, Thomas Campanella. Politisches Interesse und philosophische Spekulation, Tübingen 1974
–, Frauenräume und Frauenehre. Frühneuzeitliche Armenfürsorge in Italien, in: Frauengeschichte – Geschlechtergeschichte, hg. von Karin Hausen und Heide Wunder, Frankfurt/M. 1992, S. 25-49
Boehm, Laetitia/Raimondi, Ezio (Hg.), Università, Accademie e Società Scientifiche in Italia e in Germania dal Cinquecento al Settecento, Bologna 1981
Boesch Gajano, Sofia (Hg.); Raccolta di vite di santi dal XIII al XVIII secolo, Fasano 1990;
- (Hg.), Santità, culti, agiografia, Roma 1997
- /Scaraffia, Lucetta (Hg.), Luoghi sacri e spazi della santità, Torino 1990
- /Sebastiani, Lucia (Hg.), Culto dei Santi, istituzioni e classi sociali in età preindustriale, L'Aquila-Roma 1984
Bösel, Richard, Jesuitenarchitektur in Italien (1540-1773), Teil 1, 2 Bde., Wien ²1986
Bolard, Laurent, Peinture, économie, société en Italie au XVIe siècle: L'exemple des fresques des villas vénitiennes, in: Revue d'Histoire moderne et contemporaine 44 (1997) S. 5-18
Bolognesi, Dante, Le campagne dell'Italia padana nel Seicento, in: Cheiron 2 (1984) S. 77-99
Bona Castellotti, Marco/Bressan, Edoardo/Vismara, Paola (Hg.), Politica, Vita religiosa, Carità, Milano nel primo Settecento, Milano 1997
Bonacchi, Gabriella, Legge e peccato. Anime, corpi, giustizia alla corte dei papi, Bari 1995
Bonfait, Olivier, Le Public du Guerchin, in: Revue d'histoire moderne et contemporaine 38 (1991) S. 401-427
Bono, Salvatore, Corsari nel Mediterraneo, Milano 1993
Bonstetten, Charles-Victor de, L'homme du midi et l'homme du nord ou l'influence du climat, Genève ²1826
Borelli, Giorgio, Città e campagna in età preindustriale, XVI-XVIII secolo, Verona 1986
–, (Hg.), Mercanti e vita economica nella Repubblica Veneta, 2 Bde., Verona 1985
–, Il patrizio e la villa, in: Nuova Rivista Storica 74 (1990) S. 385-400
- (Hg.), [Rifeudalizazzione], in: Studi storici Luigi Simeoni 36 (1986)
Borrelli, Luciano/Di Seclà, Antonio/Donati, Claudio (Hg.), Atti della giornata di studi su Carlo Antonio Pilati, Trento 1987
Bossaglia, Rossana/Terraroli, Valerio (Hg.), Settecento lombardo, Milano 1991
Brambilla, Elena, Politica, Chiesa e comunità locale in Lombardia: l'Abbazia di Civate nella prima età moderna (1500-1700), in: Nuova Rivista Storica 71 (1987) S. 71-114
–, Società ecclesiastica e società civile: Aspetti della formazione del clero dal Cinquecento alla Restaurazione, in SeS 12 (1981) S. 299-366
–, /Muto, Giovanni (Hg.), La Lombardia spagnola, Milano 1997
Braudel, Fernand, Das Mittelmeer und die mediterrane Welt in der Epoche Philipps II., 3 Bde., Frankfurt/M. 1990

–, Modell Italien 1450–1650, Stuttgart 1991
–, Sozialgeschichte des 15.–18. Jahrhunderts, 3 Bde., München 1985–1986
Braun, Werner, Die Musik des 17. Jahrhunderts, Wiesbaden 1981
Bresnahan Menning, Carol, Charity and State in Late Renaissance Italy. The Monte di Pietà of Florence, Ithaca 1993
Briganti, Giuliano/Trezzani, Ludovica/Laureati, Laura, I Bamboccianti, Roma 1983
Brizzi, Gian Paolo (Hg.), Il catechismo e la grammatica, 2 Bde., Bologna 1985–86
–, La formazione della classe dirigente nel Sei-Settecento, Bologna 1976
–, La pratica del viaggio d'istruzione in Italia nel Sei-Settecento, in: AISIG 2 (1976) S. 203–291
– /Varni, Angelo (Hg.), L'università in Italia fra età moderna e contemporanea, Bologna 1991
Bronzini, Giovanni Battista, La montagna sacra, Galatina 1991
Brown, Judith C., Immodest Acts. The life of a Lesbian Nun in Renaissance Italy, New York-Oxford 1986
–, Monache a Firenze all'inizio dell'età moderna. Un analisi demografica, in QS 85 (1994) S. 117–152
Brunold, Ursus (Hg.), Gewerbliche Migration im Alpenraum – La migrazione artigianale nelle Alpi, Bozen 1994
Buelow, George J., Man & Music. The late baroque era, London 1993
Bulferetti, Luigi, L'oro, la terra e la società, in: ASL 80 (1954) S. 5–66
Bulgarelli Lukacs, Alessandra, Economia rurale e popolamento del Territorio nell'Abruzzo tra '500 e '600, in: Cheiron 10 (1993) S. 151–193
Burke, Peter, Reden und Schweigen, Berlin 1994
–, Die Renaissance in Italien, München 1988
–, Städtische Kultur in Italien zwischen Hochrenaissance und Barock, Berlin 1988
–, Venice and Amsterdam, Cambridge ²1994
[Burnet] Des berühmten ... Gilberti Burnet ... Reise und derselben curieuse Beschreibung ..., o. O. 1693
–, Die eigentliche Beschreibung des gegenwärtigen Zustandes in Italien ..., o. O. 1693
Busnelli, Roberta, Il tramonto di un monastero patrizio: Le benedettine di San Vittore di Meda nel Settecento, in: ASI 116 (1990) S. 147–165
Busset, Thomas/Mathieu Jon (Hg.), Räumliche Mobilität und Grenzen, Zürich 1998

Cabibbo, Sara, Il paradiso del Magnifico Regno, Roma 1996
–, /Modica, Marilene, La santa dei Tomasi, Torino 1989
Caffiero, Marina, La politica della santità, Bari 1996
–, Religione, politica e disciplinamento a Roma, in: Roma moderna e contemporanea 4, Heft 2 (1996) S. 495–505
Caiazza, Pietro, Aspetti della vita religiosa nelle diocesi di Sarno e di Nocera de'Pagani in età moderna, Nocera Inferiore 1996
–, La prassi sinodale nel Seicento: un „buco nero", in: RSSR 51 (1997) S. 61–109
–, Tra Stato e papato. Concilî provinciali post-tridentini (1564–1648), Roma 1992
–, Storia locale, storia religiosa e coordinamento della ricerca: a proposito di alcune recenti pubblicazioni, in: Rivista di storia della Chiesa in Italia 45 (1991), S. 155–169
Caizzi, Bruno, Il Comasco sotto il dominio spagnolo, Milano-Napoli ²1980
–, Dalla Posta dei Re alla Posta di tutti, Milano 1993
Calabria, Antonio, The cost of empire, Cambridge 1991
–, Marino, John A., Good Government in Spanish Naples, New York 1990

Calcara, Antonio (Hg.), La religiosità popolare tra passato e presente, Trapani 1977
Calvi, Giulia, Il contratto morale. Madri e figli nella Toscana moderna, Bari 1994
–, Storie di un anno di peste, Milano 1984
– /Caracciolo, Alberto (Hg.), Calamità, Paure, Risposte, in: QS 55 (1984)
Camerano, Alessandra, Assistenza richiesta e assistenza imposta: Il conservatorio di S. Caterina della Rosa di Roma, in: QS 82 (1993) S. 227–260
Camozzi, Ermenegildo (Hg.), Le visite „ad limina apostolorum" dei Vescovi di Bergamo (1590–1696), Bd. 1, Bergamo 1992
Campanelli, Marcella, Clero e cultura ecclesiale a Sant'Agata dei Goti agli inizi del Settecento, in: ASPN 110 (1992) S. 95–152
Canosa, Romano, La restaurazione sessuale, Milano 1993
–, Storia dell'Inquisizione in Italia della metà del cinquecento alla fine del settecento, 5 Bde., Roma 1990
–, Il velo e il cappuccio, Roma 1991
Cantone, Gaetano, Napoli barocca, Bari 1992
Capecelatro, Giuseppe, Delle feste de' Cristiani, Napoli 1771
I „capitelli" e la società religiosa veneta, Vicenza 1979
Caprioli, Adriano/Rimoldi, Antonio/Vaccaro, Luciano (Hg.), Storia religiosa della Lombardia, Brescia 1986ff.
Caracciolo, Alberto (Hg.), Accademie scientifiche del '600, in: QS 48 (1981)
–, L'albero dei Belloni, Bologna 1982
Caracciolo, Francesco, Uffici, difesa e corpi rappresentativi nel Mezzogiorno in età spagnola, Reggio Calabria 1974
–, Sud, debiti e gabelle, Napoli 1983
Cardini, Franco (Hg.), La cultura folklorica, Busto Arsizio 1988
Carpanetto, Dino/Ricuperati, Giuseppe, L'Italia del Settecento, Bari 1986 (engl. Ausg. u. d. T.: Italy in the age of Reason, 1685–1789, London 1987)
Carroll, Michael P., Madonnas That Maim, Popular Catholicism in Italy since the Fifteenth Century, Baltimore 1992
–, Veiled Threats, Baltimore 1996
Casali, Elide, Il villano dirozzato, Firenze 1982
Cascetta, Annamaria/Carpani, Roberta (Hg.), La scena della gloria, Milano 1995
Cassani, Silvia (Hg.), Barock in Neapel, Napoli 1993
Cavaciocchi, Simonetta (Hg.), La donna nell'economia, secc. XIII–XVIII, Prato 1990
Cavallo, Sandra, Charity and Power in Early Modern Italy, Cambridge 1995
Cavazza, Marta, Settecento inquieto, Bologna 1990
Cavazza, Silvano, La doppia morte: resurrezione e battesimo in un rito del Seicento, in: QS 50 (1982) S. 551–582
Centri e periferie del Barocco, 3 Bde., Roma 1992
Ceranski, Beate, „Und sie fürchtet sich vor niemandem". Die Physikerin Laura Bassi (1711–1778), Frankfurt/M.-New York 1996
[Ceruti], Giacomo Ceruti – il Pitocchetto, Milano 1987
Cerutti, Simona, La ville et les métiers, Paris 1990
[Cesi], Federico Cesi e la fondazione dell'Accademia dei Lincei, Napoli 1988
Cestaro, Antonio (Hg.), Chiesa e società nel Mezzogiorno moderno e contemporaneo, Napoli 1995
–, (Hg.), Studi di storia sociale e religiosa scritti in onore di Gabriele de Rosa, Napoli 1980

–, Strutture ecclesiastiche e società nel Mezzogiorno, Napoli 1978
Chiachella, Rita/Tosti, Mario, Terra, proprietà e politica annonaria nel Perugino tra Sei e Settecento, Rimini 1984
Chiarini, Paolo/Zeman, Herbert (Hg.), Österreich-Italien. Auf der Suche nach der gemeinsamen Vergangenheit, Bd. 1, Roma 1995
Chicco, Giuseppe, La seta in Piemonte 1650–1800, Milano 1995
Chiovaro, Francesco (Hg.), Storia della Congregatio del Santissimo Redentore, Bd. I/1, Roma 1993
Chittolini, Giorgio/Molho, Anthony/Schiera, Pierangelo (Hg.), Origine dello Stato, Bologna 1994
Chorherr, Edith, Zur religiösen Volkskunde Italiens. Ein Literaturbericht, in: Jahrbuch für Volkskunde 1 (1978) S. 227–235
Ciammiti, Luisa, Quanto costa essere normali, in: QS 53 (1983) S. 469–497
Cinelli, Carlo/Mazzanti, Alessandra/Romagnoli, Gioia, Tabernacoli e Immagini Sacri, Firenze 1994
Cipolla, Carlo M., Before the industrial revolution. European Society and Economy, 1000–1700, London 1976
–, Faith, Reason and the plague, Brighton 1979
–, Fighting the Plague in Seventeenth Century Italy, Madison 1981
–, Miasmas and disease, New Haven-London 1992
– (Hg.), Storia dell'economia italiana, Bd. 1, Torino 1959
–, Echecs et réussites de la proto-industrialisation dans la Vénetie: le cas du Haut-Vicentin (XVIIe-XIXe siècles), in: Revue d'histoire moderne et contemporaine 32 (1985) S. 311–323
Ciriacono, Salvatore, Acque e agricoltura, Milano 1994
–, Unterschiedliche Wege des Industrialisierungsprozesses. Das nördliche Vicentino im europäischen Vergleich (17. bis 19. Jahrhundert) in: Protoindustrie in der Region, hg. von Dietrich Ebeling/Wolfgang Mager, Bielefeld 1997, S. 139–155
Ciuffoletti, Zeffiro/Rombai, Leonardo (Hg.), La Toscana dei Lorena. Riforme, territorio, società, Firenze 1989
Ciuffreda, Antonio, „… A tre giorni di cammino da Napoli". L'ascesa di una famiglia patrizia di Capitanata: i Tontoli di Manfredonia tra XVI e XVIII secolo, in: Mélanges de l'Ecole française a Rome 103 (1991) S. 165–216
–, I benefici di giuspatronato nella diocesi di Oria, in: QS 67 (1988) S. 37–71
Civiltà e cultura in Puglia. La Puglia tra Barocco e Rococò, Milano 1982
Civiltà del Seicento a Napoli, 2 Bde., Napoli 1984
Il clero nell'età post-tridentina: utopie, modelli, realtà, in: RSRR 7 (1988)
Cochrane, Eric, Florence in the forgotten centuries 1527–1800, Chicago-London 1973
–, Italy 1530–1630, hg. von Julius Kirshner, London-New York 1988 (ital. Ausg. u. d. T.: L'Italia del Cinquecento 1530–1630, Bari 1989)
Cohen, Sherrill, The Evolution of Women's Asylums since 1500, New York-Oxford 1992
Cohn, Samuel K., Jr., Death and Property in Siena 1205–1800, Baltimore-London 1988
Colangelo, Giovanni Antonio, Le bizzoche dell'Archidiocesi di Salerno nell'età moderna, in: RSSR 15/16 (1979) S. 227–235
–, La diocesi di Marsico nei secoli XVI–XVIII, Roma 1978
Colapietra, Raffaele, La „clericalizzazione" della società molisana tra Cinque e Seicento: il caso della diocesi di Boiano, in: Critica storica 24 (1987) S. 411–452
–, Spiritualità, coscienza civile e mentalità nella storia dell'Aquila, L'Aquila 1984

Colella, Alfonso, Rese cerealicole e pratiche di riproduzione della fertilità in Italia (sec. XVI–XVII), in: QS 79 (1992) S. 171–198

Colombo, Massimo/Hegland, Arne, Die „Via Vandelli", in: Bulletin IVS (Inventar historischer Verkehrswege der Schweiz) 1997 (Heft 1) S. 51–55

Colosimo, Linda, La diocesi di Anagni nella prima metà del Settecento, in: Latium 9 (1992) S. 129–206

Colturi, Gabriella, Monache a Milano fra Cinque e Settecento: La storia del Monastero di Santa Maria della Consolazione, detto della Stella (1494–1778), in: ASL 116 (1990) S. 113–145

Comino, Giancarlo, Sfruttamento e ristribuzione di risorse collettive, in: QS 81 (1992) S. 687–702

Comparato, Vittor Ivo, Società civile e società letteraria nel primo Seicento: l'Accademia degli Oziosi, in: QS 23 (1973) S. 359–388

–, Uffici e società a Napoli (1600–1647), Firenze 1974

Confraternite, arte e devozione in Puglia dal Quattrocento al Settecento, Napoli 1994

Contardi, Bruno/Curcio, Giovanna (Hg.), In urbe architectus, Roma 1991

Conti Odorisio, Ginevra, Donna e società nel Seicento, Roma 1979

Coppola, Gauro (Hg.), Agricoltura e aziende agrarie nell'Italia centro-settentrionale (secoli XVI–XIX), Milano 1983

–, Il mais nell'economia agricola lombarda, Bologna 1979

– /Schiera, Pierangelo (Hg.), Lo spazio alpino: area di civiltà, regione cerniera, Napoli 1991

Corrain, Cleto/Zampini, Pierluigi, Costumanze superstiziose bolognesi rilevante nel diritto ecclesiastico locale, in: Ravennatensia II, Cesena 1971

–/ (Hg.), Documenti etnografici e folkloristici nei sinodi diocesani italiani, Bologna (Reprint) 1970

Corritore, Renzo Paolo, Il processo di „ruralizazzione" in Italia nei secoli XVII–XVIII, in: Rivista di storia economica, N. S. 10 (1993) S. 353–386

Costantini, Antonio, Le Masserie del Salento, Galatina 1995

Cowan, Alexander Francis, The urban patriciate. Lübeck and Venice 1580–1700, Köln-Wien 1986

Cozzi, Gaetano (Hg.), Stato, società e giustizia nella repubblica veneta (sec. XV–XVIII), 2 Bde., Roma 1980–85

Cresti, Carlo, L'architettura del Seicento a Firenze, Roma 1990

Croce, Benedetto, La Spagna nella vita italiana durante la Rinascenza, Bari ²1922

–, Storia dell'età barocca in Italia, Bari 1929

Cucinotta, Salvatore, Popolo e clero in Sicilia nella dialettica socio-religiosa fra Cinque-Seicento, Messina 1986

Cultura, religione e politica nell'età di Angelo Maria Querini, Brescia 1982

Cumàn, Fiorenzo Silvano, I capitelli di S. Antonio di Padova, Padova 1989

Curatolo, Paola, Notabili a Milano tra Cinque e Seicento. Le confraternite nella Parrocchia di S. Maria Segreta, in: ASL 117 (1991) S. 59–103

D'Agostino, Enzo, Vicende della diocesi di Gerace nel Seicento, in: Rivista storica calabrese 8 (1987) S. 293–342

–, I Vescovi di Gerace-Locri, Chiaravalle (Cz) 1981

D'Agostino, Mari, La piazza e l'altare, Palermo 1988

D'Alatri, Mariano (Hg.), I conventi cappuccini nell'inchiesta del 1650, 3 Bde., Roma 1984–1986

Dallaj, Arnalda, Le processioni a Milano nella Controriforma, in: StS 23 (1982) S. 167–183

Dalla Rosa, Enrico, Le milizie del Seicento nello Stato di Milano, Milano 1991
D'Amico, Le contrade e la città, Milano 1994
Da Molin, Giovanna, La famiglia nel passato, Bari 1990
–, Popolazione e società, Bari 1995
– (Hg.), Trovatelli e balie in Italia, secc. XVI–XIX, Bari 1994
Da Nadro, Silvano, Sinodi diocesani italiani, Città del Vaticano 1960
Davidson, Nicholas, Unbelief and Atheism in Italy, in: Atheism from the Reformation to the Enlightenment, hg. von Michael Hunter/David Wootton, Oxford 1992, S. 55–85
Davies, Timothy, Famiglie feudali siciliane, Caltanissetta-Roma 1985
Davis, Robert C., Shipbuilders of the Venetian Arsenal, Baltimore 1991
De Antoni, Dino/Perini, Sergio (Hg.), Storia religiosa del Veneto, Padova 1991ff.
De Bernardin, Sandro, La politica culturale della Repubblica di Venezia e l'Università di Padova nel XVII secolo, in: Studi veneziani 16 (1974) S. 443–502
De Boer, Wietse, „Ad audiendi non videndi commoditatem". Note sull'introduzione del confessionale soprettutto in Italia, in: QS 77 (1991) S. 543–572
Del Col, Andrea, Strumenti di ricerca per le fonti inquisitoriali in Italia nell'età moderna, in: SeS 20 (1997) S. 143–167, 417–424
Del Col, Andrea/Paolin, Giovanna (Hg.), L'inquisizione romana in Italia nell'età moderna, Roma 1991
Delille, Gérard, Famille et proprieté dans le Royaume de Naples (XVe–XIXe siècles), Roma 1985
– /Ciuffreda, Antonio, Lo scambio dei ruoli: Primogeniti -e, cadetti -e tra Quattrocento e Settecento nel Mezzogiorno d'Italia, in: QS 83 (1993) S. 507–525
Delle Donne, Enrica, Chiesa e potere nel Mezzogiorno, Salerno 1990
Dell'Oro, Giorgio, Il Sacro Monte di Oropa, in: Bollettino storico-bibliografico subalpino 92 (1994) S. 81–143
–, Terre ed economia biellese del XVII secolo. I diari dell'abate Giovanni Ercole di Ternengo, in: Studi e Ricerche sul Biellese 1997, S. 51–72
Del Panta, Lorenzo, Le epidemie nella storia demografica italiana (secoli XIV–XIX), Torino 1980
De Luca, Giuseppe, „Havendo perduto la vergogna verso Dio". Un indagine su alcuni gruppi di opposizione a Carlo Borromeo, in: SeS 59 (1993) S. 35–69
Delumeau, Jean (Hg.), Storia vissuta del popolo cristiano, ital. Ausg. hg. von Franco Bolgiani, Torino 1985
–, Vie économique e sociale de Rome dans la seconde moitié du XVIe siècle, 2 Bde., Paris 1959
Del Vecchio, Fabrizio, La vendita delle terre demaniali nel regno di Napoli dal 1628 al 1648, in: ASPN 103 (1985) S. 163–211
De Maddalena, Aldo, Dalla città al borgo, Milano 1982
– /Kellenbenz, Hermann (Hg.), Finanze e ragion di Stato in Italia e in Germania nella prima età moderna, Bologna 1984
–/ (Hg.), La repubblica internazionale del denaro tra XV e XVII secolo, Bologna 1986
– /Rotelli, Ettore/Barbarisi, Gennaro (Hg.), Economia, Istituzioni, Cultura in Lombardia nell'età di Maria Teresa, 3 Bd., Bologna 1982
De Maio, Romeo, Pittura e controriforma a Napoli, Bari 1983
–, Società e vita religiosa a Napoli nell'età moderna (1656–1799), Napoli 1971
De Marco, Vittorio, La diocesi di Taranto nell'età moderna (1516–1713), Roma 1988
–, La diocesi di Taranto nel Settecento (1713–1816), Roma 1990

De Martino, Ernesto, Katholizismus, Magie, Aufklärung, München 1982
De Nicolais, Mario/Laudato, Annibale (Hg.), L'archidiocesi di Benevento nel XVIII secolo, Campolattaro 1988
- /(Hg.), Dal „monte frumentario urbano" alle casse rurali, Campolattaro 1992
De Palma, Luigi Michele (Hg.), Studio su Antonio Pignatelli, Papa Innocenzo XII, Lecce 1992
De Rosa, Gabriele, Chiesa e religione popolare nel Mezzogiorno, Bari 1978
-, L'emarginazione sociale in Calabria nel XVIII secolo: il problema degli esposti, in: RSSR 13 (1978) S. 5-29
-, Tempo religioso e tempo storico. Bd. 1, Saggi, Roma 1987
-, Vescovi, popolo e magia nel Sud, Napoli ²1971
- /Cestaro, Antonio (Hg.), Il concilio di Trento nella vita spirituale e culturale del Mezzogiorno tra XVI e XVII secolo, 2 Bde., Venosa 1988
- /Gregory, Tullio/Vauchez, André (Hg.), Storia dell'Italia religiosa, Bd. 2: L'età moderna, Bari 1994
- /Malgeri, Francesco (Hg.), Società e religione in Basilicata nell'età moderna, 2 Bde., Potenza 1977
De Rosa, Giuseppe, La religione popolare, Roma 1981
De Rosa, Luigi (Hg.), La storiografia italiana degli ultimi vent'anni, Bd. 2: Età moderna, Bari 1989
De Sanctis, Riccardo, La nuova scienza a Napoli tra '700 e '800, Bari 1986
De Seta, Cesare, L'Italia del Grand Tour de Montesquieu a Goethe, Napoli 1992
De Simone, Roberto, Chi è devoto? Feste popolari in Campania, Napoli 1974
De Spirito, Angelomichele, La prostituzione femminile a Napoli nel XVIII secolo, in: RSSR 13 (1978) S. 31-70
De Vecchi Ranieri, Marilena, Viaggiatori stranieri in Umbria 1500-1915, Perugia 1986
Di Bella, Saverio (Hg.), Chiesa e società civile nel Settecento italiano, Milano 1982
- (Hg.), La rivolta di Messina (1674-78) e il mondo mediterraneo nella seconda metà del Seicento, Cosenza 1979
Di Biase, Pietro, „Le nubi hanno offuscato il sole della Chiesa". La Diocesi di Bari nel secondo Settecento attraverso le „Relationes ad limina", in: Archivio storico pugliese 45 (1992) S. 223-262
Di Cicco, Pasquale, Istituzioni e vicende annonarie nel Regno di Napoli, in: ASPN 111 (1993) S. 421-446
Di Gesaro, Pinuccia, Streghe, Bolzano 1988
Di Leo, Adriana, I sinodi cilentani nei secoli XVI-XIX, Napoli 1981
Dinges, Martin, Pest und Staat: Von der Institutionengeschichte zur sozialen Konstruktion? in: Neue Wege in der Seuchengeschichte, hg. von dems./Thomas Schleich, Stuttgart 1995, S. 71-103
Dini, Vittorio/Sonni, Laura, La madonna del parto, Roma 1985
Di Simplicio, Oscar, La giustizia ecclesiastica e il processo della civilizazzione, in: Bullettino senese 98 (1991) S. 150-194
-, Peccato, perdono, penitenza, Milano 1994
-, Le perpetue, in: QS 68 (1988) S. 381-412
-, Storia di un anticristo, in: Bullettino senese 101 (1994) S. 32-126
Divenuto, Francesco, Napoli Sacra del XVI secolo, Napoli 1990
Domzalski, Oliver Thomas, Politische Karrieren und Machtverteilung im venezianischen Adel (1646-1797), Sigmaringen 1996

Donati, Claudio, Ecclesiastici e laici nel Trentino del Settecento (1748-1763), Roma 1975
-, L'idea di nobiltà in Italia, secoli XIV-XVIII, Bari 1988
-, The Italian Nobilities in the Seventeenth and Eighteenth Centuries, in: The European Nobilities in the Seventeenth and Eighteenth Centuries, hg. von H. M. Scott, Bd. 1, London-New York 1995, S. 237-268
Donne sante – sante donne. Esperienza religiosa e storia di genere, Torino 1996
Donvito, Luigi, „Domanda religiosa" e crisi sociale in Terra di Bari nel seicento, in: SeS 17 (1982) S. 511-527
-, Società meridionale e istituzioni ecclesiastiche nel Cinque e Seicento, Milano 1987
- /Pellegrino, Bruno, L'organizazzione ecclesiastica degli Abruzzi e Molise e della Basilicata nell'età postridentina, Firenze 1973
Donzelli, Maria (Hg.), Storia, arte e cultura della Campania, Milano 1976
Dooley, Brendan (Hg.), Italy in the baroque. Selected readings, New York-London 1995
-, Social Control and the Italian Universities: From Renaissance to Illuminismo, in: Journal of Modern History 61 (1989) S. 205-239
Doria, Giorgio, Investimenti della nobiltà genovese nell'edilizia di prestigio (1530-1630), in: StS 27 (1986) S. 5-55
-, Uomini e terre di un borgo collinare dal XVII al XVIII secolo, Milano 1968
Dunn, Marylin R., Nuns as art patrons: The decoration of S. Marta al Collegio Romano, in: The Art Bulletin 70 (1988) S. 451-477
-, Piety and Patronage in Seicento Rome: Two Noblewoman and their convents, in: The Art Bulletin 76 (1994) S. 644-663

Ebner, Pietro, Chiesa, baroni e popolo nel Cilento, Bd. 1, Roma 1982
Edelmayer, Friedrich, Maximilian II., Philipp II. und Reichsitalien, Wiesbaden 1988
Eickhoff, Ekkehard, Venedig, Wien und die Osmanen, Stuttgart 1988
Emiliani, Andrea/Rave, August B. (Hg.) Giuseppe Maria Crespi, Bologna 1990 – Stuttgart 1991 [Ausstellungskatalog]
Enfance abandonnée et société en Europe, XIVe-XXe siècle, Roma 1991
Erba Achille, La Chiesa sabauda tra Cinque e Seicento, Roma 1979
Esch, Arnold, Über den Zusammenhang von Kunst und Wirtschaft in der italienischen Renaissance, in: Zeitschrift für Historische Forschung 8 (1981) S. 179-222
Evangelisti, Silvia, „Farne quello che pare e piace ...". L'uso e la trasmissione delle celle nel monastero di Santa Giulia di Brescia (1597-1688), in: QS 88 (1995) S. 85-110
Externbrink, Sven/Scholz-Hänsel, Michael, Ribera und die „Gegenreformation" in Süditalien, in: Kritische Berichte 24 (1996) S. 20-36

Faccini, Luigi, La Lombardia fra '600 e '700. Riconversione economica e mutamenti sociali, Milano 1988
Fagiolo dell'Arco, Maurizio/Carandini Silvia,(Hg.), L'effimero barocco, Bd. 2, Roma 1978
- /Madonna, Maria Luisa (Hg.), Barocco Romano e Barocco Italiano, Roma-Reggio Calabria 1985
Falassi, Alessandra, La festa, Napoli 1988
Fanfani, Tommaso, Potere e nobiltà nell'Italia minore tra XVI e XVII secolo, Milano 1983
Fantappié, Carlo, Istituzioni ecclesiastiche e istruzione secondaria nell'Italia moderna: i seminari-collegi vescovili, in: AISIG 15 (1989) S. 189-240
-, Istituzioni e vita monastica in Toscana a metà seicento, in: Benedictina 41 (1994) S. 419-449

–, Il monachesimo moderno tra ragion di Chiesa e ragion di Stato, Firenze 1993
–, Riforme ecclesiastiche e resistenze sociali, Bologna 1986
–, Strutture ecclesiastiche e nuovi assetti patrimoniali nella diocesi di Pistoia (1778–1790), in: Il sinodo di Pistoia del 1786, hg. von Claudio Lamioni, Roma 1991, S. 151–204
Fantoli, Annibale, Galileo. Per il Copernicanesimo e per la Chiesa, Città del Vaticano 1993
Fantoni, Marcello, La corte del Granduca, Roma 1994
Fappani, Antonio, Documenti della religiosità popolare nel Bresciano, Brescia 1984
Farnedi, Giustino/Spinelli, Giovanni (Hg.), Settecento monastico italiano, Cesena 1990
Fasano Guarini, Elena, Gli „ordini di polizia" nell'Italia del '500: Il caso toscano, in: Policey im Europa der Frühen Neuzeit, hg. von Michael Stolleis, Frankfurt/M. 1996, S. 55–96
– (Hg.), Potere e società negli stati regionali italiani del '500 e '600, Bologna 1978
– (Hg.), Prato – Storia di una città, Bd. 2: Un microcosmo in movimento (1494–1815), Prato 1986
Fatica, Michele, Il problema della mendicità nell'Europa moderna (secoli XVI–XVIII), Napoli 1992
Fazio, Ida, La politica del grano, Milano 1993
Fazio, Mario (Hg.), Storia dell'agricoltura italiana, Milano 1976
Fede, pietà, religiosità popolare e San Francesco di Paola, Roma 1992
Feldhay Rivka, Galileo and the Church, Cambridge 1995
Felice, Costantino, Il Sud tra mercati e contesto, Milano 1995
Fellerer, Karl Gustav (Hg.), Geschichte der katholischen Kirchenmusik, Bd. 2, Kassel 1976
Felloni, Giuseppe, Gli investimenti finanziari genovesi in Europa tra il Seicento e la Restaurazione, Milano 1971
– /Poloni, Valeria, Un sondaggio per le comunità religiose a Genova in età moderna, in: Atti della Società ligure di Storia Patria N. S. 36, Fasc. 2 (1996) S. 143–166
Fenicia, Giulio, Esportazione di prodotti alimentari dal regno di Napoli nella seconda metà del XVII secolo, in: Nuova Rivista Storica 71 (1987) S. 269–292
Ferrante, Lucia, L'onore ritrovato, in: QS 53 (1983), S. 499–527
– /Palazzi, Maura/Pomata, Gianna (Hg.), Ragnatele di rapporti, Torino 1988
Ferraro, Joanne M., Family and Public Life in Brescia, 1580–1650: The Foundations of Power in the Venetian State, Cambridge 1993
Ferrero, Fabriciano, La conciencia moral en la Campiña Romana durantes los siglos XVII y XVIII, in: Spicilegium Historicum Congregationis SSmi Redemptoris 20 (1972) S. 71–157
Finley, Moses J./Mack Smith, Denis/Duggan, Christopher, Geschichte Siziliens und der Sizilianer, München 1989
Finzi, Roberto, Monsignore al suo fattore, Bologna 1979
Fiorani, Luigi (Hg.), Le confraternite romane, in: RSRR 5 (1984)
–, Discussione e ricerche sulle confraternite romane negli ultimi cento anni, in: RSRR 6 (1985) S. 11–105
–, Religione e povertà, in: RSRR 3 (1979) S. 43–131
–, Le visite apostoliche del Cinque-Seicento e la società religiosa romana, in: RSRR 4 (1980) S. 53–148
Fiori, Antonio, La crisi religiosa in Italia nella prima metà del 1700, in: Studium 85 (1989) S. 497–507
Fischer, Klaus, Galilei, München 1983
Fonseca, Cosimo Damiano (Hg.), L'esperienza monastica benedittina e la Puglia, Bd. 2, Galatina 1984

- (Hg.), Taranto: La Chiesa – le chiese, Taranto 1992
Forme e soggetti dell'intervento assistenziale in una città di antico regime, Bologna 1986
Fornilli, Carlo Cirillo, Delinquenti e carcerati a Roma alla metà del '600, Roma 1991
Franchi, Saverio (Hg.), Il melodramma a Roma tra Sei e Settecento, in: Roma moderna e contemporanea 4, Heft 1 (1996)
Franchini Guelfi, Fausta, Le Casacce, Genova 1973
–, Alessandro Magnasco, Campomorone 1977
–, Alessandro Magnasco, Soncino 1991
Franzese, Rosa, La festa di Settembre in onore di S. Gennaro tra '600 e '700, in: Campania Sacra 11/12 (1980/81) S. 213–304
Frigo, Daniela, Il padre di famiglia, Roma 1985
Fumaroli, Marc, L'école du silence, Paris 1994

Gai, Lucia, L'immaginario nella storia: cercatori di tesori a Pistoia nel 1700, in: Bullettino storico pistoiese 87 (1985) S. 67–86
Galante Garrone, Giovanna/Lombardini, Sandro/Torre, Angelo, Valli monregalesi: arte, società, devozioni, Vicoforte 1985
Galasso, Giuseppe, L'altra Europa, Milano 1982
- (Hg.), L'inchiesta di Innocenzo X sui regolari in Italia, Roma 1987ff.
- (Hg.), Mentalità, comportamenti e istituzioni tra Rinascimento e decadenza 1550–1700, Milano 1988
–, Il mezzogiorno nella storia d'Italia, Firenze 1977
–, Napoli spagnola dopo Masaniello, Firenze 1982
–, Alla periferia dell'Impero, Torino 1994
- (Hg.), Storia d'Italia, Torino 1976ff.
- /Romeo, Rosario, Storia del Mezzogiorno, Bd. 9–11, Napoli 1991
- /Russo, Carla (Hg.), Per la storia sociale e religiosa del Mezzogiorno, 2 Bde., Napoli 1980–82
Garms-Cornides, Elisabeth, Benedikt XIV. – Ein Papst zwischen Reaktion und Aufklärung, in: Ambivalenzen der Aufklärung. Festschrift für Ernst Wangermann, hg. von Gerhard Ammerer und Hanns Haas, Wien-München 1997, S. 169–186
Garms, Jörg, Due parrocchiali nelle Marche ed altre chiese di Carlo Marchionni, in: Architettura, Città, Territorio, hg. von Elisa Debenedetti, Roma 1992
Garrard, Mary D., Artemisia Gentileschi, Princeton 1989
Gasparotti, Giacomo, Cerveno e il suo santuario, Brescia 1992
Gaudioso, Francesco, Pietà, religione e testamenti nel Mezzogiorno, Napoli 1983
–, Testamento e devozione, Galatina 1986
Gentilcore, David, Contesting illness in Early Modern Naples: Miracolati, physicians and the congregation of rites, in: Past and Present 148 (1995) S. 117–148
–, From bishop to witch, Manchester-New York 1992
–, Methods and approaches in the social history of the Counter-Reformation in Italy, in: Social History 17 (1992) S. 73–98
Georgelin, Jean, Venise au siècle des lumières, Paris-Den Haag 1978
Geremek, Bronislaw, Geschichte der Armut, München-Zürich 1988
Giacchero, Giulio, La casana dei Genovesi, Genova 1988
Ginzburg, Carlo, Die Benandanti, Frankfurt/M. 1980
–, Der Käse und die Würmer, Frankfurt/M. 1979

- (Hg.), Religioni delle classi popolari, in QS 41 (1979)
Giordano, Christian, Von der Familie zur Klientel: Die Aktivierung personalisierter Netzwerke in mediterranen Gesellschaften, in: Traverse 3 (1996) S. 33–52
[Giorgetti], Contadini e proprietari nella Toscana moderna. Atti del Convegno di studio in onore di Giorgio Giorgetti, 2 Bde., Firenze 1979–1981
Giorgini, Candeloro, La Maremma toscana nel Settecento, Teramo 1968
Girola Picchi, Anna, Attività assistenziali nel seicento e settecento a Como, in: Archivio storico della diocesi di Como 4 (1990) S. 157–182
Giusberti, Fabio, Impresa e avventura. L'industria del velo di seta a Bologna nel XVIII secolo, Milano 1989
Goldthwaite, Richard A., Wealth and the demand for art in Italy 1300–1600, Baltimore 1993
Grassi, Liliana, Province del Barocco e del Rococò, Milano 1966
Greco, Gaetano, Il capello di Santa Bona, in: Ricerche storiche 22 (1992) S. 21–62
–, Ecclesiastici e benefici in Pisa alla fine dell'antico regime, in SeS 8 (1980) S. 299–338
–, Monasteri femminili e patriziato a Pisa (1530–1630), in: Città italiane del '500 tra riforma e controriforma, Lucca 1988, S. 313–339
–, La parrocchia a Pisa nell'età moderna (secoli XVII–XVIII), Pisa 1984
- /Rosa, Mario (Hg.), Storia degli antichi stati italiani, Bari 1996
Gregori, Mina, Giacomo Ceruti, Milano 1982
Grendi, Edoardo, Il Cervo e la Repubblica, Torino 1993
–, Sul commercio anglo-italiano del Settecento, in: QS 79 (1992) S. 263–275
–, I Nordici e il traffico del Porto di Genova, in: RSI 83 (1971) S. 23–71
–, La repubblica aristocratica dei genovesi, Bologna 1987
Grendler, Paul F., The roman inquisition and the Venetian Press, 1540–1605, Princeton 1977
Grimaldi, Floriano (Hg.), Il santuario di Loreto, Cinisello Balsamo 1994
Grohmann, Alberto (Hg.), Assisi in età barocca, Assisi 1992
Groppi, Angela, I conservatori della virtù, Bari 1994
- Hg.), Il lavoro delle donne, Bari 1996
Gross, Hanns, Roma nel Settecento, Bari 1990 (engl. u. d. T.: Rome in the age of Enlightenment, Cambridge 1990)
Guarducci, Annalisa (Hg.), Agricoltura e trasformazione dell'ambiente, sec. XIII–XVIII, Firenze 1984
Guerci, Luciano, La discussione sulla donna nell'Italia del Settecento, Torino 1987
Guidetti, Armando, Le missioni popolari, Milano 1988
Guidetti, Massimo (Hg.), Storia dei Sardi e della Sardegna, Bd. 3 und 4, Milano 1989–90
Gullino, Giuseppe, I Pisani dal Banco e Moretta, Roma 1984

Hammond, Frederick, Music & spectacle in Baroque Rome, New Haven-London 1994
Hanlon, Gregory, The twilight of a military tradition, London 1998
Haskell, Francis, Maler und Auftraggeber, Köln 1996
[Hasse], Johann Adolf Hasse und die Musik seiner Zeit, in: Analecta musicologica 25 (1987)
Hauschild, Thomas, Protestantische Pilger und katholische Körperschaften, in: Zeitschrift für Volkskunde 82 (1986) S. 19–43
Hemleben, Johannes, Galileo Galilei, Reinbek 1969
Hersche, Peter, Der aufgehaltene Fortschritt – Deindustrialisierung und Reagrarisierung in Oberitalien im 17. Jahrhundert, in: Journal für Geschichte, Heft 3, 1987, S. 12–23
–, Chiesa ricettizia. Ein Modell kommunaler Organisation von Kirche in Unteritalien, in: Ge-

meinde, Reformation und Widerstand. Festschrift für Peter Blickle zum 60. Geburtstag, hg. von Heinrich R. Schmidt, André Holenstein und Andreas Würgler, Tübingen 1998, S. 293-307.
-, Unglaube im 16. Jahrhundert, in: Schweizerische Zeitschrift für Geschichte 34 (1984) S. 233-250
-, Max Weber, Italien und der Katholizismus, in: Quellen und Forschungen aus italienischen Archiven und Bibliotheken 76 (1996) S. 362-382
Hertner Peter, Italienische Unternehmen und Unternehmer in Deutschland und ihr Einfluß auf die deutsche Wirtschaft von der frühen Neuzeit bis zur Gegenwart, in: Der Einfluß ausländischer Unternehmer auf die deutsche Wirtschaft vom Spätmittelalter bis zur Gegenwart, hg. von Hans Pohl, Stuttgart 1992, S. 39-55
Hobsbawn, Eric, Die Banditen, Frankfurt/M. 1972
Hofer, Paul, Noto, Zürich 1996
Hudon, William V., Religion and Society in Early Modern Italy, in: American Historical Review 101 (1996) S. 783-804
Hufton, Olwen, Frauenleben. Eine europäische Geschichte 1500-1800, Frankfurt/M. 1998
Hunecke, Volker, Agronomen und Bauern: Probleme bäuerlichen Widerstands in Italien während des 16. und 17. Jahrhunderts, in: Vom Elend der Handarbeit, hg. von Hans Mommsen und Winfried Schulze, Stuttgart 1981, S. 199-207
-, Die Findelkinder von Mailand, Stuttgart 1987
-, Italienische Zeitschriften zur neueren Geschichte, in: Geschichte und Gesellschaft 7 (1981), S. 311-323
-, Kindbett oder Kloster, in: Geschichte und Gesellschaft 18 (1992) S. 446-476
-, Der venezianische Adel am Ende der Republik (1646-1797), Tübingen 1995

Illibato, Antonio, La donna a Napoli nel Settecento, Napoli 1985
„Irpinia Sacra". Chiesa e società nell'età moderna, 2 Teile, in: Rassegna storica irpina 7-10 (1993-95)

Jesi, Furio, La festa, Torino 1977
Jones, Pamela M., Federico Borromeo and the Ambrosiania. Art Patronage and Reform in Seventeenth Century Milan, Cambridge 1993
Jorio, Piercarlo/Borello, Laura, Santuari Mariani dell'arco alpino italiano, Ivrea 1993
Jütte Robert, Poverty and Deviance in Early Modern Europe, Cambridge 1994

Kagan, Richard E., Le università in Italia, 1500-1700, in: SeS 28 (1985) S. 275-317
Kahl, Hubert, Grundeigentümer, Bauern und Landarbeiter in Südeuropa, Bern-Frankfurt/M. 1983
Kanceff, Emanuele (Hg.), Biblioteca del viaggio in Italia, Bd. 21, 25, 41, 42, 46 [für das 17. und frühe 18. Jahrhundert], Moncalieri 1983ff.
Kellenbenz, Hermann/Prodi, Paolo (Hg.), Fiskus, Kirche und Staat im konfessionellen Zeitalter, Berlin 1994
Kendrick, Robert L., Celestial Sirens. Nuns and their music in early modern Milan, Oxford 1996
Kiene, Michael, Die italienischen Universitätspaläste des 17. und 18. Jahrhunderts, in: Römisches Jahrbuch der Bibliotheca Hertziana 25 (1989) S. 329-388
Kirova, Tatiana K. (Hg.), Arte e cultura del '600 e del '700 in Sardegna, Napoli 1984
Kohler, Georg (Hg.), Die schöne Kunst der Verschwendung, Zürich-München 1988

Kramer, Hans, Geschichte Italiens, Bd. 2, Stuttgart 1968
Krantz, Frederick/Hohenberg, Paul M. (Hg.), Failed Transitions to Modern Industrial Society: Renaissance Italy and Seventeenth Century Holland, Montreal 1975
Kurzel-Runtscheiner, Monica, Töchter der Venus, München 1995

Labrot, Gérard, Baroni in città, Napoli 1979
-, Le comportement collectif de l'aristocratie napolitaine du seizième au dix-huitième siècle, in: Revue historique 258 (1977) S. 45-70
-, Etudes napolitaines, Paris 1993
-, Quand l'histoire murmure, Roma 1995
Landi, Fiorenzo, Il paradiso dei monaci, Roma 1996
Lane, Frederic C., Seerepublik Venedig, München 1980
Langé, Santino/Pacciarotti, Giuseppe, Barocco alpino, Milano 1994
Lankheit, Klaus (Hg.), Kunst des Barock in der Toscana, München 1976
Latorre, Antonietta, Le confraternite di Fasano dal XVI al XX secolo, Fasano 1993
Lattuada, Riccardo, Il barocco a Napoli e in Campania, Napoli 1988
Lauro, Agostino, Collaterale e curia romana per la sospensione del sinodo d'Ischia nel 1717, in: ASPN 111 (1993) S. 213-253
Lepre, Aurelio, Feudi e masserie, Napoli 1973
-, Storia del Mezzogiorno d'Italia, 2 Bde., Napoli 1986
Lerra, Antonio, La chiesa ricettizia di Basilicata nell'età moderna, in: Rassegna storica lucana 16 (1992) S. 15-79
Levi, Giovanni, Das immaterielle Erbe, Berlin 1986
Levine, David A./Mai Ekkehard (Hg.), I Bamboccianti, Milano 1991
Libertazzi, Giovanni G., Confraternite e società nella diocesi di Lacedonia e di Monteverde nel XVIII secolo, in: Rassegna storica lucana 15 (1991) S. 61-91
-, Transumanza e vita religiosa nel Mezzogiorno in: Cristianesimo nella Storia 7/8 (1988) S. 89-103
Liebreich, A. K., Piarist Education in the Seventeenth Century, in: Studi Secenteschi 26 (1985) S. 225-278 und 27 (1986) S. 57-89
Ligresti, Domenico, I bilanci secenteschi del Regno di Sicilia, in: RSI 109 (1997) S. 894-937
-, L'organizazzione militare del Regno di Sicilia (1535-1635), in: RSI 105 (1993) S. 647-678
-, Sicilia moderna, Napoli 1984
Lill, Rudolf, Geschichte Italiens in der Neuzeit, Darmstadt ⁴1988
Lima, Antonietta Iolanda, La dimensione sacrale del paesaggio, Palermo 1984
L'Italie au XVIIe siècle, Paris 1989
Litchfield, Robert Burr, Emergence of a Bureaucracy, Princeton 1986
Liva, Giovanni, Aspetti dell'applicazione della pena di morte a Milano in Epoca Spagnola, in: ASL 115 (1989) S. 149-205
Livi Bacci, Massimo, Popolazione e alimentazione, Bologna ²1993
Lombardi, Daniela, Povertà maschile, povertà femminile, Bologna 1988
La Lombardia spagnola nel XVII secolo: crisi e continuità, in: SeS 16 (1982)
Lopez, Luigi, La città dell'Aquila nella grande peste del 1656, L'Aquila 1987
Lopez, Pasquale, Chiesa e società a Ischia nell'età della controriforma: L'episcopato di Innico d'Avalos (1590-1637), in: ASPN 105 (1987) S. 223-291
-, Clero, eresia e magia nella Napoli del Viceregno, Napoli 1984
-, Inquisizione, stampa e censura nel regno di Napoli tra '500 e '600, Napoli 1974

Luminati, Michele, Erdbeben in Noto, Zürich 1995
Lunelli, Clemente, I processi per balli, suoni e mascherate in Vallagarina nei secoli XVII e XVIII, in: Atti della Accademia Roveretana degli Agiati, Ser. VI, Bd. 30, A, 1991, S. 169–205
Lutz, Georg (Hg.), Das Papsttum, die Christenheit und die Staaten Europas, Tübingen 1994
Luzzatti, Michele (Hg.), L'inquisizione e gli ebrei in Italia, Bari 1994

Macry, Paolo, Mercato e società nel Regno di Napoli, Napoli 1974
Mączak, Antoni (Hg.), Klientelsysteme im Europa der Frühen Neuzeit, München 1988
Madricardo, Claudio, Sesso e religione nel Seicento a Venezia: la sollicitazione in confessionale, in: Studi veneziani N. S. 16 (1988), S. 121–170
Maestrello, Lucia, L'assistenza all'infanzia abbandonata a Verona, in: Studi storici Luigi Simeoni 40 (1990) S. 103–115
Maffei, Scipione, Dell'impiego del danaro libri tre, Roma 1745
Maffioli, C. S./Palm, L. C., Italian Scientists in the Low Countries in the XVIIth and XVIIIth Centuries, Amsterdam 1989
Magnani, Lauro, Commitenze e arte sacra a Genova dopo il Concilio di Trento, in: Studi di Storia delle arti 5 (1983–85) S. 133–184
[Magnasco], Alessandro Magnasco 1667–1749, Milano 1996
Magnuson, Torgil, Rome in the age of Bernini, 2 Bde., Stockholm 1982–86
Mahling, Christoph-Hellmut, „Zu Anherobringung einiger italienischer Virtuosen", in: Analecta musicologica 12 (1973) S. 193–208
Mainardi, Michele/Panico, Antonio, Le chiesette della campagna di Lecce, Lecce 1990
Malanima, Paolo, La decadenza di una economia cittadina, Bologna 1982
–, La fine del primato, Milano 1998
–, L'economia dei nobili a Firenze nei secoli XVII e XVIII, in: SeS 54 (1991) S. 829–848
–, Il lusso dei contadini, Bologna 1990
–, I Riccardi di Firenze, Firenze 1977
Mancini, Franco, Feste ed apparati civili e religiosi in Napoli dal Viceregno alla Capitale, Napoli 1968
Mancini, Roberto, La corruzione, in: Ricerche storiche 21 (1991) S. 3–33
Mancino, Michele, Giustizia penale ecclesiastica e controriforma, in: Campania Sacra 23 (1992), S. 201–228
Manconi, Francesco, Castigo de Dios. La grande peste barocca nella Sardegna di Filippo IV, Roma 1994
– (Hg.), La società sarda in età spagnola, Bd. 1, Quart 1992
Mandel, Oscar, The art of Alessandro Magnasco: an Essay in the recovering of meaning, Firenze 1994
Manduca, Raffaele, Il sinodo di Giovanni Horozco (Girgenti 1600–1603), in: Archivio Storico per la Sicilia orientale 87 (1991) S. 243–296
Manieri Elia, Mario, Barocco leccese, Milano 1989
Manikowski, Adam, Aspetti economici del mecenatismo di una famiglia aristocratica fiorentina nel XVII secolo, in: Ricerche storiche 16 (1986) S. 81–94
Mannori, Luca, Il sovrano tutore, Milano 1994
Manodori, Alberto, La preghiera del marinaio, 2 Bde., Roma 1992
Mantelli, Roberto, Il pubblico impiego nell'economia del Regno di Napoli: retribuzioni, reclutamento e ricambio sociale nell'epoca spagnuola (secc. XVI–XVII), Napoli 1986
Mantese, Giovanni, Memorie storiche della Chiesa vicentina, Bd. IV/1–2, Vicenza 1974

La Maremma grossetana tra il 1700 e il 1900, 2 Bde., Città di Castello 1989
[Maria Francesca delle Cinque Piaghe], in: Campania Sacra 22 (1991)
Mariella, Michele, Il santuario di Capurso, Bari 1979
Marino, John A., Pastoral economics in the Kingdom of Naples, Baltimore 1988
Marino, Salvatore, II sinodo di Siracusa del 1727, in: Il sinodo diocesano nella teologia e nella storia, Acireale 1987, S. 87–104
–, La situazione economico-religiosa italiana nelle risposte al questionario sulla riduzione delle feste di precetto del 1742, in: Rivista di storia della Chiesa in Italia 31 (1977) 454–481
Mariotti, Maria, Concili Provinciali e sinodi diocesani posttridentini in Calabria, in: Rivista di storia della Chiesa in Italia 21 (1967) S. 461–481; 27 (1973) S. 130–169; 41 (1987) S. 111–127; (mit Enzo d'Agostino) 44 (1990) S. 69–80
Martini, Gabriele, La giustizia veneziana ed il „vitio nefando" nel secolo XVII, in: Studi veneziani N. S. 11 (1986) S. 159–204
–, Rispetto dell'infanzia e violenza sui minori nella Venezia del Seicento, in: SeS 34 (1986) S. 793–817
Martucci, Rosa, „De vita e honestate clericorum", in: Archivio storico italiano 144 (1986) S. 423–467
Mascanzoni, Leardo, Pievi e parrocchie in Italia, 2 Bde., Bologna 1988
Masetti Zannini, Gian Lodovico, „Servire il Signore segregate del Mondo", in: Rivista storica calabrese 9 (1988) S. 165–197
Massafra, Angelo (Hg.), Problemi di storia delle campagne meridionali nell'età moderna e contemporanea, Bari 1981
Mastellone, Salvo, Pensiero politico e vita culturale a Napoli nella seconda metà del Seicento, Messina-Firenze 1965
Mastroianni, Fiorenzo Ferdinando, L'inchiesta di Innocenzo X sui conventi cappucini italiani (1650), Roma 1985
Matitti, Flavia, Il cardinale Pietro Ottoboni mecenate delle arti, in: Storia dell'arte 84 (1995) S. 156–243
Matozzi, Ivo, „Mondo del libro" e decadenza a Venezia (1570–1730), in: QS 72 (1989) S. 743–786
Matteucci, Anna Maria, L'architettura del Settecento, Torino 1988
Mattone, Antonello, La cessione del Regno di Sardegna dal trattato di Utrecht alla presa di possesso sabauda (1713–1720), in: RSI 104 (1992) S. 5–89
Mayer-Himmelheber, Susanne, Bischöfliche Kunstpolitik nach dem Tridentinum, München 1984
Mazzei, Rita, La società lucchese del Seicento, Lucca 1977
–, Traffici e uomini d'affari italiani in Polonia nel Seicento, Milano 1983
– /Fanfani, Tommaso (Hg.), Lucca e l'Europa degli affari, secoli XV–XVII, Lucca 1990
Mazzone, Umberto/Turchini, Angelo (Hg.), Le visite pastorali, Bologna 1985
Mazzucchelli, Mario, Die Nonne von Monza, Hamburg 1962
McArdle, Frank, Altopascio. A Study in Tuscan Rural Society 1587–1784, Cambridge 1978
Il melodramma italiano in Italia e in Germania nell'età barocca – Die italienische Barockoper, ihre Verbreitung in Italien und Deutschland, Como 1995
Menniti Ippolito, Antonio, Politica e carriera ecclesiastica nel secolo XVII, Bologna 1993
Menozzi, Daniele, Prospettive sinodali nel Settecento, in: Cristianesimo nella Storia 8 (1987) S. 115–145
Menzione, Andrea, Temi di storia delle campagne italiane in età moderna, in: Il mestiere dello storico dell'età moderna, Bellinzona 1997, S. 41–63 (Anm. S. 206–208)

Mercurio, Franco, Uomini, cavallette, pecore e grano: una calamità di parte, in: SeS 30 (1985) S. 767–795
Merelli, Fedele, Le capelle del Rosario al sacro monte sopra Varese: l'opera dei Cappucini, Milano 1991
Merlo, Elisabetta, La lavorazione delle pelli a Milano fra Sei e Settecento, in: QS 80 (1992) S. 369–398
Merriman, Mira Pajes, Giuseppe Maria Crespi, Milano 1980
Merzario, Raul, Anastasia ovvero la malizia degli uomini, Bari 1992
–, Land, Kinship and consanguineous marriage in Italy from seventeenth to the nineteenth centuries, in: Journal of Family History 15 (1990) S. 529–546
–, A Meride nel Seicento e a Milano nel Ottocento: due casi di controlle delle nascite a confronto, in: Archivio storico ticinese 31 (1994) S. 51–58
–, Il paese stretto, Torino 1981
Michel, Olivier, Vivre et peindre à Rome au XVIIIe siècle, Roma 1996
Miele, Michele, Die Provinzialkonzilien Süditaliens in der Neuzeit, Paderborn 1996
–, La riforma domenicana a Napoli nel periodo post-tridentino (1583–1725), Roma 1963
–, Sisto V e la riforma dei monasteri femminili di Napoli, in: Campania Sacra 21 (1990) S. 123–209
Milanesi, Alberto, Struttura, organizazzione, aspetti sociali del patrimonio fondiario del collegio Ghislieri, in: Il collegio universitario Ghislieri di Pavia, Bd. 2, Milano 1970, S. 159–296
Milella, Ornella, La compagnia di Gesù e la Calabria, Architettura e storia delle strategie insediative, Roma 1992
Modica Vasta, Marilena, „Sante vive". Weibliche Heiligkeit zwischen Realität und Fiktion im Sizilien des 17. Jahrhunderts, in: L'homme 1 (1990), S. 19–35
Monson, Craig A., Disembodied voices. Music and culture in an Early Modern convent, Berkeley 1995
Montagu, Jennifer, Roman Baroque Sculpture. The Industry of Art, New Haven-London 1989
Montanari, Daniele, Disciplinamento in terra veneta, Bologna 1987
–, I monti di pietà della Lombardia (sec. XV–XVIII), in: Annali di Storia moderna e contemporanea 2 (1996) S. 9–43
– (Hg.), Per il quinto centenario del Monte di Pietà di Brescia (1489–1989), Travagliato 1989
Monticone, Alberto (Hg.), La Storia dei poveri, Roma 1985
– (Hg.), Poveri in Cammino, Milano 1993
Morelli, Arnaldo, Le Cappelle musicali a Roma nel Seicento, in: Quaderni della Rivista italiana di musicologia 27 (1993) S. 175–203
– (Hg.), Storia e musica. Fonti, consumi e commitenze, in: QS 95 (1997)
Mozzarelli, Cesare (Hg.), Economia e corporazioni, Milano 1988
–, Stato, patriziato e organizzazione della società nell'Italia moderna, in: AISIG 2 (1976) S. 421–512
–, Villa, villeggiatura e cultura politica tra cinque e settecento, in: Annali di Storia moderna e contemporanea 3 (1997) S. 155–171
– /Olmi, Giuseppe (Hg.), Il Trentino nel Settecento fra Sacro Romano Impero e antichi stati italiani, Bologna 1985
– /Schiera, Pierangelo (Hg.), Patriziati e aristocrazie nobiliari, Trento 1978
Muraro, Maria Teresa (Hg.), Metastasio e il mondo musicale, Firenze 1986
Muratori, Ludovico Antonio, Della pubblica felicità, neu hg. von Cesare Mozzarelli, Roma 1996
Musgrave, Peter, Land and Economy in Baroque Italy. Valpolicella, 1630–1797, Leicester 1992

Musi, Aurelio, Finanze e politica nella Napoli del '600: Bartolomeo d'Aquino, Napoli 1976
-, Mezzogiorno spagnolo, Napoli 1991
-, La rivolta di Masaniello nella scena politica barocca, Napoli 1989
- (Hg.), Nel sistema imperiale. L'Italia spagnola, Napoli 1994
Muti, Laura/De Sarno Prignano, Daniele, Alessandro Magnasco, Faenza 1994
Muto, Giovanni, Una struttura periferica del governo dell'economia nel mezzogiorno spagnolo: i percettori provinciali, in: SeS 19 (1983) S. 1-36

Nanni, Stefania (Hg.), Devozioni e pietà popolare fra Seicento e Settecento, in: Dimensioni e problemi della ricerca storica, Heft 2, 1994
Narciso, Enrico (Hg.), Illuminismo meridionale e comunità locali, Napoli 1988
Nardi, Franco Daniele, Aspetti della vita dei religiosi a Siena nell'età della controriforma, in: Bullettino senese 93 (1986), S. 194-240
-, Concubinato e adulterio nella Siena posttridentina, in: Bullettino senese 96 (1989) S. 9-171
Nasto, Luciano, L'ospizio apostolico de' poveri invalidi detto il San Michele (sec. XVIII), in: Studi Romani 44 (1996), S. 272-294
Negruzzo, Simona, La formazione teologica e il sistema delle scuole nella Pavia spagnola, in: ASL 121 (1995) S. 49-101
Newcome-Schleier Mary (Hg.), Kunst der Republik Genua 1528-1815, Frankfurt/M. 1982
Nicastro, Gaetano (Hg.), La Sicilia orientale nelle relazioni „Ad limina" dei vescovi della chiesa mazarese, 2 Bde., Trapani 1988-1989
Niccoli, Ottavia, Il seme della violenza, Bari 1995
Novi Chavarria, Elisa, Ideologia e comportamenti familiari nei predicatori italiani tra Cinque e Seicento, in RSI 100 (1988) S. 679-723
-, Nobiltà di seggio, nobiltà nuova e monasteri femminili a Napoli in età moderna, in: Dimensioni e problemi della ricerca storica, Heft 2, 1993, S. 84-111
Nubola, Cecilia/Turchini, Angelo (Hg.), Visite pastorali ed elaborazione dei dati, Bologna 1993
Nussdorfer, Laurie, Civic Politics in the Rome of Urban VIII., Princeton 1992

Olivari, Mariolina, Le sagrestie di Alzano Lombardo, Milano 1994
O'Neil, Mary R., Sacerdote ovvero strione. Ecclesiastical and Superstitous Remedies in 16th century Italy, in: Understanding popular culture, hg. von Steven L. Kaplan, Berlin 1984, S. 53-83
O'Regan, Noel, Institutional Patronage in posttridentine Rome. Music at Santissima Trinità dei Pellegrini 1550-1650, London 1995
Orlandi, Giuseppe, Le campagne modenesi fra rivoluzione e restaurazione (1790-1815), Modena 1967
-, La fede al vaglio. Quietismo, satanismo e massoneria nel Ducato di Modena fra Sette e Ottocento, Modena 1988
-, Il regno di Napoli nel Settecento, Roma 1996 (dasselbe in: Spicilegium Historicum Congregationis SSmi Redemptoris 44 [1996] S. 5-389)
-, Le relazioni „ad limina" della diocesi di Sant'Agata dei Goti nel secolo XVIII, in: Spicilegium Historicum Congregationis SSmi Redemptoris 17 (1969) S. 3-82 und 189-214, 18 (1970) S. 3-39
Orlando, Vito, Feste, devozione, religiosità, Galatina 1981
Ortalli, Gherardo (Hg.), Bande armate, Banditi, Banditismo e repressione di giustizia negli stati europei di antico regime, Roma 1986

Ortkemper, Hubert, Engel wider Willen. Die Welt der Kastraten, Berlin 1993
Osbat, Luciano, L'inquisizione a Napoli, Roma 1974
Osterkamp, Ernst (Hg.), Sizilien, Reisebilder aus drei Jahrhunderten, München 1986

Pagano de Divitiis, Gigliola, Il commercio inglese nel Mediterraneo da '500 al '700, Napoli 1984
–, Il mediterraneo nel XVII secolo: L'espansione commerciale inglese e l'Italia, in: StS 27 (1986) S. 109–148
Paglia, Vincenzo (Hg.), Sociabilità religiosa nel Mezzogiorno: Le confraternite laicali, in: RSSR 37/38 (1990)
–, La morte confortata, Roma 1982
–, „La pietà dei carcerati", Roma 1980
Pagnoni, Luigi, Chiese parrocchiali bergamasche, Bergamo 1979
Palese, Salvatore, Le confraternite laicali della diocesi di Ugento nell'Epoca moderna, in: Archivio storico pugliese 28 (1975) S. 125–173
Pallanti, Giuseppe, La proprietà della Chiesa e degli enti in Firenze e contado dai primi del Cinquecento alla fine del Seicento, in: Ricerche storiche 13 (1983) S. 71–93
Paloscia, Franco (Hg.), Roma dei grandi viaggiatori, Roma 1987
Palumbo, Genoveffa, L'olio che sana ogni male, Napoli 1990
Palumbo, Lorenzo, Il massaro zio prete e la bizzoca, Galatina 1989
–, Le relazioni per la visita „ad limina" dei vescovi molfettesi dalla fine del Cinquecento agli inizi dell'Ottocento, in: Archivio storico pugliese 29 (1976) S. 137–161
Pane, Roberto, Seicento Napoletano, Milano 1984
Panico, Guido, Il carnefice e la piazza, Napoli 1985
Paone, Michele, Lecce – elegia del Barocco, Galatina 1979
Papagna, Elena, Grano e mercanti nella Puglia del Seicento, Bari 1990
La parrocchia nel Mezzogiorno dal Medioevo all'età moderna, Napoli 1980
Pastor, Ludwig von, Geschichte der Päpste, Bd. 15 und 16, Freiburg 1930–1933
Pastore, Alessandro, Crimine e Giustizia in tempo di peste nell'Europa moderna, Bari 1991
–, Testamenti in tempo di peste: La pratica notarile a Bologna nel 1630, in: SeS 16 (1982) S. 263–297
Patelli, Cesare, Alzano Maggiore e la Basilica di San Martino, Bergamo 1978
Patetta, Luciano/Della Torre, Stefano (Hg.), L'architettura della Compagnia di Gesù in Italia XVII–XVIII secolo, Genova 1992
Paschini, Pio, I monasteri femminili in Italia nel Cinquecento, in: Problemi di vita religiosa in Italia nel Cinquecento, Padova 1960, S. 31–60
Pederzani, Ivana, Venezia e lo „Stado de Terraferma", Milano 1992
Pegrari, Maurizio (Hg.), Agostino Gallo nella Cultura del Cinquecento, Brescia 1988
– (Hg.), La società bresciana e l'opera di Giacomo Ceruti, Brescia 1988
Pelizzari, Maria Rosaria, Per una storia della quotidianità: Vita di piazza nel mezzogiorno moderno, in: Rassegna storica salernitana 22 (1994) S. 23–95
Pellegrino, Bruno (Hg.), La diocesi di Castellaneta in età moderna, Galatina 1989
–, Istituzioni ecclesiastiche nel Mezzogiorno moderno, Roma 1993
– (Hg.), Riforme, religione e politica durante il Pontificato di Innocenzo XII. (1691–1700), Galatina 1994
– (Hg.), Storia di Lecce, Bari 1995
– (Hg.), Terra d'Otranto in età moderna, Galatina 1984

- /Gaudioso, Francesco (Hg.), Ordini religiosi e società nel Mezzogiorno moderno, 3 Bde., Galatina 1987
- /Spedicato, Mario (Hg.), Società, congiunture demografiche e religiosità in Terra d'Otranto nel XVII secolo, Galatina 1990

Pellicia, Guerrino, Seminari e centri di formazione del prete romano nel Cinque-Seicento, in: RSRR 7 (1988) S. 95-134

Penco, Gregorio, Storia del Monachesimo in Italia, Bd. 2, Roma 1968

-, Storia della Chiesa in Italia, Bd. 2, Milano 1977

Perini, Sergio, Clero e parrocchie rurali della diocesi di Chioggia nel secolo XVII, in: RSSR 43 (1993) S. 7-42

Petrocchi, Massimo, Roma nel Seicento, Bologna 1975

Petronio, Giuseppe, Geschichte der italienischen Literatur, Bd. 2, Tübingen 1993

Piazzi, Alberto, Le confraternite dei Disciplini e la Chiesa del Corlo in Lonato, Verona 1975

-, Lonato. La Basilica di S. Giovanni Battista, Brescia 1980

Picasso, Giorgio (Hg.), Monasteri benedettini in Lombardia, Milano 1980

Piccialuti, Maura, La carità come metodo di governo, Torino 1994

Piccioni, Luigi, La grande pastorizia transumante abruzzese tra mito e realtà, in: Cheiron 10 (1993) S. 195-229

Picinni, Gabriella, Le donne nella mezzadria toscana delle origini, in: Ricerche storiche 15 (1985) S. 127-182

Piereth, Uta, Bambocciade, Bern 1996

Pieri, Silvano, Le compagnie di Laterina dal 1300 a oggi, Cortona 1988

Piola Caselli, Fausto, Public finances and the arts in Rome: The Fabbrica of St Peter's in the 17th century, in: Economic History and the Arts, hg. von Michael North, Köln 1996

Pirani Giovanni, Le sorelle della confraternita di S. Girolamo di Ancona: Un esempio di „patronage" in età moderna, in: Atti e memorie della Deputazione di storia patria per le Marche 98 (1993) S. 199-224

Pissavino, Paolo, Politica e accademie nella Lombardia spagnola tra Cinque e Seicento: Il caso di Pavia, in: ASL 119 (1993) S. 71-105

- /Signorotto, Gianvittorio (Hg.), Lombardia borromaica, Lombardia spagnola 1554-1659, 2 Bde., Milano 1995

Pizzocaro, Alice, Potere e ricchezza di un'élite aristocratica lombarda: Il patriziato cremonese nella prima metà del XVIII secolo, in: ASL 120 (1994) S. 209-242

Placanica, Augusto, La Calabria nell'età moderna, 2 Bde., Napoli 1985

-, Cassa sacra e beni della Chiesa nella Calabria del Settecento, Napoli 1970

-, Le conseguenze socioeconomiche dei forti terremoti, in: RSI 107 (1995) S. 831-839

-, I redditi di conventi e monasteri di Calabria alla fine del Seicento, in: Rivista storica calabrese 9 (1988), S. 199-209

Poletti, Alessandra, La confraternita del Rosario a Mortara: Vicende storiche e committenze artistiche, in: Bolletino della Società pavese di Storia Patria 95 (1995) S. 167-232

Poli, Giuseppe (Hg.), Quadri territoriali, equilibri sociali e mercato nella Puglia del Settecento, Galatina 1987

Poli, Roberto, La confraternita della SS. Trinità e la chiesa di S. Eufemia in Novara, Borgosesia o. J. (nach 1983)

Politi, Giorgio/Rosa, Mario/Della Peruta, Franco (Hg.), Timore e carità, Cremona 1982

Pomata, Gianna, La promessa di guarigione, Bari 1994

Poni, Carlo (Hg.), Azienda agraria e microstoria, in: QS 39 (1978)

- Fossi e cavedagne benedicon le campagne, Bologna 1982
- –, All'origine del sistema di fabbrica: tecnologia e organizazzione produttiva dei mulini da seta nell'Italia settentrionale (sec. XVII–XVIII), in: RSI 88 (1976) S. 444–497
- –, Per la storia del distretto industriale serico di Bologna (sec. XVI–XIX), in: QS 73 (1990) S. 93–167

Popolazione ed economia dei Territori bolognesi durante il Settecento, Bologna 1985
La popolazione italiana dal medioevo a oggi, Bari 1996
Portoghesi, Paolo, Roma barocca, 2 Bde., Bari 1973
Preimesberger, Rudolf, Ephemere und monumentale Festdekoration im Rom des 17. Jahrhunderts, in: Stadt und Fest, hg. von Paul Hugger, Unterägeri-Stuttgart 1987, S. 109–128
Preto, Paolo, Epidemie, paura e politica nell'Italia moderna, Bari 1987
- –, Venezia e la difesa dai Turchi, in: Römische Historische Mitteilungen 26 (1984) S. 289–302

Price, Curtis (Hg.), Man & Music. The early baroque era, London 1993
Procacci, Giuliano, Geschichte Italiens und der Italiener, München ²1989
Prodi, Paolo (Hg.), Disciplina d'anima, disciplina del corpo, Bologna 1994
- –, Il sovrano pontefice, Bologna 1982
- – /Reinhard, Wolfgang (Hg.), Il concilio di Trento e il moderno, Bologna 1996

Proietti Pedetta, Luisa, Le confraternite di Assisi tra Riforma e declino (secc. XVI–XVIII), Assisi 1990
Prosperi, Adriano, Controriforma e festa del maggio nell'Appennino, in: Cristianesimo nella Storia 18 (1981), S. 202–222
- –, Tribunali di coscienza, Torino 1996

Pugliese Curatelli, Giovanni (Hg.), Storia e Civiltà della Campania, Bd. 1: Il Rinascimento e l'età barocca, Bd. 2: Il Settecento, Napoli 1994
Pullan, Brian (Hg.), Crisis and Change in the Venetian Economy in the Sixteenth and the Seventeenth Centuries, London 1968
- –, Poverty and Charity, Aldershot 1994
- –, Rich and Poor in Renaissance Venice, Oxford 1971

Pult Quaglia, Anna Maria, „Per provvedere ai popoli". Il sistema annonario nella Toscana dei Medici, Firenze 1990

Quaccia, Franco, Lo spazio sacro a Ivrea in età moderna, in: Bollettino storico-bibliografico subalpino 88 (1990) S. 109–151
Quazza, Guido, La decadenza italiana nella Storia Europea, Torino 1971

Rabaglio, Matteo, Devozione, Spettacolo e vita quotidiana: La Processione di Santa Croce in Bergamo nel XVII secolo, in: Archivio storico bergamasco 18/19 (1990) S. 79–116
Raggio, Osvaldo, Faide e parentele, Torino 1990
Ramella, Franco/Torre, Angelo, Confraternite e conflitti sociali, in: QS 45 (1980) S. 1046-1061
Rapp, Richard Tilden, Industry and Economic Decline in Seventeenth Century Venice, Cambridge/Mass.-London 1976
Redondi, Pietro, Galilei, der Ketzer, München 1989
Reinhard, Wolfgang, Papstfinanz und Nepotismus unter Paul V., Stuttgart 1974
- –, Reformpapsttum zwischen Renaissance und Barock, in: Reformatio ecclesiae. Festgabe für Erwin Iserloh, hg. von Remigius Bäumer, Paderborn 1980, S. 779–796
- –, Staatsmacht als Kreditproblem, in: Absolutismus, hg. von Ernst Hinrichs, Frankfurt/M. 1986, S. 214–248

—, Theorie und Empirie bei der Erforschung frühneuzeitlicher Volksaufstände, in: Europäische Bauernrevolten der frühen Neuzeit, hg. von Winfried Schulze, Frankfurt/M. 1982, S. 66–99

Reinhardt, Volker, Kardinal Scipione Borghese (1605–1633), Tübingen 1984

—, Überleben in der frühneuzeitlichen Stadt. Annona und Getreideversorgung in Rom 1563–1797, Tübingen 1991

Restifo, Giuseppe, Le ultime piaghe, Milano 1994

Ricci, Giuliana, Teatri d'Italia, Milano 1971

Ricerca storica e chiesa locale in Italia, Roma 1995

Riederer-Grohs, Barbara, Florentinische Feste des Spätbarock, Frankfurt/M. 1978

Rigon Barbieri, Beatrice, L'ospedale dei mendicanti di San Valentino a Vicenza, Vicenza 1990

Rinaldi, Maria Antonietta, La peste del 1656 in Basilicata: Mentalità e pratica religiosa attraverso gli atti notarili, in: RSSR 43 (1993) S. 43–53

Rivera, Annamaria, Il mago, il santo, la morte, la festa, Bari 1988

Romani Mario, L'agricoltura in Lombardia dal periodo delle riforme al 1859, Milano 1957

—, Pellegrini e viaggiatori nell'economia di Roma dal XIV al XVII secolo, Milano 1958

Romano, Laura, La festa della Beata Vergine a Mantova nel 1640: Il simbolismo religioso e umanistico, in: Studi Storici Luigi Simeoni 40 (1990) S. 83–102

Romano, Ruggiero, Between the Sixteenth and the Seventeenth Centuries. The economic crisis of 1619–1622, in: The general crisis of the Seventeenth Century, hg. von Geoffrey Parker/Lesley M. Smith, London 1978, S. 165–225

—, Napoli: Dal Viceregno al Regno, Torino 1976

— (Hg.), Storia dell'economia italiana, Bd. 2., Torino 1991

—, Tra due crisi: L'Italia del Rinascimento, Torino 1971

— /Vivanti, Corrado (Hg.), Storia d'Italia, 6 Bde., Torino 1972–1976 (Teilübersetzung des ersten Bandes u. d. T.: Die Gleichzeitigkeit des Ungleichzeitigen, Frankfurt/M. 1980)

Rombaldi, Odoardo, Aspetti e problemi di un secolo di Governo estense a Modena e Reggio Emilia, Modena 1995

Romby, Giuseppina Carla, Mecenatismo, architettura e grande decorazione a Pistoia nel Seicento e Settecento, in: Bullettino storico pistoiese 98 (1996) S. 129–147

Romeo, Giovanni, Aspettando il boia, Firenze 1993

—, Inquisitori, esorcisti e streghe nell'Italia della Controriforma, Firenze 1990

Romeo, Rosario (Hg.), Storia della Sicilia, Bd. 7, Napoli 1978

Rosa, Mario (Hg.), Die Ordensschwester, in: Der Mensch des Barock, hg. von Rosario Villari, Frankfurt/M. 1997, S. 181–231.

—, Curia romana e pensioni ecclesiastiche, secoli XVI–XVIII, in: QS 42 (1979) S. 1015–1055

—, Religione e società nel Mezzogiorno tra Cinque e Seicento, Bari 1976

—, „La scarsella di Nostro Signore": aspetti della fiscalita spirituale pontificia nell'età moderna, in: SeS 38 (1987) S. 817–845

—, Sviluppo e crisi della proprietà ecclesiastica: Terra di Bari e Terra d'Otranto nel Settecento, in: Economia e classi sociali in Puglia nell'età moderna, Napoli 1974, S. 61–86

—, Tra cristianesimo e lumi: l'immagine del vescovo nel '700 italiano, in: Rivista di storia e letteratura religiosa 23 (1987) S. 240–278

Rosand, Ellen, Opera in Seventeenth-Century Venise, Berkeley 1991

Rosselli, John, Singers of Italian Opera, Cambridge 1992

Rossi, Giorgio, L'agro di Roma tra '500 e '800, Roma 1985

—, Sovvenzione e corruzione, in: Roma moderna e contemporanea 1, Heft 2 (1993) S. 57–82

Rossini, Egidio/Vanzetti, Carlo (Hg.), Storia dell'agricoltura italiana, Bologna 1986
Rotondi, Clementina (Hg.), I Lorena in Toscana, Firenze 1989
Roveda, Enrico, Il beneficio delle acque, in SeS 24 (1984) S. 269-287
-, Il patrimonio fondiario dei Trivulzio, in: SeS 6 (1979) S. 667-681
Rovito, Pier Luigi, Respublica dei Togati, Bd. 1, Napoli 1981
-, La rivolta dei Notabili, Napoli 1988
-, Strutture cetuali, riformismo ed eversione nelle rivolte apulo-lucane di metà secolo, in: ASPN 106 (1988) S. 241-308
Rurale, Flavio, I Gesuiti a Milano in età moderna, in: SeS 45 (1989) S. 567-617
Russo, Carla (Hg.), Chiesa, assistenza e società nel mezzogiorno moderno, Galatina 1994
-, Chiesa e comunità nella diocesi di Napoli tra Cinque e Settecento, Napoli 1984
-, I monasteri femminili di clausura a Napoli nel secolo XVII, Napoli 1970
-, Poteri istituzionali e poteri di fatto nelle campagne meridionali in età moderna: Chiesa e comunità, in: ASPN 104 (1986) S. 159-176
-, La religiosità popolare nell'età moderna, in: Problemi di storia della Chiesa nei secoli XVII-XVIII, Napoli 1982, S. 137-190
Russo, Saverio, Potere pubblico e carità privata, in: SeS 23 (1984) S. 45-80

Saba, Franco, Italien 1500-1650, in: Europäische Wirtschafts- und Sozialgeschichte vom ausgehenden Mittelalter bis zur Mitte des 17. Jahrhunderts, hg. von Hermann Kellenbenz, Stuttgart 1986, S. 683-705
Sabatini, Gaetano, Fiscalità e banditismo in Abruzzo alla fine del Seicento, in: Nuova Rivista Storica 79 (1995) S. 77-114
Sacco, Domenico, I monti frumentari in Basilicata tra Settecento e Ottocento, in: Bollettino storico della Basilicata 2 (1986) S. 77-109
Sala di Felice, Elena, Metastasio, Milano 1983
Sallmann, Jean-Michel, Chercheurs de trésors et jeteuses de sorts, Paris 1986
-, Eremitismo e terzi ordini dalla fine del secolo XV alla metà del secolo XIX, in: Clero e società nell'Italia contemporanea, hg. von Mario Rosa, Bari 1992, S. 181-206
-, Naples et ses saints à l'âge baroque (1540-1750), Paris 1994
Salvini, Alfonso, Cento santuari mariani d'Italia, Catania 1971
Sangalli, Maurizio, Miracoli a Milano, Milano 1993
Sannino, Anna Lisa, Territorio e popolazione a Potenza nell'età moderna, Roma 1990
Santarelli, Giuseppe, Il pellegrinaggio lauretano, in: Il pellegrinaggio nella formazione dell'Europa, hg. von Mary Maragno, Padova 1990, S. 39-120
Scaraffia, Lucetta, Bemerkungen zur Geschichte der Mater Dolorosa, der Schmerzensmutter, vorzüglich in Süditalien, in: L'homme 1 (1990), S. 59-71
-, Dai tre re al sacro Cuore di Gesù, in: Bollettino storico-bibliografico subalpino 80 (1982) S. 95-155
- /Zarri, Gabriella (Hg.), Donne e fede, Bari 1994
Scaramella, Pierroberto, Chiesa e terremoto, in: Campania Sacra 23 (1992) S. 229-274
Scavizzi, Giuseppe, Arte e architettura sacra, Reggio Calabria 1981
Scavizzi, Paola, Considerazioni sull'attività edilizia a Roma nella prima metà del Seicento, in: StS 9 (1968) S. 171-192
Schiera, Pierangelo/Gubert Renzo/Balboni Enzo (Hg.), L'autonomia e l'amministrazione locale nell'area alpina, Milano 1988

Schmid, Heinrich Felix, Gemeinschaftskirchen in Italien und Dalmatien, in: Zeitschrift der Savigny-Stiftung für Rechtsgeschichte, Kan. Abt. 46 (1960) S. 1–61
Schmidtbauer, Peter, Die Finanzen des Kapitels von St. Peter im Vatikan im 18. und 19. Jahrhundert, in: Römische Historische Mitteilungen 32/33 (1990/91) S. 179–303
Schöch, Nikolaus, Der Streit zwischen Kardinal Angelo Maria Querini und Antonio Ludovico Muratori um die Reduktion der Feiertage, in: Antonianum 70 (1995) 237–297.
Schudt, Ludwig, Italienreisen im 17. und 18. Jahrhundert, Wien 1959
Schumann, Reinhold, Geschichte Italiens, Stuttgart 1983
Schwedt, Herman H., Die römischen Kongregationen der Inquisition und des Index und die Kirche im Reich (16. und 17. Jahrhundert), in: Römische Quartalschrift 90 (1995) S. 43–73
Segre, Michael, Die Accademia del Cimento, in: Historisches Jahrbuch 111 (1991) S. 148–154
Il seicento a Bergamo, Bergamo 1987
Il seicento nell'arte e nella cultura con riferimenti a Mantova, Mantova 1985
Sella, Domenico, Commerci e industrie a Venezia nel secolo XVII, Venezia-Roma 1961
–, L'economia lombarda durante la dominazione spagnola, Bologna 1982 (engl. Original u. d. T. Crisis and Continuity, London 1979)
–, Italy in the Seventeenth Century, London-New York 1997
Sereni, Emilio, Storia del paesaggio agrario italiano, Bari ^{7}1996
Sibilio, Vincenzo, I gesuiti e la Calabria, Reggio Calabria 1992
Sibilla Paolo, Una comunità Walser delle Alpi, Firenze 1980
Signorotto, Gianvittorio, Milano spagnola. Guerra, istituzioni, uomini di governo (1635–1660), Milano 1996
–, Aristocrazie italiane e monarchia cattolica nel XVII secolo, in: Annali di Storia moderna e contemporanea 2 (1996) S. 57–77
–, Inquisitori e mistici nel Seicento italiano. L'eresia di Santa Pelagia, Bologna 1989
– (Hg.), L'Italia degli Austrias, in: Cheiron 9 (1992)
Sirago, Maria, L'insediamento di una famiglia ebraica portoghese nella feudalità meridionale: i Vaaz a Mola di Bari, in: Archivio storico pugliese 40 (1987) S. 119–158
Sivori Porro, Gabriella, Costi di costruzione e salari edili a Genova nel secolo XVII, in: Atti della Società ligure di Storia Patria 103 (1989) S. 339–423
Smither, Howard E., A History of the Oratorio, Bd. 1, Chapel Hill 1977
La società religiosa nell'età moderna, Napoli 1973
Sodano, Giulio, Miracoli e ordini religiosi nel mezzogiorno d'Italia (XVI–XVIII secolo), in: ASPN 105 (1987) S. 293–414
Sofia, Francesco (Hg.), Salerno e il Principato Citra nell'età moderna (sec. XVI–XIX), Napoli 1987
Southorn, Janet, Power and display in the Seventeenth Century, Cambridge 1988
Spagnoletti, Angelantonio, Forme di autocoscienza e vita nobiliare: il caso della Puglia barese, in: SeS 19 (1983) S. 49–76
–, „L'incostanza delle umane cose". Il patriziato di Terra di Bari tra egemonia e crisi (XVI–XVIII secolo), Bari 1981
–, Principi italiani e Spagna nell'età barocca, Milano 1996
–, Stato, aristocrazie e ordine di Malta nell'Italia moderna, Roma 1988
Spedicato, Mario (Hg.), Chiesa e società a Carmiano alla fine dell'Antico Regime, Galatina 1985
– (Hg.), Cultura e storia locale in Terra d'Otranto, Bd. 1, Galatina 1991
–, Episcopato e processi di Tridentinizazzione nella Puglia del secolo XVII, Galatina 1990
–, Il mercato della mitra, Bari 1996

Spike, John T., Giuseppe Maria Crespi and the Emergence of Genre Painting in Italy, Fort Worth 1986
Spini, Giorgio, Barocco e Puritani, Firenze 1991
–, Ricerca dei libertini, Firenze ²1983
Stabile, Francesco Michele, Sicilia devota e commitenza artistica dopo il Concilio di Trento, in: Pietro Novelli e il suo ambiente, Palermo 1990, S. 21–36
Stader, Ingo, Herrschaft durch Verflechtung. Perugia unter Paul V. (1605–1621), Frankfurt/M. 1997
Stalla, Robert, Architektur im Dienste der Politik, in: Römisches Jahrbuch der Bibliotheca Hertziana 29 (1994) S. 289–341
Stato e Chiesa di fronte al problema dell'assistenza, Roma 1982
Stefani, Gino, Musica e festa nell'Italia barocca, in: Analecta musicologica 12 (1973) S. 143–168
–, Musica e religione nell'Italia barocca, Palermo 1975
Stella, Pietro, Il clero in Italia nella crisi del Seicento, in: RSRR 7 (1988) S. 37–50
–, Devozioni e religiosità popolare in Italia (sec. XVI–XX), in: Rivista liturgica N. S. 63 (1976) S. 155–173
–, Strategie familiari e celibato sacro in Italia, tra '600 e '700, in: Salesianum 41 (1979) S. 73–109
– /Da Molin, Giovanna, Offensiva rigoristica e comportamento demografico in Italia (1600–1860): Natalità e mortalità infantile, in: Salesianum 40 (1978) 3–55
Stella Rollandi, Maria, A Groppoli di Lunigiana. Potere e ricchezza di un feudatario genovese (secc. XVI–XVIII), in: Atti della Società ligure di Storia Patria 36 (1996) S. 5–149
Storia dell'arte italiana, Torino 1979ff.
Storia della Società italiana, Bd. 11 und 12, Milano 1979
Storia di Milano, Bd. 11, Milano 1958
Storia di Napoli, Bd. 6–8, Napoli 1970–72
Storia di Pavia, Bd. 4/1, Milano 1995
Storia d'Italia, Annali, 9 Bde., Torino 1978–1986
Stranzio, Donatella, Il monte frumentario d'Anagni, in: Latium 10 (1993) S. 251–272
Strazzullo, Franco, Edilizia e urbanistica a Napoli dal '500 al '700, Napoli 1968
Stroppa, Sabrina, Fra notturni sereni: le azioni sacre del Metastasio, Firenze 1993
Stumpo, Enrico, Un mito da sfatare? Immunità ed esenzioni fiscali della proprietà ecclesiastica negli stati italiani fra '500 e '600, in: Studi in onore di Gino Barbieri, Bd. 3, Salerno 1983, S. 1419–1466

Tagliaferri, Amelio (Hg.), I ceti dirigenti in Italia in età moderna e contemporanea, Udine 1984
[Tarabotti], „L'inferno monacale" di Arcangela Tarabotti, hg. von Francesca Medioli, Torino 1990
Tateo, Francesco (Hg.), Storia di Bari nell'Antico Regime, 2 Bde., Bari 1991–92
Tedeschi, John, New light on the organization of Roman Inquisition, in: Annali di Storia moderna e contemporanea 2 (1996) S. 265–274
–, The prosecution of Heresy, Binghamton 1991
Terpstra, Nicholas, Lay confraternities and civic religion in Renaissance Bologna, New York 1995
Testa, Giuseppe, Suora Francesca, Palermo 1976
Tobriner, Stephen, The genesis of Noto, London 1982
Tocci, Giovanni (Hg.), Le comunità negli Stati italiani d'antico Regime, Bologna 1989

- (Hg.), Persistenze feudali e autonomie comunitative in stati padani fra Cinque e Settecento, Bologna 1988
-, Le terre traverse, Bologna 1985
Tomea, Paolo (Hg.), Chiaravalle, Milano 1992
Torniai, Paola, Il carnevale sacro a Roma nel Seicento, in: Storia dell'arte 71 (1991) S. 94–108
Torre, Angelo, Il consumo di devozioni, Venezia 1995
-, Faide, fazioni e partiti, in: QS 63 (1986) S. 775–810
-, Politics cloaked in worship: State, church and local power in Piedmont 1570–1770, in: Past and Present 134 (1992), S. 42–92
-, Il vescovo di Antico Regime, in: QS 91 (1996) S. 199–216
Toscani, Xenio, Il clero lombardo dall'Ancien Regime alla Restaurazione, Bologna 1979
-, Il dibattito sul clero e i tentativi di riforma nel Settecento, in: RSRR 7 (1988) S. 50–61
- (Hg.), Scuole e alfabetismo nello Stato di Milano da Carlo Borromeo alla Rivoluzione, Brescia 1993
-, Le „Scuole della dottrina cristiana" come fattore di alfabetizazzione, in: SeS 26 (1984) S. 757–781
Toscano, Bruno, Geschichte der Kunst und Formen des religiösen Lebens, in: Italienische Kunst, Bd. 1, Berlin 1987, S. 305–349
Toscano, Pia, Roma produttiva tra Settecento e Ottocento. Il San Michele a Ripa Grande, Roma 1996
Toschi, Paolo, Le origini del Teatro Italiano, Torino ²1976
Tosti, Mario, Le banche dei poveri, Roma 1990
Tranfaglia, Nicola/Firpo, Massimo (Hg.), La storia, Bd. 3: Stati e società, Torino 1986
La transhumance dans les pays méditerranéens du XVe au XIXe siècles, in: Mélanges de l'Ecole française a Rome 100 (1988) S. 801–969
Trexler, Richard C., Der Heiligen neue Kleider, in: Gepeinigt, begehrt, vergessen, hg. von Klaus Schreiner/Norbert Schnitzler, München 1992, S. 365–406
Trezzi, Luigi, Ristabilire e restaurare il mercimonio, Milano 1986
Troiano, Lucrezia, Moralità e confini dell'Eros nel Seicento toscano, in: Ricerche storiche 17 (1987) S. 237–259
Trolese, Francesco G. B. (Hg.), Il monachesimo italiano dalle riforme illuministiche all'unità nazionale (1768–1870), Cesena 1992
Tschaikner, Manfred, Jakob Franz Zipper, „il Todeschini" (1664–1736), in: Jahrbuch Vorarlberger Landesmuseumverein – Freunde der Landeskunde 1994, S. 165–177
Turchini, Angelo, Clero e fedeli a Rimini in età post-tridentina, Roma 1978
-, Una fonte per la storia dell cultura materiale nel XV et XVI secolo: Le visite pastorali, in: QS 31 (1976) S. 299–309
-, Iconografia e vita religiosa in età moderna: Committenza e Commercio, in: RSSR 46 (1994) S. 95–115
- /Fossaluzza, Giorgio, Pitture murali di devozione popolare nel Vittoriese, Vittorio Veneto 1990
- (Hg.), Lo straordinario e il quotidiano, Brescia 1980
Turrini, Miriam, La coscienza e le leggi, Bologna 1991
-, Penitenza e devozione, Brescia 1989
-, La riforma del clero secolare durante il Pontificato di Innocenzo XII, in: Cristianesimo nella Storia 13 (1992) S. 329–359
Turtas, Raimondo, Missioni popolari in Sardegna tra '500 e '600, in: Rivista di storia della Chiesa in Italia 44 (1990) S. 369–412

-, Pastorale vescovile e suo strumento linguistico: i vescovi sardi e la parlata locale durante le dominazioni spagnola e sabauda, in: Ebd. 42 (1988) S. 1-23
Tuzet, Hélène, Viaggiatori stranieri in Sicilia nel XVIII secolo, Palermo 1988

Ulvioni, Paolo, Il gran castigo di Dio, Milano 1989
-, Stampa e censura a Venezia nel Seicento, in: Archivio veneto 104 (1975) S. 45-93
Ussia, Salvatore, La festa delle Quarantore nel tardo Barocco napoletano, in: Rivista di storia e letteratura religiosa 18 (1982) S. 253-265

Vaccaro, Luciano/Ricardi, Francesca (Hg.), Sacri monti. Devozione, arte e cultura della Controriforma, Milano 1992
Vadagnini, Lilia, Scuole di alfabetizazzione in Valle di Cembra e in Valle di Fiemme dal Concilio di Trento alla Riforma di Maria Teresa d'Austria, in: Studi trentini di scienze storiche 75 (1996) S. 267-294
Valensise, Maria Rosaria, Il problema della confraternita nel giurisdizionalismo napoletano del sec. XVIII attraverso l'opera di Diego Gatta, in: RSSR 35 (1989) S. 141-156
Valenzi, Lucia, Poveri, ospizi e potere a Napoli (XVIII-XIX sec.), Milano 1995
Valsecchi, Franco, L'Italia nel Seicento e nel Settecento, Torino 1967
Van der Wee, Herman (Hg.), The Rise and Decline of Urban Industries in Italy and in the Low Countries, Leuven 1988
Variano, John, Italian Baroque and Rococo Architecture, New York-Oxford 1986
Venezia e la Difesa del Levante da Lepanto a Candia, Venezia 1986
Venturi, Franco, Settecento riformatore, 5 Bde., Torino 1969-1990
Verga, Marcello, La Sicilia dei grani, Firenze 1993
Viazzo, Pier Paolo, Upland communities, Cambridge 1989
Vigo, Giovanni, Il declino economico di una città: Como nel Seicento, in: Periodico della Società storica Comense 55 (1991-93) S. 65-84
-, Uno Stato nell'Impero. La difficile transizione al moderno nella Milano di età spagnola, Milano 1994
Villani, Pasquale, Feudalità, riforme, capitalismo agrario, Bari 1968
-, Mezzogiorno tra riforme e rivoluzione, Bari ³1977
- /Massafra, Angelo (Hg.), Aziende e produzione agraria nel Mezzogiorno, in: QS 15 (1980)
Villari, Rosario, Elogio della dissimulazione, Bari 1987
-, Per il re o per la patria. La fedeltà nel Seicento, Bari 1994
-, Ribelli e riformatori, Roma 1979
-, La rivolta antispagnola a Napoli. Le origini 1585/1647, Bari ⁴1994
Visceglia, Maria Antonietta, Il bisogno di eternità, Napoli 1988
-, „La giusta statera de'Porporati". Sulla composizione e rappresentazione del Sacro Collegio nella prima metà del Seicento, in: Roma moderna e contemporanea 4, Heft 1 (1996), S. 167-211
- (Hg.), Signori, patrizi, cavalieri in Italia centro-meridionale nell'età moderna, Bari 1992
-, Territorio, feudo e potere locale, Napoli 1988
- /Brice, Catherine (Hg.), Cérémonial et Rituel à Rome (XVIe-XIXe siècle), Roma 1997
Vismara Chiappa, Paola, Il caso delle verze insanguinate, in: ASL 116 (1990) S. 335-345
-, Miracoli settecenteschi in Lombardia tra istituzione ecclesiastica e religione popolare, Milano 1988
-, Settecento religioso in Lombardia, Milano 1994
Völkel, Markus, Römische Kardinalshaushalte des 17. Jahrhunderts, Tübingen 1993
Volkmann, Johann Jakob, Historisch-kritische Nachrichten von Italien, 3 Bde., Leipzig 1770-1771

Volpe, Francesco, Il Cilento nel secolo XVII, Napoli 1981
-, La parrocchia cilentana dal XVI al XIX secolo, Roma 1984
- (Hg.), Studi di storia del Mezzogiorno offerti ad Antonio Cestaro, Venosa 1993

Wachenfeld, Christa (Hg.), Die Vergewaltigung der Artemisia, Freiburg 1992
Wallerstein, Immanuel, Das moderne Weltsystem: Kapitalistische Landwirtschaft und die Entstehung der europäischen Weltwirtschaft im 16. Jahrhundert, Frankfurt/M. 1986 (Bd. 1 von: The modern World-System, Orig. 1974)
- The modern World-System, Bd. 2: Mercantilism and the Consolidation of the European World-Economy 1600–1750, New York-London 1980 (eine deutsche Übersetzung ist angekündigt, ital. Bologna 1982)
Wandruszka, Adam, Literaturübersicht über die Geschichte Italiens in der Neuzeit, in: Historische Zeitschrift, Sonderheft 5 (1973) S. 118–201
Waquet, Françoise, Le modèle français et l'Italie savante, Roma 1989
Waquet, Jean-Claude, De la corruption, Paris 1984
-, Le Grand-Duché de Toscane sous les derniers Médicis, Roma 1990
Weber, Christoph, Familienkanonikate und Patronatsbistümer, Berlin 1988
-, Senatus Divinus, Frankfurt/M. 1996
-, Der Vicegerente des Vikariats von Rom im 17. Jahrhundert und seine „größte Plage", in: Zeitschrift der Savigny-Stiftung für Rechtsgeschichte, Kan. Abt. 80 (1994) S. 301–354
Weissmann, Ronald F. E., Ritual Brotherhood in Renaissance Florence, New York 1982
Wendland, Andreas, Der Nutzen der Pässe und die Gefährdung der Seelen, Zürich 1995
Winklehner, Brigitte (Hg.), Italienisch-europäische Kulturbeziehungen im Zeitalter des Barock, Tübingen 1991
Wittkower, Rudolf, Art and architecture in Italy: 1600–1750, Harmondsworth ²1965
- /Jaffé, Irma B. (Hg.), Baroque Art. The Jesuit contribution, New York 1972

Zalin, Giovanni, Dalla bottega alla fabrica, Verona 1987
Zambarbieri, Annibale, Terra, Uomini, Religione nella pianura lombarda, Roma 1983
Zanette, Emilio, Suor Arcangela, Venezia 1960
Zanetti, Dante E., La demografia del patriziato milanese nei secoli XVII, XVIII, XIX, Pavia 1972
Zanzi, Luigi, Sacri Monti e dintorni, Milano 1990
Zapperi, Roberto, Der Neid und die Macht, München 1994
Zardin, Danilo, Confraternita e vita di pietà nelle campagne lombarde tra '500 e '600, Milano 1981
-, Le confraternite in Italia settentrionale fra XV e XVIII secolo, in: SeS 35 (1987) S. 81–137
- (Hg.), La città e i poveri, Milano 1995
-, Riforma cattolica e resistenze nobiliari nella diocesi di Carlo Borromeo, Milano 1983
Zarri, Gabriella (Hg.), Donna, disciplina, creanza cristiana dal XV al XVII secolo, Roma 1996
- (Hg.), Finzione e santità tra medioevo ed età moderna, Torino 1991
Zazzera, Sergio, Le confraternite dell'isola di Procida, in: ASPN 111 (1993) S. 447–473
Zenobi, Bandino Giacomo, Le „ben regolate città". Modelli politici nel governo delle periferie pontificie in età moderna, Roma 1994
Zorzi, Alvise, Venedig, Düsseldorf 1985
Zorzoli, Maria Carla, Della famiglia e del suo patrimonio: Riflessioni sull'uso del Fedecommesso in Lombardia tra Cinque e Seicento, in: Marriage, Property and Succession, hg. von Lloyd Bonfield, Berlin 1992
Zuccari, Alessandro/Macioce, Stefania (Hg.), Innocenzo X Pamphilij, Roma 1990

Personenregister

Acton, John 162
Alexander VII., Papst 248, 258
d'Aquino, Bartolomeo 57
Aristoteles 214, 216

Bach, Johann Christian 265
Barbarigo, Gregorio 195, 220
Baretti, Giuseppe 14, 96, 159, 223, 255
Beccaria, Cesare 57
Benedikt XIII., Papst 166, 196
Benedikt XIV., Papst 196, 258
Bernini, Gianlorenzo 230, 242, 246, 249ff.
Bodin, Jean 46
Bonstetten, Karl-Viktor von 267
Bordoni, Faustina 265
Borromäus, Karl 56, 59, 119, 124, 173, 185, 188f., 195, 221, 233, 238, 244, 259
Borromini, Francesco 38, 249
Botero, Giovanni 62
Brecht, Bertolt 217
Burckhardt, Jacob 168, 267, 269, 275, 278
Burnet, Gilbert 272

Caffarelli, Gaetano 264
Caramuel, Juan 75, 167, 187
Capua, Annibale di 234
Carissimi, Giacomo 262
Carroli, Bernardino 135
Cassini, Domenico 218
Cattaneo, Carlo 62
Cavalieri, Emilio de' 217
Cerquozzi, Michelangelo 253
Ceruti, Giacomo 253f.
Cesare d'Este 28
Cesi, Federico 215
Chaurand, Honoré 95
Christine von Schweden 262
Colbert, Jean-Baptiste 151, 162, 218
Colloredo-Mels, Hieronymus Graf 254
Corelli, Arcangelo 256, 263
Cortona, Pietro da 246, 250
Cosimo I. Medici 50
Cosimo II. Medici 50

Cosimo III. Medici 17, 54, 59, 209
Crescenzi, Marcello 206
Crespi, Giuseppe Maria 253
Croce, Benedetto 15, 39, 41, 144, 168, 278

Donà, Leonardo 167
Doria, Paolo Mattia 167
Dutillot, Guglielmo 28

Elias, Norbert 268
Emanuel Philibert von Savoyen 42, 51

Farinelli (Carlo Braschi) 264
Farnese, Alessandro 238
Ferdinand, Erzherzog 28
Fet(t)i, Domenico 252
Foucault, Michel 268
Francesco I. Medici 50
Franz Stephan, Kaiser 27

Gabrieli, Andrea und Giovanni 258
Galilei, Galileo 14, 153, 216ff., 221
Gallo, Agostino 170, 172f.
Gassendi, Pierre 221
Geltrude, Schwester 222
Genovesi, Antonio 122
Gentileschi, Artemisia 77
Gianni, Niccoló 109
Giudice, Nicolo 84, 110
Goethe, Johann Wolfgang 159, 239
Gregor XIII., Papst 95
Gregor XIV., Papst 57
Guarini, Guarino 32
Guercino (Francesco Barbieri) 249f.
Guevarre, André 95
Guise, Henri II. de 44, 145

Händel, Georg Friedrich 262ff.
Haro y Guzman, Gaspar de 144
Hasse, Johann Adolf 262, 265
Haydn, Joseph 264
Heinrich IV. von Frankreich 43
Hobbes, Thomas 46

Innozenz X., Papst 35, 251
Innozenz XI., Papst 195
Innozenz XII., Papst 95, 187, 195

Joseph I., Kaiser 29, 59
Juan d'Austria 144
Juvarra, Filippo 32

Karl I. von England 251
Karl II. von Spanien 110
Karl III. von Spanien 48
Karl V., Kaiser 27, 41f
Karl Emanuel I. von Savoyen 42
Klemens VIII., Papst 28, 191, 234
Klemens XI., Papst 59, 262

Lanfranco, Giovanni 230
Law, John 163
Le Bras, Gabriel 13
León y Cárdenas, Martino 232, 263
Leopold II., Kaiser s. Peter Leopold
Leopold von Medici 215
Levi, Carlo 185, 267
Liguori, Alfons von 210
Liss, Jan 252
Lorrain, Claude 252
Ludwig XIV. von Frankreich 44, 115, 256
Lully, Jean-Baptiste 256

Magnasco, Alessandro 222, 253f.
Maria Theresia von Österreich 27f., 161, 265
Malthus, Thomas Robert 67
Manzoni, Alessandro 68
Maria Kasimira von Polen, Königin 262f.
Martini, Padre Giovanni Battista 259
Masaniello (Tommaso Aniello) 143f., 253
Mazarin, Jules 251
Menghi, Girolamo 221
Metastasio, Pietro 261f., 265
Metternich, Klemens Wenzel 20
Michelangelo 242
Molinos, Miguel de 221
Montalbani, Ovidio 167
Monteverdi, Claudio 259f.
Mozart, Wolfgang Amadeus 262, 265
Muratori, Lodovico Antonio 143, 209, 254, 260

Napoleon I. 162
Neri, Filippo 262
Nietzsche, Friedrich 269

Oestreich, Gerhard 268f.
Olimpia, Donna (Maidalchini) 80
Olivares (Gaspar, Herzog von) 41, 48
Orsini, Camilla 230
Ottoboni, Pietro 253, 263

Palestrina, Giovanni Pierluigi da 257
Pamphilij, Benedetto 263
Pappacoda, Luigi 232, 263
Passeri, Giambattista 252
Paul V., Papst 191, 234
Pergolesi, Giovanni Battista 263
Peter Leopold von Toscana 27, 50, 57, 60, 140, 201
Philipp II. von Spanien 36, 41, 48, 109f.
Philipp V. von Spanien 264
Pilati, Carlantonio 15
Porpora, Nicola 264f.
Porto Maurizio, Leonardo da 242
Poussin, Nicolas 252
Purcell, Henry 256

Rainaldi, Carlo 246
Rancé, Armand-Jean de 254
Reni, Guido 250
Ribera, Jusepe de 252
Ricci, Scipione de' 191, 201, 204, 227
Richelieu, Armand-Jean de 40, 43
Rohan, Henri de 44
Romuald, Bruder 222
Roomer, Kaspar 232
Rosa, Salvator 249, 251
Ruspoli, Francesco 263

Sanchez, Thomas 75
Sarpi, Paolo 29
Scarlatti, Alessandro 265
Schiller, Friedrich 219
Sciarra, Marco 143, 145
Serra, Antonio 167
Sixtus V., Papst 49, 75, 95
Spinola, Andrea 167
Strozzi, Bernardo 252

Symonds, John 171

Tapia, Carlo 171
Tarabotti, Arcangela 127
Tarello, Camillo 177
Tanucci, Bernardo 59, 64, 78, 94, 118, 129, 195
Tiepolo, Giovanni 67
Toledo, Pedro de 64, 115, 239
Tomasi di Lampedusa, Carlo 84
Torricelli, Evangelista 217
Tron, Nicolò 157

Urban VIII., Papst 35, 208, 217, 251

Vandelli, Domenico 160
Velásquez, Diego de 252

Verdi, Giuseppe 219
Vergil 170
Viktor Amadeus II. von Savoyen 215
Vittone, Bernardo 32
Vivaldi, Antonio 259
Vives, Juan Luis 95
Viviani, Vincenzo 218

Weber, Max 169, 267ff., 273, 277
Weisbach, Werner 233f.

Young, Arthur 171

Zipper, Jakob Franz 253

Sachregister

Absolutismus (s.a. Höfe) 26, 31, 46-60, 104, 113, 197, 269
Absolutismus, aufgeklärter 12, 15, 21, 26ff., 50f., 56, 58f., 94, 118, 121, 129f., 149, 167, 196, 201, 215, 220, 270
ad-limina-Berichte 123, 183f., 192
Adel (s.a. Patriziat, Nobilitierung) 14, 31, 38, 42, 46, 51, 55f., 58, 66, 79, 82f., 97, 103–115, 116, 118, 126f., 131, 172, 183, 186, 190f., 214, 220, 228, 230, 238, 244f., 250, 259f., 262f.
Adelsrang 38, 49, 52, 109ff., 131
Ämterverkauf 36, 49, 51ff., 84, 107, 110, 113, 123, 168
Agrarprodukte s. Nahrungsmittel
Agrartechnik 66, 135f., 176ff., 218
Agrartraktate 63, 134, 170ff., 174
Akademien (s.a Ritterakademien) 16, 38, 214ff., 221, 250, 258, 263
Alpen 31, 44, 47, 66, 75, 135, 148, 152, 154, 158, 189, 212, 221, 232, 236, 239
Alphabetisierung 89, 213
Altarstiftungen 85, 202, 206, 243ff.
Andacht, Vierzigstündige 88, 210, 247f., 259
Andachten 95, 130, 135, 193, 200, 209f., 224, 238, 259
Annona 38, 40, 62, 139f., 166, 171, 180
Apenninen 28, 32, 47, 66
Arbeit 42, 76, 94f., 100, 135, 150, 152, 154f., 157, 168f., 176, 209, 233, 238f., 254, 261, 271f.
Architektur 32, 71f., 115, 191, 198, 225–240, 251, 261
Arme, Armut (s.a. Sicherheit, soziale) 55, 92, 94–101, 127, 135, 138, 145, 205, 239, 252ff., 264
Asylrecht 57f., 144
Aufklärung (s.a. Absolutismus, aufgeklärter) 11f., 14f., 17, 21, 57, 59, 66, 75f., 81, 83, 92ff., 114, 118, 139, 142, 166, 179, 196, 198f., 201, 209, 211, 219, 235, 248, 252, 260, 267f., 274, 277, 279
Aufstände 36, 40, 44f., 57, 142ff., 186, 253

Auftraggeber (Kunst) s. Mäzenat
Außenpolitik 14, 21, 23, 31, 33f., 41ff., 51, 152, 162, 191
Auswanderung s. Migration
Autonomie 36, 47, 93, 187

„bamboccianti" 252f.
Banditen 32, 97, 121, 125, 143f., 179, 187, 252f.
Banken (s.a. Getreidebanken, Kreditwesen, monti di pietà) 16, 30, 163ff.
„barocco effimero" 39, 141f., 210, 246ff.
Barock (Stil) 12, 14ff., 18, 21, 26, 45, 72, 84f., 104, 152, 191, 225–240, 241–254, 256, 276ff.
„baroni" 25, 36, 48, 52, 57, 64, 109, 112, 115, 132, 143ff., 186, 239, 245
Bauern (s.a massari) 40, 91, 107f., 118, 123, 132, 134ff., 138f., 143, 166, 170, 172, 174ff., 242, 252
Baufinanzierung 72, 84f., 91, 106f., 202, 206, 212, 225, 230, 232f., 236ff.
Begräbnis s. Grablege
Beichte 121, 193f., 200, 202ff., 244
Bettelorden 84, 120, 122, 126, 165, 192f., 232
Bettler s. Arme
Bevölkerungsgeschichte s. Demographie
Bigamie 76, 219f.
Bildungswesen s. Schulen, Universitäten
Bildstöcke 85, 206, 237, 241f.
Binnenkolonisation 106f., 158, 176
Bischöfe 37, 39, 56, 78, 83, 88, 90, 93f., 97, 118ff., 122ff., 126, 128ff., 138, 165, 174, 183ff., 194ff., 197, 199, 205f., 209, 211f., 223f., 232, 237, 241f., 246
„bizzoche" 82, 127, 129f., 188, 224
Brauchtum, religiöses (s.a. Kultus) 39, 186, 193f., 197, 199f., 206–212, 223f., 242
Bruderschaften 39, 43, 45, 47, 58, 69, 86, 87–94, 95f., 98f., 119, 121f., 149, 165f., 186, 189, 191, 194, 198, 201f., 204, 206, 208, 210f., 219, 228, 233, 243ff., 247, 252f.
Buchdruck 29, 149, 151, 153, 218, 222, 258

Bürgertum 14, 31, 36, 38, 49, 51f., 63, 79,
    82, 84f., 89, 103f., 107ff., 113, 115, 116,
    118, 126f., 129, 131, 134, 145f., 167f.,
    213, 245, 250, 260, 263
Bürokratie s. Verwaltung

„castra doloris" 248
„ceto civile" s. Bürgertum
„chierici selvaggi" 117, 129f., 188
„cicisbeo" 81
„contado" s. Umland
„corsa alla terra" 107ff., 112, 172f.

Demographie 20f., 61–73, 94, 173, 236
Demonstrativkonsum 14, 39f., 71, 73, 84,
    114f., 209, 234ff., 244ff., 259
Deutschland s. Reich, Deutsches
Dienstpersonal 80, 89, 101, 115, 123, 131f.,
    134, 136, 155
Dispensen, kirchliche 54, 82, 189, 209, 264
Dreißigjähriger Krieg 28f., 34f., 41, 43f.,
    106, 110, 145, 153, 161, 217

Ehe (s.a. Familie) 58, 66, 70, 74–82, 98,
    100, 124, 129, 200
Ehre 38, 104, 109, 114f., 152, 167f., 173,
    186, 238
„enfiteusi" 93, 122, 175
England 11, 17, 43, 98, 147, 151, 153,
    159ff., 171, 181, 218, 221, 250, 256,
    265, 268, 270, 272f.
Epidemien s. Medizin, Pest
Erbpacht s. enfiteusi
Erdbeben s. Naturkatastrophen
Eremiten 129f.
Ernährung (s.a. Nahrungsmittel) 30, 92,
    97, 127, 137ff.
Europa 11, 15f., 32, 49, 57, 94, 103, 147ff.,
    152, 163f., 181, 215, 246, 255, 261, 264,
    267f., 272, 276
Exporte s. Handel

Faktor (Verwalter von Landgütern) 114,
    121, 129, 132, 134, 172, 174
Familie (s.a. Ehe) 45, 47, 60, 70, 74–86, 87f.,
    92f., 96, 104, 107, 114f., 123, 127ff., 167,
    176, 187, 190f., 197, 242, 245, 251

Faschismus 15, 167, 279
Fehden 85, 88
Feiertage 204, 208f., 263
Festarchitektur s. barocco effimero
Feste (s.a. Karneval) 39, 71, 73, 88, 100,
    115, 128, 131, 140ff., 198, 207ff., 223f.,
    246f., 252, 255, 260
Feudalismus (s.a. Lehen, Refeudalisierung)
    16, 24, 31, 48ff., 57, 82, 104, 106f., 112
Feuerwerk 39, 142, 246f.
Fideikommiss 37, 56, 66, 81ff., 104, 108,
    111, 117, 183, 205
Finanz, internationale, Finanzspekulation
    (s.a. Banken, Kreditwesen) 27, 30, 37,
    84, 110ff., 114
Flotte 24, 32, 34, 42f., 58, 151, 162
Folklore 78, 125, 140ff., 255
Frankreich 11, 14, 28ff., 34f., 39ff., 51, 87,
    98, 145f., 147, 151ff., 160ff., 176, 199,
    217ff., 221, 251, 256, 261, 265, 267f.
Frauen 69, 74, 76–81, 84, 90f., 98ff., 114f.,
    124, 127ff., 135, 139, 149, 156, 193f.,
    203, 207f., 210f., 213, 218, 220, 224,
    232, 243, 245, 263ff., 272
Fürsorge s. Sicherheit, soziale
Funeralien, Funeralprunk s. Grablege

Gegenreformation s. Reform, katholische
Geistlichkeit s. Klerus
Gelehrte s. Intellektuelle, Wissenschaft
Gerichte s. Justiz, Inquisition
Gesundheitswesen s. Medizin
Getreidebanken 91, 166f., 174
Gewalttätigkeit 70, 76f., 124, 186
Gewerbe (s.a. Handwerk, Luxusgewerbe,
    Protoindustrie, Textilgewerbe) 16, 27,
    29, 42, 70, 104, 110, 142, 147–157,
    167f., 172
Gottesdienst s. Andachten, Messe
Grablege (s.a. castra doloris) 83f., 92, 115,
    202, 223, 244
Großbritannien s. England
Großgrundbesitz 16, 30, 64, 74, 93, 135,
    166, 174f., 188, 230
Grundherrschaft 40, 52, 63, 82, 84, 93,
    106ff., 132, 134, 164, 168, 173, 180
Halbpacht 61, 74, 80, 134f., 157, 174ff.

Handel 16, 27, 29, 32, 37, 62, 67, 70, 104, 110f., 113, 121, 127, 139f., 147f., 150f., 153f., 156f., 158–163, 167f., 170, 172f., 177ff., 213, 222

Handwerk (s.a. Zünfte) 89, 95, 104, 118, 147, 149, 209, 239

Heilige, -kult (s.a. Reliquienkult) 39, 71ff., 80, 117, 136f., 193, 198, 202, 206ff., 220, 238, 241ff.

Heimarbeit s. Protoindustrie

Heirat s. Ehe

Hexen 220f.

Höfe, Hofkultur 28, 32, 38, 46, 50f., 70, 106, 114, 255f., 258, 260f.

Hospitäler 91, 94, 96, 122, 136, 233

Hunger 62, 66ff., 91, 136, 138, 140, 145, 158, 161

Immunität s. Privilegien, kirchliche

Importe s. Handel

Innozenzianische Wende 21, 119, 124, 188, 192, 194ff., 201, 229, 262

Inquisition 14, 76f., 123f., 184, 200, 219ff.

Instrumentalmusik 256f., 265

Intellektuelle 38, 45, 46, 113, 216, 222f.

Interdikt s. Kirchenstrafen

Jansenismus 75, 196, 254

Jesuiten 39, 84, 114, 120, 142f., 168, 174, 193, 207, 213f., 217f., 230, 235, 247, 250, 267

Juden 96, 111, 157, 164f., 220

Justiz 49, 51, 53f., 57f., 75f., 92, 124, 186, 214f., 219f.

Kapellen 71, 85, 135, 202, 206, 225, 228ff., 232f., 237f., 241, 244f.

Kapitalismus 16, 169, 172ff., 181, 238, 268, 273

Kardinäle (s.a. Kurie, römische) 35, 38, 49, 52, 82, 97, 115, 122ff., 126, 189, 191, 245, 251

Karitas 54, 91f., 95ff., 128, 165ff., 193

Karneval 76, 128, 142, 210, 247, 252

Kastraten s. Sänger

Katechese (s.a. Mission, Predigt) 129f., 135, 200, 214

Katholizismus s. Kirche, katholische

Kinder 66, 69, 75ff., 96, 98ff., 114, 124, 135, 138, 149, 156, 264, 266

Kirche, katholische 15, 21, 23, 25f., 32, 36, 51, 58ff., 71, 75, 95f., 104, 108, 111f., 132, 136, 159, 165ff., 173f., 183–196, 197–212, 213, 216f., 223f., 226, 246f., 255, 273ff.

Kirchenausstattung (s.a. Altarstiftungen, Malerei, Plastik) 202, 212, 228, 230, 233ff., 242–245

Kirchenbau 71f., 107, 128, 152, 193, 206, 212, 226–238, 242ff.

Kirchenbesitz, -gut 56, 58f., 71, 92, 122f., 125f., 165, 173ff., 186f.

Kirchenfabrik 58, 88, 90, 186, 189

Kirchenmusik (s.a. Oratorium) 30, 210, 255, 257ff., 262f.

Kirchenstrafen 29, 59, 186, 220

Kleidung 69, 92, 114, 124f., 130, 138, 153, 205, 243

Klerus 14ff., 25f., 39, 41, 43, 56, 66, 69, 77, 80, 82f., 87, 90, 93, 110, 114, 116–130, 131, 134, 143, 168, 173f., 183ff., 189ff., 195, 197, 199f., 204ff., 211, 213f., 219f., 223f., 232, 237, 244, 250, 259, 264

Klientel 37ff., 44, 85, 191

Klöster 69, 72, 79f., 82ff., 91, 97f., 100, 107, 114, 116f., 119, 125–129, 132, 136, 174, 188, 192, 194, 201, 213, 229f., 232, 234ff., 245, 253f., 265f.

Kommende, Kommendataräbte 126, 192, 229

Kommune 24, 26, 36, 63f., 88, 90, 108, 112, 187, 190, 197, 200, 206, 213, 232f., 242

Komponisten 256ff., 261, 264f.

Konkubinat 76f., 124

Konservatorien 76, 81, 95f., 98ff., 213, 233, 258, 265f.

Konzil von Trient (s.a. Reform, katholische) 78, 98, 119, 121, 125f., 183ff., 187ff., 194ff., 204, 208, 210, 212, 222f., 233f., 236, 245, 258f.

Korruption 14, 53f., 69, 91, 166

Korsaren 42f., 161

Krankenhäuser s. Hospitäler

Krankheiten s. Medizin, Pest

Kreditwesen (s.a. Banken) 30, 41, 51, 56, 79, 91, 110, 123, 163–167, 198, 212, 239
Kriege s. Militär
Kriminalität (s.a. Banditen, Gewalttätigkeit, Schmuggel) 55, 58, 70, 76f., 97f., 124, 136, 144
Krisen, wirtschaftliche 14, 16, 20, 27, 29f., 44, 62, 70, 94, 104, 117, 145, 147–155, 172, 180, 218, 238, 258
Krongut 36, 38, 49, 104, 106, 108, 132
Künstler (bildende) 38, 225, 233f., 242, 246, 249ff.
Kultus 59, 198, 202–212, 238
Kunstgewerbe 115, 148f., 244f., 248f.
Kurie, römische (s.a. Papst) 23, 25, 29, 59, 191, 217, 219, 236
Kurtisanen s. Prostitution

Laienpatronat 37, 59, 85, 189ff., 230, 232
Landarbeiter s. Bauern, Tagelöhner
Landwirtschaft 16, 18, 27, 29f., 66f., 70, 97, 104, 106, 110, 121f., 132, 134ff., 139f., 147, 155, 157, 170–181, 200, 209f.
Latifundium s. Großgrundbesitz
Ledige 74, 80, 82
Lehen (s.a. Reichsitalien) 32, 38, 48, 104, 110f., 134
Libertiner 221
Libretto, Librettisten 121, 261f.
Löhne s. Preise und Löhne
„luoghi pii" s. Stiftungen, fromme
Luxusgewerbe 27, 148, 151, 158, 170, 256, 263

Mäzenat 122, 191, 215, 218, 225, 233, 250f., 253f., 258, 262f.
Magie 121, 144, 186, 208, 220f., 223f.
Malerei 96, 198, 218, 225, 242f., 248–254
Marienkult s. Heilige
„massari" 82, 85, 89, 118, 129, 132, 179, 245
„masseria" s. Großgrundbesitz
Medizin 16, 67ff., 91f., 96, 121, 127, 129, 136, 138, 178, 187, 200, 208, 214, 218, 224, 252f.
Merkantilismus 31, 47, 52, 151, 156
Messe 84, 93, 95, 204ff., 209, 259
Meßstipendien 85, 121, 204f., 237, 244
„mezzadria" s. Halbpacht

Migrationen (s.a. Transhumanz) 62, 68, 70, 76, 107f., 119, 135f., 168, 170, 180, 188, 218, 264f.
Militär (s.a. Flotte) 24, 31, 33, 37, 39ff., 47f., 51, 59, 87, 89, 110f., 114, 132, 134, 142, 144ff., 152, 154, 215, 239, 266
Mission 86, 127, 136, 139, 144, 184, 193f., 200, 203, 242
Mitgift 76, 78f., 82, 84, 92, 96, 100f., 110, 127, 129, 149, 168, 266
Modernisierung 16f., 21f., 46f., 60, 181, 268ff.
Mönche s. Bettelorden, Klöster, Orden
„monti" (Staatsanleihen) 91, 111, 123, 164, 180
„monti di maritaggio" s. Mitgift
„monti di pietà" 91, 96, 165f.
„monti frumentari" s. Getreidebanken
Moral, Moraltheologie 75ff., 89, 96, 114, 132, 139, 142, 165, 168f., 173f., 186, 200, 202f., 205, 217, 233f., 273
Müßiggang 73, 94, 124, 135, 168, 209, 216, 252, 272
Musik (s.a. die einzelnen Gattungen) 21, 28, 39, 85, 100, 127f., 142, 198, 209, 216, 254, 255–266

Nahrungsmittel (s.a. Ernährung) 39, 64, 67, 69, 97, 111, 138, 155, 158ff., 163f., 170, 173, 178f., 233
Naturkatastrophen 55, 65, 71ff., 136, 154, 200, 210, 217, 227, 236, 242
Naturwissenschaften s. Medizin, Technik, Wissenschaften
Nepotismus 26, 35, 49, 107, 112, 126, 191, 240, 262
Niederlande 26, 95, 147, 151, 153, 161f., 181, 218, 221, 252, 258, 265, 268, 273
Nobilitierung 13, 48, 52, 79, 109f., 173
Nominationsrecht s. Laienpatronat
Nonnen s. „bizzoche", Klöster, Orden

Österreich 25, 27ff., 31ff., 34, 37, 44f., 59, 87, 156, 161, 164, 192, 236, 265
Oper 30, 218, 239, 255ff., 260ff.
Oratorium (Gebäude) 90, 93, 201, 206, 226ff., 233, 237f., 263
Oratorium (Musik) 257, 262

Orden, geistliche (s.a. Bettelorden, Jesuiten) 32, 43, 66, 84, 90, 92f., 97, 111, 114, 119f., 123, 126, 174, 185f., 192ff., 197, 203, 205, 207f., 210, 213f., 238, 250, 262
Osmanen s. Türken
„ozio" s. Müßiggang

Pacht (s.a. enfiteusi, Halbpacht) 93, 108, 132, 134, 157, 175
Paläste 84, 115, 152, 233f., 239f., 245, 262
Papst, Papsttum (s.a. Kurie, römische) 25f., 28, 33, 35, 43, 49, 107, 109, 183, 187, 191f., 197, 232, 251, 262
Parlamente (Sardinien, Sizilien) 24, 36, 39
Patriziat 29f., 46, 50, 59, 66, 74f., 83, 88, 97, 110, 112f., 115, 118, 172, 189f., 254
Patronage s. Klientel
Patronat s. Laienpatronat
Pensionen, kuriale 192
Pest 14, 16, 20, 24, 27, 44, 55, 61f., 65, 67–71, 82, 96, 117, 123, 126, 136, 138, 145, 151f., 154f., 167, 173, 180, 210, 217, 226, 236, 238, 242
Pfarrer, Pfarrei 78, 89f., 93, 121, 124ff., 135, 174, 184f., 187ff., 192, 194, 199, 201ff., 206, 209, 228, 232ff., 236, 238f., 244f., 258
Plastik 198, 218, 242ff., 248ff., 251
Polizei 32, 53, 55, 142
Predigt, Prediger 70, 75, 95, 193f., 199f., 210, 262
Preise und Löhne 67, 139f., 152, 154f., 249
Priesterseminare 94, 119f., 126, 186, 189, 192, 197, 213, 232
Privilegien, kirchliche 55ff., 69, 117f., 129, 186, 205
Prostitution (s.a. Konservatorien) 55, 76, 98f., 124, 128, 263
Protestanten, Protestantismus 15f., 30, 44, 95ff., 168, 204, 205f., 209, 212, 218, 220ff., 228, 242, 254, 259f., 267, 271ff., 276ff.
Protoindustrie 16, 135, 139, 152, 155ff., 181
Prozessionen (s.a. Wallfahrten) 70f., 86, 88, 98, 100, 193f., 198, 202, 210f., 241, 243

„Quarant'ore" s. Andacht, Vierzigstündige
Quietismus 76, 221f.

Randgruppen s. Arme, Banditen, Juden, Kriminalität
Reagrarisierung 16, 27, 62, 104, 155f., 170–181
Rechtswesen s. Justiz
Refeudalisierung (s.a. corsa alla terra, Lehen, Nobilitierung) 13, 27, 52, 57, 63, 82, 103–115, 118, 144, 149, 172, 183
Reform, katholische (s.a. Konzil von Trient) 14, 49, 56, 75, 87, 93, 95, 98, 104, 117, 126, 128, 130, 142, 173, 183–196, 198, 201, 207, 209, 233, 236ff., 242ff., 247, 250, 265
Reich, Deutsches 11, 23, 32f., 44, 98, 151, 161, 163, 252, 256
Reichsitalien, -lehen 28f., 32f., 38, 109
Reformabsolutismus s. Absolutismus, aufgeklärter
Reiseberichte 11, 17, 24, 54, 73, 80f., 98, 135, 235, 242, 245, 267, 272, 276f.
Reliquienkult 207, 209f., 224, 243f., 246
Renaissance 11ff., 18, 27, 29, 38, 76, 81, 103, 128, 140, 191, 215, 225, 228, 239f., 243, 246, 250
Reproduktionsverhalten 65ff., 75, 77
Residenzpflicht 122, 124, 187, 189
„Ricettizia" (Chiesa) 118, 120ff., 125, 132, 165, 174, 185, 187f., 190, 203
Risorgimento 12, 14, 21, 34, 235
Riten s. Brauchtum, religiöses, Kultus
Ritterakademien 41, 114, 214f.
Rosenkranz s. Andachten

„Sacrimonti" 212, 230
Sänger, Sängerinnen 255, 258f., 261, 263ff.
Sakrallandschaft (s.a. Bildstöcke, Kapellen, Sacrimonti) 71, 85, 201, 225, 228, 241f.
Schafzucht (s.a. Transhumanz) 16, 37, 154, 179
Schifffahrt s. Handel, Verkehr
Schmuggel 32, 55, 158
Schulen 104, 120f., 129, 168, 193, 198, 213f., 266
Seelsorge 119ff., 126, 136, 144, 186ff., 192ff., 201
Sexualität 11, 66, 74–78, 83, 124, 128, 136, 203, 220f., 242

Sicherheit, soziale 67, 70, 77, 91f., 94–101, 136, 149, 198, 253
Siedlungsstruktur 24f., 42, 61ff., 68, 106f., 174f., 204
Sklaverei 42f., 92, 131
Skulptur s. Plastik
Sollizitation 77, 124, 220f., 244
Sozialdisziplinierung 60, 95, 197, 202, 268ff.
Sozialfürsorge s. Sicherheit, soziale
Spanien 14f., 23ff., 27f., 30ff., 34–45, 48ff., 57, 59, 65, 76, 104, 106, 109ff., 113, 118, 141, 144ff., 147f., 152, 154, 161ff., 185, 190, 207, 216, 219f., 247f., 252, 254, 264
Sprache 39, 47, 114, 199f., 213f., 255, 261f., 266
Staatsfinanz (s.a. Steuerwesen) 18, 24, 36, 38, 40ff., 51, 93, 132
Staatsschuld 57, 70, 106, 109, 214
Stadt, Stadtkultur 23f., 28, 36, 45, 49f., 62ff., 68f., 106f., 112f., 173, 208, 246, 258
Stadtpatrone 208, 246
Sterblichkeit 66, 77, 80
Steuerwesen (s.a. Staatsfinanz) 39, 40ff., 45, 53, 55ff., 59, 62, 71, 108, 110, 145, 154, 168
Stiftmessen s. Meßstipendien
Stiftungen (s.a. Altarstiftungen, Testamente) 83ff., 92, 115, 128, 166, 193, 198, 230, 232, 237, 245, 250f., 263
Stiftungen, fromme 58, 62, 85, 87, 90f., 96–101, 122, 189, 191, 213, 233, 237, 239
Strafrecht s. Justiz, Kirchenstrafen, Kriminalität
Straßen s. Verkehr
„svolta innocenziana" s. Innozenzianische Wende
Synoden 59, 75, 123, 184, 186, 191, 194, 200, 223

Tagelöhner 135, 174, 209
Tanz 125, 209, 256, 261
Technik (s.a. Agrartechnik) 217f., 250
Testamente 83, 108, 207
Textilgewerbe (s.a. Protoindustrie) 30f., 95, 100, 147ff., 156f., 179
Theater (s.a. Oper) 28, 239, 256, 261
Titel s. Adelsrang

„togati" s. Ämterkauf
Totenkult s. Grablege
Transhumanz 36, 179
Trauergerüste s. castra doloris
Tridentinum s. Konzil von Trient
Türken 29, 32, 34, 42ff., 56, 92, 96, 126, 154, 161ff., 168, 192

Umland 27, 40, 62, 68, 107f., 116f., 188, 206, 227ff.
Universitäten 81, 104, 119ff., 214f., 233
Unternehmergeist, -tum 16, 167ff.

Verkehr 24f., 64, 115, 151, 160ff.
Verlag (Gewerbe) s. Protoindustrie
Verschwendung, ostentative s. Demonstrativkonsum
Verwaltung 14, 25f., 30f., 35, 38, 42, 46–60, 64, 113f., 215
Verwandtschaft 78, 80, 82, 85, 123
Villen 29, 63, 108, 170, 172, 233, 239f., 245
Visitation, kirchliche 123, 184, 186, 192, 194f., 199, 205, 236, 242, 244
Volk 70, 72, 74, 78, 116, 124f., 127, 129f., 131–146, 184, 186, 189, 193f., 197–212, 223f., 232ff., 252ff., 255, 277
Volkskultur s. Folklore
Volksmission s. Mission
Volksreligiosität s. Brauchtum, religiöses, Folklore
Vollzugsdefizit 54f., 69, 189, 236
Vulkanausbrüche s. Naturkatastrophen

Wallfahrten (s.a. Prozessionen) 88, 92, 129, 193, 198, 202f., 207, 224, 233, 237, 241
Wanderarbeiter s. Migrationen
Weidewirtschaft s. Schafzucht
Wein, -bau 93, 138, 142, 159, 177ff.
Wissenschaft (s.a. Intellektuelle) 14ff., 29, 38, 69f., 81, 114, 153, 181, 214–219, 221, 223, 266
Wunder (s.a. Heilige) 136f., 208, 224

Zeitpacht s. Pacht
Zensur 58, 216, 218, 222
Zünfte 47, 79, 97, 149, 152f., 208

Ortsregister

Aachen 28, 71
Alba 91, 245
Alessandria 27
Altamura 208
Amsterdam 161, 218
Anagni 189, 224
Aquila 25
Ancona 26, 162
Ariccia 230
Assisi 11, 94, 211, 228
Asti 31, 91, 245

Bari 25, 112, 211, 246
Basel 157
Benevent 72, 166
Bergamo 29, 150, 204, 229
Biella 157
Bologna 26, 81, 95, 114, 148, 151, 156, 216, 250, 253, 258f., 265
Bozzolo 28
Brescia 112, 148, 165, 222, 229, 254, 256
Busto Arsizio 157

Cadiz 162
Cagliari 24
Catanzaro 148
Caprarola 239
Casale 28
Castiglione delle Stiviere 28
Castro 25, 35
Catania 72, 227
Cateau Cambrésis 34, 43
Chambéry 31
Château-Dauphin 31
Cherasco 44
Chioggia 189, 202
Città Castellana 216
Como 96, 148, 150f.
Correggio 32
Crema 29
Cremona 112, 148, 150, 256

Danzig 67, 161
Dresden 265

Eboli 185
Exilles 31

Ferrara 25, 28, 46, 206, 258
Finale 33f.
Florenz 13, 27, 46, 80, 89, 95, 116, 138, 140, 148f., 150, 156, 167, 215, 248, 253, 256, 258
Frascati 240

Gaeta 149
Gallarate 157
Gallipoli 162
Genf 31
Genua 44, 69, 88, 112, 125, 148, 151, 160ff., 167, 219, 227, 229, 239, 248, 253
Gerace 124, 187
Guastalla 28, 45

Hamburg 265

Krefeld 157

Lecce 25, 113, 117, 129, 187, 227, 230, 232, 234, 246
Leonforte 106f.
Lepanto 42f.
Livorno 27, 70, 162f., 254
Lodi 190, 204
London 14, 24, 215, 264
Loreto 11, 211
Lucca 30, 32, 95, 148, 150, 167, 173, 219, 240
Lyon 157, 163

Madrid 36, 48, 106, 109, 251
Mailand 68, 74f., 148ff., 156, 240, 253, 259, 265
Mantua 28, 46, 150, 258, 260

Massa-Carrara 32, 160
Melfi 64
Messina 24, 44, 69, 143, 145f., 162
Mirandola 32
Modena 28, 95, 114, 258, 262
Mola 111
Mondovì 245
Montesanto 212
Murano 148

Neapel 24ff., 38f., 69ff., 76f., 84, 88, 92, 95, 100, 113, 115, 117, 120, 125, 129, 138, 142ff., 148, 162, 167, 177, 185, 196, 206, 208, 210, 214ff., 226ff., 234f., 239, 243, 246, 248, 250, 258, 260, 264ff.
Nizza Monferrato 28
Nizza 31
Noto 72, 208, 227, 236
Novellara 32
Nürnberg 163

Orbetello 24, 204

Padua 81, 150, 195, 206, 214
Padula 235
Palermo 24, 117, 146, 208, 222, 227, 234, 239
Paris 24, 215, 218
Parma 114
Pavia 31, 38, 190, 251
Piacenza 164
Pinerolo 31
Piombino 32
Pisa 26, 116, 227
Pistoia 116, 204, 227
Pozzuoli 230, 232, 263
Prato 89, 116, 156, 204, 227

Reggio Calabria 25, 69
Rom 11, 13, 24, 26, 38f., 59, 69f., 76, 80, 95, 97f., 100, 116, 118, 125, 127, 138, 140, 142, 152, 171, 183, 189, 191f., 195f., 207f., 211, 215, 226, 229f., 232, 236, 240, 246, 248, 250f., 258f., 262f.
Rovereto 151

Sabbioneta 28
Saluzzo 31
San Marino 32
Sassari 204
Schio 157
Siena 26, 95, 114, 190, 216
Soriano 211

Tarent 162
Tolfa 149, 154
Treviso 150, 229
Trient 32f.
Triest 32, 161
Turin 31, 70, 151, 215

Urbino 25
Utrecht 44

Varese 230
Venedig 13, 68, 71, 74ff., 83, 88, 92, 95, 100, 112, 147ff., 154, 156, 160ff., 167, 170f., 208, 216, 219, 222, 228, 232, 235, 240f., 250, 252, 258, 260, 265f.
Vercelli 157, 178
Verona 112, 150, 178, 227
Vicenza 150f., 178, 206
Vico 212
Vigevano 59
Vittorio Veneto 229

Wien 29, 261, 264f.

Zürich 157

Bildnachweis

Umschlagabbildungen:
    Pinacoteca Tosio Martinengo, Brescia
    Alessandro Magnasco 1667–1749 (Ausstellungskatalog), Milano 1996

S. 10:	Dino Fabbri (Hg.), I paesaggisti nordici italianizzanti del XVIII secolo, Bd. 2, Milano 1966, Taf. 8
S. 35:	Regione Abruzzo – Assessorato al turismo, Pescara
S. 63:	Aufnahme des Verfassers
S. 67:	Aufnahme des Verfassers
S. 79:	Pinacoteca Nazionale Bologna
S. 99:	Stich von J. B. Falda
S. 105:	Ente provinciale per il turismo, Salerno
S. 133:	Pinocoteca del Castello Sforzesco, Milano
S. 137:	Museo di Capodimonte, Napoli
S. 141:	Pinocoteca Tosio Martinengo, Brescia
S. 171:	SIEA 5, Fig. 60
S. 203:	Stich von P. Santi Bartoli
S. 227:	Aufnahme des Verfassers
S. 231:	Aufnahme des Verfassers
S. 235:	Aufnahme des Verfassers
S. 243:	Antonietta Iolanda Lima, La dimensione sacrale del paesaggio, Fig. 309
S. 247:	Stich eines unbekannten Künstlers (vgl. Maurizio Fagiolo dell'Arco/Silvia Carandini, L'effimero barocco, Bd. 1)
S. 257:	Stich wahrscheinlich von John Vanderbank

böhlauWien**neu**

Karl-Hartmann Necker
Dandolo
Venedigs kühnster Doge
1998. 13,5 x 21 cm. 406 S. m. 12 SW-Abb. Geb.
ISBN 3-205-98884-1

Anacleto Verrecchia
Giordano Bruno
Nachtfalter des Geistes
1999. 13,5 x 21 cm. 424 S. Geb.
ISBN 3-205-98881-7

Franz Pesendorfer
Österreich –
Großmacht im Mittelmeer
Das Königreich Neapel-Sizilien unter Kaiser Karl VI.
1707/20–1734/35
1998. 17 x 24 cm. 206 S. Br.
ISBN 3-205-98914-7

Harald Waitzbauer/Kurt Strasser
Über die Grenzen nach Triest
Wanderungen zwischen Karnischen Alpen und
Adriatischem Meer
1998. 15,5 x 23,5 cm. 288 S. mit ca. 80 SW- und
28 Farbabbildungen. Geb.
ISBN 3-205-99010-2

Erhältlich in Ihrer Buchhandlung!

böhlauWien

böhlauWienneu

Kurt Heller
Venedig
Recht, Kultur und Leben in der Republik 697–1797
1999. 17 x 24 cm. Ca. 816 S. m. 160 SW-Abb.
u. 32 Seiten Farb-Abb. Geb.
ISBN 3-205-99042-0

Venedig galt über 1000 Jahre als eine der „Supermächte" Europas. Die rechtsstaatliche Ordnung verlieh ihm politische Stabilität und die Lebensweisheit der politisch Einflußreichen kulturelle Blüte.
Auf dem Campo Santo Stefano eröffnet sich heute bei fast jedem Schritt eine neue Szene, als ob die Theaterkulissen wechseln würden. Nur wenige Besucher wissen, daß die besondere Art der Architektur nicht zufällig entstand, sondern die Folge strenger Baugesetze ist. Im Dogenpalast trägt jeder Saal eine eigene Bezeichnung. Wer aber weiß, was sich in diesen Räumen wirklich abgespielt hat? Das Buch versucht, historische Gebäude und Plätze zu neuem Leben zu erwecken. Es werden über hundert Ämter, die die Geschicke der Stadt gestalteten, und deren Aufgaben beschrieben. Auf das tägliche Leben in der Republik, das Gesundheitswesen, die Erziehung, den Umweltschutz, die Steuereinhebung, die Förderung des Wissenschaftsverkehrs, die Verwaltung der venezianischen Gebiete außerhalb der Stadt, den diplomatischen Dienst und die Behandlung von Religionsgemeinschaften wird eingegangen.
Die Geschichte einer Großmacht brillant und lebensnah erzählt.

böhlauWien